Loki

Herr des Winters und Vater der Schlange
Ase der Listen und Gott des Chaos

Band 16 der Reihe „Die Götter der Germanen"

Bücher von Harry Eilenstein:

- Astrologie (496 S.)
- Photo-Astrologie (428 S.)
- Horoskop und Seele (120 S.)
- Tarot (104 S.)
- Handbuch für Zauberlehrlinge (408 S.)
- Physik und Magie (184 S.)
- Der Lebenskraftkörper (230 S.)
- Die Chakren (100 S.)
- Meditation (140 S.)
- Drachenfeuer (124 S.)
- Krafttiere – Tiergöttinnen – Tiertänze (112 S.)
- Schwitzhütten (524 S.)
- Totempfähle (440 S.)
- Muttergöttin und Schamanen (168 S.)
- Göbekli Tepe (472 S.)
- Hathor und Re:
    - Band 1: Götter und Mythen im Alten Ägypten (432 S.)
    - Band 2: Die altägyptische Religion – Ursprünge, Kult und Magie (396 S.)
- Isis (508 S.)
- Die Entwicklung der indogermanischen Religionen (700 S.)
- Wurzeln und Zweige der indogermanischen Religion (224 S.)
- Der Kessel von Gundestrup (220 S.)
- Cernunnos (690 S.)
- Christus (60 S.)
- Odin (300 S.)
- Die Götter der Germanen (Band 1 – 80)
- Dakini (80 S.)
- Kursus der praktischen Kabbala (150 S.)
- Eltern der Erde (450 S.)
- Blüten des Lebensbaumes:
    - Band 1: Die Struktur des kabbalistischen Lebensbaumes (370 S.)
    - Band 2: Der kabbalistische Lebensbaum als Forschungshilfsmittel (580 S.)
    - Band 3: Der kabbalistische Lebensbaum als spirituelle Landkarte (520 S.)
- Über die Freude (100 S.)
- Das Geheimnis des inneren Friedens (252 S.)
- Von innerer Fülle zu äußerem Gedeihen (52 S.)
- Das Beziehungsmandala (52 S.)
- Die Symbolik der Krankheiten (76 S.)

- König Athelstan (104 S.)

Kontakt: www.HarryEilenstein.de / Harry.Eilenstein@web.de
Impressum: Copyright: 2011 by Harry Eilenstein – Alle Rechte, insbesondere auch das der Übersetzung, vorbehalten. Kein Teil des Buches darf ohne schriftliche Genehmigung des Autors und des Verlages (nicht als Fotokopie, Mikrofilm, auf elektronischen Datenträgern oder im Internet) reproduziert, übersetzt, gespeichert oder verbreitet werden.
Herstellung und Verlag: Books on Demand GmbH, Norderstedt
ISBN: 9783743127401

Die Themen der einzelnen Bände der Reihe „Die Götter der Germanen"

1. Die Entwicklung der germanischen Religion
2. Lexikon der germanischen Religion
3. Der ursprüngliche Göttervater Tyr
4. Tyr in der Unterwelt: der Schmied Wieland
5. Tyr in der Unterwelt: der Riesenkönig Teil 1
6. Tyr in der Unterwelt: der Riesenkönig Teil 2
7. Tyr in der Unterwelt: der Zwergenkönig
8. Der Himmelswächter Heimdall
9. Der Sommergott Baldur
10. Der Meeresgott: Ägir, Hler und Njörd
11. Der Eibengott Ullr
12. Die Zwillingsgötter Alcis
13. Der neue Göttervater Odin Teil 1
14. Der neue Göttervater Odin Teil 2
15. Der Fruchtbarkeitsgott Freyr
16. Der Chaos-Gott Loki
17. Der Donnergott Thor
18. Der Priestergott Hönir
19. Die Göttersöhne
20. Die unbekannteren Götter
21. Die Göttermutter Frigg
22. Die Liebesgöttin: Freya und Menglöd
23. Die Erdgöttinnen
24. Die Korngöttin Sif
25. Die Apfel-Göttin Idun
26. Die Hügelgrab-Jenseitsgöttin Hel
27. Die Meeres-Jenseitsgöttin Ran
28. Die unbekannteren Jenseitsgöttinnen
29. Die unbekannteren Göttinnen
30. Die Nornen
31. Die Walküren
32. Die Zwerge
33. Der Urriese Ymir
34. Die Riesen
35. Die Riesinnen
36. Mythologische Wesen
37. Mythologische Priester und Priesterinnen
38. Sigurd/Siegfried
39. Helden und Göttersöhne
40. Die Symbolik der Vögel und Insekten
41. Die Symbolik der Schlangen, Drachen und Ungeheuer
42. Die Symbolik der Herdentiere
43. Die Symbolik der Raubtiere
44. Die Symbolik der Wassertiere und sonstigen Tiere
45. Die Symbolik der Pflanzen
46. Die Symbolik der Farben
47. Die Symbolik der Zahlen
48. Die Symbolik von Sonne, Mond und Sternen
49. Das Jenseits
50. Seelenvogel, Utiseta und Einweihung
51. Wiederzeugung und Wiedergeburt
52. Elemente der Kosmologie
53. Der Weltenbaum
54. Die Symbolik der Himmelsrichtungen und der Jahreszeiten
55. Mythologische Motive
56. Der Tempel
57. Die Einrichtung des Tempels
58. Priesterin – Seherin – Zauberin – Hexe
59. Priester – Seher – Zauberer
60. Rituelle Kleidung und Schmuck
61. Skalden und Skaldinnen
62. Kriegerinnen und Ekstase-Krieger
63. Die Symbolik der Körperteile
64. Magie und Ritual
65. Gestaltwandlungen
66. Magische Waffen
67. Magische Werkzeuge und Gegenstände
68. Zaubersprüche
69. Göttermet
70. Zaubertränke
71. Träume, Omen und Orakel
72. Runen
73. Sozial-religiöse Rituale
74. Weisheiten und Sprichworte
75. Kenningar
76. Rätsel
77. Die vollständige Edda des Snorri Sturluson
78. Frühe Skaldenlieder
79. Mythologische Sagas
80. Hymnen an die germanischen Götter

Inhaltsverzeichnis

I Die germanische Überlieferung	**12**
I 1. Die Namen des Loki	**12**
I 1. a) „Loki"	12
I 1. b) „Lodur"	14
I 1. c) „Loptr"	14
I 1. d) „Hvedungr"	14
I 1. e) Personennamen mit „Loki" oder „Loptr"	15
I 2. Loki-Kenningar	**16**
I 2. a) Skaldskaparmal	16
I 2. b) Asen-Heitis	18
I 2. c) Fortsetzung des Edda-Prolog	19
I 2. d) Der Name „Lodur" in Kenningarn	20
I 3. Loki der Unheilstifter	**21**
I 3. a) Skaldskaparmal	21
I 3. b) Gylfis Vision	22
I 3. c) Die Bar-Rune	23
I 3. d) Nordgermanische Sprichworte	23
I 3. e) Finnische Traditionen	24
I 4. Loki raubt den Ring Andvarinaut	**25**
I 4. a) Skaldskaparmal	25
I 4. b) Das andere Lied über Sigurd Fafnir-Töter	35
I 5. Loki raubt den Ring Draupnir	**41**
I 5. a) Huldar-Saga	41
I 6. Der Ring des Elberich	**43**
I 6. a) Das Ortnit-Lied	43
I 7. Loki raubt das Brisingamen	**63**
I 7. a) Hedin-Saga	63
I 7. b) Skaldskaparmal	71
I 7. c) Gylfis Vision	73
I 7. d) Husdrapa	73
I 7. e) Gesta danorum	75
I 8. Loki hilft beim Raub der Idun	**82**
I 8. a) Skaldskaparmal	82
I 8. b) Ragnarsdrapa	87
I 8. c) Haustlöng	88

I 9. Loki raubt Sifs Haar	*102*
I 9. a) Skaldskaparmal	102
I 9. b) Der Herdstein von Snaptun	108
I 9. c) Dänische Sprichworte und Redewendungen	109
I 10. Loki ermordet Baldur	*111*
I 10. a) Gylfis Vision	111
I 10. b) Fiölswin-Lied	123
I 11. Loki ermordet Beli	*124*
I 11. a) Gylfis Vision	124
I 11. b) Skaldskaparmal	125
I 12. Loki sperrt Tyr in die Unterwelt	*126*
I 12. a) Völund-Lied	126
I 13. Zusammenfassung: Loki der Dieb	*137*
I 14. Loki verletzt Thors Ziegenböcke	*145*
I 14. a) Hymir-Lied	145
I 14. b) Skaldskaparmal	147
I 14. c) Gylfis Vision	147
I 14. d) Skaldskaparmal	150
I 14. e) Dänische Redewendungen	151
I 14. f) Rekonstruktion der „Ziegenbock-Mythe des Loki"	151
I 15. Loki verspottet die Asen	*155*
I 15. a) Skaldskaparmal	155
I 15. b) Lokasenna	157
I 15. c) Skaldskaparmal	180
I 16. Zusammenfassung: Loki der Verführer	*182*
I 17. Loki der Erbauer der Jenseits-Mauer	*188*
I 17. a) Fiölswin-Lied	188
I 17. b) Skaldskaparmal	193
I 18. Zusammenfassung: Loki als Frau	*203*
I 19. Loki der Verbündete der Muspelheim-Riesen	*205*
I 19. a) Die Vision der Seherin	205
I 19. b) Gylfis Vision	207
I 20. Loki der Gefangene der Asen	*209*
I 20. a) Skaldskaparmal	209
I 20. b) Gylfis Vision	209
I 20. c) Haustlöng	209
I 20. d) Die Vision der Seherin	209

I 20. e)	Das Kreuz von Gosforth	210
I 20. f)	Der Stein von Kirkby Stephen	211
I 20. g)	Wegtam-Lied	212
I 20. h)	Skaldskaparmal	213
I 21.	***Fenrir Loki-Sohn, der Gefangene der Asen***	***214***
I 21. a)	Gylfis Vision	214
I 22.	***Loki der Gefangene des Thiazi***	***220***
I 22. a)	Haustlöng	220
I 23.	***Loki der Gefangene des Geirröd***	***221***
I 23. a)	Skaldskaparmal	221
I 23. b)	Thorsdrapa	228
I 24.	***Loki der Gefangene des Hreidmar***	***265***
I 24. a)	Skaldskaparmal	265
I 25.	***Loki in den Sagas: Nidud***	***266***
I 25. a)	Der Name „Nidud"	266
I 25. b)	Die Saga über Hervor und König Heidrek den Weisen	268
I 25. c)	Haustlöng	269
I 25. d)	Deor	270
I 25. e)	Völund-Lied	271
I 25. f)	Hrafnsmal	271
I 25. g)	Nidung aus der Thirdrek-Saga	272
I 26.	***Zusammenfassung: Loki der Gefangene***	***281***
I 27.	***Lokis Frisur***	***285***
I 28.	***Loki hilft Thor, seinen Hammer zurückzuholen***	***288***
I 28. a)	Thrym-Lied	288
I 28. b)	Thor von Haffsgard	296
I 29.	***Loki in der Götter-Dreiheit***	***301***
I 29. a)	Skaldskaparmal	301
I 29. b)	Haustlöng	302
I 29. c)	Huldar-Saga	302
I 29. d)	Die Vision der Seherin	303
I 29. e)	Völsungen-Saga	305
I 29. f)	Loka-Thattur	306
I 29. g)	Die Schädel-Inschrift von Ribe	306
I 29. h)	Zauberspruch aus Lancashire	307
I 29. i)	Odins Rabenzauber	307
I 29. j)	Hymir-Lied	309
I 29. k)	Gylfis Vision	309

I 29. l) Gylfis Vision	309
I 29. m) verschiedene Quellen	309
I 29. n) Zusammenfassung	309
I 30. Loki der Feuergott	**312**
I 30. a) Gylfis Vision	313
I 30. b) Flateyjarbok	314
I 30. c) Skandinavische Loki-Sprichworte	315
I 31. Lokis Kinder	**317**
I 31. a) Gylfis Vision	323
I 31. b) Gylfis Vision	323
I 31. c) Hyndla-Lied	324
I 31. d) Hyndla-Lied	324
I 31. e) Lokasenna	333
I 31. f) Lokasenna	334
I 31. g) Zusammenfassung	335
I 32. Loki der Beschützer der Bauern	**337**
I 32. a) Loka Thattur	337
I 33. Lokis Flugschuhe	**347**
I 33. a) Skaldskaparmal	347
I 33. b) Skaldskaparmal	347
I 34. Loki und die Luft	**348**
I 34. a) Dänische Loki-Sprichworte	348
I 34. b) Norwegische Loki-Sprichworte	350
I 35. Loki und die Nacht	**351**
I 35. a) Norwegische Loki-Sprichworte	351
I 36. Loki Nal-Sohn	**352**
I 36. a) Loki-Sprichworte	352
I 37. Utgard-Loki	**355**
I 37. a) Gylfis Vision	355
I 37. b) Gesta danorum	370
I 38. Loki beim Ragnarök	**372**
I 38. a) Gylfis Vision	372
I 39. Lokis Gestaltwandlungen	**382**
I 39. a) Loki als Falke	382
I 39. b) Loki als Habicht	382
I 39. c) Loki als Fliege	383
I 39. d) Loki als Floh	383

I 39. e)	Loki als Mücke	384
I 39. f)	Loki als Spinne	384
I 39. g)	Loki als Widder	384
I 39. h)	Loki als Lachs	385
I 39. i)	Loki als Robbe	385
I 39. j)	Loki als alte Frau	385
I 39. k)	Loki als Riesin	386
I 39. l)	Loki als Stute	386
I 39. m)	Loki als Kuh	387
I 39. n)	Loki als Schlange	387
I 39. o)	Loki als Wolf	387
I 40.	***Loki in der Saga: Loker***	***389***
I 40. a)	Gesta danorum	389
I 41.	***Loki in der Saga: Agnar***	***392***
I 41. a)	Grimnir-Lied	392
I 42.	***Loki in der Saga: Högni/Hagen***	***395***
I 43.	***Loki in der Saga: Hunding***	***396***
I 43. a)	Widsith	396
I 43. b)	Ostgoten und Langobarden	396
I 43. c)	Das erste Lied über Helgi Hunding-Töter	397
I 43. d)	Das andere Lied über Helgi Hunding-Töter	397
I 43. e)	Gesta danorum	398
I 43. f)	Die Saga über Norna-Gest	398
I 43. g)	Sinfiötlis Ende	399
I 43. h)	Beowulf Epos	399
I 43. i)	Das andere Lied über Sigurd Fafnir-Töter	401
I 43. j)	Völsungen-Saga	401
I 43. k)	Die Saga über Norna-Gest	402
I 43. l)	Regin der Schmied (Faröer-Lied)	403
I 43. m)	Saga über Sturlaug den Mühen-Beladenen	404
I 43. n)	Hamburgische Kirchengeschichte	404
I 44.	***Loki in der Saga: Bikki***	***406***
I 44. a)	Der Name „Bikki"	406
I 44. b)	Gudruns Aufreizung	406
I 44. c)	Völsungen-Saga	407
I 44. d)	Völsungen-Saga	407
I 44. e)	Skaldskaparmal	409
I 44. f)	Gesta danorum	410

I 45. Loki in der Saga: Blind — 417
I 45. a) Der Name „Blind" — 417
I 45. b) Die Saga über Hromund Greipsson — 417

I 46. Loki in der Saga: Aki — 422
I 46. a) Der Name „Aki" — 422
I 46. b) Die Saga über Halfdan Brana-Ziehsohn — 422

I 47. Loki in der Saga: Brak — 433
I 47. a) Saga über Ragnar Lodenhose — 433
I 47. b) Gesta danorum — 433

I 48. Loki in der Saga: Snio — 434
I 48. a) Chronicon lethrense — 434

I 49. Lokis Verhältnis zu den Göttern — 438
I 49. a) Loki und Tyr — 438
I 49. b) Loki und Heimdall — 438
I 49. c) Loki und Baldur — 438
I 49. d) Loki und Ullr — 439
I 49. e) Loki und Odin — 439
I 49. f) Loki und Hönir — 439
I 49. g) Loki und Helblindi — 440
I 49. h) Loki und Byleist — 440
I 49. i) Loki und Thor — 440
I 49. j) Loki und Freyr — 440
I 49. k) Loki und Logi — 441
I 49. l) Loki und Kari — 441
I 49. m) Loki und Hler — 441
I 49. n) Loki und Jörmungandr — 441
I 49. o) Loki und Hödur — 441
I 49. p) Loki und Idun — 442
I 49. q) Loki und Sif — 442
I 49. r) Loki und Frigg — 442
I 49. s) Loki und Freya — 442
I 49. t) Loki und Nanna — 443
I 49. u) Loki und Skadi — 443
I 49. v) Loki und Hel — 443
I 49. w) Loki und Ran — 444
I 49. x) Loki und Sigyn — 444
I 49. y) Loki und Wali — 444
I 49. z) Loki und Nari — 444
I 49. aa) Loki und Fenrir — 445

I 50.	*Loki in Kenningarn*	**446**
I 51.	*Loki in Personennamen*	**451**
I 52.	*Loki in Ortsnamen*	**452**
I 53.	*Loki in Pflanzennamen*	**453**
I 54.	*Loki im nordischen Brauchtum*	**457**
I 55.	*Loki in Zaubersprüchen*	**459**
I 55. a)	Norwegisches Runen-Lied	459
I 55. b)	„Pfurz-Runen"	459
I 55. c)	Galdrabok	460
I 56.	*Jakob Grimm: Deutsche Mythologie*	**462**
I 57.	*Zusammenfassung*	**469**
I 58.	*Betrachtungen zur Entwicklung des Loki*	**473**

II Loki in der indogermanischen Überlieferung   **474**

II 1. Loki bei den West-Indogermanen   *475*
  II 1. a) Loki bei den Kelten   475
  II 1. b) Loki bei den Römern   475
  II 1. c) Loki bei den Kelto-Romanen   476
  II 1. d) Loki bei den Germanen   476
  II 1. e) Loki bei den Germano-Romanen   477
  II 1. f) Loki bei den Slawen   477
  II 1. g) Loki bei den Balten   478
  II 1. h) Loki bei den Balto-Slawen   479
  II 1. i) Loki bei den West-Indogermanen   479

II 2. Loki bei den Süd-Indogermanen   *480*
  II 2. a) Loki bei den Hethitern   480
  II 2. b) Loki bei den Süd-Indogermanen   480

II 3. Loki bei den Ost-Indogermanen   *481*
  II 3. a) Loki bei den Persern   481
  II 3. b) Loki bei den Indern   483
  II 3. c) Loki bei den Skytho-Indern   484
  II 3. d) Loki bei den Griechen   484
  II 3. e) Loki bei den Ost-Indogermanen   487

II 4. Loki bei den Indogermanen   *488*

III   Loki in der jungsteinzeitlichen Überlieferung   494
III 1. Loki bei den Nordvölkern (Indogermanen)   *494*
III 2. Loki bei den Westvölkern   *495*
    III 2. a) Loki bei den Ägyptern   495
    III 2. b) Loki bei den Semiten   495
III 3. Loki bei den Ostvölkern   *497*
    III 3. a) Loki bei den Sumerern und Babyloniern   497

IV   Loki in der altsteinzeitlichen Überlieferung   499

V   Biographie des Loki   500

VI   Das Aussehen des Loki   513

VII   Zugang zu Loki   519

VIII   Hymnen an Loki   520
VIII 1. Gebete   *520*
    VIII 1. a) Bitte an Loki   520
VIII 2. Mythologische Lieder   *521*
    VIII 2. a) Sänger-Wettstreit   521
    VIII 2. b) Odin, Hönir und Loki   538
    VIII 2. c) Der Kampf der beiden Robben   543
    VIII 2. d) Heimdalar-Galdr   549
    VIII 2. e) Thor und Thrivaldi   562

IX   Traumreise zu Loki   587
IX 1. Traumreise nach Asgard   *587*
IX 2. Traumreise zu Loki   *589*

X   Loki heute   598

    Themenverzeichnis   599

I Die germanische Überlieferung

Loki ist einer der vielfältigsten und widersprüchlichsten Götter in den Mythen der Germanen, der in seiner Listigkeit zugleich der Feind und der Helfer der Götter ist. Loki ist auch einer der Götter mit den meisten verschiedenen Mythen.

I 1. Die Namen des Loki

Der „Hauptname" dieses Gottes ist „Loki", aber er wird auch häufig „Loptr" genannt.

I 1. a) „Loki"

Der Name „Loki" könnte sich von altnordisch *„lok"* für „Riegel, Schloß, Verschluß, Deckel, Decke, Bedeckung, Ende" und für „Verlockung, Verführung" herleiten.

Mit diesem Wort ist auch *„lokkr"* für „Locke" und *„lok"* für „Farn" verwandt. Der Name des Farns bezieht sich vermutlich darauf, daß die jungen Farnpflanzen wie eine „Locke" aufgerollt sind.

Der Name „Loki" könnte daher die Bedeutung „Gefangener", „Lockiger", „der am Ende", „Lockiger" und „Verführer" haben. Alle diese Deutungen würden zutreffen:

- Loki wird von den Asen gefangengesetzt,
- Loki könnte durchaus Locken haben,
- Loki spielt am Ende beim Ragnarök eine wichtige Rolle (er „beendet" den Sommer),
- Loki verführt die Asinnen und er „verführt" durch seine Listen Thor, Hödur und andere Asen.

Im Germanischen findet sich fast genau dieselbe Bedeutung für das Wort *„luka"*, das die Wurzel von altnordisch *„lok"* ist.

„Luka" bedeutet „Loch, Lücke, Höhle/Hölle, Versteck, Verschluß, Riegel, Bolzen, Ende, Drehung, Locke, Verlockung, Anlockung, Täuschung".

Mit diesem Wort ist neben den deutschen Substantiven „Loch", „Lücke" und „Verlockung" auch noch das Wort „Luke" verwandt.

Die indogermanische Wurzel dieser Worte ist das Verb „*leug*" für „biegen", das auch die Nebenbedeutungen „Verzwirnung" und „Knoten" zu haben scheint, aus der heraus sich die Bedeutung „Verschluß" entwickelt hat.

Zunächst war „*leug*" jedoch einfach das „Gebogene" und somit auch die „Locke".

Man kann somit davon ausgehen, daß Loki, falls sein Name bis ins Indogermanische zurückreichen sollte, entweder als der „Lockige" oder als der „Gefangene" bezeichnet worden ist.

Es gibt zumindestens die Möglichkeit, den Namen dieses Gottes auch als eine Variante des Wortes „Lohe", also „Flamme" zu deuten.

Dieses Wort lautet im Isländischen „*leygr*", im Schwedischen „*låga*" im Althochdeutschen „*loug*" und im Mittelhochdeutschen sowie im Neuhochdeutschen „Lohe".

Im Germanischen lautete dieses Wort „*laugaz*" und in einer anderen Variante „*luhän*". „*Laugithä*" war ein Name für den Blitz.

Diese Worte stammen von indogermanisch „*leug*" für „licht, hell, leuchten, sehen" ab, das von seiner Schreibung her mit „*leug*" für „gebogen" identisch ist.

Ein weiteres, sehr ähnlich klingendes Wort, das gut zu dem Charakter des Loki passen würde, ist das altnordische „*ljuga*" für „lügen", das von dem germanischen „*leugan*" für „lügen" abstammt, das wiederum eine Weiterentwicklung zu indogermanisch „*leugh*" für „lügen" ist.

Vermutlich ist „lügen" ursprünglich als „verbogene Rede" bezeichnet worden – ähnliche wie man illegale Taten eine Zeitlang als „krumme Dinger drehen" bezeichnet hat.

Die wahrscheinlichste Herleitung des Namens dieses Gottes ist jedoch die von „lok", die den Loki als den „Gefangenen" kennzeichnen würde, weil die Gefangenschaft des Loki ein wesentliches Element seiner Mythe gewesen ist. Allerdings ist er auch ein guter Lügner …

Es ist gut denkbar, daß „Loki" nicht der ursprüngliche Name dieses Gottes ist, sondern eine Umschreibung, die den Gott magisch unschädlich machen, d.h. gefangensetzen sollte. Dieses Verfahren findet sich u.a. bei der Umschreibung des Bären, dessen alter Name „Urs" lautete, als „der Braune" („Bär").

Dieses Verhalten hat zu dem Sprichwort „Mal den Teufel nicht an die Wand!" geführt – heute würde man eine solche Haltung „positives Denken" nennen.

I 1. b)   Der Name „Lodur"

Der Name „Lodur" könnte von dem Verb *„loda"* abgeleitet sein, das „etwas festhalten, sich an etwas festklammern, an etwas festkleben" bedeutet. Ein „Lodur" wäre dann jemand, der etwas festhält. Falls mit „Lodur" jedoch ein „Festgehaltener" gemeint sein sollte, wäre „Lodur" einfach eine Variante von Loki, dessen Namen vermutlich „Eingesperrter" bedeutet.

Die Bedeutung von *„loda"* scheint jedoch noch andere Aspekte umfaßt zu haben, da das von diesem Verb abgeleitete Substantiv *„loddari"* in etwa „Jongleur, Gaukler" bedeutete – was ja durchaus auch zu Loki passen würde.

Im Germanischen bedeutet *„ludro"* in etwa „Nichtiger, Nichtsnutz, Wertloser", was eine Weiterentwicklung von indogermanisch „leu" für „Schlaffer, Hängender" ist. Gaukler besaßen anscheinend keine besonders hohes Ansehen …

Auch germanisch *„lod"* für „Frucht" stammt von dem indogermanischen „leu" ab und ist als „die Hängende" bezeichnet worden.

Da *„ludro"* mit dem lateinischen *„ludo"* für „Spiel" verwandt ist, wird die Bedeutung „Gaukler, Spieler" vermutlich bis zu der Sprache der gemeinsamen Vorfahren der Germanen und Römer, also bis zu der Sparche westlichen West-Indogermanen (Kelten, Römer, Germanen) um ca. 2000 v.Chr. zurückreichen.

I 1.   c)   „Loptr"

Der dritte Name des Loki lautet „Loptr" und bedeutet „Luft". Von dieser Grundbedeutung leiten sich „Himmel" und „oben" ab. Ein *„lopt-eldr"*, also ein Luft-Feuer" bzw. ein „Himmels-Feuer" ist ein „Blitz".

Dieser Name des Loki könnte mit seinen magischen Schuhen in Zusammenhang stehen, mit denen er durch die Luft laufen kann. Wenn dies zutrifft, muß es einst eine Mythe gegeben haben, in der diese Schuhe wichtig waren – diese Erzählung ist leider nicht überliefert worden.

I 1. d)   „Hvedrungr"

„Hvedrungr" ist weiterer Name des Loki. Dies ergibt sich daraus, daß in der „Vision der Seherin" der Fenris-Wolf „Hvedrungen-Sohn" genannt wird:

Nicht säumt Siegvaters erhabner Sohn
Mit dem Leichenwolf, Widar, zu fechten:
Er stößt dem Hwedrungen-Sohn den Stahl ins Herz
Durch gähnenden Rachen: so rächt er den Vater.

Siegvater ist Odin; sein Sohn ist hier Widar; der Leichenwolf ist Fenrir Loki-Sohn.

Im Ynglingatal des Thjodolfr von Hvini wird Hel, die Schwester des Fenrir, „Hvedrungen-Tochter" genannt.

Schließlich erscheint Hvedrungr noch in den Thulur, die die Namen der Riesen auflisten – Loki wird mal zu den Asen, mal zu den Riesen gezählt.

Der Name „Hvedrungr" leitet sich von „hvedr" für „Wind" ab – ein „Hvedrungr" ist jemand, der zum Wind gehört – ein „Wind-Junge" oder ein „Windling".
Dieser Name ist wie „Lopt" („Luft") eine Anspielung darauf, daß Loki mithilfe seiner magischen Flugschuhe in der Lage ist, durch die Luft zu laufen.

I 1. e)   Personennamen mit „Loki" oder „Loptr"

„Loki" und „Lopt" gab es auch als Personennamen. Neben „Loki" gab es auch einige Namen wie „Lokke" oder „Lok", die „Locken(-kopf)" bedeuteten.
Mit dem Namen „Loptr" wurde der Frauenname „Lopthäna", also „Luft-Huhn" oder „hohes Huhn" gebildet. Dieser Name ist insofern interessant, als Loki/Lopt in den Mythen des öfteren zusammen mit Odin und Hönir („Hahn/Huhn") erscheint und dieser Personenname daher auch „Loki-Hönir" bedeuten könnte – zumal beide in den frühen Skaldenliedern manchmal als „Freunde" bezeichnet werden.
Es könnte daher ein engerer Zusammenhang zwischen Loki und Hönir bestehen, als es aus den überlieferten Mythen ersichtlich ist.
Es ist jedoch nicht auszuschließen, daß „Loptr" in den Personennamen einfach „Luft" bedeutet und sich nicht auf Loki bezieht.

Diese vier Namen des Loki könnten zwei verschiedene Phasen in seinen Mythen darstellen: Er könnte als Loki ein gefangener Gott sein und als Loptr ein frei umherfliegender Gott. Falls dies zutrifft, sollten die Mythen des Loki einen zyklischen Charakter haben und einen Wechsel zwischen zwei Polen enthalten.

I 2. Loki-Kenningar

Die Umschreibungen des Loki geben einen ersten Überblick über die Vielfalt des Charakters und der Mythen dieses Gottes.

I 2. a) Skaldskaparmal

„Wie soll man Loki umschreiben?"
„So: Indem man ihn Sohn des Farbauti und der Laufey oder der Nal nennt;
Bruder des Byleistr und des Helblindi;
Vater des Ungeheuers von Van und des riesigen Ungeheuers und der Hel und des Nari und des Ali;
Verwandter und Onkel, böser Begleiter und Bankgenosse des Odin und der Asen;
Besucher und Kisten-Fang des Geirröd;
Dieb der Riesen, des Ziegenbocks, des Brisingamen, der Äpfel der Idun;
Verwandter des Sleipnir;
Mann der Sigyn;
Feind der Götter,
Verletzer von Sifs Haar,
Unheil-Schmied,
Listen-Gott,
Beschimpfer und Betrüger der Götter,
Betreiber von Baldurs Tod;
gefesselter Gott,
Ringkampf-Gegner des Heimdall und der Skadi."

Aus diesen Umschreibungen ergibt sich u.a. eine erste Skizze des Stammbaumes des Loki:

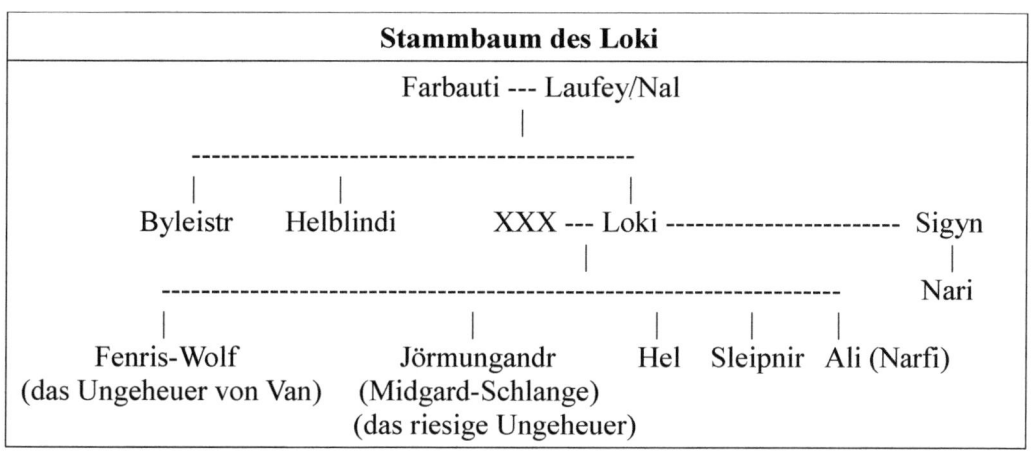

Die beiden Loki-Söhne „Nari" und „Ali" haben eine menschliche Gestalt, aber zumindestens Ali kann sich in einen Wolf verwandeln bzw. wird den Asen in einen Wolf verwandelt. „Nari" bedeutet „Leiche" und „Ali" bedeutet möglicherweise „zahm". Ali wird auch „Narfi" genannt, was „Nacht" bedeutet. Der Name „Ali" wird auch „Wali" geschrieben, was dann „Erwählter, Toter" bedeutet.

Loki ist offensichtlich eng mit dem Tod verbunden, da Hel, die Herrin der Unterwelt, seine Tochter ist. Sie erscheint des öfteren auf einem Wolf (Fenrir) reitend, den sie mit einem Schlangen-Zaumzeug (Jörmungandr) lenkt. Die drei Geschwister sind gemeinsam das Bild des nahenden Todes.

Sleipnir ist das Pferd des Schamanengottes Odin, dessen zentrale Aufgabe der Ritt ins Jenseits ist – auch das zeigt Lokis engen Bezug zum Jenseits. Auch die Namen seiner beiden Söhne Nari („Leiche") und Narfi („Nacht") bzw. „Wali" („Toter") passen gut in dieses Bild.

Loki wird in den von Snorri Sturluson aufgeführten Kenningarn zwar *„ Verwandter des Odin und der Asen"* genannt, aber diese Verwandtschaft wird in diesen Umschreibungen nicht genauer erklärt.

Auch die Bezeichnung als *„ Onkel des Odin und der Asen"* ist wahrscheinlich nicht allzu wörtlich gemeint, da in dem Fall, daß Loki der Onkel des Odin wäre, einer der Geschwister des Loki, von denen nur Byleistr und Helblindi bekannt sind, der Vater von Odin sein müßte – worüber nirgendwo berichtet wird. „Onkel" bedeutet hier demnach wohl eher diffus „älterer männlicher Verwandter".

Die Umschreibung *„Bankgenosse des Odin und der Asen"* ist ähnlich ungenau und sagt letztlich nur aus, daß Loki zur Sippe der Asen gehört.

Loki ist offensichtlich des öfteren ein Dieb, da er mit Namen umschrieben werden kann, die auf seinen Raub des Ziegenbocks (vermutlich der des Thor), der Äpfel der Idun und des Brisingamens der Freya Bezug nehmen.

Er wurde jedoch auch selber gefangen, wie die Kenningar „*Raub der Riesen*", „*Besucher und Kisten-Fang des Geirröd*" und „*gefesselter Gott*" zeigen. Dieser Wechsel zwischen „*Loki als Gefangener*" und „*Loki als Dieb*" könnte mit der Polarität „Loki/Lodur" („Gefangener") und „Loptr/Hvedrungr" („Luft, Wind") zusammenhängen.

Loki war offenbar generell der Verursacher allen Unheils, weshalb er „*Listen-Gott*", „*Unheil-Schmied*", „*Beschimpfer und Betrüger der Götter*", „*böser Begleiter des Odin und der Asen*", „*Feind der Götter*", „*Verletzer von Sifs Haar*", „*Betreiber von Baldurs Tod*" und „*Ringkampf-Gegner des Heimdall und der Skadi*" genannt werden konnte.

Man kann vermuten, daß diese „Kämpfe" und dieses „Unheil" die Dynamik des Wechsel zwischen den beiden Polen in den Mythen des Loki sind:

Polarität in den Loki-Mythen		
1. Pol: - gefangen -	*Dynamik des Wechsels* *zwischen den beiden Polen*	*2. Pol:* - frei -
Loki: „Gefangener"	Diebstahl, Betrug, Kampf	Loptr: „Luft"
Lodur: „Festgehaltener"		Hvedrungr: „Wind"

I 2. b)   Asen-Heitis

In diesem kurzen Lied, dessen Verfasser unbekannt ist, werden die Namen der Asen aufgezählt:

Ich werde euch
die Asen-Heitis sagen:
Dies sind Yggr und Thor
und Yngvi-Freyr,
Vidar und Baldur,
Vali und Heimdall,
das sind Tyr und Njörd,
weiterhin Bragi,
Hödur, Forseti,
und schließlich ist da noch Loki.

Der letzte Vers klingt ganz so, als ob Loki eine Sonderstellung unter den Asen hätte – eben die des Betrügers und Feindes ...

I 2. c)   Fortsetzung des Edda-Prologs

Die Geschichte, die Snorri in seiner Einleitung zur Edda berichtet, wird von ihm später in seinem Buch über die germanischen Religion noch einmal fortgesetzt. Dort wird auch Loki genannt:

Die Asen setzten sich jedoch zu einem Ratsgespräch zusammen und besprachen all die Dinge, die sie gerade dem Gylfi erzählt hatten, und gaben genau die Namen, die eben genannt worden waren, den Menschen und den Orten dort (Schweden)*, damit dann, wenn lange Zeiten vergangen sein werden, die Menschen keinen Zweifel daran haben werden, daß sie alle dieselben gewesen sind – die Asen, über die in den Geschichten oben berichtet wurde, und die, denen nun dieselben Namen gegeben wurden.*

So wurde nun einem von ihnen der Name Thor gegeben – und damit war der alte Thor der Asen, also Ökothor gemeint – und ihm schrieben sie die Taten zu, die Thor, also Hek-tor, in Troja vollbracht hat.

Und man glaubt, daß die Türken Geschichten über Odysseus erzählten und daß sie ihm den Namen Loki gaben, weil die Türken ihm gegenüber besonders feindlich gesonnen waren.

Snorri berichtet hier, daß die Eroberer aus Troja („Asen") den Schweden (erfundene) Geschichten erzählten und sich selber als die Handelnden in diesen Geschichten ausgaben und zudem die Orte in Schweden nach den Orten aus diesen Geschichten aus den halbhistorischen griechischen Sagen benannten, damit die Menschen in späteren Zeiten glauben würde, das die Asen, also die Eroberer aus Troja, wirklich derartig große Heldentaten vollbracht hatten.

Ähnliche Deutungen der Mythen finden sich auch noch an anderen Stellen in Snorris Schriften. Es ist bemerkenswert, daß Snorri trotz dieser wenig ruhmreichen Interpretation der germanischen Mythen so eifrig diese alten Geschichten aufgeschrieben hat.

Hektor war der älteste Sohn des Königs Priamos von Troja. Er soll bei den Germanen zu dem Gott Thor, dem ältesten Sohn des Asen-Königs Odin, geworden sein.

„Türken" = „Asen" (Troja, das von Snorri Sturluson Asgard gleichgesetzt wurde, liegt an der Westküste der Türkei)

Die Trojaner waren für Snorri „Türken" und Odysseus war ein Grieche – beide Parteien führten den Trojanischen Krieg gegeneinander.

Loki wird hier auf den listenreichen Odysseus zurückgeführt, der unter den Gestalten aus den griechischen Sagen von seinem Wesen her dem Loki offensichtlich am ähnlichsten gewesen ist.

I 2. d) Der Name „Lodur" in Kenningarn

Die germanischen Skalden haben für Odin die Kenning *„Lodurs Freund"* benutzt. Da Odin auch *„Lopts Freund"* genannt wurde und Lopt ein Beiname des Loki ist, sind Lodur und Lopt offenbar identisch.

I 3.   Loki der Unheilstifter

Loki wird in den Mythen generell als der Verursacher von vielen Abenteuern, Verwicklungen und von allen Arten von Unheil geschildert.

I 3. a)   Skaldskaparmal

Loki erscheint als einer der zwölf wichtigsten Götter am Anfang des Skalden-Lehrbuches Skaldskaparmal:

Ein Mann heißt Ägir oder Hler; er bewohnte das Eiland, das nun Hlesey heißt, und war sehr zauberkundig. Er unternahm eine Reise nach Asgard; und als die Asen von seiner Fahrt erfuhren, wurde er wohl empfangen, jedoch mit allerlei Sinnverblendungen.
   Und am Abend, als das Trinken beginnen sollte, ließ Odin Schwerter in die Halle tragen, die waren so glänzend, daß ein Schein davon ausging und es keiner andern Beleuchtung bedurfte, während man aß und trank.
   Da kamen die Asen zu ihrem Gelage und zwölf der Asen, die da zu Richtern bestellt waren, setzten sich auf ihre Hochsitze. Dies sind ihre Namen: Thor, Niörd, Freyr, Tyr, Heimdall, Bragi, Widar, Wali, Ullr, Hönir, Forseti, Loki.

Vermutlich steht Loki nicht ohne Grund wie in dem schon angeführten anonymen Lied über die Asen-Heitis an der letzten Stelle dieser Aufzählung …
   In Snorris Liste fehlen Odin sowie die beiden Brüder Baldur und Hödur. Dafür erscheinen in ihr Hönir und Ullr.
   Snorri rechnet Loki zu der „runden Zwölfheit" der Asen von Asgard dazu, während Loki in den Asen-Heitis der dreizehnte ist, der die „runde Zwölfheit" zerstört. Daraus kann man schließen, daß Loki zu den Asen gehört, aber auch deren Feind ist. Diese zwiespältige Position wird auch dazu geführt haben, daß Loki als Letzer aufgeführt wird.

die Asen von Asgard	
„Asen-Heitis"	*„Skaldskaparmal"*
Thor	Thor
Yngvi-Freyr	Freyr
Vidar	Vidar
Vali	Wali
Heimdall	Heimdall
Tyr	Tyr
Njörd	Njörd
Bragi	Bragi
Forseti	Forseti
Yggr (Odin)	
Baldur	
Hödur	
	Hönir
	Ullr
Loki	
12 Asen + Loki	*Loki ist einer der 12 Asen*

I 3. b) Gylfis Vision

Man zählt des weiteren noch einen zu den Asen, den einige den Verlästerer der Götter, den Anstifter alles Betrugs, und die Schande der Götter und Menschen nennen.

Sein Name ist Loki oder Loptr, und sein Vater der Riese Farbauti; seine Mutter heißt Laufey oder Nal; seine Brüder sind Bileist und Helblindi.

Loki ist schmuck und schön von Gestalt, aber böse von Gemüt und sehr unbeständig. Er übertrifft alle anderen an Schlauheit und an jeder Art von Betrug.

Er brachte die Asen in so manche Verlegenheit; doch half er ihnen oft auch durch seine Klugheit wieder heraus.

Seine Frau heißt Sigyn, und deren Sohn Nari oder Narwi.

Loki hat zwar einen Riesen zum Vater, aber das bedeutet jedoch nicht unbedingt, daß auch Loki selber zu den Riesen zählt, da die Asen generell von den Riesen abstammen.

„Farbauti" bedeutet „gefährlicher Schläger" – ein typischer Riesenname.

„Laufey" bedeutet „Laubinsel" – falls dies die Jenseitsinsel sein sollte, wäre Laufey mit der Jenseitsriesin Hel, der Herrin des Totenreiches, identisch. Dann wäre Loki sowohl der Sohn der Jenseitsgöttin (Laufey/Nal) als auch ihr Vater (Hel).

I 3. c) Die Bar-Rune

Im norwegischen Runenlied tritt in der 13. Strophe, die die Rune „Bar" beschreibt, Loki auf. Er wird dort als erfolgreicher Betrüger beschrieben.

Die erste Zeile der beiden Runen-Verse beginnt mit dem Namen dieser Rune: „bjarkan", d.h. „Birke".

Die Birke hat die grünsten Blätter aller Bäume;
Loki war oft erfolgreich mit seinen Betrügen.

Aus welchem Grund Loki jedoch mit der Bar-Rune und mit der Birke assoziiert worden ist, ist unklar. Da die Bar-Rune im allgemeinen ausgesprochen friedlich ist und mit Schutz, Geborgenheit und Taufe assoziiert worden ist, läßt sich am ehesten noch ein Zusammenhang mit einem Haus oder einer verschlossenen Kammer vorstellen, in der Loki gefangen ist – aber das ist eine sehr unsichere Deutung.

Wie man sieht, kannten auch die Germanen schon die Farbe „Maigrün", die sie „Birkengrün" nannten …

I 3. d) Nordgermanische Sprichworte

In einigen Sprichworten aus den Nordländern erscheint Loki als Lügner, was auch ein Aspekt seines Unheilstiftens ist.

Die Redewendung *„Lokis Briefe tragen"* und *„Lokis Märchen zuhören"* werden für „lügen" bzw. „einer Lüge zuhören" benutzt.

In Island wird eine besonders große Lüge „*Lokalygi*", also eine „*Loki-Lüge*" genannt.

In Dänemark sagt man von Vögeln während ihrer Mauser, daß sie „*in Lokis Fußspuren gehen*" – anscheinend stiehlt Loki ihnen ihre Federn.

I 3. e) Finnische Traditionen

Die Finnen zählen nicht zu den indogermanischen Völkern, aber da sie zur Zeit der Niederschrift der Edda um 1220 n.Chr. schon über 2.500 Jahre lang die nordöstlichen Nachbarn der Germanen gewesen sind, hat zwischen beiden Völkern ein intensiver Austausch von religiösen Motiven stattgefunden.

Bei den Finnen ist ein Geist mit dem Namen „Lukki" bekannt, der u.a. für Rachitis bei Kindern verantwortlich gemacht wurde. Man nahm an, daß diese Kinder Wechselbälger des Lukki seien, daß er also das gesunde Kind gestohlen und dafür ein krankes Kind dagelassen hat, daß dem gestohlenen Kind zum Verwechseln ähnlich sieht.

I 4.   Loki raubt den Ring Andvarinaut

Loki spielt in vielen verschiedenen Mythen eine Rolle. In einigen von ihnen hat er die Rolle des Räubers – manchmal handelt er dabei im Sinne der Asen, aber manchmal auch gegen ihren Willen.

Der Raub des Ringes Andvarinaut setzt die tragische Dramatik der Nibelungensage in Gang. Offenbar ist dieser Raub eine wichtiges Thema gewesen.

I 4. a)   Skaldskaparmal

In der Edda wird die gesamte Nibelungensage kurz zusammengefaßt. Die gesamte Sage der Nibelungen und der Völsungen, also der Vorfahren des Sigurd/Siegfried mit allen ihren verschiedenen Überlieferungen ist sehr umfangreich (siehe den Band 38 über „Sigurd").

Zum Verständnis der Rolle des Loki reicht jedoch der Überblick, den die Edda gibt, weitgehend aus.

Es wird erzählt, daß drei der Asen ausfuhren, die Welt kennenzulernen: Odin, Loki und Hönir.

Die ist eine Eröffnung, die sich in mehreren Mythen und Sagen findet und die beinahe dem „Es war einmal …" der Märchen entspricht. Oft sind es Odin, Hönir und Loki, die wie Wikinger ausziehen, um die Welt zu entdecken, aber manchmal variiert die Zusammensetzung dieser Dreiergruppe auch ein wenig.

Sie kamen zu einem Fluß und gingen an ihm entlang bis zu einem Wasserfall, und bei dem Wasserfall war ein Otter, der hatte einen Lachs gefangen und aß ihn blinzelnd.

Da es sich hier um eine Götter-Geschichte, also um eine Mythe handelt, besteht zumindestens der begründete Anfangsverdacht, daß dieser Fluß der Jenseitsfluß sein könnte und der Otter folglich ein Bewohner des Jenseits.

Da hob Loki einen Stein auf und warf nach dem Otter und traf ihn am Kopf. Da rühmte Loki seine Jagd, daß er mit einem Wurf Otter und Lachs erjagt habe.

Diese Tat des Loki setzt die gesamte folgende Dramatik in Gang – wobei es an dieser Stelle bemerkenswert ist, daß Loki zwar geschickt ist, aber daß er zumindestens in dieser Version der Mythe keine böse Absicht hat.

Darauf nahmen sie den Lachs und den Otter mit sich. Sie kamen zu einem Gehöft und traten hinein, und der Bauer, der es bewohnte, hieß Hreidmar und war ein gewaltiger Mann und sehr zauberkundig.

Der Logik von Mythen, Sagen und Märchen zufolge kommt man, wenn man am Jenseitsfluß jemanden getötet hat, in die Unterwelt. Wenn die Auffassung des Flusses als Jenseitsfluß zutrifft, müßte Hreidmar ein Bewohner des Jenseits sein.

Eine erste Bestätigung für diese Annahme ist es, daß der Bauer „sehr zauberkundig" ist, da die Magie ihre Wurzeln im Jenseits bei den Ahnen und den Göttern hat und das Metier der Schamanen und Priester ist, die von Berufs wegen Kontakt zum Jenseits haben.

Der Name des Bauern setzt sich aus „hreid" für „Nest, Flechtwerk, Zaun" und „mar" für „berühmt" zusammen. „Hreidmar" bedeutet somit „berühmte Wohnstatt". Wenn dieser Name wie in Mythen und Sagen üblich das Wesen des Bauern beschreibt, muß Hreidmar an einem weithin bekannten Ort wohnen. Da ein einfacher Bauernhof kein „weithin bekannter Ort" sein kann, ist dieser Ort evtl. das Jenseits.

Da baten die Asen um Nachtherberge und sagten, sie hätten Mundvorrat bei sich, und zeigten dem Bauern ihre Beute.
Als aber Hreidmar den Otter sah, rief er seine Söhne Fafnir und Regin herbei und sagte, daß ihr Bruder Otr erschlagen worden sei, und er sagte auch, wer es getan hätte.

Die Dreizahl der Söhne des Hreidmar läßt vermuten, daß es sich bei ihnen um eine Umdeutung der drei Götter handelt, die des öfteren in den nordgermanischen Mythen auftreten.

Die drei Götter sind u.a. die Repräsentanten der drei Stände der germanischen Gesellschaft. Odin vertritt die Fürsten und Krieger, Hönir die Priester und Heiler und Loki schließlich die Bauern und Handwerker.

Regins Name bedeutet „Herrscher". Er entspricht somit den Kriegern und Fürsten. Otr der „Otter" ist anscheinend der Jenseitsreisende (Fluß, Tod) und somit der Repräsentant der Priester und Heiler. Somit bleibt für Fafnir, dessen Name „Gieriger" bedeutet, die Rolle des Vertreters der Bauern und der Handwerker.

Odin, Hönir und Loki sind die drei Stände-Repräsentanten aus der Odin-zentrierten Religion. Regin, Fafnir und Otr könnten diese drei Repräsentanten aus der früheren Tyr-zentrierten Religion sein. Da diese drei als die Söhne des Tyr angesehen worden sind, müßte Hreidmar der ehemalige Sonnengott-Göttervater Tyr sein. Der Streit zwischen Odin, Hönir und Loki auf der einen Seite und Hreidmar, Regin, Fafnir und Otr auf der anderen Seite wäre dann der Kampf, in dem Tyr um 500 n.Chr. als Göttervater abgesetzt worden ist.

	die drei Stände	
Stand	***Hreidmar-Söhne*** *(Tyr-zentrierte Religion bis 500 n.Chr.)*	***Asen*** *(Odin-zentrierte Religion ab 500 n.Chr.)*
Fürsten und Krieger	Regin	Odin
Priester und Heiler	Otr	Hönir
Bauern und Handwerker	Fafnir	Loki

Da ging der Vater mit den Söhnen auf die Asen los, sie griffen und banden sie und sagten, der Otter wäre Hreidmars Sohn gewesen.

Es sieht sehr unwahrscheinlich aus, daß ein Bauer mit seinen beiden Söhnen drei Asen überwältigen und fesseln kann. Diese Szene ist offenbar für die folgenden Ereignisse notwendig. Die bisherige Deutung des Hreidmar und seiner „weithin bekannten Wohnstatt" als das Jenseits würde naheliegen, die Gefangenschaft der drei Asen als einen Aufenthalt in der Unterwelt anzusehen, d.h. als ihren Tod oder zumindestens eine Jenseitsreise.

Der beiden einzigen Kämpfe, die die Asen in großem Stil mit anderen, ihnen ebenbürtigen Wesen geführt haben, ist der mit Tyr und der mit den Wanen. Dies bestätigt die Annahme, daß Hreidmar eine Variante des Tyr ist.

Die Asen boten Lösegeld soviel als Hreidmar selbst verlangen würde, und das wurde zwischen ihnen vereinbart und mit Eiden bekräftigt. Da wurde der Otter abgezogen, und Hreidmar nahm den Balg und sagte, sie sollten den Balg mit rotem Gold füllen und ebenso von außen hüllen, und damit sollten sie Frieden kaufen.

Die Germanen nannten das Gold nicht „gelb", sondern „rot". Entweder war der Farbname, der normalerweise mit „rot" übersetzt war, nicht exakt das, was wir heute unter „rot" verstehen, oder das Gold enthielt damals einen hohen Kupferanteil und war daher rötlich – was durch die Archäologie allerdings nicht bestätigt wird.

Das Füllen des Otterfelles mit Gold und sein anschließendes Umhüllen mit weiterem Gold verbindet die Tat selber mit der Sühne für die Tat. Solche Sühnezahlungen waren ein fester Bestandteil der germanischen Rechtsauffassung.

Diese Zahlungen ermöglichen zumindest im Prinzip, daß auf eine Tat nicht stets eine der Tat entsprechende Rache folgen mußte, die dann wiederum von der Gegenseite gerächt wurde usw., bis im Extremfall eine der beiden Parteien ausgerottet worden war.

Von der Symbolik her hätte es auch genügt, den Leib des toten Otr mit Gold zu bedecken – das Häuten seines eigenen Sohnes durch Hreidmar ist ja eigentlich befremdlich. Möglicherweise stammt dieses Motiv aus dem Brauch, für den Toten ein Herdentier zu opfern und den Toten mit diesem Tier zu identifizieren, indem man den Toten in das Fell dieses Tieres wickelt, dessen Zeugungskraft dann auf denn Toten übergeht und dessen Wiederzeugung mit der Jenseitsgöttin, die seiner Wiedergeburt durch die Jenseitsgöttin vorausgeht, magisch abzusichern.

Falls diese Assoziation tatsächlich zu dem Motiv des Häutens des Otters geführt haben sollte, dann hätte sie in dieser Mythe allerdings schon eine deutlich andere Funktion erhalten.

Da sandte Odin den Loki nach Schwarzalfenheim und er kam zu dem Zwerg, der Andvari hieß und ein Fisch im Wasser war. Loki griff ihn mit den Händen und heischte von ihm zum Lösegeld alles Gold, das er in seinem Felsen hatte.

Odin ist der Anführer der Asen-Gruppe und Loki der Listigste – folglich sendet Odin den Loki aus.

Zwerge sind Ahnengeister – „Dwergaz" bedeutet „Totengeist". Da die Wurzel dieses Wortes das indogermanische Verb „dreugh" für „betrügen" ist, daß sich nur bei den Nordwest-Indogermanen zu einer Bezeichnung für „Phantom" weiterentwickelt hat, ist der Ursprung der Zwerge wohl die Vorstellung von „bösen Gespenstern", d.h. von übelwollenden Totengeister gewesen.

Der Zwerg Andvari lebte in der Gestalt eines Fisches im Wasser, was die Deutung des Flusses in diesen Szenen als Unterwelt bestätigt: Der Zwerg Andvari ist ein Totengeist in der Wasserunterwelt.

Loki raubt folglich das Lösegeld für die Befreiung der Asen aus der Unterwelt, in der sie von Hreidmar aufgrund der Ermordung seines Sohnes gefangengehalten werden, aus eben dieser Unterwelt – das Lösegeld kommt aus der Unterwelt und geht wieder in die Unterwelt.

„Andvari" bedeutet „der Antwortende". Dies ist ähnlich wie „Fafnir" („Gieriger") ein sehr verkürzter Name, da er nicht aussagt, wem Andvari antwortet. In der Sage antwortet Andvari im Folgenden dem Loki – aber das wird nicht der Ursprung seines Namens sein. Man kann „Antworter" auch als „Rächer" auffassen.

In der Nibelungensage trägt Andvari den Namen „Alberich", d.h. „Albenkönig". Da auch die Alben/Alfen/Elfen Ahnengeister sind (allerdings wohlwollende), bestätigt dies die Auffassung des Andvari als Totengeist im Jenseits.

Im Völund-Lied wird tritt Tyr als Jenseitsschmied Wieland auf und wird dort von Loki-Nidud ebenfalls „Alfen-König" genannt. Es ist also anzunehmen, daß Andvari neben Hreidmar eine zweite Saga-Variante des ehemaligen Göttervaters Tyr ist. Das ist nicht so ungewöhnlich, wie es zunächst scheint, da bei der Absetzung des Tyr alle seine Mythen in ihre Einzelteile zerfallen sind und diese Einzelteile dann in die neugeschaffenen Mythen des Siegers Odin eingefügt worden sind. Auf diese Weise konnten zwei Tyr-Motive unter verschiedenen Tyr-Namen in dieselbe neue Mythe eingebaut werden – hier „Hreidmar" und „Andvari".

Und als sie in den Felsen kamen, trug der Zwerg alles Gold hervor, das er hatte, und das war ein gar großes Gut.

Da Andvari der Geist eines Toten ist, wird der „Felsen" die aus Steinplatten errichtete Grabkammer in einem Hügelgrab sein und das viele Gold somit ein Grabschatz. Das Plündern von Hügelgräbern war den Wikingern keineswegs fremd …

Da verbarg der Zwerg unter seiner Hand einen kleinen Goldring: Loki sah es und gebot ihm, den Ring herzugeben.
Der Zwerg bat, ihm den Ring nicht abzunehmen, weil er mit dem Ring, wenn er ihn behielte, sein Gold wieder vermehren könne.
Aber Loki sagte, er solle nicht einen Pfennig übrig behalten, nahm ihm den Ring und ging hinaus.

Dieser Ring ist offensichtlich das Wesentliche in dem Schatz des Andvari. Die Selbst-Vermehrung des Ringes des Andvari zeigt, daß dieser Ring mit dem Ring Draupnir des Odin identisch ist. Auch Draupnir wanderte zwischen dem Diesseits und dem Jenseits hin und her: Odin legte den Ring seinem toten Sohn Baldur mit auf den Scheiterhaufen und später, als Baldur in der Unterwelt bei Hel war, gab er dem Odins-Sohn Hermod, der die Funktion eines Schamane innehat, den Ring wieder mit, damit er ihn dem Odin zurückgab.

Der Ring des Andvari reist zwar vom Jenseits (Fluß des Andvari) ins Diesseits (Lokis Beschaffen des Lösegeldes) und dann wieder zurück ins Jenseits (Hreidmar), während der Ring Draupnir vom Diesseits (Odin) ins Jenseits (Hel) und wieder zurück ins Diesseits (Odin) wandert, aber beide Vorgänge sind sehr ähnlich und könnten Teile eines zyklischen Wechsels des Ringes zwischen Diesseits und Jenseits sein.

Zu dieser Deutung paßt auch, daß der Ring aus dem runden Symbol der Sonne entstanden ist und der Sonnenlauf das Urbild alles Zyklischen ist.

Lokis Tötung des Otr wäre innerhalb dieser Mythe dann die Ursache dafür, daß es diesen Zyklus überhaupt gibt.

Zudem ist Tyr bis 500 n.Chr. der Sonnengott-Göttervater gewesen, der damals der Besitzer dieses magischen Ringes gewesen sein wird.

Da sagte der Zwerg, der Ring solle jeden, der ihn besäße, das Leben kosten.
Loki versetzte, das sei ihm ganz recht und es solle gehalten werden nach seiner Voraussage; er werde es aber den schon wissen lassen, der ihn künftig besitzen solle.

Dieser Fluch des Andvari setzt sich in der folgenden Geschichte Schritt für Schritt um und ist der rote Faden ihrer Dynamik.

Möglicherweise liegt hier eine Umdeutung des Ringes als eines Hilfsmittels auf der Jenseitsreise in die Ursache für die Jenseitsreise, d.h. für den Tod vor. Dabei hat sicherlich die in den Sagas mehrfach beschriebene Angst der Wikinger vor den Geistern in den Hügelgräbern, die sie geplündert haben, eine große Rolle gespielt.

Loki scheint mit dem Fluch des Andvari ganz einverstanden gewesen zu sein, da er diesen Fluch sogar noch ausdrücklich bestätigt. Dadurch rückt Loki in die Rolle dessen, der selber diesen Fluch ausspricht.

Da die Ringsymbolik sich von einer Jenseitsreise-Hilfe zu einer Todesursache verschoben hat, könnte sich etwas ähnliches auch bei dem Fluch finden. Dies würde bedeuten, daß Lokis Bestätigung des Fluches des Andvari ebenfalls eine Umdeutung von Lokis Handlungen als Ursache des Ring-Zyklus wäre. Die ursprüngliche Version könnte daher ein bewußter Mord an Otr gewesen sein.

Es sieht somit so aus, als ob sowohl Tyr-Andvari als auch Loki die Ursache des Ring-Zyklus seien.

Da der Ring von seinem Ursprung her wahrscheinlich ein Sonnensymbol ist, könnte es sein, daß Loki einst auch als die Ursache des Wechsels der Jahreszeiten angesehen worden ist, da die Jahreszeiten von dem zyklisch wechselnden Stand der Sonne am Himmel abhängen.

Da fuhr Loki zurück zu Hreidmars Haus und zeigte Odin das Gold, und als er den Ring sah, schien er ihm schön. Er nahm ihn vom Haufen und gab das übrige Gold dem Hreidmar.

Es ist beachtenswert, daß Loki das Gold und den Ring zunächst dem Odin gibt und nicht einfach den Otterbalg mit Gold füllt und das restliche Gold um ihn herum aufhäuft.

Odin ist derjenige, der den Loki ausgesandt hat, um das Gold zu holen, und er ist auch derjenige, der das von dem Zwerg, d.h. aus dem Hügelgrab geraubte Gold empfängt – so wie Hermod den Ring Draupnir von Baldur aus der Hel zurück zu Odin bringt.

Da füllte Hreidmar den Otterbalg, so dicht er konnte, und richtete ihn auf, als er voll war.

Otter können sehr gut „Männchen machen". In dieser Haltung des Otters war natürlich sehr viel mehr Gold notwendig, um ihn zu bedecken als wenn der Otter auf der Erde liegen würde. Es hat den Anschein, als ob Hreidmar eine große Gier in sich tragen würde aus dieser heraus einem seiner Söhne den Namen „Fafnir", der wörtlich „Umarmer" und im übertragenden Sinne „Gier" bedeutet, gegeben hätte.

Da ging Odin hinzu und sollte ihn mit dem Gold hüllen. Als er das getan hatte, sprach er zu Hreidmar, er solle schauen, ob der Balg vollständig umhüllt sei. Hreidmar ging hin und sah genau hin und fand ein einziges Barthaar und gebot auch das zu hüllen, denn sonst wäre ihr Vertrag gebrochen.
Da zog Odin den Ring hervor, hüllte das Barthaar und sagte, hiermit habe er sich nun der Otterbuße entledigt.

Auch diese Szene zeigt, daß es bei dem Schatz des Andvari letztlich nur um den magischen Ring geht. Der Schatz selber ist sehr wahrscheinlich nur eine Ausweitung dieses Motivs, die entstanden ist, als der in der früheren Mythe zwischen Diesseits und Jenseits hin- und herwandernden Ring in die Nibelungen-Sage übertragen worden ist, in der aus diesem Thema ein Grabraub wurde.

Und als Odin seinen Speer genommen hatte und Loki seine Schuhe und sie sich dann nicht mehr zu fürchten brauchten, da sprach Loki, es sollte dabei bleiben, was Andvari gesagt hatte, daß der Ring und das Gold den Besitzer das Leben kosten solle – und so geschah es seitdem.
Darum heißt das Gold Otterbuße und der Asen Notgeld.

Odins stets treffender und stets zu ihm zurückkehrender Speer und Lokis Schuhe, die es ihm ermöglichten, durch die Luft zu fliegen, sind die magischen Gegenstände dieser beiden Asen. Von Hönir, dem dritten Asen, ist kein solcher magischer Gegenstand bekannt.
Hier bestätigt Loki ein zweites Mal ausdrücklich den Fluch des Andvari. Dies erweckt den Anschein, als ob es eigentlich Loki sei, der die Dynamik dieser Sage in Gang gesetzt hat – was ja auch schon durch seinen Otter-Mord zutrifft.

Als Hreidmar das Gold zur Sohnesbuße empfangen hatte, verlangten Fafnir und Regin ihren Teil davon zur Brudersbuße; aber Hreidmar gönnte ihnen nicht einen Pfennig davon. Da kamen die Brüder überein, ihren Vater des Goldes wegen zu töten.

Der Fluch des Andvari und des Loki zeigt sehr schnell Wirkung …

Als das geschehen war, verlangte Regin, daß Fafnir das Gold zur Hälfte mit ihm teilen sollte.

Fafnir antwortete, es sei wenig Hoffnung, daß er das Gold mit seinem Bruder teilen werde, da er seinen Vater um das Gold erschlagen habe, und gebot ihm sich fortzumachen, denn sonst würde es ihm ergehen wie dem Hreidmar.

Fafnir hatte das Schwert Hrotti und den Helm, den Hreidmar besessen hatte, genommen und auf sein Haupt gesetzt. Dieser Helm hieß Ögishelm und war allen Lebendigen ein Schrecken zu schauen.

Regin hatte das Schwert, das Refil hieß: Damit entfloh er. Fafnir fuhr auf die Gnitaheide, machte sich da ein Bett, nahm Schlangengestalt an und lag auf dem Gold.

Der Ögis-Helm scheint die Fähigkeit zu besitzen, seinen Träger in eine Schlange, d.h. einen Drachen zu verwandeln. Sein Name bedeutet „Schreckens-Helm". Der Schrecken, den alle lebendigen Wesen bei seinem Anblick empfinden, wird der Tod sein. Dieser Helm könnte der Kopf an dem Fell des geopferten Tieres sein, in das man die Toten wickelte, denn die archäologischen Funde zeigen, daß man manchmal den Schädel an dem Fell ließ.

Das Aufsetzen des „Schreckens-Helmes" wäre somit identisch mit dem Einwickeln in das Fell des Opfertieres. Dies paßt dazu, daß die Schlange in den Mythen der Germanen die Gestalt der Seelen der Toten war, wenn sie in die Tiefe der Erde in die Unterwelt der Hel krochen. Aus dem Totengeist als Schlange/Drache in seinem Hügelgrab, in dem sich auch die goldenen Grabbeigaben befanden, ist dann mit der Zeit der Drache auf seinem goldenen Hort geworden: Fafnir auf der Gnitaheide („Fliegen-Heide"). Dieses „Drachen-Lager" wird hier „Bett" genannt.

Fafnir könnte evtl. auf den wiedergeborene Tyr-Hreidmar zurückgehen. Auch Tyr nahm in der Unterwelt die Gestalt eines Drachens an (siehe auch Band 41 „Die Symbolik der Schlangen und Drachen").

Es könnte jedoch auch ein Maskenhelm („grimr") gemeint sein.

Fafnirs Drachengestalt bestätigt die Deutung der bisherigen Mythe als einer Handlung, die sich an der Grenze zwischen Diesseits und Jenseits abspielt.

Da fuhr Regin zu Hialprek, König in Thiodi, und wurde dessen Schmied; auch übernahm er die Pflege Sigurds, des Sohnes Sigmunds, des Sohnes Wölsungs. Seine Mutter war Hjordis, König Eilimis Tochter. Sigurd war der gewaltigste aller Heerkönige nach Geschlecht, Kraft und Sinn.

Regin erzählte ihm, daß Fafnir dort auf dem Gold läge, und reizte ihn, sich des Goldes zu bemächtigen. Da machte Regin ein Schwert, das Gram hieß und so scharf war, daß es, als Sigurd es in fließendes Wasser hielt, eine Wollflocke zerschnitt, die der Strom gegen seine Schneide trieb; danach klobte Sigurd mit dem Schwert Regins Amboß bis auf den Untersatz entzwei.

Regin ist in dieser Geschichte der Schmied. Des entspricht zunächst einmal nicht seinem Namen, der „Herrscher" bedeutet. Da aber der Sonnengott-Göttervater Tyr im Jenseits sein Schwert neuschmiedet, das bei seinem abendlichen Tod zerbrochen ist, und dann den Namen „Wieland", d.h. „kunstfertiger Handwerker" erhält, paßt diese Tätigkeit durchaus zu einem Zwerg mit dem Namen „Regin", der der Mentor des berühmtesten germanischen Helden ist und eine enge Bindung an den Göttervater Odin hat.

Darauf fuhr Sigurd mit Regin zur Gnitaheide. Da grub Sigurd eine Grube auf Fafnirs Weg und setzte sich hinein. Als nun Fafnir zum Wasser kroch und über die Grube kam, da durchbohrte ihn Sigurd mit dem Schwert, und das war sein Tod.

Es ist eine weitverbreitete Jagdmethode, dem Wild auf dem Weg zur Wasserstelle aufzulauern.

Da man, um mit einem Drachen kämpfen zu können, der ursprünglich der Totengeist in einem Hügelgrab gewesen ist, zunächst einmal ein Loch in dieses Hügelgrab schaufeln mußte, entstand aus dem Mißverstehen des Zusammenhanges zwischen diesen beiden Motive die Szene des Erstechens eines Drachens aus einer Grube heraus, wenn der Drache zu seiner Wasserstelle kriecht.

Aus diesem Motiv wiederum entstand die Vorstellung, daß Drachen nur an ihrem Bauch verletzbar sind.

Da ging Regin hinzu und sagte, er hätte seinen Bruder getötet, und verlangte zur Sühne, daß er Fafnirs Herz nähme und am Feuer briete. Dann kniete Regin nieder, trank Fafnirs Blut und legte sich schlafen.

Als aber Sigurd das Herz briet und dachte, es wäre gar, und mit dem Finger versuchte, ob es weich genug wäre, und das Fett aus dem Herzen ihm an den Finger kam, verbrannte er sich und steckte den Finger in den Mund. Und als das Herzblut ihm auf die Zunge kam, verstand er die Sprache der Vögel und wußte, was die Vögel sagten, die auf den Bäumen saßen.

Das Verstehen der Vogelsprache bedeutet, daß sich Sigurd auf einer Reise ins Jenseits befindet, denn der Vogel ist das wichtigste Bild für die Seele. Das Motiv des Seelenvogels ist dadurch entstanden, daß man sich bei einem Nahtod-Erlebnis als über seinem materiellen Leib schwebend erlebt – man ist dann „wie ein Vogel". Dies wird oft auch „Astralreise" genannt. Daher sprechen die Ahnen und die Jenseitsreisenden die „Vogelsprache".

Das Töten des Drachen Fafnir durch Sigurd wird daher wohl eine Umdeutung einer älteren Vorstellung sein, in der sich die Schamanen bei der Jenseitsreise und die Könige bei ihrer Krönung in Drachen verwandelten. Diese Vorstellung findet sich sehr deutlich in der Szene, in der Odin in der Gestalt einer Schlange in das Hügelgrab der Gunnlöd kroch, um sich mit ihr zu vereinigen (Wiederzeugung) und ihr den Göttermet zu rauben, der die ewige Jugend gab (Wiedergeburt). Als er sie wieder verließ, verwandelte er sich in einen Adler (Seelenvogel).

In dieser Geschichte vermischen sich anscheinend Motive des Jahreszyklus und der Jenseitsreise der Schamanen und der Könige, was dadurch möglich ist, das sowohl der Jahreslauf als auch die Wiedergeburt und ebenso das Königtum eng mit der Sonne verbunden waren, die schließlich jede Nacht in das Jenseits reist.

Da sprach einer der Vögel:
„Dort sitzt Sigurd blutbespritzt
Und brät am Feuer Fafnirs Herz.
Klug däuchte mich der Ringverderber,
Wenn er das leuchtende Lebensfleisch äße."

Ein „Ringverderber" ist ein freigiebiger Fürst, der seine Krieger und Skalden mit Stücken von zerbrochenen („verdorbenen") Ringen belohnt.

Ein anderer sagte:
„Da liegt nun Regin und geht zu Rat,
Wie er trüge den Mann, der ihm vertraut;
Sinnt in der Bosheit auf falsche Beschuldigung:
Der Unheilschmied brütet dem Bruder Rache."

Da ging Sigurd zu Regin und erschlug ihn, und dann zu seinem Rosse, das Grani hieß, und ritt, bis er zu Fafnirs Bett kam, nahm das Gold heraus und band es in zwei Bündeln auf Granis Rücken, stieg dann selber auf und ritt seines Weges. Darum heißt das Gold Fafnirs Bett oder Lager, oder Gnitaheides Staub und Granis Bürde.

Da ritt Sigurd, bis er ein Haus fand auf einem Berg. Darin schlief ein Weib mit Helm und Brünne bekleidet. Er zog das Schwert und schnitt die Brünne von ihr: Da erwachte sie und nannte sich Hilde. Sie hieß Brünhild und war eine Walküre.

Der Berg ist ein Hügelgrab und die Walküre Brünhild wird ursprünglich die Jenseitsgöttin gewesen sein, mit der sich die Toten vereinten und von der sie anschließend wiedergeboren wurden.

Der „Berg" der Brünhild heißt in den ausführlicheren Beschreibungen dieser Sage „Hindin-Hügel": Wenn für den Toten ein Hirsch geopfert wird und er daher im Jenseits die Gestalt eines Hirsches annimmt, muß die Jenseitsgöttin entsprechend zu einer Hindin werden.

… … …

Der Ring des Andvari wird noch einmal im weiteren Verlauf der Geschichte erwähnt:

Am Morgen, als Sigurd sich erhob und ankleidete, gab er Brünhild als Linnen-Geld denselben goldenen Ring, den Loki von Andvari genommen hatte und nahm von ihrer Hand einen anderen Ring zur Erinnerung.

Das „Linnen" in dem Begriff „Linnen-Geld" bezieht sich auf das Betttuch auf dem Brautbett, das aus Leinen gefertigt worden ist.

Die Sage berichtet anschließend ausführlich, wie Sigurd und alle seine Verwandten sowie viele weitere Könige und Krieger eines gewaltsamen Todes umkommen, bis sich der Fluch des Andvari, der durch Loki bekräftigt worden ist, dadurch erfüllt hat, daß fast alle Nachkommen des Sigurd und alle übrigen Besitzer des Schatzes ermordet worden sind und der Schatz einschließlich des Ringes des Andvari am Loreley-Felsen im Rhein versenkt worden ist und dadurch wieder zurück in das Wasserjenseits gelangt ist, aus dem er gekommen ist.
Diese Erzählung wird ausführlich in dem 38. Band dieser Reihe über Sigurd (Siegfried) dargestellt.

I 4. b)   Das andere Lied über Sigurd Fafnir-Töter

In diesem Lied aus der Edda wird die Loki-Szene etwas ausführlicher geschildert. Sie enthält jedoch nur ein einziges neues Motiv.

Da war zu Hialprek Regin gekommen, Hreidmars Sohn. Er war über alle Männer kunstreich, dabei ein Zwerg von Wuchs. Er war weise, grimm und zauberkundig.
Regin übernahm Sigurds Erziehung und Unterricht und liebte ihn sehr. Er erzählte dem Sigurd von seinen Voreltern und den Abenteuern, wie Odin, Hönir und Loki einst zu Andvaris Wasserfall kamen. In diesem Wasserfall waren eine Menge Fische. Ein Zwerg, der Andvari hieß, war lange in dem Wasserfall in Hechtsgestalt und fing sich da Speise.
„Otr hieß unser Bruder", sprach Regin, „der fuhr oft in den Wasserfall in Otters Gestalt. Da hatte er einst einen Lachs gefangen und saß am Flußrand und aß blinzelnd. Loki warf ihn mit einem Stein zu Tode. Da dauchten sich die Asen sehr glücklich gewesen zu sein und zogen dem Otter den Balg ab.

Hier wird gesagt, daß das Gewässer, an dessen Rand Loki den Otter erschlagen hat, und der Wasserfall, in dem der Zwerg Andvari lebte, dasselbe Gewässer sind. Beides ist der Jenseitsfluß oder die Wasserunterwelt.

Denselben Abend suchten sie Herberge bei Hreidmar und zeigten ihm ihre Beute. Da griffen sie sie mit Händen und legten ihnen Lebenslösung auf: Sie sollten den Otterbalg mit Gold füllen und außen mit rotem Golde bedecken. Da schickten sie Loki aus, das Gold zu beschaffen.
Er kam zu Ran und erhielt ihr Netz und warf das Netz vor den Hecht und er lief in das Netz.

Die Riesin Ran lebt im Meer und ist vor allem eine Jenseitsgöttin. Aus dieser Vorstellung heraus ist auch ihr Name entstanden, der „Räuberin" bedeutet – sie fischt mit ihrem Netz vom Wasser aus nach den Menschen in den Schiffen. Sie ist sozusagen die „Hel des Meeres". Das Ausleihen des Netzes der Ran durch Loki zeigt zum einen, daß es zwischen den beiden eine Verbindung gegeben haben könnte und zum anderen bestätigt diese Szene, daß sich der Ring des Andvari, den Loki dem Zwerg raubt, im Jenseits befindet.

Es ist interessant, daß hier Tyr-Andvari als Hecht erscheint und in einer anderen Mythe Loki die Gestalt eines Lachses annimmt. Die spricht für die Annahme, daß Loki und Tyr Teil einer Mythe sind, die einen polaren, zyklischen Vorgang beschreibt und eng mit der Wasserunterwelt verbunden ist.

Da sprach Loki:
'Was für ein Fisch ist's, der in der Flut rennt,
Kann sich vor Witz nicht wahren?
Aus Hels Haus löse nun Dein Haupt
Und bringe mir glänzende Glut.'

Mit „Witz" wird hier wohl „Übermut" gemeint sein.
„Hels Haus" ist der ihm drohende Tod durch Loki.
Gold wurde oft mit dem Bild des „Feuers im Wasser" umschrieben. Die Wurzel dieses Motivs ist die „goldene, feurige Sonne im Meer".
Es wird aber auch eine Assoziation zu dem Brauch der Germanen gegeben haben, den Göttern Gold und andere Schätze dadurch zu senden, daß sie sie in tiefen Wassern versenkten, die sie als Eingang zu der (Wasser-)Unterwelt ansahen. Auch der Brunnen der Nornen unter dem Weltenbaum ist solch ein Jenseitseingang. Die bekannteste Versenkung eines Schatzes ist sicherlich die des Nibelungenhortes bei der Loreley im Rhein.

Andwari, der Hecht:
'Andwari heiß ich, Oïn hieß mein Vater;
Durch manchen Flußfall fuhr ich.
Früh fügte mir eine feindliche Norne,
Ich sollt im Wasser waten.'

Der Name „Oïn" bedeutet „Furchtsamer" – ein recht ungewöhnlicher germanischer Name …

Der Schicksals-Spruch der Norne, wegen dem Andvari „im Wasser waten" muß, bedeutet, daß die Nornen den betreffenden Menschen früh haben sterben lassen und er sich nun als Zwerg in der Wasserunterwelt befindet.

Loki:
'Sage mir, Andwari, so Du weiterhin
Bei Menschen länger leben willst,
Welche Strafe erhalten Menschensöhne,
Die sich mit Lügen verletzen?'

Diese Frage des Loki ist die Drohung an Andvari, daß Loki ihn bei jedem Betrugsversuch sofort töten wird. Eigentlich sind Zwerge zwar bereits Tote, aber in der Zeit, in der diese Mythe/Sage niedergeschrieben wurde, wurden die Zwerge bereits als lebende Wesen, die aus dem Jenseits stammen, aufgefaßt.

Andwari:
'Harte Strafe wird Menschensöhnen,
Die in Wadgelmir waten.
Wer mit Unwahrheit den andern verlügt,
den schmerzen überlang die Strafen.'

„Wadgelmir" ist eine Furt, über die das Wasser hinwegrauscht: „*vad*" bedeutet „waten, Furt" und „*gel*" bedeutet „gellen, lärmen, laut". „*-mir*" ist eine Substantiv-Endung, die fast nur noch in Riesen-Namen vorkommt. „Wadgelmir" ist somit ein Name für den Jenseitsfluß, der ansonsten auch „Gjallar" oder „Wimur" genannt wird. „Gjallar" ist dasselbe Wort wie die Silbe „*-gel-*" in „Wadgelmir". „Wimur" ist der größte aller Flüsse – was gut zu dem Jenseitsfluß als dem größten aller Übergänge paßt. Sein Name leitet sich von germanisch „*vem*" für „sprudeln, wogen, voll sein, speien, drehen" ab und bedeutet daher in etwa „Fluß, in dem viel Wasser strömt".

Loki sah all das Gold, das Andwari besaß. Aber als dieser das Gold entrichtet hatte, hielt er einen Ring zurück. Loki nahm ihm auch den hinweg.

Da ging der Zwerg in den Stein und sprach:
'Nun soll das Gold, das Gust hatte,
Zweien Brüdern das Ende bringen
Und der Edelinge acht verderben:
Mein Gold soll keinem zu Gute kommen.'

Die auch in vielen Zwergenbeschreibungen in den Sagas vorkommende Formulierung „in den Stein gehen" bedeutet „in das Hügelgrab gehen".

„*Gust*" bedeutet „Windböe". Dies könnte der Name eines früheren Besitzers des Schatzes oder auch auch ein Name des Andvari selber sein. Dieser „windige Name" erinnert zwar daran, daß Loki durch seine magischen Schuhe in der Lage ist, durch die Luft zu laufen, aber Loki als Vorbesitzer dieses Ringes gibt nur dann Sinn, wenn man von einem zyklischen Vorgang ausgeht und Tyr und Loki den Ring abwechselnd besitzen.

der zyklische Wechsel zwischen den beiden Ring-Besitzern		
Zyklus	*Tyr*	*Loki*
…	…	
1. überlieferter Besitzer in den Mythen:		Gust
2. überlieferter Besitzer in den Mythen:	Andvari	
3. überlieferter Besitzer in den Mythen:		Loki
4. überlieferter Besitzer in den Mythen:	Hreidmar	
…		…

Die „zwei Brüder" könnten Regin und Fafnir sein, die in dieser Mythe sterben, aber es wäre auch denkbar, daß dieser Vers schon älter ist und sich auf Tyr und Loki bezieht, die anscheinend abwechselnd ihre Freiheit verlieren und in das Jenseits reisen müssen.

Die „8" erinnert daran, daß jede neunte Nacht acht identische Ringe von Odins Ring Draupnir abtröpfeln. Die „8" war in der germanischen Mythologie die Zahl der Vollkommenheit – eine Qualität, die vor allem die Sonne besaß. Die „acht Edlinge" werden vermutlich Sigurd, Högni, Gunnar, Atli, Erp, Jörmunrek, Hamdir und Sörli sein, die im Verlauf der Saga sterben.

Die Asen entrichteten dem Hreidmar den Schatz, füllten den Otterbalg und stellten ihn auf die Füße. Da sollten die Asen das Gold darum legen und den Otter hüllen.

Aber als es getan war, ging Hreidmar hinzu und sah ein Barthaar und hieß auch das hüllen. Da zog Odin den Ring Andwara-Naut hervor und hüllte das Haar.

„Andvara-Naut" bedeutet „Ring des Andvari".

Loki:
'Ich gab Dir das Gold, herrliche Entgeltung erhielst Du,
für mein Haupt.
Deinem Sohn schafft es keinen Segen
Es bringt euch beiden den Tod.'

Loki spricht hier nur von „mein Haupt" statt von „die Häupter von uns drei Asen". Falls diese Strophe aus einer älteren Überlieferung stammt, könnte dies bedeuten, daß die Asen Odin und Hönir ursprünglich in dieser Mythe nicht vorgekommen sind. Dies ist gut denkbar, da sie keine tragende Funktion in der Erzählung innehaben und der rote Faden der Mythe der zyklische Wechsel zwischen Tyr und Loki zu sein scheint.

Hreidmar:
'Gaben gabst Du, nicht Liebesgaben,
Gabst nicht aus holdem Herzen.
Eures Lebens wärt ihr ledig,
Wußt ich diese Gefahr zuvor.'

Loki:
'Noch übler ist, was zu ahnen mich dünkt,
Der Künftigen Kampf um ein Weib.
Ungeboren noch acht ich die Edelinge,
Die um den Hort sich hassen.'

Hreidmar:
'Das rote Gold ist mir vergönnt.
Denk ich, so lang ich lebe.
Deine Drohungen fürcht' ich keinen Deut;
Aber hebt euch heim von hinnen.'

Fafnir und Regin verlangten von Hreidmar Verwandten-Buße wegen ihres Bruders Otr. Er aber sagte nein dazu. Da tötete Fafnir seinen Vater Hreidmar mit dem Schwert, als er schlief."

Odin, Hönir und Loki wandern durch die Welt. Loki tötet einen Otter, der einen Lachs gefangen hat. Der Otter ist ein verwandelter Mensch. Die drei Asen werden von Otrs Vater Hreidmar und seinen beiden Brüdern Fafnir und Regin gefangengenommen, die von den Asen ein Wergeld für Otr verlangen. Odin sendet Loki aus, das verlangte Gold zu holen. Loki fängt den Zwerg Andvari, der Fischgestalt hat und raubt ihm seinen Schatz und seinen magischen Ring, der Gold vermehren kann. Der Zwerg verflucht alle zukünftigen Besitzer des Ringes. Loki befreit mit dem Schatz sich und die beiden anderen Asen.

Hreidmar ist vermutlich der ehemalige Göttervater Tyr und seine drei Söhne die Repräsentanten der drei Stände. Diese Funktion haben nach der Absetzung des Tyr als Göttervater die drei Asen Odin, Hönir und Loki übernommen.

Der Ring des Andwari wird mit Odins Ring Draupnir identisch sein. Der Todesfluch auf dem Ring ist sehr wahrscheinlich eine Umdeutung der Wiedergeburt der Sonne, die durch den Ring symbolisiert worden ist.

I 5. Loki raubt den Ring Draupnir

Der Raub des Ringes scheint ein wesentliches Thema in den Vorstellungen über den Gott Loki gewesen zu sein, da dieser Ase nicht nur den Ring Andvari, sondern in einer Erzählung auch den Ring Draupnir des Odin raubt. Dies zeigt, daß diese beiden Ringe identisch sind.

I 5. a) Huldar-Saga

Kollr der Starke sprach zu seiner Großmutter (Hleidr), *daß er den Wunsch habe, auf Abenteuer auszuziehen.*
Daraufhin erzählte sie ihm, daß einem Häuptling namens Alfr in den Naumu-Tal seine schöne Tochter Gjaflaug von einem Schweden Namens Vikarr, einem früheren Dienstmann des Seekönigs Schnee-Alf dem Redner, geraubt worden sei.
Alfr aus Naumu-Tal habe sofort der Huld Trollfrau ein Opfer dargebracht, damit Vikarr besiegt und seine Tochter wieder gewonnen werde. Und Hleidr sagte, daß Huld nun ihr, der Hleidr, alles dieses im Schlafe mit dem Beifügen erzählt habe, dass Kollr dazu ausersehen sei, mit Hulds Hilfe diese Tat auszuführen.

Huld und Hleidr sind beides „Trollfrauen", d.h. eine Mischung aus Göttin, Riesin, Zauberin und Seherin. Aus Huldar wurde später „Frau Holle".

Da schickte Hleidr den Kollr zunächst zu ihrem Bruder Skjalgr nach Thors-Tal und heißt ihn, diesem einen Ring und 100 Rosse zu überbringen, wobei sie ihm ihren Hund Skotti mitgibt.
Skjalgr war hocherfreut über den Ring. Er sagte über ihn, daß ihn Nimrod von vier Zwergen habe schmieden lassen, daß ihn ferner Huld Trollfrau die Große dem Odin geschenkt habe, als er bei ihr lag und daß ihn dann Freyja aus Ärger hierüber durch Loki habe stehlen lassen; von ihr habe ihn dann ihre Pflegeschwester Skrama, also seine Mutter, erhalten. Den Ring sollten nun mit Odins Zustimmung 100 Jahre lang Weiber aufbewahren, nach Ablauf dieser Zeit aber solle derjenige der König aller Unholde in Jötunheim werden, der ihn am Troll-Thing vorzeigen könne.

Dieser Ring ist offenbar Odins Ring Draupnir und zugleich Freyas goldener Halsreif Brinsingamen, der von vier Zwergen geschmiedet worden ist und den ihr Odin dann von Loki hatte stehlen lassen. Dieser goldene Halsring/Halsreif ist identisch mit den Torques der Kelten: Er ist das Symbol der bestandenen Jenseitsreise und somit des Kontaktes zu dem Göttervater.

Nimrod ist ein Urenkel des Noah und ein sagenhafter König, der sowohl im Talmud als auch in der Bibel und im Koran auftritt. Die Herstellung des Ringes durch Nimrod bedeutet somit vor allem, daß der Ring vor sehr langer Zeit und in einem sehr fernen Land, das möglicherweise eine Umschreibung für das Jenseits ist, hergestellt worden ist.

Die 100 Jahre, in denen der Ring in Frauenbesitz war, wurden in den Märchen zu dem 100-jährigen Schlaf des Dornröschen: Der „lange Schlaf" war ein häufiges Symbol für den Tod, der mit dem Ring eng verbunden war, da der Ring ursprünglich die am Abend sterbende und am Morgen wiedergeborene Sonne darstellte. Dornröschen ist eine Umdeutung der Jenseitsgöttin, die dem Toten bzw. dem Märchen-Helden die Wiedergeburt gibt.

Die „100 Jahre" sind bei den Germanen eine häufige Umschreibung für die Dauer eines Lebens. Das, was nach den „100 Jahren" kommt, ist der Tod – oder analog zu ihm die Wiedergeburt.

Der Titel „Troll-König" erinnert sehr an die Titel „Övaldi" („All-Herrscher"), „Alfen-König", „Elberich" u.ä., mit denen ursprünglich der Sonnengott-Göttervater Tyr im Jenseits bezeichnet wurde und die sich zu Namen von Riesen, Schmieden u.ä. weiterentwickelt haben, als der „Göttervater im Jenseits" unter anderem zu einem Riesen und zu einem Schmied wurde.

Auch dieser Ring des Nimrod, der sehr wahrscheinlich mit Odins Draupnir identisch ist, da dieser kaum zwei magische Ringe besessen haben wird, ist ein „wandernder Ring", der zwischen den Menschen im Diesseits und den Göttern bzw. Riesen/Trollen im Jenseits hin- und herwechselt.

König Nimrod läßt einen Ring von vier Zwergen schmieden. Der Ring gelangt in die Hände der Göttin Huldar. Huldar vereint sich mit Odin und schenkt ihm dabei den Ring. Freya läßt diesen Ring aus Eifersucht durch Loki dem Odin stehlen. Freya schenkt den Ring der Mutter des Kollr, woraufhin der Ring 100 Jahre lang in Frauenbesitz blieb. Von diesen Frauen ist Kollrs Großmutter die letzte. Sie gibt den Ring Kollr und dieser gibt ihn Skjalgr, der durch diesen Ring beim Troll-Thing der Riesen deren König wird.

Dieser Ring wird mit Andvainaut und mit Draupnir identisch sein.

I 6.   Der Ring des Elberich

In der in dem „Ortnit-Lied" überlieferten Sage aus den Alpen werden einige weitere Eigenschaften des magischen Ringes, der von Loki geraubt wurde, berichtet. In dieser Sage tritt Loki zwar nicht auf, aber sie ist hier eingefügt, da sie den Charakter dieses Ringes deutlicher werden läßt.

I 6. a)   Das Ortnit-Lied

In der Sage über König Ortnit von Lampart wird die Begegnung des Helden mit dem Zwerg Alberich sehr ausführlicher geschildert.

Der Männername „Ortnit" setzt sich aus „ort" für „Waffenspitze, Stichwaffe" und „nid" für „Niederes, Neid, Unterwelt, Feind" zusammen. Der Name bedeutet folglich in etwa „waffenkundiger Gegner".

Das Land „Lampart" ist die heutige Lombardei. Die Hauptstadt von Ortnits Reich war die Stadt Garda („befestigter Ort") am Gardasee, die in den folgenden Versen „Garten" genannt wird. Der „Gartensee" ist der Gardasee. Nach seinem Reich „Lampart" wird König Ortnit auch „Lamparter" genannt.

„Mir träumt' ein Abenteuer: / Vor einer Felsenwand
Da sollt ich gewinnen / ein gutes Sturmgewand."
Mit klagenden Worten / sprach das edle Weib:
„Sohn, willst Du das nicht lassen, / so verlierst Du Leben und Leib."

Ein „Sturmgewand" ist eine Ritterrüstung. „Vor einer Felsenwand" bedeutet, daß Ortnit die Rüstung in den Bergen oder in einem Hügelgrab („Felsen" = Grabkammer) findet. Ortnits Mutter erkennt die Gefahr, die mit der Suche nach dieser Rüstung verbunden ist.

Ein die Zukunft vorhersehender Traum, ein Orakel oder eine Vision ist die Standarderöffnung von germanischen Mythen und Sagen.

Da sprach der Lamparter: / „Frau und Mutter mein,
Es mag ohn alles Unglück / ein Mann wohl nimmer sein.
Dem ich mich befehle, / der möge mich bewahren,
Geruht hab ich mich lange, / ich will wieder irre fahren.

Ich bin auf Abenteuer / nun lange nicht geritten:
Frau und liebe Mutter, / ihr sollt mir Heil erbitten.
Ich hab' Euch nie erzürnet; / doch also steht mein Sinn:
Und wehrt Ihr mir die Reise, / so will ich gleichwohl dahin.

Bringt mir meine Ringe," / sprach der kühne Mann,
„Ich muß auf Abenteuer / reiten in die Tann'.
Mir ist so leicht zu Mute, / gewiß gelingt mir wohl;
Auf alle Weis' ein Biedrer / sein Heil versuchen soll."

Mit den „Ringen" ist die aus Metallringen zusammengesetzte Rüstung König Ortnits gemeint. Die „Tann'" sind die „Tannen", d.h. der Wald.

Da sprach seine Mutter: / „Willst Du in Sorgen leben
Und Abenteuer suchen, / ein Ding will ich Dir geben,
So wert, dass Du mir immer / mußt desto holder sein:
Wenn Du von hinnen reitest, / so nimm dies Ringelein.

Ich gebe Dir das Ringelein, / das lichte rote Gold;
Gibst Du es anders jemand, / so werd' ich nie Dir hold."
Da sprach der Lamparter: / „Ich schwör Euch einen Eid,
Ich geb es anders niemand: / Ich seh, es wär euch Leid."

Als er das kleine Ringelein / empfing und recht besah,
Er schaut' es an gar lange, / mit Lachen sprach er da:
„Nun nimmt mich immer Wunder, / liebe Mutter mein,
Warum ihr also liebet / dieses kleine Ringelein?"

Sie sprach: „Du weist noch wenig / von dem kleinen Ringelein;
Gib es nicht weg und würden / auch alle Reiche Dein.
Das Gold ist wenig nütze, / doch ist der Stein so stark,
Es frommt in diesem Jahre / Dir wohl achtzigtausend Mark.

Das Ringlein ist so kleine, / es dünkt Dich wenig wert;
Doch suchst Du Abenteuer / wie es Dein Herz begehrt,
Wenn Du von hinnen reitest, / so laß es nicht zu Haus;
Du findest Abenteuer, / die wirkt der Stein Dir aus.

Wenn Du von Garten reitest, / so kehr zur linken Hand,
Durch Wälder und Gebirge / zu Tal die Felsenwand
Und merke wo die Linde / auf einem Anger steht
Und gar ein kühler Brunnen / aus der Steinwand geht.

Grün ist die Linde, / der Anger ist nicht schmal,
Fünfhundert Rittern schattete / der Baum wohl auf Mal.
Und kommst Du zu der Linden, / so magst Du selbst gestehn,
Sollst Du Abenteuer finden, / so muß es hier geschehn.

Mit Dank schied der Werte / da von der Mutter sein.
Sie sprach: „Du sollst nicht bergen, / Sohn, das Ringelein.
Wohin Du immer reitest, / so blink es offenbar:
Du findest Abenteuer, / es weist der Stein Dich dar."

Der riesige Baum mit dem Brunnen in seiner Nähe, zu dem ein magischer goldener Ring führt, ist offensichtlich die Weltesche Yggdrasil mit der Quelle Hvergelmir und der Ring Draupnir. Das Abenteuer, zu dem sich König Ortnit durch seinen Traum gerufen fühlt, scheint daher ursprünglich eine Jenseitsreise gewesen zu sein.

Die magischen Ringe der Germanen besaßen im Gegensatz zu dem Ring von Ortnits Mutter keinen gefaßten Stein.

Da schied der Lamparter / gar unverzagt hindann
Von der Burg zu Garten / und seinem ganzen Bann.
Das war den Getreuen / und den Biedern leid,
Daß er das verschmähte, / daß ihm jemand gab Geleit.

Der „Bann" sind seine Untertanen und insbesondere die Männer auf seiner Burg. Auf diese Leute bezieht sich auch „Getreue" („Treue") und „Biedern" („Tapfere").

Da mied er das Gefilde, / wie ihn die Mutter bat,
Und wandte sich zur Wilde / wohl ohne Straß und Pfad.
Stets hielt er vor die Sonne / das Gold an seiner Hand,
Und ritt durch Dick und Dünne / zu Tal die Felsenwand.

Er kam in eine Aue / dort an dem Gartensee,
Da entsprangen auf der Heide / Blumen und süßer Klee.
Die Vögel sangen lieblich, / ihr Schallen wurde groß:
Die Nacht war ihm vergangen, / des Reitens ihn verdroß.

Am Morgen über Berge / die Sonne warf den Schein;
Er besah an seinem Finger / das Gold und auch den Stein.
Da fand er auf dem Anger / das grüne Gras geknickt,
Und sah mit kleinen Füßen / einen schmalen Pfad gedrückt.

Dem Pfade folgt er immer / zu Tal die Felsenwand,
Bis er den kühlen Brunnen / und auch die Linde fand,
Dazu die breite Heide / unter dem Lindenast:
Da saß auf grünem Reise / so mancher werte Gast.

Die „Gäste" auf den „Reisern" sind die Vögel auf den Ästen des großen Baumes.

Die sangen laut zur Wette / und kürzten sich die Zeit.
„Ich bin schon recht geritten," / sprach König Ortneit.
Da freute sich sein Herze, / daß er die Linde fand;
Er stieg von seinem Rosse / und nahm es an die Hand.

Den Baum beschaut' er lange, / sein Mund mit Lachen sprach:
„Das weiß wohl Gott im Himmel, / Du hast ein schönes Dach.
Es ging von einem Baume / nie so süßer Wind."
Unter der Linde, / da sah er ein kleines Kind.

Das hatte sich gar artig / hier in das Gras geschmiegt:
„Was für ein Kindlein ist es," / gedacht er, „das da liegt?"
Es trug an seinem Leibe / Gewand so wunderschön,
An keinem Fürstenkinde / wird's in der Welt gesehn.

Mit Gold und mit Gesteine / geziert war sein Gewand.
Als er das Kind alleine / unter der Linde fand:
„Weh, wo ist Deine Mutter," / sprach König Ortnit,
„Daß man Dich unbehütet / unter diesem Baume sieht?

Du trägst an Deinem Leibe / Gewand, das ist so gut,
Ich darf Dich nicht erwecken, / ich habe nicht den Mut.
Deiner Kindesschöne willen / wag ich Dir nichts zu tun;
Gern hätt ich Dich zum Sohne, / wollt es nur Gott geruhn.

In kindlicher Weise / vier Jahre scheinst Du alt;
Führt' ich Dich von hinnen, / was hülfe die Gewalt?
Mir brächt' es wenig Ehre, / niemand hütet Dein:
Wo ist nun Deine Mutter, / viel liebes Kindelein?"

Von Gold und von Gesteine / war das Gewand ihm gar;
Der König stund und schaute / seinen Leib und auch sein Haar.
Sein Leib und seine Hülle / schien ihm gar zu schön.
Es kam von einem Steine, / daß er es mochte sehn:

Den trug er allerwegen / mit dem Ring an seiner Hand.
Er stand mit sich im Streite, / da er es liegen fand.
Er sprach: „Du bist so lieblich, / auch ist Dein Kleid so gut:
Find ich Dich gleich alleine, / Du bist nicht ohne Hut.

Ich bin auf Abenteuer / geritten all die Nacht,
Nun hat mich Gott der Gute / zu der Linde hier gebracht.
Da ich Abenteuer suchend / hieher geritten bin,
Und nichts anders finde, / so mußt Du mit mir hin."

Der Ring hat nicht nur die Gabe, König Ortnit zu dem Kind an dem (Welten-)Baum zu führen, sondern der Stein an dem Ring ermöglicht es dem König überhaupt erst, das Kind zu sehen.

Der Stein ist somit eine Entsprechung zu dem Unsichtbarkeits-Umhang, den Alberich dem Sigurd gab:

- der Umhang verbirgt einen Lebenden vor den anderen Lebenden, sodaß der Träger des Umhangs unsichtbar wie ein Totengeist wird,
- der Stein in dem Ring ermöglicht es einem Lebenden, die Toten zu sehen.

Der Stein ist eine Entsprechung zu dem blinden („toten") Auge des Odin, mit dem er im Totenreich sehen kann.

Diese Wirkung des magischen Ringes hat auch der „Eine Ring" in Tolkiens „Herr der Ringe"-Trilogie.

Das Motiv des Steines, der es ermöglicht, die Toten zu sehen, spielt in den beiden letzten Bänden des „Harry-Potter"-Romans ebenfalls eine große Rolle.

Sein Roß band der König / an den Lindenast;
Er sprach: „Ich muß versuchen / ob Du wen bei Dir hast.
Wie lange willst Du schlafen?", / der Lamparter rief.
Der Kleine ließ ihn schauen, / daß er so fest doch nicht schlief.

Er wollt in Kindesweise / zu seinem Roß ihn tragen:
Da ward nach seinem Herzen / ein starker Schlag geschlagen.
„Wie schlägst Du ungefüge," / sprach der König hehr,
„So große Leibesstärke, / wo nimmst Du, Kind, sie her?

Du willst mir entrinnen, / das geht nicht so geschwind."
Es verdroß den Großen, / daß er rang mit einem Kind.
Doch half dem seine Stärke, / daß er nicht weit es trug:
Wie stark das Kind den Großen / mit seinen Fäusten schlug!

Da sprach der Lamparter: / „Wer seine Feinde spart
Und seinen Freund erzürnet, / der ist nicht wohl bewahrt.
Er mag von ihnen beiden / wohl großen Schaden nehmen:
Kleiner Feinde, schmaler Wunden / darf sich ein Mann nicht schämen.

„Sparen" hat hier noch die alte Bedeutung „verschonen".

Wie bist Du ungefüge," / sprach er, „kleiner Gast?
Wie kommt Dir solche Stärke, / Kind, wie Du sie hast?
Du willst mir entrinnen; / ich halte Dich mit Zwang."
Sich segnet' oft der Große, / da er mit dem Kleinen rang.

„Wie dünk ich Dich so wenig," / sprach da Elberich,
„Ich hieß ein reicher König / eh ich gesehen Dich.
Gesteint ist meine Krone, / das wisse nur, so reich,
Du magst sie nicht bezahlen / mit Deinem Königreich."

Da sprach der Lamparter: / „Dem siehst Du wenig gleich,
Daß Deine Krone besser / wäre als mein Königreich.
Wie Du auch prahlen mögest, / es hilft Dir jetzt nicht mehr,
Ich nehme Dir das Leben," / so sprach der König hehr.

Der Große war im Zorne, / der Kleine sah es froh;
Der Kleine laut erlachte; / dem Großen war nicht so.
Ihm schuf zuletzt die Größe, / die Länge doch Gewinn:
Da betrog den Kleinen / sein allzu hoch fährtger Sinn.

Seines Spottens willen / ward ihm der Preis genommen:
Er wär, wenn er nicht lachte, / nicht so zu Fall gekommen.
Der Große nahm den Kleinen / und warf ihn in das Gras:
Dem ward des Sieges Ehre, / weil er zu spotten vergaß.

Zwölf Männer Stärke / hatte der große Mann;
Doch zwang er kaum den Kleinen, / daß er ihm nicht entrann.
Da so er auf der Erde / vor ihm bezwungen lag,
Da griff er nach dem Schwerte, / und wollt ihm geben einen Schlag:

Der Schlag hätt ihm genommen / Leben und Leib.
Der Kleine sprach: „Du schlügest / besser wohl ein Weib.
Du pfändest mich zu teuer, / willst Du mich erschlagen:
Du magst mich lieber fangen, / wenn Du Ehre willst erjagen."

Da sprach der Lamparter: / „So bin ich nicht gesinnt:
Wie brächt es mir wohl Ehre, / daß ich Dich fing, ein Kind?
Wollt ich Dich gefangen / mit mir führen hin,
Des spotteten die Leute, / weil ich der größere bin.

Will mein Schwert Dich schneiden, / so ist es Dein Tod;
Ich kam von einem Manne / nie in so große Not.
Du möchtest mich verraten, / ließ' ich Dich länger leben."
„In Treuen," sprach der Kleine, / „ich will mich Dir gefangen geben."

Da fiel er ihm zu Füßen / und fleht' ans Herzenskraft:
„Laß mich leben, Ortnit, / bei Deiner Ritterschaft!
So geb ich Dir zu Lohne / das beste Sturmgewand,
Das jemals auf Erden / jung oder alt wohl fand.

Wohl achtzigtausend Marken / ist die Brünne wert.
Zu diesem Halsberge / geb ich Dir ein Schwert,
Das jeden Panzer schneidet / als wär er nicht von Stahl;
Wie fest ein Helm auch wäre, / es schlüg ihm manch ein Mal.

Ich wähne, daß auf Erden / kein besser Schwert nun sei.
Ich bracht es aus dem Lande, / das heißet Almarei.
Es ist geziert mit Golde, / und lauter wie ein Glas;
Ich schufs in einem Berge, / der heißet Kaukasas.

Das Schwert will ich Dir geben: / Seine Farbe die ist licht;
Wie viel Du mit ihm streitest, / gewinnt es Scharten nicht.
Es ist geheißen Rose, / den Namen hat das Schwert;
Wo es Schwerter gilt zu ziehen, / da bist Du wohl bewehrt.

Zu dem Halsberge / gehört ein Beingewand,
All seine Ringe wirkt' ich / mit meiner eignen Hand.
Und geb ich Dir die Ringe, / so wirst Du ihnen hold:
Da ist kein Falsch zu finden, / es ist das lautre Gold.

Zu den lichten Ringen / wird Dir ein Helm so schön,
Daß man auf Kaisers Häupten / noch bessern nie gesehn.
Der solchen Helm darf tragen, / wie selig ist der Mann!
Da man in Meilenbreite / sein Haupt erschauen kann.

Zu allem dem Geschmeide / geb ich Dir einen Schild,
So festen und so starken, / gewiß, Du nennst mich mild,
Den kein Geschoß verwundet / und keines Schwertes Schlag;
Auch keines Feuers Hitze / ihn je durchdringen mag."

Der Kampf und das anschließende Erwerben eines Schatzes ist auch das Motiv zu Beginn der Nibelungen-Sage, in der Loki den Zwerg Andvari/Niblung/Alberich fängt und ihm seinen Schatz einschließlich des magischen Ringes raubt. Dies ist auch ein beliebtes Thema in den Isländer-Sagas, in denen der Geist des Toten in seinem Hügelgrab jedoch in der Regel nicht als Zwerg, sondern als Drache oder Mensch erscheint.

Das Schwert mit dem Namen „Rose" entspricht Sigurds Schwert Gram/Mimung, das letztlich das Schwert des Göttervaters Tyr ist. Zu dem Schwert gibt es in der Ortnit-Sage noch eine komplette Ritter-Ausrüstung dazu.

Die Beschreibung des Schwertes „lauter wie Glas" bedeutet, daß seine Klinge spiegelnd glänzt wie Glas.

Der Ortsname „Kaukasas" ist leicht als „Kaukasus" zu erkennen, was aber vermutlich nur in diffuser Weise „fernes Land" bedeutet und hier letztlich das Jenseits, in dem der Zwergenkönig Elberich lebt, bezeichnet.

„Almarei" ist arabisch und bedeutet „Weide". Es handelt sich dabei somit um ein arabisches Land, daß den abendländischen Rittern möglicherweise im Zusammenhang mit den Kreuzzügen bekannt geworden ist.

Der Goldhelm wird einst dem ehemaligen Sonnengott-Göttervater Tyr gehört haben, von dem ihn dann Odin übernommen hat.

Der Name „Elberich" des Zwerges bedeutet „Alfenkönig". Diesen Namen trägt auch Tyr-Wieland in der Unterwelt.

Die Strophen, in denen Elberich dem König Ortnit wie ein Kind erscheint, ist wahrscheinlich die früheste Stelle, an denen ein Zwerg als „klein" beschrieben wird. Die Kleinheit der Zwerge, also der Totengeister, liegt folglich darin begründet, daß sie die wiedergeborenen Toten, d.h. noch „wie Kinder" sind.

Die Wiedergeborenen als Kinder sind ein sehr altes Motiv, das weit vor die Indogermanen zurückreicht, da es sich aus dem Motiv der Wiedergeburt fast zwangsläufig ergab. Dieses Motiv findet sich u.a. bei den Sonnengöttern der meisten Völker, die sich nachts im Jenseits in der Gestalt deines Stieres o.ä. mit der Muttergöttin als Kuh vereinen und daraufhin am Morgen von ihr als Kälbchen wiedergeboren werden.

Die Bärte der Zwerge, die zunächst einmal nicht zu diesem Kind-Bild passen und die in den frühen Texten auch nirgendwo besonders erwähnt werden, sind vermutlich aus der Vorstellung entstanden, daß die Toten im Jenseits immer älter werden, weil sie dort ja nicht noch einmal sterben können.

Da sprach der Lamparter: / „Wie reiche Gab es ist,
Ich lasse Dich doch nimmer, / Du sagst denn, wer Du bist."
Mit Züchten sprach der Kleine: / „Ich bin ein wilder Zwerg;
Mir dient in Lamparten / manch Tal und mancher Berg."

„So muß Du Dich doch nennen," / sprach der König reich.
„Du magst mich Elbrich rufen, / so komm ich zu Dir gleich."
Da sprach der Lamparter: / „Noch laß ich Dich nicht frei:
Dir hilft nicht dein Halsberg, / Dein Schwert, wie gut es sei,

Noch was Du sonst verheißen / mir hast und denkst zu geben,
Es kann Dir wenig helfen, / ich nehme Dir das Leben.
Unter der grünen Linden / enthaupt ich Dich sogleich,
Du hilfst mir denn gewinnen / die edle Königin reich."

„Wer ist sie," sprach der Kleine, / „die da meint Dein Mut?
Eine edle Königstochter / an Leib und auch an Gut?
Mag sie wohl mit Ehren / geheißen sein Dein Weib?
Ich gewinne Dir die Hehre, / oder nimm mir Leben und Leib."

„Ihr Vater hat viel Lande / jenseits an dem Meer;
Ich kann sie nicht erwerben, / ihn suche denn mein Heer.
Der unreine Heide / will sie niemand geben,
Niemand darf um sie bitten, / man nähm ihm denn das Leben.

Der König ist gewaltig / über all die Heidenschaft,
Überm Meer dienen / viel Könige seiner Kraft.
Er wohnt zu Montabauer, / das glaube sicherlich."
„Ei, wie wohl ich ihn kenne!", / sprach wieder Elberich.

Die Suche nach der Braut ist zwar auch ein romantisches Motiv, aber angesichts der ausgeprägten Jenseitssymbolik in der Ortnit-Sage (Weltenbaum, Quelle, Zwerg, Schwert, magischer Ring) ist es doch recht wahrscheinlich, daß sich die Suche nach der rechten Braut auf die Wiederzeugung der Jenseitsreisenden mit der Göttin im Jenseits bezieht.

Zu dieser Deutung paßt, daß dieser König einerseits in der Nähe wohnt in Montabauer zwischen Limburg und Koblenz (das Hügelgrab als Ritualort liegt in der Nähe), aber dieser König andererseits mit den in der Ferne jenseits des Meeres lebenden Heiden verbündet ist (Totenreich auf der anderen Seite des Jenseitsflusses).

„Willst Du mich nun lassen," / sprach der kleine Mann,
„Was ich verheißen habe, / das wird zumal getan."
„Ich wähne," sprach der König, / „Du scheidest nicht von mir
Bis Du mir Bürgen setzest: / So lang behalte ich Dich hier."

„Du treibst mich in die Enge," / sprach der kleine Wicht,
„Du solltest doch bedenken, / ich habe Bürgen nicht.
Laß mich um Gottes Willen," / sprach der kleine Knabe;
„Dir wird wohl geleistet / was ich verheißen habe."

Da sprach der Lamparter: / „Das tu ich nicht fürwahr,
Ich sehe denn mit Augen / die lichten Ringe klar."
„Im Treuen," sprach der Kleine, / „sie werden nimmer Dein,
So lang von Deinen Händen / ich muß gefangen sein."

„Nun rate gut uns beiden," / hub der König an.
„Des will ich Dich bescheiden," / sprach der kleine Mann:
„Laß mich auf meine Treue, / Dir mag lieb von mir geschehn.
„Nein," sprach der Lamparter, / „erst muß ich die Ringe sehn."

„Laß mich auf meine Treue: / So geht Dir Freude zu.
Du magst mich gerne lassen, / der ein König bin wie Du.
Meine Genossen wissen / mich allzumal getreu;
Wie viel Du hast der Lande, / so hab ich mehr als Deiner drei.

Hast Du auf der Erde / der Gewalt so viel,
So hab ich darunter / alles das ich will.
Ich gebe wem mich lüstet / Silber und Gold:
Ich könnt ihn reich wohl machen, / dem ich getreu wär und hold.

Nun laß mich," sprach der Kleine, / „Ich schwöre Dir den Eid,
Gebe mir meine Treue / und meine Sicherheit,
Daß ich die Wahrheit spreche," / sprach der kleine Mann.
„Ich wags auf Deine Treue," / hub da der König an.

Da ließ er frei den Kleinen: / Vor ihm stand er nun
Mit Furcht und schönen Züchten / wie die Gefangnen tun.
Da sprach der Lampartner: / „Ich halte Dich nicht mehr:
Was Du mir hast versprochen, / wohlan, das bring mir her."

Mit Züchten sprach der Kleine: / „Ein Ding gewähre mir
Bei aller Fürsten Ehre, / eh Du mich läßt von Dir."
Da sprach der König Ortnit: / „Was soll die Bitte sein?"
„Gleichviel," sprach der Kleine, / „Dein Schade wird's nicht sein."

„Nein, erst laß mich vernehmen / was Du zu bitten hast."
„Ich bin nun so gesonnen," / sprach der kleine Gast,
„Daß ich all mein Leben / Dir will zu Diensten sein.
Bei aller Frauen Ehre, / gib mir dies Ringelein."

Da sprach der Lamparter: / „O weh, das darf ich nicht:
Ich gäbe Dir es gerne, / doch wehrt es mir die Pflicht.
Was Du sonst verlangest, / des will ich Dich gewähren;
Das Ringlein gäb ich gerne, / doch kann ich sein nicht entbehren."

Da sprach der Kleine wieder: / „Wozu ist es Dir gut?
Was soll ein reicher König, / hat er nicht milden Mut?
Da Dich so sehr erbarmet / das kleine Ringelein,
Wenn ich Dein Roß erbäte, / es würd auch nimmer mein."

„Mein Roß gäb ich Dir eher, / eine Burg und ein Land,
Als daß ich Dir gäbe / das Gold von meiner Hand.
Da Dir das Herz so heftig / nach diesem Golde tobt,
Ich gäbe Dir es gerne; / doch hab ichs nicht zu tun gelobt.

Mir gab es meine Mutter, / der hab ichs zugeschworen:
Gäb ich es Dir, so hätt ich / ihre Huld verloren."
„Pfui," sprach der Kleine, / „was soll Dein großer Leib,
Und zwölf Männer Stärke, / daß Du fürchtest ein Weib?

Darf ich König scheuen / eines Weibes Gertenschlag?
So zweifl ich, ob vor Wunden / Dein Leib genesen mag."
Er sprach: „Ich bin wohl lange / mit Ruten nicht geschlagen:
Doch lieb ich so die Mutter, / ich wollt es gern ihr vertragen.

Ich sähe Kummer ungern / in ihrem Angesicht:
Nun lache oder zürne, / das Ringlein wird Dir nicht."
„In Treuen," sprach der Kleine: / „Da sieht man sicherlich,
Wenn Du mir es gäbest, / Deine Mutter schlüge Dich.

Ward jemals einem König / so lieb ein Ringelein?
Laß mich es nur beschauen / bei aller Tugend Dein."
Er sprach: „Da Du so heftig / nach diesem Golde strebst,
So gib mir Deine Treue, / daß Du's mir wiedergebst."

Er wollt es ihm nicht lassen, / erst sollt es Eide schwören;
Es griff ihm nach dem Finger, / er konnt es ihm nicht wehren.
Als es ihm das Ringlein / gezogen von der Hand,
Er sah nicht mehr den Kleinen, / mit dem Ringlein er verschwand.

    Ohne den Stein an dem magischen Ring konnte König Ortnit den Zwerg und andere Wesen des Totenreiches nicht mehr sehen.

Da sprach der Lamparter: / „O weh, wo kamst Du hin?"
Da sprach der Gast, der Kleine: / „Gleichviel wo ich bin.
Daß Du mich hast bezwungen, / daß Du mich mochtest sehn,
Von diesem Stein, dem kleinen, / ist Dir die Ehre geschehn."

Er sprach: „Du hast ein Ringlein / aus Deiner Hand gegeben,
Ein solches wird Dir nimmer, / dieweil Du hast das Leben.
Ich mußte Kraft des Ringes / Dein Diener ewig sein;
Nun fahr, wohin Du wollest, / so wird es nie wieder Dein."

Da sprach der Lamparter: / „Nun ist mir Recht geschehn:
Nun mög es Gott erbarmen, / daß ich Dich nicht mag sehn,
Und daß ich muß vernehmen / Deinen Spott und auch dein Dreun:
Bis ich an Dir mich räche, / kann sich mein Herz nicht mehr freun."

Da lachte der Kleine; / die Rede deucht ihn gut.
Er sprach zu dem König: / „Du hast doch Mannesmut.
Noch manchem wird geschehen, / was Dir geschehen ist,
Daß man sein Gut, sein Bestes, / ihm abgewinnt mit List."

Des erschrak der König, / sein Herz groß Leid erlitt.
„Nun mög es Gott erbarmen, / daß ich je von Garten ritt!
Als Du bezwungen lagest, / nahm ich Dir da das Leben,
So war mir wohl gelungen / und große Ehre gegeben."

Der Kleine sprach: „Du dünkst mich / noch keines Weibes wert,
Noch daß Du solltest führen / solchen Halsberg und solch Schwert.
Ich kann mich nicht verlassen / auf Deinen großen Leib:
Du läßt Dich ja erbitten / recht wie ein armes Weib."

Da sprach der Lamparter: / „Es wär jedoch mein Rat,
Daß Du die Treue löstest, / die Dein Mund verpfändet hat,
Und mir wiedergäbest / mein kleines Ringelein."
Mit Zorne sprach der Kleine: / „Wohl wird es nimmer Dein."

Da sprach der Lamparter: / „So bist Du treulos,
Und wirst all Dein Leben / keines Biedermanns Genoß.
Ich hätt' es wissen sollen / – Deine Rede klang so fein –
Nie hätt' ich Dir gegeben / mein golden Ringelein."

Noch sprach von Lamparten / der König Ortneit:
„Nun laßt mich des genießen, / dass Ihr ein König seid,
Und daß ich so getreulich / nach Euerm Rat getan:
So will ich mit Euch teilen / was ich je Gutes gewann."

Mit Züchten sprach der Kleine: / „Du hast nicht weisen Mut;
Was Vater oder Mutter / Dir raten, das ist gut.
Was gabst Du aus den Händen / je solch gewonnen Spiel?
Der Stein ist mir so nütze, / daß ich ihn Dir nicht geben will."

Da sprach der Lamparter: / „So bleib ich ungewährt.
Willst Du mir aber bringen / den Halsberg und das Schwert?
Was Du mir hast verheißen, / das mache mir doch wahr."
„An Deine Rede kehr ich mich," / sprach der Kleine, „nicht ein Haar."

Da sprach der Lamparter: / „Übel ist mir geschehn.
Könnt ich Dich erlaufen / oder möcht ich Dich nur sehn,
Du müßtest das Verheißne / mir her zur Seite tragen,
Oder würdest mit den Beinen / hier um die Felswand geschlagen."

„Was sollten Dir die Ringe?", / sprach Elberich sogleich:
„Was frommt einem Thoren / wohl solch ein Königreich?
Die Ringe geb ich einem, / der ihrer mehr bedarf."
Mit ungefügen Steinen / er nach dem Könige warf.

Sein Roß begann zu gürten / Ortnit der König gut,
Das hatt er bald beschritten / mit grimmigem Mut:
Von dannen wollte scheiden / im Zorn der König reich.
„Guter Mann verbleibet," / rief Elberich sogleich.

„Wem wolltest Du nun lassen / Dein liebes Ringelein?
Wer soll Dir Huld gewinnen / bei der lieben Mutter Dein?
Du darfst es nicht verlieren, / der Stein der ist so gut:
Wie erbarmen mich die Schläge, / die Deine Mutter Dir tut!"

Da sprach der Lamparter: / „Ich mag davor genesen:
Ich bin bei meiner Mutter / so manchen Tag gewesen,
Die ich darum soll leiden, / ich dulde gern die Not:
Wir sind so gute Freude, / sie schlägt mich schwerlich zu Tod."

„Ich will Dich besser trösten," / sprach Elberich sogleich.
„Gib mir Deine Treue, / biedrer König reich,
Daß Du mir nicht zürnest, / was von der Mutter Dein
Ich immer möge sprechen: / So geb ich Dir das Ringelein."

Da sprach der Lamparter: / „Eh ließ' ich Dir das Gold:
Du möchtest so viel reden, / daß ich Dir nie würd' hold,
Möchtest so übel schelten / das tugendreiche Weib,
Könnt ich Dich ergreifen, / ich nähm Dir Leben und Leib."

Mit Züchten sprach der Kleine: / „O wohl Dir, selig Kind:
Du hast die Treu, die immer / Glück und Heil gewinnt."
Da sprach der Lamparter: / „Ich muß es Dir vertragen
Was Du auch von ihr redest: / Wohlan, so magst Du es sagen."

„Von Deiner Mutter sag ich / Dir nur die Wahrheit;
Du zürnst wohl eine Weile; / hernach ist Dir's nicht leid.
Ich mach es Dir so süße, / daß Du es hören mußt:
Doch gib mir Deine Treue, / daß Du mir drum nichts tust."

Da sprach der Lamparter: / „Mein Wort will ich Dir geben,
Daß ich Dir nicht zürne / so lang mir währt das Leben.
Ein Mann darf der Wahrheit / sagen noch so viel;
Du darfst so lange reden / bis ich nicht weiter hören will."

Mit Züchten sprach der Kleine: / „Du gabst die Treue Dein:
Darauf will ich vertrauen: / Nimm hin Dein Ringelein."
Da sprach der Lamparter: / „So bin ich Dir hold:
Nicht frag ich was Du klaffest, / wird mir nur wieder mein Gold."

Groß war die Stärke / und die List, die er besaß.
Das Gold mußt er ihm bieten, / da warf er ihn ins Gras
Und bog sich zu ihm nieder: / „Nun sage, böser Geist,
Eh ich Dich heute lasse, / sag' mir alles was Du weißt."

Das Gold der Lamparter / sich an den Finger stieß:
Er sah den Kleinen wieder, / den er nicht von sich ließ.
Da sprach der Zwerg, der Weise: / „Herr König, wie ihr tobt!
Hütet eurer Ehre: / Was habt ihr mir gelobt?"

Da sprach der Lamparter: / „Zu Leid Dir nichts geschieht:
Es freut sich nur mein Herze, / daß Dich mein Auge sieht.
Du bist mir viel lieber / als das Ringelein:
Sag was Du wissen mögest / von der lieben Mutter mein."

„Nun sag ich Deine Mutter / alles Falsches frei,
Und daß in ganz Lamparten / so werte Frau nicht sei.
Sie hat in ihren Tagen / jedoch ein Ding getan:
Nun sieh, wer ist Dein Vater? / Sie hatte mehr als einen Mann."

Da griff er nach dem Messer, / da griff er nach dem Schwert:
Er hätte nun die Freiheit / dem Kleinen nicht gewährt.
Er wechselte die Farbe, / man sah ihn bleich und rot.
Er sprach: „Nun sprich nicht weiter / und laß mich ohne Not."

„Ich fürchte mich gar wenig," / sprach Elberich sogleich;
„Nun hüte Deiner Treue, / biedrer König reich.
Du wechselst oft die Farbe, / so wechselst Du den Mut;
Doch ist so treu Dein Herze, / daß Deine Hand mir nichts tut.

Wie klein ich Dich dünke, / wie groß Du bist vor mir
(Du gleichst vor allen Königen / einen Riesen schier),
Wie nach des Leides Gliedern / wir zwei so ungleich sind,
Wie groß Du Dich auch dünkest, / so bist Du doch mein Kind."

Da sprach der Lamparter: / „Nun hast Du gelogen:
Bräch ich nicht meine Treue, / und wär nicht ungezogen –
Das Herz ist mir grimmig, / gern zahlt' ich Dir den Lohn."
Er sprach aus zorngem Munde: / „Und bin ich denn Dein Sohn?"

Mit Züchten sprach der kleine: / „Du bist mein Kindelein."
„So werd auf einer Hürde / verbrannt die Mutter mein,
Daß bei ihr ein andrer / noch als mein Vater lag;
Ergreif ich sie zu Garten, / so lebt sie keinen Tag."

Mit Zorne sprach der Kleine: / „So hast Du Thorensinn:
Du bist davon nur werter, / daß ich Dein Vater bin.
Dein Heil und Deine Ehre, / die sind Dir unbekannt:
Du hast von meiner Lehre / jetzo Burgen und Land.

Da ich zum ersten Male / bei Deiner Mutter lag,
Das geschah im grünen Maien / um einen mitten Tag.
Sie weinte heiße Tränen, / als ich mich Zwangs vermaß:
Du darfst ihr drum nicht zürnen, / ohn' ihren Willen geschah's.

Deinen Vater, Deine Mutter / hört' ich fleh'n und bitten
Nach ihrer alten Weise / mit trauriglichen Sitten,
Daß ihnen Gott vom Himmel / verlieh' ein Kindelein:
Sehr bat darum Dein Vater / und die liebe Mutter Dein.

Wie lieb sich beide hatten, / so will ich Dir doch sagen,
Es mochte diesem Manne / kein Kind die Fraue tragen;
Doch kor sie keinen andern, / weil sie die Treue band.
Sie klagten stets aufs neue, / daß erblos bleib ihr Land.

Ich dacht in meinem Mute: / Stirbt ihr nun der Mann,
So wird alsbald verstoßen / die Fraue wohlgetan;
Das Reich muß ohne Erben / in großen Sorgen schweben.
Da gewann ich sie zum Weibe: / Das soll mir Gott vergeben.

An ihrem schönen Bette / sie eines Tages saß,
Nach einem Kinde weinend, / ihre Augen wurden naß.
In ihrer Kemenate / saß die Frau allein:
Wenn sie weinen wollte, / so ließ sie niemand herein.

Ich stand vor ihrem Bette, / ich hörte was sie sprach:
Bald hatt ich sie bezwungen, / ihre Wehr war allzu schwach.
Wie sehr sie widerstrebte, / so ward sie doch mein Weib:
Denn wißt, ich habe Kräfte / für dreier Könige Leib.

Ich mag mehr bezwingen / als Du und all Dein Heer:
Kein reicher König setzte / sich wider mich zur Wehr."
Da sprach der Lamparter: / „So muß ichs übersehn:
Was ich darum ihr täte, / es ist nun doch geschehn."

„Nun harr eine Weile: / Behalt das Ringelein;
So will ich Dir leisten / all die Gelübde mein.
Ich will auf meine Treue / Dir keine Lüge sagen:
Ich will Dir her die Ringe / auf Deinem Schilde tragen."

So schied von ihm der Kleine / und hob sich in den Berg.
Da nahm er aus der Essen / ein wonnigliches Werk,
Lichtgoldner Panzerringe / einen neuen Schildrand voll,
Wie sie ein Held zu Nöten / im Streite tragen soll.

Lauter wie ein Brunnen, / licht wie ein Spiegelglas
Schüttet' er die Ringe / vor ihn auf das Gras.
Zu dem Halsberge / einen festen Helm so licht,
So stark und so gehärtet, / ein Schwert verschnitt' ihn nicht.

Der Zwerg hat „in dem Berg" eine Esse, d.h. er ist der Schmied Tyr-Wieland. Der „Berg" ist folglich das Hügelgrab des Tyr-Elberich.

Sich freute der Lamparter / der schönen Ringe sein;
Kaum mocht er sie beschauen, / so licht war ihr Schein.
Er sprach: „Es ist ein Wunder / allhier vor mir geschehn:
Ich kann vor lichtem Glanze / diese Ringe nicht besehn."

Als er sie recht beschaute, / sie waren nicht von Stahl,
Von dickem, starkem Golde, / wohl fingersgroß zumal.
Er hatte sie betrachtet, / nun legt' er sie sich an:
Gerecht war ihm der Harnisch: / Des freute sich der Mann.

Er war von rechtem Maße, / zu kurz noch zu lang,
Zu weit noch zu enge, / daß er drin fröhlich sprang.
Am Helme das Gespänge / gab lichten goldnen Schein;
An jeglichem Ende / lag ein Karfunkelstein,

Aber mitten inne / stand ein Adamant;
Die Kette war von Golde. / Den Helm er überband.
„Gott lohne Dir die Gabe," / hub der König an.
„Sind Dir gerecht die Ringe?", / so frug der kleine Mann.

„Mir ward bei meinen Zeiten / nie so gemäße Tracht."
„Eh ich Dich je gesehen, / hatt' ich sie Dir gemacht.
Nun hab ich wohl gezieret, / Lamparter, Deinen Leib:
Willst Du, daß ich Dir diene, / so erzürne nicht das Weib.

Bei meiner Treu, erzürnst Du / darum die Mutter Dein,
So müssen voneinander / wir zwei geschieden sein."
Da sprach der Lamparter: / „Gern leist' ich Dein Gebot:
Eh' daß ich die erzürnte, / ich erzürnte lieber Gott.

Gott lohne meiner Mutter, / die Gaben dank ich ihr!
Auf Gnad in allen Dingen / ergeb ich nun mich Dir.
Mein Herz und mein Gemüte / soll wider Dich nicht streben;
Dein genieße meine Mutter / so lang ihr währt das Leben."

Da griff er nach dem Rosse / mit frohem Ungestüm;
Der Kleine war behende: / Den Bügel hielt er ihm.
Da sprach der Lamparter: / „Hier steh ich einen Tag,
Wenn ich Dir nicht anders / Den Dienst erwehren mag."

Das Roß zu gürten eilt' er / gar vermessentlich;
Bis daß er saß im Sattel, / der Zwerg ihm nicht entwich.
Da sprach der Lamparter: / „Den Schild nun reiche mir."
„Ich sehe," sprach der Kleine, / „Du willst nun fort von hier."

Eh er den Schild empfangen, / besah er recht das Schwert:
Er sprach: „Ich bin zum Streite / für alle Not bewehrt.
Wer mit der Rose fliehet, / wie mag der Ehre lieben?"
Er fand zu beiden Seiten / seinen Namen geschrieben.

„Rose" ist der Name des Schwertes, das Ortnit von Elberich erhalten hat.

Die Scheide war von Golde; / was die Fessel sollte sein,
War eine Seidenborte / mit Gold durchschlagen fein.
Oben am Gehilze, / wo der Knauf zu stehen pflegt,
Da war ein Karfunkel / zwei Fäuste groß eingelegt.

Er nahm den Schild zu Halse / und wollte nun hindann.
„Dich gesegne Gott im Himmel," / sprach der kleine Mann.
„Du sollst mich nicht vermeiden, / bedarfst Du künftig mein;
Du magst mich nicht verlieren, / hast Du das Ringelein."

Da ritt der Lamparter / in einen grünen Wald
Mit fröhlichem Gemüte; / seine Lust war mannigfalt.
Er sprach: „Ich bin zum Streite / für alle Not bewehrt;
Wie soll ich nun versuchen / meinen Halsberg und mein Schwert?"

    Der Zwerg als Vater des Helden ist nur eine geringfügige Veränderung des ursprünglichen Motives des Sonnengott-Göttervaters, der des Abends stirbt, sich in der

Nacht im Jenseits zusammen mit der Jenseitsgöttin wiederzeugt und dann am Morgen als sein eigener Sohn wiedergeboren wird. Der Vater des wiedergeborenen Göttervaters wurde zu dem jungen Helden und der Vater selber zum Zwerg im Jenseits.

Die ältere Variante dieses Themas ist die Umdeutung des toten Göttervaters in einen Riesen: Der Riese Hymir ist der Vater des ehemaligen Göttervaters Tyr, während der Riese Bör zusammen mit der Riesin Bestla den Odin und seine beiden Brüder Vili und Ve zeugte.

Die Göttin im Jenseits als Mutter des Wiedergeborenen in der mythologischen Szenerie wurde zu der realen Mutter des Königs/Helden in der Sage umgedeutet.

Die Gaben des Zwerges Alberich/Elberich sind:

- der Ring, der das Sehen im Jenseits ermöglicht (Draupnir, Andvarinaut, Jenseitsreise-Symbol); vermutlich hat Ortnits Mutter den Ring von Elberich bei dessen Zeugung erhalten;
- der Unsichtbarkeits-Umhang, der letztlich das Verlassen des eigenen Körpers durch die (unsichtbare) Seele darstellt (diese beiden Eigenschaften des Ringes und des Umhangs wurden von Tolkien in seinem „Einen Ring" kombiniert);
- eine Rüstung;
- ein Helm, der dem Goldhelm des Tyr/Odin entsprechen wird;
- das Schwert „Rose", da die wichtigste Gabe des Göttervaters bei der Krönung eines Königs gewesen ist z.B. das Schwert Gram, das Sigmund von Odin erhielt); letztlich gehen diese Schwerter auf das Schwert des Göttervaters Tyr zurück.

König Ortnits Mutter schenkt ihrem Sohn einen Ring, als dieser auf Abenteuer auszieht. Sie schärft ihm ein, daß er diesen Ring nie fortgeben soll. Der Ring ermöglicht es, Unsichtbare, d.h. die Totengeister zu sehen. Durch eine List nimmt ihm ein Kind, d.h. ein Zwerg den Ring ab. Der Zwerg stellt sich später als Ortnits Vater heraus. Später erhält Ortnit den Ring von seinem Vater zurück.

Diese Sage ist eine Umdeutung des früheren Motives der Wiedergeburt eines Toten im Jenseits, durch die er zu seinem eigenen „Sohn" wird.

Wahrscheinlich stammt das Verleihen des Schwertes, des Helmes und vor allem des Ringes, der das Symbol der bestandenen Jenseitsreise ist, aus dem germanischen Krönungsritual.

I 7.   Loki raubt das Brisingamen

Loki raubt noch ein weiteres Schmuckstück: das Brinsingamen der Göttin Freya. Dies ist entweder eine Halskette oder ein Halsreif. Als Halsreif könnte man es auch als „Ring" bezeichnen. Es wäre dann wohl mit Andvaris Ring, mit dem Ring Draupnir und mit dem Ring des Elberich identisch.

Die drei Diebstähle des Loki werden somit Varianten eines einzigen Themas sein. Dafür spricht auch, daß in ihnen weitgehend dieselben Gottheiten in denselben Handlungsstrukturen auftreten.

I 7. a)   Hedin-Saga

In der Hedin-Saga wird der Raub des Brisingamen durch Loki im Auftrag von Odin beschrieben.

In der Saga wird entsprechend der damals üblichen christlich-gelehrten Interpretation die Welt der Götter als ein fernes Land und die Götter selber als die Könige der Frühzeit aufgefaßt.

Östlich von Vanakvisl in Asien gab es ein Land, das Asien-Land oder Asien-Heim genannt wurde. Die Leute dort wurden Asen genannt und ihre Hauptstadt Asgard. Odin war der König, der dort herrschte. Dort gab es einen großen Tempel. Odin bestimmte Njörd und Freyr als Hohepriester. Njörds Tochter wurde Freya genannt. Sie begleitete Odin und war seine Geliebte.

In Asien lebten einige Männer, von denen einer Alfrigg, der nächste Dvalin, und die anderen Berling und Grer genannt wurden. Ihre Höfe lagen fern von der Halle des Königs. Sie waren so geschickte Handwerker, daß sie jedes Ding in die Hand nehmen und daraus etwas Beachtliches erschaffen konnten. Menschen wie diese wurden „Zwerge" genannt. Sie lebten in einem gewissen Stein. Sie hatten in jenen Tagen mehr mit Menschen zu tun als heute.

Diese vier Zwerge entsprechen den vier Zwergen, von denen König Nimrud in der Huldar-Saga einen Ring (Draupnir) hat schmieden lassen. Der „Stein" ist ein Hügelgrab, d.h. das Jenseits.

Odin liebte Freya sehr und sie war wirklich die schönste aller Frauen, die damals lebten. Sie hatte ein Frauenhaus, das sowohl schön als auch sehr fest war – so fest, daß gesagt wurde, daß niemand, wenn die Tür verschlossen war, hineingelangen konnte, außer wenn es Freya ihnen erlaubte.

Dieses „feste Haus" ist die Unterwelt selber, die im Fiölswin-Lied in dem Freya „Menglöd" genannt wird, ausführlicher beschrieben wird.

Eines Tages wanderte Freya umher und gelangte zu dem Felsen. Er stand offen. Die Zwerge erschufen eine goldene Halskette. Sie war fast fertig. Freya gefiel das Aussehen dieser Kette. Freya gefiel auch den Zwergen. Sie wollte die Halskette kaufen und bot Gold und Silber für sie an und dazu viele Schätze.

Doch sie antworteten, daß es ihnen nicht an Geld fehlte, aber das jeder von ihnen seinen Teil an der Kette für eine bestimmte Sache geben würde und daß sie nichts anderes haben wollten, als daß sie mit jedem von ihnen eine Nacht verbringen würde. Und, ob dies nun eine glückliche Vereinbarung war oder nicht, dies ist der Handel, den sie abschlossen.

Und vier Nächte später, als dieser Handel ausgeführt worden war, gaben sie die Halskette der Freya. Sie ging heim in ihr Frauenhaus und verhielt sich ruhig, als wenn nichts geschehen wäre.

Dies entspricht in der Huldar-Saga der Vereinigung von Huldar und Odin, bei der Huldar dem Asen den Ring schenkte. Die Verknüpfung des Ringes bzw. des Brisingamen mit der sexuellen Vereinigung, die sich auch im Ortnit-Lied findet, stammt aus dem Motiv der Wiederzeugung vor der Wiedergeburt im Jenseits.

Damals lebte ein Mann, der Farbauti genannt wurde. Er war ein einfacher Bauer und hatte eine Frau, die Laufey genannt wurde. Sie war so rank und schlank, daß sie „Nadel" genannt wurde.

Sie hatten zusammen einen Sohn, der Loki genannt wurde. Er war nicht groß von Wuchs. Er bekam schon bald eine scharfe Zunge. Er war flink und konnte sich sehr schnell bewegen.

Lokis „schnelles Bewegen" ist eine Entsprechung zu seinen magischen Schuhen, die es ihm ermöglichten, durch die Luft zu fliegen.

Er übertraf andere Männer in der Weisheit, die Arglist genannt wird. Er war schon in jungen Jahren sehr geschickt und sie nannten ihn 'Loki Laeviss', d.h. 'Loki listig wie Gift'. Er brach nach Asgard auf und wurde einer von Odins Männern.

Odin sprach stets dem Rat des Loki gemäß, was immer er auch tat. Natürlich übergab Odin dem Loki alle schwierigen Aufgaben, aber Loki bewältigte alle besser als erwartet. Er wußte über fast alles Bescheid, was vor sich ging, und erzählte Odin alles, was er wußte.

Dies „über fast alles Bescheid wissen" des Loki wird zwar ansonsten nicht erwähnt, aber es paßt gut zu seiner Listigkeit.

Es wird erzählt, daß Loki herausfand, was es mit Freya und ihrer Halskette auf sich hatte: wie sie an sie gelangt war und was sie dafür gezahlt hatte. Er erzählte es Odin.
Und als Odin dies erfuhr, befahl er, daß Loki diese Kette erlangen und ihm bringen sollte.
Loki sagte, daß dies wohl kaum möglich sein wird, da kein Mensch das Frauenhaus betreten könne, wenn Freya dies nicht wollte.
Odin sagte, daß er gehen und nicht zurückkehren solle, bevor er die Kette erlangt habe.
Loki schlich heulend davon. Die meisten Leuten grinsten, als Loki nicht weiterwußte.

Loki scheint nicht besonders beliebt gewesen zu sein ...

Loki ging zu Freyas Frauenzimmer und fand es verschlossen. Er versuchte hinein zu gelangen, aber es glückte ihm nicht. Es war eisig draußen und ihm begann sehr kalt zu werden. Da verwandelte er sich in eine Fliege. Er flog an allen Schlössern und Kanten entlang, aber konnte keine Lücke finden um hineinzugelangen außer einer kurz unter dem Giebel, und selbst die war nicht größer als das man eine Nadel hineinstecken konnte – aber er schaffte es sich hineinzubohren.

Loki ist offensichtlich in der Lage, seine Gestalt zu verwandeln.
Auch Odin reist durch ein „kleines Loch" in das Hügelgrab zu Gunnlöd – er hat sich dabei in eine Schlange verwandelt, die eine ursprünglichere „Jenseitsreise-Gestalt" als die Fliege ist.

Als er hineingelangt war, öffnete er seine Augen weit und frug sich, ob wohl jemand wach sei, aber er sah, daß alle in dem Frauenzimmer schliefen. Daher ging er weiter zu Freyas Bett und sah, daß sie ihre Kette um ihren Hals trug, aber auf dem Schloß der Kette lag. Da verwandelte er sich in einen Floh. Er setzte sich auf Freyas Wange und biß sie so, daß sie erwachte und sich umdrehte und dann weiterschlief. Dann legte Loki seine Floh-Gestalt ab, nahm ihr die Kette ab, entriegelte das Frauenzimmer und kehrte zu Odin zurück.
Als Freya am nächsten Morgen erwachte und sah, daß die Tür offenstand, aber nicht aufgebrochen worden war, und daß ihre Halskette fort war, glaubte sie, daß sie wußte, welche List dahinterstand und ging in die Halle sobald sie angekleidet war, um König Odin zu sehen und ihm zu sagen, daß es Unrecht von ihm sei, ihr ihre kostbare Halskette zu stehlen und ihn aufzufordern, ihr ihre Halskette zurückzugeben.
Odin sagte, daß sie ihre Kette angesichts der Weise, in der sie sie erlangt habe,

niemals zurückerhalten solle, „es sei denn, daß es Dir gelingt, daß zwei Könige, denen jeweils zwanzig Könige dienen, in Streit miteinander geraten und miteinander kämpfen und dabei unter solchen Zauberbannen und Flüchen stehen, daß sie jedesmal, wenn sie fallen, wieder zum Leben erwachen und weiterkämpfen, bis ein christlicher Mann so kühn und mit solch großem Glück seines Gottes gesegnet sein sollte, daß er es wagt, in diese Schlacht zu treten und diese Männer mit Waffen niederzuschlagen. Nur dann soll ihr Schicksal beendet sein – dank welches Fürsten auch immer, dem es zufallen wird, sie auf diese Weise von ihrem Bann und ihrem elenden Ringen zu befreien."
Dem stimmte Freya zu und erhielt ihre Kette zurück.

Dies erinnert sehr an den Fluch des Andvari, mit dem er seinen Ring belegte und der zu dem Drama führte, das im Nibelungen-Lied beschrieben wird.
In beiden Sagen gibt es eine „Einleitung" die im Jenseits bei den Göttern spielt, die zu einem Fluch durch die Götter führt, der dann die Ursache für die „Hauptgeschichte" im Diesseits ist, die aus dem Kampf zwischen verschiedenen Königen und Helden besteht. Dieser Kampf wird eine Umdeutung eines mythologischen Kampfes sein – vermutlich dem zwischen Tyr und Loki.

Hedin verbrachte den Winter zuhause in Serkland.

„Serkland" ist das islamische Abbasiden-Reich rings um das Mittelmeer.

Es wird erzählt, daß Hedin einmal mit seinem Gefolge zur Jagd ausritt. Er fand sich alleine auf einer Lichtung wieder. Er sah eine Frau auf einem Sitz in der Lichtung, die hoch und schön anzusehen war.
Er frug nach ihrem Namen und sie nannte sich Gondul.

„Gondul" ist im Darradar-Lied der Name einer Walküre ist und bedeutet „Zauberstab" („Gandr-wal"). Auch Freya hat hier die Funktion einer Walküre, d.h. sie ist eine Todesbotin.
Die Walküren sind aus der Jenseitsgöttin als Mutter der Seelenvögel entstanden. Diese Göttin wurde „vervielfältigt", weil es so viele Tote gab, daß die Göttin nicht gleichzeitig mit ihnen allen vor deren Wiedergeburt schwanger sein konnte. Schließlich wurde sie mit dem Göttervater unterstellt, als sich dessen Position immer mehr festigte und sich dessen Macht immer mehr ausweitete.

Danach sprachen sie zusammen. Sie frug nach seinen Heldentaten und er war glücklich, ihr alles zu erzählen.
Er frug sie, ob er von irgendeinem König wüßte, der so kühn und tüchtig wie er

wäre oder so berühmt und erfolgreich.

Sie sagte, daß sie einen kennen würde, in jedem Teil ihm ebenbürtig und daß ihm zwanzig König dienen würden, „keiner weniger als Dir." Und sie sagte, daß er Högni heiße und daß er in Dänemark im Norden leben würde.

„So viel weiß ich," sprach Hedin, „daß wir versuchen müssen, wer von uns der Bessere ist."

„Es ist wahrscheinlich Zeit für Dich aufzubrechen und nach Deinen Männern zu schauen," sprach Gondul, „Sie werden schon nach Dir suchen."

Danach trennten sie sich. Er ging zu seinen Männern, sie aber blieb dort sitzen.

Sobald es Frühling war, machte sich Hedin bereit aufzubrechen. Er hatte ein Drachenschiff und auf ihm dreihundert Mann.

Dreihundert Mann passen nicht auf ein einzelnes Drachenschiff – Hedin wird eine ganze Flotte gehabt haben. Die größten Drachenschiffe haben eine Besatzung von ungefähr 60 Mann gehabt.

Er segelte nach Norden durch die Welt. Er segelte Sommer und Winter. Im Frühling kam er nach Dänemark.

Als nächstes wird in der Saga geschildert, daß Hedin in Dänemark auf Högni traf und beide um die Wette geschossen haben und geschwommen sind, wobei sich jedoch herausstellte, daß sie beide in allem genau gleich stark waren. Schließlich wurden sie Blutsbrüder.

Wenn Hedin und Högni die Saga-Varianten des Tyr und des Loki sind, müssen sie gleich stark sein, da sonst zwischen ihnen kein zyklischer Wechsel möglich wäre. Die Zusammengehörigkeit der beiden Pole, zwischen denen dieser zyklische Wechsel stattfindet, wird in der Sage dadurch ausgedrückt, daß Hedin und Högni, die diese beiden Pole verkörpern, Blutsbrüder sind.

Es wird gesagt, daß Högni nach eine Weile zu Raubüberfällen aufbrach, aber Hedin zurückblieb und über das Königreich wachte. Eines Tages ritt Hedin zu seinem Vergnügen in den Wald. Es war schönes Wetter. Wieder wurde er von seinen Männern getrennt.

Er kam zu einer Lichtung. Dort sah er dieselbe Frau wie vorher in Serkland auf einem Sitz und sie erschien ihm noch schöner als zuvor. Wieder ergriff sie als erste das Wort und sprach freundlich zu ihm. Sie hielt ihm ein Horn mit einem Deckel entgegen. Das Herz des Königs wurde von Sehnsucht nach ihr erfüllt. Sie lud ihn zu einem Trunk ein und der König war durstig, da ihm heiß geworden war und so nahm er das Horn und trank.

Aber nachdem er getrunken hatte, veränderte er sich auf seltsame Weise, denn er konnte sich an nichts mehr erinnern, was zuvor gewesen war. Er setzte sich nieder und sie sprachen zusammen.

Einen solchen Vergessens-Trank erhält auch in der Nibelungen-Sage Sigurd von Kriemhild eingeschenkt. Dadurch vergaß Sigurd die Walküre Brünhilde, mit der er sich verlobt hatte.

Dieser Vergessens-Trank ist vermutlich mit dem Met, den man bei Bestattungen trank, identisch. Dieser Met ist ursprünglich ein Symbol für das Wiederstillen durch die Muttergöttin im Jenseits gewesen. Auch Odin erhält ihn in dem Hügelgrab, in das er in Schlangengestalt gereist war, von Gunnlöd.

Der Met wurde dann nach und nach im Bestattungsritual zu dem Mittel, durch das der Tote wiedergeboren wurde – der Göttermet der Asen, der ihnen ihre ewige Jugend gab und das „Lebenselixier" der mittelalterlichen Alchemisten.

Da der Tod nicht nur mit dem Schlaf, sondern auch mit dem Vergessen assoziiert wurde, konnte sich dieser Trank auch zu einem Vergessens-Trank weiterentwickeln.

Dies Motiv findet sich u.a. auch bei den Kelten und den Griechen und wird daher wahrscheinlich auch schon den ursprünglichen Indogermanen bekannt gewesen sein.

Die Frau frug ihn, ob er die Stärke und das Geschick bei Högni gefunden hatte, von der sie ihm berichtet hatte.

Hedin sagte, daß dies wahr sei, „denn es gab keine einzige Fähigkeit, in der wir uns geprüft haben, in der er mir nachstand und so haben wir uns für gleichrangig erklärt."

„Aber ihr seid nicht gleich," sprach sie.

„Wie kommst Du darauf?" sagte er.

„Ich komme darauf," sagte sie, „weil Högni eine Königin von großer Herkunft hat und Du gar keine Frau hast."

Er antwortete: „Högni würde mir seine Tochter geben, wenn ich ihn darum bitten würde und dann stände ich ihm von meine Ehe her in nichts nach."

„Dein Ruhm wäre kleiner als seiner," sprach sie, „wenn Du Högni nur bitten würdest, Dich in seine Familie aufzunehmen. Es wäre besser – wenn es Dir, wie Du sagst, nicht an Mut und Stärke fehlt – Hild fortzuschleppen und die Königin in der folgenden Weise zu töten: indem Du sie ergreifst und vor den Bug Deines Drachenschiffes legst und sie in zwei Teile zerschneiden läßt, während Dein Schiff ins Meer geschoben wird."

Hedin war so in dem Bösem und in dem Vergessen aus dem Ale, den er getrunken hatte, gefangen, daß er keine andere Möglichkeit sah, und es kam ihm kein einziges mal in den Sinn, daß er und Högni Blutsbruderschaft geschworen hatten.

Dann trennten sie sich und Hedin ging zu seinen Männern.

Dadurch, daß Hedin den Plan der Freya-Gondul ausführte, kam es zu der von Odin geforderten endlosen Schlacht zwischen den beiden Königen, die nach 143 Jahren durch König Olaf Tryggvason von Norwegen beendet wurde, als seine Männer unter dieser Schlacht litten.

Die Göttin Freya wird in dieser Saga wie eine Walküre dargestellt, die Odins Aufträge ausführt und die Schlachten verursacht und sie lenkt. Auch das Bild der Frau mit dem Methorn findet sich bei den Walküren.

Die „Zwerge in dem Stein" sind noch recht gut als die Ahnen („dwergaz" = „Totengeister") in einem Hügelgrab zu erkennen – zumal der Stein eine Tür hat, die offenstehen kann.

Die Göttin Freya ist in den germanischen Mythen sehr eng mit den Toten verbunden, da sie die eine Hälfte der Toten erhält und Odin die andere.

Die Szene „Freya bei den Zwergen" und die Szene „Loki auf dem Weg in das Frauenhaus" erinnern gemeinsam an Odins Reise zu Gunnlöd, in der er sich einen Weg in den Berg zu der Riesentochter bohren muß – in der Hedin-Saga wird sogar das Wort „bohren" für Lokis Hineinschlüpfen in das Frauenzimmer benutzt.

Vermutlich ist dieses Motiv durch das bei den Wikingern sehr beliebte Ausrauben von Hügelgräbern fremder Stämme entstanden, denn dabei mußte man sich einen Gang in die Grabkammer im Inneren des Hügels bohren – wo man dann den Geist des Toten in Schlangen- oder Drachengestalt auf seinem Schatz sowie die Jenseitsgöttin zu treffen erwartete.

Auch Lokis Verwandlung in eine Fliege ist aus einem anderen Zusammenhang bekannt: Er versuchte in der Gestalt einer Mücke den Zwerg Brock daran zu hindern, Thors Hammer fertig zu schmieden. Lokis „Insekten-Verwandlung" scheint daher mit dem Holen eines magischen Gegenstandes von den Zwergen assoziiert worden zu sein.

Diese Zusammenhänge zeigen, daß die Kette Brisingamen der Freya den magischen Gegenständen der Götter, aber vor allem den Äpfeln der Idun und dem Met der Gunnlöd entsprechen wird.

Der Grund für Odins Auftrag an Loki, die Kette zu stehlen, waren die vier Nächte, die Freya mit den vier Zwergen verbrachte, die ihr diese Kette geschmiedet hatten. Auch diese Vereinigung im Jenseits (Zwerge = Totengeister) entspricht Odins Vereinigung mit Gunnlöd. Es ist recht wahrscheinlich, daß die Eifersucht des Odin eine spätere Umdeutung eines früheren Motives ist, da in den Sagas die Mythen der Götter und ihr Verhalten stark vermenschlicht wurden.

In der Hedin-Saga erhielt Freya ihre Kette von Odin nur unter der Bedingung zurück, daß sie eine ganz spezielle Schlacht zwischen zwei Königen entfachte und sie auf eine besondere Weise auch wieder beendete.

Die Namen Hedin und Högni erinnern sehr an Regin und Rogni(-r), die in „Odins

Rabenzauber" mit ihrem Galdr das Wetter verhext haben. Diese beiden sehr ähnlichen Namenspaare, die einen Stabreim haben, betonen die Zusammengehörigkeit zwischen den beiden Männern bzw. in den der Saga vorausgehenden Mythen zwischen den beiden Göttern.

In der Hedin-Saga ist Freya die Frau des Odin und nicht, wie in der Edda dargestellt, die Göttin Frigg. Beide Göttinnen sind allerdings weitgehend identisch gewesen – „Frigg" ist der südgermanische Name der Freya.

Freyrs Mann Odr und Odin werden identisch miteinander sein. Die Namen der beiden Töchter von Odr und Freya weisen auch auf den Halsreif Brisingamen der Freyr hin: Die beiden heißen Hnoss („Kleinod") und Gersemi („Kostbarkeit").

Sowohl von Odin (in der Gesta danorum) als auch von Odr (in der Edda) wird berichtet, daß beide lange Zeiten in der Fremde sind – was vermutlich auf die Jenseitsreisen des Schamanengottes Odin und evtl. auch auf die nächtlichen bzw. winterlichen Jenseitsreisen des ehemaligen Sonnengott-Göttervaters Tyr zurückgeht.

Als Odr Freya verläßt, weint sie Tränen, die zu Gold wurden, als sie auf Stein fielen. Auch dieses Gold wird wohl mit den Goldringen Draupnir und Andvari-Naut sowie mit Freyas Brinsingamen identisch sein – der Jenseitsreise-Ring wurde offenbar auch mit den bei den Bestattungen geweinten Tränen assoziiert. Freya zog schließlich in die Welt „unter fremdartige Leuten", um ihn zu suchen.

Das Motiv des „Gottes in der Ferne" findet sich nicht nur bei Odin und Odr, sondern auch bei Svipdag im Groagaldr und im Fiölswinmal. Man könnte auch noch Baldurs Tod zu diesem Thema zählen.

Der Name der Göttin/Riesin Menglöd, zu der Svipdag reist, lautet auf germanisch „men-glöd" und bedeutet „die, die die Halskette/Halsreif („men) liebt (glöd)". Dieser Name kann eigentlich nur als Beiname der Freya aufgefaßt werden. Svipdag, dessen Name „rascher (anbrechender) Tag" bedeutet, ist der wiedergeborene Tyr.

Im Hyndlalied wird Freya von Hyndla damit verspotte, daß Freya *„stets voller (sexuellem) Verlangen nach Ödi (Odr)"* sei.

Högni ist identisch mit dem Hagen aus dem Nibelungenlied und anderen Sagen. Sein Name bedeutet „Beschützer" und sein Charakter ähnelt sehr dem des Loki – er ist u.a. der Mörder des Tyr-ähnlichen Helden Sigurd (Siegfried).

In der Skaldskaparmal ist es Högnis Tochter Hilde und nicht Freya, die dafür sorgt, daß der Kampf zwischen Hedin und Högni niemals endet. Vermutlich ist Hilde hier mit der Göttin Hulda, die die Königin der Trolle, d.h. eine Jenseitsgöttin wie Hel ist, identisch. Hulda war auch eine Zauberin und konnte sich u.a. in einen Drachen verwandeln (Huldar-Saga). Sie hat anscheinend einige Ähnlichkeit mit Freya in der Saga von Hedin und Högni.

In der Skaldskaparmal heißt es über diese Schlacht:

In der Nacht aber ging Hilde zum Walplatz und weckte durch Zauberkunst die Toten alle, und den anderen Tag gingen die Könige zum Schlachtfelde und kämpften, und so auch alle, die tags zuvor gefallen waren.

Also währte der Streit fort einen Tag nach dem anderen, und alle die da fielen und alle Schwerter, die auf dem Walplatz lagen, und alle Schilde wurden zu Steinen. Aber sobald es tagte, standen alle Toten wieder auf und kämpften und alle Waffen wurden wieder brauchbar.

Und in den Liedern heißt es, die Hiadninge würden so fortfahren bis zur Götterdämmerung.

Hedin und Högni in der Saga gegehn auf Tyr und Loki in den Mythen zurück.

I 7. b) Skaldskaparmal

Snorri Sturluson berichtet in der Edda über einen Kampf zwischen Heimdall und Loki:

Wie soll man Heimdall umschreiben? –
Indem man ihn „Sohn von neun Müttern" oder „Wächter der Götter" nennt, wie bereits geschrieben wurde; oder „Weißer Gott", „Feind des Loki", „Sucher von Freyas Kette".
Ein Schwert wird „Heimdalls Kopf" genannt: denn es wird gesagt, daß er gegen den Kopf eines Menschen geschlagen wurde. Die Geschichte davon wird in „Heimdalls Zauber" berichtet; seit damals wird ein Kopf „Schicksal des Heimdall" und ein Schwert „Schicksal der Menschen" genannt.

Dieses Lied und diese Mythe sind leider nicht überliefert worden.

Heimdall ist der Besitzer des (Rosses) *Gulltop.*
Er wird auch „Besucher von Vagasker und Sing-Stein" genannt, wo er mit Loki um die Kette Brisingamen kämpfte. Er wird auch „Vindler" genannt.
Ulfr Uggason verfaßte in der Husdrapa ein langes Gedicht über diese Geschichte und dort wird geschrieben, daß sie die Gestalt von Robben hatten. Heimdall ist auch ein Sohn des Odin.

Gulltop = „Goldmähne"
Vagasker = „Wogen-Schäre", d.h. eine bei Flut überspülte Insel
Vindler = „Wind-Erzeuger", „Wind-Ase" oder „Wind-Schutz"

Heimdall und Loki haben offenbar in der Gestalt von zwei Robben auf einer Schäre um Freyas Halsreif gekämpft, wobei Loki vermutlich Brisingamen gestohlen und Heimdall nach ihm und nach Brisingamen gesucht hat.

Die „Schäre" (Insel) könnte evtl. Lokis Heimat sein, da es auch die Vorstellung einer Jenseitsinsel („Hler") gegeben hat, die manchmal zu einer Gefangeneninsel umgedeutet wurde („Wieland auf der Insel"). Der Name „Laufey" von Lokis Mutter könnte sich auf diese Insel beziehen. Wenn dies zutrifft, hat es je drei Namen für das Jenseits und ihre Herrin gegeben:

Jenseits-Bilder				
Bild	***Ort***		***Göttin***	
	Name	*Bedeutung*	*Name*	*Bedeutung*
Meer	-	Meer	Ran	Räuberin
Insel im Meer	Laufey	Laubinsel	Laufey	Laubinsel
Ort unter der Erde hinter dem Jenseitsfluß	Hel	Höhle	Hel	Höhle

Die Robben, in die sich Heimdall und Loki bei ihrem Kampf verwandeln, erinnern sehr an den Fischotter Otr Hreidmar-Sohn, der von Loki getötet worden ist. Auch die Verwandlung des Loki in einen Lachs, als er nach seinen Beleidigungen in Ägirs Saal vor den Asen floh, könnte evtl. hierher gehören, da Otr, als er von Loki erschlagen wurde, gerade einen Lachs gefangen hatte.

Der Raub des Brisingamen durch Loki muß demnach entweder einst noch komplexer gewesen gewesen sein, als in der Saga über Hedin und Högni berichtet wird, oder es hat ein noch eine zweite Version von diesem Thema oder eine frühere Fassung gegeben.

Der Gott Heimdall hat sich aus einem Beinamen des Tyr und aus einem Teil seiner Mythen entwickelt, als Tyr um 500 n.Chr. durch Thor und Odin abgesetzt worden ist. Als Tyr daraufhin zu einem bedeutungslosen Sohn des Odin umgedeutet wurde, sind Tyrs Mythen, die ihn als Göttervater dargestellt haben, in ihre Enzelteile zerfallen, die dann entweder in andere Mythen eingebaut oder zu neuen Mythen zusammengefügt worden sind.

Auch zu dem Kampf zwischen Heimdall und Loki scheint es zwei Varianten gegeben zu haben: In der einen fand der Streit auf einer Schäre statt und in der anderen an einem „Sing-Stein".

I 7. c) Gylfis Vision

Der Kampf zwischen Tyr-Heimdall und Loki muß einst ein wichtiges Thema gewesen sein, da sich beide Götter beim Ragnarök gegenseitig töten. Ihr Kampf muß folglich der Ausdruck des zentralen Gegensatzes sowohl in den Mythen des Heimdall als auch in den Mythen des Loki gewesen sein.

Loki kämpft mit Heimdall und einer erschlägt den anderen.

Lokis Töten des Fischotters und das gegenseitige Erschlagen von Heimdall und Loki beim Ragnarök lassen vermuten, daß auch der Kampf der beiden Asen auf der Schäre mit dem Tod eines der beiden Asen geendet haben wird.

I 7. d) Husdrapa

In dem um ca. 1185 n.Chr. verfaßten Lied „Husdrapa" finden sich einige weitere kleine Details über den Kampf zwischen Heimdall und Loki.

Der berühmte Verteidiger des
Boden-Streifens der Götter,
der stets Rat weiß, kämpft am Sing-Stein
mit Loki, Farbautis sehr listigem Sohn.

„Boden-Streifen" ist eine Umschreibung für „Brücke". Die *„Brücke der Götter"* ist die Regenbogenbrücke Bifröst. Der *„Verteidiger der Bifröst-Brücke"* ist der Gott Heimdall.

Der *„Sing-Stein"* ist offensichtlich ein besonderer Ort, an dem sich ein Stein befindet, an dem man singt und der auch für die Asen von Interesse ist. Die wichtigsten Steine der Germanen waren die Runensteine sowie die Felsstücke, aus denen man die Grabkammern in den Hügelgräbern zusammensetzte. Aus den Berichten über die Bestattung des Hunnenkönigs Atilla ist bekannt, daß die Germanen bei Bestattungen singend um das Hügelgrab ritten. Diesen Brauch könnte es auch bei den Runensteinen gegeben haben – zumal diese anfangs oben auf den Hügelgräbern errichtet wurden.

Diese Tradition ist vermutlich sehr alt, da sie in leicht abgewandelter Form auch von den Kelten bekannt ist: Zur Bestätigung, daß von den Druiden der richtige irische Hochkönig gewählt worden war, sang der Stein von Tara, wenn ihn der König berührte.

Der „Sing-Stein" könnte demnach ein Hügelgrab oder ein Runenstein sein. Dies würde auch zu Heimdall passen, da sowohl die Regenbogenbrücke, die er bewacht, als auch das Hügelgrab bzw. der Runenstein ein Tor zum Jenseits ist. Die Runensteine werden in den Inschriften auf ihnen oft als „Brücke" bezeichnet, womit aber eher die Gjallarbrücke zur Hel als die Bifröst-Brücke nach Asgard gemeint sein wird – allerdings sind beide letztlich dieselbe Jenseitsbrücke.

Der Sohn von acht-und-einer Mutter,
Mächtig in seinem Zorn,
besitzt die Meeres-Niere bevor Loki kommt:
Dies mache ich in Ruhmesliedern bekannt.

Der *„Sohn von acht-und-einer Mutter"* ist Heimdall, der von den neun Töchtern der Meeresgöttin Ran geboren wurde. Dies bedeutet zum einen, daß Heimdall „meeresgeboren" ist, d.h. aus der Wasserunterwelt gekommen ist, und zum anderen, daß es einen Zusammenhang zwischen ihm und dem Ring Draupnir geben muß, von dem jede neunte Nacht acht mit ihm identische Ringe abtropfen.

Die „9" ist von den Germanen wie ein Adjektiv mit der Bedeutung „zum Jenseits gehörend" benutzt worden. Heimdalls Mutter ist folglich die Jenseitsgöttin.

Da der Ring Draupnir wie der keltische Torque ein Symbol der erfolgreichen Jenseitsreise eines Schamanen (bei einer Heilung), eines Priesters (bei seiner Priesterweihe), eines Königs (bei seiner Krönung) oder eines Kriegers (bei einem Krieger-Ritual) ist, ist Heimdall offenbar ein Gott, der in das Jenseits reisen kann. Sein Bewachen der Regenbogenbrücke, die ins Jenseits führt, ist daher wohl eine Weiterentwicklung dieser ursprünglicheren Symbolik. Dieselbe Entwicklung findet sich auch bei dem Wolf bzw. dem Hund, die vom Begleiter auf der Jenseitsreise (Odins Wölfe) oft zum Bewacher des Tores der Unterwelt (Garm, Fenrir) geworden sind.

Der einzige Hinweis auf die Ursache des Kampfes zwischen den beiden Asen in der Strophe ist die *„Meeres-Niere"*, d.h. Freyas Halsreif Brisingamen, die Heimdall als erster in seiner Hand hält.

Den Regeln der Bildung von Kenningar zufolge ist diese „Meeres-Niere" ein Gegenstand, der aus irgendeinem Grund wie z.B. seiner Form, seinem Material oder seiner Funktion einer Niere entspricht, aber sich im Meer befindet. Dies könnten z.B. die Nieren-förmigen Samen des Kugelstrauches sein, die aus der Karibik mit dem Golfstrom nach Island geschwemmt werden und dort manchmal als Amulett verwendet wurden und möglicherweise dem Brisingamen der Freya gleichgesetzt worden sind.

Möglicherweise wurden diese „Meeresnieren-Samen" auch als das Hrungnirherz aufgefaßt, d.h. als die Sonne und als die Seele des Tyr-Hrungnir. Letztlich sind Freyas Brisingamen, Fullas goldener Haarreif, Anwaris Ring, Odins Draupnir, Elberichs Ring und das Hrungnirherz dasselbe Symbol: die sterbende und und die wiedergeborene Sonne.

Da die Samen des Kugelstrauches rund sind und aus dem Meer kommen, könnten sie leicht als die von Freya wiedergeborene Sonne, die aus der Wasserunterwelt emporsteigt, aufgefaßt worden sein.

Freyas Brisingamen wird durch die Kenning „Meeres-Niere" als Meeres-geboren gekennzeichnet – was an Heimdalls Geburt aus dem Meer erinnert.

In der Strophe wird gesagt, daß Heimdall die Kette bereits besaß, bevor Loki zu dem Sing-Stein kam, und daß Heimdall „mächtig in seinem Zorn" ist. Dies bedeutet, daß Heimdall entweder Freyas Halskette schon gefunden oder sie bereits aus einem anderen Grund besessen hatte. Heimdall steht somit vermutlich an der Stelle der Freya, der Loki den Halsreif rauben will. Der Sing-Stein entspräche dann Freyas Frauenhaus. Der für Freya Heimdall kämpfende Heimdall könnte somit auch eine Variante der vier Zwerge sein, zumal die Schäre und der Singstein beides Hinweise auf die (Wasser-)Unterwelt sein werden und die Zwerge Totengeister in der Unterwelt sind.

Aufgrund von Freyas Funktion als Jenseitsgöttin, mit der die Wiederzeugung und die Wiedergeburt verbunden ist, könnte die Verbindung des Tyr-Heimdall zu Freya somit die der Wiederzeugung und der Wiedergeburt sein. Zu dieser Deutung würde auch der Streit um den Halsreif passen, denn wenn dieser mit dem Ring Draupnir identisch sein sollte, dann wäre auch das Brisingamen ein Symbol für die erfolgreiche Jenseitsreise.

Der Kern dieser Mythe wäre dann die allmorgendliche Wiedergeburt des Sonnengott-Göttervaters Tyr-Heimdall durch die Jenseitsgöttin Freya. Lokis Funktion in diesem Zusammenhang wird dann die des Todbringers sein, was vermutlich auch das Verursachen des Herbstes und des Winters mit einbeziehen wird.

I 7. e) Gesta danorum

Zu dem Motiv des Seehundes und des Otters gehört vermutlich noch als drittes das Motiv der Seekuh, das sich im Zusammenhang mit den Mythen des Gottes Freyr findet.

Wie die Berichte über den König Frode Hadding-Sohn zeigen, ist er mit dem Wanengott Freyr identisch und bewahrt einige Elemente der Mythen des Freyr. Hadding ist sehr wahrscheinlich eine der vielen Sagen-Varianten des ehemaligen Göttervaters Tyr.

Der Stil des folgenden Textes, der von dem Mönch Saxo dem Schriftkundigen verfaßt worden ist, ist der der damaligen christlichen Kloster-Tradition, die u.a. durch recht lange Sätze und eine Vielzahl von Adjektiven geprägt ist.

Auf Hadding folgte sein Sohn Frode, der viele und sehr verschiedene Geschicke erlebte. Als seine Jugendjahre vorüber waren, zeigte er alle Kühnheit eines Kriegers und weil er es verabscheute, daß diese durch Müßiggang vergeudet werden würde, wandte er seinen Geist von allen Vergnügungen fort und richtete ihn beharrlich auf die Waffen.

Weil die Kriegsführung die Schatzkammer seines Vaters geleert hatte, fehlte es ihm an einem Vorrat an Geld, mit dem er seine Truppen unterhalten konnte. Daher suchte er überall nach Möglichkeiten, wieder zu den benötigten Reichtümern zu gelangen. Während er damit beschäftigt war, traf er einen Bauern, der seine Hoffnungen durch folgende Worte weckte:

„Nicht fern von hier liegt eine Insel, die sich in sanften Wellen erhebt, die in ihren Hügeln Schätze verbirgt, die eine reiche Beute wären. Dort wird ein stattlicher Hort von dem Besitzer des Hügels bewahrt, der eine Schlange ist, die sich in vielen Windungen schlängelt, oft über sich selber liegend, mit einem Schwanz, der sich in vielen Bögen erstreckt, und die die vielen Spiralen ihres Leibes kreisen läßt und Gift ausspuckt.

Wenn Du sie besiegen willst, mußt Du einen Schild benutzen und ihn mit einem Stierfell beziehen und Du mußt Deinen Körper mit einem Kuhfell bedecken und darauf achten, daß Deine Glieder nicht mit dem Gift in Berührung kommen, denn sein Speichel verbrennt alles, was er berührt. Auch wenn ihre dreigespaltene Zunge umherzüngelt, sie ihr Maul weit aufreißt und sie Dich mit schrecklichen Wunden bedroht, mußt Du Dir immer Deinen furchtlosen Geist bewahren. Laß Dich weder durch ihre gezackten Zähne beunruhigen noch durch die Ungeheuerlichkeit ihres Leibes und auch nicht durch das Gift, daß sie schnell aus ihrem Hals spuckt.

Auch wenn die Härte ihrer Schuppen Deine Speere wirkungslos abprallen läßt, so gibt es doch eine Stelle unter ihrem Bauch, die Du mit Deinem Schwert durchdringen kannst. Ziele mit Deinem Schwert dorthin und Du wirst die Schlange bis in ihre Mitte treffen. Dann gehe furchtlos den Hügel hinauf, nimm die Hacke, grabe und plündere die Höhle. Schon bald werden Deine Taschen voller Schätze sein, mit denen Du dann Dein Schiff beladen kannst."

Frode glaubte ihm und ging alleine zu der Insel, der er das Ungeheuer nicht mit einer stärkeren Begleitung angreifen wollte als mit der, mit der es für Helden üblich war, ein solches Ungeheuer anzugreifen.

Nachdem die Schlange Wasser getrunken hatte und zu ihrem Lager zurückkehrte, wies ihre rauhe und harte Haut Frodes Stahl ab. Auch die Speere, die er gegen sie warf, prallten wirkungslos ab – die Kraft des Werfers war vergeudet. Nachdem der harte Rücken der Schlange kein bißchen nachgab, achtete er genau auf ihren Bauch, dessen Weichheit seinem Stahl nicht widerstehen konnte.

Das Ungeheuer versuchte sich durch Bisse zu verteidigen, aber traf mit den scharfen Zähnen ihres Maules nur den Schild. Dann ließ es wieder und wieder seine zuckende Zunge vorschnellen und atmete zugleich ihr Gift und ihr Leben aus.

Die Beschreibung des Schatzes als in einer Höhle in einem Hügel auf einer Insel liegend zeigt deutlich, daß es sich hier um die Grabbeigaben in einem Hügelgrab handelt.

Das Stierfell und das Kuhfell könnten eine Erinnerung daran sein, daß bei den Bestattungen ein Herdentier geopfert wurde und der Tote dann in das Fell dieses Tieres eingewickelt wurde. Ein solches Fell wurde auch beim Utiseta, also bei den Beschwörungen der Ahnen als „fliegender Teppich" für die Jenseitsreise benutzt.

Die verbrennende Wirkung des Giftes der Schlange ist eine Mischform von Gift und Feuer, die sich auch in anderen Sagas findet.

Das Motiv des ungeschützten Bauches des Drachen ist in den germanischen Drachenerzählungen weit verbreitet. Vermutlich ist es eine Weiterentwicklung des Erstechens der Drachen aus einer Grube heraus, also „von unten her".

Das häufige Motiv des Auflauerns auf den Drachen an seinem Weg zur Wasserstelle ist eine übliche Jagdtechnik, da man an Wasserstellen am sichersten das Jagdwild finden kann. Diese Jagdtechnik wurde auch auf das Töten eines Drachen übertragen.

Eine Deutung des Wassers als Wasserunterwelt wäre zwar auch denkbar, aber die Deutung als übliche Jagdmethode reicht zunächst einmal zur Erklärung aus.

Vielleicht ist die dreigespaltene Zunge ein Hinweis auf den Zyklus der Sonne – diese Symbolik der „3" war bei den Germanen und auch allgemein bei den Indogermanen fest verankert.

Das Rauben eines von einem Drachen gehüteten Schatzes könnte evtl. auf die Krönung eines Königs zurückgehen, in deren Verlauf der angehende König in der Gestalt einer Schlange (Drache) in die Unterwelt (Hügelgrab) reist. Dieses Motiv hat sich bei der Übertragung aus dem Ritual und der Mythe in die Sage naheliegenderweise mit den konkreten (Grab-)Plünderungen durch die Wikinger verbunden.

… … …

Nach den Triumphen in Britannien und dem Plündern der Iren zogen sie nach Dänemark zurück und es gab eine dreißigjährige Pause in der Kriegsführung. In dieser Zeit wurde der Name der Dänen in der ganzen Welt vor allem für deren außergewöhnliche Kraft berühmt.

Daher begehrte Frode, das Strahlen seines Reiches für immer zu verlängern und zu sichern. Als erstes machte er es sich zur Aufgabe, allen Diebstahl und alle Räuberei zu beenden, da er spürte, daß diese etwas Böses in der Heimat und eine innere Krankheit waren und daß dann, wenn alle Völker sie loswerden würden, sie ein friedlicheres Leben genießen könnten und kein böser Wille mehr die dauerhafte Ausdehnung des Friedens verletzen und behindern würde.

Er achtete ebenfalls darauf, daß das Land nicht von irgendeiner heimischen Plage verwüstet wurde während die Feinde ruhten, und daß sich die innere Verkommenheit nicht vermehrte während außen Frieden herrschte.

Zuletzt ordnete er an, daß in Jütland, dem Hauptbezirk seines Reiches, ein sehr schwerer goldener Armreif auf den Straßen zur Schau gestellt werden sollte (so wie er es zuvor in dem Bezirk Wik getan hatte), denn er wünschte durch diesen herrlichen Schatz die Ehrlichkeit zu prüfen, die er erschaffen hatte.

Nun, obwohl der Geist der Unehrlichen durch die Provokation, die dieser Schatz ihnen bereitete, verwirrt waren, und die Seelen der Bösen durch ihn versucht wurden, obsiegte die Furcht vor der unzweifelhaften Gefahr. Denn so gewaltig war die Herrlichkeit des Frode, daß sie sogar Gold bewachte, das auf diese Weise der Plünderung ausgesetzt war, als ob es mit Schloß und Riegel behütet sei. Diese seltsame Anordnung brachte seinem Erfinder großen Ruhm.

Nachdem er überall hin Vernichtung gebracht hatte und fern und weit ruhmreiche Siege errungen hatte, hatte er sich entschlossen, allen Menschen ein ruhigeres Leben zu schenken, damit die Freude des Friedens den Schrecken des Krieges folgen sollte und das Ende der Schlachten der Beginn sein Sicherheit werden würde. Er beschloß weiterhin, daß aus demselben Grund der Besitz aller Menschen durch einen schützenden Erlaß gesichert werden sollte, damit das, was vor einem äußeren Feind geschützt worden war, nicht einem inneren Plünderer zum Opfer fiel.

Dieser „Frodi-Friede", der hier aus einer mehr politischen Perspektive beschrieben wird, ist eine der grundlegenden Qualitäten des Gottes Freyr. Es beachtenswert, daß hier auch die einfachen Leute, d.h. vor allem die Bauern, sowie der Besitz durch Frode geschützt worden sind. Dies paßt gut zu dem „Bauern-Gott" Freyr.

Astrologisch gesehen scheint Freyr-Frode ein „Stier" zu sein – zumindestens erscheinen hier sehr viele Eigenschaften dieses Sternzeichens …

Zu derselben Zeit kam der Erschaffer unserer allgemeinen Erlösung auf die Erde, um die Sterblichen zu erretten, und zog die Kleidung der Sterblichkeit an. Zu dieser Zeit wurden die Feuer des Krieges gelöscht und alle Länder erfreuten sich des ruhigsten und tiefsten Friedens. Einige haben gedacht, daß der Friede, der sich damals so weit, so gleichmäßig und so ununterbrochen über die ganze Welt ausbreitete, nicht so sehr der irdischen Herrschaft, sondern der göttlichen Geburt entsprungen war, und daß es eine himmlische Fügung gewesen ist, daß dieses außergewöhnliche Geschenk dieser Zeit ein Zeuge für die Anwesenheit von Ihm ist, der alle Zeiten erschaffen hat.

Saxo grammaticus deutet als christlicher Mönch den Frodi-Frieden als eine Auswirkung der Anwesenheit Christi auf Erden.

Dies ist allerdings wohl kaum so zu verstehen, daß Frodi vor 2000 Jahren gelebt hat – dies würde kaum mit den Ahnentafeln der Schwedenkönige, die auf Freyr-Frodi zurückgehen, vereinbar sein.

Inzwischen kam eine gewisse alte Frau, die in der Zauberkunst erfahren war und die mehr in ihre Künste vertraute als daß sie die Strenge des Königs fürchtete, und stachelte die Begierde ihres Sohnes nach dem Schatz an. Sie versicherte ihm Straflosigkeit, da der König fast schon an dem Tor des Todes stand, sein Leib schwach und die Überreste seines altersschwachen Geistes kraftlos waren.

Er stellte dem Rat seiner Mutter die Größe der Gefahr gegenüber, aber sie gebot ihm, Hoffnung zu fassen und erklärte, daß entweder eine Seekuh ein Kalb haben sollte oder daß die Rache des Königs durch irgendeine andere Fügung vereitelt werden solle. Durch diese Rede vertrieb sie die Ängste ihres Sohnes und ließ ihn ihr gehorsam sein.

Dieser Ring-Raub könnte durchaus den Ring-Diebstählen des Loki entsprechen – zumal König Frode auf den Gott Freyr zurückgeht und das Ring-Motiv daher aus den Mythen stammen wird.

Da der „gute König" Frode (Freyr) hier an die Stelle des Tyr getreten zu sein scheint, sollte der Sohn der Zauberin Loki sein. Die Zauberin selber wäre dann die Göttin Freya.

Als die Tat getan war, wurde Frode, von dem Angriff getroffen, von der größten Hitze und Wut erfüllt und ließ das Haus der alten Frau niederreißen und sandte Männer aus, um sie gefangen zu nehmen und sie mit ihren Kindern herbeizubringen.

Dies hatte die Frau vorhergesehen und täuschte ihre Feinde mit einer List, indem sie von der Gestalt einer Frau zu der einer Stute wechselte.

Als Frode herbeikam, nahm sie die Gestalt einer Seekuh an, die an der Küste umherzurobben und zu grasen schien. Und sie ließ ihre Söhne wie Kälber von geringerer Größe aussehen. Dieses Omen erstaunte den König und er befahl, daß sie umringt und von ihrem Rückweg ins Wasser abgeschnitten würden. Dann verließ er den Karren, den er wegen der Schwäche seines alten Körpers benutzte und setzte sich verwundert auf den Erdboden.

Aber die Mutter, die die Gestalt des größeren Tieres angenommen hatte, griff den König mit ausgestreckten Hauern an und durchstach eine seiner Seiten. Diese Wunde tötet ihn und sein Ende war einer Majestät wie der seinen unwürdig.

Seine Krieger, die nach Rache für seinen Tod dürsteten, warfen ihre Speere und durchstachen die Ungeheuer. Als sie getötet worden waren, sahen sie, daß es Leichen von menschlichen Wesen mit den Köpfen von wilden Tieren waren: ein Umstand, der die List mehr als alles andere offenbarte.

Dieser seltsame Tod erinnert an das Meeresungeheuer, daß Frodes Vater Hadding getötet hatte, ohne zu wissen, daß es eine Gottheit war. Hier zeigt sich, daß dieses Ungeheuer wohl eine Göttin gewesen ist – vermutlich die Jenseitsgöttin Hel/Freya, die im Beowulf-Epos als die auf dem Grunde eines Sees lebende Mutter des Tyr-Riesen Grendel erscheint.

Da die Göttin Freya auch ansonsten eng mit dem Kampf um den „magischen Ring" verbunden ist, wird man die Frodi-Saga als eine Variante der Andvari-, Hedin-, Ortnit- und Bringamen-Mythen bzw. Sagas ansehen können.

Die Tierköpfe der Zauberin und ihrer Söhne werden der Kopf des bei den Jenseitsreisen geopferten Herdentieres sein, der an dem Fell belassen wurde, in das man den Jenseitsreisenden einhüllte. Dieser Kopf, der den, der ihn trug, in ein Tier verwandelte, erscheint in der Nibelungensage als der Ögis-Helm („Schreckenshelm"), durch den sich der Zwerg Fafnir in einen Drachen verwandelte. Diese Tierköpfe sind ein Teil des Felles, das beim Utiseta benutzt wurde.

Die Jenseitsgöttin, die den Toten ihre Wiedergeburt schenkt, ist hier wie so oft zu der Verursacherin des Todes geworden – und das Utiseta-Fell, das dem Toten die Zeugungskraft der Herdentiere für seine Wiederzeugung verlieh, wurde zu einem magischen Hilfsmittel der bösen Zauberin.

Dieser seltsame Tod des Frode könnte durch das Motiv des Kampfes zwischen Heimdall und Loki in der Gestalt von Seehunden inspiriert worden sein. Die Gestalt des im Wasser lebenden Säugetieres (Seekuh, Seehund, Otter) scheint demnach eng mit der Reise in das Jenseits assoziiert worden zu sein. Dieser Tod war anscheinend weiterhin auch ein Bild für den Tod des Toten- und Korngottes Freyr, d.h. für den Tod der Pflanzen bei der Ernte im Herbst.

So endete Frode, der berühmteste König der Welt.

Diese Aussage entspricht der Bezeichnung des Freyr als „Gott der Welt". Vermutlich hat er diesen Titel nach der Absetzung des Tyr durch Thor und Odin von Tyr übernommen, als Thor, Odin und Freyr die drei Götter des schwedischen Haupttempels in Uppsala wurden.

Die Edelleute hatten seinen Körper, nachdem er ausgeweidet worden war, drei Jahre lang einbalsamiert, denn sie fürchteten, daß sich die Provinzen erheben würden, wenn der Tod des Königs bekannt würde.

Diese Maßnahme der Edelleute zeigt deutlich, daß es sich bei König Frode um die Sagen-Variante des Gottes Freyr handelt, dessen Tod ebenfalls lange geheimgehalten worden ist.

Freya schläft mit vier Zwergen und erhält dafür das Brisingamen. Loki stiehlt es ihr im Auftrag von Odin, wobei er sich erst in eine Fliege und dann in einen Floh verwandelt.

In einer Variante muß Freya einen „ewigen Krieg" zwischen zwei Königen herbeiführen, um Brisingamen zurück zu erhalten. Dabei gibt sie einem der beiden beteiligten Könige einen Vergessens-Trank.

In der einer anderen Variante sucht Heimdall Freyas Halsreif und kämpft dabei mit Loki auf einer Schäre oder bei einem Sing-Stein, wobei beide die Gestalt von Robben annehmen. Dabei stirbt vermutlich einer der beiden.

Heimdall ist eine Variante des Sonnengott-Göttervaters Tyr und seine Ermordung durch Loki demnach der Beginn des Herbstes und des Winters. Der Tod des Loki ist entsprechend der Beginn des Frühling und des Sommers.

Der endlose Kampf zwischen Hedin und Högni ist somit wahrscheinlich der endlose Kampf zwischen Heimdall und Loki.

König Frode, der mit Freyr identisch ist, wird von einer Seekuh getötet. Diese Seekuh ist eine Zauberin, die vermutlich mit Freya und mit der Mutter von Grendel, dem Riesen aus dem Beowulf-Epos, identisch ist.

I 8. Loki hilft beim Raub der Idun

Der Raub der Göttin Idun ist eine weitere Mythe, in der Loki etwas raubt. Diesmal ist es nicht der Jenseitsreise-Ring, sondern die Göttin, die den Göttern die Äpfel der ewigen Jugend gibt. Auch dieser Raub des Loki ist somit mit der Jenseitsreise und mit der Erlangung der Wiedergeburt verbunden.

I 8. a) Skaldskaparmal

Snorri Sturluson hat den Bericht über diesen Raub in dem um 1185 n.Chr. verfaßten Skalden-Lied Haustlöng in eine Prosa-Fassung übertragen, die einige Abweichungen von dem Lied aufweist. Da diese Prosa-Mythe leichter zu verstehen ist als die Lied-Fassung, folgt hier zuerst einmal Snorris Version der Entführung der Idun.

Bragi begann seine Erzählung damit, daß drei Asen auszogen: Odin, Loki und Hönir.

Dies sind dieselben Asen wie in der Mythe, die den Raub des Ringes Andvari durch Loki berichtet.

„Sie fuhren über Berge und öde Marken, wo es um ihre Kost übel bestellt war. Als sie aber in ein Tal herabkamen, sahen sie eine Herde Ochsen; da nahmen sie einen der Ochsen und wollten ihn sieden. Und als sie glaubten, daß er gesotten wäre, und den Sud aufdeckten, war er noch ungesotten.
Und zum zweitenmal, als sie den Sud wieder aufdeckten, nachdem einige Zeit vergangen war, fanden sie ihn noch ungesotten. Da sprachen sie unter sich, wovon das kommen möge.
Da hörten sie oben in der Eiche über sich sprechen, daß der, welcher dort sitze, schuld sei, daß der Sud nicht zum Sieden komme. Als sie hinschauten, saß da ein Adler, der war nicht klein.
Da sprach der Adler: 'Wollt ihr gestatten, daß ich mich von dem Ochsen sättige, so soll der Sud sieden.'
Das sagten sie ihm zu: Da ließ er sich vom Baum nieder, setzte sich zum Sud und nahm sogleich die zwei Lenden des Ochsen vorweg mit beiden Bugen.

Dies ist eine auffällige Szenerie: Ein großer Adler auf einem Baum, unter dem drei Asen einen Stier kochen; der Adler, der einen Anteil von diesem Stier verlangt; und dazu noch die die Macht des Adlers, das Garen des Fleisches zu verhindern.

Es wäre denkbar, daß die hier beschriebene Situation durch ein Opfer an den Adler, also den Seelenvogel des ehemaligen Göttervaters Tyr inspiriert worden ist. Dann wäre die Macht des Adlers, das Garen zu verhindern, ursprünglich wohl das Recht des Adlers auf den ersten, besten (und größten?) Teil dieses Opfers gewesen.

Die Verwandlung des Göttervaters in einen Adler findet sich u.a. in der Reise des Odin zu Gunnlöd, aber sie ist auch von anderen indogermanischen Göttervätern wie z.B. Zeus gut bekannt.

Da wurde Loki zornig, ergriff eine große Stange und stieß sie mit aller Macht dem Adler in den Leib. Der Adler wurde scheu von dem Stoße und flog empor: da haftete die Stange in des Adlers Rumpf; aber Lokis Hände an dem andern Ende. Der Adler flog so nah am Boden, daß Loki mit den Füßen Gestein, Wurzeln und Bäume streifte; die Arme aber, meinte er, würden ihm aus den Achseln reißen.

Auch dies ist wieder eine seltsame Szene: Loki versucht mit einem Stock den Adler zu vertreiben, aber der Stab bleibt sowohl an dem Adler als auch an Loki kleben.

Der Stab ist offensichtlich eine Verbindung zwischen dem, der ihn benutzt, und dem Adler. Dies sieht nach einer Umdeutung des Stabes der Priester und Seherinnen aus, die den Priester bzw. die Seherin mit dem Göttervater bzw. mit dessen Seelenvogel verbinden – der hier die Opfergabe für den Göttervater holen kommt.

In der Geirröd-Mythe bleibt Loki in Falkengestalt an der Hallen-Wand des Tyr-Geirröd kleben.

Vielleicht hat bei der Entstehung dieses Stab-Motivs auch die Vogeljagd mit einer Leimrute mitgewirkt. Die früheste Erwähnung von Vogelleim stammt aus den Schriften des Griechen Aeneas Tacticus, die dieser um ca. 350 v.Chr. verfaßt hat – es ist also recht wahrscheinlich, daß auch die Germanen um 500-700 n.Chr., als die hier betrachtete Mythe entstanden ist, Leimruten gekannt haben.

Diese Szene findet sich später auch in dem Märchen in „Die goldene Gans" wieder, an der jeder kleben bleibt, der sie berührt. Aus dem Adler ist der Walküren-Vogel Schwan/Gans geworden. Die goldene Farbe läßt vermuten, daß der Göttervater, dessen Seelenvogel er ist, auch als Sonnengott angesehen wurde.

In dieser Szenerie ist es Lokis Cholerik, die die Dynamik der Geschichte in Gang setzt – eigentlich ist dies eine Eigenschaft des Donnergottes Thor.

Er schrie und bat den Adler flehentlich um Frieden; der aber sagte, Loki solle nimmer loskommen, er schwöre ihm denn, Idun mit ihren Äpfeln aus Asgard zu bringen.

Das bewilligte Loki: Da ward er los und kam zurück zu seinen Gefährten; und diesmal wurde von dieser Reise mehr nicht erzählt bis sie heimkamen.

Der Adler scheint dieses mal nicht mit dem Stier-Opfer zufrieden zu sein, sondern will die Quelle der ewigen Jugend selber haben. Dies klingt allerdings bereits wie eine Weiterentwicklung einer ursprünglicheren Mythe, in der Idun noch die Rolle der Muttergöttin im Jenseits hatte, von der der Göttervater (Tyr) in der Nacht bzw. im Winter seinen Apfel der Wiedergeburt erhielt, bevor er am Morgen bzw. im Frühjahr wiedergeboren wurde.

Zur verabredeten Zeit aber lockte Loki Idun aus Asgard in einen Wald, indem er vorgab, er habe da Äpfel gefunden, die sie Kleinode dünken würden; auch riet er ihr, ihre eigenen Äpfel mitzunehmen, um sie mit jenen vergleichen zu können.
Da kam der Riese Thiazi in seiner Adlershaut dahin, ergriff Idun und flog mit ihr fort gen Thrymheim, wo seine Heimstatt war.

Der Name „Thiazi" ist eine der vielen Variante des Namens „Tyr". Das Anlegen der Haut eines Adlers, Falken oder Schwanes ist in den germanischen Mythen ein häufiges Bild, das sich aus dem Motiv der Wiedergeburt als Seelenvogel entwickelt hat.

Bei der Szene des Stier-Kochens durch die drei Asen unter dem großen Baum handelt es sich also tatsächlich um die Umdeutung eines Opfers an den ehemaligen Sonnengott-Göttervater Tyr (Thiazi).

Die Asen aber befanden sich übel bei Iduns Verschwinden: Sie wurden schnell grauhaarig und alt. Da hielten sie eine Versammlung und einer frug den andern, was man zuletzt von Idun wisse. Das letzte, was man von ihr gesehen hatte, war, daß sie mit Loki aus Asgard gegangen war.
Da wurde Loki ergriffen und zur Versammlung geführt, auch mit Tod oder Peinigung bedroht.
Da erschrak er und versprach, er wolle nach Idun in Jötunheim suchen, wenn Freyja ihm ihr Falkengewand leihen wolle.

Um vom Diesseits ins Jenseits oder umgekehrt zu gelangen, mußte man sich offensichtlich in einen Seelenvogel verwandeln. Lokis Seelenvogel scheint der Falke zu sein – der des Tyr hingegen ein Adler. Freya scheint die Göttin zu sein, die in einer älteren Fassung dieser Mythe Loki im Jenseits als Falken-Seelenvogel wiedergeboren hat.

Es wird zwar in dieser Mythe nirgendwo ein Unterschied zwischen Loki und den Asen in Bezug auf die Äpfel der Idun erwähnt, aber es stellt sich doch die Frage, ob eigentlich auch Loki altert, da es ihn anscheinend nicht drängt, die magischen Äpfel zurückzuholen.

Als Loki Freyas Falkengewand erhielt, flog er nordwärts gen Jötunheim und kam

eines Tages zu des Riesen Thiazi Behausung.
Er war eben auf die See gerudert und Idun allein daheim. Da verwandelte Loki sie in Nußgestalt, hielt sie in seinen Klauen und flog was er konnte.

Loki ist offenbar in der Lage, nicht nur sich selber, sondern auch andere Menschen bzw. Götter zu verwandeln.

Die Verwandlung der Idun in eine Nuß läßt vermuten, daß es auch das Motiv der „Haselnüsse der ewigen Jugend" gegeben hat. Solche „magischen Nüsse" sind aus den Mythen den Kelten, die den Germanen nah verwandt sind, gut bekannt.

Als aber Thiazi heimkam und Idun vermißte, nahm er sein Adlerhemd und flog Loki nach mit Adlersschnelle. Als aber die Asen den Falken mit der Nuß fliegen sahen und den Adler hinter ihm drein, da gingen sie hinaus vor Asgard und nahmen eine Bürde Hobelspäne mit. Und als der Falke in die Burg flog und sich hinter der Burgmauer niederließ, warfen die Asen alsbald Feuer in die Späne.

Das Feuer ist ein häufiges Bild für die Grenze zwischen Diesseits und Jenseits. Dies Waberlohen-Motiv ist durch die Feuerbestattungen entstanden, durch die die Toten vom Diesseits ins Jenseits reisten.

Der Adler vermochte sich nicht innezuhalten, als er den Falken aus dem Gesicht verlor: also schlug das Feuer ihm ins Gefieder, so daß er nicht weiterfliegen konnte. Da waren die Asen bei der Hand und töteten den Riesen Thiazi innerhalb des Gatters; allbekannt ist dieser Totschlag.

Dies ist sicherlich eine Umdeutung, die von den Riesen-Kämpfen des Thor inspiriert worden ist, die wiederum die als Mythe formulierte Absetzung des nordgermanischen Göttervaters Tyr durch Odin und Thor um 500 n.Chr. ist. Wegen der Wichtigkeit dieser Absetzung des Tyr ist dieser Totschlag „allbekannt".

Die Grundlage der geschilderten Feuertod-Szene des Tyr-Thiazi wird allerdings der abendliche Tod des Tyr (Thiazi) gewesen sein – vielleicht gab es sogar eine Deutung des Abendrots als der Waberlohe, durch die Tyr ins Jenseits reiste. Das Abendrot wäre dann das Bestattungsfeuer des gestorbenen Tyr gewesen.

Aber Skadi, des Riesen Thiazi Tochter, nahm Helm und Brünne und alles Hausgerät und fuhr gen Asgard, um ihren Vater zu rächen.
Da boten ihr die Asen Ersatz und Buße. Zum ersten sollte sie sich einen der Asen zum Gemahl wählen, aber ohne mehr als die Füße von denen zu sehen, unter welchen sie wähle.

Diese Sonderbehandlung der Skadi ist auffällig, da die anderen Riesinnen, die durchaus einen ähnlichen Anspruch an die Asen gehabt hätten, erst gar nicht auf eine solche Idee gekommen zu sein scheinen. Auch diese Sonderbehandlung spricht für die Deutung des Thiazi als den ehemaligen Göttervaters Tyr.

Die Füße sprechen dafür, daß diese Szene aus einer Sonnengott-Mythe entstanden ist, da es die Vorstellung gab, daß der Sonnengott zu Fuß über den Himmel gewandert ist. Aus diesem Motiv stammt sowohl der eiserne Schuh des Widar als auch die Vorstellung, daß der keltische Sonnengott Lugh der Schutzpatron der Schuster ist. Auch der Schuh aus dem Märchen „Aschenputtel" hat hier seinen Ursprung – dieses Märchen ist allerdings schon sehr alt, denn es findet sich auch schon bei den alten Ägyptern.

Skadi als Tochter des Tyr ist recht sicher eine Umdeutung von Skadi als Wiederzeugungs-Geliebte und Wiedergeburts-Mutter des Tyr – diese Umdeutung läßt sich in den germanischen Mythen mehrfach beobachten.

Da sah sie eines Mannes Füße vollkommen schön und rief: 'Diesen wähle ich! Baldur ist ohne Fehl.'
Aber es war Niördr von Noatun.

Baldur ist ein Nachfolger des ehemaligen Sonnengott-Göttervaters Tyr und der am Meeresstrand wohnende Njörd ist eine Version des Tyr in der Wasserunterwelt, in der die Sonne an jedem Abend versinkt.

Eine ihrer Vergleichsbedingungen war auch, daß die Asen es dahin bringen sollten, daß sie lachen müsse; sie glaubte, das würden sie nicht zuwege bringen.
Da befestigte Loki eine Schnur an dem Bart einer Ziege und das andere Ende an seinen Hoden, wodurch sie hin und her gezogen wurden und beide laut schrien vor Schmerz. Drauf ließ sich Loki in Skadis Schoß fallen. Sie lachte und somit war ihre Aussöhnung mit den Asen vollbracht.

Diese Szene könnte nicht nur ein derber sexueller Scherz, sondern auch eine Anspielung auf die Wiederzeugung sein. Die Ziege wäre dann das Opfertier, das die Zeugungskraft des Loki sichern soll. Wenn diese Vermutung stimmt, ist der Ursprung dieser Szene Lokis Wiedergeburt durch Skadi. Die Jenseitsgöttin (Skadi, Freya, Idun) gibt beiden Götter nach ihrem Aufenthalt im Jenseits ihre Wiedergeburt: dem Sommergott Tyr im Frühjahr und dem Wintergott Loki im Herbst.

Es paßt gut zu Loki, daß er erkennt, wie er Skadi zum Lachen bringen kann.

Es wird gesagt, daß Odin zur Buße noch Thiazis Augen nahm, sie an den Himmel warf und zwei Sterne daraus bildete."

Auch dieses Motiv spricht dafür, daß Thiazi ein besonderer Riese war – eben der ehemalige Sonnengott-Göttervater Tyr in der Unterwelt. Seine beiden „Himmels-Augen" sind Sonne und Mond.

Da sprach Ägir: „Ein gewaltiger Mann dünkt mich Thiazi gewesen zu sein; aber welcher Abstammung war er?"
Bragi antwortete: „Ölwaldi hieß sein Vater, und merkwürdig wird es Dich dünken, wenn ich Dir von ihm erzähle.

„Ölwaldi" bedeutet „Allherrscher" und ist offensichtlich ein Titel des Göttervaters. Tyr-Thiazi als Sohn des Ölwaldi wird daher der wiedergeborene Göttervater Tyr/Ölwaldi sein.

Er war sehr reich an Gold, und als er starb und seine Söhne das Erbe teilen sollten, da maßen sie bei der Teilung das Gold damit, daß ein jeder seinen Mund davon voll nehmen sollte und einer so oft als der andere. Einer dieser Söhne war Thiazi, der andere Idi, der dritte Gangr.
Davon hat die Redensart ihren Ursprung, daß wir das Gold dieser Jötune Mundmaß nennen, und in Runen und in der Skaldensprache umschreiben wir es so, daß wir es dieser Joten Sprache oder Rede nennen."

Diese seltsame Anekdote erinnert daran, daß Heimdall, der einst auch eine Form des Göttervaters Tyr gewesen ist, goldene Zähne hat. Falls es eine Assoziation zwischen dem Gold und der Sonne gegeben haben sollte, könnte dies der Ursprung des Sprichwortes „Morgenstund' hat Gold im Mund" sein.

Die goldenen Zähne des Heimdall sind eine Variante des „goldenen Göttervaters" und seiner beiden „weiß-goldenen Pferde-Söhne": Sie waren weiß und hatten goldene Zähne und Hufe sowie einen goldenen Schweiß und eine goldene Mähne. Mit diesem Motiv sind auch der goldene Sonnen-Schild und das goldene Sonnen-Schwert des Tyr eng verbunden.

Thiazi und seine beiden Brüder Idi und Gangr sind die Repräsentanten der drei Stände.

I 8. b) Ragnarsdrapa

In diesem um ca. 840 von Bragi dem Alten verfaßten Lied wird bestätigt, daß Thiazis Augen zu Himmelskörpern wurden.

Er warf die toten Augen
des Thiazi, des Vaters der Skadi,
in die weiten Becken des Windes
über den Heimstätten der vielzahligen Menschen-Sippen.

„*Er*" ist hier Thor und nicht Odin. Der Donnergott warf die Augen des toten Riesen Thiazi an den Himmel, wo sie zu Sternen wurden.
 Der „*Vater der Skadi*" ist Tyr-Thiazi.
 Die „*weiten Becken des Windes*" sind der Himmel.

I 8. c) Haustlöng

In diesem Lied findet sich die ursprüngliche Darstellung, die Snorri Sturluson für seine Prosa-Fassung in der Edda benutzt hat.

Wie kann ich dieses Geschenk
einer Kriegs-Wall-Brücke entgelten?
Ich erhielt eine schön-geschmückte
Stimmen-Klippe von Thorleif.

Ich kann die ungewisse Situation
dreier Gottes-mutiger Asen sowie Thiazi
auf der glänzend fertiggestellten Seite
des Schlachten-Tuches sehen.

„*Kriegs-Wall-Brücke*", „*Stimmen-Kliff*" und „*Schlachten-Tuch*" sind alles Kenningar für den „Schild", der im Krieg wie ein Wall schützt, der die Stimmen wie eine Klippe bricht, da er sich auch vor dem Mund befindet, und der aufgrund seiner flachen Form einem Tuch ähnelt.
 Auf dem Schild sind drei Asen und der Riese Thiazi zu sehen. Wie sich im folgenden zeigt, sind die drei Asen Odin, Loki und Hönir. Diese Aufzählung bezieht sich nur auf die Idun-Mythe.
 Die dargestellten Szenen müssen sehr fein und klein gearbeitet gewesen sein, da sonst nicht so viele Details, wie im folgenden berichtet werden, auf dem Schild hätten dargestellt werden können. Selbst wenn nur die wichtigsten Szenen tatsächlich abgebildet waren und der Skalde Thjodolfr den Rest aus seinen Kenntnissen über diese Mythen hinzufügte, sollte man auf einem Prunkschild wohl mehr als eine Szene für

jede der beiden Mythen auf ihm (Idun/Thiazi-Mythe, Hrungnir-Mythe) erwarten dürfen.

Derart aufwendig hergestellte Schilde sind wahrscheinlich nicht für den Kampf gedacht gewesen sind, sondern hingen in den Hallen der Könige und vielleicht auch in den Tempeln.

Kenning-freie Übersetzung der Strophe: *„Wie kann ich dieses Geschenk eines Schildes entgelten? Ich erhielt einen schön geschmückten Schild von Thorleif. Ich kann die die ungewisse Situation dreier gottesmutiger Asen sowie Thiazi auf der glänzend fertiggestellten Seite des Schildes sehen."*

*Der Wolf der redegewandten Dame flog
laut lärmend nur kurze Zeit zuvor
in der Gestalt eines Alten los,
zu den Erzählern der Geschichte.*

*Der Adler ließ sich am Anfang dort nieder,
wo die Asen ihr Fleisch in einen Erdofen gelegt hatten.
Der Tyr des Fluchtortes der Gefion des Berges
konnte nicht der Feigheit bezichtigt werden.*

Die *„redegewandte Dame"* ist Idun oder Loki. Im ersten Fall wäre der „Wolf der Idun" eine Umschreibung für „Entführer der Idun". Es wird allerdings sonst nirgendwo berichtet, daß Idun besonders redegewandt ist. Im zweiten Fall wäre die „Dame" vermutlich eine Anspielung darauf, daß Loki sich einst in eine Stute verwandelt und sich mit dem Hengst Svadilfari des Reifriesen, der die Mauer rings um Asgard erbaut hat, vereint und anschließend Odins achtbeinigen Hengst Sleipnir geboren hat. Der *„Wolf der Dame"* wäre dann der Riese Thiazi, der dem Loki im folgenden arg zusetzt. Von Loki ist im Gegensatz zu Idun gut bekannt, daß er redegewandt (und lügnerisch) ist. Die Deutung der *„redegewandten Dame"* als Loki ist somit wahrscheinlicher.

„Alter" ist eine Heiti für „Adler" – der Riese Thiazi hatte die Gestalt eines Adlers angenommen. Vielleicht entstand diese Adler-Heiti daraus, daß der Adler der Seelenvogel des Sonnengott-Göttervaters Tyr (und später seines Nachfolgers Odin) gewesen ist, der jeden Abend als „alte" Sonne „starb" und am Morgen wiedergeboren wurde. Da der Adler auch eine Gestalt von Tyrs Vater, dem Riesen Hymir/Hraesvelg ist, könnte es gut sein, daß der Adler nicht nur die Seele des am Abend gestorbenen Sonnengott-Göttervaters gewesen ist, sondern auch der „alte abendliche Tyr" im Gegensatz zu dem „jungen, morgendlichen Tyr".

Diese Deutung ist u.a. deshalb sehr wahrscheinlich, weil der Name des Riesen eine der vielen Varianten des Namens des ursprünglichen Göttervaters der Germanen ist: Diar, Tiu, Teiwaz, Tiuz Tyr, Thiazi ... Dieser Name leitet sich von dem indogermanischen Namen Dhyaus des Göttervaters ab, von dem u.a. auch die Namen Deus, Zeus, Deva und Jupiter abstammen.

Wie im Hymir-Lied erscheint somit im Zusammenhang mit dem Opfer der Göttervater Tyr bzw. dessen Vater. Indirekt erscheint auch der Adler des Göttervaters im Hymir-Lied, da der Riese Hymir mit dem Riesen Hraesvelgr identisch, da beide „am Rand der Welt wohnen" und Hraesvelgr die Gestalt eines Adlers hat

Die „*Erzähler der Geschichte*" sind die drei Asen Odin, Hönir und Loki. Es ist bemerkenswert, daß die Skalden ihre Mythen auf die Erlebnis-Berichte der Asen zurückführten. Aus dieser Auffassung ergibt sich, daß die Skalden sich selber als die Bewahrer der Worte der Asen aufgefaßt haben müssen.

„*Gefion*" ist eine Asin. Eine „*Gefion des Berges*" ist folglich eine Riesin. Der „*Fluchtort einer Riesin*" sind die Berge. Daher ist der „*Tyr (Gott) der Berge*" ein Riese, d.h. in diesem Zusammenhang Thiazi. Der „*Berg eines Riesen*" ist ein Hügelgrab wie z.B. der „Hnitbiorg" der Riesin Gunnlöd.

Diese Szene stimmt mit dem Beginn der Erzählung des Snorri in der Prosa-Edda überein.

Kenning-freie Übersetzung der Strophe: „*Thiazi war nur kurze Zeit zuvor laut lärmend in der Gestalt eines Adlers zu den Asen geflogen und ließ sich dort nieder, wo die Asen ihr Fleisch in einen Erdofen gelegt hatten. Thiazi war wirklich mutig.*"

Der teilweise unverhüllte Betrüger
verzögerte das Kochen der Götter.
Der Helm-tragende Weisheits-Geber der Haltgebenden
erklärte, daß da jemand dahinterstecke.

Die viel-weise Möwe der Wogen
der Eingeweide der Leichen-Werfer
sprach von dem uralten Baum herab.
Hönirs Freund war ihm nicht wohlgesonnen.

Der „*Betrüger*" ist Thiazi, der durch Magie das Garen des Fleisches in dem Erdofen der Götter verhinderte. Er war „*teilweise unverhüllt*", d.h. „nicht ganz unverhüllt" und somit „nur halb verborgen" weil er die Gestalt eines Adlers angenommen hatte.

Die „*Haltgebenden*" sind die Asen. Die übliche Übersetzung von „bönd", „höpt", „gud", „hapta" u.ä. germanischen Worten als „Fessel" statt als „Haltgebende" ist irreführend, da das Wort „Fessel" sofort das Bild eines Gefangenen hervorruft. Die Worte

„höpt", „gud", „hapta" u.a. sind Heitis, d.h. Synonyme für das ursprüngliche „bönd", das zunächst einmal neutral „Band" bedeutete. Dieses Wort kann zwar eine Fessel bezeichnen, aber auch das Band, das zwei Menschen miteinander verbindet – das „Band" „bindet" nicht nur, sondern es kann auch zu einem „Bund" „verbinden".

Das indogermanische Wort „bhendh", auf das das germanische „bönd" zurückgeht, bedeutet „Band", „Fessel", aber auch „Sippe, Verwandtschaft". Die Doppel-Bedeutung dieses Wortes findet sich in vielen indogermanischen Sprachen wieder. Der Bezeichnung der Götter als „bönd" liegt also die Vorstellung zugrunde, mit ihnen verbunden zu sein. Die Götter sind folglich die, die den Menschen Halt geben. Dies entspricht ganz dem Wort „Religion" („Rück-Verbindung"; „Rückhalt").

Der *„Helm-tragende Weiheits-Geber der Haltgebenden"* ist Odin, da Odin der Weisheits-Gott der Germanen und auch der Weiseste der Asen war. Es ist daher sehr passend, daß gerade Odin bemerkt, daß bei dem nicht-Kochen des Fleisches Magie im Spiel sein muß.

Die *„Leichenwerfer"* sind die Krieger. Die *„Wogen der Eingeweide der Krieger"* sind die Toten auf dem Schlachtfeld. Die *„Möwe des Schlachtfeldes"* ist ein Aasfresser, d.h. eine Krähe, ein Rabe oder auch ein Adler, wobei die „Möwe" hier gewählt wurde, weil sie zu der „Woge" in der Kenning paßt. Der hier gemeinte Vogel muß, da er *„viel-weise"* ist, jedoch ein Adler sein. Der Adler ist weise, weil er der Seelenvogel des Göttervaters Tyr-Odin ist. Die *„viel-weise Möwe der Wogen der Eingeweide der Leichenwerfer"* ist somit Thiazi in Adlergestalt.

Der „uralte Baum" könnte die Weltesche sein, die als Jenseitsweg auch ein plausibler Ort für das Zusammentreffen der Asen mit einem Riesen bzw. mit dem ehemaligen Göttervater Thiazi/Tyr in der Gestalt des Adler-Seelenvogels des Göttervaters ist.

„Hönirs Freund" ist Loki. Er war wütend auf den Adler, weil dieser das Garen des Fleisches verhinderte – wie auch Snorri berichtet. Die ausdrückliche Bezeichnung des Loki als eines Freundes des Hönir könnte evtl. bedeuten, daß das Verhältnis der beiden enger war als nur die gemeinsame Repräsentation der drei Stände zusammen mit Odin. Allerdings wird auch Odin als Lokis Blutsbruder angesehen.

Kenning-freie Übersetzung der Strophe: *„Thialfi in Adlergestalt verzögerte das Kochen der Götter. Odin erklärte, daß die Ursache davon Magie sein muß. Der Adler sprach von der Weltesche herab. Loki war wütend auf ihn."*

Der Berg-Heuler verlangte
von dem Schritt-Meili,
daß er ihm seinen Teil
von dem geweihten Mahl reiche.

Der Freund des Rabengottes mußte blasen.
Der kampf-hungrige Rognir der Land-Wale
ließ sich dort nieder, wo die drei arglosen Beschützer
der Götter angekommen waren.

Der „*Heuler*" ist ein Wolf. Der „*Berg-Heuler*" ist der Riese Thiazi.

„*Meili*" ist ein Sohn des Odin und ein Bruder des Thor. Sein Name bedeutet „der Liebliche" oder „Liebe". Dieser Name klingt wie eine Umschreibung des „schönen Gottes" Baldur, der ein Sohn des Odin und der Frigg ist. Das mit „Schritt" übersetzte altnordische Wort „*fet*" kann sowohl „Schritt" als auch „Stief-" bedeuten. Da es für Hönir die Kenning „Langfuß" gibt, ist die Übersetzung als „*Schritt-Meili*" wahrscheinlicher. Hönir hat demnach möglicherweise Ähnlichkeit mit dem Asen Meili (Baldur?), aber er macht große Schritte, d.h. er ist in irgendeiner Weise ein Wanderer. Vielleicht bedeutet „Meili" in dieser Kenning auch einfach nur „Gott".

Hönir entspricht dem Asen We. Hönir/We verkörpert in den verschiedenen Götterdreiheiten (wie hier der aus Odin, Hönir und Loki bestehenden Dreiheit) die Priester und Heiler. Odin/Wodan vertritt die Krieger und Fürsten, während Loki/Wili die Bauern und Handwerker vertritt. Die für Hönir charakteristischen „Schritte" könnten seine Reisen ins Jenseits sein, die er sowohl als Priester als auch als Heiler zur Ausübung seines Berufes benötigt, da diese Jenseitsreisen seine Verbindung zu den Göttern herstellen.

Diese Deutung würde auch die Verwendung des Götternamens „Meili" (Baldur) in der Hönir-Kenning „Schritt-Meili" erklären, da auch Baldur in das Jenseits und zurück reist. Vermutlich wird auch Odin „Gangr" „Geher" genannt, weil er als Schamanengott mehrfach ins Jenseits gereist ist.

Thiazi verlangt in den ersten vier Versen einen Anteil von dem Fleisch der Götter. Er wendet sich dabei an Hönir, da dieser als Verkörperung der Priester und Heiler die Leitung der Zeremonie innehat. Daß es sich nicht um eine einfache Mahlzeit auf einer Reise handelt, ist daran ersichtlich, daß die Asen nicht bei einem „Mahl", sondern bei einem „*geweihten Mahl*" zusammensitzen.

Der anscheinend auch aus der Sicht der Asen bestehende Anspruch des Adler-Thiazi auf einen Anteil an dem geweihten Mahl könnte darauf hinweisen, daß das Mahl die Funktion hatte, die, die es bereiteten, mit den Ahnen (in der Gestalt von Seelenvögeln) und vor allem mit dem Göttervater Tyr (in der Gestalt seines Adler-Seelenvogels) zu verbinden.

Solche gemeinsamen Mahlzeiten mit den Ahnen und den Göttern bzw. dem Göttervater zur Aufrechterhaltung des Kontaktes mit ihnen lassen sich bis in die früheste schriftliche Überlieferung in Ägypten und Sumer zurückverfolgen. Ein heutiges Überbleibsel davon ist der „Leichenschmaus". Auch die christliche Symbolik des Abendmahles beruht auf dieser Tradition.

Der *„Rabengott"* ist Odin; *„sein Freund"* ist Loki, der in das Feuer *„bläst"*, damit das Fleisch doch noch gar wird – obwohl der Adler-Riese Thiazi das verhindern will.

Die *„Land-Wale"* sind die Riesen. Ein *„Rognir"* ist ein „Herrscher" oder „König" (lateinisch: „rex"; indisch: „Radscha"). Dies ist ein häufiger Titel für die Götter der Germanen. *„Kampf-hungriger Rognir"* ist eine recht undifferenzierte Kenning, da sie auf fast alle Götter außer Baldur und Hönir zutrifft. Der *„kampf-hungrige Rognir der Land-Wale"* ist jedoch kein Ase, sondern eben ein Riese. Dieser Riese ist in diesem Zusammenhang Thiazi, der hier als „König der Riesen" oder „Gott der Riesen" erscheint – was seinem Beinamen „Alfenkönig" entspricht.

Das Wort *„varnendr"*, das hier mit *„arglos"* übersetzt wird, hat auch die Bedeutung „ratlos" – die Asen hatten nicht damit gerechnet, daß der magiekundige Adler-Riese Thiazi zu ihnen kommen würde und setzen sich nun zunächst erst einmal nieder und hoffen und glauben, daß Thiazi nur blufft.

Kenning-freie Übersetzung der Strophe: *„Thiazi verlangte von Hönir, daß er ihm seinen Teil von dem geweihten Mahl reiche. Loki blies ins Feuer. Thialfi ließ sich dort nieder, wo die drei arglosen Asen angekommen waren."*

Der gnädige Herr der Erde
bat Farbautis Sohn,
geschwind den Wal der Bogensehnen-Var
unter den Gefährten zu verteilen.

Aber der geschickte und unnachgiebige
Gegner der Asen
schnappte sich daraufhin
von der breiten Tafel vier Stier-Teile.

Der *„Herr der Erde"* ist Odin.

„Farbautis Sohn" ist Loki.

Ein *„Var"* ist ein Eid und im übertragenen Sinne auch die Göttin Var, die die Verträge beschützt. Diese Heiti bezieht sich evtl. auch auf den Friedensschluß zwischen Asen und Wanen und vielleicht ebenso allgemein auf die Sippentreue innerhalb der Gemeinschaft der germanischen Götter. Eine *„Bogensehnen-Var"* ist demnach eine Göttin, die gut jagen kann. Damit könnte Skadi gemeint sein, da sie eine „Bogen-Asin" ist (auch Ullr ist ein Bogen-Ase). Der *„Wal der Bogensehen-Var"* ist somit das erlegte Tier, das die Asen gebraten haben.

Der *„Gegner der Asen"* ist der Riese Thiazi, der sich gleich alle vier Viertel des Stieres schnappt – wie dies auch von Snorri berichtet wird. In der Edda brieten die Asen jedoch keinen Stier, sondern ein „Rentier", das als „Köder-Rentier" umschrieben wird – aber vielleicht war dies eine Kenning für „Stier".

Die *„breite Tafel"* ist anscheinend ein Altar.

Die in der 2. bis 5. Strophe beschriebene Szene ist der Weltenbaum, unter dem Odin, Hönir und Loki ein rituelles Mahl aus einem geopferten Stier bereitet haben. Der Adler auf dem Baum wird ursprünglich derjenige gewesen sein, an den dieses Opfer gerichtet gewesen ist, bevor dieses Wesen in einen räuberischen Adler umgedeutet worden ist.

Die Eröffnungsszene dieses Liedes ist folglich das Opfer eines Stieres an den ehemaligen Sonnengott-Göttervater Tyr.

Diese Szene paßt gut zu den Beschreibungen des Bischofs Adam von Bremen über die Tieropfer in dem heiligen Hain neben dem germanischen Tempel von Uppsala.

Kenning-freie Übersetzung der Strophe: *„Odin bat Loki, den Stier unter den Gefährten zu verteilen. Aber Thjalfi schnappte sich daraufhin alle vier Stier-Teile von der breiten Tafel."*

Der hungriger Vater der Marnar
aß gierig den Joch-Bären
an den Wurzeln einer Eiche
– das ist schon lange her –

bis der tiefsinnig-verborgene Tyr
die Kriegsbeute, den fürchterlichen Feind der Erde
mit einem Hieb mit einem Stock
zwischen die Schultern niederschlug.

„*Der hungrige Vater der Marnar*" ist offensichtlich Thiazi – er war der Vater der Skadi, die vermutlich mit der hier genannten „Marnar" identisch ist.

Der „*Joch-Bär*" ist der Stier, der schon bei den Germanen den Pflug auf dem Acker ziehen mußte.

„*Tyr*" ist bei den Germanen nach 500 n.Chr. zu einem allgemeinen Begriff für „Gott" geworden. Der „*tiefsinnige Gott*" ist eigentlich Odin, aber hier ist offensichtlich Loki gemeint. Vielleicht ist mit „*tiefsinnig-verborgen*" auch „listig" gemeint, was dann eine sehr typische Eigenschaft des Loki wäre.

Die „*Kriegsbeute*" ist Thiazi – dies ist möglicherweise eine Anspielung darauf, daß Thiazi schließlich durch die Asen getötet wurde.

Der „*fürchterliche Feind der Erde*" ist ebenfalls der Riese Thiazi – eigentlich ist er der Feind der Götter und nicht der Erde. Vielleicht ist mit „Erde" Midgard und Asgard sowie ihre Bewohner als Gegensatz zu Utgard gemeint.

Kenning-freie Übersetzung der Strophe: *„Thiazi aß gierig den Stier an den Wur-*

zeln einer Eiche, bis Loki ihm mit einem Stock zwischen die Schultern schlug und Thiazi niederfiel. Das ist schon lange her."

Die Last in den Armen der Sigyn,
die all die Mächte
in ihren Fesseln betrachten,
hing an dem Lehrer der Ski-Asin fest.

Der Stab haftete
an dem mächtigen Geist des Riesenlandes
und die Hände von Hönirs treuem Freund
an dem Ende des Stabes.

Die *„Last in den Armen der Sigyn"* ist Loki, der von seiner Frau Sigyn vor dem Gift der Schlange geschützt wird, nachdem die Asen Loki gefesselt und über ihm eine Giftschlange befestigt hatten.
Die *„Mächte"* sind die Asen.
Die *„Ski-Asin"* ist Skadi. Ihr Vater und daher auch ihr *„Lehrer"* ist Thiazi.
Der *„mächtige Geist des Riesenlandes"* ist ebenfalls Thiazi.
„Hönirs treuer Freund" ist Loki.
Kenning-freie Übersetzung der Strophe: *„Loki hing an Thiazi fest. Der Stab haftete an Thiazi und die Hände von Loki an dem Ende des Stabes."*

Der Geier des Blutes
glücklich mit seiner Beute,
flog eine lange Strecke mit dem listigen Gott,
sodaß der Vater des Wolfes fast entzwei gerissen wurde.

Da war Thors Freund gezwungen,
Midungs Genossen um Gnade zu bitten;
trotz all seiner Macht war Loptr
kurz davor, zu zerbrechen.

„Der Geier des Blutes" ist Thiazi in Adlergestalt. Seine *„Beute"* ist Loki.
Der *„listige Gott"* und auch der *„Vater des* (Fenris-)*Wolfes"* ist Loki.
„Thors Freund" ist Loki – diese Kenning ist vermutlich ironisch gemeint, da Thor und Loki ständig in Streit miteinander lagen.
„Loptr" („Luft") ist ein Name des Loki, den dieser vermutlich erhielt, weil er mithilfe seiner Flug-Schuhe durch die Luft fliegen kann.

„*Midung*" ist offenbar ein Riese, da Thiazi sein „*Genosse*" ist.

Kenning-freie Übersetzung der Strophe: „*Thiazi war glücklich mit seiner Beute und flog eine lange Strecke mit Loki, sodaß dieser fast entzweigerissen wurde. Da war Loki gezwungen, Thiazi um Gnade zu bitten. Trotz all seiner Macht war Loki kurz davor, zu zerbrechen.*"

Der Nachkomme von Hymirs Rasse
befahl dem Beweger der Geschichten, der verrückt war vor Schmerzen,
ihm die Maid zu bringen,
die die Heilung des hohen Alters der Asen kannte.

Der Dieb der Brising-Halskette
führte später die Dise
der Bänke der Guten Felder
zu den Höfen des Fels-Nidud.

„*Hymirs Rasse*" sind die Riesen, da auch Hymir ein Riese ist – ein sehr alter, der als der Vater des Tyr angesehen wurde. Der „*Nachkomme der Riesen*" ist Thiazi – eine sehr unspezifische Kenning, die nur im Zusammenhang mit der Geschichte, in der sie steht, eindeutig wird.

Der „*Beweger der Geschichten*" ist Loki, der durch seinen Wutanfall die Entführung der Idun zumindestens mitverursacht hat.

Die „*Maid*" ist Idun.

„*Die Heilung des hohen Alters der Asen*" sind Iduns Äpfel.

Die „*Brising-Halskette*" gehört der Freya und wurde ihr von Loki gestohlen, der folglich der „*Dieb des Brisingamen*" ist. Dieses Motiv ist somit schon alt, da die Ragnarsdrapa um 840 n.Chr. verfaßt worden ist und dies Motiv hier zudem in einer Kenning auftritt, was voraussetzt, daß diese Mythe allen Zuhörern geläufig ist, da sie sonst diese Umschreibung nicht hätten verstehen können.

Die „*Dise*" („Göttin") ist Idun. Dieser Name stammt von indogermanisch „diuih" für „Göttin" ab (lateinisch Dea, indisch Deva u.a.) und ist die weibliche Form zu „Tyr" bzw. zu indogermanisch „Dhyaus".

Die „*guten Felder*" sind vermutlich das Jenseits, das in den Isländersagas auch die „Todlosen Felder" genannt wurde und als eine Art großer Garten geschildert wurde. Idun ist folglich die Göttin in einer Art Garten-Jenseits, in dem auch der Apfel-Weltenbaum stehen wird, an dem ihre Äpfel der ewigen Jugend wachsen. Dieses Bild entspricht dem keltischen „Avalon", dessen Name „Apfelinsel" bedeutet.

„*Nidud*" ist ein König, der im Wieland-Lied vorkommt. Er muß einst eine so große Rolle in den Mythen gespielt haben, daß er in einer Kenning benutzt werden konnte.

Da Wieland eine Form des Göttervaters Tyr gewesen ist, wird König Nidud, der Tyr-Wieland auf einer Insel („Unterwelt") gefangensetzte, sein Gegenspieler Loki sein. Dafür, daß König Nidud auf eine indogermanische mythologische Gestalt zurückgeht, spricht u.a., daß Zeus von Typhon wie Wieland von Nidud im Jenseits gefangengehalten wurde und in beiden Mythen die Schlange Typhon bzw. der König Nidud dem Göttervater die Sehnen durchtrennte.

Ein „*Fels-König*" ist ein wichtiger Riese – in diesem Lied ist dies Thiazi. Die „*Höfe des Riesen*" sind die Heime des Thiazi in Utgard.

Kenning-freie Übersetzung der Strophe: „*Thiazi befahl Loki, der verrückt war vor Schmerzen, ihm Idun zu bringen. Loki führte später Idun zu Thiazis Heim.*"

Die Bewohner der Rand-Berge
waren nicht unglücklich darüber,
daß Idun von Süden her
zu den Riesen gekommen war.

Alle Sippen des Yngvi-Freyr,
nun alt und grau,
versammelten sich zum Thing:
die Regin waren häßlich anzusehen, ...

Die „*Rand-Berge*" sind Utgard, das aus einer Bergkette rings um das Weltmeer besteht. Die „*Bewohner der Rand-Berge*" sind die Riesen.

Der Norden war das kalte Niflheim, das oft auch als Jenseits angesehen wird. Der „*Süden*" war das warme Muspelheim, das entsprechend auch als Diesseits betrachtet wurde. Es gab auch die Vorstellung, das das nördliche Niflheim die „böse kalte Erd-Unterwelt" („Hel/Höhle/Hölle") und das südliche Muspelheim das „gute warme Himmels-Jenseits" (Paradies, Halle des Tyr) war. Die von den Asen im Diesseits/Himmelsjenseits zu den Riesen im Höhlen-Jenseits reisende Idun bewegt sich daher von Süden nach Norden.

Die „*Sippen des Yngvi-Freyr*" und auch die „*Regin*" („Herrscher") sind die Asen. Freyr muß damals eine wichtige Rolle gespielt haben, sonst hätte Thjodolfr die Asen nicht mit einer solcher Kenning bezeichnen können.

Kenning-freie Übersetzung der Strophe: „*Die Riesen waren glücklich darüber, daß Idun von Asgard her zu ihnen gekommen war. Die Asen wurden nun alt und grau und versammelten sich zum Thing. Sie waren häßlich anzusehen.*"

*... bis sie den Hund der strömenden Leichen-See
der Ale-Geberin fanden
und den Dieb banden, diesen Baum des Verrats,
der die Ale-Geberin fortgeführt hatte.*

*„Das wirst Du büßen, Loki",
sprachen die Wütenden,
„bis Du die wundervolle Maid zurückbringst,
die Freude der Haltgebenden."*

Die *„strömende Leichen-See"* ist eine Kenning für Blut. Der *„Hund des Blutes"* ist eine Kenning für *„Wolf"*, und „Wolf" ist schließlich eine Heiti für *„Riese"*, womit in diesem Fall Thiazi gemeint ist.

„Ale" („Bier") ist hier eine „zweistufige Heiti": Zunächst ist „Ale" eine Heiti für „Met" und in einem zweiten Schritt ist der Götter-Met eine Heiti für Iduns Äpfel. Diese „zweifache Heiti" zeigt, daß der Ritual-Met mit Iduns Äpfeln in symbolischer Hinsicht gleichbedeutend gewesen sein muß. Die *„Ale-Geberin"* ist Idun.

Die Kombination der Kenning *„Hund der strömenden Leichen-See"* für „Wolf" mit der Heiti *„Ale"* für „Idun" ergibt *„Wolf der Idun"*, was wiederum eine Umschreibung für „Entführer der Idun" ist. Dieser Entführer ist Loki.

Ein *„Baum des ..."* ist eine beliebte Form, eine Kenning für einen Menschen und manchmal auch für einen Gott zu bilden, da der erste Mann und die erste Frau von den Göttern aus zwei Bäumen erschaffen wurden. Der *„Baum des Verrats"* ist Loki.

Die *„Wütenden"* sind die Asen.

Die *„Haltgebenden"* sind ebenfalls die Asen – im Original steht wieder das Wort *„bönd"* für „Fessel, Band, Verbund, Verwandtschaft".

Die *„wundervolle Maid"* und auch die *„Freude der Haltgebenden"*, d.h. die „Freude der Götter" ist Idun.

Kenning-freie Übersetzung der Strophe: „ *... bis sie den Dieb Loki fanden und banden. 'Das wirst Du büßen, Loki', sprachen die Asen, 'bis Du Idun zurückbringst.'"*

*Ich habe gehört,
daß der Tester von Hönirs Gedanken
später mit List und mit Hilfe einer Falken-Haut
die von den Asen Geliebte zurückholte –*

*und daß der wütende Vater der Marnar
mit kräftigem Spiel
der Feder-Klingen in einem Sturm
dem Nachkommen des Falken folgte.*

Der *„Tester von Hönirs Gedanken"* ist Loki, wie sich aus dem Zusammenhang ergibt. In welcher Weise Loki die Gedanken, Absichten und Pläne des Hönir testet, ist unklar – vielleicht bezieht sich diese Kenning auf eine unbekannte Mythe. Da Hönir die Priester repräsentiert, könnte es sein, daß Loki in den Ritualen der Priester manchmal deren Gegenspieler darstellte.

Die *„Falkenhaut"* ist das Falken-Gewand, das sich Loki von Freya geliehen hat, um sich in einen Falken verwandeln zu können – wenn man ins Jenseits reisen will, ist es sehr praktisch, wenn man ein Seelenvogel ist ...

Die *„von den Asen Geliebte"* ist Idun – schließlich hängt das Leben der Asen von Iduns Äpfeln ab.

Der *„wütende Vater der Marnar"* ist wie zuvor Thiazi. Wahrscheinlich ist „Marnar" seine Tochter Skadi.

Die *„Feder-Klingen"* sind die Federn des Thiazi in Adler-Gestalt. Dies ist nicht wirklich eine Kenning, da das Gemeinte („Feder") ein Bestandteil dieser Wortkombination ist. Die *„Klingen"* haben hier eher die Funktion eines Adjektivs, das den Charakter der Schwingen des Thiazi als bedrohlich kennzeichnen soll. Das *„kräftige Spiel der Feder-Klingen"* ist eine Kenning für „Flug".

„Nachkomme des Falken" ist sozusagen eine „Minimal-Kenning" für „Falke", der in diesem Zusammenhang wiederum eine Heiti für Loki ist.

Thjodolfrs poetischer Elan hat gegen Ende seines Gedichtes anscheinend etwas nachgelassen, da er in dieser Strophe gleich zwei Kenningar verwendet hat, die nicht mehr so ganz den klassischen Regeln für die höfischen Gedichte entsprechen ...

Kenning-freie Übersetzung der Strophe: *„Ich habe gehört, daß Loki später mit List und mit Hilfe einer Falken-Haut Idun zurückholte – und daß der wütende Thiazi dem Loki folgte."*

*Stäbe begannen zu brennen,
die großen Mächte hatten sie geschält:
der Sohn des Bräutigams der Greipar wurde verbrannt.
Seine Reise war plötzlich zu Ende.*

*Dies ist auf meiner Sohlen-Brücke des Berg-Finnen abgebildet.
Ich habe die sich bewegende Klippe der Grenze,
die mit Schrecken geschmückt ist,
von Thorleif erhalten.*

Die *„großen Mächte"* sind die Asen.

Die *„brennenden Stäbe"* bilden eine Art Waberlohe, in der der *„Sohn des Bräutigams der Greipar"* verbrennt. Thiazis Mutter hieß offenbar Greipar – sie erscheint in den späteren Mythen als seine Tochter Greip.

Das „*Schälen der Stäbe*" könnte ein Hinweis auf die Verwendung von Runen sein, da man diese bei manchen Zaubern, um sie zu aktivieren, von den Stäben, in die sie geritzt worden waren, wieder abschnitzte. Falls diese Deutung zutrifft, müßte der Mord des Thiazi und somit auch in einer früheren Version der abendliche/herbstliche Tod des Tyr ein Thema von Ritualen gewesen sein, die Runenzauber beinhalteten.

„*Seine Reise ist plötzlich zu Ende.*" ist ein Understatement für „Er wurde plötzlich getötet." Die Skalden schätzten dieses Stilmittel genauso wie die Ironie, drastische Bilder und die Darstellung einer Sache durch die Verneinung ihres Gegenteils wie z.B. „*Er war kein Feigling.*"

Ein „*Finne*" ist ein Bewohner von Finnland. Da Finnland von Skandinavien aus gesehen im Norden lag, teilte es manchmal mit Niflheim die Jenseitssymbolik. Daher war „Finne" als Heiti für „Mensch" gut geeignet, wenn sie in einer Kenning für „Riese" benutzt wurde wie hier in „*Berg-Finne*" für Thiazi. Ursprünglich bedeutete „Finne" einmal „Wanderer", was jedoch auch als Bezeichnung für die Riesen passen würde.

Die „*Sohlen-Brücke des Berg-Finnen*" ist offensichtlich der Schild, den Thjodolfr von Thorleif erhalten hat und hier besingt. Die „*Sohlen-Brücke*" muß also etwas sein, was dann, wenn es sich auf einen Riesen bezieht, ein Schild ist. Eine „Brücke" ist zunächst einmal etwas, das einen Wanderer über schwieriges Gelände trägt. Dasselbe würde z.B. auch für einen Schneeschuh gelten, weshalb „Brücke" hier eine Heiti für „Schneeschuh" sein könnte. Das wird dadurch bestätigt, daß sich diese „Brücke" offenbar an den Schuhsohlen eines Riesen befindet. Es hat den Anschein, als ob die Schneeschuhe der Riesen derartig groß und stabil sein mußten, daß sie von normalen Menschen auch als Schild verwendet werden konnten.

Es ist jedoch genausogut denkbar, daß diese Kenning eine Anspielung darauf ist, daß sich der Riese Hrungnir auf seinen Schild stellte, da er annahm, daß ihn Thor aus der Erde heraus angreifen würde. Für diese Deutung spricht, daß diese Szene ebenfalls auf dem Schild dargestellt und in dem zweiten Lied des Haustlöng beschrieben wurde.

„*Die sich bewegende Klippe der Grenze*" ist ebenfalls der Schild, der fest und steil wie eine Klippe seinen Träger von seinen Gegnern abgrenzen, d.h. ihn vor ihnen schützen soll.

Die „*Schrecken*", mit denen dieser Schild „*geschmückt*" ist, sind die Szenen aus der Idun-Mythe. Diese Umschreibung läßt vermuten, daß die Germanen bisweilen auf ihre Schilder Bilder malten, die ihre Feinde erschrecken sollten – so wie sie auch aus demselben Grund Drachenköpfe an ihren Langschiffen befestigten.

Kenning-freie Übersetzung der Strophe: „*Die Asen entzündeten geschälte Runen-Stäbe und Thiazi verbrannte in dem Feuer und starb. Dies ist auf dem mit schrecklichen Bildern geschmückten Schild abgebildet, den ich von Thorleif erhalten habe.*"

Odin, Hönir und Loki opfern unter dem Weltenbaum einen Stier. Der Riese Thiazi (Tyr) kommt als Adler-Seelenvogel, um sich seinen Anteil zu holen, der ihm auch zugebilligt wird. Loki schlägt nach dem Adler und klebt mit seinem Stock an ihm fest. Thiazi/Tyr läßt Loki nur unter der Bedingung wieder frei, daß er ihm Idun ausliefert.

Nachdem dies Loki gelungen ist, altern die Asen und zwingen Loki, Idun zurückzuholen. Loki reist mithilfe von Freyas Falkengewand in Falkengestalt zu Thiazi ins Riesenland, verwandelt Idun in eine Nuß und kehrt mit ihr im Schnabel zurück. Thiazi verfolgt ihn in Adlergestalt und wird beim seiner Ankunft in Asgard von den Asen verbrannt und erschlagen.

Das Holz für die Waberlohe vor Asgard, in die Thiazi flog, bestand möglicherweise aus Holz, das mit einem Runenzauber belegt worden ist.

Der Wechsel der Idun von den Asen zu den Riesen und wieder zurück entspricht dem Kampf um den Jenseitsreise-Ring. Beides rauben sich Tyr-Thiazi-Heimdall und Loki immer wieder gegenseitig.

I 9. Loki raubt Sifs Haar

Diese Mythe beinhaltet einen weiteren Raub, der durch Loki ausgeführt worden ist. Man kann daher vermuten, daß Sifs Haar, Iduns Äpfel, Freyas Brisingamen, Odins Ring Draupnir und der Ring des Zwerges Andvari nah verwandte Motive sind.

I 9. a) Skaldskaparmal

„Warum wird Gold „Sifs Haar" genannt?"
„Loki, Laufeyjas Sohn, hatte der Sif in hinterlistiger Weise alles Haar abgeschoren.
Als Thor das gewahrte, ergriff er Loki und würde ihm alle Knochen zerschlagen haben, wenn er nicht geschworen hätte, von den Schwarzelfen zu erlangen, daß er der Sif Haare von Gold machte, die wie anderes Haar wachsen sollten.

Die Korngöttin Sif ist Thors Frau.

Darauf fuhr Loki zu den Zwergen, die Iwaldis Söhne heißen.

„Iwaldi" ist derselbe Name wie „Ölwaldi" und bedeutet „Allherrscher". Die Zwerge, zu denen Loki geht, sind folglich die Söhne des Tyr.

Diese machten das Haar und zugleich Skidbladnir und den Spieß Odins, der Gungnir heißt.
Da verwettete Loki sein Haupt mit dem Zwerge, der Brock heißt, daß dessen Bruder Sindri nicht drei ebenso gute Kleinode machen könnte, wie diese wären.

Die Söhne des Iwaldi-Tyr sind somit Brock („Brocken, Metallklumpen") und Sindri („Funken"). Diese zwei Söhne des Tyr gehen auf die beiden Pferde-Söhne („Alcis") des indogermanischen Göttervaters zurück, die seinen Streitwagen ziehen. Diese beiden Schimmel starben am Abend zusammen mit ihrem Vater und wurden dadurch im Jenseits zu Totengeistern, d.h. zu Zwergen.
Anfangs schmiedete der Göttervater wie in den Mythen anderer indogermanischer Völker auch sein am Abend zerbrochenes Schwert selber wieder neu. In dieser Funktion heißt Tyr bei den Germanen „Wieland", d.h. „kunstfertiger Handwerker". Nach einer Weile übernahmen die beiden Söhne des Tyr jedoch diese Aufgabe und wurden so zu Schmieden.
Da das Schwert des Tyr ein magisches Schwert war, wurden die beiden Söhne des Tyr zauberkundige Schmiede. Es lag nahe, sie auch als die Hersteller aller anderen

magischen Gegenstände der Götter anzusehen.

Als der Reiter Odin den Streitwagenfahrer Tyr als Göttervater ablöste, wurde aus den beiden Schimmel-Söhnen des ehemaligen Göttervaters Tyr das achtbeinige „Doppelpferd" Sleipnir des neuen Göttervaters Odin – der natürlich nicht mit weniger PS unterwegs sein konnte als sein Vorgänger …

Und als sie zu der Schmiede kamen, legte Sindri eine Schweinshaut in die Esse und gebot dem Brock zu blasen und nicht eher aufzuhören, bis er aus der Esse nähme, was er hineingelegt hatte.

Aber sobald Sindri aus der Schmiede gegangen war und Brock blies, setzte sich eine Fliege auf seine Hand und stach ihn. Dennoch hörte er nicht auf mit Blasen bis der Schmied das Werk aus der Esse nahm. Da war es ein Eber mit goldenen Borsten.

Die Fliege ist natürlich Loki, der die Wette gegen Sindri gewinnen will – Loki hatte sich auch schon beim Raub des Brisingamen erst in eine Fliege und dann in einen Floh verwandelt.

Möglicherweise ist dieses Motiv relativ neu und sollte vor allem erklären, warum die Zwerge zwei Dreiergruppen von magischen Gegenständen hergestellt haben.

Darauf legte er Gold ins Feuer und gebot ihm, zu blasen und nicht eher mit Blasen abzulassen, bis er zurückkäme.

Er ging hinaus; aber die Fliege kam wieder, setzte sich jenem auf den Hals und stach nun noch einmal so stark; doch fuhr er fort zu blasen bis der Schmied aus der Esse einen Goldring zog, der Draupnir heißt.

Darauf legte er Eisen in die Esse und hieß ihn blasen und sagte, alles sei vergebens, wenn er mit Blasen innehielte.

Da setzte sich ihm eine Fliege zwischen die Augen und stach ihm in die Augenlider, und als das Blut ihm in die Augen troff, daß er nichts mehr sah, griff er schnell mit der Hand zu, während der Blasebalg ruhte, und jagte die Fliege fort.

Da kam der Schmied zurück und sagte, beinahe wäre das nun völlig verdorben, was in der Esse läge. Darauf zog er einen Hammer aus der Esse.

Möglicherweise dient die Lokis Wette mit den Zwergen auch dazu, die Kürze des Stieles von Thors Hammer zu erklären. Da es auch in der Mythe über „Des Hammers Heimholung" eine Verbindung zwischen Loki und dem Hammer Mjöllnir gibt, wäre es durchaus denkbar, daß die Wette des Loki mit den Zwergen die Weiterentwicklung eines älteren Motives ist, in der Loki auf andere Weise den kurzen Stiel von Thors Hammer verursacht hat.

Alle diese Kleinode legte er darauf seinem Bruder Brock in die Hände und hieß ihn damit gen Asgard fahren, die Wette zu lösen.

Als nun er und Loki ihre Kleinode brachten, setzten sich die Götter auf ihre Richterstühle, und es sollte das Urteil gelten, das Odin, Thor und Freyr sprächen.

Dies sind die drei Götter, die in Uppsala verehrt worden sind. Die von Snorri Sturluson in der Edda überlieferte Fassung dieser Mythe ist daher recht wahrscheinlich die Variante, die von den Priestern des schwedischen Haupttempels in Uppsala erzählt wurde. Vermutlich ist die Herstellung der sechs magischen Gegenstände der beiden Zwerge für die drei Götter ein Ergebnis der Bemühungen der Priester von Uppsala, die Mythen der Germanen entsprechend dem Kult von Odin, Thor und Freyr in Uppsala zu ordnen und zu systematisieren.

Die Herstellung dieser sechs Gegenstände könnte auch eine Umdeutung des Neuschmiedens von Tyrs Schwert durch die beiden Zwerge sein. Dann wäre diese Mythe vermutlich ungefähr um 500 n.Chr. erdacht worden, als Tyr von Thor und Odin abgesetzt worden ist.

Diese drei Götter von Uppsala sind auch die einzigen, die in den Mythen einen Priester als Diener/Begleiter haben: Thor den Thialfi (und Röskwa), Freyr den Skirnir und Odin den Hermod. Die Priester von Uppsala haben sich auch selber in ihre neue Fassung der Mythen miteinbezogen und sich in ihnen als handelnde Personen auftreten lassen …

Da gab Loki dem Odin den Spieß Gungnir, dem Thor das Haar für die Sif und dem Freyr den Skidbladnir und nannte die Eigenschaften dieser Kleinode, daß der Spieß nie sein Ziel verfehle, das Haar wachse, sobald es auf Sifs Haupt komme, und Skidbladnir immer Fahrwind habe, sobald die Segel aufgezogen würden, wohin man auch fahren wollte; und zugleich könne man das Schiff nach Belieben zusammen-falten wie ein Tuch und in der Tasche tragen.

Darauf brachte Brock seine Kleinode hervor und gab dem Odin den Ring und sagte, in jeder neunten Nacht würden acht ebenso kostbare Ringe von ihm niederträufeln. Dem Freyr gab er den Eber und sagte, er renne durch Luft und Wasser Tag und Nacht, schneller als irgendein Pferd, und nie wäre es so finster in der Nacht oder im Dunkelwald, daß es nicht hell genug würde, wohin er auch führe, so leuchteten seine Borsten. Dem Thor gab er den Hammer und sagte, er möge so stark damit schlagen, als er wolle, was ihm auch vorkäme, ohne daß der Hammer Schaden nähme; und wohin er ihn auch werfe, so solle er ihn doch nicht verlieren, und nie solle er so weit fliegen, daß er nicht in seine Hand zurückkehre, und wenn es ihm beliebe, solle er so klein wer den, daß er ihn im Busen verbergen könne. Er habe nur den Fehler, daß sein Stiel zu kurz geraten sei.

Die drei Götter von Uppsala				
Gott (und Göttin)		*Geschenk des Brock*	*Geschenk des Sindri*	*Priester(-in)*
Thor und Sif	Thor		Hammer Mjöllnir	Thialfi
	Sif	Getreide: goldenes Haar		Röskwa
Odin		Speer Gungnir	Ring Draupnir	Hermodr
Freyr		Schiff Skidbladnir	Eber Gullinborsti	Skirnir

Da urteilten die Götter, der Hammer sei das Beste von allen Kleinoden und die beste Wehr gegen die Hrimthursen, und sie entschieden die Wette dahin, daß der Zwerg gewonnen habe.

Dieses Urteil der Asen läßt vermuten, daß der Hammer das zentrale Element in dieser Mythe ist – auch die Statue des Thor stand in Uppsala in der Mitte und Odin links neben ihm und Freyr rechts neben ihm. Loki scheint daher auch schon vor der vorliegenden Fassung der Mythe, die aus Uppsala stammen wird, mit der Entstehung des Hammers des Thor oder zumindestens mit der Kürze des Stieles dieses Hammers zu tun gehabt zu haben. Die Mythe über Tyr-Geirröd zeigt, daß die Symbolik des Tyr-Schwertes auf den Thor-Hammer übertragen worden ist.

Da erbot sich Loki, sein Haupt zu lösen; aber der Zwerg antwortete, darauf dürfe er nicht hoffen.
„So nimm mich denn," sagte Loki.
Aber als jener ihn fassen wollte, war er schon weit fort, denn Loki hatte Schuhe, die ihn durch Luft und Wasser trugen.
Da bat der Zwerg den Thor, ihn zu ergreifen, und dieser tat es.

Thor ist generell der einzige, vor dem Loki weicht und von dem er besiegt werden kann.

Da wollte der Zwerg Lokis Haupt abhauen, aber Loki sagte, nur das Haupt sei sein, nicht der Hals.

Spitzfindigkeiten sind eine der Spezialitäten des Loki …

Da nahm der Zwerg einen Riemen und ein Messer und wollte Löcher in Lokis Lippen schneiden und ihm den Mund zusammennähen, aber das Messer schnitt nicht.
Da sagte er, besser wäre es, wenn er seines Bruders Ahle hätte, und in dem

Augenblick, als er sie nannte, war sie bei ihm und durchbohrte jenem die Lippen.
Da nähte er ihm den Mund zusammen und riß den Riemen am Ende der Naht ab.
Der Riemen, womit er dem Loki den Mund zusammennähte, hieß Wartari.

Der Name des Riemens „*Wartari*" bedeutet möglicherweise „Wächter". Falls dies zutreffen sollte, wäre das Zunähen von Lokis Mund eine Analogie zu Lokis Gefangenschaft während des Sommers.

Eigentlich ist das Zunähen des Mundes eine seltsame Strafe. Sie erinnert an die Goldzähne im Mund des Heimdall und an das Gold in den Münden der drei Söhne des Riesen Ölwaldi, zu denen auch Tyr-Thiazi zählt.

In der Mythe wird nicht gesagt, warum der Zwerg Sindri dem Loki den Mund zunähen will. Es wäre naheliegend, daß er ihn daran hindern will, durch weitere Wetten, Lügen und Spitzfindigkeiten Unheil anzurichten, aber das Gold im Mund des Heimdall sowie des Thiazi-Tyr und seiner beiden Brüder läßt eher einen Zusammenhang mit der Sonne vermuten.

Der Verdacht liegt nahe, daß Loki in irgendeiner Weise als der Verursacher der Sonnenuntergänge und des Winters angesehen worden ist.

Das goldene Haar der Sif, das von Loki abgeschnitten wird, und das durch die Kunstfertigkeit und die magischen Kenntnisse der beiden Zwerge wieder nachwächst, ist wie der Sonnenlauf ein zyklischer Vorgang: das Sensen des goldenen Getreides im Herbst und das Keimen des neuen Getreides im Frühjahr.

Diese Symbolik paßt gut zu der vermuteten Verbindung des Loki mit dem Sonnenuntergang und dem Herbstanfang.

Vermutlich bildet dieses Thema auch die Verbindung des Loki zu dem Gott Freyr, der in der Gestalt des Königs Frode von einer Seekuh getötet wird, denn Freyr war wie Sif eine Erntegottheit. Vermutlich hatte das Scheren des Haares der Sif durch Loki eine Parallele in dem Tod des Freyr.

In dieser Mythe gibt es eine Ungereimtheit oder zumindestens eine Unvollständigkeit: Warum wettet Loki eigentlich? Was hätte er erhalten, wenn er gewonnen hätte? Was ist Lokis Vorteil bei dieser Angelegenheit?

Da Mythen letztlich bildhafte Beschreibungen der Wirklichkeit sind, kann man davon ausgehen, daß diese Mythe die Weiterentwicklung (um 500 n.Chr. nach der Absetzung des Tyr) einer früheren Mythe ist, in der das Verhalten des Loki noch plausibler gewesen ist.

Zwei weitere Elemente, die aus der älteren Fassung dieser Mythe zu stammen scheinen, ist Thors Hammer als Hauptthema und das Verursachen der Jahreszeiten durch Loki, womit dann auch Sifs Haar-Getreide verbunden wäre.

Als Hauptpersonen dieser früheren Mythe kämen folglich Thor, seine Frau Sif und

Loki infrage. Das Thema dieser Mythe wären dann vermutlich die guten Ernten, wobei Thors Hammer für die guten Ernten eine Rolle spielen würde. Dies könnte z.B. eine Parallele zu dem Weihen der Braut bei einer Hochzeit sein, bei der man ihr den Hammer des Thor in den Schoß legte. Dieser Brauch wird eine symbolische Vereinigung gewesen sein, die die Fruchtbarkeit der Frau sichern sollte. Dies erinnert wiederum an den „Völsi" (getrockneter Pferdepenis) in dem Kult des Toten- und Korngottes Freyr.

Mann kann zumindestens vermuten, daß es einst eine Mythe über den Streit zwischen Thor und Loki gegeben hat, dessen Verlauf die Jahreszeiten verursacht und den Ertrag der Ernten beeinflußt hat. Solche Mythen sind von den Indogermanen vor allem von den Slawen, den östlichen Nachbarn der Germanen gut bekannt.

Zu dieser Vermutung paßt es gut, daß Loki einst Sif verführt hat, woraufhin sie den Gott Ullr geboren hat. Der Streit zwischen Tyr/Heimdall und Sif hat offenbar auch eine Streit zwischen Thor und Loki umfaßt – sofern Thor hier nicht wie in anderen Mythen auch die Rolle des jungen, wiedergeborenen Tyr übernommen hat.

Bei allen diesen Streits ging es offenbar auch darum, wer die Göttin (Skadi, Freya, Sif, Idun, Hild) zur Frau erhielt – was wiederum ein Motiv aus den Wiederzeugungs- und Wiedergeburtsvorstellungen sein wird.

Es ist gut denkbar, daß die Priester von Uppsala auch darum bemüht gewesen sind, die Ernte-Mythen des Freyr mit denen der Sif zu verbinden, um eine einheitlichere Gesamtbeschreibung zu erhalten, und daß auf diese Weise die Verbindungen zwischen den Mythen dieser beiden Gottheiten entstanden sind.

In dieses Geflecht von mythologischen Motiven ist auch noch der Gott Tyr-Heimdall mit einbezogen worden – vermutlich sind Tyr und Loki das ursprüngliche Gegensatzpaar in den Jahreszeit-Mythen gewesen.

Da die beiden Zwerge Sindri und Brokk auf die beiden Alcis-Pferdesöhne des Göttervaters zurückgehen, die dessen Streitwagen ziehen und am Abend bzw. im Herbst zusammen mit ihm sterben und daher zu Zwergen („Totengeistern") werden, ist Lokis Kampf mit den beiden Zwergen wahrscheinlich eine Ausweitung des Kampfes des Loki gegen den ehemaligen Göttervater Tyr.

| Ackerbau-Mythen der Sif und des Freyr ||||
Jahreszeit	Thema	Sif/Thor	Freyr	Tyr-Heimdall
Frühling	die Zeugungskraft des Gottes, die das Getreide wachsen läßt	Segnung der Saat mit dem Hammer des Thor (?)	Penis des Freyr	Heimdall und Loki kämpfen in Robbengestalt miteinander
Sommer	Getreide	goldenes Haar der Sif	gute Ernten des Freyr	Heimdall besitzt das Brisingamen
Herbst	der Tod des Korngottes	Loki schneidet Sifs Haar (Ernte)	König Frodes Tod durch eine Seekuh	Heimdall und Loki kämpfen in Robbengestalt miteinander
Winter	Jenseits	der kahlgeschorene Kopf der Sif	der verheimlichte Tod des Freyr	Loki besitzt das Brisingamen

I 9. b) Der Herdstein von Snaptun

Das Motiv des zugenähten Mundes des Loki muß von größerer Bedeutung gewesen sein, da es es eine Darstellung von Loki mit zugenähtem Mund auf einem Herdstein gibt.

Dieser wurde um ca. 1000 n.Chr. an der dänischen Ostküste in Snaptun hergestellt. Dieser Herdstein hat ein von vorne nach hinten durchgehendes Loch, dessen Außenseite sich unter dem Kinn des Loki befindet. Um den Herd stärker anzufeuern, steckte man das Mundstück eines Blasebalges in dieses Loch und blies Luft in das Feuer.

Die Darstellung des Loki zeigt eine große, lockige Haarpracht: ein weitausladender, geschwungener Schnauzbart, buschige Augenbrauen, lockiges Haupthaar, das die obere Hälfte seiner Stirn bedeckt, und langes Haar, das in Locken bis über seine Schultern herabfällt und unten an den beiden Seiten des Steines zu sehen ist.

Diese Locken machen einen „luftigen" Eindruck – und die Funktion des Steines ist auch, dem Feuer Luft zuzuführen. Von den Haaren her betrachtet, ist es somit wohl nicht Loki der Gefangene, der hier dargestellt ist, sondern Loptr der Luftige.

Allerdings ist deutlich zu sehen, daß dem Loki der Mund mit acht Stichen zugenäht worden ist: vier Stiche in der Oberlippe und vier in der Unterlippe. Daher ist er wohl doch „Loki der Gefangene".

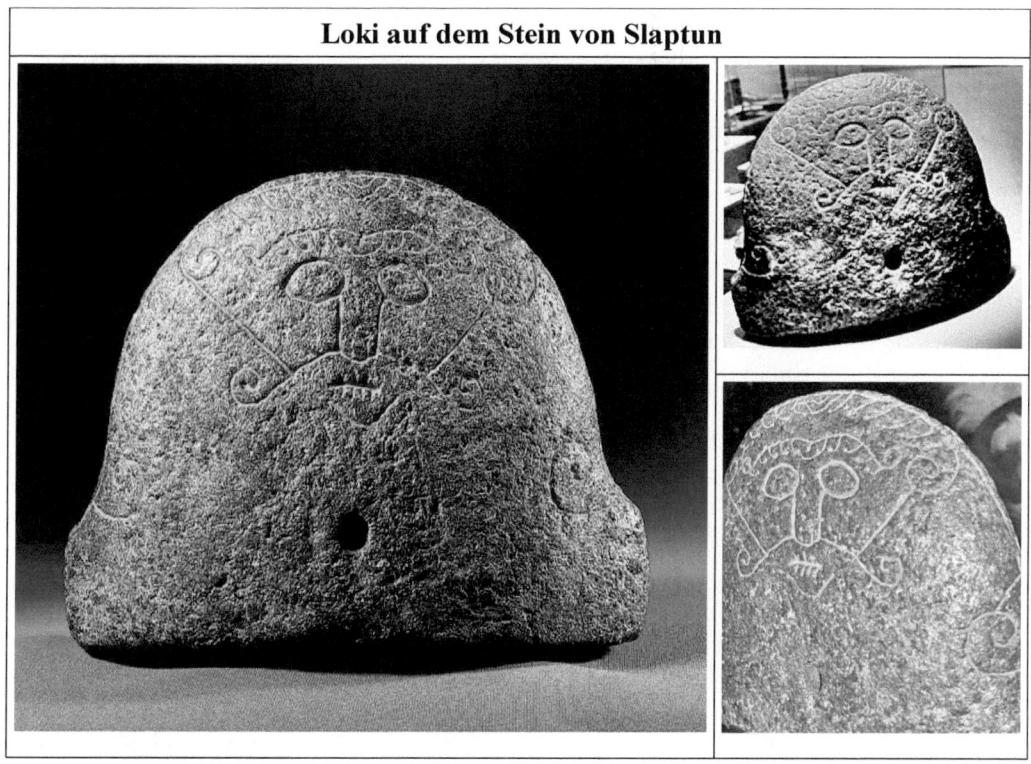

Loki auf dem Stein von Slaptun

Dieser Stein zeigt deutlich, daß Loki mit der Luft und mit dem (Herd-)Feuer assoziiert worden ist. Möglicherweise bestand auch ein Zusammenhang mit der Schmiedekunst, da in diesem Handwerk der Blasebalg ein sehr wichtiges Werkzeug ist.

Falls der zugenähte Mund nicht einfach nur ein allgemeines Erkennungsmerkmal für Loki gewesen sein sollte, kann man aus der Darstellung auf diesem Stein schließen, daß der verschlossene Mund des Loki mit der Luft und mit dem Feuer zu tun haben könnte. Der zugenähte Mund des Loki könnte auch eine Assoziation zu seinem Namen gewesen sein, da „Loki" auch die Bedeutung „verschlossen, zugesperrt" hat.

I 9. c)   Dänische Sprichworte und Redewendungen

In Jütland in Dänemark haben sich bis in die heutige Zeit einige Redewendungen und Sprichworte erhalten, die auf einen Zusammenhang zwischen Loki und dem Ackerbau hinweisen.

Diese Redewendungen beziehen sich alle auf den Dunst, der manchmal frühmorgens direkt nach dem Sonnenaufgang vom feuchten, kühlen Boden aufsteigt.

In diesen Sprichwörtern wird Loki „Lokke" genannt.

Die beiden Redewendungen, mit denen man den aufsteigenden Dunst kommentierte, lauten *„Lokke sät heute seinen Hafer"* und *„Lokke erntet seinen Hafer"*.

Loki schneidet Sifs goldenes Haar ab, d.h. er erntet als „Sensenmann" das reife Getreide. Sifs Mann Thor zwingt Loki, neues Haar für Sif zu beschaffen.

Loki läßt von dem Zwerg Brock neues Haar für Sif, den Speer Gungnir für Odin und das Schiff Skidbladnir für Freyr herstellen.

Loki wettet mit Brocks Bruder Sindri, daß er nicht genausogute Dinge herstellen kann, woraufhin dieser Thors Hammer Mjöllnir, Odins Ring Draupnir und Freyrs goldenen Eber Gullinborsti anfertigt.

Diese sechs magischen Gegenstände werden den drei Göttern und der Göttin Sif überreicht. Den Hammer des Thor erachten die Götter für das wertvollste, was die Zwerge erschaffen haben.

Damit hat Loki seine Wette verloren. Er kann seinen Kopf durch Spitzfindigkeiten retten, aber Loki wird von Sindri mit einer Ahle der Mund zugenäht.

Diese sechs magischen Gegenstände der in Uppsala verehrten Götter, die von den beiden Zwergen hergestellt werden, sind eine Umdeutung des Schmiedens des Schwertes des ehemaligen Sonnengott-Göttervaters Tyr durch diese beiden Zwerge, die einst die beiden Pferde-Söhne des Tyr gewesen sind.

I 10.   Loki ermordet Baldur

Diese Mythe gehört eigentlich nicht mehr zu Lokis Diebstahl-Mythen, da es sich um die Anstiftung zu einem Mord handelt.

Die Ähnlichkeit mit dem Raub der Idun durch Loki und Thiazi und ihre anschließende Rückkehr ist allerdings so groß, daß es zwischen beiden Mythen eine enge Verbindung geben muß. Allerdings ist in der Baldur-Mythe die Rückkehr des Gottes sozusagen in den Ragnarök ausgelagert worden.

Der Unterschied zwischen Lokis Diebstahl-Mythen und der Baldur-Mythe besteht vor allem darin, daß die Reise des gestohlenen Gegenstandes bzw. der geraubten Gottheit zwischen Diesseits und Jenseits direkt an den ermordeten Baldur gekoppelt ist – was wie ein ursprüngliches Mythen-Element, da hier der Sommergott und das Sonnen-Symbol (Draupnir) gemeinsam in die Unterwelt reisen.

Generell werden diese in den Mythen als einmaliges Ereignis dargestellten Vorgänge einen zyklischen Charakter gehabt haben: In den Mythen ist die Zeit keine endlose Linie, sondern ein Kreis, der sich im Laufe eines Jahres ständig wiederholt. Dadurch, daß die Mythen mit den historischen Berichten über frühere Zeiten kombiniert wurden, entstand gewissermaßen eine Zeit-Spirale, deren Achse die sich ständig verändernde historische Entwicklung und deren Windungen den ewig gleichen Mythen-Zyklus darstellen.

Die Umdeutung der zyklischen Vorgänge in einmalige Vorgänge tritt vor allem bei dem Übergang von den Mythen der magisch-mythologischen Weltbilder zu den Sagas in den durch das Königtum und den Monotheismus geprägten Weltbildern auf – einfach deshalb, weil die auf den König zentrierte Gesellschaftsform alle Vorgänge in zentralisierte, hierarchische Formen umgestaltet.

Diese Tendenz befindet sich in der schriftlichen Überlieferung der Nordgermanen jedoch erst in den Anfängen.

I 10. a)   Gylfis Vision

In Snorris Edda findet sich in „Gylfis Vision" die einzige vollständige Version dieser Mythe, über die ansonsten nur Anspielungen existieren.

Da frug Gangleri: „Haben sich noch andere Abenteuer mit den Asen ereignet? Eine gewaltige Heldentat hat Thor auf dieser Fahrt verrichtet."

Har antwortete: „Es mag noch von Abenteuern berichtet werden, die den Asen bedeutender scheinen.

Und das ist der Anfang dieser Sage, daß Baldur, der gute, schwere Träume träumte, die seinem Leben Gefahr deuteten. Und als er den Asen seine Träume sagte, hielten sie Rat zusammen und beschlossen, dem Baldur Sicherheit vor allen Gefahren auszuwirken.

Da nahm Frigg Eide von Feuer und Wasser, Eisen und allen Erzen, Steinen und Erden, von Bäumen, Krankheiten und Giften, dazu von allen vierfüßigen Tieren, Vögeln und Würmern, daß sie Baldurs schonen wollten.

Die Göttin Frigg ist die Mutter des Baldur und ist daher diejenige, die versucht, Baldur zu schützen. Im Wegtam-Lied reist Odin ins Jenseits, um zu erfahren, wie Baldur geschützt werden kann. Beide Eltern des Baldur versuchen demnach, ihren Sohn zu beschützen. Frigg scheint eine „Göttin der Welt" zu sein, da sie allen Dingen Eide abverlangen kann.

Als das geschehen und allen bekannt war, da kurzweilten die Asen mit Baldur, daß er sich mitten in den Kreis stellte und einige nach ihm schossen, andere nach ihm hieben und noch andere mit Steinen warfen. Und was sie auch taten, es schadete ihm nicht; das dünkte sie alle ein großer Vorteil.

Aber als Loki, Laufeyjas Sohn, das sah, da gefiel es ihm übel, daß den Baldur nichts verletzen sollte. Da ging er zu Frigg nach Fensal in Gestalt eines alten Weibes.

Loki ist anscheinend der Verwandlungskünstler unter den Göttern.

Da frug Frigg die Frau, ob sie wüßte, was die Asen in ihrer Versammlung vornähmen.

Die Frau antwortete, daß sie alle nach Baldur schossen, aber ihm nichts schadete.

Da sprach Frigg: 'Weder Waffen noch Bäume können Baldur schaden: Ich habe von allen Eide genommen.'

Da frug das Weib: 'Haben alle Dinge Eide geschworen, Baldur zu schonen?'

Frigg antwortete: 'Östlich von Walhall wächst eine Staude, Mistel genannt, die schien mir zu jung, sie in Eid zu nehmen.'

Im Fiölswin-Lied wird berichtet, daß dieser Mistelzweig neben dem Tor zur Hel wuchs. Die immergrüne Mistel wird ursprünglich vermutlich ein Symbol der Hoffnung im Winter auf einen neuen Frühling und somit ein Symbol der Wiedergeburt der Sonne und auch der Menschen gewesen sein.

Das Motiv der „Beinahe-Unverwundbarkeit" ist bei den Indogermanen weit verbreitet. Es findet sich außer bei dem Gott Baldur z.B. auch bei dem Helden Sigurd/Siegfried, dem griechischen Helden Achilles, dem keltischen Sonnengott Lleu Llaw Gyffes und dem keltischen Helden Fer Diad.

Der Ursprung dieses Motives liegt vermutlich in den Mythen des Sonnengott-Göttervaters, der zum einen der mächtigste aller Götter ist, aber zum anderen jeden Abend bzw. jeden Herbst stirbt und daher zum einen unbesiegbar und unverwundbar ist, aber zum anderen doch regelmäßig sterben muß. Die immergrüne Mistel wird einst ein Symbol der Hoffnung auf seine Wiedergeburt gewesen sein.

Darauf ging die Frau fort. Loki nahm den Mistelzweig, riß ihn aus und ging zur Versammlung. Hödur stand zuäußerst im Kreise der Männer, denn er war blind.

Baldur ist der Gott der Schönheit und der Richtigkeit, während Loki der Gott des Chaos und des Falschen ist. Hödur ist vermutlich einst der Gott des Winter gewesen, der in gewisser Weise auch das „Falsche" ist, weil er die kalte, unfruchtbare und bedrohliche Jahreszeit ist. Dadurch wurde Baldur zumindestens in die Nähe des Sommers gerückt. Loki und Hödur sind somit zwei verschiedene Gegensätze zu Baldur, dem Gott des Guten und des Sommers: Loki das Chaos und Hödur der Winter.

Da sprach Loki zu ihm: 'Warum schießt Du nicht nach Baldur?'
Er antwortete: 'Weil ich nicht sehe, wo Baldur steht; zum anderen hab ich auch keine Waffe.'
Da sprach Loki: 'Tu doch wie andere Männer und biete Baldur Ehre wie alle tun. Ich will Dich dahin weisen wo er steht: So schieße nach ihm mit diesem Zweig.'
Hödur nahm den Mistelzweig und schoß nach Baldur nach Lokis Anweisung. Der Schuß flog und durchbohrte ihn, daß er tot zur Erde fiel, und das war das größte Unglück, das Menschen und Götter betraf.

Es stellt sich auch bei diesem Motiv die Frage, worin eigentlich Lokis Vorteil bei dieser Tat liegt – die Erklärung, daß es einfach Lokis Bosheit ist, ist nicht so richtig befriedigend, da Mythen letztlich Weltbeschreibungen sind. Die Auffassung des Loki als des Verursachers des Winters, wodurch er indirekt auch der Gegner des mit dem Sommer assoziierten Gottes Baldur wird, ist vermutlich näher an den Wurzeln dieses Mythos.
Die von Snorri Sturluson berichtet Fassung dieser Mythe ist wahrscheinlich eine Variante, in der die Beschreibung der Welt bereits zu einer Darstellung von moralisch-ethischen Grundsätzen umgewandelt worden ist. Dabei wird auch das Christentum Einfluß gehabt haben, daß zur Zeit von Snorri bereits seit ca. 200 Jahren die offizielle Religion in Island gewesen ist.

Als Baldur gefallen war, standen die Asen alle wie sprachlos und gedachten nicht einmal, ihn aufzuheben. Einer sah den anderen an; ihr aller Gedanke war wider den gerichtet, der diese Tat vollbracht hatte; aber sie durften es nicht rächen: es war an einer heiligen Freistätte.

Der heilige Ort wird ein Tempel o.ä. gewesen sein. Eigentlich gibt es keinen Grund dafür, daß das Schießen auf Baldur in einem Tempel oder einem anderen heiligen Ort stattgefunden haben muß. In der vorliegenden Fassung der Mythe verhindert dieser Ort, daß die Götter sofort an Loki Rache nehmen.

Als aber die Asen die Sprache wieder erlangten, da war das erste, daß sie so heftig zu weinen anfingen, daß keiner mit Worten dem anderen seinen Gram sagen mochte. Und Odin nahm sich den Schaden um so mehr zu Herzen als niemand so gut wußte wie er, zu wie großem Verlust und Verfall den Asen Baldurs Ende gereichte.

Man kann sich fragen, welche wichtige Funktion Baldur gehabt hat, daß sein Tod eine so große Auswirkung hat. Wenn man jedoch davon ausgeht, daß Baldur den Sommer symbolisiert, sind die großen Folgen seines Todes einfach der Winter – der in der altnordischen Zeitrechnung 9 Monate dauerte …

Als nun die Asen sich erholt hatten, da sprach Frigg und frug, wer unter den Asen ihre Gunst und Huld gewinnen und den Helweg reiten wolle, um zu versuchen ob er da Baldur fände, und der Hel Lösegeld zu bieten, daß sie Baldur heimfahren ließe gen Asgard.
  Und er hieß Hermod, der schnelle, Odins Sohn, der diese Fahrt übernahm. Da ward Sleipnir, Odins Hengst, genommen und vorgeführt, Hermod bestieg ihn und stob davon.

Hermod Odin-Sohn ist wahrscheinlich der Odin-Priester von Uppsala. Er hat wie seine beiden Kollegen Thialfi (Thor) und Skirnir (Freyr) die Funktion eines Schamanen.

Da nahmen die Asen Baldurs Leiche und brachten sie zur See. Hringhorni hieß Baldurs Schiff, es war aller Schiffe größtes. Das wollten die Götter vom Strande stoßen und Baldurs Leiche darauf verbrennen; aber das Schiff ging nicht von der Stelle.
  Da wurde gen Jötunheim nach dem Riesenweib gesendet, die Hyrrokkin hieß, und als sie kam, ritt sie einen Wolf, der mit einer Schlange gezäumt war.

Die Riesin Hyrrokkin ist die Unterwelts-Herrin Hel, die auf ihrem Bruder Fenrir reitet und ihn mit ihrem zweiten Bruder Jörmungandr gezäumt hat. Vermutlich wird es eine frühere Variante dieser Mythe gegeben haben, in der Hel den Baldur in ihr Reich unter der Erde holen kam.

Als sie vom Rosse gesprungen war, rief Odin vier Berserker herbei, es zu halten; aber sie vermochten es nicht anders als indem sie es niederwarfen.

Da trat Hyrrokkin an das Vorderteil des Schiffes und stieß es im ersten Anfassen vor, daß Feuer aus den Rollbalken fuhr und alle Lande zitterten.

Da ward Thor zornig und griff nach dem Hammer und würde ihr das Haupt zerschmettert haben, wenn ihr nicht alle Götter Frieden erbeten hätten.

Über den Tod und die damit verbundenen Zeremonien hat offenbar nur Hel selber Macht.

Die Bedrohung der Hel durch Thor entspricht vor allem Thors cholerischem Charakter.

Thor ist generell der Töter der Riesinnen, die wie Hel auf die Jenseitsgöttin zurückgehen. Diese Riesinnen, die eigentlich die Mutter des Tyr sind, werden oft als die Töchter des Tyr-Riesen in der Unterwelt aufgefaßt. Die älteste Variante dieses Themas findet sich im Beowulf-Epos als Grendel (Tyr) und seine Mutter. Aus ihnen wurden später der Teufel und seine Großmutter.

Da wurde Baldurs Leiche hinaus auf das Schiff getragen und als sein Weib Nanna, Neps Tochter, das sah, da zersprang sie vor Jammer und starb.

Dies ist eine Umdeutung des indogermanischen Brauches, die Frau eines gestorbenen Fürsten mitzubestatten. Die Frau verkörperte dabei sehr wahrscheinlich die Muttergöttin im Jenseits bei der Wiederzeugung.

Dies wird durch den Reisebericht des Arabers Ibn Fadlan bestätigt, der eine Wikingerfürsten-Bestattung um 922 n.Chr. geschildert hat, in der eine Frau sich erst mit allen „Freunden des Fürsten" vereinte (Wiederzeugung) und anschließend getötet und mitverbrannt worden ist.

In Indien gab es noch bis vor kurzer Zeit den „Sati" genannten Brauch der Witwenverbrennung.

Da wurde sie auf den Scheiterhaufen gebracht und Feuer darunter gezündet, und Thor trat hinzu und weihte den Scheiterhaufen mit Miöllnir, und vor seinen Füßen lief der Zwerg, der Lit hieß, und Thor stieß mit dem Fuß nach ihm und warf ihn ins Feuer, daß er verbrannte.

Bei dieser kombinierten Schiffs- und Feuerbestattung wurde möglicherweise auch ein Mensch (Zwerg) geopfert. Dies ist einer der wenigen deutlichen Hinweise darauf, daß sich die Menschenopfer bei Bestattungen der Indogermanen bis in die historische Zeit hinein bei den Germanen gehalten haben könnten. Allerdings spricht die

Bezeichnung „Zwerg" dafür, daß dieser Brauch schon nur noch eine Erinnerung gewesen sein wird, da ein Zwerg bereits der Geist eines Toten und kein lebender Mensch mehr ist.

Die Weihung des Scheiterhaufens mit dem Hammer könnte entweder eine ganz allgemeine Geste sein, die für jede Form der Weihung bei jeder Gelegenheit benutzt wurde, aber sie könnte auch eine symbolische Wiederzeugung andeuten, da der Hammer auch ein Penis-Symbol gewesen zu sein scheint.

Und diesem Leichenbrand wohnten vielerlei Gäste bei: Zuerst ist Odin zu nennen, und mit ihm fuhren Frigg und die Walküren und Odins Raben, und Freyr fuhr im Wagen und hatte den Eber vorgespannt, der Gullinborsti hieß oder Slidrugtanni. Heimdall ritt den Hengst Gulltopp und Freyja fuhr mit ihren Katzen. Auch kam eine große Menge Hrimthursen und Bergriesen.

Es ist beachtenswert, daß auch die Reifriesen und die Bergriesen zu Baldurs Bestattung gekommen sind, da diese sonst oft als die Gegner der Götter oder zumindestens des Thor dargestellt werden. An dieser Stelle scheint es jedoch wichtiger gewesen zu sein, daß die Riesen die Ahnen der Asen gewesen sind. Offenbar hat Baldur auch für die Riesen eine Bedeutung gehabt.

Odin legte auf den Scheiterhaufen den Ring, der Draupnir hieß, der seitdem die Eigenschaft gewann, daß jede neunte Nacht acht gleich schöne Goldringe von ihm tropften.

Vermutlich ist es eine nachträgliche Deutung, daß der Ring Draupnir erst dadurch, daß er in Baldurs Bestattungsfeuer gelegen hat, zu „tröpfeln" begann.
Diese Deutung zeigt jedoch, wie eng das „Tröpfeln" dieses Ringes und somit auch der Ring selber mit dem Tod und der Jenseitsreise verbunden ist. Dies bestätigt wiederum die Deutung des Loki Ring-Dieb als des Verursachers des Winters, während dem die Sonne „stirbt" und in das Jenseits reist.

Baldurs Hengst wurde mit allem Geschirr zum Scheiterhaufen geführt.
Von Hermod aber ist zu sagen, daß er neun Nächte tiefe dunkle Täler ritt, so daß er nichts sah, bis er zum Göllfluß kam und über die Göllbrücke ritt, die mit glänzendem Gold belegt ist.
Modgud heißt die Jungfrau, welche die Brücke bewacht: die fragte ihn nach Namen und Geschlecht und sagte, gestern seien fünf Haufen toter Männer über die Brücke geritten, 'und nicht donnert sie jetzt minder unter Dir allein, und nicht hast Du die Farbe toter Männer: 'Warum reitest Du den Helweg?'
Er antwortete: 'Ich soll zu Hel reiten, Baldur zu suchen. Hast Du vielleicht Baldur

auf dem Helweg gesehen?'

Da sagte sie, daß Baldur über die Giöllbrücke geritten sei, 'aber nördlich geht der Weg hinab zu Hel.'

Da ritt Hermod dahin, bis er an das Helgitter kam: Da sprang er vom Pferd und gürtete es fester, stieg wieder auf und gab ihm die Sporen: Da setzte der Hengst so mächtig über das Gitter, daß er es nirgends berührte.

Im „Sonnen-Lied" heißt es über den Weg hinab zur Hel: *„Die Höllenflüsse hallten zu meiner Linken."* Somit muß man, wenn man zur Hel will, zunächst neun Nächte lang durch tiefe Täler nach Osten reiten bis man an die Brücke kommt, die über den Jenseitsfluß Gjallar („Tosender") führt, und dort dann nach links, also nach Norden in Richtung Niflheim abbiegen, sodaß der Gjallar-Fluß anschließend auf der linken Seite des Weges liegt. Der Gjallar kommt einem dabei entgegengeflossen, da er am Nordpol zwischen den Wurzeln der Weltesche entspringt. Wenn man dann schließlich zu einem großen Gitter kommt, das einem den Weg versperrt, ist man am Ziel.

Da ritt Hermod auf die Halle zu, stieg vom Pferd und trat in die Halle. Da sah er seinen Bruder Baldur auf dem Ehrenplatze sitzen. Hermod blieb dort die Nacht über.

Aber am Morgen verlangte Hermod von Hel, daß Baldur mit ihm heim reiten solle, und sagte, welche Trauer um ihn bei den Asen sei.

Aber Hel sagte, das solle sich nun erproben, ob Baldur so allgemein geliebt werde als man sage, 'und wenn alle Dinge in der Welt, lebendige sowohl als tote, ihn beweinen, so soll er zurück zu den Asen fahren; aber bei Hel bleiben, wenn eins widerspricht und nicht weinen will.'

Da stand Hermod auf und Baldur geleitete ihn aus der Halle und nahm den Ring Draupnir und sandte ihn Odin zum Andenken, und Nanna sandte der Frigg einen Überwurf und noch andere Gaben, und der Fulla einen Goldring.

Diese Geschenke des Baldur und der Nanna an die Asen werden alles keine zufälligen Gaben sein, sondern eine Bedeutung haben:

Der Ring Draupnir ist ursprünglich wahrscheinlich das Symbol der Jenseitsreise der Sonne: Die Sonne steigt in die Unterwelt hinab, aber sie kehrt auch wieder von dort zurück.

Der Goldring der Fulla wird ihr goldener Haarreif sein, dessen Symbolik mit der von Odins Ring Draupnir und mit Freyrs Halsreif Brisingamen übereinstimmen wird – zumal sie im Merseburger Zauberspruch die Schwester der Frigg/Freya ist.

Ein Überwurf, der im Zusammenhang mit der Jenseitsreise steht, könnte mit dem Falkengewand, das Frigg und auch Freya besaßen, identisch sein. Dieser Überwurf sollte dann eine andere Variante des Zustandes eines „Seelenvogels", d.h. eine Astralreise darstellen. Ein weiterer Umhang, auf den dies zutreffen würde, wäre das fälschlicherweise „Tarnkappe" genannte „Tarn-Cape" des Zwerges Alberich, das dieser dem Siegfried gegeben hat. Das Falkengewand drückt die Fähigkeit des Fliegens der Seele (Astralkörper) aus und der Tarn-Umhang die Unsichtbarkeit der Seele (Astralkörper).

In der keltischen Mythologie ist der Tarn-Umhang im Besitz des Meeres- und Jenseitsgottes Mannan-Mac Lir, der ihn dem Sonnengott Cian gibt, der Ähnlichkeit mit Baldur hat.

Da ritt Hermod seines Weges zurück und kam nach Asgard und sagte alle Dinge, die er da gehört und gesehen hatte.

Danach sandten die Asen Boten in alle Welt und geboten, Baldur aus Hels Gewalt zu weinen. Alle taten das, Menschen und Tiere, Erde, Steine, Bäume und alle Erze; wie Du schon gesehen haben wirst, daß diese Dinge weinen, wenn sie aus dem Frost in die Wärme kommen.

Als die Gesandten heimfuhren und ihr Gewerbe wohl vollbracht hatten, fanden sie in einer Höhle ein Riesenweib sitzen, das Thökk genannt wurde. Die baten sie auch, den Baldur aus Hels Gewalt zu weinen.

Sie antwortete:

'Thökk muß weinen mit trocknen Augen
Über Baldurs Ende.
Nicht im Leben noch im Tod hatt ich Nutzen von ihm:
Behalte Hel was sie hat.'

Diese Strophe ist in der „Fuchskehre"-Form geschrieben worden, d.h. sie enthält in jeder zweiten Zeile einen Gegensatz – hier sind das „weinen – trocken" und „Leben – Tod".

Schon diese Strophenform läßt vermuten, daß es Loki ist, der hier spricht, da dieser Ase voller Listen und Widersprüchen steckt.

Man meint, daß dies Loki, Laufeyjas Sohn, gewesen sei, der den Asen so viel Leid zugefügt hatte."

Da sprach Gangleri: „Viel Arges wahrlich hatte Loki zu Wege gebracht, da er erst verursachte, daß Baldur erschlagen wurde, und dann schuld war, daß er nicht erlöst ward aus Hels Gewalt. Aber wurde das nicht irgendwie an ihm geahndet?"

Har antwortete: „Es ward ihm so vergolten, daß er lange daran denken wird.

Als die Götter so wider ihn aufgebracht waren, wie man erwarten mag, lief er fort und barg sich in einem Berge. Da machte er sich ein Haus mit vier Türen, daß er aus dem Hause nach allen Seiten sehen konnte.

Dies ist ein recht auffälliges Gebäude und die einzige Wohnstatt des Loki, die jemals erwähnt wird. Die vier Türen des Hauses erwecken zumindestens den Eindruck, als ob dieses Haus in der Mitte der Welt stehen würde. Diese vier Türen erinnern auch an die vier Zwerge Austri, Westri, Nordri und Sudri am Himmelsrand, die den Schädel des Urriesen Ymir, aus denen die Asen den Himmel gebildet haben, tragen.

Falls das Haus des Loki tatsächlich in einem Berg (d.h. in einem Hügelgrab) in der Mitte der Welt stehen sollte und jede der vier Türen zu einem der vier Himmelträger-Zwerge blicken sollte, dann müßte dieses Haus unter dem Weltenbaum und neben der Quelle der Nornen stehen. Der Weltenbaum ist eine Verbindung der beiden Welten miteinander und die Quelle bzw. der Brunnen der Nornen ist das Tor zum Jenseits – dies wäre ein durchaus passender Wohnort für den Gott Loki.

Man könnte bei dem Haus mit den vier Türen auch an eine Wohnung der vier Winde denken, da Loptr auch ein Luftgott ist – aber die Vorstellung von vier mit den Himmelsrichtungen verbundenen Winden scheint bei den Germanen nicht üblich gewesen zu sein.

Das Haus wird daher die Unterwelt bzw. den Eingang zu ihr symbolisiert haben.

Oft am Tag verwandelte er sich in Lachsgestalt und barg sich in dem Wasserfall, der Franang hieß, und bedachte bei sich, welches Kunststück die Asen wohl erfinden könnten, ihn in dem Wasserfall zu fangen.

Die Verwandlung des Loki in einen Lachs erinnert daran, daß Andvari die Gestalt eines Hechtes hatte, als er von Loki gefangen wurde. Offenbar ist Loki in die Unterwelt geflohen, da Zwerge Wesen der Unterwelt sind. Eine solche Flucht würde gut zu Lokis Mythen passen, in denen er auch ständig ins Jenseits reist.

Und einst, als er daheim saß, nahm er Flachsgarn und verflocht es zu Maschen, wie man seitdem Netze macht.

In der Andvari-Mythe lieh sich Loki das Netz der Meeresriesin und Wasserunterwelt-Göttin Ran aus, während er hier als der Erfinder dieses Netzes dargestellt wird. Ran fischt mit ihren Netzen Seeleute und zieht sie zu sich hinab in das nasse Grab. Das Netz der Ran ist folglich ein Hilfsmittel, um Menschen vom Diesseits in das Jenseits zu holen.

Dabei brannte Feuer vor ihm. Da sah er, daß die Asen nicht weit von ihm waren, denn Odin hatte von Hlidskialfs Höhe seinen Aufenthalt erspäht. Da sprang er schnell auf und hinaus ins Wasser, nachdem er das Netz ins Feuer geworfen hatte.

Und als die Asen zu dem Haus kamen, da ging der zuerst hinein, der von allen der Weiseste war und Kwasir hieß, und als er im Feuer die Asche sah, wo das Netz gebrannt hatte, da merkte er, daß dies ein Mittel sein sollte, Fische zu fangen, und sagte das den Asen.

Da fingen sie an und machten ein Netz jenem nach, das Loki gemacht hatte, wie sie in der Asche sahen.

Dies ist die einzige Stelle in den Mythen der Germanen, in der Kwasir aktiv ist.

Und als das Netz fertig war, gingen sie zu dem Fluß und warfen das Netz in den Wasserfall. Thor hielt das eine Ende, das andere die übrigen Asen, und nun zogen sie das Netz. Aber Loki schwamm voran und legte sich am Boden zwischen zwei Steine, so daß das Netz über ihn hinweggezogen wurde, doch merkten sie wohl, daß etwas Lebendiges vorhanden sei.

Da gingen sie abermals an den Wasserfall und warfen das Netz aus, nachdem sie etwas so Schweres daran gebunden hatten, daß nichts unten durchschlüpfen mochte. Loki fuhr vor dem Netze her und als er sah, daß es nicht weit von der See sei, da sprang er über das ausgespannte Netz und lief zurück in den Fall.

Nun sahen die Asen, wo er geblieben war: Da gingen sie wieder an den Wasserfall und teilten sich in zwei Haufen nach den beiden Ufern des Flusses. Thor aber mitten im Fluß watend folgte ihnen bis an die See. Loki hatte nun die Wahl, entweder mit Lebensgefahr nach der See zu ziehen oder abermals über das Netz zu springen. Er tat das letzte und sprang schnell über das ausgespannte Netz. Thor griff nach ihm und kriegte ihn in der Mitte zu fassen; aber er glitt ihm in der Hand, so daß er ihn erst am Schwanz wieder festhalten konnte. Darum ist der Lachs hinten spitz.

Nun war Loki friedlos gefangen. Sie brachten ihn in eine Höhle und nahmen drei lange Felsenstücke, stellten sie auf die schmale Kante und schlugen in jedes ein Loch.

Dann wurden Lokis Söhne, Wali und Nari oder Narwi, gefangen. Den Wali verwandelten die Asen in Wolfsgestalt: da zerriß er seinen Bruder Narwi. Da nahmen die Asen seine Därme und banden den Loki damit über die drei Felsen: der eine stand ihm unter den Schultern, der andere unter den Lenden, der dritte unter den Kniegelenken; die Bänder aber wurden zu Eisen.

Da nahm Skadi einen Giftwurm und befestigte ihn über ihm, damit das Gift aus dem Wurm ihm ins Antlitz träufelte.

Die Art von Lokis Fesselung und Folterung ist sehr detailliert beschrieben und enthält einige Auffälligkeiten.

Zunächst einmal wird er in einer Höhle gefangengehalten und über ihm eine Schlange befestigt, deren Gift auf ihn herabtropft. Dies entspricht genau der Beschreibung der Unterwelt der Hel, die eine Höhle ist, deren Decke aus Schlangen besteht, deren Gift auf die Toten herabtropft. Loki wird folglich in der Unterwelt gefangengesetzt. Seine Frau Sigyn entspricht hier vermutlich der Hel.

Es liegt daher nahe, den in einen Wolf verwandelten Wali Loki-Sohn als identisch mit Fenrir Loki-Sohn anzusehen – zumal sich der gefangene Loki im Reich seiner Tochter Hel befindet.

Da sich Hel und Fenrir um ihren Vater Loki versammelt haben, sollte man erwarten, daß auch Jörmungandr, die Midgardschlange zugegen sein würde. Möglicherweise ist sein zweiter Sohn Narwi, der von Wali-Fenrir zerrissen wurde, mit dieser Schlange identisch, da Loki mit den Eingeweiden von Narvi, die ja in etwas Schlangengestalt haben, gefesselt wurde. Vielleicht ist auch die Schlange über Loki, deren Gift auf ihn herabtropft, mit Jörmungandr assoziiert worden.

Vermutlich werden diese Assoziationen, falls es sie tatsächlich gegeben haben sollte, aber eher recht später Hinzufügungen sein, da sie für die eigentliche Handlung nicht notwendig waren.

Die Assoziation zwischen Därmen und Fesseln war naheliegend, da man damals aus Därmen Bogensehen herstellte, die sehr haltbar waren.

Loki wurde somit von den Asen zu seinen eigenen drei Kindern in die Unterwelt verbannt.

Das Arrangement der drei Felsen, auf denen Loki gelegt wird, ist auch recht auffällig. In jeden dieser drei Felsen wurde ein Loch geschlagen, um Loki mithilfe der Gedärme seines Sohnes an sie zu fesseln. Es stellt sich jedoch die Frage, durch was diese aufwendige Konstruktion inspiriert worden ist – denn ein großer Felsen, an den man Loki festgebunden hätte, hätte auch genügt.

Zunächst einmal ist die Dreizahl typisch für alle Dinge bei den Germanen, die mit dem Sonnenzyklus und somit indirekt auch mit der Unterwelt zu tun haben.

Dann wird im Kult des Freyr ein Stein mit drei Löchern erwähnt, durch den die Verehrer Bronze-, Silber- und Goldmünzen warfen.

Die betreffende Stelle in der Heimskringla lautet: *„Freyr erbaute einen großen Tempel in Uppsala und machte die Stadt zu seinem Hauptsitz und gab dem Tempel alle seine Abgaben, sein Land und seine Güter. Damals wurde die Ländereien des Uppsala-Tempels begründet, die seither immer Bestand hatten. Damals begann in seinen Tagen auch der Frodi-Frieden. Sie brachten alle Abgaben zu ihm und warfen durch das eine Loch das Gold, durch das andere das Silber und durch das dritte die Kupfermünzen, die entrichtet wurden. So dauerten der Frieden und die guten Ernten fort."*

großes Goldhorn von Gallehus, Dänemark, 400 n.Chr.

Auf den Goldhörnern von Gallehus sind zwei Deckel dargestellt worden, die jeweils drei Löcher haben und sehr wahrscheinlich den Verschluß des Hügelgrabes darstellen, der bei der auf den beiden Goldhörnern dargestellten Jenseitsreise eines Fürsten bei seiner Krönung verwendet worden ist.

Diese „Loki-Luke" würde folglich genauso drei Löcher

aufweisen wie die drei Steine bei der Fesselung des Loki. Die drei Lochsteine könnten für die damaligen Germanen folglich eine Assoziation zum Tod und auch zur Jenseitsreise hervorgerufen haben.

Möglicherweise stammt das Arrangement mit den drei Lochsteinen aus den Jenseitsreise-Zeremonien der Germanen.

In der frühen Zeit der westlichen Indogermanen wurden die Einzuweihenden an einen Baumstamm gefesselt und dann in einen wassergefüllten Schacht hinabgelassen – dies war eine sehr effektive Methode, um einen Nahtod hervorzurufen, bei dem die Halbertrunkenen eine Astralreise erlebten. Bei den Kelten wurde diese Methode von den Druiden benutzt und führte zu der Bezeichnung der Einweihung als „dreifacher Tod" durch Hängen an einem Baum (Fesselung), durch einen Sturz (Herablassen in den Schacht) und durch Ertrinken (Versenken im Wasser bis zum Beinahe-Tod).

Runenstein von Bunge

Die Germanen haben diese Methode offenbar weiterentwickelt, da bei ihnen das Fast-Ertrinken nicht mehr erwähnt wird und auf dem Runenstein von Bunge ein Mann in einem Kasten dargestellt wird, der wohl ein Einzuweihender sein wird, der gerade den Segen des Göttervater-Adlers erhält – der Segen hat die Gestalt eines Hrungnir-Herzen (Dreieck).

Möglicherweise besteht auch ein Zusammenhang zwischen den drei Steinen und den drei Dreiecken, aus denen das Hrungnir-Herz gebildet wird, das die Seele des Einzuweihenden darstellt.

Der „Einweihungskasten" auf diesem Runenstein hat zwar nicht denselben Aufbau wie die drei Steine, auf denen Loki gefesselt worden ist, aber vielleicht hat der Kasten dieselbe Symbolik.

Und Sigyn, sein Weib, steht neben ihm und hält ein Becken unter die Gifttropfen. Und wenn die Schale voll ist, da geht sie und gießt das Gift aus; derweil aber tropft ihm das Gift ins Angesicht, wogegen er sich so heftig sträubt, daß er die ganze Erde schüttelt, und das ist es, was man Erdbeben nennt.

Man sah Loki offensichtlich auch als den Gott der Naturkatastrophen an. Das könnte eine Ausweitung der Auffassung des Loki als des „Winter-Bringers" sein.

Dort liegt er in Banden bis zur Götterdämmerung."

I 10. b) Fiölswin-Lied

In diesem Lied wird berichtet, daß Loki den Mistelzweig neben dem Tor zur Hel gepflückt hat.

Fiölswin:
„Häwatein heißt der Zweig,
Lopt hat ihn gebrochen vor dem Tor der Hel.
In eisernem Schrein birgt ihn Sinmara
Unter neun starken Schlössern."

„*Häwatein*" bedeutet „treffender Zweig".
„*Sinmara*", die den Mistelpfeil bewacht, ist sicherlich die Unterweltsriesin Hel. „Sinmara" bedeutet entweder „Hochberühmte", „Sehnenstarke" oder „Große Stute". Da Hel sowohl allen Wesen bekannt als auch unbesiegbar ist und bei der Wiederzeugung zur Stute wird, wenn der Tote selber die Gestalt eines Hengstes annimmt, würden alle drei Deutungen des Namens „Sinmara" zu Hel passen.
Die „neun starken Schlösser" sind wieder ein Hinweis auf das Jenseits.

Nachdem Baldur träumte, daß er in Lebensgefahr sei, nimmt seine Mutter Frigg allen Wesen außer der Mistel einen Eid ab, daß sie Baldur nicht verletzen werden. Loki verwandelt sich in eine alte Frau und erfährt so von der Mistel, die keinen Eid abgelegt hat. Da fertigt er aus der Mistel einen Pfeil an, mit dessen Hilfe er Hödur, ohne daß dieser das ahnt, den Baldur töten läßt.

Da dies auf einem Heiligen Platz geschah und daher nicht sofort bestraft werden konnte, konnte Loki in ein Haus mit vier Türen in einem Berg, also in eine Grabkammer in einem Hügelgrab fliehen.

Dort hielt er nach den nahenden, rachedurstigen Asen Ausschau. Loki verwandelte sich oft in einen Lachs und verbarg sich in einem nahen Gewässer. Bei der Suche danach, gegen was er sich als Fisch alles schützen muß, hatte er das Fischernetz erfunden. Als er die Asen nahen sieht, verbrennt er das Netz, aber Kwasir erkannt anhand der Asche-Rückstände, was Loki erfunden hat. Daraufhin fangen die Asen Loki mit einem Netz.

Die Götter verwandeln einen der beiden Lokisöhne in einen Wolf (Fenrir?), woraufhin dieser den anderen Sohn zerreißt (Jörmungandr?). Mit den Gedärmen des zweiten Sohnes fesseln die Asen Loki in einer Höhle (Hel) an drei Lochsteine und Skadi hängt eine Schlange über ihn, deren Gift auf ihn tropft, was seine Frau Sigyn die meiste Zeit verhindern kann. Wenn Loki jedoch Gift auf das Gesicht tropft, windet er sich so heftig, daß die Erde bebt.

I 11. Loki ermordet Beli

Eine solche Mythe ist nicht überliefert worden, aber es gibt einige Indizienhinweise darauf, daß es eine solche Mythe gegeben haben könnte.

I 11. a) Gylfis Vision

In dieser Vision wird kurz berichtet, daß Freyr den Riesen Beli mit einem Hirschgeweih erschlug. Dieser Kampf fand nicht während des Ragnarök statt, sondern bereits vorher.

Da sprach Har: „... ... ... Das ist die Ursache, warum Freyr kein Schwert hatte, als er mit Beli stritt und ihn mit einem Hirschhorn erschlug."

Da sprach Gangleri: „Es ist sehr zu verwundern, daß ein solcher Häuptling, wie Freyr ist, sein Schwert hingab, ohne ein gleich gutes zu behalten. Ein erschrecklicher Schaden war ihm das, als er mit jenem Beli kämpfte, und ich glaube gewiß, daß ihn da seiner Gabe gereute."

Da antwortete Har: „Es lag wenig daran, als er dem Beli begegnete, denn Freyr hätte ihn mit der Hand töten können; aber es kann geschehen, daß es den Freyr übler dünkt, sein Schwert zu missen, wenn Muspels Söhne zu streiten kommen."

Der Name „Bel" ist ein Name der Sonne, der sich bis zu den frühen Ackerbauern in Mesopotamien vor gut 10.000 Jahren zurückverfolgen läßt und sich bei den meisten der Völker findet, die von diesen Ackerbauern abstammen, wie z.B. „Ba'al" bei den Semiten und „Bel(-enus)" bei den Kelten. Dieser Name hat schon früh die Nebenbedeutung „Herr, Fürst" erlangt, denn der Sonnengott war im allgemeinen auch der Götterkönig.

Dieser Kampf des Freyr mit dem „Sonnen-Riesen" ist vermutlich eine Umdeutung eines früheren Motives, in dem Freyr als Gott der Pflanzen im Herbst wie die Sonne starb und im Frühjahr wie die Sonne wiedergeboren wurde.

Ein Kampf zwischen einem Korngott (Freyr) und einem Sonnengott (Beli) ist mythologisch gesehen eigentlich unsinnig, da sich beide sehr ähnlich sind (zyklisches Schicksal) und als gemeinsamen Gegner den Gott der Wildnis, des Winters und des Chaos haben.

Daher kann man zumindestens vermuten, daß dieser Kampf zwischen Freyr und Beli in einer früheren Fassung ein Kampf zwischen Freyr und Loki bzw. zwischen Beli und Loki gewesen ist, der dann vermutlich bei der Neustrukturierung der Mythen um 500 n.Chr. umgedeutet worden ist.

Die seltsame Waffe des Freyr ist wahrscheinlich ein Hinweis auf den Hirsch, der bei den Ritualen geopfert wurde, die die Jenseitsreise entweder des Freyr, des Beli oder auch des Tyr dargestellt haben.

Der Hirsch des Sonnengottes Beli wäre ein „Sonnenhirsch". Ein solcher Sonnenhirsch wird im „Sonnen-Lied" beschrieben und ist auch aus den Ritualen der Kelten gut bekannt.

Möglicherweise ist das seltsame Motiv des Kampfes zwischen Freyr und Beli dadurch zustandegekommen, daß der ursprüngliche Sonnengott Beli zu einem Unterwelt-Riesen wurde, der dann zu der Ursache des Todes umgedeutet worden ist. Solche Verwandlungen von Dingen und Wesen, die mit dem Tod zu tun haben, zu der Ursache des Todes finden sich in der Entwicklung von Mythen sehr häufig.

Sehr wahrscheinlich ist Beli mit Tyr identisch.

I 11. b)   Skaldskaparmal

Dieser Kampf wird kurz in der Skaldskaparmal bestätigt:

Freyr wird der Gegner des Beli genannt, so wie Eyvindr Skalden-Verderber singt:
„… … …
als der Feind des Jarls
wünschte, die äußeren Bereiche
von Belis Hasser
zu besiedeln."

Die „äußeren Bereiche des Freyr" sind Teile von Schweden, das unter dem Schutz des Wanen-Gottes Yngvi-Freyr gestanden hat.

Möglicherweise hat es einst eine Mythe gegeben, in der Loki gegen den Korngott Freyr und/oder Loki gegen den Sonnengott Beli (= Tyr) gekämpft hat.

I 12. Loki sperrt Tyr in die Unterwelt

Im Wieland-Lied erscheint Loki unter dem Namen „Nidud", d.h. „der in der Tiefe (Unterwelt) ist". Wieland ist eine Sagen-Variante des ehemaligen Göttervaters Tyr.

I 12. a) Völund-Lied

In der Edda (1220 n.Chr.) ist ein ganzes Lied dem Schmied Wieland (Völundr) gewidmet. Er ist der ehemalige Göttervater Tyr, der im Winter in der Unterwelt sein Schwert neuschmeidet, das im Herbst bei seiner Niederlage gegen Loki zerbrochen ist. Der König Nidud, der Wieland gefangenhält, ist folglich eine Sagen-Variante des Gottes Loki.

Im folgenden sind nur die Szenen mit Nidud angeführt – die vollständige Betrachtung dieses Liedes findet sich in dem Band 4 über Wieland.

Nidud hieß ein König in Schweden. Er hatte zwei Söhne und eine Tochter; die hieß Bödwild.

… … …

König Nidud ließ ihn (Wölund) *handgreifen, so wie hier besungen ist.*

König Nidud von Schweden ist in dieser Geschichte ein selbstsüchtiger Herrscher, der den Schmied Wölund „handgreifen", d.h. fangen, fesseln und zum Sklaven machen läßt – ein damals keineswegs ungewöhnliches Vorgehen. Das waren harte Zeiten …

Nach dieser Prosaeinführung, die vermutlich von Snorri Sturluson stammt, der dieses Lied um ca. 1220 n.Chr. niedergeschrieben hat, folgt nun die alte Überlieferung in Versform, die mit der Begegnung zwischen den drei Brüdern und den drei Walküren beginnt.

… … …

Nach der Schilderung der Begegnung von Wieland und seinen beiden Brüdern Egil und Slagfid mit drei Walküren tritt auch König Nidud in dem Lied auf.

Da hörte Nidud, der Niaren Drost,
Daß Wölund einsam im Wolfstal säße.
Bei Nacht fuhren Männer in genagelten Brünnen;
Ihre Schilde schienen wider den geschnittenen Mond.

„Drost" ist ein germanischer Titel, der „Fürst, König" bedeutet.
Die „Niaren" sind offenbar die Schweden, da Nidud der König der Schweden ist.
Die „Brünnen" sind die Rüstungen der Krieger.
Der „geschnittene Mond" ist die Mondsichel.

Stiegen vom Sattel an des Saales Giebelwand,
Gingen dann ein, den ganzen Saal entlang.
Sahen am Baste schweben die Ringe,
Siebenhundert zusammen, die der Mann besaß.

Die siebenhundert Ringe erinnern an die sieben glücklichen Jahre, die Wieland und seine beiden Begleiter zusammen mit den drei Walküren verbrachten (wie dies im Anfang des Liedes geschildert wird). Diese 7(00) wird wohl auf die sieben Planeten hinweisen, die allerdings sonst kaum eine Bedeutung bei den Germanen gehabt zu haben scheinen. Da die Wieland-Sage auch Wurzeln im Alpenbereich hatte, ist bezüglich der „7" ein römischer Einfluß denkbar.

Sie banden sie ab und wieder an den Bast,
Außer einem, den ließen sie ab.
Da kam vom Waidwerk der wegmüde Schütze,
Wölund, den weiten Weg daher.

Briet am Feuer der Bärin Fleisch:
Bald flammte am Reisig die trockene Föhre,
Das winddürre Holz, vor Wölund.

Ruht auf dem Bärenfell, die Ringe zählt er,
Der Alfengesell: einen vermißt er,
Dachte, den hätte Hlödwers Tochter:
Alwit die Holde wär' heimgekehrt.

Saß er so lange bis er entschlief:
Doch er erwachte wonneberaubt.
Merkt harte Bande um seine Hände,
Fühlt um die Füße Fesseln gespannt.

*„Wer sind die Leute, die in Bande legten
Den freien Mann? Wer fesselte mich?"*

*Da rief Nidud, der Niaren Drost:
„Wo erwarbst Du, Wölund, Weiser der Alfen,
Unsere Schätze in Ulfdalir?"*

König Nidud nennt Wölund „Weiser der Alfen", d.h. er sieht Wölund als einen Alfen an. Der Schmied wurde bereits einige Zeilen vorher „Alfengesell" genannt. In der Edda werden die Asen und Alfen oft zusammen erwähnt. Die Alfen sind insbesondere mit dem Fruchtbarkeitsgott Freyr verbunden, der in Alfheim wohnt. In Alfheim bei Freyr wohnen die Lichtalfen, während die Schwarzalfen unter der Erde wohnen. Diese beiden verschiedenen Arten von Alfen entsprechen den beiden Formen des Jenseits: im Himmel und unter der Erde. Die Schwarzalben sind sehr wahrscheinlich mit den Zwergen identisch. Aus den Lichtalfen wurden in den Vorstellungen späterer Zeiten die Elfen.

Letztlich sind die Alben somit die Geister der Toten. Auch die Asen sind, religionshistorisch gesehen, „vergrößerte Ahnen". Aus diesem Grund erscheinen in den germanischen Texten Asen und Alfen oft parallel. Das Jenseits der Asen (Asgard) und das Jenseits der Ahnen (Hel) sind daher letztlich identisch, auch wenn sie in den germanischen Mythen sehr verschieden beschrieben werden.

Das germanische Wort *„dwergas"* („Zwerg"), das mit „Schwarzalfen" identisch ist, bedeutet wörtlich „Totengeist".

Die Bezeichnung „Weiser der Alfen" gleicht sehr der Bezeichnung des Hreidmar, dem Vater des Zwergenschmiedes Regin, als Zwergenkönig und Zauberer. In der Siegfriedsage wird Hreidmar „Alberich" genannt, was „Zwergenkönig, Alfenkönig" bedeutet.

Der Schmied Wölund ist somit ein Zwergenkönig, ein Ahn im Jenseits und ursprünglich wohl auch ein Ase, der dann in den Bereich der Königssage verlegt wurde. Wölund steht somit auf einer Stufe mit Siegfried, der aus einer Übertragung des Tyr/Odin, des Thor und zu einem Teil auch des Baldur in den Bereich der Königssage entstanden ist.

Als Zwergenkönig ist Wölund somit ein „Herrscher im Totenreich" – dieser Titel würde auch gut zu Odin passen, da dieser der Herr der toten Krieger in Walhalla ist.

Dies bestätigt, daß sich die drei Brüder Egil (Odin/Siegfried), Wieland (Wili) und Slagfid (We) im Jenseits befinden. Dieser Aufenthaltsort wurde in der Prosa-Einleitung des Völund-Liedes als „Wolfstal" und „Wolfssee" „hinter den Eiswogen" beschrieben.

Eine recht ähnliche Umschreibung des Jenseits findet sich noch in dem Märchen „Schneewittchen": *„bei den sieben Zwergen hinter den sieben Bergen"*.

Wölund:
„Hier war kein Gold wie auf Granis Wegen,
Fern ist dies Land den Felsen des Rheins.
Mehr der Kleinode mochten wir haben,
Da wir heil daheim in der Heimat saßen."

Hier spielt Wölund auf den Nibelungenschatz an: Grani ist der Name von Siegfrieds Roß. Der Nibelungenhort wurde der Sage zufolge an der Loreley in den Rhein geworfen, damit der auf ihm liegende Fluch des Andvari/Alberich kein weiteres Un-heil mehr anrichten konnte.

König Nidud gab seiner Tochter Bödwild den Goldring, den er vom Baste gezogen in Wölunds Haus; aber er selber trug das Schwert, das Wölund hatte. Da sprach die Königin:

„Er wird die Zähne blecken vor Zorn, erkennt er das Schwert
Und unseres Kindes Ring.
Wild glüh'n die Augen dem gleißenden Wurm.
So zerschneidet ihm der Sehnen Kraft
Und laßt ihn sitzen in Säwarstad."

König Nidud hatte seiner Tochter den Goldring gegeben, den seine Leute in Wölunds Haus von der Lindenbastschnur gezogen hatten. Daraus ergibt sich zumindestens der Anfangsverdacht, daß Bödwild und die Walküre Alwit ähnliche mythologische Gestalten sind. Sie könnten Saga-Varianten der Freya sein – dann wäre Bödwilds Goldring ursprünglich Freyas Brisingamen gewesen.

Die berühmten Schwerter aus den Isländersagas wurden mehrfach von Zwergen hergestellt. Hier liegt offenbar ein altes Motiv vor, das letztlich wohl auf die Herstellung des Schwertes des Gottes Tyr zurückgeht. Nach ihm wurde eines der berühmtesten germanischen Schwerter benannt: „Tyrfing", d.h. „Finger des Tyr". In der Siegfriedsage schmiedet Regin für Siegfried das zerbrochene Schwert Gram („Grimm") seines Vaters Siegmund wieder neu zusammen. Dieses Neuschmieden des Schwertes (des Tyr) entspricht vermutlich der Wiedergeburt des Sonnengottes-Göttervaters Tyr.

Die Kombination von Schwert und Ring zusammen mit dem Methorn ist auch auf einigen Runensteinen zu finden. Das Schwert ist das Schwert des Tyr, der Ring ist der Ring Draupnir des Odin und das Horn ist das Horn mit dem Göttermet der Großen Mutter, die in der Edda u.a. als die Riesentochter Gunnlöd erscheint. Das Schwert, das am Morgen bzw. im Frühjahr neu geschmiedet wird, der goldene Ring und der Göttermet sind alle drei Symbole der Jenseitsreise.

Die dem Wölund-Lied zugrundeliegende Symbolik ist offenbar die Reise des ehemaligen Sonnengott-Göttervaters Tyr in die Unterwelt.

Die Bezeichnung „gleißender Wurm" für Wölund erinnert sehr an Fafnir, den Bruder des Regin, der sich in einen Drachen verwandelte, die von den Germanen auch als „Wurm", d.h. „Schlange" bezeichnet wurden. Wieland wird an dieser Stelle des Liedes als „Totengeist in Schlangengestalt auf dem Schatz in seinem Hügelgrab" angesehen – was mit seiner Auffassung als Zwerg und Alf, also als Totengeist übereinstimmt.

So wurde getan: Ihm wurden die Sehnen in den Kniekehlen zerschnitten und er in einen Holm gesetzt, der vor dem Strande lag und Säwarstad hieß. Da schmiedete er dem König allerhand Kleinode, und niemand getraute sich, zu ihm zu gehen als der König allein.

Ein Holm ist eine Insel oder im übertragenden Sinne auch ein eingegrenzter Bereich. „Säwarstad" ist eine Insel vor der schwedischen Küste. Ihr Name bedeutet „Meeresstätte".

Wölund sprach:
„Es scheint Nidud ein Schwert am Gürtel,
Das ich schärfte so geschickt ich vermochte,
Das ich härtete so hart ich konnte.
Diese lichte Waffe ist mir entwendet:
Säh' ich sie doch zu Wölund zur Schmiede getragen!

Bödwild trägt nun meiner Getrauten
Roten Ring: Rächen will ich das!"
Schlaflos saß er und schlug den Hammer;
Trug schuf er Nidud schnell genug.

In der germanischen Sprache wird Gold meistens als „rot" bezeichnet und nicht als „gelb". Der „rote Ring" der Bödwild ist also ein Goldring.

Liefen zwei Knaben, lauschten an der Türe,
Die Söhne Niduds, nach Säwarstad;
Kamen zur Kiste den Schlüssel erkundend;
Offen war die üble, als sie hineinsahn.

Viel Kleinode sahn sie, den Knaben daucht es
Rotes Gold und glänzend Geschmeid.
„Kommt allein, ihr zwei, kommt andern Tags,
So soll euch das Gold gegeben werden.

Sagt es den Mägden nicht noch dem Gesinde,
Laßt es niemand hören, daß ihr hier gewesen."
Zeitig riefen die Zweie sich an,
Bruder den Bruder: „Komm' die Brustringe schaun!"

Mit den „Brustringen" sind die vermutlich die um den ganzen Körper reichenden breiten Ringe gemeint, aus denen schon die Römer ihre einfachen Brustpanzer hergestellt haben.

Sie kamen zur Kiste die Schlüssel erkundend;
Offen war die üble, da sie hineinsahn.
Um die Köpfe kürzt er die Knaben beide;
Unterm Fesseltrog barg er die Füße.

Aber die Schädel unter dem Schopfe
Schweift er in Silber, sandte sie Nidud.
Aus den Augen macht er Edelsteine,
sandte sie der falschen Frau des Nidud.

Das Wort „falsch" hat die hier die alte Bedeutung von „böse, hinterhältig, gemein" u.ä.

Die Zweizahl der Jungen hat wahrscheinlich eine tiefere Bedeutung, da es auch oft zwei Zwerge sind, die gemeinsam den Schmuck, die Schwerter, die Ringe u.ä. herstellen. Das bekannteste Jungen-Paar in den indogermanischen Mythen sind die Pferdezwillinge, die den Streitwagen des Sonnengott-Göttervaters Dhyaus (Zeus, Jupiter, Tyr usw.) ziehen und die auch die Gestalt von Menschen annehmen konnten. Bei den Germanen wurden sie „Alcis" genannt.

Es ist gut denkbar, daß man sich vorstellte, daß diese beiden Pferde-Menschen am Abend zusammen mit der Sonne starben und ihr im Jenseits bei ihrer Wiedergeburt halfen. Aus ihnen entstand dann mit der Zeit das Zwergenpaar, das nicht nur das Schwert des Tyr neuschmiedete, sondern auch all die magischen Gegenstände für die Götter herstellte. Ihr Tod am Abend wurde in den Mythen zu dem Motiv der sterbenden Zwillinge, die in der Wölund-Mythe als die beiden Söhne des Königs Nidud statt als Söhne des Tyr-Wieland erscheinen. Sie werden den beiden Loki-Söhnen Wali und Nari entsprechen.

Trinkschalen aus menschlichen Schädeln, die vermutlich vor allem im Ritual benutzt wurden, sind bereits von den Neandertalern verwendet worden. Solche Schädelschalen sind vermutlich aus dem tantrischen Buddhismus am bekanntesten. Interessanterweise werden diese Schädelschalen auch in Tibet in Silber gefaßt.

Diese rituellen Trinkgefäße werden bei den Germanen noch an einer zweiten Stelle erwähnt. In der Sage von Albions Tod verspottet Albion seine Frau Rosamunde, deren Vater er getötet hat, damit, daß sie doch aus dessen Schädelschale trinken könne – was sie letztlich zur Rache an Albion treibt.

Das Auftreten des Motivs der Anfertigung einer Schädelschale als Racheakt wird vermutlich auf eine ältere Vorstellung zurückgehen, da viele Verhaltensweisen der Helden in den Sagen als rachemotiviert umgedeutet wurden – die dabei verwendeten mythologischen Motive gehen jedoch oft auf rituelle Handlungen zurück. In dieser Weise wurde z.B. auch die Wiederzeugung im Jenseits zusammen mit der Jenseitsgöttin Freya in den germanischen Mythen und später in den germanischen Sagen zu der rachemotivierten Vergewaltigung einer Königstochter.

Das Schädelschalen-Motiv steht sicherlich in Parallele zu dem abgetrennten Haupt, mit dessen Hilfe man den Kontakt zu dem verstorbenen Ahnen aufrechterhalten konnte. Auf diese Weise erhält u.a. Odin von dem Haupt des Tyr-Mimir sein Wissen über das Jenseits.

Dieses Motiv reicht bis mindestens in die frühe Jungsteinzeit zurück, in der man die Schädel der Verstorbenen reinigte, mit Ton überzog und ihr Gesicht nachplastizierte. Diese Köpfe bewahrte man im Wohnhaus auf, um jederzeit den Kontakt mit dem entsprechenden Toten aufnehmen zu können. Solche „sprechenden Köpfe" sind von vielen indogermanischen Völkern bekannt (Germanen: Mimir; Kelten: Bran; Griechen: Orpheus u.a.).

Man fand in England in Sommerset drei Schädelschalen aus der Jungsteinzeit. Zumindestens die frühen Kelten kannten auch diesen Brauch, wie die drei Schädelschalen in der Höhle von Byciskala in Böhmen zeigen.

Bei den Slawen kam es bis um ca. 1000 n.Chr. vereinzelt vor, daß die Fürsten aus den Schädeln von besonderes wichtigen besiegten Feinden oder von besonders verehrten verstorbenen Fürsten Trinkschalen anfertigen ließen, um durch sie die Kraft der Verstorbenen in sich aufnehmen zu können. Es gibt u.a. Berichte über die Herstellung solcher Schädelschalen aus dem Kopf des toten griechischen Kaisers Nikephoros I und aus dem Haupt des Svytoslav I von Kiev.

Auch die Christen kannten diesen Brauch. So wurden die Schädelschalen der Heiligen Theodata, des Heiligen Sebastian, des Heiligen Quirinus, der Heiligen Anastasia, des Heiligen Makarius, des Heiligen Throdul, des Heiligen Gumpertus, des Heiligen Nantovin und vieler anderer dazu benutzt, um durch das Trinken aus ihnen einen allgemeinen Segen zu erhalten oder von der speziellen Krankheit geheilt zu werden, die mit dem oder der Heiligen verbunden war.

Am gründlichsten waren die (indogermanischen) Skythen, die nicht nur aus den Schädeln ihrer Feinde tranken, um deren Kraft in sich aufzunehmen, denn bei ihnen wurde von den Nachkommen und Freunden eines Toten das Fleisch der Leiche zusammen mit dem Fleisch der Opfertiere gekocht und dann verspeist, um die Kraft des Toten in sich aufzunehmen und für die Sippe zu bewahren.

Angesichts dieser so gut und so lange bezeugten archaischen Tradition scheint es sehr wahrscheinlich, daß es einst auch bei den Germanen den Brauch gegeben haben wird, aus den Schädelschalen der verstorbenen Vorfahren zu trinken, wenn man den Segen, die Hilfe oder den Rat dieser Vorfahren erhalten wollte.

Aus den Zähnen aber der Zweie
Bildete er Brustgeschmeid, sandte es Bödwild.
Da begann den Ring zu rühmen Bödwild;
Sie bracht ihn Wölund, da er zerbrochen war:
„Keinem darf ich's sagen als Dir allein."

Wölund:
„Ich beß're Dir so den Bruch am Goldring,
daß er Deinem Vater schöner dünkt,
Deiner Mutter merklich besser;
Aber Dir selber noch eben so gut."

Er betrog sie mit Met, der schlauere Mann;
In den Sessel sank und entschlief die Maid.
„Nun hab ich gerochen Harm und Schäden
Alle bis auf einen, den unheilvollen."

„Wohl mir", sprach Wölund: „war ich auf den Sehnen,
Die mir Niduds Männer nahmen."
Lachend hob sich in die Luft Wölund;
Bödwild wandte sich weinend vom Holm
Um des Liebhabers Fahrt sorgend und des Vaters Zorn.

Wölund flog in die Luft empor und war somit ein Seelenvogel. Auch Odin nahm die Gestalt eines Adlers an, nachdem er sich mit der Riesentochter Gunnlöd in ihrem Berg vereint und ihren Met getrunken hatte. Der Met ist hier demnach nicht nur ein Hilfsmittel, durch das Wölund Bödwild leichter verführen konnte, sondern der Göttermet, der nach der Wiederzeugung die Wiedergeburt gibt.

Ursprünglich war der Göttermet nach der Wiederzeugung und der Wiedergeburt das Symbol des „Wiederstillens", das aber schließlich selber zu dem Mittel zur Erlangung der ewigen Jugend im Jenseits wurde.

Das Wort „Liebhaber" in diesem Vers wurde von Karl Simrock mit „Friedel" übersetzt, also mit der Kurzform von Namen wie „Friedrich" oder „Friedhelm". Die Umschreibung für Wölund an dieser Stelle lautet im Orginaltext „Frithil". Dieses Wort leitet sich von dem germanischen Substantiv „frithu" ab, das „Liebe, Freundschaft, Frieden" bedeutet.

Die Wurzel dieses Wortes ist das indogermanische Substantiv „priheh" für „Hausherrin, Ehefrau", das sich über „prohos" für „das Eigene, das Angenehme" von der altägyptischen Bezeichnung „per" für „Haus", daß die Indogermanen als Lehnwort übernommen haben, ableitet. Von diesem Wort stammen auch die Götternamen Frigg, Freya und Freyr ab. Auch der Name der Göttin Sif bedeutet „Ehefrau", auch wenn er sich von dem Begriff „Sifjan" für „Sippe" ableitet.

„Priheh" war in der indogermanischen Sprache auch der Name der Liebesgöttin, also der Göttin der Wiederzeugung im Jenseits, zu deren Nachfolgerinnen u.a. Freya, Gunnlöd und Bödwild gehören. Die männliche Form dieses Namens bezeichnete den Toten bei der Wiederzeugung, bei der er ein „Geliebter" war. Aus ihm entstanden u.a. der griechische Priapos und der germanische Freyr.

Daher ist in diesem Zusammenhang die Übersetzung von „Frithil" mit „Liebhaber" naheliegend. Es könnte bei den Germanen durchaus auch noch eine bewußte Assoziation zwischen „Frithil" und „Freyr" bestanden haben.

Außen stand Niduds arges Weib,
Ging hinein den ganzen Saal entlang;
- Auf des Saales Sims saß er, und ruhte -
„Wachst Du, Nidud, Niaren Drost?"

Wölund sitzt in der Gestalt des Vogels, die er angenommen hat, oben auf dem Dach des Langhauses des Königs Nidud und verspottet ihn.

Nidud:
„Immer wach ich, wonnelos lieg ich,
Mich gemahnt's an meiner Söhne Tod.
Das Haupt friert mir von Deinen falschen Räten:
Nun wollt ich wohl mit Wölund rechten:

Bekenne mir, Wölund, König der Alfen,
Was ward aus meinen wonnigen Söhnen?"

An dieser Stelle wird Wölund nun wie Hreidmar und wie Alberich „König der Alfen" genannt. Wielands Identität mit diesen beiden Zwergenkönigen ist daher sehr sicher – sie alle sind einst der ehemalige Göttervater Tyr im Jenseits gewesen.

Wölund:
„Erst sollst Du alle Eide mir leisten,
Bei des Schwertes Spitze und des Schiffes Bord,
Bei des Schildes Rand und des Rosses Bug,

Daß Du Wölunds Weib nicht tötest,
Noch meiner Braut zum Mörder werdest,
Hätt' ich ein Weib auch euch nah verwandt,
Oder hätte hier im Hause ein Kind."

Wölund ist darauf bedacht, daß König Nidud nicht, um seine Ehre zu retten, seine Tochter Bödwild und deren zukünftiges Kind (von dem König Nidud noch nichts weiß) tötet. Angesichts der Listigkeit und Härte, mit der sich Wölund an Nidud rächt, überrascht dieser Charakterzug.

Eine solche Rache war allerdings ein fester Bestandteil der germanischen Verhaltensregeln; die Rücksicht auf Bödwild und seinen ungeborenen Sohn zeigt, daß es sich bei Wielands Vereinigung mit Bödwild nicht um einen Racheakt gehandelt haben kann – vermutlich hat sich hier das frühere Motiv der Wiederzeugung erhalten können, in dem Wielands Sohn der wiedergeborene Wieland wäre.

„So geh zur Schmiede, die Du mir schufst,
Da liegen die Bälge mit Blut bespritzt.
Die Häupter schnitt ich Deinen Söhnen ab;
Unterm Fesseltrog barg ich die Füße.

Aber die Schädel unter dem Schopfe
Schweift ich in Silber, schenkte sie Nidud.
Aus den Augen macht' ich Edelsteine,
Sandte sie der falschen Frau Niduds.

Aus den Zähnen der Zweie dann
Bildet' ich Brustgeschmeid und sandt' es Bödwild.
Nun geht Bödwild mit Kindesbürde,
Euer beider einzige Tochter."

Die Halskette aus den Zähnen der beiden Jungen erinnert an Freyas Kette Brisinggamen, die von vier Zwergen gefertigt worden war.

Dieser Vergleich ist auch daher naheliegend, weil in der Wölund-Sage die Königstochter Bödwild der Göttin Freya entspricht.

Nidud:
„Nie sagtest Du ein Wort, das so mich betrübte,
Nie wünscht' ich Dich härter, Wölund zu strafen.
Doch kein Mann ist so rasch, der vom Roß Dich nähme,
So geschickt kein Schütze, der Dich niederschösse
Wie Du hoch Dich hebst zu den Wolken."

Lachend hob sich Wölund in die Luft;
Traurig schaut Nidud ihm nach:

„Steh auf, Thankrad, meiner Träle bester,
Bitte Bödwild, die Brauenschöne,
Daß die Ringbereifte mit dem Vater rede."

„Ist das wahr, Bödwild, was man mir sagte:
Saßest Du mit Wölund zusammen im Holm?"

Bödwild:
„Wahr ist das, Nidud, was man Dir sagte:
Einmal saß ich mit Wölund zusammen im Holm,
Das hätte nie sein sollen!: Eine Stunde der Angst.
Ich verstand ihm nicht zu widerstehen,
Ich vermocht ihm nicht zu widerstehen!"

Bödwilds Aussage, daß sie sich nur gezwungen mit Wieland vereint hat, klingt angesichts ihrer in den vorhergehenden Versen beschriebenen tränenreichen Sorge um die „Fahrt" (Flucht, Reise) ihres Liebhabers nicht ganz überzeugend. Es könnte sich hier um eine Rechtfertigung gegenüber ihrem Vater handeln.

In der Wieland-Saga erscheinen Tyr und Loki als Wieland und Nidud. Auch hier sind beide Feinde. In diesem Lied ist Tyr und nicht Loki der Gefangene.

Der Beginn der Gefangenschaft des Tyr wird der Beginn des Winters sein und seine Flucht am Ende des Liedes der Beginn des Sommers.

Loki-Nidud raubt dem Tyr-Wieland dessen Ring und dessen Schwert.

I 13. Loki der Dieb

Diese Mythen über den Dieb Loki haben einige Gemeinsamkeiten, die Rückschlüsse auf die diesen Erzählungen zugrundeliegenden Vorstellungen und somit auch auf die diesen Vorstellungen zugrundeliegende Ursprungs-Mythe zulassen.

Loki tritt in folgenden Mythen als Dieb bzw. als Mörder auf:

- Loki und der Ring Andvari
- Loki und der Ring Draupnir
- Loki und der Halsreif Brisingamen
- Loki und der Ring und das Schwert des Wieland
- Loki und Iduns Äpfel
- Loki und Sifs Haare
- Loki und Baldur
- Loki und Freyr
- Loki und Beli

Einen ersten Überblick verschafft der Vergleich der Dinge und Gottheiten, die Loki raubt, entführt oder gegen die er kämpft:

Lokis Diebesgut und Entführungsopfer			
Diebesgut	*was?*	*verkörpert:*	*angestrebte Qualität*
Andvarinaut	Ring	Jenseitsreise, Sonne	Rückkehr aus dem Jenseits
Draupnir	Ring	Jenseitsreise, Sonne	Rückkehr aus dem Jenseits
Brisingamen	Halsreif	Jenseitsreise, Sonne	Rückkehr aus dem Jenseits
Wieland-Ring	Ring	Jenseitsreise, Sonne	Rückkehr aus dem Jenseits
Wieland-Schwert	Schwert	Jenseitsreise, Sonne	Rückkehr aus dem Jenseits
Idun	Göttin	ewige Jugend	Umdeutung der Wiedergeburt
Iduns Äpfel	Äpfel	ewige Jugend	Umdeutung der Wiedergeburt
Idun als Haselnuß	Haselnuß	ewige Jugend	Umdeutung der Wiedergeburt
Sifs Haare	Haare	Getreide	Rückkehr aus dem Jenseits
Baldur	Baldur	Richtigkeit	Rückkehr aus dem Jenseits
Freyr	Freyr	Getreide, Tote	Rückkehr aus dem Jenseits
Beli	Beli	Sonne	Rückkehr aus dem Jenseits

Der Gegenstand bzw. die Gottheit, um die sich die Diebstahlsgeschichten des Loki drehen, sind stets Symbole der Rückkehr aus dem Jenseits und somit auch der Wiedergeburt.

Daraus ergibt sich, daß Loki als der Dieb all dieser Dinge der Gegner des Lebens sein muß, d.h. eine Verkörperung des Jenseits. Daher sind auch Hel, Fenrir und Jörmungandr seine Kinder. Aus demselben Grund hat sich Loki auch geweigert, für Baldur zu weinen – sonst wäre in gewisser Weise der Tod nicht in der Welt geblieben.

Als zweites kann man betrachten, welche Themen mit den Opfern des Loki bzw. mit den Dingen, die Loki ihnen geraubt hat, verbunden gewesen sind:

Lokis Diebstahl-Opfer			
Diebesgut	*Opfer*	*verkörpert:*	*Ziel*
Andvarinaut	Zwerg Andvari	Jenseitsreise der Ahnen	Wiedergeburt
Draupnir	Odin	Jenseitsreise der Ahnen	Wiedergeburt
Brisingamen	Freya	Wiedergeburt der Ahnen	Wiedergeburt
Wieland-Ring	Ring	Jenseitsreise der Ahnen	Wiedergeburt
Wieland-Schwert	Schwert	Herrschaft	Wiedergeburt
Iduns Äpfel	Idun	ewige Jugend der Götter	Wiedergeburt
Sifs Haare	Sif	Getreide auf der Erde	Wiedergeburt
Baldur	Baldur	Richtigkeit, Wiedergeburt	Wiedergeburt
Freyr	Freyr	Getreide auf der Erde	Wiedergeburt
Beli	Beli	Wiedergeburt der Sonne	Wiedergeburt

Lokis Diebstahl-Opfer bzw. die ihnen geraubten Dinge haben als Gemeinsamkeit, daß sie alle mit der Wiedergeburt im Jenseits verbunden sind: mit der Wiedergeburt der Toten, des Getreides und der Sonne.

Als nächstes kann man vergleichen, von wo Loki die Dinge stiehlt bzw. die Gottheiten entführt oder gegen sie kämpft:

\multicolumn{3}{c}{**Die Orte von Lokis Diebstählen**}		
Diebesgut	*Ort*	*Symbolik*
Andvarinaut	„Fels" in Wasserfall	Jenseits
Draupnir	bei Odin	Asgard
Brisingamen	Frauenhaus der Freya	Jenseits
Wieland-Ring	Halle des Wieland	Jenseits?
Wieland-Schwert	Halle des Wieland	Jenseits?
Iduns Äpfel	Apfelwiese bei Asgard	Asgard
Sifs Haare	bei Sif	unbekannt
Baldur	Heiliger Ort	Heiliger Ort
Freyr	unbekannt	unbekannt
Beli	unbekannt	unbekannt

Der Ort von Lokis Taten ist zumindestens zu einem großen Teil als das Jenseits oder als der Wohnort der Götter erkennbar.

Einen weiteren Aufschluß über die ursprüngliche Mythe könnten Lokis Gegner bei seinen Taten geben:

Lokis Gegner			
Diebesgut	*Gegner*	*Charakter*	
		männlich	*weiblich*
Andvarinaut	Andvari	Zwerg	
Draupnir	Odin	Göttervater	
Brisingamen	Freya, Heimdall	Göttervater	Jenseitsgöttin
Wieland-Ring	Tyr-Wieland	Göttervater	
Wieland-Schwert	Tyr-Wieland	Göttervater	
Iduns Äpfel	Idun, Thiazi (Tyr)	Göttervater	Jenseitsgöttin
Sifs Haare	Sif, Thor	Donnergott	Korngöttin
Baldur	Baldur, Hödur, Frigg, Asen	Gott der Richtigkeit	Jenseitsgöttin
Freyr	Freyr	Korngott	
Beli	Beli	Sonnengott	

Lokis Gegner sind in erster Linie verschiedene Formen des Sonnengott-Göttervaters Tyr, der von der Jenseitsgöttin wiedergeboren wird, die zumeist seine Frau, d.h. seine Geliebte bei seiner Wiederzeugung, ist.

Das nächste Thema, das auf Regelmäßigkeiten hin untersucht werden kann, sind die Verwandlungen des Loki bei seinen Taten.

Lokis Verwandlungen						
Diebesgut	*Verwandlung*					
	des Loki	*des Diebstahl-Opfers*	*Art des Tieres*			
			Mensch	*Herdentier*	*Wassertier*	*Flugtier*
Andvarinaut		Otter, Fisch			X X	
Draupnir						
Brisingamen	Fliege, Floh, Robbe	Robbe			X X	X X
Iduns Äpfel	Falke, Adler					X X
Sifs Haare						
Baldur	alte Frau, Lachs		X		X	
Freyr	Seekuh				X	
Beli		Hirsch		X		
			1	1	6	4

Die sechs Verwandlungen in ein Wassertier weisen auf das Wasserjenseits hin, zu dem man durch den Brunnen der Nornen gelangt. Aus diesem ursprünglichen Wasserjenseits wurde im Laufe der Zeit das Land hinter dem Jenseitsfluß.

Die vier Vögel und Insekten werden Hinweise auf den Seelenvogel sein, in dessen Gestalt man in das Jenseits reisen kann.

Die alte Frau, in die sich Loki verwandelt hat, könnte evtl. seine Tochter Hel sein.

Die vermutete Verwandlung des Beli in einen „Sonnenhirsch" (er wird im „Sonnen-Lied" beschrieben) ist eine magische Absicherung seiner Zeugungskraft bei seiner Wiederzeugung.

Schließlich könnten auch Lokis Bestrafungen für seine Taten Aufschluß über die ursprüngliche Mythe geben:

Lokis Bestrafungen	
Diebesgut	*Bestrafung*
Andvarinaut	keine
Draupnir	keine
Brisingamen	unbekannt, aber mit Heimdall als Gegner wahrscheinlich
Wieland-Ring	Schwängerung der Tochter, Ermordung der Söhne
Wieland-Schwert	Schwängerung der Tochter, Ermordung der Söhne
Iduns Äpfel	keine
Sifs Haare	zugenähte Lippen
Baldur	Fesselung in der Hel
Freyr	unbekannt
Beli	unbekannt

Die Bestrafung des Loki scheint kein wesentlicher Bestandteil dieser Mythe gewesen zu sein. Dies würde gut zu einem sich zyklisch wiederholenden Vorgang passen, in dessen Rahmen eine Bestrafung nur wenig Sinn ergäbe.

Zum Abschluß kann man noch einmal die in den verschiedenen Mythen auftretenden Gottheiten und anderen Personen betrachten:

Götter und Personen, die bei Lokis Taten vorkommen									
Diebesgut	*Gottheiten und Personen*								
	Loki	*Wintergott*	*Sonnengott-Göttervater*	*Gott der Richtigkeit*	*Korngottheit*	*Jenseitsgöttin*	*Hönir*	*Zwerg*	*Drache*
Andvarinaut	Loki		*Odin*				Hönir	Andvari	Fafnir
Draupnir	Loki		Odin			Huldar, Freya			
Brisingamen	Loki		Odin, Heimdall			Freya			
Wieland-Ring	Nidud		Wieland			Bödhild			
Wieland-Schwert	Nidud		Wieland			Bödhild			
Iduns Äpfel	Loki		Odin, Thiazi-Tyr			Idun, Freya	Hönir		
Sifs Haare	Loki		Odin		Sif			Brock, Sindri	
Baldur	Loki	Hödur	Odin	Baldur		Frigg, Hel			
Freyr	Loki				Freyr, Frode				
Beli	Loki		Beli						

Diese Übersicht zeigt nur die bereits bekannte Wichtigkeit des Sonnengott-Göttervaters und der Jenseitsgöttin in diesen Loki-Mythen.

Loki raubt entweder dem Sonnengott-Göttervater oder der Jenseitsgöttin und manchmal auch einem Totengeist (Zwerg) das Symbol der Wiedergeburt (Ring, Halsreif, Äpfel) oder das Symbol des Getreides. Loki ist somit der Gegner der Wiedergeburt der Toten, des Göttervaters, der Sonne und des Getreides. Er ist die Verkörperung des Jenseits und des Todes, weshalb auch Hel, Fenrir und Jörmungandr seine Kinder sind.

Lokis Taten finden daher meistens im Jenseits statt. Auch die häufigen Verwandlungen in ein Wassertier weisen auf das Jenseits hin. Die Verwandlungen in Vögel oder Insekten sind Darstellungen der Jenseitsreise (Astralreise) als Seelenvogel bzw. „Seelen-Insekt".

Die Bestrafung des Loki war kein wesentlicher Teil dieser Mythen, da es sich bei ihnen um die Darstellung eines zyklischen Vorganges handelt: den Tageslauf und den Jahreslauf der Sonne, den Rhythmus von Aussaat und Ernte sowie die Geburt, den Tod und die Wiedergeburt der Menschen.

Der Raub des Ringes (Sonnen- und Wiedergeburtssymbol) und die Schwängerug der Jenseitsgöttin wird das Streben nach der Wiedergeburt sein – der Gott (Tyr oder Loki), der jeweils in der Unterwelt gefangen ist, kann dieser nur entkommen, wenn er sich selber mit der Jenseitsgöttin wiederzeugt und dann von ihr in das Diesseits hinein wiedergeboren wird. An die Stelle der Wiedergeburt ist mit der Zeit der Besitz des Ringes getreten.

I 14. Loki verletzt Thors Ziegenböcke

Dies ist ein zwar anderes mythologisches Thema als die Diebstahl-Mythen des Loki, aber es ist eng mit ihnen verwandt und beschreibt einen Teilaspekt von ihnen.

I 14. a) Hymir-Lied

Thor und Tyr sind zu Tyrs Vater, dem Riesen Hymir gezogen, um von ihm einen Braukessel für die Asen zu erhalten. Nachdem ihnen dies nach einigen Verwicklungen gelungen ist, kehren sie zurück. Kurz vor dem Ende des Liedes sind zwei Strophen eingeschoben worden, die anscheinend aus einem anderen Zusammenhang stammen und sich auf Loki beziehen.

Sie waren nur ein kurzes Stück gefahren
als von Hlorridis Böcken einer halbtot am Boden lag.
Des Zugtiers Bein war gebrochen:
Das hatte der listige Loki verschuldet.

Doch habt ihr gehört – und jeder Asenkundige
kann euch die genauen Einzelheiten dieser Geschichte berichten –
welche Buße er von dem Bergbewohner erhielt?
Er gab ihm seine beiden Kinder.

„Hlorridi" bedeutet „lauter Reiter" und ist eine Bezeichnung für den Gott Thor, die auf den von seinem Ziegenwagen verursachten Donner anspielt – mit „Reiter" ist hier eigentlich ein Wagenlenker gemeint.

Ein „*Bergbewohner*" ist ein Toter in einem Hügelgrab – „*Berg*" ist eine häufige Umschreibung für „Hügelgrab". Hier ist mit „*Bergbewohner*" offenbar Loki gemeint.

In diesen beiden Strophen wird gesagt, daß Loki daran Schuld ist, daß eins der Beine der beiden Ziegenböcke des Thor auf der Heimfahrt von Hymir nach Asgard gebrochen war. Diese Geschichte ist dem Dichter zufolge allgemein bekannt gewesen.

Als Strafe muß Loki seine beiden Söhne dem Thor geben.

Tyrs und Thors Fahrt zu Hymir, der Tyrs Vater ist, wird auch eine Jenseitsreise sein, da aufgrund der Symbolik der Wiederzeugung und der Wiedergeburt Tyr der wiedergeborene Hymir ist, der sich folglich in der Unterwelt befindet. Die Reise der beiden Asen, die den Braukessel holen, hängt somit mit der Jenseitsreise des Göttervaters Tyr/Hymir zusammen. Im Hymir-Lied ist Tyr jedoch schon weitgehend inaktiv, während Thor der Handelnde ist. Vermutlich ist dem eine Mythen-Fassung vorausgegangen, die vor allem die Jenseitsreise des Tyr beschrieben hat.

Die Angelfahrt des Thor und des Hymir, bei der Thor mit der Midgardschlange kämpft, ist ein Einschub in dem Hymir-Lied, der zunächst einmal recht unmotiviert aussieht. Wenn man jedoch davon ausgeht, daß im Hymir-Lied eine Thor-Jenseitsreise zu der Midgardschlange mit einer Tyr-Jenseitsreise zu dessen Vater Hymir verbunden worden ist, werden die beiden Einschübe über die Midgardschlange und den verletzten Ziegenbock verständlich.

Loki wird sicherlich in der Jenseitsreise des Thor vorgekommen sein, da er dessen Ziegenbock verletzt hat, aber er könnte durchaus auch eine Rolle in Tyrs Jenseitsreise gespielt haben – allerdings wäre es dann verwunderlich, daß Loki in dem Hymir-Lied nur noch eine solch kleine Nebenrolle innehat.

Im Wegtam-Lied heißt es: *„Hier steht dem Baldur der Becher eingeschenkt, der schimmernde Trank, vom Schild bedeckt"*. Auch der Gott Baldur, aus dessen Mythe die Strafe für Loki im Hymir-Lied entnommen wurde, ist mit einem „Becher" voll Met verbunden.

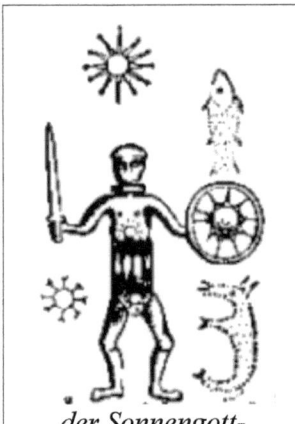

der Sonnengott-Göttervater Tyr mit einer Sonne auf der Brust und auf den Genitalien, sowie Schwert, Sonne, Eber und Fisch

Da auf diesem „Becher" ein Schild liegt, wird es sich bei dem „Becher" wohl um einen „Kessel" handeln, da sonst der Deckel viel zu groß für das Gefäß wäre. Dieser Schild könnte ein Sonnenschild in der Art, wie er auf den Goldhörnern von Gallehus abgebildet ist, gewesen sein. Die Sonnendarstellungen auf diesen Schilden entspricht den Sonnen auf den frühen Runensteinen (400 v.Chr.) und den Sonnendarstellungen auf dem Sonnenwagen von Trundholm (1400 v.Chr.) und in den skandinavischen Felsritzungen der Germanen (1500 – 500 v.Chr.).

Sowohl der Metkessel des Baldur als auch der des Hymir hat somit eine Verbindung zu dem Sonnengott-Göttervater.

Tyrs Vater Hymir („Finsterer") lebt am „Rand der Welt". Auch der Riese Hraesvelgr („Leichenfresser") wohnt am „Rand der Welt". Er hat die Gestalt eines riesigen Adlers und verursacht mit seinen Schwingen den Wind in der Welt. Hraesvelgr wird somit ursprünglich der Seelenvogel des Hymir-Tyr gewesen sein. Der Riese Thiazi ist daher mit Hymir/Tyr identisch und Hraesvelgr mit dem Seelenvogel-Adler des Hymir-Tyr-Thiazi.

Die Ziegenböcke des Thor sind beliebte Opfertiere der armen Leute gewesen. Sie werden daher dieselbe Funktion wie die Hirsche, Hengste, Stiere und Eber gehabt haben: Sie sollten dem Jenseitsreisenden seine Zeugungskraft, die u.a. durch Thors Hammer Mjöllnir verkörpert wurde, sichern.

Aufgrund dieser Zusammenhänge ist es wahrscheinlich, daß die Tyr-Mythe, die zusammen mit einer Thor-Mythe zu dem Hymir-Lied kombiniert worden ist, einige Ähnlichkeit mit der Mythe über Loki und Thiazi gehabt hat.

> Loki hat (vermutlich durch eine List) das Bein einer der Ziegenböcke des Thor verletzt und mußte ihm zur Buße seine beiden Söhne geben.

I 14. b) Skaldskaparmal

In den Kenning-Listen dieses Skaldenkunst-Lehrbuches findet sich für Loki auch eine „Ziegen-Kenning":

„Wie soll man Loki umschreiben?"
„So: Indem man ihn ... ... Dieb des Ziegenbocks ... ... nennt."

Diese Umschreibung bringt Lokis Verletzung von Thors Ziegenbock in eine noch größere Nähe zu seinen übrigen Diebes-Taten. Man kann sich diese ansonsten nicht überlieferte Mythe wohl so vorstellen, daß Loki dem Thor eine seiner beiden Ziegenböcke raubt, Thor den Loki verfolgt und schließlich den Ziegenbock zurückerhält und den Loki mit der Fesselung in der Unterwelt bestraft.
Möglicherweise wurde bei diesem Raub des Ziegenbocks durch Loki der Bock auch an seinem Bein verletzt.

> Loki raubt Thor einen seiner beiden Ziegenböcke.

I 14. c) Gylfis Vision

In „Gylfis Vision" findet sich der detaillierteste Bericht über Entstehung der Verletzung von Thors Ziegenbock.

Der Anfang dieser Erzählung ist nun, daß Ökuthor ausfuhr mit seinem Wagen und seinen Böcken und mit ihm der Ase, der Loki heißt.

„Ökuthor" bedeutet „Wagen-Thor" und bezieht sich auf den von seinen beiden Ziegenböcken gezogenen Streitwagen.

Es ist ungewöhnlich, da ein Götter-Paar loszieht – in der Regel sind es drei Götter. Thor vertritt die Krieger und Fürsten, Loki die Bauern und Handwerker, aber der Vertreter der Priester und Heiler fehlt. Der Grund für diese Abweichung wird jedoch im folgenden deutlich.

Da kamen sie am Abend zu einem Bauern und fanden da Herberge. Zur Nacht nahm Thor seine Böcke und schlachtete sie; darauf wurden sie abgezogen und in den Kessel getragen. Und als sie gesotten waren, setzte sich Thor mit seinem Gefährten zum Nachtmahl.
Thor bat auch den Bauern, seine Frau und beide Kinder, mit ihm zu speisen. Des Bauern Sohn hieß Thialfi und die Tochter Röskwa. Da legte Thor die Bocksfelle neben den Herd, und sagte, der Bauer und seine Hausleute möchten die Knochen auf die Felle werfen.

Thialfi und Röskva sind zu Beginn der Geschichte einfache Bauernkinder.

Thialfi, des Bauern Sohn, hatte das Schenkelbein des einen Bocks, das schlug er mit seinem Messer entzwei, um zum Mark zu kommen.

Hier geht Thialfi mit einem der Knochen der Ziegenböcke auf eine Weise um, die ihm nicht erlaubt gewesen ist.

Thor blieb die Nacht da und am Morgen stand er vor Tag auf, kleidete sich, nahm den Hammer Miölnir und erhob ihn, die Bocksfelle zu weihen. Da standen die Böcke auf; aber dem einen lahmte das Hinterbein. Thor sah es und sagte, der Bauer oder seine Hausgenossen müssten unvorsichtig mit den Knochen des Bocks umgegangen sein, denn er sehe, das eine Schenkelbein wäre zerbrochen.

Das Nicht-Beschädigen der Knochen von Thors beiden Ziegenböcken ist offenbar ein sinnvolles Tabu gewesen, da die Böcke nur aus den heilen Knochen wieder gesund neu entstehen können.

Es braucht nicht weitläufig erzählt zu werden, da es ein jeder begreifen kann, wie der Bauer erschrecken mochte, als er sah, daß da Thor die Brauen über die Augen sinken ließ, und wie wenig er auch von den Augen noch sah, so meinte er doch, vor der Schärfe des Blicks zu Boden zu fallen.
Thor faßte den Hammerschaft so hart mit den Fingern an, daß die Knöchel davon weiß wurden.
Der Bauer gebärdete sich, wie man denken mag, so, daß alle seine Hausgenossen entsetzlich schrien und alles, was sie hatten, zum Ersatz boten.

Als Thor ihren Schrecken sah, ließ er von seinem Zorn, beruhigte sich und nahm ihre Kinder Thialfi und Röskwa zum Vergleich an: die wurden nun Thors Dienstleute und folgen ihm seitdem überall.

Symbolisch und magisch gesehen besteht die Verbindung zwischen Thor und Thialfi sowie Röskva in den geopferten Ziegenböcken. Es stellt sich daher die Frage, welche Bedeutung diese beiden Ziegenböcke mit den Namen Tanngnjostr („Zähneknisterer") und Tanngrisnir („Zähneknirscher") haben.

Auch das Hymir-Lied beginnt mit einem Tieropfer, das dem Schlachten der beiden Ziegenböcke des Thor entsprechen könnte: *„Einst nahmen die Walgötter die erwaideten Tiere zu schlemmen gesonnen noch ungesättigt: Sie schüttelten Stäbe, besahen das Opferblut, und fanden, daß dem Ägir der Braukessel fehle."*

Das Opfermahl im Hymir-Lied sollte bei dem Meeresgott Ägir (Tyr in der Wasserunterwelt), also in der Wasserunterwelt stattfinden.

Die „Stäbe" sind die Los-Stäbe, auf die Runen geritzt waren. Das Opferblut ist das Blut der geopferten Tier, aus deren Eingeweide und deren Blut man die Fragen an das Orakel beantwortete.

Das Opfermahl stellte somit eine Verbindung zu den Göttern her – auch Thialfi und Röskwa erhielten durch solch ein Opfermahl ihre Verbindung zu dem Gott Thor. Daher wird Thialfi den Priester des Thor verkörpern und seine Schwester Röskwa die Priesterin von Thors Frau Sif. Somit füllen diese beiden nun die Lücke in der unvollständigen Götterdreiheit aus Thor (Krieger) und Loki (Bauern), in der der Priester-Gott Hönir fehlt.

Diese Deutung von Thialfi und Röskwa wird dadurch bestätigt, daß „Thialfi" die Bedeutung „Diener der Alfen" hat und sich der Begriff „Diener" weltweit als Bezeichnung für den Priester eines Gottes findet.

Auch die Mythe über Loki und Thiazi beginnt mit einem Opfermahl. Dort haben Odin, Loki und Hönir unter dem Weltenbaum einen Stier geschlachtet, von dem Thiazi in Adlergestalt seinen Anteil verlangt.

Das der Ziegenschlachtung des Thor zugrundeliegende Motiv ist offenbar das Tieropfer an die Götter und insbesondere an den Gott Tyr.

Die „Wiedergeburt" der beiden Ziegenböcke könnte auf die Wiedergeburt der Toten im Jenseits hinweisen, da die Germanen bei den Bestattungen ihrer Toten ebenfalls ein Herdentier opferte, von dem das Fell und die Knochen, wie die archäologischen Funde zeigen, in einem See oder Sumpf versenkt wurden.

Aus der Identifizierung der Toten mit diesen meist gehörnten Herdentieren wurde bei allen indogermanischen Völkern und auch bei sehr vielen anderen Völkern das Motiv der gehörnten Ahnen im Jenseits – aus dem dann im Christentum der gehörnte Teufel wurde.

Das Motiv der Opferung eines Herdentieres, das anschließend wieder zum Leben erweckt wird, findet sich in mehreren Mythen der indogermanischen Völker. Am bekanntesten ist vermutlich die Szene aus der griechischen Mythologie, in der die Seherin und Zauberin Medea dem Jason zeigt, daß sie einen Widder töten, zerstückeln und anschließend wiederbeleben kann, damit sie ihm vertraut und sie dasselbe mit ihm tun kann, um ihn zu verjüngen.

In der Fassung dieser Mythe in „Gylfis Vision" hat Loki eine auffällig passive Rolle. Das läßt vermuten, daß seine Tat auf Thialfi übertragen worden ist. Da die drei Priester-„Halbgötter" in der germanischen Mythologie als Hermod (Odin), Skirnir (Freyr) und Thialfi (Thor) sowie die Priesterin-„Halbgöttin" Röskwa (Sif) den drei Göttern von Uppsala plus Thors Frau Sif entsprechen, kann man mit einiger Berechtigung vermuten, daß die in „Gylfis Vision" überlieferte Fassung dieser Mythe von den Priestern von Uppsala umgedeutet und dann in dieser Form erzählt worden ist.

Lokis auffällig passive Rolle in dieser Fassung der Mythe erklärt sich dadurch, daß Thialfi die Rolle des Loki als Tabubrecher übernommen hat.

Er ließ seine Böcke dort zurück und setzte seine Reise ostwärts nach Jötunheim bis an das Meer fort, fuhr dann über die tiefe See und als er die Küste erreichte, stieg er ans Land und mit ihm Loki, Thialfi und Röskwa.

Die weiteren Abenteuer der vier, die nun die vollständige Dreiheit bilden (Thialfi und Röskwa vertreten die Priester und Heiler), zieht nun weiter und erlebt gemeinsam Abenteuer mit dem Riesen Skrymir und mit Utgardloki. Diese werden später in diesem Buch betrachtet.

> Thor und Loki übernachten bei einem Bauern, dessen Sohn bei einem (rituellen) Mahl das Bein eines der Ziegenböcke des Thor verletzt. Zur Buße gibt der Bauer dem Thor seinen Sohn und seine Tochter als Diener.

I 14. d) Skaldskaparmal

In dem Skaldenlehrbuch des Snorri Sturluson findet sich noch eine weitere Szene, die Loki mit den Ziegen verbindet. Sie stammt aus der Thiazi-Mythe und wurde bereits berichtet:

Da befestigte Loki eine Schnur an dem Bart einer Ziege und mit dem anderen Ende an seinen Hoden, wodurch sie hin und her gezogen wurden und beide laut schrien vor Schmerz. Drauf ließ sich Loki in Skadis Schoß fallen. Sie lachte und somit war ihre Aussöhnung mit den Asen vollbracht.

In dieser Szene wird die Ziege (Ziegenbock?) mit der Zeugungskraft des Loki assoziiert, was deutlich zeigt, welche Symbolik auch die Ziegenböcke des Thor gehabt haben werden.

Man darf wohl vermuten, daß man auch dem Loki eine ausgeprägte Zeugungskraft und vielleicht auch ein ausgeprägtes sexuelles Verlangen zugeschrieben hat, da diese Szene dann am plausibelsten wirken würde.

> Der Ziegenbock wurde mit Lokis Zeugungskraft und mit seinem sexuellen Verlangen assoziiert.

I 14. e) Dänische Redewendungen

In den Sprichwörtern und Redewendungen der Dänen fand sich noch am Beginn des 20. Jahrhundert ein Hinweis auf die Verbindung zwischen Loki und den Ziegen. Wenn dieses Motiv sich so lange erhalten konnte, muß es einst eine wichtige Rolle gespielt haben.

Beide erhaltenen Redewendungen beziehen sich auf den Dunst, der morgens, wenn die Sonne aufgeht, manchmal von der Erde aufsteigt.

„Lokkemand treibt seine Ziegen"

„Lokke hütet heute seine Ziegen"

> Loki wurde als Ziegenhirte angesehen.

I 14. f) Rekonstruktion der „Ziegenbock-Mythe des Loki"

In den betrachteten Mythen und Sprichwörtern finden sich die folgenden Strukturen:

> Der Ziegenbock wurde mit Lokis Zeugungskraft und mit seinem sexuellen Verlangen assoziiert.
>
> Loki raubt Thor einen seiner beiden Ziegenböcke.

Loki hat (vermutlich durch eine List) das Bein einer der Ziegenböcke des Thor verletzt und mußte ihm zur Buße seine beiden Söhne geben.

Thor und Loki übernachten bei einem Bauern, dessen Sohn bei einem (rituellen) Mahl das Bein eines der Ziegenböcke des Thor verletzt. Zur Buße gibt der Bauer dem Thor seinen Sohn und seine Tochter als Diener, die dann die Priester des Thor und seiner Frau Sif werden.

Loki wurde als Ziegenhirte angesehen.

1. Die Ausgangssituation

Der Ausgangspunkt für diese Mythe wird die Opferung eines Ziegenbocks bei der Bestattung gewesen sein, der dann mit dem Toten identifiziert wurde, indem man den Toten das Ziegenfell eingehüllt hat. Dadurch wurde die Zeugungskraft des Ziegenbocks magisch auf den Toten übertragen und auf diese Weise seine erfolgreiche Wiederzeugung abgesichert.

2. die erste Ziegenbock-Mythe des Thor und des Loki

Eine alte Mythe wird beschrieben haben, wie Loki dem Thor zumindestens einen seiner beiden Ziegenböcke gestohlen hat. Dabei hat er das Bein des Bocks verletzt – vermutlich, als er sie verspeist und dabei den Schenkelknochen beschädigt hat. Wahrscheinlich wird Loki nicht nur Hunger gehabt haben, sondern den Bock für ein Bestattungsritual gebraucht haben – vermutlich für sich selber, da Loki in allen Mythen ausgesprochen egoistisch ist. Dann wird Thor seinen Ziegenbock aus dessen Fell und Knochen wiederhergestellt haben.

Für diese Deutung spricht auch die Ziegenbock-Szene des Loki mit der Erd- und Jenseitsgöttin Skadi.

3. die Ziegenbock-Mythe des Tyr und des Loki

Es stellt sich die Frage, warum diese Szene im Zusammenhang mit der Jenseitsreise zu Hymir (Tyr im Jenseits) berichtet wird. Möglicherweise hat Loki einst auch das Opfertier für Tyr geraubt. Das wäre plausibel, da sich Tyr und Loki gegenseitig alles rauben, was für ihre Wiedergeburt notwendig ist – wozu eben auch das Opfertier gehört, das in der Thiazi-Mythe als der Opferstier erscheint und das im Hymir-Lied in der Form des Stieres „Himmelskratzer" des Hymir von Thor getötet wird. Auch in den Mythen der Slawen und der Inder rauben sich diese beiden Götter gegenseitig auch die Rinder.

Die Buße der zwei Söhne könnte sich ursprünglich auf die beiden Söhne des Tyr („Alcis") bezogen haben.

Als sich nach der Absetzung des Tyr als Göttervater durch Thor und Odin um 500 n.Chr. die Tyr-Mythen in ihre Bestandteile auflösten, wurde auch das Opfertierraub-Motiv frei und konnte in eine andere, neue Mythe der neuen „Götter-Herren" Thor und Odin eingebaut werden. Auf diese Weise ist dann die zweite Version der Ziegen-Mythe des Loki entstanden.

Aus den beiden Tyr-Söhnen müßten dann zwei Loki-Söhne geworden sein, die dieser als Buße dem Thor überlassen muß. Sie erscheinen in der Mythe über den Tod des Baldur als die beiden Loki-Söhne, die bei seiner Fesselung getötet worden sind. Damit stimmt überein, daß Baldur ein Nachfolger des Sonnen- und Sommer-Aspektes des Tyr ist.

4. die zweite Ziegenbock-Mythe des Thor und des Loki

Offensichtlich ist in der zweiten Ziegenbock-Mythe des Thor und des Loki der Gott Loki durch den anonymen Bauern ersetzt worden, der dann seine beiden Kinder an Thor abgeben muß. Dieser Bauer scheint eine Weiterentwicklung des Tyr mit seinen beiden Alcis-Söhnen zu sein.

Vermutlich ist die Rolle des Übeltäters von Loki auf den Bauerssohn übertragen worden, weil Loki auf der Seite von Thor und Odin stand – schließlich ist er in den alten Mythen der „ewige Feind" des Tyr gewesen und war daher bei der Absetzung des Tyr durch Thor und Odin der natürliche Verbündete dieser beiden Götter.

Indem die Priester von Uppsala die Umdeutung dieser alten Mythe zugleich dafür genutzt haben, um die Entstehung der Thor-Priesterschaft, deren „Urahn" Thialfi ist, zu erklären, haben sie gleich zwei Fliegen mit einer Klappe geschlagen: Sie machten Loki zum treuen Verbündeten des Thor und sich selber, d.h. die Thor-Priester, zu den engsten Vertrauten des Thor. So wurde Thor noch mächtiger und sie selber hatten an der Macht des Thor teil.

Außerdem verwendeten sie die alte Ziegenbock-Mythe dazu, um die Entstehung der Thor-Priesterschaft zu erklären.

Bis 500 n.Chr. haben sich Tyr und Loki gegenseitig die Opfertiere geraubt, zu denen auch die Ziegenböcke gehört haben. Für den Raub mußte der Dieb seine beiden Söhne dem Beraubten als Buße geben. Dadurch erhielt vermutlich auch Loki in Analogie zu den beiden Alcis-Söhnen des Tyr zwei Söhne.

Nach der Absetzung des Tyr durch Thor und Odin hat Loki dann die Ziegenböcke des Thor geraubt und verletzt. Dafür mußte Loki ihm seine beiden Söhne überlassen.

Später wurde die Verletzung des Ziegenbocks dann auf den Bauernsohn Thialfi übertragen, der dann zusammen mit seiner Schwester dem Thor (und der Sif) als Buße gegeben wurden. Sie sind die „Urahnen" der Priester des Thor und der Priesterinnen der Sif.

I 15. Loki verspottet die Asen

In der Lokasenna („Zankreden des Loki"), die auch „Ägirsdrekka" („Ägirs Trinkfest") genannt wird, erscheint Loki als der Gegner und Herausforderer aller Götter. Dieses Lied ist möglicherweise relativ jung, aber es bringt Lokis Verhältnis zu den übrigen Göttern sehr treffend auf den Punkt.

I 15. a) Skaldskaparmal

In diesem Skalden-Lehrbuch findet sich eine Prosa-Zusammenfassung des Anfangs der Ereignisse, die in der Lokasenna ausführlicher geschildert werden:

„Warum wir das Gold „Ägirs Feuer" genannt?"
„Diese Geschichte hat denselben Inhalt wie die, die wir gerade erzählt haben: Ägir ging nach Asgard zu einem Fest. Als er sich anschickte, wieder nach Hause zurückzukehren, lud er Odin und alle anderen Asen ein, ihn in drei Monaten besuchen zu kommen.

Ägir ist der ehemalige Sonnengott-Göttervater Tyr in der Wasserunterwelt. Die drei Monate sind die drei Sommermonate. Zu Beginn des Sommers kam Ägir, d.h. die Sonne zu den Asen – dann begann der Sommer aufgrund der Anwesenheit des Ägir in Asgard bzw. im Diesseits. Am Ende des Sommers kamen die Asen zu Ägir – dann begann der Winter, weil Ägir in die Unterwelt ging. Diese beiden Feste sind die beiden Wendepunkte in dem Tyr/Loki-Zyklus.

Zuerst kamen Odin, Niörd, Freyr, Tyr, Bragi, Widar und Loki; und ebenso die Asinnen: Frigg, Freya, Gefion, Skadi, Idun und Sif.

Auch hier wird Loki wieder als letzter der Asen genannt.
Die meisten dieser Asen und Asinnen sind Paare: Odin und Frigg, Freyr und Freya, Tyr und Skadi, Bragi und Idun; Sif ist die Frau des abwesenden Thor; einzeln sind nur Niörd, Widar, Loki und Gefion.

Thor war nicht dort, denn war in die Länder im Osten gezogen, um Trolle zu töten.

Diese und ähnliche Kämpfe waren die Hauptfunktion des Thor.

Nachdem sich die Götter und Göttinnen auf ihre Plätze gesetzt hatten, ließ Ägir sofort helles Gold hereinbringen und auf den Boden legen und das Gold strahlte Licht aus und erleuchtete die Halle wie Feuer und wurde bei diesem Festmahl als Beleuchtung benutzt – so wie in Walhalla Schwerter anstelle von Feuern benutzt wurden.

Diese „Gold-Beleuchtung" ist eine Umdeutung der Sonne selber bzw. des Sonnen-Schildes und des Sonnen-Schwertes des Tyr-Ägir. Im Winter versinkt die Sonne im Jenseits, d.h. sie „liegt" in der Halle des Meeresgottes Ägir am Boden der See.

Nach der Absetzung des Tyr durch Thor und Odin hat Odin den vervielfachten Schild des Tyr benutzt, um sein Dach zu decken, und das vervielfachte Schwert des Tyr, um seine Halle zu beleuchten.

Dann wechselte Loki scharfe Worte mit all den Göttern und tötete den von Ägirs Leibeigenen, der „Fünf-Finger" genannt wurde; ein weiterer seiner Leibeigenen wurde „Feuer" genannt.

„Ran" ist der Name von Ägirs Frau und ihre Töchter sind neun an der Zahl, so wie wir bereits geschrieben haben.

Die „9" ist hier wieder ein Adjektiv mit der Bedeutung „zur Unterwelt gehörend". Die neun Töchter sind daher eine „Jenseits-Tochter", d.h. die zur Ägir-Tochter umgedeutete Jenseitsgöttin, die einst die Wiederzeugungs-Geliebte und die Wiedergeburts-Mutter des Tyr-Ägir gewesen ist.

Auf diesem Fest trugen sich alle Dinge selber zu Tisch – sowohl die Speisen als auch das Ale sowie alle Gerätschaften, die für das Fest benötigt wurden.

Möglicherweise ist dies ein altes Motiv, da auch von dem griechischen Schmiedegott Hephaistos (Zeus in der Unterwelt) bekannt ist, daß er magische Dreibein-Tische hergestellt hat, die dienend umherlaufen.

Da wurden sich die Asen darüber bewußt, daß Ran das Netz besaß, mit dem sie alle Menschen, die zur See fuhren, zu fangen versuchte.

Auch an dieser Stelle wird das Netz der Ran erwähnt, das demnach bei dem Fangen des Loki eine wichtige Rolle gespielt haben muß, da es auch im Zusammenhang mit der Baldur-Mythe und dem Raub des Ringes des Zwerges Andvari erscheint.

Im weiteren erzählt Snorri nicht die Geschichte des Loki weiter, sondern erläutert noch ausführlicher die Kenning „Ägirs Feuer" für „Gold".

I 15. b)   Lokasenna

Ägir, der mit anderem Namen Gymir hieß, bereitete den Asen ein Gastmahl, nachdem er den großen Kessel erlangt hatte, wie eben gesagt ist.

Die Erlangung des Kessels wurde im Hymir-Lied beschrieben.

Zu diesem Gastmahl kamen Odin und Frigg, sein Weib. Thor kam nicht, denn er war auf der Ostfahrt. Sif war zugegen, Thors Weib, desgleichen Bragi und seine Gemahlin Idun. Auch Tyr war da, der nur eine Hand hatte, denn der Fenriswolf hatte ihm die andre abgebissen, als er gebunden wurde. Da waren auch Niörd und Skadi, sein Weib, Freyr und Freyja, und Widar, Odins Sohn. Auch Loki war da und Freyrs Diener Byggwir und Beyla. Da waren noch viele Asen und Alfen.
  Ägir hatte zwei Diener, Fimafeng und Eldir.
  Leuchtendes Gold diente statt brennenden Lichtes. Das Ale trug sich selber auf. Der Ort hatte sehr heiligen Frieden.

Der „sehr heilige Frieden" bedeutet wahrscheinlich, daß es sich um ein rituelles Mahl handelt. Dies erinnert daran, daß auch die Thiazi-Mythe mit einem Opfermahl beginnt.
  Diese Mythen scheinen Umdeutungen der Tyr-Rituale und der mit ihnen verbundenen Vorstellungen gewesen zu sein. Nach der Absetzung des Tyr durch Thor und Odin war es besonders wichtig, seinen Kult zu beenden – wie dies im Hymir-Lied geschildert wird: Tyr-Hymir wird getötet wird, sein Opferstier wird von Thor als Angelköder für Jörmungandr benutzt, Thor zerstört Hymirs Ahnen-Säule und sein Kultgefäß und er raubt ihm den Ritualkessel. Auch in der Geirröd-Mythe zerstört Thor die Ahnen-Säule des Tyr-Geirröd.
  Die Umdeutung des Opfermahles für Tyr zu einem normalen Festmahl ist ein Teil der Umdeutung der mit diesem Opfermahl einstmals verbundenen Vorstellungen. Dadurch sollen die Tyr-Mythen aufgelöst und die Herrschaft des Odin und des Thor fest etabliert werden. Diese Opfermahl-Umdeutung findet sich auch am Anfang der Thiazi/Idun-Mythe.

Alle Gäste rühmten, wie gut Ägirs Leute sie bedienten. Loki, der das nicht hören mochte, erschlug den Fimafeng. Da schüttelten die Asen ihre Schilde und rannten wider Loki und verfolgten ihn in den Wald und fuhren dann zu dem Mahl.

Dies ist dieselbe Geste des Loki wie bei seinem Mord an Baldur: Er konnte nicht ertragen, daß etwas gut war und gelobt wurde.
  Die Asen scheinen den Mord an Fimafeng nicht für so schlimm erachtet zu haben,

da sie den Loki nicht mit großer Ausdauer verfolgt haben. Der Name „Fünffinger" ist möglicherweise eine Anspielung auf Tyrs abgebissene Hand, die er in den ursprünglichen Mythen vermutlich bei seinem herbstlichen Tod verloren hat.

Aus dem Ritual über den Verlust der Hand des Tyr, d.h. seinem Tod, ist hier ein Fest bei Tyr-Ägir geworden, bei dem ein Diener getötet wird. Man wird davon ausgehen können, daß es in den Mythen, die bis 500 n.Chr. erzählt worden sind, Loki gewesen ist, der den Verlust der Hand des Tyr verursacht hat.

Der Mord an Baldur, die Erschlagung des Fimafeng und der Verlust der Hand des Tyr werden alle den Beginn des Winters markieren: der Gott der Sonne und des Sommers stirbt und geht n die Unterwelt.

Auch der Name „Eldir" des zweiten Ägir-Dieners, der „Feuer" bedeutet", kann als Hinweis auf die Sonne aufgefaßt werden.

Diese beiden Diener des Tyr-Ägir gehen auf die beiden Alcis-Söhne des Tyr zurück. Auch sie wurden offenbar von Loki getötet.

Loki kam wieder und sprach zu Eldir, den er vor dem Saal fand:
„Sage mir, Eldir, eh Du mit einem
Fuße vorwärts schreitest,
Was für Tischgespräche tauschen hier innen
Der Sieggötter Söhne?"

Eldir:
„Von Waffen reden und ruhmvollen Kämpfen
Der Sieggötter Söhne.
Asen und Alfen, die hier innen sind,
Keiner weiß von Dir ein gutes Wort."

Loki:
„Ein will ich treten in Ägirs Hallen,
Selber dies Gelage zu sehn.
Schimpf und Schande schaffe ich den Asen
Und mische Gift in ihren Met!"

Eldir:
„Wisse, wenn Du eintrittst in Ägirs Halle,
Um selber dies Gelage zu sehen,
Und um die guten Götter mit Schmach zu übergießen,
Dann gib acht, daß sie sie nicht an Dir abtrocknen."

Die Schmach wird in dem Wortspiel zwischen Loki und Eldir bildhaft als eine

Flüssigkeit angesehen.

Loki:
„Wisse das, Eldir, wenn wir
In scharfen Worten miteinander streiten,
Werd ich in Antworten üppiger sein,
Was immer Du auch zu reden weißt!"

Da ging Loki in die Halle. Jene aber, die darinnen waren, schwiegen alle still, als sie ihn eingetreten sahen.

Loki:
„Durstig komm ich, Loptr,
Den langen Weg in diese Halle,
um die Asen zu bitten, mir einen Trunk
Ihres süßen Mets zu schenken.

Warum schweigt ihr still, ihr verstockten Götter,
Und erwidert nicht ein Wort?
Sitz und Stelle sucht mir bei dem Mahl,
Oder heißt mich hinnen weichen."

Loki ist sozusagen die Provokation persönlich …

Bragi:
„Sitz und Stelle suchen Dir bei dem Mahl
Die Asen nun und nimmer.
Die Asen wissen wohl, wem sie
Anteil am Gelage gönnen sollen."

Bragi ist der Gott der Skalden und somit zumindestens auch teilweise ein Gott der Gerechtigkeit. Daher kann er die Frechheit und Dreistigkeit des Loki am wenigsten ertragen.

Loki:
„Weißt Du noch, Odin, wie wir in Urzeiten
Beide unser Blut mischten?
Du gelobtest, nimmer Dich zu laben mit Trank,
Wenn er nicht uns beiden gereicht würde."

Dies ist die Stelle, die am deutlichsten die enge Verbindung zwischen Odin und Loki beschreibt. Diese Blutsbrüderschaft wird ansonsten in den Mythen nicht sichtbar – es sei denn in der häufigen Dreiergruppe von Odin, Loki und Hönir.

Vermutlich ist die Blutsbrüderschaft zwischen Odin und Loki eine Variante des Verhältnisses zwischen Tyr und Loki, die in den alten Mythen zwei Brüder gewesen sein müßten, da in den Mythen allgemein Polaritäten und Gegensatz-Ergänzungen als Brüder oder Zwillinge dargestellt worden sind – schließlich gehören die beiden Pole eines Gegensatzes sehr eng zusammen. In entsprechender Weise sind auch Baldur (Sommer) und Hödur (Winter) Brüder.

Ein zweiter Aspekt dieser Blutsbrüderschaft wird sein, daß Loki der Feind des Tyr gewesen ist und Odin Tyr absetzen wollte, wodurch Loki zu dem Verbündeten des Odin wurde.

Odin:
„Steh denn auf, Widar, um dem Vater des Wolfs
Sitz zu schaffen beim Mahl,
Daß länger Loki uns nicht lästere
Hier in Ägirs Halle."

Loki ist der Vater des Fenris-Wolfes.

Da stand Widar auf und schenkte dem Loki ein.

Als Loki jedoch getrunken hatte, sprach er zu den Asen:
„Heil euch, Asen; Heil euch Asinnen,
Euch hochheiligen Göttern all,
Außer dem Asen allein, der da sitzt
Auf Bragis Bank."

Nachdem Loki nun einen Platz in der Runde der Asen erlangt hat, nimmt er als erstes Rache an Bragi dafür, daß dieser ihn nicht in den Kreis der Asen lassen wollte.

Bragi:
„Ein Schwert und einen Schecken und einen Ring
Aus meinem Schätzen gebe ich Dir,
Wenn Du dafür den Asen nicht Ärgernis bereitest:
Mache Dir nicht gram die Götter."

Bragi, Freyr und Baldur sind die drei friedlichsten der Götter. Baldur ist zu dem Zeitpunkt dieses Festmahles bereits von Loki bzw. Hödur ermordet worden. Dieses

Mahl fand somit zwischen Baldurs Ermordung und Lokis Fesselung statt.

Loki:
„Ich weiß doch, daß Du, Bragi,
Nicht allzureich an Rossen und Ringen bist!
Von den Asen und Alfen, die hier innen sind,
Scheut keiner so sehr den Streit,
Flieht keiner die Geschosse feiger wie Du!"

Als Wikinger erwarb man sich seinen Reichtum in der Regel durch Raubzüge …

Bragi:
„Wenn ich draußen und nicht hier drinnen
In Ägirs Halle wäre,
Dann hätte ich Dein Haupt bereits in meiner Hand:
So würde ich Dir die Lüge lohnen!"

Loki:
„Sitzend bist Du schnell, doch langsam mit der Tat,
Bragi, Bänke-Verehrer!
Steh auf zum Zweikampf, wenn Du zornig bist:
Der Tapfre sieht sich nicht um und zögert nicht!"

„Bänke-Verehrer" ist eine besonders gemeine Kenning von Loki, da sie nicht nur auf Trägheit und Faulheit anspielt, sondern evtl. auch auf die Frauen-Kenning „Bänke-Stolz" und somit Bragi als weibisch bezeichnet, was bei den Germanen eine der größten Beleidigungen gewesen ist.
Idun ist die Frau des Bragi und beginnt nun ihren Mann zu beschwichtigen.

Idun:
„Ich bitte Dich, Bragi, bedenke seine Verwandtschaft
Und des Wunschsohnes Wohl,
Sprich zu Loki nicht mit lästernden Worten
Hier in Ägirs Halle."

Loki wird hier anscheinend als der „Wunschsohn" (Adoptivsohn) des Odin angesehen, der ihn durch den Bluttausch unter die Asen aufgenommen hat. Loki selber ist der Sohn des Riesen Farbauti („Brutaler Schläger") und der Riesin Laufey („Laubinsel").
Während „Farbauti" ein typischer Riesen-Name ist, könnte die „Laubinsel" eine

Anspielung auf die Jenseitsinsel sein, die an verschiedenen Stellen in den Mythen der Germanen vorkommt. Wenn dies zutrifft, wäre Lokis Mutter wie die Riesinnen Gerdr, Jörd, Gunnlöd und Rindr ursprünglich die Jenseitsgöttin gewesen.

Loki:
„Schweig, Idun! Von allen Frauen
Halte ich Dich für die männergierigste:
Du legtest die Arme, die hellen, gleich
Um den Mörder Deines Bruders."

Der bekannteste Brudermörder in den germanischen Mythen ist zweifellos Hödur, der unabsichtlich durch eine List des Loki seinen Bruder Baldur erschoß. Es gibt jedoch keinerlei Hinweise darauf, daß Idun und Hödur jemals ein Paar gewesen wären oder daß Baldur der Bruder der Idun wäre.

Idun wird jedoch in „Odins Rabenzauber" „die jüngste Tochter der älteren Kinder des Iwaldi" genannt. Diese Kinder sind die Zwerge Brock und Sindri, die die sechs magischen Gegenstände für Odin, Freyr, Thor und Sif hergestellt haben. Sie sind ursprünglich die beiden Söhne/Schimmel des Göttervaters Tyr gewesen – der Name des Zwerges Iwaldi bedeutet „All-Herrscher", was offensichtlich ein Titel des ehemaligen Göttervaters Tyr ist.

Es stellt sich somit die Frage, wer der Mörder von den Iwaldi-Söhnen Brock oder Sindri sein könnte.

Ein erster Anhaltspunkt ist die Schicksalsgemeinschaft der beiden Göttervater-Söhne mit ihrem Vater: Wenn der Göttervater Tyr am Abend bzw. im Herbst stirbt, wird er zu dem Zwerg Ivaldi und seine beiden Söhne zu den Zwergen Brokk und Sindri; Tyr wird im Jenseits zu dem Schmied Wieland und seine beiden Söhne werden zu den Schmieden Brokk und Sindri; Tyr ist als Göttervater zauberkundig und besitzt ein magisches Schwert und seine Söhne stellen magische Gegenstände für die Götter her.

Es besteht somit der begründete Anfangsverdacht, daß die Todesursache des Tyr auch der die Todesursache seiner beiden Söhne gewesen ist.

Es ist sehr wahrscheinlich, daß bei Tyrs Tod sein Schwert zerbrochen ist und er dies dann in der Unterwelt neugeschmiedet hat. Das Zerbrechen seines Schwertes läßt vermuten, daß ein Kampf stattgefunden hat. Wer könnte jedoch mit Tyr gekämpft und ihn besiegt haben? Von allen Göttern und Ungeheuern kommt dafür nur Loki infrage. Der Mord des Loki an Baldur wäre dann eine Parallele oder eine Weiterentwicklung dieses Mordes des Loki an Tyr.

Dies paßt auch insofern gut, als das der Gott der Richtigkeit und der Gerechtigkeit in fast allen Mythen ein Aspekt des Sonnengott-Göttervaters ist, was in den Mythen meist als „Sohn" ausgedrückt wird. Auf diese Weise ist z.B. der griechische Apollon der Sohn des Zeus, der persische Asha ein Sohn des Ahura Mazda, und der keltische

Cermat der Sohn des Dagda.

Man kann somit vermuten, daß Baldur, bevor er als Sohn des Göttervaters Odin angesehen worden ist, der Sohn des Göttervaters Tyr gewesen ist – vermutlich der junge, wiedergeborene Tyr. Dies bedeutet wiederum, daß der vermutete Mord des Loki an Tyr derselbe Mord wie der des Loki an Baldur gewesen ist. Wahrscheinlich geht der Gegensatz zwischen dem Sommer-Baldur und dem Winter-Hödur auf den Gegensatz zwischen Tyr und Loki zurück.

Somit wäre der „Mörder Deines Bruders", mit dem sich Idun vereint hat, niemand anderes als Loki selber ... Diese Verse sind somit eine Dreistigkeit, die des Loki würdig ist.

Diese Deutung wird dadurch bestätigt, daß Loki am Anfang dieses Liedes den Ägir-Diener Fimafeng tötet – und Fimafeng ursprünglich einer der beiden Söhne („Alcis") des Tyr-Ägir gewesen ist.

Der Ursprung der Vereinigung von Loki und Idun wird die Wiederzeugung gewesen sein: Tyr und Loki konnten nur aus der Unterwelt entkommen, wenn sie sich mit der Jenseitsgöttin vereinten – Tyr im Frühling und Loki im Herbst. Der Streit zwischen Tyr und Loki um die Jenseitsgöttin Idun wird in der Thiazi-Mythe geschildert.

Da Idun anscheinend als Schwester des Tyr aufgefaßt worden ist, sollte auch Loki als Tyrs Bruder ein Bruder der Idun sein. Dies scheint eine alte mythologische Konstellation zu sein, da sie sich u.a. auch bei den Griechen findet, bei denen Zeus (Tyr), Hades (entspricht in etwa Loki) und Demeter (Jenseitsgöttin) Geschwister sind – und Zeus hatte mit Demeter Persephone zur Tochter, die wiederum die Frau des Hades wurde.

Der Ursprung dieser verwickelten Verwandtschaftsbeziehungen ist das Motiv der zyklischen Wiedergeburt, der stets eine Wiederzeugung vorausging (siehe zu diesem Thema auch Band 51).

Idun:
„Zu Loki spreche ich nicht mit lästernden Worten
Hier in Ägirs Halle;
Den Bragi besänftige ich, den bierberauschten,
Denn ich will nicht, daß sie hitzig kämpfen."

Gefion:
„Ihr beiden Asen, warum streitet ihr mit bitteren Zungen
Und facht Haß unter uns an?
Loptr ist bekannt für seinen bösartigen Spott
Und die Himmelsbewohner hassen ihn."

Loki:
„Schweig, Gefion! Denn nun sage ich,
wer Dich zu üblem Leben verführte:
Jener weiße Jüngling gab Dir den hellen Halsreif,
Als Du den Schenkel um ihn schlangst."

Der Halsreif wird Freyas Brisingamen sein. Dies setzt Gefion der Göttin Freya gleich.

In der Heimskringla sendet Odin Gefion nach Schweden, wo sie Seeland vom Festland abpflügt.

Der Name „Gefion" bedeutet „Geberin" und ist schon als einer der Namen der germanisch-keltisch-römischen Matronen gut bekannt. Dies läßt vermuten, daß Gefion ein Beiname der Freya und vermutlich auch der Frigg ist.

In der Völsi-Saga werden in einem Ritual „Gefion und alle anderen Götter" angerufen. Eine solche Formel kann nur bedeuten, daß Gefion die allgemeine Muttergöttin, also Freya/Frigg gewesen ist. Dazu paßt auch, daß Odin sie nach Schweden gesandt hat – egal ob Gefion nun Frigg oder Freya gewesen ist, da beide in den Mythen als Frau bzw. Geliebte des Odin erscheinen.

Der „weiße Jüngling" ist vermutlich der „weiße Gott" Heimdall, der für Freya mit Loki um das Brisingamen gekämpft hat. Heimdall scheint somit einst der Geliebte der Freya gewesen zu sein – was nicht verwunderlich ist, denn wenn Heimdall ursprüngliche ein Beiname des ehemaligen Göttervaters Tyr gewesen ist und Freya/Frigg die Muttergöttin im Jenseits gewesen ist, dann müssen sich beide bei der Wiederzeugung des Göttervaters Tyr miteinander vereint haben.

Odin:
„Irr bist Du, Loki, und unbedacht,
Wenn Du Gefion gram Dir machst:
Das Schicksal aller Lebenden weiß sie
Ebensogut wie ich."

Loki:
„Schweig nur, Odin, ungerecht verteilst
Du das Kampf-Schicksal zwischen den Menschen
Oftmals gabst Du dem, der es nicht verdient hatte,
Dem schlechten Mann den Schlachtensieg."

Odin:
„Auch wenn ich dem, der es nicht verdiente,
Dem schlechteren Mann den Schlachtensieg gab,
So warst Du gar acht Winter unter der Erde
als Milch-Kuh und Mutter
und dort gebarest Du Kinder:
Das dünkt mich eines Argen Art!"

Es war eine beliebte (und effektive) Beleidigung unter Männer, zu behaupten, daß der andere Kinder geboren habe, d.h. eine Frau sei. Odins Anklage ist aber keineswegs aus der Luft gegriffen, denn Loki hat sich einst in eine Stute verwandelt und dann von dem Hengst des Tyr-Riesen („Riesenbaumeister") Odins achtbeiniges Roß Sleipnir empfangen. Odins Roß ist somit der Sohn und Nachfolger von Tyrs Roß – so wie Odin der Nachfolger des Tyr ist.

Dies paßt gut in das übrige Bild, da das achtbeinige „Doppelpferd" Sleipnir religionsgeschichtlich gesehen aus der Verschmelzung der beiden Schimmel-Söhne des Göttervaters Tyr entstanden ist, als der Streitwagenfahrer Tyr von dem Reiter Odin als Göttervater abgelöst wurde. Somit ist Sleipnir letztlich mit Brokk und Sindri identisch, die wahrscheinlich zusammen mit Tyr von Loki getötet worden sind.

So wie Tyr erst nach seiner Wiederzeugung zusammen mit der Jenseitsgöttin Frigg-Freya wiedergeboren werden konnte, muß es auch in Bezug auf die beiden Pferdesöhne des Göttervaters eine solche Wiederzeugung und Wiedergeburt gegeben haben. Es scheint, als ob diese Wiederzeugung der beiden Zwerge zu der Geburt des Sleipnir durch Loki geführt hätte.

Es stellt sich allerdings die Frage, warum Loki bei der Wiederzeugung an die Stelle der beiden Pferdesöhne trat. Die Antwort auf diese Frage wird im Verlauf der Betrachtung der folgenden Verse der Lokasenna deutlicher werden, in der Loki noch einige weitere erotische Eroberungen unter den Göttinnen „beichtet".

Die acht Jahre, die Loki als Kuh-Magd unter der Erde verbrachte, erinnern an den Ring Draupnir, von dem jede neunte Nacht acht identische Ringe abtropfen. „Unter der Erde" bedeutet somit sehr wahrscheinlich „in der Unterwelt". Die „8" ist bei den Germanen das Adjektiv für „vollkommen" gewesen: die wiedergeborene Sonne (Draupnir) ist vollkommen.

Die „acht Jahre", die Loki unter der Erde verbracht hat, werden vermutlich die Zeit der Herrschaft der Sonne, d.h. des Tyr im Sommer sein. Während dieser Zeit lag Loki in der Unterwelt, d.h. „unter der Erde" gefangen – wodurch sein Name „Loki", d.h. „Eingesperrter" entstanden sein wird.

In mehreren indogermanischen Mythologien werden die Toten im Jenseits als Rinder dargestellt. So bedeutet z.B. der Name „Eleusinische Felder", mit dem die Griechen ihr Paradies bezeichneten, schlicht „Kuhweide". Dieses weitverbreitete Motiv stammt daher, daß vermutlich schon seit der späten Altsteinzeit die Toten bei der Bestattung mit einem Stier und die Muttergöttin im Jenseits mit einer Kuh identifiziert wurde, um die Zeugungskraft und die Fruchtbarkeit bei der Wiederzeugung sicherzustellen. Es gab z.B. bei den Ägyptern den Titel „Ka-mut-ef", der „Stier seiner Mutter" bedeutete, um die erfolgreiche Wiederzeugung eines Toten mit der kuhgestaltigen Jenseitsgöttin Nut zu betonen.

Ein weiteres weitverbreitetes Motiv bei den Indogermanen ist der Raub des Regens und der Rinder durch den Unterweltsgott. Loki könnte somit einst auch solch ein „Viehdieb" gewesen sein.

Die Kuh- statt Stiergestalt des Loki entspricht seiner Stutengestalt bei der Geburt des Sleipnir. Diese Frauengestalt eines Mannes ist bei den Germanen die größtmögliche Beleidigung gewesen.

Loki:
„Man sagt, daß Du einst in Samsö mit Galdr
wie eine Wala mit magischen Sprüchen gezaubert hast!
Als Seherin verkleidet liefst Du unter Menschen:
Unmännlich muß Deine Seele sein!"

Loki revanchiert sich recht bissig mit demselben Vorwurf des „weibischen Verhaltens" gegen Odin, den er zuvor von Odin vorgehalten bekommen hat.

Diese Anspielungen beziehen sich darauf, daß Odin sich einst, um die Gunst der Königstochter Rindr zu erhalten, in eine Heilerin verwandelt hat. Dies wird in der „Gesta danorum" berichtet. Der Grund für dieses Bestreben des Odin ist es gewesen, den Rächer des Baldur an Hödur mit Rindr zu zeugen, wie ihm dies ein Orakel geweissagt hatte.

Der Sohn Wali der beiden hat dann im Alter von einem Tag Baldur an Hödur gerächt. Dieses Motiv, das auch von von Oengus, dem Sohn des keltischen Göttervaters Dagda bekannt ist, ist durch den abendlichen Tod der Sonne und ihre morgendliche Wiedergeburt entstanden, durch die der wiedergeborene Sonnengott nur eine Nacht alt war – von seiner Wiederzeugung am Abend bis zu seiner Wiedergeburt am Morgen. Die Erweiterung um das Rachemotiv wird neueren Datums sein.

Auch dieses Motiv hat seinen Ursprung in den Vorstellungen über den Zyklus zwischen den Polen Tyr und Loki, mit dem die abwechselnde Wiedergeburt der beiden Götter verbunden gewesen ist.

„Galdr" ist die Kunst, Zauberlieder zu singen und Zaubersprüche zu benutzen, also eigentlich der Tätigkeitsbereich der Priester und Priesterinnen.

Frigg:
„Über die Taten, die ihr zwei vor langer Zeit vollbrachtet,
Solltet ihr nicht vor allen Menschen sprechen;
Was auch immer ihr in den längst vergangenen Tagen getan haben mögt:
Die alten Geschichten sollte man ruhen lassen!"

Loki:
„Schweig, Frigg! Du bist Fiörgyns Tochter
Und immer voller Lust und Liebe:
Du, Widrirs Gemahlin, bargst beide,
Wili und We in deinem Schoß!"

Widrir bedeutet „Widersacher, Gegner" und ist einer der vielen Beinamen des Odin. Er ist hier offensichtlich wegen der „w"-Alliteration zu „Wili" und „We" gewählt worden.

Die Begebenheit, auf die Loki hier anspielt, wird in der Ynglinga-Saga berichtet: Als Odin (Widrir) lange Zeit von seinem Reich fortgegangen war, teilten sich Odins Brüder Wili und We sowohl das Reich als auch dessen Königin Frigg, weil sie annahmen, daß Odin tot sei.

Dieses Verlassen seines Reiches geht auf die Gefangenschaft des Tyr in der Unterwelt im Winter zurück, während der die Göttin die Frau des Loki ist.

In den indogermanischen Sagen, in denen der Jenseitsgott den Regen und das Vieh raubt, raubt er in aller Regel gleich auch noch die Frau und die Töchter des Diesseitsgottes. Loki schient dieser Tradition treu geblieben zu sein – zumal sie auch ganz dem Verhalten der Wikinger entsprach, nur daß diese die ursprünglichen Raubzüge als Reiterhorde in die Drachenboote verlegt hatten.

Da die Dreiheit Wodan (Odin), Wili und We auch als Odin, Hönir und Loki erschien, ist Wili mit Loki identisch – die Hinzunahme von Hönir/We, dem dritten der Vertreter der drei Stände, als vorübergehender Mann der Frigg wird eine spätere Ergänzung sein.

Loki erzählt dem Odin in diesen Versen somit, daß er mit Odins Frau Frigg das Bett geteilt hat.

In der Lokasenna wird sehr gründlich „schmutzige Wäsche gewaschen" – auch dies ist ein Aspekt des Loki …

Frigg:
„Wenn ein Sohn wie Baldur bei mir wäre,
hier in Ägirs Hallen,
dann würdest von den Söhnen der Götter nicht hinausgelangen,
bis Deine Kühnheit im Kampf versucht worden wäre!"

Loki:
„Du willst also, Frigg, daß ich noch mehr erzähle
Von dem Üblen, daß ich nun weiß:
Ich bin es schuld, daß Du Baldur nicht
Heim in die Halle reiten sehen wirst!"

Freyja:
„Irr bist Du, Loki, daß Du selber
das Übel und die Schande, die Du getan hast, verkündest!
Frigg weiß nur zu gut das Schicksal aller,
auch wenn sie es nicht ausspricht!"

Loki:
„Schweig, Freyja, ich kenne Dich genau:
Du bist keineswegs ohne Makel!
All die Asen und Alfen, die hier innen sind,
Haben bei Dir als Deine Geliebten gelegen."

Dies ist eine Umdeutung der Aufgabe der Freya bei der Wiederzeugung, durch die alle (männlichen) Wesen des Jenseits sowohl ihre Geliebten als auch ihre Söhne sind. Loki verdreht diesen Umstand mithilfe des Maßstabes des Verhaltens einer guten Ehefrau – und Freya ist natürlich etwas ganz anderes und weit größeres als das.

Die Bezeichnung „Alfen" ist vermutlich identisch mit Wanen, da Freyr in der Halle „Alfheim" wohnt und auch sein Diener-Priester Thialfi ein Alf ist, da sein Name „Diener-Alf" oder „Priester der Alfen" bedeutet.

Freyja :
„Deine Zunge ist voller Lüge und Du wirst bald herausfinden,
Daß sie Dir ein übles Lied singt!
Alle Götter grollen Dir und auch alle Göttinnen,
Und Du wirst in Leid heimwärts gehen!"

Loki:
„Schweig, Freyja, Du tückischste aller Hexen!
Du steckst bis oben im Übel:
In den Armen Deines Bruders ertappten Dich die Götter
– da entfuhr Dir, Freya, ein Wind!"

Bevor die Wanen zu den Asen kamen, waren Freya und Freyr und ebenso deren Vater Niörd und dessen Schwester ein Paar, wie dies bei den Wanen üblich war (siehe dazu Band 51).

Der „Wind" ist ein Furz. Er soll wohl Freyas Schrecken illustrieren, der sie durchfuhr, als sie Loki zufolge „in flagranti" ertappt wurde.

Nach diesen Angriffen auf Freya ergreift ihr Vater Niörd das Wort, um sie zu verteidigen:

Niördr:
„Es tut keinen großen Schaden, wenn die die Schöngeschmückten
nicht nur einen Herrn, sondern einen Geliebten haben oder beides ...
Aber es es ist ein Wunder, daß dieser weibische Gott
Hierherkommt, obwohl er Kinder geboren hat!"

Es ist beachtlich, daß sowohl hier als zuvor bei Lokis Streit mit Odin von „Kindern", die Loki geboren haben soll, die Rede ist. Da Loki als der Vater des Sleipnir angesehen wird, und dieses achtbeinige Roß eigentlich zwei Pferde sind, könnte der Plural hierher stammen, aber es ist wahrscheinlicher, daß Loki auch noch andere Kinder gehabt hat.

Eines dieser Kinder könnte die Gestalt eines Stieres gehabt haben, da Loki den Strophen des Odin zufolge einst als Milch-Kuh Kinder geboren haben soll. Sollte das der ehemalige Göttervater Tyr als Stier gewesen sein – so wie er auch als Roß wiedergeboren wurde, weil beide Tiere für ihn zur magischen Absicherung seiner Zeugungskraft bei seiner Wiederzeugung geopfert worden sind?

Wali und Nari sowie Fenrir, Jörmungandr und Hel sind zwar auch Lokis Kinder, aber er ist deren Vater und nicht deren Mutter.

Loki:
„Schweig, Niörd, Du wurdest nach Osten gesandt
und den Göttern als Geisel gegeben:
Die Töchter des Hymir nahmen Dich da als Nachttopf
Und machten Dir in den Mund!"

Da Hymir der Vater des Tyr ist, befand sich Niörd somit bei dem „toten Göttervater Tyr in der Unterwelt". Wer die Töchter des Hymir sein könnten, ist zunächst einmal unklar. Da Idun als Tochter des Zwerges Iwaldi angesehen wurde und dieser aufgrund seines Namens „All-Herrscher" der Göttervater in der Unterwelt sein muß, wäre Idun schon einmal die erste Tochter des Hymir/Tyr/Iwaldi. Die zweite Tochter des Hymir müßte dann Iduns Schwester oder Halbschwester sein.

In den germanischen Mythen treten viele Paare von Göttinnen und Riesinnen auf: Freya und Fulla, Thorgerdr und Irpa, Sunna und Sinthgunt, Fenja und Menja, Greip und Gjalp usw. – vermutlich bilden auch Freya und Frigg solch ein Paar. Diese Paare stellen vermutlich die Diesseits- und die Jenseitsseite derselben Göttin dar.

Es wäre daher denkbar, daß auch Idun einst eine „Schwester" gehabt hat, die sich entweder in Idun aufgelöst hat oder so sehr verselbständigt hat, daß sie nun nicht mehr als ihre Schwester erkennbar ist.

Dafür käme z.B. Skadi infrage, da sie die Tochter des Riesen Thiazi ist, der eine Weiterentwicklung des Göttervaters Tyr ist. Skadi hat in ihren Mythen die Stellung einer Muttergöttin, da sie die Tochter des Göttervaters Tyr ist, die Frau des Niörd, die Frau des Odin und die Mutter der Könige von Norwegen. Skadi gab vermutlich Skandinavien seinen Namen und sie wurde auch „Öndurgod", d.h. „Himmels-Göttin" genannt.

Da Hymir der Vater des Tyr ist und Vater und Sohn aufgrund der Symbolik von Wiederzeugung und Wiedergeburt identisch sind, kann die Thiazi-Tochter Skadi durchaus identisch mit einer der Töchter des Hymir sein.

Wie in den Mythen sehr vieler Völker üblich, scheint die selbständigen Muttergöttinnen Idun und Skadi zu „Töchtern des Göttervaters" geworden zu sein, als die Stellung des Göttervaters immer stärker wurde. Die starke, unabhängige Position der Muttergöttin hat in der germanischen Mythologie vor allem Freya bewahrt.

In den Mythen der Tyr-Riesen treten des öfteren zwei Töchter dieses Riesen auf wie z.B. Grip und Gjalp, die Töchter des Tyr-Geirröd. Sie haben u.a. versucht, Thor dadurch zu ertränken, daß sie in den Jenseitsfluß uriniert haben, den Thor zu durchqueren versuchte, wodurch diese Fluß gewaltig angeschwollen ist.

Diesen Töchtern wäre ein solches Verhalten wie das, das in der Strophe über Njörd beschrieben worden ist, durchaus zuzutrauen. Offensichtlich sind diese beiden Riesinnen eine schon sehr stark umgedeutete Jenseitsgöttin ...

Niördr:
„Groß war mein Nutzen, auch wenn ich lange fort war,
Als ich den Göttern als Geisel gegeben wurde:
Ich hatte den Sohn, den kein Mensch haßt,
und den von allen Göttern jeder am liebsten hat."

Njörd ist eine der vielen Varianten des „Tyr im Jenseits". Er wurde nach dem Friedenschluß zwischen den Asen und Wanen als Geisel an die Asen gegeben. Vermutlich haben die beiden Riesinnen den Njörd damals so übel behandelt.

Njörds Sohn, „den keiner haßt", d.h. der bei allen beliebt ist, ist Freyr.

Loki:
„Sie vorsichtig, Niörd, und gib nicht zu sehr an,
Denn ich werde es nicht mehr länger verheimlichen:
Mit Deiner Schwester hast Du solch einen schönen Sohn,
Daher konntest Du hoffen, daß er nicht schlecht sein wird ... "

Loki Kommentar ist schon reichlich sarkastisch: Freyr konnte ja nur solch ein toller Junge werden, da auch der Vater solch ein toller Kerl ist und ihn zusammen mit der eigenen Schwester gezeugt hat – da kann der Sohn ja nur wie der Vater werden.

Tyr:
„Von den tapferen Helden hier
Im Heim der Götter ist Freyr der beste;
Keine Maid betrübt er und keines Mannes Weib,
Und jeden, der gefangen ist, befreit er aus seinen Fesseln."

Loki:
„Schweig, Tyr! Du taugst nicht zum Kampfe
Mit zweien zu gleicher Zeit.
Ich erzähle Dir nur ungern noch einmal, wie Fenrir
Dir deine rechte Hand abgebissen hat!"

Loki kommt offenbar immer mehr in Fahrt – diese Heuchelei-Provokation gegenüber dem Gott Tyr ist schon eine Kunst ... zumal in einer früheren Fassung der Mythen Loki selber der Mörder des Tyr gewesen ist und Tyr bei dieser Gelegenheit seine Hand verlor.

Eine besondere Spitze in diesen Worten des Loki besteht darin, daß der Fenris-Wolf, der Tyrs rechte Hand abbiß, der Sohn des Loki ist. In den früheren Mythen wird Fenrir hingegen die Wolfskrieger-Gestalt des Tyr gewesen sein.

Tyr:
„Mir fehlt meine Hand, aber Dir fehlt Hrotvitnir,
Und das bringt uns beiden Mangel.
Auch der Wolf ist freudenlos: in Fesseln gebunden erwartet er
Den Fall der Asen."

„Hrotvitnir" bedeutet „heulender Zeuge" und ist eine Kenning für den Wolf Fenrir Loki-Sohn. Das „Heulen" des Wolfes ist ein geläufiges Bild, aber an welcher Stelle und für was Fenrir ein Zeuge ist, ist unklar – vielleicht für Odins Tod oder in früheren Mythen für den Tod des Tyr? Oder ist er einfach der Zeuge der Schlachten, nach deren Ende er die Leichen frißt?

Loki:
„Schweig, Tyr! Denn einen Sohn mit mir
Hat Dein Weib einst geschenkt erhalten;
Keinen Heller hast Du von mir erhalten, wenn ich mich recht erinnere,
Und Du hast keinen Deut Recht erhalten, armer Kerl!"

Es stellt sich die Frage, wer denn Tyrs Frau gewesen sein könnte und welchen Sohn Loki mit ihr gehabt haben könnte. Auf jeden Fall scheint Loki ein großer Verführer gewesen zu sein.

Wahrscheinlich wird Frigg-Freya, die Frau des Odin, auch die Frau des früheren Göttervaters Tyr gewesen sein. Wenn dies zutrifft, müssen sich Tyr und Loki auch um diese Göttin gestritten haben – dieser Streit um eine Frau ist das zentrale Thema in allen indogermanischen Nationalepen: In der germanischen Nibelungensage ist dies der Streit um Brünhilde, in der griechischen Illias der Streit um Helena, im keltischen Mabinogion der Streit um Branwen, im indischen Ramajana der Streit um Sita, im albanischen Kreshnik der Streit um eine entführte Braut usw.

Der Ursprung dieser Provokation des Loki liegt offenbar weit in der Vergangenheit – die ursprünglichen Indogermanen lebten vor ihrer Aufteilung in einzelne Stämme von 7000 v.Chr. bis 2800 v.Chr. in der südrussischen Steppe.

Der Verfasser der Lokasenna hat sich offensichtlich sehr gut in den Mythen der Germanen ausgekannt.

Als Sohn des Loki mit der Frau des ehemaligen Göttervaters Tyr käme evtl. der Wintergott Hödur in Frage – aber das ist nur eine vage Vermutung. In der Edda ist er der Sohn des Odin.

Da der Gott Ullr eine der Varianten des „Tyr in der Unterwelt" ist und von Loki zusammen mit Thors Frau Sif gezeugt worden ist, könnte Sif einst die Frau des Tyr gewesen sein – eine Variante der Freya-Gefion. Dann wären Ullr und der „Sohn des Loki mit Tyrs Frau" miteinander identisch – was sie in mythologischer Hinsicht sein werden, da beide Mythen auf den zyklischen Wechsel der Wiederzeugung in den Tyr/Loki-Mythen zurückgehen.

Freyr:
„Gefesselt liegt Fenrir am Mund des Flusses
Bis die Götter ihrer Vernichtung entgegengehen;
Auch Du wirst bald, wenn Deine Zunge nicht schweigt,
in Fesseln liegen, Du Unheilschmied!"

Selbst der friedliche Gott Freyr verliert allmählich die Geduld mit Lokis Beleidigungen und Provokationen.

Der Geifer, der aus Fenrirs Maul rinnt, bildet den Fluß Van – daher liegt der Wolf am Mund des Flusses, d.h. sein Mund ist die Quelle des Flusses. Da die Flüsse in der germanischen Mythologie am Weltenbaum entspringen, liegt der gefesselte Fenrir vermutlich in der Nähe des Stammes des Yggdrasil.

Loki:
„Mit Gold hast Du Gymirs Tochter erkauft
Und dafür dem Skirnir Dein Schwert gegeben;
Aber wenn Muspels Söhne durch Myrkwid reiten,
Dann wirst Du waffenlos warten, armer Kerl!

Surtur führt beim Ragnarök alle Riesen aus Muspelheim im Süden gegen die Götter in den Kampf. Der Schwert- und Sonnenriese Surtur ist eine Umdeutung des Schwertgott-Göttervaters Tyr, während die Muspelheim-Riesen letztlich mit den Alben in dem Muspelheim-Jenseits im Süden identisch sein werden.

Diese Worte des Loki sind eine besonders sorgfältig ausgesuchte Beleidigung: Freyr ist der Gott des Wohlstandes – das verdreht Loki ihm zu dem Vorwurf, seine Frau gekauft zu haben; Freyr gab sogar sein Schwert, um seine Frau Gerdr zu erlangen – was Loki ihm als seinen größten Fehler vorhält, da er dann beim Ragnarök waffenlos sterben wird.

Letztlich bedeuten diese Beleidigungen, daß Freyr kein richtiger Krieger ist, sondern nur ein reicher, träger Gott, der weder selber um eine Frau werben (Loki verführt die Frauen im Gegensatz dazu reihenweise), noch gegen seine Feinde kämpfen kann (Loki hingegen sorgt sogar noch für Streit). Freyr ist Loki zufolge also ein richtiger Schwächling – was wiederum eine Verdrehung des oft gepriesen Friedens des Freyr ist.

Loki Beleidigungen haben schon Niveau …

Byggvir:
„Wenn ich so edler Herkunft wäre wie Ingunar-Freyr
Und in einem so hohen Stuhl sitzen würde,
Dann würde ich diesen Krächzer des Übels zu Mark zermalmen
Und seinen ganzen Körper in Stücke schlagen!"

„Byggvir" ist ein Diener des Freyr. „Ingunar Freyr" ist eine Variante von „Yngvi-Freyr".

Der „hohe Stuhl" ist ein Thron oder ein erhabener Sitzplatz, der nur den Vornehmen zusteht.

Byggvir hat zwar die Wut des Thor, aber nicht die Kraft, um seiner Wut Taten folgen zu lassen …

Loki:
„Was ist das für ein winziges Wesen, das ich dort kriechen sehe
und das schnüffelt und schnappt?
Du wirst immer an Freyrs Ohren zu finden sein
Oder schwer stöhnend an der Mühle!"

Auch dies sind wieder auserlesene Beleidigungen: Zunächst vergleicht Loki den Byggvir mit einem Hund – was schon eine arge Beleidigung ist. Dann sagt er dadurch, daß dieser „Hund" an den Ohren des Freyr zu finden ist, daß Freyr auf den Rat dieses „Hundes" hört – und somit noch unter diesem „Hund" steht. Schließlich macht Loki dem Byggvir („Gersten-Mann") noch einmal deutlich, daß Byggvir als Mühlen-Knecht weit unter dem Kämpfer Loki steht – und Freyr steht natürlich noch unter seinem Knecht …

Byggwir:
„Byggwir ist mein Name und ich bin geschickt,
Wie Götter und Menschen zugestehen müssen,
Und ich bin stolz, daß hier die Kinder des Hropt
alle zusammen Ale trinken!"

„Hropt" bedeutet „Schrei(-Gott)" und ist ein Beiname des Odin – der Name spielt entweder auf Odins Raben an oder die Schrei im Kampf. „Kinder des Odin" ist eine Kenning für die Gesamtheit der Asen und Wanen.

Loki:
„Schweig, Byggwir, Dir gelingt es doch nie,
Die Anteile der Männer am Fleisch richtig zu setzten!
Und verborgen im Stroh auf dem Fußboden, fanden sie Dich nicht,
als die Helden kämpfen wollten!"

Angesichts der Sorgfalt, mit der Loki die übrigen Beleidigungen ausgewählt hat, wird wohl auch diese Begebenheit auf eine unbekannte Mythe anspielen.

Heimdal:
„Trunken bist Du, Loki, und wirr Dein Verstand:
Laß endlich ab, Loki,
Denn zuviel Trank bringt einen jeden dazu,
daß er nicht mehr weiß, was er redet."

Loki:
„Schweig, Heimdal! In längst vergangenen Tagen
ward Dir ein leidiges Los bestimmt:
Mit steifem Rücken mußt Du stets stehen
Und wachen als Wächter der Götter!"

Skadi:
„Leichtsinnig bist Du, Loki; doch nicht mehr wirst Du
in Freiheit mit Deinem Schweif schlagen:
Auf die Felsen werden Dich die Götter binden mit den Gedärmen,
die aus Deinem frostkalten Sohn gerissen wurden!"

In Skadi hat Loki jetzt offenbar einen Gegner gefunden, der genauso mit bissigen Anspielungen umgehen kann: Lokis „Schlagen mit seinem Schweif" ist ein Bild für seine große Reden, aber es ist auch eine Anspielung darauf, daß er sich einst in eine Stute verwandelt und den Sleipnir geboren hat. Die Vorhersage des gewaltsamen Todes seinen Sohnes ist hingegen an direkter Brutalität kaum zu überbieten.

Loki:
„Auch wenn die Götter mich mit den Gedärmen
Meines frostkalten Sohnes auf Felsen binden werden,
So war ich doch der erste und der letzte dort in dem tödlichen Kampf
als Thiazi gefangen wurde."

Loki ist sofort mit einer passenden Erwiderung zur Hand, denn Thiazi ist Skadis Vater. In den erhaltenen Mythen über Thiazi (Tyr) wird allerdings nicht darüber berichtet, daß Loki in besonderer Weise an dem Mord an Thiazi beteiligt gewesen wäre. Da Lokis Mord an Tyr jedoch eines der zentralen Elemente in den alten, Tyr-zentrierten Mythen gewesen ist, ist Lokis Behauptung sehr glaubhaft.

Abgesehen davon wird der Skalde, der dieses Lied verfaßt hat, dem Loki auch nur Anspielungen auf Mythen in den Mund gelegt haben, die den Zuhörern dieses Skalden bekannt gewesen sein werden – sonst hätten dieses Lied und die Beleidigungen des Loki in ihm nicht überzeugend sein können.

Skadi:
„Da Du dort der erste und letzte in dem tödlichen Kampf
gewesen bist, als Thiazi gefangen wurde,
Soll aus meinen Hallen und Tempel
Für Dich immer nur ein kalter Rat kommen!"

Eine solche Drohung gibt eigentlich nur Sinn, wenn es üblich war, sich bei Skadi Rat zu holen – was gut zu einer Muttergöttin passen würde, die einst so bekannt gewesen und so sehr verehrt worden ist, daß sie Skandinavien („Land der Skadi") seinen Namen gegeben konnte.

Loki:
„Freundlicher sprachst Du zu Laufeyjas Sohn,
Als Du mich auf Dein Lager ludst.
Derlei Dinge müssen nun ausgesprochen werden,
wenn wir beide nun unsere Untaten aufzählen wollen."

Die Vereinigung des Loki mit den verschiedenen Göttinnen scheint ein wesentliches Element seiner Mythen gewesen zu sein. Dieses Fremdgehen ist vermutlich ein Bestandteil seines ständigen Streites mit den Göttern gewesen.
Vermutlich ist auch Skadi eine Form der Göttin, mit der sich einst abwechselnd Tyr und Loki vereint haben, um von ihr wiedergeboren zu werden.

Da trat Sif vor und schenkte dem Loki Met in den Eiskelch und sprach:
„Heil Dir, Loki, ich reiche Dir den Eiskelch
Voll des alten Mets,
Denn von allen Göttern weißt Du,
Daß zumindestens ich ohne Makel bin."

Sif verlegt sich im Gegensatz zu der kämpferischen Skadi eher aufs Bitten – allerdings ohne Erfolg, wie vorherzusehen war …

Loki nahm den Kelch, trank aus ihm und sprach:
„Du allein würdest verschont bleiben, wenn Du wirklich stets
alle Männer scheu zurückgewiesen hättest,
Aber ich glaube, daß ich einen sehr gut kenne,
Der Dich aus Hlorridis Armen entrissen hat
– und das ist der Lügen-geschickte Loki!"

„Hlorridi" bedeutet „Lärmender Reiter" und ist ein Beiname des Thor.
Es ist beachtlich, in wie vielen verschiedenen Nuancen und Stimmungen Loki in der Lage ist, zu beleidigen und zu provozieren.
Thor hat zusammen mit Sif den Gott Ullr als Stiefsohn, dessen Vater nirgendwo erwähnt wird. Wenn Sif wirklich nur mit einem einzigen Gott fremdgegangen ist, muß Loki der Vater des Ullr sein. Hier wird der Streit zwischen Thor und Loki um die Göttin Sif sehr deutlich.

Ullr ist in einigen Teilen Skandinaviens anstelle von Tyr der Göttervater gewesen. Auch Ullr paßt somit gut in das bisherige Bild des Loki, das eng mit dem Göttervater und dem Donnergott verbunden ist.

Möglicherweise hat Thor die Göttin Sif von Tyr übernommen, nachdem Tyr durch Thor und Odin um 500 n.Chr. als Göttervater abgesetzt worden ist. Für diese Gleichsetzung der Sif mit Freya spricht, daß der Tyr-Riese Hrungnir alle Asen und Asinnen töten will und nur Freya und Sif am Leben lassen und mit zu sich in sein Reich nehmen will – das zeigt, daß Freya und Sif weitgehend identisch gewesen sein könnten.

Beyla:
„Die Berge beben – ich bin mir sicher,
daß nun Hlorridi von seinem Heim herkommt:
Er wird den Mann zum Schweigen bringen,
der hier sowohl Götter wie Menschen schmäht!"

Loki:
„Schweig, Beyla! Du bist Byggwirs Weib
Und tief in alles Übel verstrickt:
Keine größere Schande nahte je den Göttern
– Du bist über und über mit Deinem Schmutz besudelt!"

Es völlig undenkbar, daß sich Loki etwas von einer Dienerin, die vermutlich zusammen mit ihrem Mann den Stand der Leibeigenen repräsentiert, sagen läßt …

„Beyla" bedeutet entweder „Kuh", „Bohne" oder „Biene" – alle drei Deutungen würden sie jedoch als Magd kennzeichnen. Beyla und ihr Mann Byggvir („Gerstenmann") waren die Diener des Freyr und verkörperten vermutlich die Bauern, denen Freyr gute Ernten gab. Vielleicht sind Byggvir und Beyla auch einst der Priester des Freyr und die Priesterin der Freya gewesen.

Da kam Thor herein und sprach:
„Schweig, boshafter Geist, sonst wird mein mächtiger Hammer
Miölnir Dir den Mund schließen:
Den Schulterhügel hau ich Dir vom Hals,
Daß Dein Leben verloren ist!"

Thors Argumentation ist im Gegensatz zu den Reden des Loki sehr schlicht und direkt …

Der „Schulterhügel" ist der Kopf.

Loki:
„Seht, der Sohn der Erde ist eingetreten:
Warum drohst Du so laut, Thor?
Weniger erpicht wirst Du sein, mit dem Wolf zu kämpfen,
Wenn er Siegvater verschlingt!"

Auch dies ist wieder eine ganz besonders treffsichere Beleidigung, da es als eine der größten Schanden angesehen wurde, seinem Vater („Siegvater" ist Thors Vater Odin) in Gefahr nicht beizustehen.
Der „Sohn der Erde" ist Thor, der Sohn der Erdgöttin Jörd.
Der „Wolf" ist Lokis Sohn Fenrir – daß Odin von dem Sohn des Loki getötet wird, ist natürlich eine Pointe, die Loki ganz besonders genossen haben wird …

Thor:
„Schweig, boshafter Geist, sonst wird mein mächtiger Hammer
Miölnir Dir den Mund schließen:
Ich werde Dich hinauf und fern nach Osten werfen,
Dorthin, wo Dich niemand je mehr sehen wird!"

Thor hat einst auch das Auge des Thiazi und den Zeh des Aurvandil an den Himmel emporgeworfen, wo sie nun Sonne, Mond und Venus sind.

Loki:
„Über Deine Fahrten auf den Ost-Wegen
Solltest Du lieber nicht mit den Menschen sprechen:
In dem Daumenteil eines Fäustlings hast Du Dich versteckt, Du Großer,
Und dort vergessen, daß Du Thor bist!"

Thor, Loki, Thialfi und Röskwa haben einst in einer geräumigen Höhle übernachtet, die eigentlich der Handschuh der Tyr-Riesen Skrymir war, den dieser verloren hatte. Thor versuchte dreimal erfolglos, den Riesen mit seinem Hammer zu töten und begann sich immer mehr vor ihm zu fürchten.

Thor:
„Schweig, boshafter Geist, sonst wird mein mächtiger Hammer
Miölnir Dir den Mund schließen:
Mit meiner rechten Hand werde ich Dich mit Hrungnirs Töter zermalmen
Bis alle Deine Knochen gebrochen sind!"

Thor bleibt der Schlichtheit seiner Argumentation treu und wiederholt sie zur

Verdeutlichung noch ein drittes Mal ...

„Hrungnir" ist ein Riese, den Thor in einem spektakulären Kampf besiegt hat. Die seltsamen Umstände dieses Kampfes machen deutlich, daß auch Hrungnir aus dem „Sonnengott-Göttervater Tyr im Jenseits" entstanden ist.

Loki:
„Noch lange Jahre gedenke ich zu leben,
Auch wenn Du so mit Deinen Hammerhieben drohst.
Arg fest schienen Dir die Schnüre an Skrymirs Beutel gebunden,
als Du nicht an Dein Fleisch kommen konntest
Und schwach vor Hunger warst!"

Es gelang Thor bei seiner Reise nicht, den Rucksack des Riesen Skrymir zu öffnen, um sich seine Speisen aus ihm herauszuholen, die Skrymir mit in seinen Beutel gepackt hatte – was das Selbstvertrauen des Donnergottes doch ein wenig angekratzt hat.

Diese Episode kann Loki natürlich nicht auslassen – und den Donnergott „schwach vor Hunger" zu nennen, wird dem listigen Loptr wohl besonders gefallen haben, da Thor bei allem stets auf seine Stärke baut.

Thor:
„Schweig, boshafter Geist, sonst wird mein mächtiger Hammer
Miölnir Dir den Mund schließen:
Hrungnirs Töter soll Dich zu Hel schicken
Hinab zu dem Tor des Todes!"

Loki:
„Ich habe den Asen und den Asensöhnen
Die Dinge gesagt, die ich auf dem Herzen hatte,
Aber nur vor Dir weiche ich nun und gehe hinaus,
Denn Du kämpfst gut, glaube ich.

Ale hast Du gebraut, Ägir, aber nun
Wirst Du zu keinem solchen Feste mehr einladen:
Über alles, was Du hier drinnen hast,
werden die flackernden Flammen spielen
– und Dein Rücken wird von Feuer verbrannt werden!"

Dies klingt, als ob Loki zum Abschied noch Ägirs Halle in Brand gesteckt hätte. Evtl. ist dies Feuer eine Anspielung auf ein Bestattungsfeuer – aber das ist ungewiß.

Vielleicht ist dies auch eine Anspielung auf das Feuer, daß beim Ragnarök die Welt verbrennt – was letztlich ein „Bestattungsfeuer der Welt" ist.

Da nahm Loki die Gestalt eines Lachses an und floh in den Wasserfall Franang. Da fingen ihn die Asen und banden ihn mit den Gedärmen seines Sohnes Nari. Sein anderer Sohn Narfi aber wurde in einen Wolf verwandelt.

Diese beiden Loki-Söhne sind eine Parallelbildung zu Tyrs Alcis-Söhnen.
„Franang" bedeutet „glitzerndes/leuchtendes Wasser". Dies kann einfach der Name eines Wasserfalles sein. Es wäre aber auch eine Anspielung auf das leuchtende Gold in den tiefen Wassern denkbar, das die Germanen dort den Göttern geopfert haben – die „tiefen Wasser" wären dann ein Eingang in die Unterwelt, was gut zu Loki und der Situation, in der er sich gerade befindet, passen würde.

Skadi nahm eine Giftschlange und hing sie auf über Lokis Antlitz. Der Schlange entträufelte Gift. Sigyn, Lokis Weib, setzte sich neben ihn und hielt eine Schale unter die Gifttropfen. Wenn aber die Schale voll war, trug sie das Gift hinweg: unterdessen träufelte das Gift in Lokis Angesicht, wobei er sich so stark wand, daß die ganze Erde zitterte. Das wird nun Erdbeben genannt.

Es ist wohl die Rache für ihren von Loki getöteten Vater Thiazi, die Skadi die Schlange über den listigen Gott hängen läßt. Diese Geste stellt sie auch in die Nähe der Hel, deren Halle eine aus Schlangen bestehende Decke hat.

I 15. c) Skaldskaparmal

An einer anderen Stelle in diesem Skalden-Lehrbuch als in dem am Anfang dieses Kapitels angeführten Text wird eine Szene aus Lokis Zankreden mit den Göttern noch einmal zitiert:

Da frug Gangleri: „... ... ... Seine Frau ist Frigg; sie weiß aller Menschen Geschick, obgleich sie es keinem vorhersagt. So wird berichtet, daß Odin selbst zu dem Asen sagte, der Loki heißt: 'Irr bist Du, Loki, daß Du selber anführst die schnöden Schandtaten. Wohl weiß Frigg alles, was sich begibt, auch wenn sie es nicht sagt.' ... ..."

In diesem Lied werden mehrere neue Aspekte des Loki berichtet:

- Loki tötet Ägirs Diener Fimafeng, was evtl. eine Parallele zu Lokis Mord an Baldur sein könnte. Fimafeng geht zusammen mit Eldir auf die beiden Alcis-Söhne des Tyr-Ägir zurück.
- Loki und Odin sind Blutsbrüder. Ursprünglich werden Tyr und Loki Brüder gewesen sein.
- Odin hat Loki adoptiert und somit in den Kreis der Asen aufgenommen.
- Idun teilte ihr Lager mit dem „Mörder ihres Bruders", womit evtl. Loki gemeint sein könnte, da dieser der Mörder von Brokk oder Sindri gewesen ist.
- Loki hat auch eine Nacht mit der Frau des Göttervaters Tyr verbracht, die vermutlich Frigg-Freya gewesen sein (in der Zeit, als Odin noch nicht zum Göttervater aufgestiegen war). Als Sohn der beiden kommt Ullr infrage.
- Loki wird auch ein Verhältnis zu Freya gehabt haben, da Freya ihr Lager Loki zufolge mit allen Asen und Alben geteilt hat.
- Auch Loki und Skadi hatten einst ein Verhältnis.
- Schließlich hat Loki auch dem Thor dessen Frau Sif ausgespannt und hat mit ihr zusammen wahrscheinlich den Sohn Ullr. Sif wird einst mit Freya identisch gewesen sein.

Alle diesen Verführungen gehen letztlich darauf zurück, daß der Sommergott Tyr und der Wintergott Loki, um aus dem Jenseits zu entkommen, in dem sie gefangen waren, sich mit der Jenseitsgöttin vereinen mußten, damit diese sie dann in das Diesseits hinein wiedergebar. Auf dieser Stufe der Mythen-Entwicklung ist die Göttin noch eigenständig gewesen.

Vermutlich wird der Sonnengott-Göttervater Tyr diese Göttin irgendwann zu seiner rechtmäßigen Frau deklariert haben, wodurch Loki die Rolle des Liebhabers erhielt, der die Göttin zum Ehebruch verführt hat.

Loki ist nicht nur als Stute die Mutter des Sleipnir, sondern auch als Kuh die Mutter eines Kälbchens.

I 16. Zusammenfassung: Loki der Verführer

Aus der Lokasenna ergibt sich unter anderem, daß Loki auch ein berüchtigter Verführer der Göttinnen gewesen sein muß.

In der Lokasenna deckt Loki mehrere Verhältnisse zwischen Göttern und Göttinnen auf, die ansonsten meistens nicht oder kaum bekannt sind. Aus diesen Verhältnissen sind auch Kinder entstanden: ein Sohn sicher und von einem zweiten ist zwar bekannt, daß es ihn gibt, aber seine Identität ist unsicher.

geheimgehaltene Verhältnisse unter den Götter		
Gott	*Göttin*	*Sohn*
Freyr	Freya	anonym
Niörd	Schwester (Nerthus?)	
Wili	Frigg	
We	Frigg	
alle Asen und Alfen (= Wanen)	Freya	
Heimdall	Gefion (= Freya?)	
Mörder (Loki?) ihres Bruders (Sindri/Brokk?)	Idun	
Loki	Skadi	
Loki	Frau des Tyr (= Frigg-Freya?)	Ullr? Hödur?
Loki	Sif	Ullr

Die beiden ersten Verhältnisse waren allgemein bekannt. In der Heimskringla wird gesagt, daß Geschwisterehen bei den Wanen üblich, aber bei den Asen verboten waren. Daher ist dies nur eine Lästerei des Loki ohne allzugroßen Tiefgang und ohne jede Überraschung gewesen.

Ähnlich steht es mit dem Verhältnis der Frigg zu Wili und We, das ebenfalls aus der Heimskringla bekannt ist. Die drei Brüder Wodan, Wili und We stellten die drei Stände dar. Ihr Verhältnis zu Frigg war daher stellvertretend für die Wiederzeugung aller drei Stände zusammen mit der Muttergöttin Frigg.

Denselben Ursprung hat der Vorwurf an Freya, daß sie schon mit allen Asen und Alfen (= Wanen) ihr Lager geteilt habe – Frigg-Freya ist die Große Göttin der

Germanen, die die Toten in der Unterwelt nach deren Wiederzeugung wiedergebar.

Das Verhältnis des Heimdall zu Gefion, die wahrscheinlich mit Frigg-Freya identisch ist und ursprünglich der Beiname „Geberin" der Muttergöttin gewesen ist, ist ansonsten nicht bekannt – aber bei der Mühe, die Heimdall auf sich nimmt, um für Freya deren Halsreif Brisingamen wiederzubeschaffen, ist dieses Verhältnis auch nicht verwunderlich.

Interessanter sind die vier Verhältnisse, die Loki zu den übrigen Göttinnen hat (das allgemein übliche Verhältnis zu Freya nicht mitgezählt), denn alle vier Göttinnen sind Frauen des Göttervaters:

- Idun ist die Tochter des Iwaldi („All-Herrscher"), der der Göttervater in der Unterwelt Tyr sein wird, und die Schwester des Riesen Thiazi-Tyr. Ihr Mann in der Edda ist Bragi, aber dies könnte eine spätere Umdeutung sein.
- Skadi ist die Tochter des Riesen Thiazi (Tyr) und somit die Schwester der Idun. Sie ist die Frau des Niörd (Tyr in der Unterwelt) und des Odin und die Mutter der norwegischen Könige.
- Die „Frau des Tyr" wird nicht namentlich genannt, aber sie wird sehr wahrscheinlich Frigg/Freya sein.
- Sif ist schließlich die Frau des Donnergottes, der in der letzten Phase der germanischen Religion allmählich zu der obersten Gottheit aufgestiegen ist. Sie könnte bis 500 n.Chr. ein Aspekt der Freya und somit die Frau des Tyr gewesen sein.

Verhältnisse des Loki		
Gott	*Göttin*	*Sohn*
Mörder (Loki?) ihres Bruders (Sindri?, Brokk?)	Idun	
Loki	Skadi	
Loki	Frau des Tyr (= Frigg-Freya?)	Hödur???
Loki	Sif	Ullr

Der Gegensatz zwischen Loki und Thor ist den Mythen mit Abstand am prägnantesten, weshalb man zumindestens vermuten kann, daß dort auch der Ursprung von Lokis Verhältnissen liegt. Dazu würde auch passen, daß das Verhältnis zwischen Loki und Sif das einzige ist, bei dem der daraus entstanden Sohn sicher ist.

Wenn man Lokis Neigung zum Diebstahl bedenkt, könnte man diese Verhältnisse des Loki auch als „Raub von Frauen" auffassen.

Zumindestens bei der Göttin Idun würden sich beide Themen offensichtlich überschneiden.

Auch bei Freya würde das Fremdgehen des Loki mit seinem Diebstahl zusammentreffen, da er der Freya ihren goldenen Halsreif Brisingamen gestohlen hat.

Dasselbe trifft auch für Sif zu, der er ihr goldenes Haar gestohlen hat. Lediglich über Lokis Verhältnis zu Skadi ist so wenig bekannt, daß man nicht rekonstruieren kann, was er ihr evtl. gestohlen hat.

Somit ergibt sich aus dieser „Rasterfahndung" als erstes Ergebnis das Handlungsschema der Taten des Loki:

Das Beute-Schema des Loki I					
Täter	*Opfer*	*Diebesgut*	*Vereinigung mit dem Opfer*	*Mann des Opfers*	*Sohn der beiden*
Loki	Idun	Idun, Äpfel	ja	(Bragi)	-
Loki	Skadi	-	ja	Niörd, Odin	-
Loki	Frigg-Freya	Brisingamen	ja	Tyr	Hödur?
Loki	Sif	Haar = Getreide	ja	Thor	Ullr

Das Beute-Schema des Loki ist somit mit einiger Wahrscheinlichkeit die Verführung der Frau des Göttervaters, mit der er einen Sohn zeugt und der er einen magischen Gegenstand stiehlt, der die Wiedergeburt im Jenseits ermöglicht. Dieser magischen Gegenstand ist somit eng mit dem Verführen der Göttin verknüpft, das vermutlich eine Umdeutung der Wiederzeugung ist.

Es liegt nun nahe, diese Ergebnisse mit den bereits erfolgten kriminalistischen Untersuchungen von Lokis Serien-Diebstählen zu kombinieren.

Es sind folgende geraubte Dinge oder entführte Personen, Tatorte und Opfer bekannt, zu denen noch der Verfolger bzw. Rächer der Tat des Loki hinzukommt:

Das Beute-Schema des Loki II

Opfer	Diebesgut	was?	symbolisiert:	angestrebte Qualität	Tatort	Vereinigung	Mann der Göttin	Symbolik des Ortes	Rächer, Verfolger
Zwerg Andvari	Andvarinaut	Ring	Jenseitsreise, Sonne	Wiedergeburt	„Fels" in Wasserfall			Jenseits	Zwerg (Fluch)
Odin	Draupnir	Ring	Jenseitsreise, Sonne	Wiedergeburt	bei Odin			Asgard	Göttervater Odin
Freya	Brisingamen	Halsreif	Jenseitsreise, Sonne	Wiedergeburt	Frauenhaus der Freya	ja	Tyr, Heimdall	Jenseits	Göttervater Heimdall
Idun	Iduns Äpfel	Äpfel	ewige Jugend	Wiedergeburt	Apfelwiese bei Asgard	ja	(Bragi)	Asgard	Asen
Sif	Sifs Haare	Haar	Getreide	Wiedergeburt	bei Sif	ja	Thor		Donnergott
Skadi						ja	Niörd, Odin		
Baldur	Baldur	Baldur	Richtigkeit	Wiedergeburt	Heiliger Ort			Heiliger Ort	Asen
Freyr	Freyr	Freyr	Getreide, Tote	Wiedergeburt					
Beli	Beli	Beli	Sonne	Wiedergeburt					

Aus dieser Untersuchung ergibt sich, daß Loki das stiehlt, was im Jenseits die Wiedergeburt gibt. Dieser Gegenstand gehört in der Regel einer Göttin, aber er ist manchmal auch im Besitz des ehemaligen Sonnengott-Göttervaters (Tyr).

Das Getreide der Göttin Sif teilt diese Symbolik, da es wie die Menschen stirbt (Ernte) und wiedergeboren wird (Keimen).

Loki vereint sich bei seinen Diebstählen des öfteren auch mit der Göttin, der er das

Symbol der Wiedergeburt raubt. Ob es sich bei diesen Vereinigungen um eine Wiederzeugung oder um eine Verspottung der Wiederzeugung o.ä. handelt, ist zunächst einmal noch nicht ganz sicher.

Lokis Taten finden aufgrund des Wiedergeburts-Themas in der Regel im Jenseits statt. Auch die häufigen Verwandlungen in ein Wassertier weisen auf die Wasserunterwelt hin, in der sich des Nachts bzw. im Winter der ehemalige Sonnengott-Göttervater Tyr befindet. Die Verwandlungen in Vögel oder Insekten sind Darstellungen der Jenseitsreise (Astralreise) als Seelenvogel bzw. „Seelen-Insekt".

Loki ist somit der Gegner der Wiedergeburt der Toten, des Göttervaters, der Sonne und des Getreides sowie indirekt auch des Sommers (wegen der Sonne) und der Richtigkeit (Loki als „Lebensfeind" tötet Baldur).

Die Diebstähle des Loki und die anschließende Zurückeroberung des Gestohlenen durch den Göttervater, den Donnergott oder die Asen allgemein geht vermutlich auf einen zyklischen Vorgang zurück, dessen Urbild der Sonnenlauf durch die Jahreszeiten oder auch der tägliche Sonnenlauf sein könnte, der als Gleichnis für das Schicksal der Menschen nach ihrem Tod und auch für das Getreide verwendet wurde. Loki als „Lebens-Gegner" ist also ursprünglich Loki als Gott des Winters gewesen.

Der Zyklus aus den Loki-Mythen sind die Jahreszeiten. Sie sind in der folgenden Tabelle dargestellt. Die Himmelsrichtungen in der Übersicht ergeben sich aus der Richtung der Sonne zu der betreffenden Tageszeit.

			Das Zyklus-Gleichnis			
Tageszeit	*Jahreszeit*	*Richtung*	*Mensch*	*Getreide*	*Tyr*	*Loki*
Morgen	Frühling	Osten	(Wieder-)Geburt	Keimen	Tyr raubt Loki die Göttin; Tyrs Wiederzeugung mit der Göttin; Tyrs Wiedergeburt; Tyr besiegt Loki	
Mittag	Sommer (3 Monate)	Süden	Leben	Wachsen	Tyr herrscht in Midgard	Loki ist im Jenseits gefangen
Abend	Herbst	Westen	Tod	Ernte	Loki raubt Tyr die Göttin; Lokis Wiederzeugung mit der Göttin; Lokis Wiedergeburt; Loki besiegt Tyr	
Nacht	Winter (9 Monate)	Norden	Jenseits (Wiederzeugung)	Lagern (Aussaat)	Tyr ist im Jenseits gefangen	Loki herrscht in Midgard

Loki ist in diesem Zyklus nach den bisherigen Ermittlungen zumindestens zu einem großen Teil die Verkörperung der Nacht, des Winters und des Todes.

Daher sind auch Hel, Fenrir und Jörmungandr seine Kinder. Der Tod der Götter im Ragnarök, den Loki durch die Ermordung des Baldur verursacht hat, beginnt auch mit dem Fimbul-Winter, dem „Mächtigen Winter".

Lokis Gegenpol ist der ehemalige Sonnengott-Göttervater Tyr, der die Sonne, der Sommer und das Leben repräsentiert.

In den schriftlich überlieferten Mythen ist Loki in die Mythen des Thor und des Loki ist im Jenseits gefangen Odin eingebaut worden, weshalb sein Verhältnis zu dem ehemaligen Göttervater Tyr in den früheren, Tyr-zentrierten Mythen bis 500 n.Chr. nur aus den Regelmäßigkeiten und den Widersprüchen der Loki-Schilderungen in den neuen, Odin-zentrierten Mythen erschlossen werden kann.

Tyr und Loki raubten sich gegenseitig die Göttin und das Sonnen- und Wiedergeburts-Symbol, um wiedergeboren werden zu können.

I 17. Loki, der Erbauer der Jenseits-Mauer

Im Fiölswin-Lied und in der Skaldskaparmal erscheint Loki im Zusammenhang mit der Errichtung einer Mauer – einmal rings um das Heim der Göttin Menglöd (=Freya) und einmal rings um Asgard. Diese Mauern könnten einen Zusammenhang mit Lokis Namen haben, der „Verschluß, Schloß, Riegel, Luke" bedeutet.

I 17. a) Fiölswin-Lied

In diesem Lied erscheint Loki als einer der zwölf Erbauer der Dinge, die sich vor der Brüstung der Halle der Menglöd befinden. Diese Dinge sind vermutlich der Schutzwall und die Mauer auf ihm rings um die Halle der Göttin.

Als Windkald (Svipdag = Tyr) die Halle der Menglöd erreicht, verwehrt ihm Fiölswin (Odin) den Eintritt. Daraufhin fangen beide ein Gespräch an, in dem der Ort, an dem sich die beiden befinden, näher beschrieben wird.

Fremdling (Tyr-Svipdag)*:*
„Von Augenweide wendet sich ungern
Wer Liebes sucht und Süßes.
Die Gürtung scheint zu glühen um goldne Säle:
Hier möcht' ich Frieden finden."

Der Name *„Svipdag"* bedeutet „rasch (anbrechender) Tag" und ist offenbar ein Beiname des ehemaligen Sonnengott-Göttervaters Tyr, der am Morgen bzw. im Frühjahr wiedergeboren wird.

Die *„Augenweide"* ist die schöne Menglöd, zu der Svipdag gelangen will. Wie Sif und Freya wird auch Menglöd als „schön" bezeichnet – was allerdings aus dem Mund eines Verliebten nicht unbedingt ein Kriterium ist, aufgrund dessen man diese drei Göttinnen einander gleichsetzen könnte … Man kann allerdings mit einiger Berechtigung vermuten, das das „Men" („Schmuck") der Menglöd („Schmuck-Liebende") mit dem „Brisinga-men" der Freya, also mit ihrem goldenen Halsreif, identisch ist.

Die *„glühende Gürtung"* ist eine Waberlohe – die ein Symbol für das Tor ins Jenseits ist (Bestattungsfeuer). Freya-Menglöd ist die Göttin der Wiederzeugung und der Wiedergeburt und somit auch des Jenseits, wo diesen Vorgänge stattfinden. Dorthin reist auch Tyr-Svipdag, um sich mit der Göttin zu vereinen und dann von ihr wiedergeboren zu werden.

Die *„goldenen Säle"*, die von der Waberlohe umgeben werden, zeigen entweder, daß Menglöd reich ist, oder sie könnten ein Hinweis auf das „goldene Getreide" sein.

Es ist auch denkbar, daß mit dem Gold der Grabschatz in dem Hügelgrab gemeint ist, das in diesem Lied den Eingang zu der Unterwelt bildet, in der Menglöd wohnt. Diese „*goldenen Säle*" könnten auch die goldene Jenseitshalle des ehemaligen Sonnengott-Göttervaters Tyr sein, der hier bei Freya um Einlaß begehrt.

… … …

Windkald (Tyr-Svipdag):
„*Sage mir, Fiölswin, was ich Dich fragen will*
Und zu wissen wünsche:
Wie heißt das Gitter? Nie sah'n bei den Göttern
So üble List die Leute."

Fiölswinn (Odin):
„*Thrymgialla heißt es, das haben drei*
Söhne Solblindis gemacht.
Die Fessel faßt jeden Fahrenden,
Der es hinweg will heben."

Das Haus der Menglöd wird anscheinend von einem Fallgitter o.ä. mit dem Namen „Donnerschall" („*Thrymgialla*") versperrt. Solch ein Gitter findet sich auch vor dem Eingang zur Halle der Hel – durch dieses zweite Indiz nach der Waberlohe ist somit recht wahrscheinlich, daß die Burg der Menglöd die Unterwelt ist.

„*Solblindi*" bedeutet „Sonnenblinder". Eine solche Gestalt ist ansonsten unbekannt, aber der Name erinnert an Odins Beiname „*Helblindi*" („Hel-Blinder"), der wohl darauf anspielt, daß er auf einem Auge blind ist, da er es Mimir für dessen Kenntnisse über die Unterwelt („Hel") gegeben hat.

Die „*drei Söhne Solblindis*" könnten die drei Vertreter der drei Stände sein, die in den neueren germanischen Mythen des öfteren als Woden/Odin (Krieger und Fürsten), Wili (Bauern und Handwerker) und We (Priester und Heiler) auftreten. In den früheren, Tyr-zentrierten Mythen waren dies Thiazi (Krieger und Fürsten), Idi (Bauern und Handwerker) und Gangr (Priester und Heiler).

Die mit dem Gitter verbundene Fessel könnte sich darauf beziehen, daß der Fenriswolf (und auch Loki) mit einer „magischen" Fessel in der Unterwelt gefangengesetzt wurden – vielleicht ist an dieser Fessel aber auch der „Höllenhund" Garm („Hund") angebunden.

Das Gitter und die Fessel könnten somit das Tor zur Hel in der Waberlohe sein, die die Burg der Menglöd, d.h. die Unterwelt umgibt.

Windkald (Tyr-Svipdag)*:*
„Sage mir, Fiölswin, was ich Dich fragen will
Und zu wissen wünsche:
Wie heißt die Gürtung? Nie sahn bei den Göttern
So üble List die Leute."

Fiölswin (Odin)*:*
„Gastropner heißt sie, ich habe sie selber
Aus des Lehmriesen Gliedern erbaut
Und so stark gestützt, daß sie stehen wird
So lange Leute leben."

Die *„Gürtung"* ist die Schutzanlage, die Menglöds Heim wie ein Gürtel rings umgibt. Sie besteht zum einen aus einer Waberlohe, aber zum anderen anscheinend auch aus einem Erdwall, da er von Fiölswin aus den Gliedern des Lehmriesen Mökkurkialfi erbaut worden ist. Der Name *„Gastropner"* dieses Walles bedeutet „Gäste laut herbeirufen" – ein für einen Schutzwall eigentlich recht seltsamer Name. Er ergibt jedoch Sinn, wenn man bedenkt, daß dieser Wall die Grenze der Unterwelt ist, in die alle Menschen früher oder später gerufen werden.

Es ist fraglich, ob des *„Lehmriesen Glieder"* hier nur ein poetisches Bild ist, oder ob mit ihm auf etwas anderes angespielt wird. Da Fiölswin, der den Wall errichtet hat, als Wächter am Jenseitstor eine Funktion innehat, in der sich sonst des öfteren der Schamanengott Odin befindet (Harbard-Lied) und „Fiölswin" („Vielwissender") ein sehr passender Name für Odin ist, könnte der Lehmriese eine Anspielung auf das Erschaffen der Welt aus den Gliedern des Urriesen Ymir durch die drei Brüder Woden (Odin), Wili und We sein. Da das Heim der Freya-Menglöd die Unterwelt, also ein wesentlicher Teil der gesamten Welt ist und daher auch gleich zu ihrem Beginn erschaffen worden sein wird, wäre diese Anspielung recht passend.

Auch der Name „Mökkurkialfi" („Nebelkalb") des Lehmriesen würde gut zu dieser Deutung passen, da Ymir von der Kuh Audhumbla begleitet wurde und sein Schädel, der später die Himmelskuppel bildete, auf vier Hörnern aufgestützt wurde. Das „Nebelkalb", also der Lehmriese (Ymir) scheint in diesem Bild ein Kind der Urkuh Audhumbla zu sein, die die Fruchtbarkeit der Großen Mutter verkörpert. Der „Nebel", in dem sich dieses „Kalb" befindet, wird Niflheim („Nebelheim"), also das Jenseits im eisigen Norden sein.

Dieser Lehmriese erscheint auch in der Hrungnir-Saga als dessen riesiger Begleiter und Helfer, der aus Lehm erschaffen und durch ein Stutenherz belebt worden ist. Der Tyr-Riese als rangmäßig gesehen „Erster der Riesen" ist oft mit Ymir als dem zeitlich gesehen „Ersten der Riesen" gleichgesetzt worden. Dazu paßte es gut, daß Ymir am Anfang der Zeiten von den Asen getötet worden ist und Tyr um 500 n.Chr. von den

Asen abgesetzt worden und Tyr als Jenseits-Riese von Thor getötet worden ist.

Die Gleichsetzung des Tyr mit Ymir wird daher vermutlich aus der Zeit um 500 n.Chr. stammen, da man auf diese Weise den Mord an dem Tyr-Riesen auf ein anderes mythologisches Motiv zurückführen und auf diese Weise auch aus mythologischer Sicht plausibel machen konnten – frei nach dem Motto: „Schaut, das ist doch schon immer (ungefähr) so erzählt worden!"

Windkald (Svipdag/Tyr):
„*Sage mir, Fiölswin, was ich Dich fragen will*
Und zu wissen wünsche:
Wie heißen die Hunde? Ich hatte so grimmige
Lange nicht im Land gesehen."

Fiölswinn (Odin):
„*Gif heißt einer und Geri der andre,*
Weil Du's zu wissen wünschest.
Elf Wachen müssen sie wachen
Bis die Götter vergehen."

„*Geri*" („Gieriger") und „*Gif*" („Frecher") sind offensichtlich mit „*Geri*" („Gieriger") und „*Freki*" („Fresser"), den beiden Wölfen des Odin, identisch. Dies bestätigt, daß Fiölswin eine Kenning für Odin ist. Auch die Unterwelt wird von einem Hund bewacht, der „Garm" („Hund") heißt. Diese beiden Wölfe vertreten anscheinend den sonst wachhabenden Höllenhund Garm.

Die „*elf Wachen*" könnten die elf Monate sein, nach denen dann der Monat kommt, in dem die Götter vergehen, d.h. der Ragnarök. Dieses „*Vergehen der Götter*" ist vermutlich der Winteranfang. Die Vorgänge im Fiölswin-Lied stellen den Gegenpol zum Ragnarök dar, also das Ende des Winters, den Frühlingsanfang und die Wiedergeburt der Asen in ihren Söhnen nach dem Ragnarök – das auf die Wiedergeburt des ehemaligen Sonnengott-Göttervaters Tyr („Svipdag") im Frühjahr zurückgeht.

Windkald (Svipdag/Tyr):
„*Sage mir, Fiölswinn, was ich Dich fragen will*
Und zu wissen wünsche:
Wer hat gebildet, was vor der Brüstung ist
Unter den Asensöhnen?"

Fiölswin (Odin):
„*Uni und In, Bari und Ori,*
Warr und Wegdrasil,
Dori und Uri, Delling und Atward,
Lidskialf und Loki."

Das, „*was vor der Brüstung ist*", wird wohl die Befestigungsanlage rings um das Heim der Menglöd sein. Die zwölf aufgezählten Asen werden in etwa dieselben wie die in anderen Aufzählungen von zwölf Asen in der Edda sein, zumal Loki wie auch sonst immer als Letzter erscheint. Diese zwölf Asen sind symbolisch wohl die Gesamtheit der Asen.

Die angeführten Namen sind vermutlich unbekanntere Beinamen der Asen. Ihre Deutung ist z.T. recht unsicher. Teilweise handelt es sich jedoch auch um die Namen wichtiger Zwerge, die demnach an dem Bau mitgewirkt haben.

Die Erbauer der Mauer um die Halle der Menglöd		
Name	*Bedeutung*	*Deutung*
Uni	„Glückliche(r)"	?
In	?	?
Bari	(Bestattungs-)Bahre	Toter
Ori	„Gewalttätiger"	Zwerg in der „Vision der Seherin"
Warr	„Wächter, Beschützer, Krieger" (englisch: „Warrior")	Widar (?)
Wegdrasil	„Weg-Pferd"	Odin (?), Hermod (?)
Dori	„Bohrer, Tunnelgräber"	Zwerg in der „Vision der Seherin" = Odin auf dem Weg zu Gunnlöd?
Uri	„Regen"	Freyr (?)
Delling	„Glänzender, Tagesanbruch"	Sonnengott, vermutlich der ehemalige Göttervater Tyr
Atward	vermutlich identisch mit dem Zwerg Andvari (Antworter, Rächer")	der ehemalige Göttervater Tyr
Lidskialf	„(Toten-)Tor-Insel" (Odins Seher-Thron)	Odin (?)
Loki	„Gefangener"	Loki

I 17. b) Skaldskaparmal

In der Skaldskaparmal wird ausführlich berichtet, wie die Mauer rings um Asgard errichtet worden ist. In dieser Mythe spielt Loki eine wesentliche Rolle.

Da frug Gangleri: „Wem gehört das Roß Sleipnir? Oder was ist von ihm zu sagen?"

Har antwortete: „Nicht magst Du von Sleipnir Kunde haben, wenn Du nicht weißt, bei welchem Anlaß er erzeugt wurde, und das wird Dich wohl der Erzählung wert dünken.

Es geschah früh bei der ersten Niederlassung der Götter, als sie Midgard erschaffen und Walhall gebaut hatten, daß ein Baumeister kam und sich erbot, eine Burg zu bauen in drei Halbjahren, die den Göttern zum Schutz und Schirm wäre wider Bergriesen und Hrimthursen, wenn sie gleich über Midgard eindrängen.

Die „drei Halbjahre" könnten ursprünglich einmal die drei Sommermonate gewesen sein, also die Herrschaftszeit des Tyr. Dann sollte man annehmen, daß der Baumeister der ehemalige Sonnengott-Göttervater Tyr ist.

Aber er bedingte sich das zum Lohn, daß er Freyja haben sollte und dazu Sonne und Mond.

Sonne und Mond sind die Augen des Tyr, und Freya ist in den alten Mythen die Frau des Tyr gewesen. Der Lohn, den der Baumeister für die Errichtung der Mauer rings um Asgard verlangt, bestätigt den Anfangsverdacht, daß es sich bei dem Baumeister um Tyr handelt.

Es ist auch am plausibelsten, daß der ehemalige Herrscher in Asgard auch die Mauer rings um Asgard errichtet hat.

Da traten die Asen zusammen und hielten Rat und gingen den Kauf ein mit dem Baumeister, daß er haben sollte was er anspräche, wenn er in einem Winter die Burg fertig brächte; wenn aber am ersten Sommertag noch irgend ein Ding an der Burg unvollendet wäre, so sollte er des Lohnes entraten; auch dürfte er von niemanden bei dem Werke Hilfe empfangen.

Dieser Handel zwischen den Asen und dem Riesen ist im Grund von Anfang an zum Scheitern verurteilt, denn entweder geht der Riese ohne Lohn aus oder die Asen haben zwar eine sichere Burg, aber es scheint ihnen keine Sonne und kein Mond mehr und obendrein haben sie die Göttin Freya verloren, die immerhin für die Wiedergeburt und somit in ihrer Erscheinungsform als Idun für die ewige Jugend der Götter zuständig ist.

Die Asen verlangen, daß der Baumeister die Schutzmauer in den neun Wintermonaten erbaut, während denen er normalerweise in der Unterwelt gefangen liegt.

Da Freya in Asgard wohnt, das wie das Totenreich „außerhalb von Midgard", also nicht im Diesseits liegt, könnte die im Fiölswin-Lied beschriebene Mauer rings um Freyas Halle derselbe Schutzwall sein wie die Mauer rings um Asgard.

Im Fiölswin-Lied erscheinen die zwölf Asen als Erbauer dieser Mauer, was der Ymir-Mythe entspricht, in der der Urriese von den Asen getötet wird. Die Baumeister-Mythe bezieht sich anscheinend auf eine ältere Version dieser Mythe, in der noch der ehemalige Göttervater Tyr der Erbauer dieser Mauer gewesen ist.

Als sie ihm diese Bedingung sagten, da verlangte er von ihnen, daß sie ihm erlauben sollten, sich der Hilfe seines Pferdes Swadilfari zu bedienen, und Loki riet dazu, daß ihm dies zugesagt wurde.

Loki ist somit derjenige, wegen dem die Mauer rings um Asgard erbaut worden ist und wegen dem die folgende Geschichte ihren Lauf nehmen konnte.

Der Name „Swadilfari" des Pferdes des Baumeisters bedeutet „der gleitend dahinfährt". Dieses „Gleiten" wird des öfteren benutzt, um die Bewegung der Sonne am Himmel zu beschreiben, was die Vermutung, daß der Baumeister der ehemalige Sonnengott-Göttervater Tyr ist, bestätigt.

Da griff er am ersten Wintertag dazu, die Burg zu bauen und führte in der Nacht die Steine mit dem Pferde herbei. Die Asen dünkte es ein großes Wunder, wie gewaltige Felsen das Pferd herbeizog; und noch halbmal so viel Arbeit verrichtete das Pferd als der Baumeister.

Der Kauf aber war mit vielen Zeugen und starken Eiden bekräftigt worden, denn ohne solchen Frieden hätten sich die Jötune bei den Asen nicht sicher geglaubt, wenn Thor heimkäme, der damals nach Osten gezogen war, Unholde zu schlagen.

Hier wird gesagt, daß der Baumeister ein „Jötun", d.h. ein Riese ist – vermutlich Tyr als Riese in der nächtlichen bzw. winterlichen Unterwelt ... was wiederum zu den neun Wintermonaten paßt, in denen der Baumeister die Mauer errichten soll.

Als der Winter zu Ende ging, ward der Bau der Burg sehr beschleunigt, und schon war sie hoch und stark, daß ihr kein Angriff mehr schaden konnte. Und als noch drei Tage blieben bis zum Sommer, war es schon bis zum Burgtor gekommen.

Da setzten sich die Götter auf ihre Richterstühle und hielten Rat und einer frug den andern, wer dazu geraten hätte, Freyja nach Jötunheim zu vergeben und Luft und Himmel so zu verderben, daß Sonne und Mond hinweggenommen und den Jötunen gegeben werden sollten.

Da kamen sie alle überein, daß der dazu geraten haben werde, der zu allem Übeln rate: Loki, Laufeyjas Sohn, und sagten, er solle eines üblen Todes sein, wenn er nicht Rat fände, den Baumeister um seinen Lohn zu bringen. Und als sie dem Loki zusetzten, ward er bange vor ihnen und schwur Eide, er wolle es so einrichten, daß der Baumeister um seinen Lohn käme, was es ihm auch kosten möchte.

Dies ist eine häufige Dynamik in den Loki-Geschichten: Loki verursacht die Probleme und er muß sie auch wieder lösen.

Und denselben Abend, als der Baumeister nach Steinen ausfuhr mit seinem Hengste Swadilfari, da lief eine Stute aus dem Wald dem Hengst entgegen und wieherte ihm zu. Und als der Hengst merkte, was Rosses das war, da ward er wild, zerriß die Stricke und lief der Mähre nach, und die Mähre voran zum Walde und der Baumeister dem Hengste nach, ihn zu fangen. Und diese Rosse liefen die ganze Nacht umher, und diese Nacht ward das Werk versäumt und am Tage darauf wurde dann nicht gearbeitet, wie sonst geschehen war.

Und als der Meister sah, daß das Werk nicht zu Ende kommen möge, da geriet er in Riesenzorn.

Die Asen aber, die nun für gewiß erkannten, daß es ein Bergriese war, der zu ihnen gekommen war, achteten ihre Eide nicht mehr und riefen zu Thor, und im Augenblick kam er und hub auch gleich seinen Hammer Miölnir und bezahlte mit ihm den Baulohn, nicht mit Sonne und Mond; vielmehr verwehrte er ihm das Bauen auch in Jötunheim, denn mit dem ersten Streich zerschmetterte er ihm den Hirnschädel in kleine Stücke und sandte ihn hinab gen Niflhel.

Warum die Asen Verträge mit Bergriesen nicht einzuhalten brauchen, wird hier nicht erläutert – vielleicht einfach, weil sie miteinander verfeindet sind und dies mehr als alle Verträge zählt.

Loki selbst war als Stute dem Swadilfari begegnet und einige Zeit nachher gebar er ein Füllen, das war grau und hatte acht Füße, und dies ist der Pferde bestes bei Göttern und Menschen.

So heißt es in der Wöluspa:

Da gingen die Berater zu den Richterstühlen,
Hochheilge Götter hielten Rat,
Wer mit Frevel hätte die Luft erfüllt,
Oder dem Riesenvolk Odhurs Braut gegeben.

Da schwanden die Eide, Wort und Schwüre,
Alle festen Verträge jüngst trefflich erdacht.
Das schuf von Zorn bezwungen Thor;
Er säumt selten, wenn er solches vernimmt.

„Odhur" ist Odin und seine Braut ist die Göttin Freya.

Das graue Fohlen Sleipnir könnte später noch zu einem Schimmel geworden sein – zumindestens werden die Pferdezwillinge und die Pferde der Schamanen und der Göttinnen in den Mythen der anderen indogermanischen Völker, wenn eine Farbe des Pferdes angegeben wird, immer als Schimmel beschrieben.

Betrachtung der Baumeister-Mythe

1. Zeitpunkt

In dieser Mythe wird zunächst berichtet, daß sie gleich nach der Erschaffung der Welt durch die Asen aus Ymirs zerstückeltem Körper stattfand. Zu dieser Zeit wurde von den Asen inklusive Loki auch der Wall mit der Waberlohe rings um die Unterwelt errichtet.

2. Motiv

Als nächstes wird gesagt, daß die Asen einen Schutz rings um Asgard gegen die Riesen brauchten.

Diese Riesen könnte auch der Tyr-Riese sein, den Thor und Odin von dem Herrschersitz in Asgard gestoßen hatten.

3. Baumaterial

Ein namenloser Baumeister bietet den Asen von sich aus an, diesen Schutz rings um Asgard zu errichten – den Schutzwall rings um Midgard hatten bereits die Asen aus den Augenbrauen des Urriesen Ymir erschaffen. Dieser Wall könnte evtl. mit der Asgard-Mauer identisch sein – zumindestens ist es aber sehr wahrscheinlich, daß auch die Asgard-Mauer aus der Substanz des Ymir errichtet werden sollte.

4. der reitende Riese

Diese Asen-Festung wollte der Baumeister in drei Halbjahren errichtet werden. Die Asen handeln ihn auf einen Winter herunter. Der Baumeister verlangt dann aber die Hilfe seines Pferdes. Dem stimmen die Asen zu.

Der einzige weitere reitende Riese in den germanischen Mythen ist Hrungnir, der bei einem Besuch des Odin bei ihm zudem mit Odin in einen Streit darüber gerät, wer von den beiden das schnellere Pferd hat. Da Hrungnir eine Weiterentwicklung des Göttervaters Tyr ist, Sleipnir der Sohn des Svadilfari ist und zudem Hrungnir („Streitsüchtiger") auf seinem Roß Goldmähne einen Wettritt mit Odin auf Sleipnir veranstaltet, erscheint es recht wahrscheinlich, daß der Baumeister und Hrungnir miteinander identisch sind.

Ein weiteres Indiz dafür, daß der Baumeister mit Hrungnir identisch sein wird, ist, daß Odin in der Hrungnir-Mythe einen Goldhelm trägt und Hrungnirs Roß „Gullfaxi" („Goldlocke") heißt – beides ist ein Hinweis auf den Sonnengott-Aspekt des ehemaligen Göttervaters Tyr (Hrungnir) und des neuen Göttervaters Odin. Das Pferd „Gulltop" des Heimdall, der vermutlich auch einmal die Stellung eines Göttervaters innehatte, trägt fast denselben „Sonnen-Gold"-Namen wie das Roß des Hrungnir: Es heißt „Goldmähne".

Der Wettritt zwischen Tyr-Hrungnir und Odin könne eine Umdeutung des rituellen Pferderennens sein, durch das das Opfer-Pferd ermittelt wurde.

Diese Mythe scheint u.a. den Übergang der Herrschaft in Asgard von Tyr-Hrungnir an Odin zu beschreiben.

Auch in dem Kampf zwischen Thor und Hrungnir findet sich die Sonnensymbolik: Thors Diener-Priester Thialfi überlistet den Riesen, indem er ihm rät, sich auf seinen Schild zu stellen, da Thor ihn aus der Erde heraus angreifen wird. Dieses seltsame Motiv ist vermutlich eine Umdeutung des Sonnenaufgangs, d.h. des scheinbaren Auftauchens der Sonnenscheibe („Sonnenschild") aus der Erde.

Es gibt etliche Parallelen zwischen der Baumeister-Mythe und der Hrungnir-Mythe:

5. Der Verlauf

Die Dynamik der Geschichte ist eine Variante des endlosen Streits zwischen Tyr und Loki um die Göttin der Wiedergeburt, d.h. um Freya.

Vergleich der Hrungnir-Mythe und der Baumeister-Mythe		
Baumeister	*Hrungnir*	*Deutung/Ursprung*
Baumeister	Hrungnir	reitender Riese = Göttervater (Tyr)
Baumeister in Asgard	Hrungnir in Asgard	Göttervater Tyr in Asgard
Der Baumeister verlangt Sonne, Mond und Freya als Lohn.	Hrungnir will Freya und Sif entführen und allen Göttermet trinken.	Der Sonnengott-Göttervater (Sonne) Tyr (Hrungnir, Baumeister) braucht Freya für seine Wiederzeugung und für seine Wiedergeburt.
	Odin wettet mit Hrungnir um seinen Kopf.	Dies ist evtl. eine Anspielung auf den abendlichen Tod des Göttervaters Tyr.
Dem Baumeister wird Zutritt nach Asgard gewährt.	Hrungnir wird zum Gelage in Asgard eingeladen.	Der Baumeister/Hrungnir als Umdeutung des Tyr hat den Zutritt zu Asgard, der den Riesen sonst verwehrt wird. Der Riese ist der nächtliche Tyr in der Unterwelt, der tagsüber in Asgard weilt.
der Bau von Asgard durch die Riesen	die Erschaffung des Lehmriesen Mökkurkialfi („Nebelkalb") durch Hrungnir und die Riesen	Der Lehmriese ist der Urriese Ymir, der dem ehemaligen Göttervater Tyr als Jenseits-Riese gleichgesetzt worden ist.
-	der Schild unter Hrungnirs Füßen	Symbol der aufgehenden Sonne
Thor tötet den Baumeister mit seinem Hammer, als die Asen erkennen, daß er ein Bergriese ist.	Thor tötet Hrungnir mit seinem Hammer.	Thor und Odin haben Tyr als Göttervater abgesetzt und den Tyr-Riesen, d.h. Tyr im Jenseits, getötet.

Vergleich der Hrungnir-Mythe und der Baumeister-Mythe		
Baumeister	*Hrungnir*	*Deutung/Ursprung*
	Ein Splitter von dem Wetzstein, den Hrungnir geworfen hat, bleibt in Thors Stirn stecken.	Dies ist vermutlich eine Analogiebildung zu der Verletzung des Tyr (Hand) und des Odin (Auge).
	Hrungnirs Fuß fällt auf Thor und niemand kann ihn wegheben außer Thors und Jarnsaxa Sohn Magni, der erst einen Tag alt ist.	Der Fuß ist ein Symbol des Sonnengottes, weil dieser als Wanderer aufgefaßt worden ist: Thors Hilflosigkeit am Boden und der Steinsplitter symbolisieren seinen Tod am Abend (Sonnensymbolik). Magni, der erst eine Nacht alt ist, ist der am Morgen wiedergeborene Thor, der hier die Symbolik des Sonnengott-Göttervaters übernommen hat.
	Odin ist verärgert, weil Thor den Gullfaxi seinem Sohn und nicht ihm, seinem Vater geschenkt hat.	Mit dieser Geste „krönt" Thor seinen Sohn Magni (und sich selber, da Magni sein wiedergeborener Vater Thor ist) zum Göttervater.
	Groa will den Splitter aus Thors Kopf heraussingen, aber sie vergißt aus Freude über die angekündigte Rückkehr ihres Mannes Aurvandil ihre Lieder.	Der Tod des Thor ist zunächst zu einem Steinsplitter in seinem Kopf umgedeutet worden: In einem zweiten Schritt ist der ursprünglich zyklische Vorgang von Sterben und Wiedergeburt des zu einem Göttervater erhobenen Thor zu einer dauerhaften Verletzung geworden.

Diese beiden Mythen sind anscheinend umgedeutete Fassungen einer älteren Mythe, die die Jenseitsreise des Tyr beschrieb. Als er von Odin als Göttervater abgelöst wurde, wurde aus „Tyr in der Unterwelt" ein Riese: der Baumeister, Hymir, Surtur, Thiazi, Geirröd und noch einige andere, die die verschiedenen Aspekte des Tyr darstellen.

Innerhalb dieser Entwicklung behielt Loki offenbar konstant die Position des Unruhestifters bei: Erst war er vermutlich der Gegner des Tyr, dann der Blutsbruder und zugleich Gegenspieler des Odin und schließlich der Feind des Thor.

6. Das Sonnen-Haupt

In diesen beiden Mythen über den Riesen-Baumeister und über Hymir finden sich einige Indizien, die evtl. das merkwürdige Verhalten des Loki in der Mythe über Sifs Haar erklären können:

- Der aktuelle Göttervater Odin wettet um seinen Kopf mit Hrungnir, der der ehemalige Göttervater Tyr ist, daß er das schnellere Pferd hat.
- Hrungnir bemerkt den Goldhelm des Odin, der ansonsten nicht erwähnt wird.
- Thor hat am Schluß der Mythe einen Steinsplitter von Hrungnir in seiner Stirn.

Zusammengenommen ergibt dies ein Haupt, das verletzt ist, das in Todesgefahr ist und das einen goldenen Helm trägt.

Dieses in Todesgefahr schwebende „goldene Haupt" erinnert an einige weitere Details aus diesen und anderen Mythen:

- Heimdall hat auch ein „goldenes Haupt" – oder zumindestens goldene Zähne,
- das Roß des Hrungnir heißt „Gullfaxi", d.h. „Goldmähne",
- das Roß des Heimdall heißt „Gulltop", d.h. „Goldlocke",
- der Sonnen-Schild unter Hrungnirs Füßen und der Sonnenschild auf bzw. vor dem Sonnenwagen werden vermutlich derselbe sein,
- Thor kann im Hymir-Lied den Kelch des Hymir nur an dessen Schädel zerschlagen,
- Im Hamdir-Lied werden Jörmunrek („Mächtiger König"), der eine Saga-Variante des Tyr ist, von zwei Brüdern die Füße und die Hände abgeschlagen – der dritte Bruder (Erp), der den Kopf abschlagen sollte, fehlt.

In der Sif-Mythe wettet Loki wie Odin in der Hrungnir-Mythe um seinen Kopf. Alle diese Bilder lassen sich zu einem Motiv zusammenfügen: Der Kopf des Göttervaters ist die Sonne – vielleicht auch nur dessen Gesicht.

Dieses Bild des strahlenumkränzten Hauptes des Sonnengottes ist auch von anderen Sonnengöttern der Indogermanen wie z.B. dem griechischen Apollon gut bekannt.

Zunächst einmal bleibt es unklar, ob Lokis Wette mit den Zwergen um seinen Kopf einfach eine Übertragung eines Motivs, das zum Sonnengott-Göttervater Tyr gehört, auf Loki ist, oder ob dies Motiv schon länger auch zu diesem Gott gehörte. Wenn der zweite Fall zutreffen sollte, müßte auch Loki die Sonnensymbolik haben.

Der Tod des Tyr scheint einst auch eine Enthauptung gewesen zu sein. Diese

Todesart wird dann auch auf seinen Gegner Loki übertragen worden sein – so wie bei seiner Wette mit dem Zwerg Sindri um seinen eigenen Kopf. Das ist noch recht nah an der ursprünglichen Mythe, da Sindri und Brock die beiden Söhne des Tyr sind.

7. Loki die Stute

Loki vereint sich als Stute mit dem Hengst Svadilfari des Riesenbaumeisters, d.h. mit dem Roß des ehemaligen Sonnengott-Göttervaters Tyr, woraufhin er das achtbeinige Roß Sleipnir des neuen Göttervaters Tyr gebar.

Da es als Lösung für die Geschichte völlig ausgereicht hätte, wenn Thor den Riesenbaumeister als Bergriesen erkannt und getötet hätte, muß es mit Lokis Stuten-Gestalt eine besondere Bewandtnis haben. Auch Sleipnir hätte nicht unbedingt von Loki geboren werden müssen.

Diese Szene muß folglich aus einer älteren Mythe entstanden sein, in der diese Geburt des Sleipnir durch Loki einen Sinn ergeben hat.

Die Abstammung des Rosses des neuen Göttervaters Odin von dem Roß des ehemaligen Göttervaters Tyr ist plausibel, da Odin nicht nur die Funktion, sondern auch den Besitz und die Mythen des Tyr übernommen hat – eben die gesamte „Beute". Es fehlt somit nur noch eine Erklärung, warum Loki die Mutter dieses Rosses ist. Die betreffende Mythe ist in dem Kapitel „Nid" in Band 64 ausführlich beschrieben worden.

Tyr und Loki mußten sich mit der Jenseitsgöttin vereinen und von ihr wiedergeboren werden, damit sie im Frühjahr bzw. Herbst wieder in das Diesseits zurückkehren konnten. Somit war die Göttin abwechselnd die Geliebte und Mutter des Tyr und des Loki. Daraus ist dann zum ein Göttinnen-Raub geworden.

Diese sexuelle Vereinigung konnte, nachdem Loki in zunehmendem Maße als der „Böse" aufgefaßt worden ist, in einem weiteren Schritt zu einem Nid, d.h. zu der (homosexuellen) Vergewaltigung des Feindes erweitert werden.

Auf diese Weise gelangte Loki beim Sieg des Tyr in die Rolle einer vergewaltigten und gedemütigten Frau. Bei der Wiederzeugung und in dem „Nid" genannten Beleidigungs- und Todesfluch-Ritual wird der Tote und die Jenseitsgöttin einem Hengst bzw. einer Stute gleichgesetzt (siehe „Wiederzeugung" in Band 51 und „Pferd" in Band 42).

Diese Mythe ist dann die Grundlage dafür gewesen, Loki die Rolle der Mutter des Sleipnir zu geben.

Loki ist der beständige Gegner der wechselnden Göttervater: Tyr, Odin und Thor. Sowohl der Riesenbaumeister als auch Hrungnir sind beide Gestalten des ehemaligen Göttervaters Tyr.

Die Göttin Freya, die der Baumeister als Lohn verlangt, ist die Göttin der Wiederzeugung und der Wiedergeburt, die der Sonnengott-Göttervater Tyr und Loki brauchten, um aus ihrer Gefangenschaft in der Unterwelt zu entkommen und wieder in das Diesseits zu gelangen.

Der Sonnengott-Göttervater ist ursprünglich einmal als riesiger Mensch mit der Sonne als Kopf oder als Gesicht aufgefaßt worden.

Tyr bzw. in den späteren Mythen die Asen errichten eine Schutzmauer rings um Asgard.

I 18. Zusammenfassung: Loki als Frau

Loki wird in mehreren Mythen als weiblich dargestellt, was selbst für einen Gott wie Loki, der gerne seine Gestalt verwandelt, auffällig ist.

Insgesamt sind fünf Erscheinungen des Loki als Frau bzw. als weibliches Tier bekannt:

- in der Baldur-Mythe als alte Frau, die die Göttin Frigg ausfragt,
- in der Baldur-Mythe als die Riesin Thökk,
- in der Lokasenna als Milch-Kuh, die acht Jahre unter der Erde arbeiten mußte,
- in der Riesenbaumeister-Mythe als Stute, und
- in dem Thrym-Lied („Des Hammers Heimholung"), in dem Loki jedoch nur als Magd verkleidet ist (und Thor als Braut).

Die alte Frau und die Riesin Thökk könnte mit Lokis Tochter Hel identisch sein. Das Verwandeln des Loki in seine eigene Tochter wäre allerdings noch immer ein sehr auffälliges Motiv, das seine Verbindung zu der Göttin der Wiedergeburt, deren gefürchtete Todes-Seite Hel ist, stark betonten würde.

Mit diesem Motiv ist die Zeit des Loki als „Milch-Kuh" in der Unterwelt verbunden.

Die Kuh ist durch die Milch, die sie gibt, generell das Symbol der Fülle und der Ernährung. In dieser Bedeutung tritt sie in den germanischen Mythen zwar nur an einer Stelle auf, die jedoch sehr wichtig ist: Die Urkuh Audhumbla ernährt den Urriesen Ymir. Die Kuh ist in so gut wie allen Mythen, in denen sie vorkommt, ein Symbol der Fruchtbarkeit der großen Mutter und der Ernährung ihrer Kinder, d.h. der Menschen durch sie.

Die Darstellung des Loki als „Milch-Kuh" bringt ihn somit wieder eng mit der Jenseitsgöttin zusammen.

Das Gebären des Hengstes Sleipnir durch eine Stute ist zunächst einmal das „normale Motiv". Die Auffassung der Stute als Loki ist jedoch sehr auffällig. Da die Geburt des Sleipnir eine Analogie zu der Wiedergeburt des Göttervaters durch die Jenseitsgöttin sein wird, sollte auch die Stute eine Gestalt der Jenseitsgöttin sein – was ausgesprochen plausibel ist, da die Göttin stets die weibliche Form des Tieres annimmt, das bei der Jenseitsreise für den Toten, Schamanen usw. geopfert worden ist. Der Jenseitsreisende und die Jenseitsgöttin vereinigen sich als Stier und Kuh, Hengst und Stute, Hirsch und Hindin, Ziegenbock und Ziege, Eber und Bache usw. Lokis Stutengestalt ist somit wieder eine Verwandlung in seine Tochter, die Große Mutter im Jenseits.

Lokis Verkleidung als Magd im Thrym-Lied ist zunächst einmal eine Variante von

Lokis Verwandlung in eine Frau. Diese Mythe ist, wie es scheint, eine der Erzählungen, in denen Thor in den Vordergrund rückt, indem er die dominante Rolle in einer früheren Mythe übernimmt. Dabei wurden die Themen in den früheren Mythen, die sich meist auf den Sonnengott-Göttervater Tyr bezogen, im Sinne von Thors Charakter umgedeutet – wie z.B. die aus der Erde als der Sonnenschild des Göttervaters Tyr aufsteigende Sonne, in den Schild, auf dem der „dumme" Riese Hrungnir (=Tyr) steht.

Im Thrym-Lied verkleidet sich jedoch auch Thor in eine Frau und zwar in Freya, die somit die Göttin sein wird, um die es bei diesen Frauenverwandlungen des Loki gehen wird. Freya ist die Göttin der Wiedergeburt im Jenseits – allerdings ihr „Geliebte"-Aspekt und nicht der Aspekt der Verkörperung des Todes wie bei Hel.

Zunächst wird es die abwechselnde Wiederzeugung/Wiedergeburt des Tyr und des Loki durch die Jenseitsgöttin Freya gegeben haben.

Mit der Zeit könnte Tyr als der rechtmäßige Mann der Freya und Loki als der Räuber der Freya aufgefaßt worden sein.

Vermutlich hat Tyr dann schließlich auch nach seinem Sieg über Loki Rache an ihm genommen, indem er ihn vergewaltigt hat („Nid"). Dadurch geriet Loki in die Frauenrolle.

Nach der Absetzung des Tyr als Göttervater ist Odin zu dem rechtmäßigen Gatten der Frigg-Freya geworden und der Tyr-Riese zu dem Freak-Räuber. Loki geriet nun in eine Nebenrolle als Verführer der Göttinnen.

Schließlich sorgte Thor wieder für Ordnung, indem er den Tyr-Riesen erschlug.

I 19. Loki der Verbündete der Muspelheim-Riesen

Loki lebt zwar bei den Asen und steht dort mit seiner unheilstiftenden Art eher alleine (auch wenn er der Blutsbruder des Odin ist), aber er hat in den Riesen Verbündete. Dieses Motiv bestätigt Lokis enge Verbindung zu der Unterwelt.

I 19. a) Die Vision der Seherin

In diesem alten Lied wird Loki am deutlichsten als Verbündeter der Riesen in der germanischen Mythologie beschrieben:

Aus dem Osten kommt Hrym mit erhobenem Schild;
Im Riesen-Zorn windet sich die Schlange;
laut schreit der fahle Jenseits-Adler, reißt schreiend an Leichen:
Naglfar, des Riesen Schiff, kommt los!

Der Name des Riesen „Hrym" könnte „Altersschwacher" bedeuten. Es ist jedoch wahrscheinlicher, daß es sich bei „Hrym" um eine Variante von „Hym(ir)" handelt, also um den Riesen-Vater des Tyr, der „im Osten" am „Ende des Himmels" wohnt. Da Hymir als Vater des Tyr der Sonnengott-Göttervater selber ist, kann man seinen erhoben Schild wohl als den Sonnenschild auffassen. Diese Szene wäre dann eigentlich ein Bild des Sonnenaufganges – allerdings erscheint beim Ragnarök nicht der wiedergeborene, junge Sonnengott-Göttervater Tyr, sondern der alte, tote Sonnengott-Göttervater Hymir.
 Die „Schlange" ist die Midgardschlange Jörmungandr.
 „Fahler Jenseits-Adler" ist die wörtliche Übersetzung von „ari nidfölr": „ari" bedeutet „Adler"; „nid" bedeutet „das Niedere, das Untere, Unterwelt, Jenseits" und bezeichnet somit auch die nächtliche Dunkelheit; „fölr" bedeutet „fahl, blaß". Da der Adler der Seelenvogel des Göttervaters, also des Hymir ist, ist ein „fahler Adler" ein Adler, der nicht strahlt, d.h. die Sonne in der Unterwelt. Das nächtliche Verborgensein der Sonne wird zusätzlich noch durch das Wort „nid" betont. Hier ist auf engstem Raum ein komplexes Bild dargestellt worden.
 Der „Osten am Rande des Himmels" ist auch die genaue Beschreibung des Wohnortes des Riesen Hraesvelgr, der die Gestalt eines riesigen Adlers hat, der mit seinen Flügeln den Wind erschafft. Er ist offensichtlich mit dem Seelenvogel-Adler des Tyr-Hymir identisch. Der Name „Hraesvelgr" bedeutet „Leichenfresser" – auf diesen Namen wurde von dem Skalden, der dieses Lied verfaßt hat, sehr elegant durch die die Beschreibung *„reißt schreiend an Leichen"* angespielt.

Nagelfar („Gefährt aus Fingernägeln") ist ursprünglich vermutlich die Barke des Schamanen in seiner Funktion als Jenseitsfährmann gewesen – also die germanische Entsprechung des Kahns des griechischen Charon. Wie alle mit dem Tod verbundenen Dinge ist auch dieses Boot schließlich zu einem Bild des Schreckens geworden, in dem die Feinde der Götter aus dem Jenseits herbeigefahren kommen.

Über die See segelt von Osten her ein Schiff
mit Muspels Männern – am Steuerruder steht Loki;
Fifls Männer folgen Freki
und mit ihnen fährt Byleists Bruder.

Aus dem Osten, in dem sich der „tote Sonnengott-Göttervater" Hymir mit seinem Sonnenschild und seinem Seelenvogel-Adler erhebt, kommt auch ein Schiff mit „Muspels Männern". Der Name „Muspel" ist eine Verkürzung von „mund-spilli" und bedeutet „Welt-Zerstörer". „Muspel" wird mit dem Göttervater Tyr identisch sein.

Loki ist der Steuermann dieses Schiffes. Dies bedeutet mehrere Dinge:

- Loki ist ein Verbündeter oder Helfer des Muspel.
- Loki kennt den Weg zwischen dem Osten und Midgard bzw. Asgard.
- Da der Weg zwischen den Riesen und den Göttern der Jenseitsweg ist, kennt Loki auch den Weg in die Unterwelt.
- Loki kennt sich mit der Schifffahrt aus.
- Das Schiff des Loki ist sehr wahrscheinlich die Jenseitsbarke Naglfar.

Erstaunlich an dieser Szene ist eigentlich nur, daß Loki auf der Seite des Göttervaters Muspel steht.

Dies erklärt sich vermutlich dadurch, daß der ehemalige Göttervater Tyr zu einem Riesen geworden und diese beim Ragnarök die Gegner des aktuellen Göttervaters Odin sind. Diese Szene ist vermutlich auch schon eine Verallgemeinerung der früheren Mythen zu einem einfachen „Asen gegen ihre Feinde", denn in anderen Mythen ist Loki eigentlich der Gegner von allen – einschließlich der Riesen.

Auf ähnliche Weise ist Loki wohl auch an das Steuerruder der Jenseitsbarke geraten, die eigentlich dem Schamanengott Odin gehört – wie im Harbard-Lied oder noch deutlicher in der Völsungen-Saga, in der Odin den toten Sinfiötli in seinem Boot abholen kommt und mit ihm ins Jenseits fährt. Da Nagelfar nicht mehr als die Barke des Jenseitsfährmannes Odin erkannt wurde, sondern ein „Schreckens-Schiff" geworden war, paßte es gut zu Loki.

In dem Lied „Die Vision der Seherin" ist aus dem Osten des Sonnenaufganges die Bedrohung durch die Toten aus dem Jenseits, d.h. durch die Riesen geworden. Das wichtigste Wesen, das aus dem Osten kommt, ist natürlich der ehemalige Sonnengott-

Göttervater beim Sonnenaufgang – der hier zu dem Anführer der Feinde der Asen geworden ist.

Das Wort „fifl" bedeutet „groß, mächtig, Riese, Betrüger, Verführer". Fifl ist daher ein „Riese" – vermutlich der Sonnengott-Göttervater in der Unterwelt als Riese, also Muspel-Hymir-Hraesvelgr.

Freki ist eigentlich einer der beiden Wölfe des Odin, aber dieser Name wird sich an dieser Stelle wohl eher auf Fenrir beziehen, der zusammen mit Loki kommt.

„Byleists Bruder" ist Loki. Byleist ist vermutlich eine Variante von Hönir. Diese beiden Brüder haben noch einen dritten Bruder mit dem Namen Helblindi, der wahrscheinlich mit Odin identisch ist.

Surtur fährt von Süden mit der Geißel der Zweige,
Von seiner Klinge scheint die Sonne der Toten-Götter;
Steinberge stürzen, Riesinnen sinken,
Tote überfüllen den Hel-Weg und der Himmel ist gespalten.

Die „Geißel der Zweige" ist das „Feuer". Da „Flamme" eine beliebte Umschreibung für „Schwert" ist, hebt der Riese Surtur drohend sein Schwert empor, das wie das Licht der Sonne erstrahlt. Ein Riese mit einem Schwert, der von Süden kommt und dessen Schwert mit der Sonne assoziiert wird, kann nur der ehemalige Sonnengott-Göttervater Tyr sein.

Der hier mit „Toten-Götter" übersetzte germanische Begriff lautet „Val-Götter". Das Wort „Val" bedeutet „Wahl", aber auch „Gewählte" und schließlich „Tote", da die gefallenen Krieger auf dem Schlachtfeld von den Walküren auserwählt und in Odins Saal Walhalla gebracht werden. „Val-Götter" sind somit „Jenseits-Götter", womit durchaus der Göttervater in der Unterwelt, d.h. Surtur gemeint sein könnte – lediglich der Plural ist verwunderlich.

Die Steinberge sind die Hügelgräber – wenn sie zusammenstürzen, werden die Toten wieder frei und kommen in das Diesseits.

Der Hel-Weg, also der Pfad in das Jenseits, ist überfüllt, weil beim Ragnarök so viele Götter und Menschen sterben.

I 19. b) Gylfis Vision

In diesem Prosa-Bericht über das Ragnarök wird über Loki nur gesagt, daß er sich mit den Toten („Hels Gefolge") verbündet hat.

Mit Loki ist Hels ganzes Gefolge, und Muspels Söhne haben ihre eigene glänzende

Schlachtordnung.

Loki spielt im Ragnarök anscheinend keine tragende Rolle, sondern steht als genereller Unheilstifter mit bei den Gegnern der Götter, ohne eine klare Funktion zu haben.

> In den Schilderungen des Ragnaröks hat Loki keine hervorgehobene Stellung. Er erscheint lediglich als Verbündeter des Tyr-Riesen und als Steuermann an dessen (Jenseits-)Schiff.

I 20. Loki der Gefangene der Asen

Loki erscheint in mehreren Liedern und Mythen als ein Gefangener. Diese Szene muß folglich ein wesentliches Motiv der ursprünglichen Loki-Mythe gewesen sein. Dazu paßt auch sein Name, der „Schloß, Verschluß, Luke" bedeutet.

I 20. a) Skaldskaparmal

Das Motiv des gefangenen Loki ist so wichtig gewesen, daß man ihn mithilfe der Kenning „*gefesselter Gott*" umschreiben konnte.

I 20. b) Gylfis Vision

In der Mythe, die über Baldurs Tod berichtet, liegt Loki am Ende gefesselt auf drei Lochsteinen und über ihm hängt eine Schlange, deren Gift auf ihn herabtropft, das die meiste Zeit jedoch von Lokis Frau Sigyn aufgefangen wird.

Über Sigyn wird in den Mythen so wenig berichtet, daß sie aufgrund dieser einzigen Szene, in der sie handelnd auftritt, eigentlich fast wie eine „mitleidsvolle Hel" erscheint.

I 20. c) Haustlöng

In diesem Lied wird Loki mit der Kenning bzw. dem Nebensatz „*die Last in den Armen der Sigyn, die all die Mächte in ihren Fesseln betrachten*" umschrieben, der sich auf die eben genannte Szene nach Baldurs Tod bezieht.

I 20. d) Die Vision der Seherin

Der Motiv des gefesselten Loki, neben dem seine Frau Sigyn sitzt, findet sich auch in diesem Lied:

In Ketten lag im Quellenwalde
die Gestalt des Loki.
Da sitzt auch Sigyn, sicherlich
unfroh über ihren Gatten: Wißt ihr, was das bedeutet?

Gewoben weiß da Wala Todesbande,
Und fest geflochten die Fessel aus Därmen.
Viel weiß der Weise, weit seh ich voraus
Der Welt Untergang, der Asen Fall.

I 20. e) Das Kreuz von Gosforth

Loki und Sigyn
Kreuz von Gosforth
Nordost-England, ca. 900 n.Chr.

Dieses Kreuz, auf dem sowohl christliche als auch germanische Szenen abgebildet sind, stammt aus Gosforth ganz im Nordosten von England an der Grenze zu Schottland. Es wurde um ca. 900 n.Chr. hergestellt.

Auf ihm findet sich auch eine Darstellung des gefangenen Loki, neben dem seine Frau Sigyn hockt und die Schale in ihrer Hand hält, in der sie das Gift der Schlange auffängt, deren Kopf mit der nach unten hin ausgestreckten Zunge gleich links oben neben dem Kopf des Loki zu sehen ist.

Der Kreis um Loki, Sigyn und die Schlange könnte evtl. die Höhle der Hel symbolisieren.

Der Kreis links oben ist möglicherweise der Ring Draupnir – aber das ist recht unsicher.

I 20. f) Der Stein von Kirkby Stephen

Auch dieser Stein, der bereits um ca. 750 n.Chr. hergestellt worden ist, wurde in Nordostengland in Cumbria gefunden. In diesem Bereich von England siedelten lange Zeit dänische Wikinger.

Loki
Stein von Kirkby Stephen
Nordost-England, ca. 750 n.Chr.

Seitenansicht des Steines von Kirkby Stephen

Auf dem Stein von Kirkby Stephen ist der sehr sorgfältig gefesselte Loki zu sehen – allerdings ohne seine Frau, die Göttin Sigyn. Ob die vier Ringe hier auch den Draupnir darstellen, ist zweifelhaft – allerdings sollte man nicht den manchmal recht bissigen Humor der Germanen übersehen, dem es schon zuzutrauen wäre, das von Loki geraubte Symbol der Wiedergeburt zur Fesselung des Räubers zu benutzen …

Auf den Seiten des Steines ist ein Flechtmuster zu sehen, das auch von den späten Runensteinen von Gotland, auf denen komplexe Szenen dargestellt sind, bekannt ist. Auf diesen Darstellungen trennt dieses Flechtmuster die Diesseits-Szenen von den

Jenseits-Szenen. Es könnte daher auch auf diesem Stein die Grenze zwischen Diesseits und Jenseits darstellen. Da der Betrachter im Diesseits steht, sieht er sozusagen über die Jenseitsfluß hinweg den gefesselten Loki in der Unterwelt.

Die Spitze unterhalb von Loki könnte evtl. einer der drei Lochsteine sein, auf denen Loki liegt – aber diese Deutung ist sehr unsicher.

Auf dieser Darstellung sind noch deutlicher als auf dem Lochstein von Snaptun die Widderhörner bzw. die übergroßen Locken des Loki zu sehen.

I 20. g) Wegtam-Lied

In diesem Lied wird der Beginn des Ragnarök mit der Befreiung des Loki aus seinen Fesseln gleichgesetzt. Da das Ragnarök ein ins Große und Einmalige übertragener Winter ist, kann man die Befreiung des Loki mit dem Beginn des Winters und die Fesselung des Loki mit dem Beginn des Sommers gleichsetzen: Im Sommer liegt Loki gefesselt in der Unterwelt und im Winter läuft er frei durch das Diesseits und durch Asgard.

Wala :
Heim reit nun, Odin, und rühme Dich:
Kein Mann kommt mehr mich zu besuchen
Bis los und ledig Loki der Bande wird
Und der Ragnarök verderbend anbricht.

Loki erscheint in dieser Symbolik als der Verursacher der Jahreszeiten, die eine Analogie zu dem Schicksal der Menschen bilden (Geburt, Leben, Tod, Jenseits). Als die Untaten des Loki zu einer einmaligen Tat und ihre Auswirkungen dadurch zu etwas sehr Großem wurden, entstand aus dem zyklischen Einbruch des Winters der einmalige Fimbul-Winter und das Ragnarök.

Dies ist eine Tendenz, die sich in den Mythen fast aller Völker beobachten läßt, wenn ihre Kultur von der dezentralen Stammesorganisation der Jungsteinzeit zu der zentralen Organisation des Fürsten- und Königtums übergeht. Das bekannteste Beispiel ist vermutlich die Umdeutung der jährlichen Überschwemmungen zu einer Sintflut, die sich bei sehr vielen Völkern einschließlich der Germanen findet.

Strukturen in Lokis Mythen								
Jahres-zeiten	*gefesselter Loki*	*Getreide*	*Idun*	*Brisingamen*	*Draupnir, Andvari*	*Loki der Verführer*	*Menschen*	*Ragnarök*
Frühling	Loki wird gefesselt	Sif erhält ihr neues Haar	Rückkehr der Idun	Kampf zwischen Heimdall und Loki			(Wieder-) Geburt	
Sommer	gefesselter Loki	Sif mit Haaren	jugendliche Asen	Tyr oder Freya besitzt das Brisingamen		Loki auf der Flucht bzw. in der Unterwelt	Leben	
Herbst	Befreiung des Loki	Loki schert Sifs Haar	Raub der Idun	Raub des Brisingamen	Raub des Ringes	Loki vereint sich mit Göttin	Tod	Beginn des Ragnarök
Winter	Loki ist frei	Sif ist kahl, Zwerge fertigen ihr Gold-Haar	Altern der Asen	Heimdall sucht das Brisingamen			Jenseits	Fimbulwinter

I 20. h) Skaldskaparmal

Die zugenähten Lippen des Loki sind sehr wahrscheinlich eine Variante der Fesselung des Loki. Mit zugenähten Lippen kann Loki immerhin nicht mehr mit seinen Lügen und Lästerungen Unheil anrichten. Indirekt bestätigt das Zunähen des Mundes des Loki, daß seine Worte seine schärfste Waffe sind.

> Loki wird am Ende des Frühjahrs von den Asen bzw. vor 500 n.Chr. von Tyr in der Hel gefesselt, wodurch die Herrschaft des Tyr, d.h. der Sommer beginnt.

I 21. Fenrir Loki-Sohn, der Gefangene der Asen

Die Gefangenschaft des Loki wurde anscheinend auch auf seinen Sohn, den Fenris-Wolf übertragen. Ursprünglich war der Wolf zum einen der Begleiter auf dem Weg ins Jenseits und zum anderen der Helfer der Krieger. Wie alle Dinge und Wesen, die mit dem Tod assoziiert worden sind, wurde auch aus dem Jenseitsbegleiter-Wolf mit der Zeit eine gefürchtete Gestalt, die zwar meistens wie Garm („Hund") am Tor zur Unterwelt Hel blieb („Höllenhund"), der aber aufgrund der Jahreszeitensymbolik des Loki mit diesem zusammen zu Beginn des Winters ins Diesseits zurückkam – so wie die Wölfe im Winter näher an die Behausungen der Menschen kamen.

Es lag somit nahe, sich auch den Fenrir im Sommer als in der Unterwelt gefesselt vorzustellen.

Das Thema ist jedoch ein wenig komplexer, weil Fenrir vermutlich einst die Wolfskrieger-Gestalt des Tyr gewesen ist.

I 21. a) Gylfis Vision

Die Geschichte der Fesselung des Fenris-Wolfes wird in „Gylfis Vision" berichtet.

So wie Loki der Feind des Göttervaters ist, so ist auch sein Sohn Fenrir der Feind des Sonnengott-Göttervaters. Beim Ragnarök wird Odin von dem Wolf Fenrir getötet, die Sonne wird von dem Wolf Sköll verschlungen, und dem ehemaligen Göttervater Tyr wird von Fenrir die rechte Hand abgebissen, was vermutlich ehemals den abendlichen bzw. herbstlichen Tod des Tyr symbolisiert haben wird.

Vermutlich ist Tyr-Fenrir, als Tyr durch Thor und Odin entthront worden ist, zum Feind der Asen geworden … und die Fenris-Kriegergestalt des Tyr als den Feind des Tyr zu inszenieren, ist ein geschickter Schachzug der damaligen Skalden gewesen, um dem Bild des Tyr-Wolfskriegers seine Kraft zu nehmen. Von dem ursprünglichen Bild ist nur Tyrs Mut und Fähigkeit, den jungen Fenris-Wolf zu füttern, übriggeblieben.

Analog zu diesen Motiven wird der Mond von dem Wolf Hati gefressen.

Da sprach Gangleri (Gylfi): *„Groß scheint mir die Macht dieser Asen und nicht zu verwundern ist es, daß so viel Gewalt euch innewohnt, da ihr so gute Kunde habt von den Göttern und wißt, wen von ihnen man in jedem Falle anzurufen hat. Gibt es aber nicht noch mehr Götter?"*

Har versetzte: „Da ist noch ein Ase, der Tyr heißt. Er ist sehr kühn und mutig und herrscht über den Sieg im Krieg: darum ist es gut, daß Kriegsmänner ihn anrufen. Wer kühner ist als andere und vor nichts sich scheut, von dem sagt man sprichwört-

lich, er sei tapfer wie Tyr. Er ist auch so weise, daß man von Klugen sagt, sie seien weise wie Tyr.

Ein Beweis seiner Kühnheit ist dies: Als die Asen den Fenriswolf überredeten, sich mit dem Bande Gleipnir binden zu lassen, glaubte er ihnen nicht, daß sie ihn wieder lösen würden, bis sie zum Unterpfand Tyrs Hand in seinen Mund legten. Und als die Asen ihn nicht wieder lösen wollten, biß er ihm die Hand an der Stelle ab, die nun Wolfsglied heißt. Seitdem ist Tyr einhändig, wird von den Menschen aber nicht als Friedensstifter angesehen."

- - -

An einer anderen Stelle von „Gylfis Vision" wird diese Geschichte ausführlicher erzählt:

„Loki hatte noch andere Kinder. Angurboda hieß ein Riesenweib in Jötunheim – mit der zeugte Loki drei Kinder: das erste war der Fenriswolf, das andere Jörmungand, die Midgardschlange, das dritte war Hel.

Als nächstes wird in dem Text ausführlich über die Midgardschlange und über Hel, die Unterweltsgöttin berichtet, bevor Gylfi in seiner Vision Näheres über den Fenris-Wolf und den Gott Tyr erfährt.

Den Fenris-Wolf erzogen die Götter bei sich und Tyr allein hatte den Mut, zu ihm zu gehen und ihm zu Essen zu geben. Und als die Götter sahen, wie sehr er jeden Tag wuchs, und alle Vorhersagen meldeten, daß er zu ihrem Verderben bestimmt sei, da faßten die Asen den Beschluß, eine sehr starke Fessel zu machen, welche sie Läding hießen. Die brachten sie dem Wolf und baten ihn, seine Kraft an der Kette zu versuchen. Der Wolf hielt das Band nicht für überstark und ließ sie damit machen, was sie wollten. Aber das erstemal, daß der Wolf sich streckte, brach das Band und er war frei von Läding.

Fenrir ist zu dem Verderben der Asen bestimmt – das kann man wohl als die Furcht des Siegers vor dem Besiegten interpretieren: Thor und Odin haben den ehemaligen Göttervater Tyr entthront und zu einem Odin-Sohn (Tyr), einem Jenseitsriesen (Thiazi, Hrungnir, Geirröd usw.) und zu einem Ungeheuer (Fenrir) gemacht.

Wie alle, die andere unterdrücken, fürchten sie die Rückkehr und den Aufstand der Unterdrückten – was hier in der Schreckensvision des Ragnarök Ausdruck findet, in der der Tyr-Riese die Asen tötet …

Darauf machten die Asen eine andere noch halbmal stärkere Fessel, die sie Droma nannten. Sie baten den Wolf, auch diese Kette zu versuchen, und sagten, er würde seiner Kraft wegen sehr berühmt werden, wenn ein so starkes Geschmeide ihn nicht halten könnte.

Der Wolf bedachte, daß dieses Band viel stärker sei, daß aber auch seine Kraft gewachsen sei, seit er das Band Läding gebrochen hatte; zugleich erwog er, daß er sich entschließen müsse, einige Gefahr zu bestehen, wenn er berühmt werden wolle. Er ließ sich also das Band anlegen. Als die Asen damit fertig waren, schüttelte sich der Wolf und reckte sich und schlug das Band an den Boden, so daß die Stücke weit davon flogen. So brach er sich los von Droma.

Es wurde danach sprichwörtlich, sich aus Läding zu lösen, oder aus Droma zu befreien, wenn von einer schwierigen Sache die Rede ist.

Danach fürchteten die Asen, daß sie den Wolf nicht würden binden können. Da schickte Allvater Odin den Jüngling Skirnir, der Freyrs Diener war, zu einigen Zwergen in Schwarzalfenheim, und ließ das Band Gleipnir verfertigen. Dieses war aus sechserlei Dingen gemacht: aus dem Schall des Katzentritts, dem Bart der Weiber, den Wurzeln der Berge, den Sehnen der Bären, der Stimme der Fische und dem Speichel der Vögel. Hast Du auch diese Geschichte nie gehört, so magst Du doch bald finden, daß sie wahr ist und wir Dich nicht belügen, wenn Du da wohl bemerkt hast, daß die Frauen keinen Bart, die Berge keine Wurzeln haben und der Katzentritt keinen Schall gibt, so magst Du mir wohl glauben, daß das übrige ebenso wahr ist, was ich Dir gesagt habe, wenn Du auch von einigen dieser Dinge keine Erfahrung hast."

Die Bedeutung der Namen der drei Bänder, mit denen Fenrir gefesselt werden soll, sind z.T. unsicher. „Läding" bedeutet vermutlich „Frucht, Ertrag"; Droma bedeutet „Traum" und „Gleipnir" heißt übersetzt „Gleitendes, Geschmeidiges". Die Wahl des Namens „Läding" ist eher unverständlich, während „Gleipnir" schlicht die Beschaffenheit des Bandes beschreibt. „Droma" („Traum") hat Ähnlichkeit mit den unwirklichen Dingen, aus denen Gleipnir hergestellt wurde. Da Läding und Droma in einem Sprichwort zusammengefaßt wurden, könnten die beiden Namen evtl. auch inhaltlich ein Paar bilden. Vielleicht bezog sich „Läding" („Frucht") auf das Diesseits und „Droma" („Traum") auf das Jenseits. Gleipnir wäre dann sozusagen das Unmögliche, das eigentlich weder im Diesseits noch im Jenseits zu finden ist – d.h. es ist eine Art Wunder oder Magie.

Diese Deutungen sind jedoch, wie gesagt, recht ungewiß.

Da sprach Gangleri: „An den Dingen, die Du als Beispiel anführst, kann ich allerdings die Wahrheit erkennen; aber wie war das Band beschaffen?"

Har antwortete: „Das kann ich Dir wohl sagen: das Band war schlicht und weich wie ein Seidenband und so stark und fest, wie Du sogleich hören wirst. Als das Band den Asen gebracht wurde, dankten sie dem Boten für das wohl verrichtete Geschäft und fuhren dann auf die Insel Lyngwi im See Amswartnir, riefen den Wolf herbei, zeigten ihm das Seidenband und baten ihn, es zu zerreißen. Sie sagten, es wäre wohl etwas stärker, als es nach seiner Dicke das Aussehen habe. Sie gaben es einer dem anderen und versuchten ihre Stärke daran, allein es riß nicht.

Doch sagten sie, der Wolf werde es wohl zerreißen mögen. Der Wolf antwortete: 'Um dieses Band dünkt es mich so, als wenn ich wenig Ehre damit einlegen möchte, wenn ich auch eine so starke Fessel entzweireiße; falls es aber mit List und Betrug gemacht ist, obgleich es so schwach scheint, so kommt es nicht an meine Füße.'

„Lyngwi" bedeutet „Heidekraut-Heiligtum" im Sinne von „Jenseits-Tempel". Es könnte auch ein Hügelgrab in der Heide gemeint sein.

„Amswartnir" setzt sich aus „Amsa" für „Rücken" und „Wartnir" für „Wächter" zusammen. Dieser Name bedeutet bedeutet daher „Rückenwächter" oder, militärisch ausgedrückt, „Nachhut".

Die Namen der Insel und des Sees lassen vermuten, daß es sich hier um einen gut bewachten Ort handelt. Dort wuchs anscheinend der Wolf Fenrir heran, was bedeutet, daß auch der Gott Tyr jeden Tag dorthin ging, um den Wolf zu füttern.

Da die Germanen die Vorstellung eines Jenseits draußen im Meer bzw. in einer Wasserunterwelt hatten, könnte die „Gefangeneninsel" Lyngwi die Unterwelt bezeichnen: die Insel im Westen, wo die Sonne untergeht.

Die Insel, auf der Fenrir lebt, wird mit der Jenseitsinsel Walaskialf („Toteninsel"), auf der sich Tyr im Jenseits befindet, und mit der Insel Säwarstad („Meeresstätte"), auf der Loki-Nidud den Tyr-Wieland gefangenhielt, identisch sein.

Vielleicht ist „Lyngwi" auch mit „Laufey" identisch: „Laufey bedeutet „Laub-Insel" und ist der Name von Lokis Mutter. Beide Namen würden dann die Jenseits-Insel bezeichnen. Die bekannteste aller Jenseits-Inseln ist sicherlich Atlantis.

Da sagten die Asen, er möge leicht ein dünnes Seidenband zerreißen, da er zuvor die schweren Eisenfesseln zerbrochen habe. 'Wenn Du aber dieses Band nicht zerreißen kannst, so haben die Götter sich nicht vor Dir zu fürchten und wir werden Dich dann lösen.'

Der Wolf antwortete: 'Wenn ihr mich so fest bindet, daß ich mich selbst nicht lösen kann, so spottet ihr meiner, und es wird mir spät werden, Hilfe von euch zu erlangen: darum bin ich nicht gesonnen, mir dieses Band anlegen zu lassen. Ehe ihr mich aber der Feigheit zeiht, so lege einer von euch seine Hand in meinen Mund zum Unterpfand, daß es ohne Betrug hergeht.'

Da sah ein Ase den andern an, die Gefahr erschien ihnen doppelt groß und keiner wollte seine Hand hergeben, bis Tyr zuletzt seine Rechte darbot und sie dem Wolfe in den Mund legte. Und da der Wolf sich reckte, da erhärtete das Band, und je mehr er sich anstrengte, desto stärker ward es. Da lachten alle außer Tyr, denn er verlor seine

Hand.

Als die Asen sahen, daß der Wolf völlig gebunden sei, nahmen sie den Strick am Ende der Kette, der Gelgia hieß, und zogen ihn durch einen großen Felsen, Giöll genannt, und festigten den Felsen tief im Grund der Erde. Auch nahmen sie noch ein anderes Felsenstück, Thwiti genannt, das sie noch tiefer in die Erde versenkten und das ihnen als Widerhalt diente. Der Wolf riß den Rachen furchtbar auf, schnappte nach ihnen und wollte sie beißen; aber sie steckten ihm ein Schwert in den Gaumen, daß das Heft wider den Unterkiefer, und die Spitze gegen den Oberkiefer stand: damit ist ihm das Maul gesperrt. Er heult entsetzlich, und Geifer rinnt aus seinem Maul und wird zu dem Fluß, den man Wan nennt. Also liegt er bis zur Götterdämmerung."

Der Name „Gelgia" der Kette, mit der Fenrir an einen Felsen angebunden wurde, bedeutet „Felsspalte, Kluft". Dieser Name scheint daher ursprünglich einmal den Ort selber bezeichnet zu haben, der eine Schlucht oder ein Höhleneingang oder eben der Eingang in ein Hügelgrab gewesen zu sein scheint.

Der Felsen, an den Fenrir angekettet wurde, trägt wie der Fluß vor dem Eingang zur Unterwelt der Göttin Hel den Namen „Giöll". Auch einer der Hirsche unter der Weltesche heißt „Giöll". Dieses Wort bedeutet „der Laute". Auch hier findet sich ein Lochstein wie der, an den Loki gefesselt worden ist.

Der Name „Thwiti" des Widerlager-Steines, der wohl eine Art Keil gewesen ist, bedeutet „der Zweifache/Gespaltene". Dies könnte eine rein technische Bezeichnung sein, aber vielleicht auch eine Variante von „Gelgia", da eine Felsspalte oder Kluft auch etwas Zweifaches und Gespaltenes ist.

Man hätte das Maul des Fenrir auf die verschiedensten Weisen unschädlich machen könnte. Die Wahl, ihm ein Schwert ins Maul zu stecken, läßt vermuten, daß es sich bei diesem Schwert um das Schwert des Tyr handelt – auch hier wären dann verschiedene Elemente des Tyr gegeneinander gerichtet worden: Tyr-Fenrir beißt Tyr die Hand ab und das Schwert des Tyr bändigt Tyr-Fenrir.

Diese Methode ist noch heute beim Schmieden (nicht nur) politischer Intrigen recht beliebt, weil sie recht effektiv ist.

Der Name „Wan" des Flusses, der aus dem Geifer des Fenrir entsteht, leitet sich von demselben Wort wie das englische „to want" ab und bedeutet „Mangel, leer, streben, wünschen". Dieser Name beschreibt daher den Gemütszustand des Fenris-Wolfes. Wenn man bedenkt, daß vor dem Eingang zur Unterwelt der Hund Gram wacht, und die Kette des Fenrir denselben Namen wie der Unterweltfluß trägt, scheint Fenrir in der Unterwelt gefangen gesetzt worden zu sein:

> - Er liegt auf der Insel Lyngwi im See Amswartnir gefesselt, die vermutlich wie „Laufey" das Jenseits repräsentiert.
>   - Die Verbindung des Fenris-Wolfes mit dem Wasser und dem Jenseits

scheint alt zu sein, da „Fenrir" in etwa „Sumpf-Bewohner" bedeutet. Die Germanen legten aufgrund der Vorstellung eines Wasserjenseits die Opfergaben für ihre Ahnen vor allem in Quellen, Seen und Sümpfen nieder.

- Er wird an den Felsen Giöll gebunden, der denselben Namen wie der Jenseitsfluß trägt.
- Aus seinem Geifer entsteht der Fluß Wan, dessen Name („Mangel") auch eine passende Bezeichnung für den Jenseitsfluß wäre.
- Die Kette, mit der Fenrir angebunden wird, heißt „Felsspalte, Kluft" und der Widerlager-Stein trägt den Namen „Zweifacher, Gespaltener". Dies könnten ursprünglich Bezeichnungen für den Eingang zu der Höhle in die Unterwelt gewesen sein.
- Der Eingang zur Unterwelt wird von dem gefürchteten Hund Garm bewacht, der eine Entsprechung zu dem gefesselten Fenrir sein könnte.

Fenrir ist ursprünglich die Wolfskrieger-Gestalt des Tyr gewesen. Er wurde wie Tyr im Winter in der Unterwelt gefangen.

Da Fenrir in den späteren Mythen der Sohn des Loki ist, ergibt sich auch eine Parallele zu der Gefangenschaft des Loki während der drei Sommermonate.

I 22. Loki, der Gefangene des Thiazi

Loki war nicht nur der Gefangene des Tyr bzw. der Asen, sondern einige male auch der Gefangene eines Riesen.

Da der Riese Thiazi jedoch eine Umdeutung des Göttervaters Tyr ist, ist Loki auch in der hier betrachteten Geschichte ein Gefangener des Göttervaters, dessen Feind er offensichtlich ist.

I 22. a) Haustlöng

In diesem Lied bleibt Loki an dem Stab kleben, mit dem er nach dem Adler Thiazi, d.h. nach dem Seelenvogel des Göttervaters Tyr geschlagen hat. Auch dies ist eine Gefangenschaft – allerdings eine sehr dynamische, da er von dem Adler Thiazi übers Gelände geschleift wird.

Diese Szene stellt im Grunde einen Kampf zwischen Tyr und Loki dar, bei dem Tyr den Loki solange peinigt, bis er aufgibt und dem Tyr-Thiazi die Äpfel der Idun mitsamt der Göttin selber holt. Dadurch, daß Tyr zu dem Riesen Thiazi geworden ist, hat sich allerdings einiges in der Mythe verdreht: Odin und die Asen sind nun die „gute Seite" und Tyr-Thiazi ist zu dem Räuber der Idun und der Äpfel geworden. Das wesentliche Motiv, also der Raub und die Befreiung der Idun, ist allerdings erhalten geblieben.

Wie allgemein üblich, bestimmt der Sieger, d.h. hier der neue Göttervater Odin, was richtig und gut sowie was falsch und böse ist. Das Richtige und Gute ist dabei ganz einfach der neue Göttervater selber und das Böse ist der alte Göttervater.

Dieser „Generationenkampf" ist ein weitverbreitetes Thema in den Mythen der Indogermanen. Sein Ursprung liegt darin, daß es durch die Symbolik von Wiederzeugung und Wiedergeburt einen alten, abendlichen Sonnengott-Göttervater und einen jungen, morgendlichen Sonnengott-Göttervater gibt. Nachdem aus der Identität des alten und jungen Gottes Vater und Sohn geworden war, hat es aufgrund des kriegerischen Charakters der Indogermanen anscheinend nicht lange gedauert, bis man aus dem Wiedergeburtsmotiv einen Kampf zwischen dem alten Götterfürsten und dem jungen Götterfürsten gemacht hat.

Loki blieb bei den Germanen bei allen diesen Entwicklungen jedoch immer derselbe: die Verkörperung der Unterwelt, der Nacht und des Winters, die den Sonnengott-Göttervater bedrohte.

Diese Mythe ist schon in Kapitel „I 8. c)" dargestellt und besprochen worden.

I 23. Loki, der Gefangene des Geirröd

Geirröd ist ein weiterer Tyr-Riese, der Loki gefangengenommen hat. Da die zentrale Gestalt in dieser Mythe nicht mehr Tyr-Thiazi bzw. Tyr-Geirröd ist, sondern Thor, wird sie aus der dritten Phase der germanischen Religion stammen, die sich in den schriftlichen Überlieferungen erfassen läßt und in der Thor der dominante Gott gewesen ist.

I 23. a) Skaldskaparmal

Es verdient gar sehr erzählt zu werden, wie Thor nach Geirrödsgard fuhr, denn da hatte er weder den Hammer Miölnir, noch den Stärkegürtel, noch die Eisenhandschuhe bei sich, woran Loki schuld war, der ihn begleitete.

Der Name „Geirröd" bedeutet „Speer-Sonne", d.h. „Schild". Ein „ger" ist ein „Speer" und das Wort „rödull" bedeutet „Rad, Sonne, Lichtschein, Ruhm".

Da es sich hier um eine Loki-Mythe handelt, besteht der berechtige Anfangsverdacht, daß es sich bei Riesen Geirröd wie bei dem Riesen Thiazi, dem Riesenbaumeister, dem Riesen Hrungnir und dem Riesen Surtur um „Tyr in der Unterwelt" handelt. Auch der Name „Speer-Sonne" klingt nicht sehr nach einem Riesen, da diese normalerweise eher Felsbrocken als Waffen benutzten. Der Schild, nach dem Tyr hier benannt worden ist, ist sein Sonnenschild.

Denn dem Loki war es einstmals begegnet, als er zu seiner Kurzweil mit Friggs Falkenhemd ausflog, daß er aus Neugierde nach Geirrödsgard flog, wo er eine große Halle sah. Da ließ er sich nieder und sah ins Fenster. Aber Geirröd erblickte ihn und befahl, den Vogel zu greifen und ihm zu bringen.

Der Ausgesandte gelangte mit Not die Hallenwand hinan, so hoch war sie. Loki ergötzte sich daran, wie jener ihm so mühsam nachstrebte, und dachte, es sei noch früh genug für ihn, aufzufliegen, wenn der Mann das Beschwerlichste überstanden habe. Als dieser nun nach ihm langte, da schlug er die Flügel und spreizte die Füße; aber diese hingen fest.

Dies ist dasselbe Motiv wie in der Thiazi-Mythe, in der Loki an dem Stab festgeklebt ist, mit dem er nach dem Adler Thiazi geschlagen hat. Vermutlich wurde dieses Festkleben im Zusammenhang mit einem Vogel (Thiazi-Adler, Loki-Falke) durch die Vogeljagd mit einer Leimrute inspiriert.

Da wurde Loki ergriffen und dem Riesen Geirröd gebracht. Als der ihm in die Augen sah, da ahnte ihm, daß es ein Mann sein möge, und gebot ihm, Rede zu stehen; aber Loki schwieg. Da schloß ihn Geirröd in eine Kiste und ließ ihn da drei Monate hungern.

Dies ist eine weitere Gefangenschaft des Loki. Da Loki „Schloß, Verschluß, Luke" u.ä. bedeutet, ist sein Einsperren in einer Kiste geradezu eine Anspielung auf seinen Namen – oder eine Erklärung seines Namens.

Die Falken-Verwandlung und der Flug „aus Kurzweil", also zur eigenen Unterhaltung, der diese Mythe in Gang setzt, wird einer der ältesten Teile der Geirröd-Mythe sein. Sie stellt die Verwandlung des Loki in einen Seelenvogel dar, woraufhin er die drei Sommermonate, in denen Tyr herrscht, gefangen in der Unterwelt verbringen muß. Das Wort „Kiste", das hier für Lokis Gefängnis benutzt wird, bezeichnete auch die Grabkammer in einem Hügelgrab. Loki liegt also die drei Sommermonate als Seelenvogel gefangen in seinem Hügelgrab.

Auf diesem Element aus den alten, Tyr-zentrierten Mythen ist dann im folgenden ein Ruhmlied des Thor aufgebaut worden. Die Skalden haben bei den Mythen-Umdeutungen um 500 n.Chr. die wesentlichen alte Mythen-Elemente beibehalten, aber sie in neue Zusammenhänge gestellt, die die Macht des Thor und die Herrschaft des Odin hervorgehoben haben.

Dieses Verfahren ist wesentlich einfacher und effektiver als die alten Mythen zu verdrängen und an ihre Stelle neue Mythen zu stellen. Im Christentum wird dieses Verfahren „kontextuelle Missionierung" genannt. Zu diesem Verfahren zählt z.B., daß die Missionare die Wiedergeburt des Sonnengott-Göttervaters in der Jul-Nacht zu der Geburt Christi umgedeutet haben – anders war dieses alte Fest einfach nicht zu „entschärfen" gewesen.

Dieses Verfahren haben auch die Skalden bei den Umstrukturierung der alten Tyr-Mythen angewendet.

Lokis dreimonatiges Schweigen erinnert an Lokis zugenähten Mund – vermutlich schwieg er, weil er während der drei Sommermonate in der Grabkammer eines Hügelgrabes, d.h. in der Unterwelt gefangen lag.

Und als ihn Geirröd herausnahm und reden hieß, gestand Loki, wer er sei und löste sein Leben damit, daß er dem Geirröd schwur, den Thor nach Geirrödsgard zu bringen, ohne daß er den Hammer und den Stärkegürtel hätte.

Offensichtlich gelingt es Loki, Thor zu der Fahrt zu dem Riesen Geirröd zu überreden.

Hier beginnt jetzt der neue Teil der Mythe, der kurz nach 500 n.Chr. von den Skalden, die Thor und Odin verehrt haben, erschaffen worden ist.

Unterwegs nahm Thor Herberge bei einem Riesenweib, das Grid hieß. Sie war die Mutter Widars, des Schweigsamen. Sie sagte dem Thor die Wahrheit über Geirröd, er sei ein gemeiner und übel umgänglicher Jötun. Auch lieh sie ihm ihren eigenen Stärkegürtel und ihre Eisenhandschuhe und ihren Stab, Gridarwöl genannt.

Grids Stab „Gridarwöl" („Grids Stab") ist vermutlich der Stab einer Seherin oder eines Priesters. Er könnte mit dem Stab identisch sein, mit dem Loki in der Thiazi-Mythe nach dem Adler schlägt.

Die Funktion des Stabes in der Geirröd-Mythe ist die ältere Version, da der Stab hier noch eine Hilfe bei der Jenseitsreise darstellt (siehe die noch folgenden Szenen).

In der Thiazi-Mythe verbindet der Stab zwar auch seinen Besitzer (Loki) noch immer mit dem Göttervater (Adler), aber es hat schon eine ironische Umdeutung dieses Stabes zu einer Leimrute stattgefunden.

Eigentlich hätte Thor auch einfach nur ohne seinen Hammer nach Utgard zu Geirröd ziehen können – es muß also eine Mythe gegeben haben, in der Thor seinen Stab, seinen Gürtel und seine Handschuhe erhalten hat. Da diese drei Dinge auch die Kennzeichen eines Priesters sind, scheint Grid hier den Thor zum Priester geweiht zu haben.

Es wäre zumindestens denkbar, daß zuvor Tyr statt Thor von Grid zum Priester geweiht worden ist – dann wäre diese Szene der Weihung des Thor eine Entsprechung zu der Zerstörung der Ahnensäule, dem Zerbrechen des Ritualkelches, dem Raub des Kessels und dem Töten des Stieres des Tyr-Riesen Hymir im Hymir-Lied, da diese vier Dinge wesentliche Bestandteile des Kultes gewesen sind.

Bei der Umdeutung der alten, Tyr-zentrierten Mythen wurde gleich auch die Beendigung des Tyr-Kultes durch Thor beschrieben. Man stellte das Angestrebte durch eine Mythe dar, um das Angestrebte auch zu erreichen …

Da fuhr Thor zu dem Fluß, der Wimur hieß, dem größten aller Flüsse.

Der Wimur ist der Jenseitsfluß. Manchmal scheint er auch das Nordmeer zu sein, das zwischen Skandinavien, Island, Grönland und der Arktis liegt, in der man den Weltenbaum und manchmal auch das Land der Riesen vermutete.

Da umspannte Thor sich mit dem Stärkegürtel und stemmte Grids Stab gegen die Strömung; Loki aber hielt sich unten am Gurt fest. Als nun Thor mitten in den Fluß kam, da wuchs dieser so stark an, daß er ihm bis an die Schulter stieg.
Da sprach Thor:

„Wachse nicht, Wimur, jetzt, da ich waten muß
Hin zu des Joten Hause.
Wisse, wenn Du wächst, wächst mir die Asenkraft
Ebensohoch in den Himmel."

Diese Strophe wird ebenso wie die gleich noch folgende Strophe aus einer älteren Fassung dieser Mythe in Versform stammen.

Da sah Thor in eine Bergkluft hinauf, daß da Gialp, Geirröds Tochter, quer über dem Strome stand und dessen Wachsen verursachte.

Ein recht rustikales Bild: Gialp versucht Thor in dem Fluß zu ertränken, indem sie in ihn uriniert und ihn dadurch anschwellen läßt …

Da nahm Thor einen großen Stein aus dem Fluß auf und warf nach ihr, indem er sprach: „Bei der Quelle muß man den Strom stauen."
Sein Wurf pflegte sein Ziel nicht zu verfehlen.
In demselben Augenblick nahte er sich dem Land, ergriff einen Sperberbaumstrauch und stieg aus dem Fluß: daher das Sprichwort, der Sperberbaum sei Thors Rettung.

Dieser Baum wird wohl mit dem Weltenbaum identisch sein. Der Sperberbaum ist ein naher Verwandter der Eberesche.

Als nun Thor zu Geirröd kam, wurden die Reisegefährten zuerst in das Gästehaus gewiesen. Da war nur ein Stuhl zum Sitzen, auf den setzte sich Thor. Nun wurde er gewahr, daß der Stuhl unter ihm sich gegen die Decke hob. Da stieß er mit Grids Stab gegen das Sparrenwerk und drückte sich auf den Stuhl hinab. Alsbald entstand großes Gekrach und folgte lautes Geschrei. Unter dem Stuhle waren Geirröds Töchter Gialp und Gneip gewesen und beiden hatte er den Rücken zerbrochen.

Dieses Erheben auf einem Stuhl macht den Eindruck, als ob es ein Bestandteil eines Rituales gewesen sein könnte – evtl. der Krönung oder der Priesterweihe. Falls dies zutreffen sollte, wäre hier noch ein Element aus dem früheren Kult des Tyr dadurch unschädlich gemacht worden, daß es ins Lächerliche gezogen wurde.

Da sprach Thor:

*"Einstmals übt ich die Asenstärke
In des Joten Hause,
Da Gialp und Gneip, Geirröds Töchter,
Mich zum Himmel hoben."*

Möglicherweise spielt dieser Vers auf eine Zeile aus dem vermuteten Tyr-Ritual an, da sich Tyr als Sonne am Himmel befand.

Da ließ Geirröd den Thor in die Halle zu den Spielen rufen. Da waren große Feuer der ganzen Länge der Halle nach.
Und als Thor in der Halle dem Geirröd gegenüber stand, da faßte Geirröd mit der Zange einen glühenden Eisenkeil und warf ihn nach Thor.

Ein Tyr-Riese mit einem glühenden Eisen-Keil wird eine Entsprechung zu Tyr als der Schmied Wieland, der im Jenseits sein Schwert neuschmiedet, sein. Der „Keil" ist daher recht sicher die Klinge von Tyrs Schwert.

Aber Thor fing ihn mit den Eisenhandschuhen in der Luft auf. Geirröd sprang hinter eine Eisensäule, sich zu wahren.
Aber Thor warf den Keil, daß er durch die Säule fuhr, durch Geirröd, durch die Wand und draußen noch in die Erde.

In einigen Mythen kann Tyr nur durch sein eigenes Schwert getötet werden. Die Todes-Szene des Tyr-Geirröd in diesem Lied wird daher eine Variante dieses Motivs sein: Der „glühende Keil" ist die Klinge des Tyr-Schwertes, die gerade von Tyr-Geirröd neugeschmiedet wird.

Die Säule in der Halle des Tyr-Geirröd, die Thor bei seinem Wurf zerstört, ist dieselbe Säule wie die in der Halle des Tyr-Hymir: Durch die Zerstörung der Säulen, die den Weltenbaum bzw. das Seelenweg-Tor darstellen, wird die Verbindung zum Jenseits zerstört – was bedeutet, daß der Kult des Tyr endet …

Damit endet die Geschichte, die Snorri Sturluson in der Edda berichtet. Über Loki erfährt man in dieser Geschichte mehrere Dinge:

- Loki ist als Falke ausgeflogen,
- Loki blieb an der Wand in der Halle des Riesen kleben,
- Geirröd nahm Loki gefangen und sperrte ihn für drei Monate (Sommer = Herrschaft des Tyr) in eine Kiste (Grabkammer im Hügelgrab) ein,

- Loki überredete Thor, ohne seinen Hammer, ohne seinen Kraftgürtel und ohne seine Eisenhandschuhe ins Riesenland zu ziehen, und
- Loki klammerte sich bei der Durchquerung des Flusses Wimur an Thors Gürtel fest.

Die Vogelgestalt des Loki kommt des öfteren vor. Der Falke wird Lokis Seelenvogel sein.

Falls das Festkleben des Loki von einer Leimrute inspiriert worden ist, muß Loki als Vogel ein wichtiges Motiv gewesen sein. Dazu würde zum einen passen, daß er ein Gott der Unterwelt ist, in der sich eben Seelenvögel und nicht Menschen mit materiellem Leib befinden, und daß er auch „Loptr" („Luftiger") genannt wurde. Auch seine magischen Flugschuhe würden gut dazu passen, daß Lokis Fliegen als (Seelen-)Vogel einst sehr wichtig gewesen sein muß.

Das Festklammern des Loki an Thors Gürtel soll vermutlich vor allem die große und allen anderen überlegene Kraft des Thor verdeutlichen.

Besonders interessant ist es, daß es dem Loki gelungen ist, den Thor dazu zu überreden, ohne seine drei Waffen ins Riesenland zu ziehen. Auffälligerweise erhält er jedoch auf der Reise selber von Grid, der Mutter des Asen Widar, deren Kraftgürtel und Eisenschuhe. Dies erweckt den Eindruck, als könnte Thor seinen Stab, seinen Gürtel und seine Handschuhe von Grid erhalten haben, d.h. daß die Geschenke der Grid und sein eigener Kraftgürtel und seine Eisenhandschuhe identisch gewesen sind. Es handelt sich bei der Szene mit Grid und Thor um eine Herkunftsmythe über zwei der drei Waffen des Thors. Vermutlich ist Thor hier von Grid zum Priester geweiht worden, da diese drei Dinge die Kennzeichen eines Priesters gewesen sind.

Falls der Grid-Sohn Widar letztlich auch eine umgedeutete Form des ehemaligen Göttervaters Tyr sein sollte, hätte Thor hier dem Tyr-Widar die Priesterweihe und die Wiedergeburt (durch Grid) fortgenommen und in die eigenen Mythen übertragen – das damalige Standardverfahren der Priester und Skalden bei der Umdeutung der alten Tyr-Mythen in die neuen Thor-Mythen.

Diese Deutung läßt natürlich vermuten, daß das glühende Stück Eisen, daß Geirröd nach Thor wirft, Thors Hammer Mjöllnir ist. Dazu würde passen, daß Thor den Geirröd anschließend mit diesem Stück Eisen tötet.

Der Riesenschmied Geirröd hat somit Ähnlichkeit mit Wieland dem Schmied und wird wohl wie dieser wieder „Tyr in der Unterwelt" sein, der dort ursprünglich sein eigenen Schwert neugeschmiedet hat.

So wie in späteren Fassungen dieses Motives nicht mehr Tyr-Wieland selber, sondern seine beiden Pferde-Söhne in deren Gestalt als zwei Zwerge die magischen Schwerter in den Isländer-Sagas schmieden, so wurden auch aus Geirröd als dem Schmied des Hammers Mjöllnir die beiden Zwerge Brokk und Sindri, die die magischen Gegenstände der Götter einschließlich von Thors Hammer herstellen, der von den Göttern als das Meisterwerk der Zwerge angesehen wurde.

Möglicher liegt diesem Motiv eine Ironie zugrunde: Tyr-Wieland-Geirröd schmiedet sein eigenes Schwert, das jedoch in der Hand des Thor zu dessen Hammer wird. Das würde bedeuten, daß auch die Kraft des Schwertes des Tyr auf den Hammer des Thor übertragen worden ist.

Diese Deutung ist zwar nicht vollkommen sicher, aber doch gut denkbar und würde gut zu dem ansonsten in dieser Mythe üblichen Umdeutungsverfahren der Tyr-Mythen passen.

Es hat somit den Anschein, als ob es folgende Entwicklung dieser Mythe gegeben hätte:

Die Entwicklung der Mythe über die Entstehung von Thors Hammer Mjöllnir		
Phase	*Tyr*	*Thor*
1. Phase	Tyr wird von vermutlich von Freya oder als Widar von Grid wiedergeboren	Thor wird von Jörd (wieder-)geboren
2. Phase	Tyr erhält am Morgen bzw. im Frühjahr sein Schwert zurück	der wiedergeborene Thor erhält seinen Hammer, seinen Kraftgürtel, seine Eisenhandschuhe und seinen Stab von Grid, die die Muttergöttin im Jenseits ist
	Tyr wird von Grid zum Priester geweiht (die Priesterweihe war vor allem eine Jenseitsreise)	Thor wird von Grid zum Priester geweiht
3. Phase	Tyr-Wieland schmiedet sein Schwert	
4. Phase		Thor übernimmt die Tyr-Wieland-Symbolik: Geirröd schmiedet Mjöllnir; die Kraft des Tyr-Schwertes wird auf den Thor-Hammer übertragen
5. Phase	zwei Zwerge schmieden das magische Schwert	Sindri und Brock schmieden Mjöllnir

Loki bildet in dieser Mythe nur eine Randfigur – allerdings eine unverzichtbare, da er die Ursache für den Zyklus der Jahreszeiten ist, auf den sich diese Mythen beziehen.

I 23. b)   Thorsdrapa

Dieses Lied wurde von dem Skalden Eilifir Godrunason um ca. 1000 n.Chr. verfaßt. Diese Version der Reise des Thor zu dem Riesen Geirröd ist somit ungefähr 220 Jahre älter als die Prosa-Fassung von Snorri Sturluson aus der Edda.

Da die beiden von Snorri zitierten Strophen nicht aus der Thorsdrapa stammen (sie haben ein völlig anderes Versmaß), muß es mindestens zwei Lieder über dieses Abenteuer des Donnergottes gegeben haben, was ein deutlicher Hinweis auf die Wichtigkeit dieser Mythe ist.

Der Skalde Eilifir benutzt in der Thorsdrapa sehr viele Kenningar, wodurch dieses Lied sehr dicht und „farbig" ist. Eine Kenning ist in gewisser Weise so etwas wie ein komplexes Adjektiv. Dadurch, daß die einfache Bezeichnung einer Sache durch eine Umschreibung ersetzt wird, entstehen mehr oder weniger vielfältige Beschreibungen dieser Sache, durch die bei den Zuhörern durch die Wortwahl gezielt Assoziationen zu anderen Mythen und Motiven wachgerufen werden.

Durch einfache Worte entsteht in den Zuhörern eine Geschichte, die wie ein schmaler Weg ist – der „rote Faden" der Geschichte. Durch die vielen Umschreibungen, die „Kenningar" genannt werden, entsteht daraus jedoch ein schmaler Weg in einer weiten Landschaft, in der den Zuhörern ständig neue Ausblicke nach allen Seiten hin eröffnet werden.

Wenn der Donnergott z.B. nicht einfach immer nur „Thor" genannt wird, sondern „Sohn des Odin", „Mann der Sif", „Vater des Magni" usw., entsteht nebenher ein Bild der Verwandtschaft des Thor. Wenn er hingegen als „Herr des Wagens", „Besitzer der Ziegenböcke", „Fahrer über den Himmel", „Lenker des Donners" usw. umschrieben wird, entsteht neben der eigentlichen Erzählung das Bild des Thor, der in seinem von zwei Ziegenböcken gezogenen Streitwagen über den Himmel fährt und dabei Blitz und Donner verursacht.

Der Vater des Meer-Seiles begann den Zerschneider
des Lebensnetzes der Götter der Flucht-Felsvorsprünge
zum Verlassen seines Heimes anzutreiben.
Loptr war ein großer Lügner.

Der hinterhältige Geist-Prüfer
des Gottes des Kriegs-Donners erklärte,
daß die grünen Pfade
zu Geirröds Mauer-Pferd führen würden.

Das „*Meer-Seil*" ist Jörmungandr. Der „*Vater des Jörmungandr*" ist Loki.

Die „*Flucht-Felsvorsprünge*" sind Landzungen, auf die die Riesen fliehen, und im weiteren Sinne Utgard, das als Gebirgszug rings um das Weltmeer liegt. Die „*Götter der Landzungen*" sind die Riesen. Das „*Lebensnetz*" besteht vermutlich aus den Schicksals- und Lebensfäden, die von den Nornen gesponnen werden. In den germanischen Überlieferungen wurde das Bild des Spinnens der Nornen des Öfteren zum Weben, Schneiden u.ä. ausgebaut. Der „*Zerschneider des Lebensnetzes der Riesen*" ist Thor, der Riesen-Töter.

Die Kenning „*Flucht-Felsvorsprünge*" enthält ein Wortspiel, da das germanische Wort „flug" sowohl „steil" als auch „Flucht" bedeutet – was hier beides zutrifft: Die Riesen fliehen vor Thor auf ihre steilen Landzungen, d.h. auf die hohen Berge von Utgard.

„*Loptr*" („Luft") ist ein Beiname des Loki, den er wahrscheinlich aufgrund seiner magischen Flugschuhe erhielt. „*Loki war ein großer Lügner*", weil er in Falkengestalt von dem Riesen Geirröd gefangengenommen worden war, der als Lösegeld von Loki verlangte, daß er Thor ohne seinen Kraftgürtel, seine Handschuhe und seinen Hammer zu ihm bringen soll – was Loki dem Thor natürlich nicht erzählt, sondern ihn mit Hilfe von Lügen waffenlos in das Riesenland lockt.

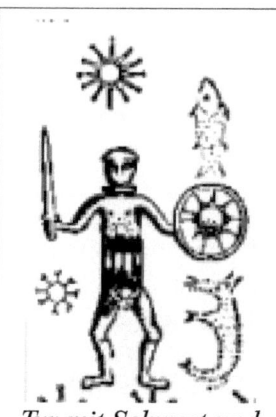

Tyr mit Schwert und Schild sowie einer Sonne auf seiner Brust, seinen Genitalien und über ihm

Der „*Gott des Kriegs-Donners*" ist Thor. Sein Prüfer ist Loki. Da Thors Kraft sowohl mit dem Donner als auch mit dem Kampf assoziiert wurde, ist der Donner „Thors Kampfgetöse".

Die Kenning „*Geist-Prüfer des Gottes des Kriegs-Donners*" enthält eine bewußte Zweideutigkeit, da die Worte in dem germanischen Original auch als „Freund des Odin" gelesen werden können. Loki ist beides: der „*Tester des Thor*" und der „*Freund des Odin*".

Der Name „*Geirröd*" bedeutet „Speerschutz", also „Schild". Im Zusammenhang mit den Riesen erscheint nur ein einziges Mal ein Schild: den, den der Riese Hrungnir unter seine Füße legt, damit ihn Thor nicht von unten her aus der Erde heraus angreifen kann.

Da der Schild bei den Germanen schon seit den germanischen Felsritzungen, die zwischen 1800 und 500 v.Chr. angefertigt wurden, ein Symbol der Sonne ist, könnte das, was Hrungnir als von unten kommend fürchtete, die auf-gehende Sonne sein. Diese Furcht der Riesen vor der aufgehenden Sonne könnte dadurch entstanden sein, daß der Bereich der Riesen das Jenseits und somit die Nacht ist – zumindestens die Zwerge („dwergaz" = „Totengeister") erstarrten zu Stein, wenn die Sonne auf sie schien.

Es wäre also auch ein Zusammenhang zwischen Geirröd und der Sonne denkbar – zumal die Riesen im allgemeinen eher grobe Waffen benutzten und keine Schwerter und Schilde und weil Geirröd einer der vielen Tyr-Riesen ist. (Siehe auch „Schild" in Band 66 sowie „Geirröd" in Band 5.)

Das „Mauer-Pferd" ist ein Haus (man sitzt auf bzw. in beiden). Das „Haus des Riesen Geirröd" ist eine Höhle. Auch hier findet sich wieder eine Doppeldeutigkeit: Die Wortfolge „Pferd-Mauer-Geirröd" kann man als „Mauer-Pferd des Geirröd" auffassen, was dann „Haus des Geirröd", also „Höhle" bedeuten würde. Diese Kenning läßt sich aber auch als „Pferd der Geirröd-Mauer" lesen, was dann ein „Pferd des Gebirges", also einen Wolf bezeichnen würde und ein Hinweis auf die bei Geirröd lauernde Gefahr wäre.

Kenning-freie Übersetzung der Strophe: *„Loki trieb Thor zum Aufbruch an. Loki war ein großer Lügner. Loki sagte, daß der Pfad zu Geirröd führen würde."*

Der tapfere Thor mußte nicht oft
von dem Geier-Pfad um diese Fahrt gebeten werden,
denn sie waren begierig,
Thorns Nachkommen zu besiegen,

als der Bezähmer des Gürtels der Magie-Bucht,
der mächtiger als die Schotten in Idis Behausung ist,
wieder einmal von Thridis Verwandten
zu Ymirs Verwandten aufbrach.

Der „Geier-Pfad" ist offensichtlich Loki. Vermutlich hat er diese ungewöhnliche Kenning erhalten, weil er fliegen, d.h. auf dem „Pfad der Geier" wandern konnte. In ähnlicher Weise wurde auch das Meer „Pfad der Schiffe" oder „Weg der Fische" genannt. Der Skalde Eilifir verwendet hier eine „abgekürzte Kenning", da es sich bei „Geier-Pfad" nur um das Kenniord („Bestimmungswort") handelt, das das Gemeinte näher bezeichnet, aber das Stofnord („Stammwort") fehlt. Die „vorschriftsmäßige" Kenning müßte „Ase des Geier-Pfades" o.ä. lauten.

„*Thorns Nachkommen*" sind die Riesen. „*Thorn*" bedeutet „Dorn" und im übertragenden Sinne auch Schwert. „Thorn" ist ein Beiname des ehemaligen Göttervaters Tyr und bezieht sich auf dessen Schwert. Der Tyr-Riese ist mit dem Urriesen Ymir gleichgesetzt worden, der der Urahn aller Riesen ist. Aus den späteren Erwähnungen des Riesen Thorn in diesem Lied ergibt sich, daß mit *„Thorn"* der Urriese Ymir gemeint ist, der häufig mit dem Tyr-Riesen gleichgesetzt worden ist.

„Bucht der Magie" („Gandvik") war eine Bezeichnung des Weißen Meeres im Norden zwischen Finnland und Rußland. Es ist denkbar, daß sich diese „Magie" auf die Jenseitsreise über dieses Meer nach Utgard bezieht, da die Jenseitsreise eine der wichtigsten Wurzeln der Magie ist. Diese Bucht ist hier in symbolischer Hinsicht identisch mit dem Jenseitsfluß Gjallar, über den die Gjallarbrücke zum Eingang der Halle der Hel führt. Auch der Name „Schlangenbucht" für dieses Meer weist auf die Jenseitsreise hin, da die Toten in der Gestalt einer Schlange ins Jenseits reisten – auch Odin reist in Schlangengestalt in den Berg bzw. das Hügelgrab zu der Riesin Gunnlöd.

Der *„Gürtel der Magie-Bucht"* ist Jörmungandr („Gürtel der Erde"). In dieser Kenning ist die „Magie-Bucht" deutlich als das Große Wasser zwischen Diesseits und Jenseits erkennbar, das man nur mithilfe von Magie, d.h. mithilfe einer Jenseitsreise überqueren konnte. Diese Jenseitsreise, d.h. das Verlassen des eigenen materiellen Körpers („Astralreise"), das man vor allem bei einem Nahtod erleben kann, ist das zentrale Erlebnis und die zentrale Fähigkeit der Schamanen.

Der *„Bezähmer der Midgardschlange"* ist Thor.

„Idi" ist ein Riese. *„Idis Behausung"* sind die Felsen; die *„Schotten"*, die in ihnen wohnen, sind die Riesen. Die feindlichen Völker in anderen Ländern (also praktisch alle, da sich die Wikinger durch ihre Raubzüge nicht sonderlich beliebt gemacht hatten) werden in diesen Strophen allgemein den Riesen gleichgesetzt. Man darf sich wohl ein schadenfrohes Gelächter unter den Zuhörern vorstellen, wenn der Skalde Eilifr beim Vortragen seiner Drapa an diese Stelle kam und durch seine Kenning an die letzte Plünderung der Schotten erinnert hat.

„Thridi" ist Odin, dessen Verwandte die Asen sind. *„Thridi"* bedeutet „der Dritte" und bezieht sich darauf, daß Odin einer der drei Vertreter der drei Stände der Germanen gewesen ist: Odin/Wodan – Krieger/Fürsten; Hönir/We – Priester/Heiler; Loki/Wili – Bauern/Handwerker.

„Ymirs Verwandte" sind die Riesen.

Kenning-freie Übersetzung der Strophe: *„Der tapfere Thor mußte nicht oft von Loki um diese Fahrt gebeten werden. Als Thor, der mächtiger als die Riesen ist, von Asgard aus nach Utgard hin aufbrach, waren sie begierig, die Riesen zu besiegen."*

Der Rater der Schlacht
stand dem schnellen Beweger der Heere
auf der Fahrt eher bei als die meineidige Last
der Arme der Göttin der Zauberei.

Ich trage Grimnirs Lippenflüsse vor.
Der Mädchen-Betrüger der Hallen
des Schrill-Schreiers setzte
die Handflächen seiner Füße auf Endills Heide.

Der *„Rater der Schlacht"* ist Thors Helfer Thjalfi.

Der *„Beweger der Heere"* ist eigentlich Odin, aber hier wird Thor gemeint sein, der wohl aufgrund seines kriegerischen Temperamentes ebenfalls diesen Beinamen erhalten konnte.

Aus dem Zusammenhang ergibt sich, daß die *„meineidige Last der Arme der Göttin der Zauberei"* Loki sein muß. Die *„Last der Arme"* ist eine Umschreibung für den „Ehemann" bzw. den „Geliebten", der wie eine „Last" in den Armen der Frau liegt. Die Göttin der Zauberei muß daher Lokis Frau Sigyn sein, auch wenn von ihr keinerlei Magie berichtet wird.

Das Adjektiv *„meineidig"* („lügnerisch") paßt von allen Göttern am besten auf Loki.

„Grimnir" („Maskenhelm-Träger") ist einer der häufigeren Beinamen des Gottes Odin. Das, *„was von seinen Lippen fließt"*, ist der Göttermet und daher im übertragenden Sinne auch die Dichtkunst, d.h. die Verse, die Eilifir Godrunason gerade vorträgt. Dieser etwas unmotiviert auftretende Einschub ist vermutlich dadurch entstanden, daß Eilifir Godrunason längere Zeit über diese Stelle gegrübelt hat ohne einen anderen passenden Vers für diese Zeile finden zu können. Derartige Kommentare der Skalden über sich selber kamen jedoch des öfteren in ihren Liedern vor, sodaß diese „Notlösung" allgemein akzeptiert gewesen zu sein scheint. Sie ist sozusagen der letzte Ausweg, wenn sich auch mithilfe der Verwendung auch der ausgefallensten Kenningar keine passende Zeile mehr bilden läßt.

Es ist natürlich auch denkbar, daß die Skalden es gar nicht so unangenehm fanden, nebenher auch einmal sich selber zu loben … in der vorchristlichen Zeit achtete man im allgemein in fast allen Kulturen darauf, daß man „sein Licht nicht unter den Scheffel stellte".

Die *„Schrill-Schreier"* sind die Riesen. Mit dieser Kenning wurden auch die Adler bezeichnet. Diese Kenning könnte daher eine Anspielung auf den Riesen Hraesvelgr (Tyr als Seelenvogel) sein, der in Adlergestalt am Rand der Welt den Wind mit seinen Flügeln erzeugt. Diese Assoziation würde dann die Weite der Reise, die Thor und Thialfi bevorsteht, veranschaulichen: Sie müssen bis zum Ende der Welt wandern – bis nach Utgard.

Die *„Halle des Riesen"* ist seine Höhle bzw. das Hügelgrab (die Riesen sind die Ahnen). Der *„Mädchenbetrüger in der Riesenhöhle"* ist Thor. Die Bezeichnung des Thor als *„Mädchenbetrüger"* ist interessant, da es meistens Odin ist, der Nächte mit den Riesinnen Gunnlöd, Rindr, Jörd und anderen verbracht und sie dann wieder verlassen hat. Aber auch der Gott Freyr nahm eine Riesin zur Frau (Gerda) und ebenso der Sonnengott Tyr-Swipdag (Menglöd). Thor hatte ebenfalls eine „Romanze" mit einer Riesin: zusammen mit Jarnsaxa hatte er den Sohn Magni.

Es ist allerdings auch denkbar, daß mit der Kenning „*Mädchenbetrüger*" gemeint ist, daß Thor auch einige Riesinnen erschlagen hat, so wie dies z.B. an zwei Stellen im Harbard-Lied berichtet wird. *Thor: „Ich war im Osten, überwand der Riesen böswillige Bräute, da sie zum Berge gingen. … Berserkerbräute bändigt ich auf Hlesey: Das Ärgste hatten sie getrieben, betrogen alles Volk." Harbard (Odin): „Unrühmlich tatest Du, Thor, daß Du Weiber tötetest." Thor: „Wölfinnen waren es, Weiber kaum. Sie zerschellten mein Schiff, das ich auf Pfähle gestellt hatte, trotzten mir mit Eisenkeulen und vertrieben Thialfi."*

„*Endill*" war ein Seekönig (Wikinger-Anführer). „*Endills Heide*" ist daher das Meer. Die „*Handflächen der Füße*" sind die Fußsohlen. Der Ausdruck „*(Thor) setzte die Handflächen seiner Füße auf Endills Heide*" bedeutet, daß Thor das Meer betritt, d.h. das Meer durchwatet.

Kenning-freie Übersetzung der Strophe: „*Thialfi stand Thor auf der Fahrt bei – im Gegensatz zu Loki. Ich trage das Loblied vor. Thor watete in das Wasser.*"

Als der rasche, schnell in Wut geratende
Verhinderer von Lokis Bosheiten
sich der Braut der Verwandten
des Sumpfbocks entgegenstellen wollte,

zogen die Schlacht-Wanen los
bis der Hauptverminderer der Mädchen
des Feindes der schönen Göttin
des Himmelsschildes Gangrs Blut erreichte.

Der „*Verhinderer von Lokis Bosheiten*" ist Thor.

Der „*Sumpfbock*" ist möglicherweise ein doppeldeutiges Bild. Es könnte sich zum einen darauf beziehen, daß die Germanen bei den Bestattungen ihren Verstorbenen ein Herdentier opferten und dies dann in einem See, Sumpf oder Moor versenkten, die das Tor in das Jenseits darstellten (die Quelle Hvergelmir). Die Zeugungskraft dieses Opfertieres wurde magisch auf die Toten im Jenseits übertragen, da sie diese Qualitäten bei ihrer Wiederzeugung mit der Jenseits-Muttergöttin als Geliebter (Freya) und bei ihrer anschließenden Wiedergeburt durch sie benötigten. Dieses Motiv bezog sich nur auf die männlichen Toten.

Der „*Sumpfbock*" könnte jedoch auch als Kenning für den Fenriswolf benutzt worden sein, da sein Namen „der aus Sumpf Aufsteigende" bedeutet. Mit dem „*Sumpf*" ist auch hier der Eingang in die Unterwelt gemeint, den der Wolf bewacht.

Aus beiden Deutungen des „Sumpfbocks" ergibt sich, daß seine „*Verwandten*" die Riesen waren, da diese wie die Toten und die ihnen geopferten Herdentiere ebenfalls im Jenseits („Utgard") lebten. Eine „*Braut der Verwandten des Sumpfbocks*" ist folglich eine Riesin. Diese Riesinnen sind identisch mit den „*Mädchen*", die Thor in der vorigen Strophe betrügt.

Die Kenning „*Schlacht-Wanen*" ist hier wohl als Heiti für „kriegerische Götter" aufzufassen, da der Ase Thor und der Mensch bzw. Alf Thjalfi, die nach Geirrödsgard gereist sind, keine Wanen sind.

Der „*Himmelsschild*" ist die Sonne, die in früherer Zeit bei den Germanen als ein strahlender Schild angesehen wurde – er wurde z.B. in den frühgermanischen Felsritzungen in Skandinavien häufig abgebildet. Die „*schöne Göttin des Himmelsschildes*" ist die Sonnengöttin Sol. Die „*Feinde der Sonnengöttin*" sind die Wesen der Unterwelt wie z.B. der Wolf Skalli („Schatten"), der die Sonne zu fressen versucht. Mit dieser Kenning sind hier etwas ungenau auch die Riesen gemeint. Die Zwerge, die den Riesen als nah verwandt angesehen wurden, erstarrten zu Stein, wenn ein Sonnenstrahl auf sie fiel – insofern ist auch die Sonne der „Feind der Unterirdischen".

Der „*Hauptverminderer der Riesen-Mädchen*" ist Thor. Diese Kenning weist wohl darauf hin, daß Thor auch die Riesinnen tötet.

Die häufige Erwähnung der Riesinnen in diesem Lied scheint darauf hinzudeuten, daß die Riesinnen hier ähnlich wie die Mutter des Tyr-Riesen Grendel im Beowulf-Epos (750 n.Chr.) gefürchtet wurden. Die Riesinnen gleichen in diesem Lied offenbar eher der Riesin Hel als den Riesinnen Gunnlöd, Gerdr oder Jörd, mit denen sich die Asen manchmal vereinten. Es gab zu der Zeit des Skalden Eilifir Godrunason offensichtlich schon die Polarisierung der Jenseits-Muttergöttin in die beiden Aspekte der gefürchteten Göttin der Unterwelt (Hel) und in die herbeigesehnte Göttin-Geliebte, die mit der Wiederzeugung verbunden war (Freya).

Aus der Göttin Freya wurde später in den Sagen die Jungfrau, die der Held befreite, und aus der Riesin Hel des Teufels Großmutter.

„*Gangr*" („Gang, Gehender") ist ein Beiname des Urriesen Ymir, aus dessen Blut das Meer entstanden ist, das man daher als „*Gangrs Blut*" bezeichnen kann.

Kenning-freie Übersetzung der Strophe: „*Als sich der jähzornige Thor der Riesin entgegenstellen wollte, zogen die Asen mit ihm, bis sie zusammen mit Thor das Wasser erreichten.*"

Der Ruhm-Verminderer der Nanna
des Knaufes des Meeres überquerte zu Fuß
die eisführenden, angeschwollenen Flüsse,
die um das Meer des Luchses strömten.

Der wütende Vertreiber der Geröll-Gauner
kam schnell voran
über den breiten Weg des Stab-Pfades,
wo mächtige Flüsse Gift spien.

Ein „*Knauf des Meeres*" ist eine Landzunge – die Anhöhe, die ins Meer hinausragt und sich im Inland dann als Bergrücken fortsetzt, wird in dieser Kenning als ein Schwert angesehen, deren Griff/Knauf die Landzunge und dessen Klinge der Bergrücken ist. Dieses Bild paßt nur in gebirgigen Küsten wie z.B. Utgard. „*Nanna*" („Mutter"), die Frau des Gottes Baldur, ist eine Muttergöttin und steht hier allgemein für „Göttin". Eine „*Göttin der Landzunge*" ist eine Riesin, da die Riesen sowohl im Gebirge als auch jenseits des Meeres in Utgard wohnten. Der „*Ruhm-Verminderer der Riesin*", also ihr Unterwerfer, ist Thor.

Das „*Meer des Luchses*" ist die Erde. Entsprechend wäre z.B. die „Erde des Adlers" die Luft oder die „Luft des Wales" das Meer. Das Kenniord, also das erste Wort in diesen drei Kenningarn (das Element), zeigt lediglich an, daß es sich um einen Lebensbereich handelt. Das Stofnord, also das zweite Wort in diesen Kenningar (das Tier), bestimmt jeweils, welcher Lebensbereich wirklich gemeint ist.

Da die Flüsse „*um*" und nicht „durch" das „*Meer des Luchses*" strömten, müssen die „*Flüsse*" an dieser Stelle eine Heiti für das Weltmeer sein. Das „Land" ist daher Midgard insgesamt.

Ein „*Geröll-Gauner*" ist ein Riese. Ihr Vertreiber ist Thor.

Ein „*Stab-Pfad*" ist ein Weg durch eine Furt, die durch eingeschlagene Pfosten markiert worden ist. Mit dem „*breiten Weg des Stab-Pfades*" ist wohl nicht die Breite der Furt, also die Breite des Überweges, sondern die Breite des Flusses bzw. Meeres gemeint, durch den dieser Pfad führt. Das „breit" bezieht sich auf die Länge der Furt von dem einem Ufer (Midgard/Asgard) zu dem anderen Ufer (Utgard).

Das „*Gift*" ist das Wasser eines Flusses, das wegen seiner heftigen Strömung gefährlich ist. Da es sich bei dem Fluß hier um den Wimur handelt, der eine Variante des Jenseitsflusses ist, entsteht die Assoziation zu den Schlangen und Drachen, die Gift bzw. Feuer speien, denn die Toten nahmen den Jenseitsvorstellungen der (Indo-) Germanen zufolge auf ihrem Weg in die Unterwelt bzw. in ihrem Hügelgrab die Gestalt einer Schlange oder eines Drachen an. Auch Odin reist in Schlangengestalt in die Unterwelt zu der Riesen Gunnlöd. Der Wimur wird hier in gewisser Weise selber als ein Drache angesehen.

Das an dieser Stelle verwendete germanische Wort „eitr" bedeutet sowohl „Gift" als auch „Eis". Die „giftspeienden Flüsse" sind daher auch Flüsse, die Eisschollen führen oder ein Meer, in dem Eisberge treiben. In der Edda wurde die Quelle Hvergelmir zwischen den Wurzeln des Weltenbaumes als der Ursprung von zwölf Flüssen angesehen, deren Wasser zu Eis („eitr") wurde und dann die Gletscher bildete.

Vielleicht darf man die beiden Bedeutungen „Gift" und „Eis" auch miteinander assoziieren: Das Wasser, das Thor und Thialfi durchwaten mußten, war „tödlich kalt".

Kenning-freie Übersetzung der Strophe: *„Thor überquerte zu Fuß die angeschwollenen Flüsse, die durch das Land strömten und in denen Eisschollen trieben. Thor kam schnell voran auf der langen, mit Stäben gekennzeichneten Furt, die durch das Meer führte."*

Dort stießen sie Wurf-Schlangen
in den Netz-Wald gegen
den lauten Wind des Waldes, in dem
die glitschigen, runden Knochen des Meeres nicht schliefen.

Die dumpf aufschlagenden Eisen polterten
gegen die Kiesel, während der Berge Fall-Gebrüll,
angetrieben von einem Schneesturm,
an Fedjas Amboß entlangrauschte.

„*Wurf-Schlangen*" sind Speere.

Der „*Netz-Wald*" ist das Meer oder ein Fluß – der Ort, an dem man mit Netzen fischt. Analog dazu könnte man das Land „Fuchs-Tang" und die Luft „Krähen-Sumpf" nennen. Die Konstruktion dieser Kenningar ist ähnlich wie die der Kenning „Meer des Luchses" in der vorigen Strophe.

Der *„laute Wind des Netz-Waldes"* ist die starke Strömung des Flusses. Die *„glitschigen, runden Knochen des Netz-Waldes"* sind die rundgeschliffenen Kiesel auf dem Grunde des Flusses Wimur. Das Beschreibung der Kiesel als *„sie schliefen nicht"* bedeutet, daß sie unter den Schritten hin- und herrutschten und dadurch das Gehen im Wasser erschwerten – sie wurden sozusagen durch die Füße und die Speere „geweckt" und begannen sich zu bewegen. Dies ist der Grund, warum Thor und seine Begleiter sich mithilfe ihrer Speere („Wurf-Schlangen") abstützen mußten.

In Snorri Sturlusons Edda klammert sich Thor bei der Durchquerung dieses Flusses an eine Eberesche, um nicht zu ertrinken und wieder aus dem (Jenseits-)Fluß herauszukommen. Diese Eberesche ist recht sicher die Weltesche, die ebenfalls Diesseits und Jenseits verbindet.

Vielleicht diente auch der (Zauber-)Stab, den Thor von der Riesin Grid, der Mutter des Asen Widar, in der Edda-Version dieser Geschichte erhalten hatte, als Stütze auf der Reise durch den Fluß. Die Zauberstäbe waren jedoch vor allem ein Symbol für den Weltenbaum und somit auch für die Fähigkeit ihres Besitzers, vom Diesseits aus Kontakt zu den Ahnen und Göttern im Jenseits Verbindung aufzunehmen und mit deren Hilfe dann Magie ausüben zu können.

Das Überqueren des Jenseitsflusses durch das Durchwaten des Wassers, bei dem die Asen hier gerade geschildert werden, ist wie das in der Edda meist verwendete Überqueren der Gjallarbrücke ein Bild für die Jenseitsreise. Daher ist die Benutzung eines (Zauber-)Stabes beim Durchqueren des „Großen Wassers", das Diesseits und Jenseits trennt, ein plausibles Motiv. Die Umdeutung dieses Stabes der Seherinnen und der Zauberer zu einer Art Wanderstab und schließlich zu einem Speer ist sicherlich eine neuere Entwicklung.

In der Thorsdrapa werden die Bilder des Durchwatens eines Meeres oder eines Flusses parallel benutzt. Letztlich hatten der Jenseitsfluß Gjallar, der Wimur und auch das Meer zwischen dem Midgard der Menschen und dem Utgard der Riesen alle dieselbe Bedeutung: das Große Wasser, das das Diesseits von dem Jenseits trennt. Wahrscheinlich ist auch der tiefe Abgrund Ginnungagap eine solche Grenze, da Niflheim als Land der Kälte und der Nacht mit dem Jenseits assoziiert wurde und Muspelheim als Land der Wärme und des Tages mit dem Diesseits. Manchmal sind diese beiden Bereiche auch das „gute Jenseits" (Muspelheim) und das „böse Jenseits" aufgefaßt worden – in christlichen Begriffen also als das „Paradies" und die „Hölle".

Das „Große Wasser" als die Grenze zwischen Diesseits und Jenseits ist ein sehr altes Bild, das sich u.a. auch im chinesischen I Ging findet: „Förderlich ist es, das Große Wasser zu durchqueren."

Mit den *„dumpf aufschlagenden Eisen"* sind die Speere gemeint, mit denen die beiden Wanderer gegen die heranbrandenden Wogenreihen auf dem Meeresboden Halt suchten.

„Der Berge Fall-Gebrüll" klingt nach „laut tosenden Wasserfällen", aber in dieser Strophe der Thorsdrapa wird wohl einfach die heftige Strömung des Flusses bzw. Meeres gemeint sein.

„Fedja" ist ein Fluß in Norwegen, der hier als eine allgemeine Bezeichnung für „Fluß" benutzt wird. Der *„Amboß der Fedja"* muß daher etwas sein, worauf der Fluß wie mit einem Hammer „schlägt". Dies könnte das Flußbett selber, die Kiesel in diesem Flußbett oder auch eine in den Fluß hinausragende Landzunge sein. Da das Wasser an *„Fedjas Amboß"* vorbeirauscht, ist hier wohl am ehesten eine flache Landzunge aus angeschwemmten Kieseln gemeint.

Kenning-freie Übersetzung der Strophe: *„Dort stießen sie ihre Speere in das Meer, um Halt gegen die Brandung zu finden. Die Kiesel bewegten sich unter ihren Füßen. Sie suchten mit ihren dumpf aufschlagenden Speeren nach einem Halt auf den glitschigen Kieseln, die hin- und herrutschen, während die Strömung des Meeres heftig gegen sie rauschte."*

*Der Förderer des Schleifstein-Landes
ließ die mächtig Angeschwollenen über sich stürzen.
Der Mann, dem der mächtige Gürtel half,
wußte nichts Besseres zu tun.*

*Der Verminderer von Mörns Kindern ließ
seine Macht bis zum Dach der Halle wachsen,
da das strömende Blut des Nackens des Thorn
sich nicht verminderte.*

Ein *„Förderer des Schleifstein-Landes"* ist ein Krieger, da dieser für das Schärfen seiner Waffen Schleifsteine benötigt und somit den Handel in den Ländern der Schleifsteinhersteller fördert. Hier sind damit Thor und Thialfi gemeint, die durch diese recht kreative Kenning als Krieger bezeichnet werden.

„Die mächtig Angeschwollenen" sind die Flüsse und ihre Wogen und hier speziell der Wimur. In der Prosa-Edda wird gesagt, daß der Wimur deshalb so anschwoll, weil die Riesin Gjalp weiter oben in den Fluß urinierte, um die drei Asen zu ertränken. Thor vertrieb sie jedoch durch einen Steinwurf und rettete damit sich und seine Begleiter. Dann zog er sich an einem Baum aus dem Wasser, der wohl der Weltenbaum sein wird.

„Der mächtige Gürtel" ist der Gürtel des Thor. Mit diesem Gürtel ist Thors Kraftgürtel gemeint. Auf seiner Fahrt nach Geirrödsgard trug er jedoch zumindestens in der Edda-Version der Geschichte den Kraftgürtel der Riesin Gridr (die Mutter des Asen Widar), die ihm ihren Kraftgürtel, ihre Eisenhandschuhe und ihren Zauberstab geliehen hatte. Der *„Mann, dem der mächtige Gürtel half"*, ist Thor, der Besitzer dieses Gürtels.

„Mörn" ist ursprünglich ein Beiname der Riesin Skadi gewesen, aber wurde später als eine allgemeine Bezeichnung für eine Riesin benutzt. *„Mörns Kinder"* war daher eine generelle Kenning für die Riesen. Der *„Verminderer der Riesen"* ist Thor.

Die *„Halle"* ist die Erde und der Luftraum über ihr. Das *„Dach der Halle"* ist Ymirs Schädel, der den Himmel bildet.

„Thor ließ seine Macht bis an den Himmel wachsen" bedeutet anscheinend, daß seine Kraft mit den Hindernissen wuchs, denen er begegnete, zu denen die heftige Strömung des Meeres gehörte.

Das Bild, daß *„Thor seine* (magische) *Macht bis in den Himmel wachsen läßt"*, erinnert daran, daß der Donnergott in Snorri Sturlusons Bericht in der Prosa-Edda über diese Fahrt nach Geirrödsgard von der Riesin Grid einen Zauberstab für diese Reise erhalten hatte und daß sich Thor durch das Festklammern an einem Eberschenbaum vor dem Ertrinken in dem Fluß Wimur rettete. Da diese Eberesche der Weltenbaum sein wird, der von der Erde bis zum Himmel reicht, scheint sich das Wachsen von

Thors Macht *„bis zum Himmel"* auf den Weltenbaum und seinen Zauberstab, der ein Symbol des Weltenbaumes ist, zu beziehen.

Ursprünglich ist der Zauberstab in allen Kulturen das Symbol des Weltenbaumes und der Fähigkeit der Schamanen (und später auch der Könige) zu einer Jenseitsreise entlang des Weltenbaumes zu den Ahnen und Göttern gewesen. Die in der letzten Strophe beschriebene Szene erweckt den Eindruck, als ob der Zauberstab in der Thorsdrapa zu einer magischen Waffe geworden wäre, mit der man der Hel drohen kann, damit sie den Besitzer des Zauberstabes den Jenseitsfluß überqueren läßt.

Einen ähnlichen Zauberstab wie Thor besitzt auch der Ase Ullr, der ihn aus einem Knochen geschnitzt und mit Runen versehen hat. Mit seiner Hilfe kann Ullr wie mit einem Schiff jedes Wasser überqueren.

Ein weiteres Symbol dieser Art ist Freyrs „Schiff" Skidbladnir, das das Fell eines bei einer Bestattung oder einer anderen Jenseitsreise geopferten Tieres ist. Auf dieses Fell setzten sich die Germanen beim „Utiseta" („Draußen-Sitzen"), d.h. wenn sie die Toten herbeirufen wollten, um von ihnen Rat zu erhalten. Dadurch, daß der Totenbeschwörer wie die Toten bei der Bestattung auf dem Fell des Opfertieres saß, reiste er wie die Toten in das Jenseits. Über diesen von den meisten indogermanischen und auch von einigen nicht-indogermanischen Völkern bekannten Brauch gibt es vor allem von den keltischen Druiden viele Berichte.

Thors Drohung, *„daß seine Macht bis zum Dach der Halle wachsen würde"*, wird vermutlich letztlich darauf zurückgehen, daß die Schamanen ursprünglich den Weltenbaum entlang bis zum Himmel, d.h. bis nach Asgard zu den Göttern reisten.

In der Edda des Snorri Sturluson ist die Drohung des Thor mit seinen magischen Kräften durch einen pragmatischen Steinwurf ersetzt worden, durch den Thor die Riesin Gjalp vertrieb.

Der Tyr-Beiname *„Thorn"* („Dorn" = Schwert) ist hier eine Heiti für den Urriesen Ymir, aus dessen Blut alles Wasser entstanden ist. Das *„strömende Blut des Nackens des Thorn"* ist daher ein Fluß, d.h. in diesem Zusammenhang der (Jenseits-)Fluß Wimur. Da der Schöpfungsbericht in der Edda zumindest indirekt aussagt, daß das Blut des Ymir, also das Wasser den riesigen Abgrund Ginnungagap zwischen Niflheim und Muspelheim ausfüllte, scheint der Wimur als der aus Ymir entspringende Fluß auch das Weltmeer zu sein, das ebenfalls ein „Jenseitsfluß" zwischen dem „diesseitigen" Midgard der Menschen und dem „jenseitigen" Utgard der Riesen ist.

Der Name *„Wimur"*, der sich von dem germanischen Verb „wem" für „sprudeln, wimmeln, voll sein, speien" herleitet, enthielt möglicherweise für die Germanen noch immer die Assoziation des „Hervorsprudelns" des Wassers aus dem getöteten Ymir.

Da das Wasser *„aus dem Nacken des Thorn"* quillt, stellte sich Eilifr den Urriesen Ymir hier offenbar als geköpft vor. Dazu paßt, daß er eine Zeile zuvor das *„Dach der Halle"* erwähnt hat, denn der durch diese Kenning bezeichnete Himmel bestand aus dem Schädel des Ymir, dessen Kopf folglich vor der Errichtung des Himmels abgeschlagen worden sein mußte.

Beide Motive ergeben miteinander kombiniert die bildhafte Aussage, daß die Strömung des Wimur so stark war wie zu Beginn der Zeit, als das aus Ymir ausströmende Blut die Weltmeere bildete.

Kenning-freie Übersetzung der Strophe: *„Thor ließ die hohen Wogen über sich brausen, er wußte nichts Besseres zu tun. Thor ließ seine Macht bis zum Himmel wachsen, weil die Strömung nicht nachließ."*

Der Erzählung in der Edda zufolge sprach Thor, als er durch den Wimur watete, die folgenden Verse:

„Wachse nicht, Wimur,
denn ich will Dich durchwaten
hin zu des Jötun Haus.
Du weißt, daß, wenn Du wächst,
mir die Asenkraft ebensohoch
bis an den Himmel wächst."

Diese Verse sind nicht wie die Thorsdrapa in der höfischen Form, sondern in der einfachen Liedform geschrieben und können daher nicht aus der Thorsdrapa stammen. Sie lassen jedoch vermuten, daß Thors Entschlossenheit an dieser Stelle seiner Reise ein wichtiges Motiv gewesen ist.

Diese sechs Verse klingen ursprünglicher und klarer als die Stelle aus der Thorsdrapa. Es wäre denkbar, daß sie ein Zitat aus den bei Bestattungen gesprochenen Texten sind. Wenn dies zutreffen sollte, wären sie auch ein Teil der Worte, die der Schamanengott Odin bei der Bestattung seines Sohnes Baldur diesem in das Ohr flüstert, um ihn auf seiner Reise über den Jenseitsfluß Gjallar bzw. über das Eismeer ins Jenseits zu geleiten.

Die ruhmreichen, kampferprobten Schlacht-Bäume,
Eid-geschworene Wikinger
aus Gautis Wohnstatt, wateten mühsam,
während die Schwert-Wasser flossen.

Die Woge der Schnee-Düne der Erde stürzte,
angetrieben von einem Sturm,
dem Vermehrer des Leides der Bewohner
des Landes der Bergketten heftig entgegen.

Ein „*Schlacht-Baum*" ist ein Krieger. Mit den „*Kriegern*" sind Thor und Thialfi gemeint.

Der „*Gauti*" („Gote") ist Odin – diese Heiti ist eigentlich eine Kurzform der Odin-Kenning „Freund der Goten". „*Odins Wohnstatt*" ist Walhall und im weiteren Sinne Asgard, von dem aus Thor und Thialfi aufgebrochen sind.

Das germanische Wort „fen", das hier mit „*Wasser*" übersetzt ist, bedeutet Sumpf", ab kann auch als Umschreibung für „Fluß" und „Meer" verwendet werden. Die Kenning „*Schwert-Wasser*" soll vermutlich die Gefährlichkeit des Flusses Wimur beim Durchwaten beschreiben. Die „*Schwerter*" sind aber wohl auch als Heiti für das Treibeis in den Flüssen und für die Eisberge in dem Polarmeer gemeint.

Dadurch, daß „eitr" sowohl „Eis" als auch „Gift" bedeutete, und andererseits auch ein Schwert „tödlich wie Gift" war und somit als „eisig" (kalt) bezeichnet werden konnte, ergaben sich viele Wortspiele: So wird z.B. in der Völuspa der (Jenseits-)Fluß Slidr beschrieben, in dessen eisigem/giftigem Wasser Schwerter/Eisschollen waren.

Vielleicht ist die Kenning „*Schwert-Wasser*" in der Thorsdrapa aber auch eine Anspielung auf den Brauch, für die Toten in tiefen Wassern und in Sümpfen Gold, Schätze, Waffen und eben auch Schwerter zu versenken, um sie ihnen durch dieses „Wasser-Jenseitstor" zuzusenden. Diese Opfersümpfe waren in symbolischer Hinsicht mit dem Jenseitsfluß Wimur und dem Weltmeer zwischen Midgard und Utgard identisch.

Zu den ferneren Assoziation, die die Kenning „*Schwert-Wasser*" hervorrief, könnte auch das Schwert des ehemaligen Sonnengott-Göttervaters Tyr gehört haben. Das Schwert des Tyr zerbrach am Abend bzw. versank zusammen mit Göttervater in den Jenseits-Wassern. Über Nacht wurde dieses Schwert von Tyr (Tyr als Wieland) oder von seinen Helfern (die Dioskuren als zwei Zwerge) neugeschmiedet. Am Morgen kehrte sein Schwert Tyr mit seinem Schwert dann wieder aus den Wassern der Unterwelt zurück an den Himmel des Diesseits zurück.

Dieses Schwert stand als Symbol des Göttervaters in dem großen germanischen Kultort von Niederdorla in Thüringen aufrecht auf einem Altar. Auch dort war es mit der Wasserunterwelt assoziiert, da sich dieser Kultort rings um einen See, der später zu einem Sumpf wurde, befand. Aufgrund dieser Symbolik des magischen Schwertes des Tyr ist dieses Altarschwert das Urbild der „Schwerter in der Wasser-Unterwelt". Solche „magischen Schwerter" werden in mehreren der Isländer-Sagas beschrieben.

Auch Blut konnte mit „*Schwert-Wasser*" umschrieben werden. Diese Bedeutung ergibt hier jedoch keinen Sinn.

Die Kenning „*Schwert-Sumpf*" wird in den Zuhörern des Skalden Eilifir somit viele Assoziationen wachgerufen haben: an die eigenen Schwerter der zuhörenden Wikinger, an Opferungen in Seen und Sümpfen, an Bestattungen, an das Schwert des Gottes Tyr, an die Erzählungen über magische Schwerter in den Sagas wie z.B. das Schwert Gram des Sigurd oder das Schwert Tyrfing („Tyr-Finger") des Königs Angantyr, an den Jenseitsfluß Gjallar, an den Abgrund Ginnungagap, an die Weltesche als Jenseitsweg und vermutlich an noch einiges mehr.

Die „*Schnee-Düne der Erde*" sind die Gletscher im Norden, also das Polareis: Im Bild des Jenseitsflusses ist dieser vom schmelzenden Gletscherwasser angeschwollen und im Bild des Polarmeeres ist dieses von Eisbergen erfüllt. Dieser Bereich wurde auch „Eliwagar" („Eiswogen") genannt.

Das „*Land der Bergketten*" ist Utgard, das man sich als einen kreisrunden, schmalen Rand von Bergen rings um das Weltmeer vorstellte, das Midgard umgab. Dieses Meer entspricht dem Jenseitsfluß Wimur, den Thor in dieser Drapa durchwatet. Die „*Bewohner Utgards*" sind die Riesen. Der „*Vermehrer des Leides der Riesen*" ist Thor.

Der Umstand, daß die Strömung oder zumindestens die Wogen auf dem Wimur durch einen „*Sturm*" noch vergrößert wurden, läßt vermuten, daß die Germanen auch die Ursache für die Stürme, die für die Drachenboote sehr gefährlich werden konnten, bei den Riesen suchten. In der Edda wird der Wind als der Riese Kari dargestellt. Die Entstehung des Windes wurde jedoch dem Tyr-Riesen Hraesvelgr zugeschrieben, der in der Gestalt eines Adlers am Rande der Welt saß und mit seinen Schwingen den Sturm erzeugen konnte. Der Riese Kari bzw. Hraesvelgr erscheint hier somit als ein Verbündeter der beiden Riesinnen Gjalp und Greip.

Kenning-freie Übersetzung der Strophe: „*Die Asen wateten mühsam durch den Fluß. Das Schmelzwasser der Gletscher ließ angetrieben von einem Sturm den Fluß dem Thor entgegenbrausen.*"

Thjalfi, der den Freund der Menschen begleitete,
sprang in die Luft empor
auf die Schild-Schnur des Himmelsherrn
– das war eine große Kraft-Tat!

Die Frauen des Mimir der Bosheit verursachten
einen heftigen Strom, der scharf gegen den Stahl kreischte.
Gridrs Niederwerfer trug den Schlachten-Baum
über das zerklüftete Land der Schweinswale.

Der „*Freund der Menschen*" und der „*Himmelsherr*" sind beide der Donnergott Thor.

Thialfis „*Sprung*" erinnert an Thors Drohung, daß er seine Macht bis an den Himmel wachsen lassen würde, wenn die Strömung nicht nachläßt. Möglicherweise hat sich dieses „Sprung"-Motiv aus einer Jenseitsreise den Weltenbaum hinauf entwickelt. Wenn dies zutreffen sollte, müßte Thialfi ursprünglich einmal ein Schamane/Priester gewesen sein – was auch erklären würde, warum er mehrfach den Thor begleitet.

Die „Christopherus-Szene", in der Thor den Thialfi über das Meer trägt, würde gut zu dieser Deutung passen, da sich aus der Kombination des Schamanen mit dem Jenseitsfluß in vielen Religionen das Motiv des Jenseitsfährmannes („Charon") gebildet hat. In den germanischen Mythen hätte dann Thor in Bezug auf Thialfi dieselbe Rolle eingenommen wie der Schamane/Priester in Bezug auf die Toten: Er ist der Helfer auf dem Weg vom Diesseits über den Jenseitsfluß ins Jenseits.

Der Jenseitsfährmann erscheint u.a. in dem Edda-Lied über Harbard. In diesem Lied ist Harbard (Odin) allerdings kein hilfreicher Schamane bzw. Schamanengott, da er Thor am jenseitigen Ufer stehenläßt. Als Helfer erscheint Odin u.a. in der Völsungensaga, in der er den toten Sinfiötli in einer Barke ins Jenseits bringt.

Das Wort „Ekkjur", das hier als *„Frauen"* übersetzt wurde, bedeutet „alleinstehende Frau", d.h. eine Frau, die entweder noch unverheiratet oder schon verwitwet ist. Dieses Wort wurde wie „Braut" auch als eine allgemeine Bezeichnung für „Frau" verwendet.

„Mimir" ist der Tyr-Riese, von dem Odin sein Wissen um das Jenseits und den Weg dorthin erlangt hat. Der *„Mimir der Bosheit"*, also der „Riese der Bosheit" ist hier der Tyr-Riese Geirröd – vielleicht ist Eilifir Godrunason sogar noch bewußt gewesen, daß Mimir und Geirröd letztlich derselbe Riese sind: Tyr in der Unterwelt.

Die *„Frauen des Geirröd"* sind Riesinnen – vermutlich vor allem die Riesin Gjalp, die der Prosa-Edda zufolge den Jenseitsfluß Wimur, den größten aller Flüsse, dadurch bedrohlich anschwellen läßt, daß sie in ihn hinein urinierte. Im Unterschied zu der Prosa-Edda verursachen hier jedoch zwei „Frauen", also wohl Gjalp und Greip (Geirröds Töchter) gemeinsam das Hochwasser des Wimur.

Die ungewöhnliche Beschreibung des Wimur, dessen Fluten *„scharf gegen den Stahl kreischten"*, ist wohl ein Bild dafür, daß die Eisschollen in dem Wasser gegen die eisernen Speerspitzen der beiden Wanderer stießen. Der *„Stahl"* wird aber wohl auch eine Anspielung auf die Kenning *„Schwert-Wasser"* in der vorigen Strophe sein.

„Gridr" („Gier") ist die Riesin, die in der Prosa-Edda Thor auf seiner Fahrt zu dem Riesen Geirröd ihren Kraftgürtel, ihre Eisenhandschuhe und ihren Zauberstab schenkte. Sie ist in der Prosa-Edda die Mutter des Asen Widar und den Göttern offenbar wohlgesonnen. In der Thors-Drapa steht Gridr jedoch dem Thor feindlich gegenüber, wie die Thor-Kenning *„Gridrs Niederwerfer"* zeigt. Die Strophe erweckt den Anschein, als ob Gridr nah mit Gjalp und Greip verwandt oder gar mit ihnen identisch sei. Es wäre auch denkbar, daß „Grid" mit der Meeresgöttin Ran identisch gewesen ist. In der Isländersaga „Illugi" ist Grid eine Zauberin.

Ein *„Schlachten-Baum"* ist ein Krieger, womit hier Thjalfi gemeint ist.

Das *„zerklüftete Land der Schweinswale"* ist das wogende Meer. Das hier mit *„zerklüftet"* übersetzte germanische Wort beinhaltet die Bedeutung „Stolperstein", also das Bild von einem unwegsamen Gelände.

Die Stabreime in den letzten drei Doppelversen dieser Strophe bestehen aus drei Worten, die mit einem „s" beginnen, und fünf Worten, die mit einem „st" beginnen. In der folgenden Halbstrophe folgen zunächst zwei Worte mit einem „d"-Stabreim und dann drei weitere Worte mit einem „st" am Wortanfang. Diese Häufung von elf „s"-Stabreimen auf so engem Raum läßt auch lautmalerisch das Zischen und Brausen des Meeres und des Windes deutlich werden – insbesondere, wenn Eilifir diese Verse entsprechend betont vorgetragen haben sollte …

Kenning-freie Übersetzung der Strophe: *„Thjalfi, der Begleiter des Thor, sprang auf dessen Schild-Schnur empor um nicht zu ertrinken. Das war eine große Kraft-Tat! Die Riesinnen Gjalp und Greip verursachten einen laut tosenden Strom. Thor trug Thialfi über das Meer."*

Die Tief-Eicheln, die kühn wurden
angesichts des Schreckens der Feinde der Menschen,
stockten nicht in der Brandung
von Glammis Lieblingsplatz.

Der tapfere Sohn der Landenge erschrak nicht
vor dem Schrecken der Fjord-Bäume;
Thors Mut-Stein zitterte nicht in Furcht,
auch nicht der von Thjalfi.

Mit „*Tief-Eichel*" ist das Herz gemeint. Das Herz von Thialfi und insbesondere das Herz von Thor verzagte nicht angesichts der Gefahren, sondern verspürte Kampfesfreude. „*Tief-Eichel*" ist wieder eine „verkürzte Kenning" für Thor und Thialfi.

Die „*Feinde der Menschen*" sind die Riesen.

„*Glammi*" („Beller") muß ein Wolf oder Hund sein. Da er seinen „*Lieblingsplatz*" am Jenseitsfluß hat, ist er mit dem Fenris-Wolf und mit dem Höllenhund Gram identisch, die beide vor dem Eingang zur Hel wachen.

„*Glammi*" ist aber auch der Name eines Seekönigs, sodaß „*Glammis Lieblingsplatz*" in diesem Fall das Meer wäre. An der Bedeutung der Kenning ändert diese zweite Deutung nicht viel, da das Meer ebenfalls der Übergang zum Jenseits ist.

Die Formulierung „*verpaßten nicht einen Schlag*" bezieht sich auf die „*Tief-Eicheln*" also auf die Herzen von Thor und Thialfi, die nicht vor Angst stockten, als sie die Riesen angreifen sahen.

Es ergibt sich aus dem Zusammenhang, daß mit „*Sohn der Landenge*" der Gott Thor gemeint ist. Das Wort „Landenge" muß an dieser Stelle daher eine Bezeichnung für Thors Mutter, die Erdgöttin Jörd, sein. Da Jörd zwar unter die Asen aufgenommen worden war, aber von ihrer Geburt her zu den Riesinnen zählte, konnte sie wie die

Riesen als „Bewohnerin der Landzunge/Landenge/Vorgebirge" bezeichnet werden, was der Skalde Eilifir hier zu „Landenge" vereinfacht und verkürzt hat. Dasselbe Verfahren hatte er auch schon bei der Loki-Kenning „Geier-Pfad" statt „Ase des Geier-Pfades" angewendet.

Die *„Fjord-Bäume"* sind die sozusagen baumhohen Wogen im Jenseitsfluß bzw. in dem Meer zwischen Midgard und Utgard. Hoher Seegang war ein Erlebnis, das allen Wikingern vertraut gewesen sein wird. Die Benutzung dieses Bildes wird in den Wikingern, die dem Vortrag des Eilifir zuhörten, wahrscheinlich die eine oder andere unangenehme Erinnerung wachgerufen und dadurch die Spannung im Raum gesteigert haben.

Auch diese Kenning kann auf eine zweite Weise gedeutet werden, da *„Fjord-Baum"* auch ein Schiff sein könnte, da das Schiff aus Holz ist und der Mast zudem einem Baum ähnelt. Der *„Schrecken der Schiffe"* wären aber wiederum die hohen Wogen.

Der *„Mut-Stein"* ist ein Bild, das an die „Siegsteine" (Thidreksaga) und die „Lebensteine" (Cormac-Saga) in der germanischen Mythologie erinnert, die beide ihrem Besitzer den Sieg sicherten. Vermutlich sind alle drei „Steine" miteinander identisch. Die Siegsteine stammten, wie ein mittelalterliches Gedicht zeigt, aus dem Magen von Schlangen. Diese Steine wurden im Kampf mitgenommen und manchmal auch als Schwertknauf verwendet wie z.B. in dem Schwert „Hwiting" („Weißer") in der Cormac-Saga. Da die Schlange die Gestalt der Ahnen im Jenseits war, zeigt die Herkunft der Siegsteine aus einem Schlangenmagen, daß der Mut, der Sieg und das Leben (bzw. seine Erhaltung), die diese Steine ihren Trägern gaben, aus dem Jenseits, d.h. von den Vorfahren bzw. den Götter zu den Besitzern solcher Steine gesandt wurden.

Vielleicht ist mit den *„Mut-Steinen"* aber auch das Herz des Thor und das Herz des Thialfi gemeint.

Die fünf Motive des „Mut-Steines", des „Siegsteines", des „Lebensteines", der „Stirn-Sterne" („Augen") und des „inneren Mondes", der den Willen eines Menschen darstellte, werden wahrscheinlich durch Assoziationen eng miteinander verbunden gewesen sein.

Der Wille, der sich in dem Blick eines Menschen offenbart, wurde auch als „Schlange in den Augen" umschrieben.

Das poetische Bild des „Mut-Steines" ist vermutlich ein Teil einer bildhaften Beschreibung der Psyche gewesen, die sich aus mehreren Bestandteilen zusammengesetzt hat:

- Die Seele als Stern findet sich bei Hrungnir und bei Aurwandil.
- Die beiden weltweit verbreitete Seelensymbole des Sternes und des Auges wurden miteinander zu „Stirn-Sternen" verbunden.

- Die Schlange bzw. der Drache ist das Tier der Jenseitsreise und der magischen Kraft, die man durch eine solche Reise erhält, da der Jenseitsreisende dabei eine Verbindung zu den Göttern erlangt.
- Die Schlange ist als allgemeine Symbol der inneren Kraft.
- Das Auges (Seelensymbol) und die Schlange (Jenseitsreise) wurden miteinander zu der „Schlange im Auge" assoziiert.
- Der Mond könnte ein Bild für den hellsichtig wahrgenommenen Geist eines Toten (oder eines Lebenden) sein, der allgemein als nebelhaftes, milchigweißes Schemen wahrgenommen wird. Aus diesem Bild könnte auch die Bezeichnung „Alfen", („Leuchtende") für die Totengeister entstanden sein.
- Dieses Leuchten wurde auf den kriegerischen Willen übertragen, wodurch das Bild des „inneren Mondes" als Ausdruck des Willens entstand.
- Das Innere Feuer, das bei den Jenseitsreisen und auch bei der Kampfekstase (Berserker, Ulfhedinn) erweckt wird, wurde auch mit dem Jenseitstor-Feuer („Waberlohe") und mit der Jenseitsreisen-Schlange („Kundalinischlange") assoziiert (Darstellungen auf den beiden Goldhörnern von Gallehus).
- Dieses Innere Schlangenfeuer wird dem „Inneren Mond" und auch den „Schlangen in den Augen" entsprechen.
- Der „Sieges-Stein" („Mut-Stein", „Lebensstein"), der aus einer Schlange stammt, wäre somit etwas Besonderes (nicht jede Schlange hat einen Stein verschluckt), das den Besitzer dieses Steines mit der Qualität der Schlange bzw. des Drachens verbindet: mit dem Inneren Feuer (Schlange, Drache), mit der eigenen Seele (Stern, Mond) und schließlich auch mit den Göttern.

Kenning-freie Übersetzung der Strophe: *„Die standfesten Asen wurden von den heftigen Wogen des Jenseitsflusses überrollt, aber Thor und Thialfi hatten keine Furcht."*

Die Schar der Felsen-Wölfe, die Hasser des Schildes
des ewig brennenden Feuers sind,
erhob den Lärm des Schwert-Brettes
gegen die Festzieher des Gleipnir,

bevor die Reiter der Tiefe,
die Vernichter des Volkes der Meeresküste, in der Lage waren,
das Schalen-Spiel des Haar-Teilens des Hedinn
gegen die Briten-Sippe der Höhle zu spielen.

Die „*Felsen-Wölfe*" sind die Riesen.

„Hati", d.h. „*Hasser*" ist der Name des Wolfes, der den Mond jagt und ihn beim Ragnarök verschlingt. Die Riesen werden durch diese Kenning als die Feinde der Sonne und des Mondes charakterisiert. Mit dieser Kenning ist auch die Umschreibung *„Festzieher des Gleipnir"* für „Asen" assoziiert, da die Asen mit der Fessel Gleipnir („Verschlinger") den Fenriswolf fesselten, der in symbolischer Hinsicht mit den beiden Wölfen, die Sonne und Mond fressen wollen, sehr eng verwandt ist.

Das *„ewig brennende Feuer"* ist die Sonne. Der *„Schild der Sonne"* ist die Sonnenscheibe. Die *„Felsen-Feinde der Sonnenscheibe"* sind die Riesen, die anscheinend wie die Zwerge zu Stein erstarrten, wenn diese sich in den Sonnenschein im Diesseits wagten.

Ein *„Schwert-Brett"* ist ein Schild. Der *„Lärm des Schildes"* ist der Schlachtenlärm. Die Riesen eröffneten also den Kampf.

Die *„Reiter der Tiefe"* sind Thor und Thialfi als Reisende ins Jenseits, d.h. in das Land „Utgard", in dem Geirröd und die anderen Riesen wohnen. Die *„Tiefe"* ist entweder die Tiefe des Meeres oder die Tiefe von Ginnungagap. *„Reiter"* ist hier eine Umschreibung für „Überquerer".

Die (jenseitige) *„Meeresküste"* ist Utgard. Das *„Volk der Meeresküste"* sind die Riesen. Die *„Vernichter der Riesen"* sind Thor und Thjalfi.

Wikinger mit Hörnerhelm und ein Ulfhedinn-Ekstasekrieger

Ein *„Hedinn"* ist ein Fellumhang, an dem sich noch der Kopf des Tieres befinden kann, von dem das Fell stammt – wie der Umhang der Ulfhedinn („Wolfsfell-Krieger") und der Berserker („Bärenfell-Krieger"). Auch der „Ögishelm" („Schreckenshelm"), mit dessen Hilfe sich der Zwerg Fafnir in der Siegfried-Sage in einen Drachen verwandelte, ist solch ein „Hedinn".

Das *„Haar-Teilen des Hedinn"* bedeutet offenbar „Kampf": Das gemeinte Bild ist vermutlich das Zuschlagen mit einem Schwert durch einen Krieger, der einen Hedinn trägt und der dadurch seinem Feind einen Scheitel zog, also „das Haar teilte".

Das *„Schalen-Spiel des Kampfes"* bezieht sich möglicherweise auf die Herstellung von Schädelschalen aus den Köpfen der Feinde (Wieland-Lied). Solche Schädelschalen wurden von den (Indo-)Germanen benutzt, da man die Vorstellungen hatte, daß das Trinken aus solchen Schalen dem Trinkenden die Kraft dessen verleiht, von dem diese Schädelschale stammte. Dieser Brauch war auch im Christentum bis ins frühe Mittelalter hinein weit verbreitet: Auf diese Weise strebte man danach, den Segen vor allem von Heiligen zu erhalten. Bereits in der frühen Jungsteinzeit hat man aus den Schädeln mancher Toter sorgfältig bearbeitete Schalen angefertigt.

Die *„Briten-Sippe der Höhle"* waren die in Höhlen wohnenden Riesen. In dieser Kenning wurden auch die Briten den Riesen gleichgesetzt: Beide waren feindlich gesonnene Wesen in der Fremde.

Kenning-freie Übersetzung der Strophe: *„Die Riesen überfielen die Asen, als diese noch durch den Fluß wateten und noch nicht selber den Kampf gegen die Riesen beginnen konnten."*

Das Schären-Volk der kalten Wellen
unternahm einen Flucht-Ausflug vor den Feinden der Schweden
und eilte in sein Heiligtum,
verfolgt von dem Zermalmer des Landzungen-Volkes.

Die Dänen der Flut-Rippe des weit draußen liegenden
Heiligtums gaben sich geschlagen,
als die Verwandten von Jölnirs
Feuer-Schüttler fest standen.

Das *„Schären-Volk"* sind die Riesen. Die Inseln („Schären") wurden dem Jenseits gleichgesetzt. Dieses Motiv findet sich u.a. auch in der Wieland-Sage, in der das Ausgesetztwerden auf einer Schäre den Jenseitsaufenthalt des Schmiedes Wieland (Tyr) darstellt. Die bekannteste aller Jenseitsinseln ist sicherlich Atlantis – dicht gefolgt von dem keltischen Avalon („Apfelbaum-Land"). Alle diese Inseln lagen in den *„kalten Wellen"* des Meeres.

Der *„Flucht-Ausflug"* ist wieder einmal ein Zeichen dafür, wie hoch der Skalde Eilifir und wohl auch die Germanen, die ihm zuhörten, die Ironie schätzten.

Die *„Feinde der Schweden"* sind die Asen – auch die Schweden gehörten zur Zeit des Skalden Eilifir Godrunarson zu den Gegnern der Isländer und werden hier mit einem verächtlichen poetischen Seitenhieb bedacht: Die Wikinger sahen sich selber als unter dem Schutz des Thor stehend an und setzten alle ihre Feinde den Riesen gleich, die von Thor getötet wurden.

Das *„Landzungen-Volk"* sind die Riesen auf den Küsten von Utgard, d.h. auf dem jenseitigen Ufer des Gjallar-Flusses bzw. des Weltmeeres. Der *„Zermalmer der Riesen"* ist Thor.

Die *„Flut-Rippe"* scheint ein schmales, langgezogenes felsiges oder vielleicht auch sandiges Landstück zu sein, das nur bei Ebbe trockenliegt. Vielleicht ist mit der „Rippe" aber auch eine lange, schmale Landzunge gemeint. Die *„Dänen der Flutrippe"* sind die Riesen, die auf der bei Flut möglicherweise überspülten Landzunge wohnen – eine recht unangenehme Heimat … Eilifir vergaß nicht, auch die *„Dänen"* nebenbei abfällig als „Riesen" zu bezeichnen.

Das „*weit draußen liegende Heiligtum*" der Riesen ist ihre Heimat Utgard jenseits des Gjallar bzw. des Weltmeeres.

Ein „*Feuer-Schüttler*" ist ein Krieger – das Bild bezieht sich nicht auf einen Brandstifter, sondern auf das Schwert, das wegen der Verletzungen, die es zufügen sollte, oft mit der Heiti „Flamme" umschrieben wurde.

„*Jölnir*" („Jul-Gott") ist Odin – anscheinend wurden seine Jenseitsreisen den Jenseitsreisen der Sonne gleichgesetzt, da die Julnacht (Mittwinter) der Zeitpunkt der jährlichen Wiedergeburt der Sonne ist (ab der Julnacht werden die Tage wieder länger und die Sonne somit wieder stärker). Dieser Zusammenhang hat seinen Ursprung vermutlich darin, daß der ehemalige germanische Göttervater Tyr noch wie allgemein die indogermanischen Göttervater die Charakterzüge eines Sonnengottes besaß.

„*Jölnirs Feuer-Schüttler*", also „*Odins Krieger*" ist Thor. Die „*Verwandten des Thor*" sind die Asen – hier wird Thialfi anscheinend zu den Asen gerechnet, denn sonst käme kein Plural („Verwandte") zustande.

Kenning-freie Übersetzung der Strophe: „*Die Riesen flohen vor den Asen und eilten von Thor verfolgt in ihre Höhlen. Die Riesen gaben sich geschlagen, als die Asen im Kampf fest standen.*"

Als die Krieger, denen ein Geist der Stärke verliehen worden war,
das Haus des Thorn betraten,
gab es ein großes Geschrei
unter den Walisern der Höhle mit den runden Wänden.

Der dem Frieden abgeneigte Töter
des Rentiers der Lista-Leute der Gipfel
geriet dort auf dem schrecklichen,
grauenvollen Hut der Riesin in die Enge.

Der „*Geist der Stärke*" könnte die Kampfekstase der Berserker und der Ulfhedinn sein.

Mit „*Thorn*" („Dorn") ist der Urriese Ymir gemeint, wie sich aus den vorigen Strophen ergibt, in dem das aus Thorns Leib strömende Blut dem reißenden Fluß Wimur verglichen wird. Das „*Haus des Thorn*" ist eine Höhle, in der die Riesen wohnen.

Die „*Waliser der Höhle*" sind die Riesen; nach den Dänen, Schweden, Schotten und Briten werden nun auch die Waliser als Feinde der Isländer den Riesen gleichgesetzt. Dieser „running gag" könnte bei den Wikingern, die dem Eilifir lauschten, ein jedesmal stärker werdendes begeistertes Johlen hervorgerufen haben.

„*Lista*" ist die große, bergige, südwestnorwegische Halbinsel, die direkt im Norden von Dänemark liegt. Die „*Lista-Leute der Berge*" und die „*Waliser der Höhlen*", die zwei Verse vorher erwähnt werden, stehen hier sowohl in Parallele (Fremdvölker) als auch im Gegensatz (Höhle – Berg). Diese beiden Formen der Gegenüberstellung schätzten die germanischen Dichter sehr. Beide Kenningar sind Umschreibungen für „Riese". Ein *„Rentier der Riesen"* ist ein Wolf, womit wieder Geirröd gemeint ist.

Der *„Hut der Riesinnen"* ist der Stuhl, unter dem sich die Riesinnen Gjalp und Greip versteckt haben und der sich deshalb wie ein Hut über ihnen befand. Diese Kenning könnte durchaus auch eine Anspielung auf Thors Reise zu Utgard-Loki sein, auf der die Asen in einer Höhle Schutz suchten, die sich später als der Handschuh eines Riesen herausstellte. Diese Kenning könnte daher das eine oder andere Lachen bei Eilifirs Zuhörern ausgelöst haben.

Kenning-freie Übersetzung der Strophe: *„Als die Asen in ihrer Kampfekstase die Höhle betraten, gab es ein großes Geschrei unter den Riesen. Thor geriet dort ziemlich in Bedrängnis."*

Sie stießen den hohen Himmel der Flamme
des Brauen-Mondes gegen die Dachsparren der Halle
und wurden selber gegen die Stein-Nüsse
der Ebene der Stein-Halle gequetscht.

Der Halter der Schutzwand des schwebenden
Streitwagens des Gewitters
zerbrach den uralten Kiel des Schiffes
des Lachens beider Höhlen-Mägde.

Der *„Brauen-Mond"* ist das Auge. Die *„Flamme des Auges"* ist Thors wütender Blick. Der *„Himmel der wütenden Augen"* ist Thors Stirn. Sie wird hier wie „Hrungnirs Kopf-Splitter" in der Ragnars-Drapa als „abgekürzte Kenning" für Thor benutzt. Sie besteht nur aus dem Kenniord (kennzeichnender Bestandteil der Kenning). Zusammen mit dem Stofnord („Stammwort") könnte die vollständige Thor-Kenning z.B. *„Ase des hohen Himmels der Flamme des Brauen-Mondes"* lauten.

Der *„hohe Himmel"* ist hier assoziativ mit dem *„schwebenden"*, d.h. über den Himmel fahrenden *„Streitwagen des Thor"* verbunden.

Die *„Dachsparren der Halle"* sind die Decke der Höhle der Riesen. *„Dachsparren"* ist hier natürlich nur symbolisch gemeint, da eine Höhle keine Dachsparren hat.

Die *„Ebene der Steinhalle"* ist der Fußboden der Höhle. Die *„Stein-Nüsse"* auf dem Höhlenboden sind die von der Decke herabgefallenen Steinstücke. In dieser Halbstrophe sind die beiden Doppelverse genau parallel aufgebaut, was einen komisch-drastischen Eindruck hervorruft: Erst stemmen die beiden Riesinnen Thor zu den „Dachsparren" der Höhlendecke hinauf und dann drückt Thor die beiden Riesinnen auf die Kiesel auf dem Höhlenboden hinab.

Diese Szene findet sich auch in der Edda beschrieben: Dort heben die beiden Riesinnen Gjalp und Greip, die Töchter des Geirröd, Thors Stuhl zur Decke empor, um den Asen zu zerquetschen. Diese beiden hatten schon vorher versucht, den Thor in dem Fluß Wimur zu ertränken, indem sie durch ihren Urin eine Flut verursacht hatten.

„Nüsse" waren eine beliebte Heiti für „Tränen". Dadurch ergibt sich nebenbei die Aussage, daß die beiden niedergedrückten Riesinnen, als sie am Boden lagen, Grund zum Weinen hatten – schließlich wurden sie von Thor getötet. Da Thor als der Donnergott zudem den Regen brachte, den man auch als die „Tränen des Himmels" umschrieb, findet sich hier gleich noch eine weitere Ironie.

Der „*Streitwagen des Gewitters*" ist der Ziegenwagen des Donnergottes Thor. Die Kenning „*schwebender Thors-Wagen*" zeigt, daß man sich vorstellte, daß Thor in seinem Wagen mit donnernden Rädern im Gewitter über den Himmel fuhr und Blitze herabsandte.

Die christliche Variante dieses Bildes ist die Vorstellung, daß der Donner dadurch entsteht, daß „Petrus im Himmel Kegeln spielt".

Die „*Schutzwand des Thorswagens*" ist der hölzerne Aufbau auf dem Wagen, der dem Schutz des Fahrers vor den Pfeilen und Speeren der Feinde dient. Der „*Halter dieser Schutzwand*" ist Thor.

Das „*Schiff des Lachens*" ist der Brustkorb. In diesem Zusammenhang kann eine Kenning, die das Wort „*Lachen*" benutzt, nur noch sarkastische Ironie sein – denn die Riesinnen starben durch Thor. Der „*Kiel des Brustkorbes*" ist das Rückgrat. Die „*Höhlen-Mägde*" sind die beiden Riesinnen Gjalp und Greip.

Auch die „*(Hasel-)Nüsse*" als Heiti für „Tränen" bilden einen Gegensatz zu dem „*Lachen*" der Riesinnen – das durch Thor für immer beendet wird.

Kenning-freie Übersetzung der Strophe: „*Gjalp und Greip stießen Thor gegen die Höhlendecke und versuchten ihn zu zerquetschen, aber Thor drückte sie nieder und zerbrach ihnen das Rückgrat.*"

Die folgende Halbstrophe aus der Skaldskaparmal beschreibt den Kampf zwischen Thor und den Riesinnen Gjalp und Greip:

Einstmals brauchte ich
meine gesamte Asenstärke
In dem Haus des Riesen,
als Gialp und Gneip,
Geirröds Töchter,
Mich zum Himmel zu heben versuchten.

Da diese Halbstrophe nicht in der höfischen Form verfaßt ist, kann sie nicht aus der Thorsdrapa stammen, sondern wird wie die von Thor an die Wasser des Wimur gerichteten Worte aus einem anderen Lied über die Reise des Thor nach Geirrödsgard stammen, das in sechszeiligen Strophen verfaßt worden ist.

Der Sohn der Erde sprach nur selten,
aber die Männer des Baus
des Fjord-Apfels unterbrachen
nicht ihr Bier-Fest.

Der Ägir des Eschen-Seiles,
Sudris Verwandter, stieß mit einer Zange
ein Häppchen, das in der Esse gekocht worden war,
gegen den Mund von Odins Kummer-Dieb.

    Der „*Sohn der Erde*" ist Thor: Er ist der Sohn des Odin und der Erdgöttin Jörd/ Fjörgyn.
    Die Worte „*er sprach nur selten*" könnten bedeuten, daß Thor das „*Bier-Fest*" nicht gefiel – was eine recht ironische Umschreibung des Kampfes zwischen Thor und den Riesen wäre. An dieser Stelle könnten die den Versen des Eilifir Godrunason lauschenden Wikinger gegrinst und einen Schluck von ihrem Bier oder Met getrunken haben.
    Der Skalde Eilifir war offenbar sehr um eine gute Stimmung unter seinen sicherlich nicht zart besaiteten Zuhörern bemüht.
    Die Umschreibung des Kampfes als „*Bier-Fest*" läßt die drei Strophen vorher benutzte ironische Umschreibung „*Flucht-Ausflug*" anklingen: Der Kampf folgt auf die Flucht wie das Bierfest auf den Ausflug.
    Der „*Fjord-Apfel*" ist vermutlich die Insel oder die Landzunge in dem Fjord, auf dem sich der „*Bau*", d.h. die Höhle der Riesen befand. Die Riesen werden durch die Verwendung des Wortes „Bau" („Höhle eines Fuchses" o.ä.) als „Tiere" bezeichnet – und gleichzeitig natürlich auch all die Fremdvölker, die in den vorigen Strophen von Eilifir den Riesen gleichgesetzt worden sind.
    Es wäre denkbar, daß die Kenning „*Fjord-Apfel*" eine Assoziation zu den lebengebenden Äpfeln der Idun hervorrufen sollte. Die Germanen gaben ihren Toten oft Äpfel mit in das Jenseits, die wohl wie die Äpfel der Idun das Weiterleben der Toten im Jenseits sichern sollte.
    Man kann somit mit einiger Berechtigung vermuten, daß die Germanen wie die Kelten aus dem „Totenreich jenseits des Großen Wassers" und den „magischen Äpfeln der Göttin in der Unterwelt" das Bild einer „Apfelinsel" (Kelten: „Avalon") er-

schaffen haben: den „*Fjord-Apfel*".

Die „*Männer der Höhle*" sind die Riesen. Da die Hügelgräber oft auf Landzungen oder zumindestens in der Nähe des Meeres errichtet wurden, da das Totenreich „jenseits des Großen Wassers lag", könnte diese „Höhle" auch eine Heiti für ein Hügelgrab sein. Diese vielfältigen Assoziationsmöglichkeiten werden durchaus beabsichtigt gewesen sein, da sie vielfältige Gefühle in den Zuhörern hervorrufen konnten. Und das Hervorrufen von Gefühlen ist noch heute das wichtigste Merkmal eines erfolgreichen Liedes …

Ein „*Eschen-Seil*" ist ein Speer. „*Eschen-Seil*" ist wieder eine „gekürzte Kenning", da sie hier keinen Speer, sondern einen mit einem Speer oder Bogen bewaffneten Krieger bezeichnet. Die Bedeutung des Namens „Ägir" ist „*Erschrecker*". Der „*Erschrecker der Krieger*" ist in diesem Zusammenhang folglich ein Riese. „Ägir" ist Tyr als Riese in der Wasserunterwelt, also eine Entsprechung zu Geirröd.

„*Eschen-Seil*" läßt sich jedoch auch als die Sehne an einem Bogen aus Eschenholz verstehen. Der „*Erschrecker der Bogensehne*" wäre dann derjenige, der einen Pfeil abschießt und dadurch die Sehne erzittern läßt – also ebenfalls ein Krieger. Dieser Krieger ist wieder Geirröd.

„*Sudri*" ist einer der vier Zwerge, die die Himmelskuppel, d.h. den Schädel des Urriesen Ymirs tragen. Daß der Riese Geirröd hier als „Sudris Verwandter" bezeichnet wird, zeigt, daß Riesen und Zwerge recht ähnliche Wesen gewesen sein müssen: Totengeister („dwergaz"). In den frühen Texten gibt es keinerlei Hinweise darauf, daß die Zwerge klein gewesen sind – die Riesen waren eher „besonders große Totengeister".

Es erscheint auch nicht sehr plausibel, daß die vier Wesen, die den Himmel trugen, besonders klein waren – man sollte sie eher für besonders groß halten. Auch in den Mythen anderer indogermanischer Völker wird der Himmel von einem Riesen (Griechen: Atlas; Hethiter: Ullikummi) oder einem Gott (Inder: Skambia) getragen.

Das „*Häppchen, das in der Esse gekocht worden war*", ist ein Stück glühendes Metall. Die Riesen sind hier wie die Zwerge Schmiede. Geirröd reicht hier dem Thor einen „Empfangs-Imbiß" – allerdings keinen sehr freundlichen. Diese Szene wird eine Anspielung auf die Gastfreundschafts-Bräuche der Germanen sein.

Der „*Kummer-Dieb*" ist die Freude. „*Odins Freude*" ist Thor.

Kenning-freie Übersetzung der Strophe: „*Thor war wütend, aber die Riesen beendeten nicht den Kampf. Geirröd nahm mit einer Zange ein Stück glühendes Metall und stieß es gegen Thors Kopf.*"

Auch die folgenden vier Verse stammen aus der Skaldskaparmal des Snorri Sturluson. Im Gegensatz zu den beiden vorigen aus der Edda stammenden Halbstrophen sind diese vier Verse jedoch in demselben Stil wie die Thorsdrapa verfaßt worden, was vermuten läßt, daß sie auch aus der Thorsdrapa stammen. Warum diese Strophe in der Thorsdrapa jedoch fehlt und warum von ihr nur eine Halbstrophe erhalten ist, ist unbekannt.

Der Unterdrücker der Verwandten
der nachts umgehenden Frauen riß den Mund
seines Armes weit auf und schnappte das schwere,
rote Häppchen in dem Seegras der Zange.

Die Halbstrophe läßt sich an dieser Stelle mühelos einfügen – so als ob er hierhin gehören würde. Auch das Gleichnis zwischen dem Kampf und einem Festmahl aus der vorigen Strophe des Eilifir findet sich in diesen Zeilen.

Die Art der Reime in dieser Halbstrophe sehen ebenfalls sehr nach dem Skalden Eilifir aus, der es verstand, hier durch die Wahl der Halbreime die Vorstellung von Kampflärm heraufzubeschwören: In dem ersten Doppelvers finden sich die Reime „*thröng – thung – thang – tang*" und in dem zweiten Doppelvers die Reime „*runn – kvinn – kunn – munn*".

Die „*nachts umgehenden Frauen*" sind die Riesinnen, die hier offensichtlich als Gespenster und vielleicht auch als Zauberinnen angesehen wurden. Es gab offenbar einen fließenden Übergang zwischen Riesinnen, Troll-Frauen, Totengeistern, Seherinnen, Zauberinnen und Nornen. Sie wurden auch „Abend-Reiterinnen", „Nacht-Reiterinnen" und „Hag-Sitzende" („hagazussa") genannt. Aus der letzten dieser Bezeichnungen hat sich dann das deutsche Wort „Hexe" entwickelt.

Die „*Verwandten der Riesinnen*" sind die Riesen – eine „Minimal-Kenning" … Der „*Unterdrücker der Riesen*" ist Thor.

Der „*Mund des Armes*" ist die Hand.

Das „*rote Häppchen*" ist das glühende Stück Metall. Es ging heiß her bei diesem Kampf …

„*Seegras*" könnte eine Heiti für Metall sein, da „Kriegs-Gras" eine Kenning für „Brünne, Rüstung" gewesen ist. Das „Gras" bezieht sich hier auf das Leinen (Flachs), aus dem man die normale Kleidung webte. Die Umschreibung „*Seegras der Zange*" bedeutet vermutlich einfach „Metall der Zange".

Der „*Vermehrer der Schlacht*" ist Thor.

Kenning-freie Übersetzung der Halbstrophe: „*Thor schnappte das glühende Stück Metall mit der Zange.*"

So trank der schnelle Vermehrer der Schlacht,
Thröngs alter Freund, gierig
den erhobenen Trunk des geschmolzenen Klumpens
in der Luft mit dem schnellen Mund seiner Hände.

Die zischende Schlacke flog
von der feindlichen Brust des Griffes
des inbrünstigen Liebhabers von Hrimnirs Mädchen
zu dem, der Thrudr sehr vermißt.

„*Thröng*" („Gedränge") ist ein Beiname der Göttin Freya, der sich vielleicht auf die Vielzahl der Toten, die sich bei ihr befinden, bezieht. Diese Deutung ist aber recht unsicher. „*Thröngs alter Freund*" ist offensichtlich Thor – es ist den Mythen ansonsten nichts von einer besonderen Freundschaft zwischen diesen beiden Asen bekannt.

Das „*Trinken des erhobenen Trunkes*" ist eine Umschreibung für „zugreifen". Das Bild des Kampfes, in dem Geirröd ein Stück glühendes Metall mit der Zange erfaßt hat und gegen Thor als Waffe benutzt, wird hier durchgehend mit den Bildern eines Bier-Festes beschrieben.

Der „*Mund der Hände*" ist die Handinnenfläche, in der das Ergriffene liegt wie das Abgebissene im Mund. Dies Bild bezieht sich auf das hier verwendete Bierfest-Gleichnis: Bei einem solchen Fest trinkt (ergreift) der Mund (Hände) das Bier (glühendes Metall). Dieses Bild könnte den Wikingern ein verständnisvolles Schmunzeln entlockt haben, da auch schon bei ihnen die Feste, an denen reichlich Alkohol getrunken wurde, ab und zu in Prügeleien ausgeartet sein werden.

Die „*Brust*" ist die Vorderseite des Körpers. Die „*Brust des Griffes*", also die „*Brust der Hand*" ist demnach die Handinnenfläche.

„*Hrimnir*" ist ein Riese. „*Hrimnirs Mädchen*" sind daher Riesinnen. Die „*Liebhaber der Riesinnen*" sind die Riesen.

„*Der, der Thrudr sehr vermißt*" ist Thor, da Thrudr die Tochter des Thor und der Sif ist. Warum er sie „*sehr vermißt*", ist allerdings unklar – diese Formulierung würde besser passen, wenn Thrudr die Geliebte des Thor gewesen wäre. Vermutlich ist in den gut 200 Jahren zwischen dem Verfassen der Thorsdrapa und der Niederschrift der Edda die Rolle der Thrudr in Bezug auf Thor umgedeutet worden.

Der Skalde Eilifir hat keine Möglichkeit ausgelassen, um die Aufmerksamkeit seiner Zuhörer zu fesseln. In den letzten drei Halbstrophen hat er mehrere Umschreibungen benutzt, die auch als sexuelle Anspielungen aufgefaßt werden konnten.

Die Worte „*der Unterdrücker der Verwandten der nachts umgehenden Frauen*" lassen sich genausogut auch als „*der Stoßende an der Geburtsöffnung der nachts umgehenden Frauen*" übersetzen.

Die Worte „*Verwandte der nachts umgehenden Frauen*" können zudem auch als

„der den nachts umgehenden Frauen gut bekannte Knochen" gelesen werden – wobei *„Knochen"* eine Heiti für „Penis" ist. Diese Doppeldeutigkeit wird aber vermutlich nicht so offensichtlich gewesen sein wie die vorige.

Auch die Kenning *„Thröngs alter Freund"*, also „Freyas guter Freund", die etwas ungewohnt ist, weil Thor sonst nirgendwo als „Freyas Freund" bezeichnet wird, läßt sich noch auf eine andere Weise verstehen: „Thröng" bezeichnet auch eine enge Stelle und kann daher, nachdem Eilifir die Phantasie seiner Zuhörer bereits zu sexuellen Vorstellungen gelenkt hatte, auch als „Vagina" verstanden werden – zumal Freya, die hier mit „Thröng" umschrieben wird, u.a. die Liebesgöttin war. Der „alte Freund" der „Thröng" wäre dann der Penis. Diese Assoziation wird noch dadurch verstärkt, daß das germanische Adjektiv „lang", das hier mit „alt" übersetzt worden ist, nicht nur „lange Zeit andauernd", sondern auch „von großer Länge" bedeutet.

Diejenigen unter den Zuhörern, die bis zu diesem Punkt die sexuellen Anspielungen noch nicht bemerkt hatten, dürften spätestens bei der Kenning *„inbrünstiger Liebhaber von Hrimnirs Mädchen"* auch zu erotischen Assoziationen gelangt sein. Diese Kenning ist also nicht so schlicht und bedeutungslos, wie sie auf den ersten Blick erscheinen mag.

Die Parallelstellung von Thor und Geirröd in dem letzten Doppelvers läßt vermuten, daß auch Thors Sehnsucht nach Thrudr erotisch gemeint ist: *„... des inbrünstigen Liebhabers von Hrimnirs Mädchen ... dem, der Thrudr sehr vermißt."* Hier wird unter dem Tarnmantel von zwei für die Beschreibung des Kampfes zwischen Thor und Geirröd benötigten Kenningar erst auf die Vereinigung von Hrimnir mit seinen Mädchen und dann auf die des Thor mit Thrudr hingewiesen.

Kenning-freie Übersetzung der Strophe: *„Thor schnappte mit seiner Hand das Glutstück, daß Geirröd mit seiner Zange auf Thor warf."*

Die Halle des Thrasir wurde erschüttert,
als der breite Kopf des Heide-Königs
unter das uralte Bein der Mauer
des Fußboden-Bären gedrückt wurde.

Der ruhmvolle Stiefvater des Ullr
warf den verletzenden Dorn
mit großer Kraft in die Mitte des Gürtels des Leibeigenen
des Zahnes des Weges der Angelschnur hinab.

Der Name „Thrasir" bedeutet „der Sehnsüchtige" („der nach etwas strebt/verlangt und etwas liebt"). Dies muß entweder ein Beiname des Geirröd oder eine Heiti für ihn sein, da die *„Halle des Thrasir"* offensichtlich die Höhle dieses Riesen bezeichnet.

Der Name „Thrasir" erinnert an die beiden Menschen Lif („die Lebende") und Lifthrasir („der das Leben liebende"), die die beiden Überlebenden des Ragnarök waren. Ob es einen Zusammenhang zwischen diesen beiden Menschen und dem Riesen Thrasir gibt, ist allerdings unklar. Vielleicht ist „Thrasir" auch nur eine Anspielung auf die Geirröd-Kenning *„inbrünstiger Liebhaber von Hrimnirs Mädchen"*.

„Heidrek" („Licht-König") war ein König in den Isländersagas, der von seiner Mutter Hervor das magische Schwert Tyrfing („Tyr-Finger") erhalten hatte, das von zwei Zwergen hergestellt, aber auch verflucht worden war. „Heidrek" ist eine Saga-Variante des ehemaligen Sonnengott-Götterfaters Tyr in der Unterwelt und ist daher mit Geirröd identisch. Das „Licht" in seinem Namen ist die Sonne.

Die Kenning *„Fußboden-Bär"* für Geirröd ist eindeutig ein Spott, denn sie beinhaltet die Aussage, daß die Riesen kein Lager haben, sondern wie Bären auf dem Fußboden in ihren Höhlen schlafen.

Eilifr Godrunason nutzt in den Kenningar in diesem Lied reichlich die Verachtung der Wikinger für ihre Feinde, um Beifall von seinen Zuhörern zu erhalten.

Die *„Mauer des Fußboden-Bären"*, d.h. die *„Mauer des Riesen"* ist die Wand der Höhle des Geirröd. Das *„Bein der Höhlenwand"* ist die Säule in der Höhle des Geirröd, von der auch Snorri Sturluson in der Edda berichtet. Das Verstehen dieser Kenning wird für die Zuhörer des Skalden Eilifir nicht schwer gewesen sein, da sie diese Mythe bereits gut kannten.

Es ist seltsam, daß Geirröds Kopf *„unter"* die Säule gedrückt wurde – eigentlich sollte man erwarten können, daß sich Geirröd (wie in der Edda berichtet) „hinter" der Säule zu verstecken versuchte. Seinen Kopf verbarg er möglicherweise deshalb, weil er vorher versucht hatte, mit dem glühenden Metallstück Thors Gesicht zu treffen.

Das Wort „gedrückt" steht in der Thorsdrapa im Passiv – es ist zunächst nicht deutlich, ob der Kopf von Thor oder von Geirröd selber „unter" die Säule gedrückt wird. Aus dem Zusammenhang und auch aus der Edda ergibt sich jedoch, daß Geirröd seinen Kopf verbirgt.

Das *„uralte Bein der Mauer des Fußboden-Bären"* ruft die Assoziation hervor, daß die Riesen wie Bären sind. Falls Eilifir dieses Bild auch bei Geirröds Verbergen hinter der Säule benutzt haben sollte, dann würde sich Geirröd wie ein Bärenjunges hinter den Beinen seiner Mutter, d.h. *„unter"* ihr verborgen haben, Geirröd würde dadurch auch „unten" vor Thor liegen, sodaß er das Metallstück auf den Riesen „hinabwerfen" konnte – so wie es in der Strophe beschreiben wird.

Diese Szene wird bei den Zuhörern des Skalden Eilifir vermutlich eine Assoziation zu ihren eigenen Wohnungen ausgelöst haben, da die Mittelsäule in den germanischen Langhäusern der Wohnort der Ahnen des Hausherrn gewesen ist, dessen Sitz sich vor dieser Säule befand. Das Töten des Geirröd an dem Sockel des Mittelpfeilers durch Thor beinhaltet das Bild, daß Thor den Riesen „zu seinen Ahnen (in der Säule/Unterwelt) sendet". Die Mittelsäule ist auch der Platz des Hausherrn – der im Falle des Riesen Geirröd jedoch nicht stolz vor dieser „Säule seiner Ahnen" saß, sondern sich ängstlich hinter ihr verbarg.

Die „*Säule*", hinter der sich Geirröd versteckt, ist symbolisch gesehen auch der Weltenbaum – eine Variante der Irmin-Sul. Diese Säule wurde auch im Hymir-Lied durch Thor zerstört.

Der „*Stiefvater des Ullr*" ist Thor. Ullrs Eltern sind Loki und Thors Frau Sif.

Ein „*Dorn*" ist das Verschluß-Stäbchen an einem Gürtel oder an einer Fibel. Hier scheint dieser „Dorn" jedoch ein Wurfgeschoß zu sein, das Thor benutzt. Die beiden Bedeutungen des Wortes „Dorn" könnten miteinander kombiniert für die Zuhörer des Eilifir möglicherweise in etwa die folgende Aussage ergeben haben: Es ist richtig, mit dem Dorn den Gürtel zu schließen und es ist genauso richtig, den Riesen zu töten.

Da ansonsten der Hammer die typische Waffe des Thor ist, wird das Wort „Dorn" an dieser Stelle eine Heiti für das Glutstück sein, daß Thor aufgefangen hatte und das er Snorri Sturluson zufolge durch die Säule und durch den Riesen Geirröd hindurch wirft.

Hier ist wieder eine der Gegensatz-Parallelstellungen zu sehen, die von den Skalden sehr geschätzt wurde: Erst wirft Geirröd das Glutstück mit wenig Kraft nach Thor und dann wirft Thor dasselbe Glutstück mit mächtiger Kraft nach Geirröd. In beiden Fällen wird das germanische Verb „ljosta" benutzt, das „schlagen, stoßen, werfen" bedeutet. Da Thor jedoch nicht nur „wirft" sondern „nach unten wirft" („laust nidr") und es im Isländischen die Redewendung „der Blitz schlägt nieder" („eldingu laust nidur") gibt, wird hier wohl darauf angespielt, daß das Glutstück wie ein Blitz auf den sich am Boden hinter der Säule verbergenden Geirröd niederschlägt.

„*Dorn*" war auch eine Umschreibung für „Schwert". Tyr-Geirröd schmiedet in der Unterwelt sein bei seinem Tod zerbrochenes Schwert neu. Das glühende Eisen, das Geirröd nach Thor wirft, ist also sein noch nicht fertig geschmiedetes Schwert. Durch das Zurückwerfen dieses Glutstückes erhält es jedoch die Funktion, die ansonsten Thors Hammer hat. Hier wird daher zum einen aus dem Schwert des Tyr der Hammer des Thor und zum anderen wird Tyr-Geirröd mit seiner eigenen Waffe getötet, was ein häufiges Motiv in den Tyr-Mythen gewesen ist.

Der Blitz ist in den indogermanischen Mythologien manchmal auch ein Donnerkeil, der von dem Donnergott zur Erde geschleudert wurde. Es wäre durchaus denkbar, daß der „Dorn", als der das Glutstück bezeichnet wird, mit dem sich der Ase und der Riese gegenseitig bewerfen, solch ein Blitz-Donnerkeil gewesen ist.

Der Donnerkeil des keltischen Taranis und des indischen Indra, die Keule des griechischen Herakles und des keltischen Smertrios sowie der Hammer des germanischen Thor und des hethitischen Tarhunna könnten alle letztlich Symbole des Blitzes sein – und der Donner der Lärm des Zuschlagens mit dieser Waffe.

Wenn diese Überlegungen zutreffen, dann wird in Thors Reise nach Geirrödsgard beschrieben, auf welche Weise Thor seinen Hammer erlangt hat – eine vermutlich ältere, weil individuellere Version zu dem in der Edda berichteten Schmieden durch die beiden Zwerge Sindri und Brock zusammen mit anderen magischen Gegenständen.

Der *„Weg der Angelschnur"* ist ein Fluß oder das Meer. Der *„Zahn des Flusses/ Meeres"* klingt zwar ein wenig nach „Angelhaken", aber es wird wohl eine Landzunge an der Küste gemeint sein, da dies in den frühen Skalden-Liedern oft der Wohnort der Riesen ist. Der *„Leibeigene der Landzunge"* ist daher eine verächtliche Bezeichnung eines Riesen. Die Bezeichnung des Geirröd als „Leibeigener" steht im drastischen Gegensatz zu seiner Bezeichnung als *„Heidrek"* („Licht-König")".

Eine Weiterentwicklung dieser Kampf-Szene findet sich in der Saga über Thorstein Haus-Macht (siehe Band 79).

Kenning-freie Übersetzung der Strophe: *„Geirröds Halle wurde erschüttert, als sein breiter Kopf unter die Säule in der Halle gebracht wurde. Thor warf das Glutstück durch den Bauch des Geirröd."*

Der Wütende schlachtete die Nachkommen des Glaumr
mit seinem blutigen Hammer.
Der Schlächter der häufigen Besucher
der Halle der Herdstein-Synjar war siegreich.

Mangel an Unterstützung behinderte nicht
den Pfosten des Bogens,
den Gott des Streitwagens,
der den Bankgenossen des Riesen Kummer bereitete.

Der *„Wütende"* ist Thor. Seine „Wut" könnte eine Kampfekstase bezeichnen.

„Glaumr" („Lärm, Donner, Tumult") ist ein unbekannter Riese. Die *„Nachkommen des Glaumr"* sind die Riesen als Gruppe.

„Herdstein-Synjar" ist eine Kenning, die sich aus „steinerner Herd" sowie aus dem Plural der Schutzgöttin des Hauses „Syn" zusammensetzt. Die *„Herdstein-Göttin"* ist die Hausherrin. Da diese Kenning im Plural steht und sich offensichtlich auf die Riesen bezieht, sind mit ihr die Riesinnen in der Halle des Geirröd gemeint. Diese Kenning könnte bei Eilifirs Hörern die Assoziation zu der Riesin und Unterweltsgöttin Hel hervorgerufen haben. Wenn dies der Fall gewesen sein sollte, dann würde *„Halle der Herdstein-Göttinnen"* sowohl „Höhle des Geirröd" als auch „Halle der Hel" bedeutet haben. Da auch die Riesen im Jenseits leben, sind beide Namensdeutungen letztlich Bezeichnungen für die Unterwelt/Utgard. Die *„häufigen Besucher der Utgard-Unterwelt"* sind die Riesen, die dort wohnen. Der *„Schlächter der Riesen"* ist Thor.

Ein „Baum, Pfahl, Pfosten" usw. ist ein Mann. Ein *„Pfosten des Bogens"* ist daher ein Krieger, womit hier Thor gemeint ist.

Die *„Unterstützung"* in dem dritten Vers bezieht sich auf Thjalfi.

Der *„Gott des Streitwagens"* ist Thor.

Der *„Riese"* ist Geirröd. Die *„Bankgenossen des Geirröd"* sind die Riesen allgemein. Diese Kenning ist nicht allzu kreativ ...

Kenning-freie Übersetzung der Strophe: *„Thor tötete die Riesen mit seinem blutigen Hammer. Thor war siegreich. Er erhielt reichlich Unterstützung von Thialfi."*

Der verehrte Hel-Schläger tötete
mit dem Leicht-Zermalmenden zusammen mit dem Elfen
die Wald-Kälber des unterirdischen Fluchtortes
vor dem Glanz der Elfen-Welt.

Die Rogaländer des Listi-Landes
der Falken-Nester waren unfähig,
den standfesten Unterstützer des Verkürzers
der Lebensspanne der Männer des Felsenkönigs zu verletzen.

Der *„Hel-Schläger"* ist Thor. Diese Kenning bezieht sich darauf, daß Hel in Utgard liegt und Thor dort die Riesen bekämpft und sie sozusagen „zur Hölle schickt".

Der *„Leicht-Zermalmer"* ist Mjölnir – mit ihm fällt es Thor leicht, die Riesen zu töten.

Der *„Elf"* ist Thjalfi. Diese Umschreibung läßt vermuten, daß sich der junge Mann Thjalfi bereits im Jenseits befindet und entweder kein Lebender mehr ist oder ein Schamane und daher „Alben-ähnlich" ist.

Die *„Wald-Kälber"* sind die Jungtiere der Auerochsen und vielleicht auch der Hirsche. Der *„unterirdische Fluchtort"* ist zunächst eine Höhle, aber im erweiterten Sinne auch die Unterwelt/Utgard. Die *„Jungtiere der Unterwelt"* sind die Nachkommen der Riesen.

Die *„Elfen-Welt"* sollte eigentlich die Unterwelt sein, da die Elfen („Weiße, Leuchtende") ursprünglich Totengeister waren. Sie wurden jedoch so eng mit dem Licht und der Sonne assoziiert, daß ihr Bereich nicht das Jenseits unter der dunklen Erde (das „Niflheim" der „Schwarzalben"), sondern das helle Jenseits im Himmel (das „Muspelheim" der „Lichtalben") war. Der *„Glanz der Elfen-Welt"* ist somit die Sonne. Der *„Fluchtort* (der Riesen) *vor der Sonne"* ist die Unterwelt. Die Riesen fürchteten wie die Zwerge die Sonne, da sie durch einen Sonnenstrahl, der auf sie fiel, zu Stein erstarrten.

„Rogaland" ist ein Teil des Südwestens von Norwegen. Auch die Norweger werden

nun den Riesen gleichgesetzt – sie fehlten noch in der Liste der Feinde der Isländer. Vermutlich werden sich die Wikinger, die Eilifr zugehört haben, bei diesen Stellen mittlerweile vor Freude laut grölend auf die Schenkel geklopft haben …

Die *„Falken-Nester"* sind die Gipfel der Berge. *„Listi"* ist die große südwestnorwegische Halbinsel nördlich von Dänemark. *„Falken-Nester von Listi"* ist eine Kenning für „Gebirge". Die *„Rogaländer der Gebirge"* sind somit die Südnorweger. Diese Kenning bezeichnet gleich auf zweifache Weise den Ort, an dem das gemeinte Volk lebt: durch „Rogaland" und durch „Listi".

Die *„Männer des Felsenkönigs"* sind die Riesen – Geirröd, der Anführer der Riesen wurde bereits in einer früheren Strophe *„Heidrek"* („Licht-König") genannt. Der *„Verkürzer der Lebensspanne der Riesen"* ist Thor. Der *„Unterstützer des Thor"* ist Thialfi.

„Kenning-freie Übersetzung" der Strophe: *„Thor tötete mit seinem Hammer zusammen mit Thialfi die Riesen, die unfähig waren, Thialfi zu verletzen."*

- - -

Röskvas Bruder
stand voll Wut,
Magnis Vater
schlug gut zu.

Diese Halbstrophe wird von Snorri in der Skaldskaparmal als Teil eines Gedichtes des Skalden Eilifr zitiert. Die beiden letzten Verse kommen auch in der Thorsdrapa vor – sie stehen in der Drapa lediglich in der Gegenwart und nicht in der Vergangenheit. Aus diesem Grund ist vermutet worden, daß sie einen Refrain gebildet haben könnten, den die Zuhörer nach jeder der Strophen, die Eilifr vorgetragen hat, wiederholten – was die Intensität der Rezitation der Thorsdrapa noch einmal um einiges verstärkt haben würde.

Die mit *„schlug gut zu"* übersetzte Passage lautet im Original *„schlug einen heftigen Hieb"*, aber diese wörtliche, schwerfällige Übersetzung entspricht nicht dem lyrischen Charakter des Originals.

„Röskvas Bruder" ist Thialfi.
„Magnis Vater" ist Thor.

- - -

Die diesem an Kenningarn sehr reichen Lied zugrundeliegende Mythe läßt sich aus den Kenning-freien Übersetzungen der einzelnen Strophen zusammenstellen:

Loki war ein großer Lügner. Er trieb Thor zum Aufbruch an und sagte, daß der Pfad zu Geirröd führen würde. Der tapfere Thor mußte nicht oft von Loki um diese Fahrt gebeten werden.

Als Thor, der mächtiger als die Riesen ist, von Asgard aus nach Utgard hin aufbrach, waren sie begierig, die Riesen zu besiegen. Thialfi stand Thor auf der Fahrt bei – im Gegensatz zu Loki.

Thor watete in das Wasser. Als sich der jähzornige Thor der Riesin entgegenstellen wollte, zogen Loki und Thialfi Loki mit ihm, bis sie zusammen mit Thor das Wasser erreichten. Thor überquerte zu Fuß die angeschwollenen Flüsse, die durch das Land strömten und in denen Eisschollen trieben. Thor kam schnell voran auf der langen, mit Stäben gekennzeichneten Furt, die durch das Meer führte. Sie stießen mit ihren dumpf aufschlagenden Speeren in das Meer, um Halt gegen die Brandung zu finden, während die glitschigen Kiesel unter ihren Füßen hin- und herrutschen.

Die Asen wateten mühsam durch den Fluß. Das Schmelzwasser der Gletscher ließ angetrieben von einem Sturm den Fluß dem Thor entgegenbrausen. Die Strömung des Meeres wurde durch Fenjas und Menjas Mühle zu einem riesigen Strudel, aber Thor ließ die hohen Wogen über sich hinwegbrausen. Die Riesinnen Gjalp und Greip verursachten durch ihr Pinkeln einen laut tosenden Strom.

Thor ließ seine Macht bis zum Himmel wachsen, weil die Strömung nicht nachließ. Thjalfi, der Begleiter des Thor, sprang auf dessen Schild-Schnur empor um nicht zu ertrinken. Er wußte nichts Besseres zu tun, als sich an Thors Gürtel zu klammern. Das war eine große Kraft-Tat!

Thor trug Thialfi über das Meer. Die standfesten Asen wurden von den heftigen Wogen des Jenseitsflusses überrollt, aber Thor und Thialfi hatten keine Furcht.

Die Riesen überfielen die Asen, als diese noch durch den Fluß wateten und noch nicht selber den Kampf gegen die Riesen beginnen konnten. Die Riesen flohen vor den Asen und eilten von Thor verfolgt in ihre Höhlen. Die Riesen gaben sich geschlagen, als die Asen im Kampf fest standen.

Als die Asen in ihrer Kampfekstase die Höhle betraten, gab es ein großes Geschrei unter den Riesen.

Thor geriet dort ziemlich in Bedrängnis. Gjalp und Greip stießen Thor gegen die Höhlendecke und versuchten ihn zu zerquetschen, aber Thor drückte sie nieder und zerbrach ihnen das Rückgrat.

Thor war wütend, aber die Riesen beendeten nicht den Kampf.

Geirröd nahm mit einer Zange ein Stück glühendes Metall und stieß es gegen Thors Kopf. Thor schnappte mit seiner Hand dieses Glutstück. Geirröds Halle wurde erschüttert, als er seinen breiten Kopf hinter der Säule in der Halle verbarg. Thor warf das Glutstück durch den Bauch des Geirröd.

Thor tötete die Riesen mit seinem blutigen Hammer. Thor war siegreich. Er erhielt reichlich Unterstützung von Thialfi. Thor tötete mit seinem Hammer zusammen mit

Thialfi die Riesen, die unfähig waren, Thialfi zu verletzen.

Diese Mythe läßt sich, indem man die Bilder und Mehrfachbeschreibungen fortläßt, noch einmal auf ihren eigentlichen Inhalt reduzieren:

Loki überredete durch seine Lügen den mächtigen Thor zu der Reise zu Geirröd. Loki und Thialfi begleiteten Thor.
Thor durchquerte auf seiner Reise zu Geirröd ein großes Wasser, das stark angeschwollen und voller Eisschollen war und über das ein von Riesinnen verursachter Sturm hinwegbrauste. Die drei Wanderer suchten mit ihren Speeren Halt auf dem Grund des Wassers. Thor weckte seine Asenkraft und trug Thialfi.
Die Riesen griffen die drei schon an, als sie noch durch das Wasser wateten, aber flohen bald in ihre Höhlen und ergaben sich.
Zwei Riesinnen versuchten Thors Stuhl an die Decke zu quetschen, aber er stieß den Stuhl wieder hinab und tötete die beiden.
Geirröd warf ein glühendes Stück Eisen auf Thor, der dies jedoch auffing und auf Geirröd warf und ihn so tötete.
Dieses Eisenstück war sein Hammer und mit ihm tötete er zusammen mit Thialfi, der ihm stets half, die übrigen Riesen.

Da der Thor-Diener Thialfi das Urbild der Thor-Priester ist, werden es die „Thialfi-Skalden" gewesen sein, die solche Loblieder des Thor wie die Thorsdrapa verfaßt haben.

Über Loki erfährt man in diesem Lied nicht allzuviel, aber immerhin finden sich fünf ansonsten unbekannte Kenningar – die Bezeichnung des Loki als „Lügner" ist hingegen nichts Neues ...

Es ist bemerkenswert, daß Loki zwar am Anfang des Liedes auftritt, aber dann aus der Erzählung verschwindet. Das wird daran liegen, daß der Streit zwischen Tyr-Geirröd und Loki damals allen bekannt gewesen ist und Loki daher am Anfang auch als Auslöser der ganzen Geschichte erwähnt wird, daß der Skalde jedoch ein Loblied über Thor verfassen wollte, und Loki daher im weiteren Verlauf des Liedes ignoriert.

Es ist gut denkbar, daß der Skalde ein Thor-Priester gewesen ist und sich selber in dem Lied als Thialfi gesehen hat.

Loki ist
- der *„hinterhältige Geist-Prüfer des Gottes des Kriegs-Donners"*, also der Gott, der Thor durch seine ständigen Untaten auf Trab hält;
- der *„Geier-Pfad"*, d.h. der fliegende Gott;
- die *„meineidige Last der Waffen"*, was sich evtl. auf einen Raub des Hammers durch Loki in einer früheren Version des Thrym-Liedes bezieht;
- der *„Gott der Zauberei"*, was ansonsten nicht so deutlich hervorgehoben wird.

… und Thor ist
- der *„rasche, schnell in Wut geratende Verhinderer von Lokis Bosheiten"*, was das Verhältnis zwischen den beiden Gottheiten prägnant zusammenfaßt.

I 24.   Loki der Gefangene des Hreidmar

I 24. a)   Skaldskaparmal

Am Beginn der Nibelungen-Saga werden Odin, Loki und Hönir von Hreidmar und seinen beiden Söhnen Fafnir und Regin wegen Lokis unbeabsichtigten Mord an Otr, dem dritten Sohn, gefangen und gefesselt. Vermutlich ist die Gefangenschaft der drei Asen eine Ausweitung des Motivs des gefangenen Loki.

Diese Mythe ist bereits in Kapitel „I 4." betrachtet worden.

I 25. Loki in den Sagas: Nidud

Nidud ist in den Liedern, Rätseln, Mythen und Sagen ein schwedischer König gewesen. Er ist, wie sich u.a. im Wieland-Lied zeigt, der Gegenspieler zu Tyr-Wieland und somit eine Saga-Variante des Loki.

I 25. a) Der Name „Nidud"

Der Name Nidud ist sehr wahrscheinlich mit Nidad, Nithad und Andad identisch. Der „Kern" dieses Namens ist offenbar die Konsonantenfolge „N-d/th-d".

Die Deutung dieses Namens ist nicht ganz sicher, da es mehrere Erklärungsmöglichkeiten gibt.

Der Name „Nidud" könnte mit den beiden altnordischen Namen „Nidr" und „Nidar" verwandt sein, die sich vermutlich von dem Flußnamen „Nid" ableiten.

Dieser Flußname könnte von dem altnordischen Adjektiv „nid" für „niedrig, unten" abgeleitet sein und würde dann „Niederer" oder „langsam Fließender" bedeuten. Es wäre auch eine Herleitung von dem gotischen „nidwa" für „rostig" denkbar: „Rostfluß". Ebenso kommt das lateinische „nitere" für „scheinen" in Frage: „glitzernder Fluß". Weiterhin könnte dieser Flußname von altnordisch „nidr" für „murmeln, plätschern" abstammen: „Plätscherfluß". Schließlich könnte er auch ganz einfach „Fluß" bedeuten, falls sich die indogermanische Wortwurzel „nid" für „fließen" erhalten haben sollte.

Alle diese Namen würden jedoch nicht das „d" am Ende des Namens „Nidud" erklären.

Dasselbe Problem mit dem „d" ergibt sich bei einer Herleitung des Namens von altnordisch „nid" für „niedrig, unwürdig, homosexuell, beleidigend", von „nidar" für „Neumond" und von „nidr" für „Sohn, Verwandter, Sippenmitglied".

Man könnte das endständige „d" natürlich für ein sehr altes und ansonsten verlorengegangenes Suffix halten, mit dem man einst Namen bilden konnte – was natürlich eine recht vage Interpretation ist.

Es wäre auch denkbar, dieses „d" von einem zweiten Substantiv herzuleiten, das sich im Laufe der Zeit verkürzt hat. Für diese Deutung spricht, daß die meisten germanischen Namen aus zwei Substantiven zusammengesetzt sind.

Für ein solches zweites Wort kommen nur wenige Substantive infrage, da sie maximal drei Buchstaben haben und aus anderen Personennamen bekannt sein sollten.

Dies wären „hod" für „Kampf", „bod" für „Einladung, Gebot", „god" für „Gott", „rod" für „rot", „nad" für „Gnade, Frieden" und „rad" für „Rat".

Schließlich gibt es noch die Namensvariante „Andad", die sich von „and" für „gegen" oder von „anda" für „Atem, Seele" herleiten könnten. Auch bei diesen Herleitungen stellt sich die Frage nach der Herkunft des endständigen „d". Der Ursprung des ersten Substantives dieses Namens von „nid" erscheint jedoch wahrscheinlicher, da drei der Namensvarianten noch recht gut mit „nid" übereinstimmen.

In allen diesen Erklärungsmöglichkeiten wäre der erste Konsonant des zweiten Substantives fortgefallen – und zwar in allen vier Namensvarianten, was bedeuten würde, daß dieser Name schon sehr alt sein muß und sich erst nach dem Fortfall des ersten Konsonanten in seine vier Varianten aufgespalten hat.

    N i th ( ) u d
    N i d ( ) u d
    N i d ( ) a d
    An d ( ) a d

Es ergeben sich somit recht viele Kombinationsmöglichkeiten von zwei Substantiven für diese vier Namen. Die beiden Substantive könnten folgende Bedeutungen haben:

1. Substantiv	*2. Substantiv*
Fluß- Niederer- Neumond- Sohn- (Atem-) (gegen-) (Seele-)	-Kampf -Gebot/Einladung -Gott -rot -Rat

Denkbare Kombinationen, die einen erfaßbaren Sinn ergeben oder sich auf eine bekannte Mythe beziehen, sind:

Fluß-Kampf = Kampf am Jenseitsfluß (Anspielung auf Tyr und Loki)
Niederer-Kampf = Kampf in der Unterwelt (Anspielung auf Tyr und Loki)
Gegen-Kampf = unbeirrbarer Gegner
Niederer-Gott = Gott in der Unterwelt = Loki

Drei dieser vier Deutungen könnten sich auf Loki und zwei auf Tyr beziehen. Die Variante „Niederer Kampf" im Sinne von „Unterwelts-Kampf" ist am plausibelsten, da ein „h" von allen Konsonanten am leichtesten bei einem zusammengesetzten Substantiv vom Wortanfang des zweiten Substantives fortfallen kann. Dieses „h" von „höd, had" für „Kampf" hat sich möglicherweise sogar in der Variante „Nithad" erhalten, die man in „Nit-had" auflösen könnte.

Es ist somit wahrscheinlich, aber keineswegs sicher, daß der ursprüngliche Name „Nidhad" gelautet hat und „Kampf in der Unterwelt" bzw. „Jenseits-Kämpfer" bedeutet hat. Die könnte ein Name eines der beiden Jenseits-Kämpfer Tyr und Loki gewesen sein.

Aus dem Wieland-Lied ergibt sich, daß König Nidud eine Sagen-Variante des Loki ist.

I 25. b)   Die Saga über Hervor und König Heidrek den Weisen

Dieses Rätsel aus der Saga über Hervor und König Heidrek den Weisen spricht für die Deutung von „Nidud" als Name des Loki.

Gestumblindi sprach:

„Wer sind die freien Männer,
die zum Thing reiten,
sechzehn sind sie zusammen?
Sie senden Männer
übers Land,
um Siedlungsplatz zu suchen.
König Heidrek,
kannst Du es erraten?"

„Gut ist dein Rätsel,
Gestumblindi,
doch gleich ist es erraten:
    Das ist Itrek, der auch Odin genannt wird, und der Riese Andad beim Tafl-Spiel."

'Itrek' ist ursprünglich ein Name des ehemaligen Göttervaters Tyr gewesen. Daher müßte 'Andad' ein Name des Loki sein. Beide führen einen endlosen Kampf um die Herrschaft, der die Jahreszeiten verursacht: gewinnt Tyr, herrscht 3 Monate lang

Sommer; gewinnt Loki, herrscht neun Monate lang Winter. Eine der vielen Formen des Kampfes zwischen ihnen ist das Tafl-Spiel.

Ein 'Thing' ist eine Gerichtsversammlung. Dieses Wort wurde auch als Heiti für 'Kampf' benutzt – damit ist hier das Tafl-Spiel gemeint. Die 'Suche nach Siedlungsland' ist eine Umschreibung für das Vorrücken der weißen Spielsteine.

Ursprünglich ist das Tafl-Spiel sehr wahrscheinlich als Orakel benutzt worden – die Antwort ergab sich dabei vermutlich daraus, wer der Gewinner bei diesem Spiel wurde, das den Kampf zwischen Tyr und Loki dargestellt hat.

Siehe dazu auch das Kapitel „Tafl" in Band 57.

I 25. c)   Haustlöng

In diesem Lied wird der Riese Thiazi, der der ehemalige Göttervater Tyr in der Unterwelt ist, als „Fels-Nidud" umschrieben. Das Wort „Fels-" kennzeichnet in den Skaldenliedern die Riesen: „Fels-Bewohner", „Fels-Wächter", „Fels-König", „Fels-Däne" usw. Ein „Nidud" muß also eine Person sein, die zusammen mit dem Zusatz „Fels-" eine Riesen-Kenning ergibt. Leider kann an dieser Stelle fast jeder Name eines Menschen oder einer menschlichen Stellung (Wächter, König, Mann u.ä.) benutzt werden. Lediglich die Namen der Asen sind in solchen Riesen-Kenningarn eher selten. Am ehesten würde noch Loki an diese Position passen, da er wie die Riesen in der Unterwelt lebt.

Der Nachkomme von Hymirs Rasse
befahl dem Beweger der Geschichten, der verrückt war vor Schmerzen,
ihm die Maid zu bringen,
die die Heilung des hohen Alters der Asen kannte.

Der Dieb der Brising-Halskette
führte später die Dise
der Bänke der Guten Felder
zu den Höfen des Fels-Nidud.

„*Hymirs Rasse*" = Riese; „*Nachkomme der Riesen*" = Thiazi
„*Beweger der Geschichten*" = Loki (Er hat durch seinen Wutanfall die Entführung der Idun zumindestens mitverursacht.)
„*Maid*" = Idun.
„*Die Heilung des hohen Alters der Asen*" = Iduns Äpfel
„*Brising*" = Freyas Halskette; „*Dieb des Brisingamen*" = Loki (Er hat diese Kette

einst gestohlen.)
  „*Dise*" = „Göttin" = Idun
  „*Gute Felder*" = Jenseits
  „*Fels-Nidud*" = Riese

Kenning-freie Übersetzung der Strophe: „*Thiazi befahl Loki, der verrückt war vor Schmerzen, ihm Idun zu bringen. Loki führte später Idun zu Thiazis Heim.*"

I 25. d) Deor

In diesem Lied aus dem Exeter-Buch, in dem um ca. 970 n.Chr. alte Lieder niedergeschrieben wurden, findet sich der Name „Nithad". Nithad ist in diesem Lied identisch mit dem König Nidud aus dem Wieland-Lied, der dort dem Wieland die Kniesehnen durchschneidet und ihn auf der Jenseitsinsel gefangenhält. Da Wieland Tyr als Schmied im Jenseits ist, der sein bei seinem herbstlichen Kampf gegen Loki zerbrochenes Schwert den Winter über neuschmiedet, ist Nidud/Nithad eine Sagen-Variante des Loki.

Wieland, der starke Mann,
hatte lange Verfolgungen erlebt; er hat viel erlitten.
Sorge und Sehnsucht waren seine Begleiter
und dazu die Verbannung in kaltem Winter.

Er erlebte viel Unglück
nachdem Nithad ihn in Fesseln gelegt hatte,
geschmeidige Fesseln aus Sehen
an einem besseren Mann.

  Dies ging vorüber – auch das wird vielleicht vorüber gehen ...

In Beadchilds Geist war der Tod ihrer Brüder
nicht so hart wie ihre eigene Situation,
als sie erkannte, daß sie schwanger war;
sie konnte sich die Folgen kaum vorstellen.

  Dies ging vorüber – auch das wird vielleicht vorüber gehen ...

Die „*Verbannung im kalten Winter*" ist Tyrs Gefangenschaft während der Wintermonate.

I 25. e) Völund-Lied

In der Edda (1220 n.Chr.) ist ein ganzes Lied dem Schmied Wieland (Völundr) gewidmet, das recht verschiedene Szenen enthält. Die Stellen in diesem Lied, die sich auf Nidud beziehen, sind bereits in dem Kapitel „I 12. a)" dargestellt worden.
Im folgenden sind nur die Passagen angeführt, die Nidud beschreiben.

Nidud hieß ein König in Schweden. Er hatte zwei Söhne und eine Tochter; die hieß Bödwild.

Da hörte Nidud, der Niaren Drost, daß Wölund einsam im Wolfstal säße.

König Nidud ließ ihn (Wölund) *handgreifen.*

Da rief Nidud, der Niaren Drost: „Wo erwarbst Du, Wölund, Weiser der Alfen, unsere Schätze in Ulfdalir?"

König Nidud gab seiner Tochter Bödwild den Goldring, den er vom Baste gezogen in Wölunds Haus; aber er selber trug das Schwert, das Wölund hatte.

„Es scheint Nidud ein Schwert am Gürtel, das ich schärfte so geschickt ich vermochte, das ich härtete so hart ich konnte. Diese lichte Waffe ist mir entwendet: Säh' ich sie doch zu Wölund zur Schmiede getragen!"

Nidud ist der König von Schweden – das ist eine Saga-Variante, in der die mythologischen Orte in geographische Orte umgedeutet worden sind.
Er läßt Wieland gefangennehmen – auch Loki setzt Tyr zu Beginn des Winters gefangen.
Er behauptet, daß Wielands Gold ihm gehören würde – das ist der gegenseitige Raub des goldenen Ringes, der die Wiedergeburt symbolisiert.
Nidud nimmt Tyr-Wielands Schwert an sich – dadurch wird Tyr wehrlos. Diese Szene entspricht dem Töten des Tyr-Geirröd durch sein eigenes Schwert. Vermutlich hat Nidud die Kniesehenen des Wieland mit dessen eigenem Schwert durchschnitten, da Tyr nur durch sein eigenes Schwert verletzt werden konnte.

I 25. f) Hrafnsmal

In diesem Lied des Skalden Thorbjörn Hornklofi, in dem sich eine Walküre und ein

Rabe über die Schlacht im Hartsfjord in Norwegen unterhalten, die um 872 n.Chr. stattgefunden hat, wird in den beiden letzten Strophen auch über die Belustigungen am Hofe des Königs Harald Haarschön gesprochen.

„Ich habe Dich erst wenig
nach den Gauklern und Narren gefragt
– wie werden Andad und seine Gefährten
an Haralds Hof belohnt?"

„Andad krault seine ohrlosen Hunde
und spielt den Narren
und bringt den König zum Lachen.
Es gibt dort auch andere,

deren Aufgabe es ist,
brennende Holzscheite durch das Feuer zu tragen.
Diese hüpfenden Kerle haben
ihre brennenden Umhänge in ihre Gürtel gesteckt."

Hier ist Andad ein Narr oder Gaukler. Anscheinend sind die Listen des Loki hier zu Späßen geworden.

Ob die mittelalterliche Narrenkappe eine Weiterentwicklung der Widderhörner des Loki ist?

I 25. g) Nidung aus der Thidrek-Sage

Die Thidreksage wurde um 1300 n.Chr. aufgezeichnet. In ihren wesentlichen Grundzügen muß sie jedoch schon um 800 n.Chr. zur Zeit Karls des Großen bestanden haben, da es verschiedene Hinweise aus dieser Zeit auf Themen der Dietrich-Sage gibt, die sich aus der Thidreksage entwickelt hat. Vermutlich hat diese Sage in der Lebensbeschreibung des Ostgotenkönigs Theoderich ihren Anfang genommen, der von 451-526 n.Chr., also mitten in der Völkerwanderungszeit lebte. Aus Theoderich wurde im Laufe der Zeit über Thidrek schließlich Dietrich von Bern.

In die Thidreksage wurden viele andere Sagen und einige Mythen miteinbezogen, sodaß die Sage schließlich ein komplexes Gewebe von verschiedenen Biographien und Handlungssträngen wurde. Eines dieser Themen ist die Wieland-Sage.

In dieser Saga tritt Loki als König Nidung auf, dessen Name „der Untere", „der aus der Unterwelt" oder „der Niederträchtige" bedeutet.

Die Handlung dieser Sage wird im folgenden kurz zusammengefaßt. Eine umfassendere Darstellung der Saga findet sich in Band 4 über „Wieland".

Vor langer Zeit lebte in Schweden ein König mit Namen Wilkinus. Sein Sohn hieß Wadi und dessen Sohn Welent.
Welent lernte das Schmiedehandwerk bei dem Schmied Mimir und bei den Zwergen.

Mimir ist ein Tyr-Riese und entspricht dem Schmied Tyr-Geirröd. Die Zwerge werden ursprünglich die beiden Tyr-Söhne Sindri und Brokk gewesen sein.
Nach seinen beiden Schmiede-Lehren gelangt Welent zu König Nidung.

Als Welent an einen Fluß kam, den er nicht überqueren konnte, fällte er einen dikken Baum, höhlte ihn aus und verschloß die Löcher mit beweglichen Glasscheiben. Den Baum füllte er mit seinen Werkzeugen und seinen Schätzen, legte sich hinein, verschloß die Öffnungen mit dem Glas und ließ sich den Fluß hinabtreiben, bis er nach achtzehn Tagen vor die Küste von Jütland getrieben wurde.

Der Baum, der Fluß und die achtzehn (2x9) Tage lassen vermuten, daß es sich auch bei diesem Motiv ursprünglich wieder um eine Jenseitsreise gehandelt hat. Welents Verborgensein in dem Baum wird dabei Odins Hängen am Baum entsprechen – der Baum ist in beiden Fällen der Weltenbaum, der Diesseits und Jenseits verbindet.

Dort blieb er in den Netzen der Fischer aus dem Reich des Königs Nidung hängen. Sie sahen, daß der Stamm mit viel Geschick behauen war und brachten ihn vor ihren König. Als der König befahl, den Stamm aufzuhacken um zu sehen, was sich in ihm befand, rief Welent von innen, daß sie einhalten sollen, und stieg aus dem Stamm heraus.

Das Motiv des „Mannes im Baumstamm" erinnert sehr an die ägyptische Legende von Isis und Osiris, in der der Sarg mit dem toten Osiris in einen Baum einwuchs und an den Strand von Byblos gespült und von dem dortigen König als Hauptstützpfeiler in seinen Palast eingebaut wurde. Schließlich fand Isis den Stamm, befreite den Sarg und gab dem Osiris ein neues Leben, indem sie sich mit ihm vereinte und dann seinen Seelenvogel-Sohn Horus gebar.
Die Symbolik des Weltenbaumes, des Jenseitsflusses und des Totempfahls („Gott im Baum") sind weltweit verbreitet, aber die Genauigkeit der Übereinstimmung macht es zumindestens denkbar, daß hier ein ägyptischer Einfluß vorliegt. Die Osiris-Mythe könnte in der damals bekannten Fassung von Plutarchs „Legende über Isis und Osiris" bis nach Nordeuropa erzählt worden sein. Aber das ist zunächst nur eine vage

Vermutung.

Bei den Germanen sind auch die beiden ersten Menschen Ask und Embla aus Holzstämmen gefertigt worden – das ist zwar nicht dasselbe Motiv, aber doch ein sehr ähnliches.

Die Männer des Königs waren entsetzt und dachten, Welent sei ein böser Troll und wollten ihn töten. Der König glaubte jedoch den Worten Welents und erlaubte ihm, an seinem Hof zu bleiben.

Welent vergrub heimlich den Stamm und alle seine Werkzeuge. Dabei wurde er jedoch von einem Bediensteten des Königs mit Namen Rygger beobachtet.

Die zweite dieser beiden Szenen ist zunächst einmal verwunderlich, denn es hätte nahegelegen, daß Welent dem König seine Dienste als Schmied anbot und auf diese Weise für seinen Lebensunterhalt hätte sorgen können.

Der Bedienstete ist, wie sein Name „Rygger" zeigt, der Regin aus der Siegfriedsage. Von ihm ist somit, wenn er auch den Charakter des Regin haben sollte, in der weiteren Geschichte Habgier und Hinterlist zu erwarten.

Welent lebte am Hofe des Königs als dessen Gefolgsmann. Einst fiel ihm das Messer des Königs, als er es reinigen wollte, ins tiefe Wasser. Da ging Welent zu dem Schmied Amilias, um ein neues Messer zu holen. Da niemand in der Schmiede war, fertigte Welent selber ein neues Messer an. Dem König fiel jedoch auf, daß das Messer sehr viel schärfer war als sein altes Messer, wodurch schließlich herauskam, daß Welent und nicht Amilias dieses Messer geschmiedet hatte.

Darüber erboste Amilias und forderte Welent zu einem Wettstreit auf, um festzustellen, wer der bessere Schmied sei. Der Wetteinsatz war der Kopf der beiden Schmiede. Amilias wollte den Streit dadurch entscheiden, daß er eine Rüstung schmiedete und Welent ein Schwert. Dann sollte Welent mit dem Schwert auf die Rüstung schlagen – dann würde sich zeigen, wer von beiden der bessere Schmied sei.

Als Welent sein Werkzeug ausgraben wollte, das er in dem Stamm unter der Erde verborgen hatte, entdeckte er, daß es gestohlen worden war. Welent hatte sofort den Bediensteten in Verdacht, den er beim Vergraben bemerkt hatte, dessen Namen er jedoch nicht wußte. Als Welent dies dem König berichtete, ließ dieser alle seine Leute zu einem Thing zusammenrufen. Als Welent unter den Versammelten den Bediensteten jedoch nicht finden konnte, wurde der König auf Welent wütend.

Da schmiedete Welent eine lebensgroße Statue, der er aus seiner Erinnerung heraus die Gestalt und das Gesicht des Bediensteten gab und stellte sie in eine dunkle Ecke in der Nähe der Kammer des Königs. Als König Nidung und Welent an der Statue in dieser dunklen Ecke vorüberkamen, sprach König Nidung die Statue mit dem Namen Rygger an und frug sie, ob sein Auftrag ausgeführt worden sei.

Da sagte Welent dem König, daß es nur eine Statue sei und daß Rygger der Bedienstete sei, den er gesehen hatte. Der König war sehr erstaunt über Welents Schmiedefähigkeiten und bat ihn, ihm seine Zweifel und seine Wut zu verzeihen.

Diese Herstellung einer lebensechten Statue erinnert an eine Szene aus der Edda, in der die drei Asen Odin, Hönir und Lodur (Loki) die beiden ersten Menschen Askr („Esche") und Embla („Ulme") aus zwei am Strand angetriebenen Bäumen formten. Dies entspricht auch der Szene, in der Welent in seinem Baum vor der Küste Jütlands aufgefischt wurde.

Die drei Schöpfergötter entsprechen der Dreiheit Woden, Wili und We. Odin ist der Krieger/Fürst, Hönir der Priester/Heiler und Loki der Bauer/Handwerker.

Während des Ragnarök wurden alle Menschen bis auf zwei getötet, die sich in „Hoddmimirs Holz" verborgen hatten. Dieses „Holz des Gold-Mimir" ist der Weltenbaum, da Mimir eng mit dem Weltenbaum verbunden ist. Diese beiden überlebenden Menschen, von denen alle späteren Menschen abstammen, hießen Lif („Leben") und Lifthrasir („nach Leben Strebender").

Auch das Herstellen einer lebendigen bzw. lebensechten Statue ist folglich ein Motiv, daß aus den Vorstellungen über die Reise zwischen Diesseits und Jenseits stammt, die im Ragnarök im großen Stil dramatisch dargestellt wurde.

Die Rückkehr aus dem Jenseits scheint man sich damals auch als Angetriebenwerden als Baumstamm bzw. später dann als Mensch in einem Baumstamm vorgestellt zu haben.

Als Rygger von seinem Botengang zurückkam, befahl ihm der König, Welent alle seine Werkzeuge zurückzugeben.

Welent schmiedete eine Woche lang an einem Schwert und der König kam es begutachten. Es zerschnitt ein Wollvlies, das eine Hand breit war und in einem Fluß gegen die Schneide des Schwertes trieb.

Welent feilte das Schwert in kleine Späne, mischte sie in das Futter der Gänse, schmolz den Gänsekot wieder ein und schmiedete daraus eine Woche lang ein neues Schwert. Wieder kam der König, um das Schwert zu prüfen. Es zerschnitt ein Wollvlies, das zwei Hand breit war und in einem Fluß gegen die Schneide des Schwertes trieb.

Wieder feilte Welent das Schwert in kleine Späne, mischte sie in das Futter der Gänse, schmolz den Gänsekot wieder ein und schmiedete daraus eine Klinge, die nun recht kurz war, weil von dem Eisen einiges verlorengegangen war, und fügte ihr einen goldenen Griff an. Wieder kam der König, um das Schwert zu prüfen. Es zerschnitt nun ein Wollvlies, das drei Hand breit war und in einem Fluß gegen die Schneide des Schwertes trieb.

Dieses Schwert entspricht von seiner Beschreibung den magischen Schwertern aus den Isländersagas. Insbesondere von dem Schwert „Tyrfing", das eines der berühmtesten dieser magischen Schwerter ist, wird berichtet, daß es eine eiserne Klinge und einen goldenen Griff hatte. Seine Name, der „Finger des (Schwertgottes) Tyr" bedeutet, macht es recht wahrscheinlich, daß das Schwert „Tyrfing" dem Schwert des Tyr gleichgesetzt wurde oder die Saga-Variante des Tyr-Schwertes ist.

Das dreimalige Schmieden des Schwertes ist auch von Siegfried und Regin bekannt. Die Zahl „3" weist allgemein in den germanischen Mythen auf einen Bezug zur Sonne (Tyr) und ihrem Zyklus sowie indirekt auch zur Unterwelt hin.

Da Tyr ein Gott ist, der wie die Sonne stirbt und wiedergeboren wird, lag es nahe, auch sein Schwert „sterben" und „wiedergeboren" werden zu lassen.

Das Verfüttern des kleingefeilten Schwertes an die Gänse könnte zwei ganz verschiedene Bedeutungen haben, die sich aber keineswegs gegenseitig ausschließen müssen:

1. Bei der Herstellung von Stahl entzieht der beim Schmelzen zugesetzte Kalk, der sich auch reichlich im Gänsekot befindet, dem Eisen die Elemente Kohlenstoff, Silizium, Phosphor, Mangan und vor allem den Schwefel, wodurch der Stahl, den man aus dem Eisen schließlich durch Beischmelzung von ca. 1% Kohlenstoff gewinnen kann, deutlich härter wird. Diese Art der Stahlherstellung war auch schon zur Zeit der Germanen bekannt.

2. Das Verspeisen der Eisenspäne durch die Gänse stellt auch eine symbolische Jenseitsreise dar, da Gänse und Schwäne bei den Indogermanen die beliebtesten Symbole für die Seelenvögel waren (Walküren mit Schwanenhemd).

Der König wollte das Schwert haben, das Welent geschmiedet hatte, aber Welent wollte zunächst einmal seine Wette mithilfe dieses Schwertes gewinnen. In seiner Schmiede fertigte er ein zweites Schwert an, das nicht ganz so gut war, und verbarg es in seiner Schmiede unter dem Blasebalg. Dem erste Schwert gab er in Gedenken an seinen Lehrer Mimir den Namen „Mimung".

Als der Tag des Wettkampfes kam, zerschnitt Mimung die Spange des Helmes des Amilias, ohne das Welent Kraft aufwenden mußte. Der Schmied Amilias gab sich jedoch nicht geschlagen, sondern forderte Welent auf, zuzuschlagen. Die Klinge ging von oben nach unten glatt durch Amilias hindurch, der in zwei Hälften auseinanderfiel.

Auf die Bitte des Königs, ihm das Schwert zu geben, entgegnete Welent, daß er erst noch eine Scheide und ein Gehänge schmieden wolle. Bei dieser Gelegenheit verbarg er Mimung unter dem Blasebalg und gab König Nidung das zweite, nicht so gute Schwert.

Hier findet sich ein Unterschied zum Wölund-Lied, in dem König Nidud das „echte" Schwert des Wieland, also „Mimung" besitzt (auch wenn es dort nicht namentlich genannt wird).

Eine Weile später greift ein Wikingerheer das Land des Königs Nidung an. Der König zieht ihnen mit seinem Heer entgegen. Einige Tage vor der Schlacht bemerkt König Nidung, daß er seinen Siegstein zuhause vergessen hat und verspricht dem, der ihn noch rechtzeitig vor der Schlacht holt, seine Tochter Bödwild zur Frau und die Hälfte seines Reiches.

„Bödwild Nidung Tochter" ist offensichtlich mit „Bödhild Nidud-Tochter" aus dem Wieland-Lied identisch.
Solche Siegessteine werden auch in den mittelalterlichen Schriften um 1200 n.Chr. erwähnt, also zur selben Zeit, in der auch die Edda niedergeschrieben wurde. In einem Buch über Edelsteine aus dieser Zeit wird berichtet, daß man solche Siegessteine im Bauch von Hähnen oder Schlangen finden kann, die bestimmte Merkmale aufweisen.
In den Isländersagas wurden die Siegessteine manchmal auch in das Schwert eingearbeitet – vermutlich als Knauf. Angesichts der von König Nidung ausgelobten Belohnung müssen diese Steine ihren Besitzern sehr wichtig gewesen sein.
Es hat den Anschein, als ob der Siegstein zwischen den Saga-Varianten des Tyr und des Loki hin- und herwechseln würde.

Welent ritt los und kam im Morgenrot vor der Schlacht zurück. Der Truchseß des Königs wollte ihm zusammen mit sechs Männern jedoch den Stein abnehmen und ihn selber zu König Nidung bringen. Es kam zum Kampf und Welent tötete den Truchseß.
König Nidung erkannte nicht, was geschehen war und war zornig über Welent, der daraufhin davonritt. König Nidung besiegte das Wikingerheer und ritt wieder heim.
König Nidung suchte nach Welent und fand ihn schließlich und ließ ihn fesseln und an den Königshof bringen. König Nidungs Tochter Bödwild bedauerte Welent, aber die Königin riet Nidung, Welent die Kniesehnen und die Fußsehnen zu zerschneiden, da er so zornfunkelnd blicke.
Welent konnte jedoch fliehen und sann auf Rache. Er verkleidete sich und arbeitete als Koch in der Küche des Königs. Bödwild hatte jedoch ein spitzes Messer, das leise erklang, wenn sie damit in das Essen stach und mit dem Essen etwas nicht in Ordnung war. So wurde Welent entdeckt. Der König war sehr wütend und ließ Welent die Sehnen durchtrennen und auf eine Insel bringen, auf der er aus Gold und Silber viele kostbare Dinge für den König schmieden mußte.

Diese Verwandlungen erinnern sehr an das Werben des Odin um die Königstochter Rindr, wie sie Saxo grammaticus („Saxo der Schriftkundige") im Dritten Buch der Gesta danorum („Geschichte der Dänen") berichtet. In dieser Mythe verwandelt sich

Odin zunächst in einen Krieger, dann in einen Schmied und schließlich in einen Heiler, um endlich zu Rindr zu gelangen und sich mit ihr vereinen zu können (siehe „Rindr" in Band 20).

Diese drei Gestalten des Odin entsprechen vermutlich auch den drei Brüdern Egil der Bogenschütze (Fürsten, Krieger), Wieland dem Schmied (Bauern, Handwerker) und Slagfid, der dann den Priester-Heilern entsprechen müßte.

Die Verwandtschaft der Wieland-Sage mit den Mythen des Odin findet sich an so vielen Stellen, daß man davon ausgehen kann, daß die Wieland-Sage als eine in den historischen Bereich übertragene Odin-Mythe ist, die wiederum als Urbild die damaligen Vorstellungen über das Jenseits und die Reise dorthin zusammenfaßten.

Diese Odin-Mythen werden wiederum zumindestens teilweise auf die Tyr-Mythen vor der Völkerwanderungszeit zurückgehen.

König Nidung hatte drei Söhne und eine Tochter, Bödwild. Die beiden jüngsten Söhne kamen zu Welent in die Schmiede, wo sie Welent überlistete, tötete und ihre Leichen verbarg.

Einige Zeit später kam Bödwild zu Welent, weil ihr Ring zerbrochen war. Er schmiedete ihren Ring neu, gab ihr Met zu trinken. Sie entbrannte in Liebe zu ihm und verbrachte drei Nächte mit ihm.

Im Wölund-Lied in der Edda ist nicht ganz deutlich, ob Welent Bödwild lediglich verführt, während in der Gesta danorum Odin Rindr eindeutig vergewaltigt. Die Liebesszene aus der Thidreksage wird das ältere Motiv bewahrt haben, da ihre Darstellung näher an dem ursprünglichen Motiv der Vereinigung der Toten mit der Jenseitsgöttin steht.

Die „drei Nächte" weisen wieder auf den Sonnenzyklus und indirekt auch auf das Jenseits hin – wobei man nicht sicher sagen kann, ob die Zahl „3" noch bewußt und klar ein Symbol der Sonne und des Jenseits gewesen ist oder ob sie bereits zu einer allgemeinen, diffusen „magischen Zahl" geworden ist (siehe auch den Band 47 über die Symbolik der Zahlen).

Zu dieser Zeit trat Welents jüngerer Bruder Egil in die Dienste des Königs Nidung. Um zu prüfen, ob er wirklich ein so guter Schütze sei, wie er von sich behauptete, ließ er einen Apfel auf den Kopf von Egils drei Jahre alten Sohn legen und befahl Egil, den Apfel mit einem Pfeil herabzuschießen.

Dieser Schuß gelang Egil. Als König Nidung Egil frug, warum er drei Pfeile in der Hand gehalten habe und nicht nur einen, antwortete Egil ihm, daß er, wenn er seinen Sohn getroffen hätte, mit den anderen beiden Pfeilen ihn, den König, erschossen hätte. Egil gefiel dem König Nidung und er nahm ihn an seinen Hof auf.

Diese Szene blieb immer fester Bestandteil der deutschen Sagen. Sie verschob sich von Egil zu Dietrich von Bern und schließlich zu Wilhelm Tell. Möglicherweise geht sie noch weiter zurück zu dem Bogengott Ullr. Falls dies der Fall sein sollte, könnte die Kombination von Vater, Sohn und Apfel etwas mit der Wiedergeburtssymbolik zu tun gehabt haben, da die Äpfel der Idun bei den Germanen wie der Göttermet das Mittel waren, durch das die Asen ihre ewige Jugend erhielten.

Aber dieser Ursprung des Apfel-Schützen-Motivs ist nur eine unsichere Vermutung.

Welent und Bödwild trafen sich wieder und gelobten einander die Treue. Welent sagte zu ihr, daß sie, wenn sie einen Sohn gebären sollte, ihm, wenn er erwachsen sei, das Schwert Mimung und die Waffen zeigen solle, die er für ihn geschmiedet und gut verborgen habe.

Er ließ sich von seinem Bruder Egil Federn beschaffen und schuf sich daraus ein Federkleid, das einem Geier ähnlich sah. Dann verabredete er mit Egil, daß er sich unter seine linke Achsel eine Blase mit Blut binden werde, auf die Egil schießen solle, wenn ihm König Nidung befehlen sollte, auf Welent zu schießen.

Welent flog auf den höchsten Turm des Königshofes und rief nach dem König. Dort verlangte Welent von dem König, daß er der Frau und dem Kind des Welent keinen Schaden zufügen würde. Als ihm Nidung dies geschworen hatte, sagte Welent ihm, daß er seine beiden Königssöhne getötet und die Königstochter geschwängert habe. Da befahl König Nidung dem Egil auf Welent zu schießen. Egil traf mit seinem Pfeil die blutgefüllte Blase unter Welents linker Achsel, so daß das Blut herauslief, doch Welent flog lachend davon.

Welents vorausschauende Art, mit der er Bödwild, ihr gemeinsames ungeborenes Kind und auch seinen Bruder Egil schützt, ist beachtlich.

Bödwild gebar einen Sohn mit Namen Wittig. Bald darauf starb König Nidung und sein dritter Sohn Otung wurde der neue König. Als Welent auf seinem Hof in Seeland davon hörte, schickte er eine Botschaft nach Jütland zu König Otung mit der Bitte um Frieden und Versöhnung, was ihm König Otung auch gewährte.

Welent reiste nach Jütland, wo er Bödwild heiratete und seinen dreijährigen Sohn in die Arme nehmen konnte. König Otung heiratete Welents Schwester.

Als er herangewachsen war, erhielt er das Schwert Mimung und die anderen Waffen, die Welent für ihn geschmiedet hatte. Er wurde ein berühmter Ritter. Welent beriet seinen Sohn Wittig in vielen Dingen.

Sowohl Egils Sohn als auch Welents Sohn ist drei Jahre alt. In diesen beiden Fällen ist die „3" möglicherweise ein Hinweis auf die Wiedergeburt der Sonne, da die „3" stets den Zyklus des Todes und der Wiedergeburt der Sonne bezeichnet.

Die Reisen des Wieland klingen nicht so, als ob er durch durchschnittene Kniesehnen behindert gewesen wäre – zumindestens wird darauf nicht besonders hingewiesen. Es hätte eigentlich nahegelegen, statt des Wortes „reisen" evtl. einen Ausdruck wie „Gefahrenwerden in einem Wagen" oder „fliegen als Vogel" zu benutzen.

Die Schilderung des Königs Nidung in dieser Saga stimmt mit der Darstellung des Königs Nidud im Wieland-Lied überein.

Die vier Namen „Nidud", „Nithad", „Nidad" und „Andad" werden ursprünglich „Nidhad" gelautet haben und „Kämpfer aus der Unterwelt" bedeutet haben.
Dies ist ein Beiname des Loki, der sich vor allem in der Wieland-Saga erhalten hat, in der Tyr zu dem Schmied Wieland und Loki zu dem König Nidud geworden ist.

I 26. Zusammenfassung: Loki der Gefangene

In den Mythen finden sich eine ganze Reihe von Gefangenschaften des Loki. Das ermöglicht einen Vergleich dieser Szenen, durch den evtl. das ihnen zugrundeliegende Motiv herausgefunden werden kann.

Motive, die mit der Gefangenschaft des Loki verbunden sind - in 12 von 13 Quellen -						
Mythe	*Quelle*	*Art der Gefangenschaft*				
		gefesselter Loki	*Mund zunähen*	*an Stab oder an der Wand kleben*	*Ring*	*mit den Därmen des von seinem Wolf-Bruder zerrissenen Sohnes gefesselt*
gefesselter Loki	Gosforth Kreuz	x			x	
gefesselter Loki	Stein von Kirkby Stephen	x			x	
Baldurs Tod	Gylfis Vision	x				x
Baldurs Tod	Seherin Vision	x				x
Baldurs Tod	Haustlöng	x				
Nibelungen	Skaldskaparmal	x				
Kenning	Skaldskaparmal	x				
Ragnarök	Wegtam	x				
Fenrir	Gylfis Vision	x				
Sifs Haare	Gylfis Vision		x			
Idun	Haustlöng			x		
Geirröd	Skaldskaparmal			x		

Die Fesselung des Loki ist eindeutig das häufigste Motiv.
Das Zunähen seines Mundes ist vermutlich eine Variante der Fesselung. Evtl. ist das

Mund-Zunähen auch der Gegenpol zu dem Öffnen des Mundes des Heimdall, in dem beim Sonnenaufgang seine goldenen Zähne (Sonnensymbol) strahlen. Wenn dies zutreffen sollte, wäre das Zunähen des Mundes des Loki der Sonnenuntergang.

Das Festkleben an der Wand ist eine Variante der Fesselung, die sich auf „Loptr", d.h. Loki in Vogelgestalt bezieht (Leimrute).

Die Fesselung unter Verwendung von einem bzw. vier Ringen könnte eine Anspielung auf den Jenseitsreise-Ring sein, den Loki des öfteren raubt. Da dieser Ring letztlich die Sonne ist, fesselt somit der Sonnengott-Göttervater in der Gestalt seines Ring-Symboles den Loki nach seinem Sieg über ihn (Morgen, Frühling).

Die Fesselung mit den Därmen seines Sohnes, der von dessen Bruder in Wolfsgestalt getötet worden ist, ist evtl. eine Anspielung auf Lokis Söhne Fenrir (Wolfs-Sohn) und Jörmungandr (Schlangen-Sohn).

Motive, die mit der Gefangenschaft des Loki verbunden sind - in 5 von 13 Quellen -						
Mythe	*Quelle*	*Ort der Gefangenschaft*				
		in einer Höhle gefesselt	Schlange über Loki	Sigyn ist bei Loki	auf einer Insel	im Quellenwald
Baldurs Tod	Gylfis Vision	x	x	x		
Baldurs Tod	Seherin Vision			x		x
Baldurs Tod	Haustlöng			x		
gefesselter Loki	Gosforth Kreuz			x		
Fenrir	Gylfis Vision				x	

Die Schlange und die Höhle machen es recht wahrscheinlich, daß Loki in der Hel gefangen liegt und daß Sigyn mit Hel identisch ist. Auch die Insel war ein den Germanen bekanntes Bild für das Jenseits. Der Quellenwald ist vermutlich die Quelle in dem Heiligen Hain bei einem Tempel, wie er z.B. von Uppsala berichtet wird, und letztlich wohl die Quelle der Nornen unter dem Weltenbaum, d.h. der Eingang zur Unterwelt.

Gottheit, Held	Quelle	sonstige Motive					
		nach dem Baldur-Mord	Loki frei => Beginn des Ragnarök	Kopf verwetten	Thiazi, Geirröd	Thors Hammer herstellen	magische Gegenstände der Asen herstellen
Idun	Haustlöng				x		
Geirröd	Skaldskaparmal				x		
Geirröd	Thorsdrapa				x	x	
Sifs Haare	Gylfis Vision			x		x	x
Baldurs Tod	Gylfis Vision	x					
Ragnarök	Wegtam		x				

Motive, die mit der Gefangenschaft des Loki verbunden sind
- 6 von 13 Quellen -

In drei Quellen wird Lokis Gefangenschaft von dem ehemaligen Göttervater Tyr, der als der Riese Thiazi bzw. Geirröd erscheint, verursacht. In diesen Mythen ist noch der ehemalige Göttervater Tyr, der in der Unterwelt als Riese erscheint, der Herr – allerdings werden beide am Ende der Mythe getötet.

In zwei Mythen ist die Fesselung des Loki mit der Herstellung des Hammers des Thor und in einer mit der Herstellung von insgesamt sechs magischen Gegenständen der Götter assoziiert.

Daraus läßt sich schließen, daß ursprünglich wohl einst die Fesselung des Loki mit der Herstellung oder dem Wiedererlangen von Thors Hammer verbunden gewesen ist und entsprechend die Befreiung des Loki mit Thors Verlust seines Hammers. Dies könnte eine Nachbildung zu der Mythe des Göttervaters Tyr gewesen sein, der am Abend bzw. im Herbst sein Schwert verlor, bzw. das ihm zerbrach, und das dann am Morgen bzw. im Frühjahr wiedergefunden bzw. neugeschmiedet wurde.

Diese Nachbildung der Tyr-Mythe durch Thor wird stattgefunden haben, nachdem Thor und Odin um 500 n.Chr. Tyr als Göttervater abgesetzt haben.

Die Ermordung des Tyr-Riesen durch Thor ist keine völlige Neuerfindung, sondern eine Umdeutung seines zyklischen Todes durch Loki am Abend bzw. im Herbst zu einem einmaligen Tod, mit dem die Herrschaft von Tyr zu Odin bzw. zu Thor überging. Daher erscheint Loki des öfteren als Begleiter des Thor, wenn dieser auszieht, um den Tyr-Riesen zu töten (Geirröd, Hrungnir, Thrym, Riesenbaumeister, Thiazi usw.).

Der Kraftgürtel, die Eisenhandschuhe und der Stab, den Thor auf seiner Reise zu dem Riesen Geirröd von der Riesin Grid erhielt, sind vermutlich eine Erweiterung des Hammer-Motives. Grid wird die Göttin der Wiedergeburt sein. Sie könnten auch die Priesterweihe des Thor darstellen, die im Wesentlichen aus einer Jenseitsreise bestand.

Nach Baldurs Tod begann zunächst die Herrschaft des Winters, der Lokis Zeit ist, während der er in seinem viertürigen Haus auf dem Berg wohnt. Dies wurde dann zu dem Motiv umgedeutet, daß der Ragnarök, d.h. der Winter beginnt, wenn Loki sich befreit. Wenn Loki wieder gefesselt wird, kehrt jedoch der Sommer zurück.

In der Zeit, in der Loki gefesselt ist, kann dieser Wintergott und Gegner des Sonnengott-Göttervaters kein Unheil anrichten – und es ist daher Sommer.

I 27. Lokis Frisur

Auf dem Stein von Kirkby Stephen und auf dem Herdstein von Snaptun sind an Lokis Kopf zwei sehr betonte lange Locken oder Zöpfe zu sehen. Loki scheint tatsächlich ein „lockiger Gott" mit zwei langen, eingerollten Zöpfen gewesen zu sein.

Ob diese Locken eine mythologische Bedeutung haben oder ob sie durch die Bedeutung „Locke" des mit dem Namen des Loki verwandten Wortes „Lokkr" inspiriert worden sind, ist zunächst einmal unbekannt. Die Locken und die aufgerollten Zöpfe des Loki könnten auf seinen „krummen Charakter" hinweisen – aber das ist eine sehr unsichere Deutung.

Es ist interessant, daß die Locken des Loki ganz so aussehen wie der junge Trieb des Farnkrautes, das auf altnordisch „lok" hieß.

Die Locken des Loki auf dem Stein von Kirkby Stephen sehen fast wie eine Mütze aus – und diese Mütze erinnert sowohl an eine Narrenkappe als auch an die Mützen-Kronen der keltischen Fürsten.

Diese beiden „abstehenden Locken" des Loki haben auch Ähnlichkeit mit Ziegenhörnern und noch mehr mit Widderhörnern – vielleicht trug Loki einen Hörnerhelm? Von einem solchen Helm wird in der schriftlichen Überlieferung jedoch genausowenig berichtet wie von Lokis Locken bzw. eingerollten Zöpfen.

Falls Lokis „Locken" tatsächlich Ziegen- oder Widderhörner sein sollten, dann wäre sein Verletzen oder Rauben der Ziegenböcke des Thor wohl doch ein wichtigeres Thema in den ursprünglichen Mythen des Loki gewesen. Wahrscheinlich wird Loki dann zugleich die Frau und die Ziegenböcke des Thor geraubt haben. Aus dem Raub der Sif ist dann das Scheren ihrer Haare (Getreide) geworden, während der Raub der Ziegenböcke sich abgesehen von Lokis „Ziegenräuber"-Kenning zum einen in das verletzte Bein des Ziegenbocks (Tieropfer-Symbolik) und zum anderen in den Raub des Wiedergeburts-Symboles (Ring, Brisingamen, Äpfel) verwandelt hat.

Diese Deutung der „Hörner-Locken" des Loki würde dem bei den Indogermanen sehr weit verbreiteten Motiv des Frauen- und Rinderraubes entsprechen – was die Wahrscheinlichkeit dieser Deutung deutlich erhöht.

Die Hörner auf den Hörnerhelmen und die „Kronen-Zipfel" der Keltenfürsten weisen jedoch nach oben, während die „Locken" des Loki nach unten weisen. Vielleicht sollten diese „Locken" auf die Unterwelt unter der Erde hinweisen – dann wären sie der Gegenpol zu den zum Himmel weisenden Hörnerhelmen und „Zipfel-Kronen". Dies würde ausgesprochen gut zu dem Charakter des Loki passen – und auch zu dem mittelalterlichen Verständnis des Narren, der alles verkehrt macht und dadurch den Menschen hilft, zum einen wacher für das zu werden, was sie tun, und zum anderen auch einmal ihr eigenes Handeln zu hinterfragen.

Die „Hörner" des Loki könnten auch eine der Wurzeln der Hörner des christlichen Teufels gewesen sein.

Es wäre auch denkbar, daß es sich bei den „Hörnern" des Loki wirklich um Locken handelt. Das würde dann auf seine Verwandlung in eine Frau anspielen. Dies ist aber unwahrscheinlicher, da der Raub ein zentraleres und älteres Motiv in den Mythen des Loki zu bilden scheint als die Verwandlung in eine Frau.

Bei vielen Naturvölkern wird der Narr („Trickster") als genauso wichtig wie der Schamane angesehen. Oft haben beide viele Verbindungen zueinander.

Lokis Locken			
„Lokis Locken" Stein von Kirkby Stephen	„Lokis Locken" Herdstein von Snaptun	Krieger mit Hörnerhelm; Angelsachsen, Sutton Hoo (England) 750 n.Chr.	Krieger mit Hörnerhelm und Wolfs-Krieger, Germanen
Mann mit Hörnern, Gallehus, Germanen, Dänemark, 400 n.Chr.	stilisierter Kopf mit Locken (Göttin?), Gallehus, Germanen, Dänemark, 400 n.Chr.	Farnkraut, am Anfang der Entfaltung	Farnkraut, Triebe und Blätter
Ziegenbock	Ziege	Widder	Mufflon (Wild-Widder)

 *keltischer Fürst, Glauburg (Hessen) 450 n.Chr.*	 *rituelles Opfer des Stieres*	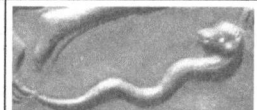 *Schlange des Cernunnos (Schamane) mit Widderhörnern*	 *Keltenfürst mit den Hörnern des für ihn geopferten Stieres auf der Jenseitsreise bei dem Göttervater mit dem Rad der Richtigkeit*

Kelten, Kessel von Gundestrup, Dänemark 400 v.Chr.

 *Drache mit Narrenkappe mit zwei seitlichen „Locken", Maria Laach 1100 n.Chr.*	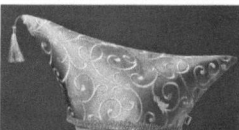 *Narrenkappe Rheinland 2012 n.Chr.*	 *Narrenkappe 2010 n.Chr.*	 *Narrenkappe Lego, Dänemark 2010 n.Chr.*

Der Ursprung von Lokis Locken oder Widderhörnern ist unbekannt. Vielleicht sind sie die die Hörner des Tieres (Ziegenbock oder Widder), das für ihn geopfert worden ist, um seine Zeugungskraft bei seiner Wiederzeugung sicherzustellen, die seiner Wiedergeburt vorausgeht. Dann wäre dieses Tier wohl mit dem Ziegenbock des Thor identisch, den Loki ihm geraubt hat.

Evtl. ist auch einfach der Name „Loki" mißverstanden und als „Lockiger" gedeutet worden ...

Da auch Lokis Gegner Tyr-Heimdall als Widder erscheinen kann, werden es wohl tatsächlich Widderhörner an Lokis Kopf sein – und Freya sollte auch als Schaf erscheinen können.

I 28. Loki hilft Thor, seinen Hammer zurückzuholen

In diesem Lied erscheint Loki ausnahmsweise einmal als Helfer des Gottes Thor, aber es ist gut denkbar, daß dieses Lied, daß schon den Charakter eines derben Schwankes hat, ursprünglich einmal den Raub des Hammers durch Loki beschrieben hat und nun zu einer drastisch-ironischen Lobeshymne auf Thors Stärke verflacht ist.

Allerdings ist Loki als Gegner des Tyr auch „von Natur aus" der Verbündete des Thor, der den Tyr-Riesen tötet.

Da der Riese Thiazi in Thrymheim wohnt, wird Thrym („Donner") wohl mit Thiazi identisch sein und wie dieser der ehemalige Göttervater Tyr im Jenseits sein.

I 28. a) Thrym-Lied

Wild ward Wingthor als er erwachte
Und sein Hammer nicht mehr vorhanden war.
Er schüttelte den Bart, er schlug das Haupt,
Überall suchte der Erde Sohn.

„Wingthor" bedeutet „Freund Thor", was man auch mit „Thor der Helfer" übersetzen könnte. Thor ist der „Sohn der Erde", da seine Mutter die Erdgöttin Jörd ist.

Das war sein Wort, das er als erstes sprach:
„Höre nun, Loki, und lausche der Rede:
Was auf Erden noch niemand ahnt,
Und auch nicht hoch im Himmel: Mein Hammer wurde geraubt!"

Sie gingen zum herrlichen Hause der Freyja,
Und das war sein Wort, das er als erstes sprach:
„Willst Du mir, Freyja, Dein Federhemd leihen,
Damit ich meinen Miölnir finden kann?"

  Freyja:
„Ich würd' es Dir geben, selbst wenn es aus Gold wäre,
Du sollst es haben, selbst wenn es aus Silber wäre."

Da flog Loki, das Federhemd rauschte,
Bis er hinter sich hatte der Asen Gehege
Und dann zum Reich der Joten gelangte.

Der Flug des Loki in Falkengestalt ist ein häufiges Thema, das sich auch in der Geirröd-Mythe und in der Thiazi-Mythe findet. Es ist schon sehr auffällig, daß Loki ausgerechnet in den drei Mythen, in denen ein Riese auftritt, der sehr wahrscheinlich der ehemalige Göttervater Tyr ist, als Falke erscheint. Loki scheint sich bereits in der Mythe, die diesen drei Berichten über den Göttervater zugrundeliegt, in einen Falken verwandelt zu haben.

Für den Fortlauf der Geschichte hätte sich auch Thor in einen Falken verwandeln können – aber von dem Donnergott wird eine solche Verwandlung nirgendwo berichtet, sondern ausschließlich von Loki. Der zweite Gott, der sich in einen Vogel verwandelt, ist der Göttervater Thiazi bzw. Odin, die beide die Gestalt eines Adlers annehmen.

Interessanterweise sitzt auf dem Weltenbaum ein Adler, zwischen dessen Augen ein Habicht hockt – dies könnten der Göttervater und Loki sein, da in den Mythen der Germanen sonst nirgendwo ein Habicht erwähnt wird. In „Gylfis Vision heißt es: *„Ein Adler sitzt in den Zweigen der Esche, der viele Dinge weiß, und zwischen seinen Augen sitzt ein Habicht, Wedfölnir genannt."* Der Name „Wedfölnir" bedeutet *„der vom Wetter Gebleichte"*.

Der Loki-Falke scheint somit eng mit dem Tyr-Adler verbunden gewesen zu sein – und er scheint dem Göttervater „auf der Nase herumzutanzen" …

Auf dem Hügel saß Thrym, der Thursenfürst,
Schmückte die Hunde mit goldnem Halsband
Und strählte den Mähren die Mähnen zurecht.

Der „Hügel" könnte ein Hügelgrab, d.h. der Eingang in die Unterwelt bzw. die Unterwelt selber gewesen sein. Thrym wäre dann der tote Göttervater Tyr in seinem Hügelgrab.

Das „goldene Halsband" ist möglicherweise eine Erinnerung an den Jenseitsreise-Ring, der ursprünglich die Sonne gewesen ist.

Falls diese Deutung zutreffen sollte, könnten die Pferde durch die beide Rosse vor dem Wagen des Sonnengott-Göttervaters Tyr inspiriert worden sein.

Thrym:
„Wie steht's mit den Asen? wie steht's mit den Alfen?
Warum reist Du einsam nach Riesenheim?"

Loki:
„Schlecht steht's mit den Asen, mit den Alfen steht's schlecht;
Hältst Du Hlorridis Hammer verborgen?"

Solch eine direkte Frage klingt ziemlich Loki-untypisch – und woher weiß Loki eigentlich, daß gerade Thrym der Täter war? Das klingt sehr nach einer vorherigen Zusammenarbeit zwischen den beiden … Vermutlich liegt diesem Schwank eine Mythe zugrunde, in der das Verhältnis zwischen Thrym und Loki dem Verhältnis zwischen Thiazi und Loki sehr ähnlich gewesen ist und in der Loki selber der Dieb des Hammers gewesen ist.

„Hlorridi" bedeutet „lauter Reiter" bzw. „lauter Wagenfahrer" und ist eine Bezeichnung des Thor, die auf das Donnern anspielt, das dadurch entsteht, daß Thor mit seinem Ziegenwagen über den Himmel fährt.

Thrym:
„Ich halte Hlorridis Hammer
Acht Meilen tief unter der Erde verborgen,
Und es soll ihn fürwahr keiner erlangen –
Außer wenn er mir die Freyja als Braut bringt."

Der Ort, der „acht Meilen tief unter der Erde" liegt, wird das Jenseits sein. Dort ist Freya die Göttin der Wiedergeburt, wobei in ihren Mythen ihr Aspekt als Geliebte bei der Wiederzeugung betont wird, während Hel die Angst vor dem Tod verkörpert.

Die Wurzel der Thrym-Mythe wird die Reise des Sonnengott-Göttervaters Tyr (Thrym) in die Unterwelt zu Freya gewesen sein, mit der er sich dort vereinte, um von ihr dann am Morgen „im Alter von nur einer Nacht" (wie es bei Wali Odin-Sohn und bei Magni Thor-Sohn heißt) wiedergeboren zu werden.

Da flog Loki, das Federhemd rauschte,
Bis er der Riesen Behausung hinter sich hatte
Und endlich das Reich der Asen erreichte.
Da traf er den Thor vor der Tür der Halle,
Und das war das erste Wort, das er zu ihm sprach:

„Hast Du den Auftrag vollbracht und die Arbeit?
Laß mich hier von der Höhe hören die Kunde,
Denn der Sitzende vergißt manchmal seine Geschichte,
Und der Liegende ersinnt oft Lügen."

Loki:
„Ich habe den Auftrag vollbracht und die Arbeit:
Thrym hat den Hammer, der Thursenfürst;
Und ihn soll fürwahr niemand wiedererhalten,
Wenn er ihm nicht Freya als Braut brächte."

*Sie gingen Freyja, die schöne, zu finden,
Und das war Thors Wort, das er als erstes sprach:
„Lege, Freyja, Dir das bräutliche Linnen an;
Wir beide wir reisen gen Riesenheim."*

*Wild ward Freyja, sie fauchte vor Wut,
Die ganze Halle der Götter erbebte;
Der schimmernde Halsschmuck fiel ihr zur Erde:
„Du hälst mich wohl für mannstoll,
Daß Du glaubst, daß wir beide nach Riesenheim fahren!"*

Hier ist das Motiv der Wiedervereinigung schon zu einem Teil dieser sehr ironisch-derben Version dieser Mythe geworden und dient vor allem zur Ausmalung einer drastischen Darstellung der Wut der Freya über Thors Absichten.

*Bald eilten die Asen all zur Versammlung
Und die Asinnen all zu dem Rat:
Die himmlischen Richter berieten darüber,
Wie sie dem Hlorridi den Hammer beschaffen könnten.*

*Da hub Heimdall an, der hellste der Asen,
Der weise war wie die Wanen:
„Das bräutliche Linnen legen dem Thor wir an,
Ihn schmücke das schöne, schimmernde Halsband.*

*Auch laß' er erklingen das Geklirr der Schlüssel
Und weiblich Gewand umwalle sein Knie;
Es blinke die Brust ihm von blitzenden Steinen,
Und hoch umhülle der Schleier sein Haupt."*

Man kann sich das Gelächter der Zuhörer bei dieser Schilderung gut vorstellen.

Auch Heimdall ist ein Gott vom Typ „Göttervater" und er hat dazu goldene Zähne, die wahrscheinlich die Sonne symbolisieren (anstelle des sonst wohl üblichen ganzen Gesichtes oder Kopfes). Heimdall kennt sich somit sowohl mit der Unterwelt und auch mit den Göttervater-Riesen aus – und ebenso mit Freya, für die er ihr Brinsingamen zurückgeholt und dabei mit Loki gekämpft hat. Vermutlich ist er in dieser Mythe auch Freyas Geliebter (Wiederzeugung) gewesen. Heimdall weiß daher, worauf es in der Lage des Thor ankommt und was er machen muß.

Da sprach Thor also, der gestrenge Gott:
„Mich würden die Asen weibisch schelten,
Legt ich das bräutliche Linnen mir an."

Das Tragen von weiblicher Kleidung galt für Männer als ausgesprochen schändlich und ist ansonsten eher von Loki bekannt. In diesem Schwank hat dieses Motiv anscheinend auf Thor abgefärbt.

Da hub Loki an, Laufeyjas Sohn:
„Schweig nur, Thor, mit solchen Worten.
Schon bald werden die Riesen Asgard bewohnen,
Wenn Du den Hammer nicht wieder heimholst."

Das bräutliche Linnen legten dem Thor sie an,
Dazu den schönen, schimmernden Halsschmuck.
Auch ließ er erklingen das Geklirr der Schlüssel,
Und weiblich Gewand umwallte sein Knie;
Es blinkte die Brust ihm von blitzenden Steinen,
Und hoch umhüllte der Schleier sein Haupt.

Da sprach Loki, Laufeyjas Sohn:
„Nun muß ich mit Dir als eine Magd:
Wir beide wir reisen gen Riesenheim."

Warum muß Loki eigentlich mit? Dieses Motiv stammt recht sicher aus dem alten Konflikt zwischen Tyr und Loki.

Bald wurden die Böcke vom Berge getrieben
Und vor den gewölbten Wagen geschirrt.
Felsen brachen, Funken stoben,
Als Odins Sohn nach Riesenheim reiste.

Thor fährt in seinem Ziegenbock-Wagen zu Thrym. Wenn er in seinem Wagen fuhr, zuckten Blitze über den Himmel („Funken sprühten") und es donnerte („Felsen brachen").

Da sprach Thrym, der Thursenfürst:
„Steht auf, ihr Riesen, bestreut die Bänke,
Und bringt Freyja mir zur Braut herbei:
Die Tochter Niörds aus Noatun."

*Die Kühe kehren heim mit goldnen Hörnern,
Rabenschwarze Rinder, dem Riesen zur Lust.
Viel schau ich der Schätze, des Schmuckes viel:
„Es fehlt mir nur noch Freyja."*

Warum kehren die Kühe heim und warum tragen sie goldene Hörner? Es ist zumindestens denkbar, daß dies ein Überbleibsel des alten indogermanischen Motives ist, daß sich der Göttervater und der Wintergott gegenseitig die Frau und die Rinder rauben. Die goldenen Hörner könnten einfach ein Schmuck sein, aber es wäre auch eine Sonnensymbolik denkbar – aber das ist recht unsicher.

*Früh fanden Gäste zur Feier sich ein,
Man reichte reichlich den Riesen das Ale.
Thor aß einen Ochsen, acht Lachse dazu,
Alle süße Näscherei, den Frauen bestimmt,
Und drei Kufen Met trank Sifs Gemahl.*

*Da sprach Thrym, der Thursenfürst:
„Wer sah je Bräute gieriger schlingen?
Nie sah ich Bräute so gierig schlingen,
Nie mehr des Mets ein Mädchen trinken."*

*Da saß zur Seite die schmucke Magd,
Bereit dem Riesen Antwort zu geben:
„Nichts genoß Freyja acht Nächte lang,
So sehr sehnte sie sich nach Riesenheim."*

*Kußlüstern lüftete das Linnen der Riese;
Doch weit wie der Saal schreckt er zurück:
„Wie furchtbar flammen der Freyja die Augen,
Mich dünkt es brenne ihr Bild wie Glut."*

*Da saß zur Seite die schmucke Magd,
Bereit dem Riesen Antwort zu geben:
„Acht Nächte nicht genoß sie des Schlafes,
So sehr nach Riesenheim sehnte sie sich."*

Der Hammer ist acht Meilen tief unter der Erde verborgen, Thor aß einen Ochsen und acht Lachse, Freya hat acht Nächte nichts gegessen und Freya hat acht Nächte nicht geschlafen. Die „acht" ist hier vermutlich bereits zu einer allgemeinen „magischen Zahl" geworden, die einfach eine Art von Superlativ ist – zumindestens ist es sehr fraglich, ob noch eine Assoziation zu den acht Ringen bestanden hat, die jede neunte Nacht von Odins Ring Draupnir abtröpfeln oder gar zu der den alten achtstrahligen Sonnensymbolen in den skandinavischen Steinritzungen oder auf den frühen Runensteinen.

Da trat die traurige Schwester Thryms ein,
Die sich ein Brautgeschenk zu erbitten wagte.
„Reiche die roten Ringe mir dar,
Eh Dich verlangt nach meiner Liebe,
Nach meiner Liebe und lauterer Gunst."

Die Tante der Braut scheint eine wichtige Funktion für den Bräutigam gehabt zu haben, da das Erwerben ihres Wohlwollens hier so hervorgehoben wird. Ihr scheint ein Geschenk zugestanden zu haben.
„Rote Ringe" sind „goldene Ringe" – die Germanen bezeichneten das Gold als „rot".

Da sprach Thrym, der Thursenfürst:
„Bringt mir den Hammer, die Braut zu weihen,
Legt den Miölnir der Maid in den Schoß
Und gebt uns zusammen nach ehlicher Sitte."

Der Hammer ist in diesem Zusammenhang entweder ein Symbol eines Penis oder er ist ein allgemeines Symbol der Weihung. Thor erweckt mit seinem Hammer auch seine Ziegenböcke aus deren Knochen und Fell zu neuem Leben. Auch dieser Vorgang wird „Weihen" genannt.

Da lachte dem Hlorridi das Herz im Leibe,
Als der hartgeherzte den Hammer erkannte.
Thrym traf er zuerst, den Thursenfürsten,
Und zerschmetterte ganz der Riesen Geschlecht.

Er schlug auch die alte Schwester des Joten,
Die es wagte, sich das Brautgeschenk zu erbitten.
Ihr schollen Schläge statt Schillinge
Und Hammerhiebe erhielt sie statt Ringen.

Die Riesinnen, die Thor des öfteren tötet, sind vermutlich eine Variante der gefürchteten Jenseitsgöttin, d.h. der Verkörperung des Todes.

So holte Odins Sohn seinen Hammer wieder.

- - -

Es ist naheliegend, einmal die drei „Falken-Mythen" des Loki miteinander zu vergleichen: in der Thiazi-Mythe, in der Geirröd-Mythe und in der Thrym-Mythe sowie die Szene des Habichts, der zwischen den Augen des Adlers auf dem Weltenbaum sitzt.

In der Geirröd-Mythe und in der Thrym-Mythe scheinen einige Motive zu Thor-Motiven umgedeutet und vereinfacht worden zu sein („Thor tötet den Tyr-Riesen"), während sich in der Thiazi-Mythe noch komplexere und daher vermutlich ältere Strukturen erkennen lassen. Diese Mythe ist bereits um 850 n.Chr. verfaßt worden und in ihr ist auch der Name des ehemaligen Göttervaters Tyr noch am wenigsten verändert worden.

Lokis Falken-Mythen			
Thema	*Thiazi-Mythe*	*Geirröd-Mythe*	*Thrym-Mythe*
Loki als Falke	fliegt zu Thiazi	fliegt zu Geirröd	fliegt zu Thrym
Grund des Fluges	holt Idun in Nußgestalt zurück	Neugier	Kundschafter
Gefangenschaft	klebt an Stab fest, der an Thiazi-Adler festklebt	klebt an Wand des Geirröd fest	-
Riese	umgedeuteter Sonnengott-Göttervater	umgedeuteter Sonnengott-Göttervater	umgedeuteter Sonnengott-Göttervater
Schicksal des Riesen	Asen und insbesondere Loki erschlagen Thiazi	Thor erschlägt Geirröd	Thor erschlägt Thrym
Streitobjekt	Thiazi entführt Idun	Geirröd will waffenlosen Thor	Thrym will Freya
Lösung	Loki holt von den Asen gezwungen Idun zurück	Thor tötet Geirröd	Thor tötet Thrym

Das ursprüngliche Motiv der Falkengestalt des Loki scheint seine Reise als Seelenvogel in das Jenseits gewesen zu sein. Mit diesem Motiv ist das Ausleihen des Falkengewandes der Freya verbunden, das eine Umdeutung der Wiedergeburt als Seelenvogel sein wird, durch das auch die Muttergöttin im Jenseits selber eine Vogelgestalt annehmen kann (Walküren als Schwäne) bzw. in den späteren Versionen das Hilfsmittel besitzt, mit dem man sich in einen Vogel verwandeln kann (Falkengewand).

Diese Falkenverwandlung des Loki sollte der Herkunft dieses Motives zufolge zu dem Zeitpunkt stattfinden, an dem Loki wiedergeboren wird und daher die Unterwelt verlassen kann. Dies wäre der Beginn des Winters, an dem Loki frei wird und als „Loptr" („Luftiger") und als „Falke" frei umherfliegt – zu Beginn des Sommers wird dieser Jenseits-Gott dann als „Loki" („Eingeschlossener") gefesselt.

Lokis Falkengestalt ist somit ein Bestandteil der Mythe über den Streit des Göttervaters mit Loki um die Muttergöttin/Geliebte, das Wiedergeburtssymbol (das die Gabe der Muttergöttin darstellt) und um die Rinder, Ziegen und das übrige Vieh.

Der Tyr/Loki-Zyklus

Jahreszeit	*Kampf*	*Raub*	*Wiedergeburt*
Frühling	Tyr besiegt Loki	Tyr holt sich seine Frau (Freya, Idun), das Wiedergeburtssymbol (Ring, Äpfel) und sein Vieh zurück	Tyr vereint sich mit der Göttin und wird von ihr als Adler-Seelenvogel wiedergeboren
Sommer	gefesselter „Loki"; freier Tyr (Adler)		
Herbst	Loki besiegt Tyr	Loki raubt die Frau (Freya, Idun), das Wiedergeburtssymbol (Ring, Äpfel) und das Vieh	Loki vereint sich mit der Göttin und wird von ihr als Falken-Seelenvogel wiedergeboren
Winter	gefesselter Tyr; freier „Loptr" (Falke)		

I 28. b) Thor von Haffsgard

Dieses alte skandinavische Volkslied ist eine Weiterentwicklung des „Thrym-Liedes" („Des Hammers Heimholung").

„Haffsgard" bedeutet „befestigte Hafenstadt". Dieser Ortsname ist offensichtlich eine rationalisierende Umdeutung von „Asgard".

*Da ritt der Thor der Mächtige von Asgard
auf seinem Weg über die Ebene
und dort verlor er seinen Hammer aus Gold
und suchte ihn lange Zeit vergeblich.*

    Die Bezeichnung des Thor als „Mächtiger von Asgard" entspricht Thors Stellung in der Spätzeit der germanischen Mythen, in der er allmählich zu dem wichtigste Gott wurde.
    Es ist ansonsten nicht bekannt, daß Thors Hammer aus Gold bestand. In der Skaldskaparmal wird berichtet, daß Mjöllnir aus Eisen geschmiedet wurde.

*Da sprach Thor der Mächtige von Asgard
und gebot seinem Bruder:
„Auf, gehe zu den Nordlang-Felsen
und suche meinen Hammer aus Gold!"*

    Loki ist ansonsten nicht Thors Bruder, aber da die beiden Götter ein Paar sich ergänzender Gegensätze sind, ist ihre Bezeichnung als „Brüder" durchaus plausibel.

*So sprach er und Loki der Diener
zog sich seine Federn an
und brach auf und flog über die salzige See
fern zu den Nordlanden.*

    In manchen Versionen dieser Ballade wird Loki statt „Diener" auch „Loki Spielmann", d.h. „Loki der Gaukler" genannt, was einen Anspielung auf seine Listigkeit sein wird und auch dazu paßt, daß der Gaukler im Hrafnsmal als „Gaukler" bezeichnet wird.

*Er hielt an und ging über den Burghof,
hüllte sich in ein scharlachrotes Tuch
und grüßte den Thursenkönig
und trat ein in die hohe Halle.*

    Das scharlachrote Tuch könnte evtl. ein Botensymbol sein. Vielleicht war es aber auch nur eine vornehme Sitte, sich nach der Ankunft in einer Burg vor dem Betreten des Rittersaales standesgemäß zu kleiden.

„Willkommen Loki, Du Diener!
Sei hier herzlich willkommen!
Sag mir, wie die Dinge in Asgard stehen
und in dem Land ringsum!"

    Die dritte Zeile findet sich fast wörtlich auch im Thrym-Lied.
    Loki ist auch in der Heimskringla Odins Diener.

„In Burg Asgard ist alles gut
und auch in dem Land ringsum,
aber Thor vermißt seinen goldenen Hammer
und deshalb bin ich hierher gekommen."

„Höre meine Worte! Niemals mehr wird Thor
seinen Hammer sehen,
denn fünfzehn und vierzig Meilen tief
liegt er unter der Erde begraben.

Seinen Hammer wird Thor nicht wiedererhalten
aus der tiefen, harten Erde,
bis die Maid Fredensborg mein ist
und alle eure Schätze!"

    „Fredensborg" bedeutet „Friedensburg" und ist hier der Name der Freya.

Er sprach und Loki der Diener
zog sich seine Federn an
und brach auf und flog über die salzige See
mit seiner Antwort zu Thor.

Er hielt an und ging über den Burghof,
hüllte sich in ein scharlachrotes Tuch
und stieg hinauf in die Burgkammer
und sprach solchermaßen zu seinem Bruder:

„Deinen Hammer wirst Du niemals wiedererhalten
aus der tiefen, harten Erde,
bis Du die Maid Fredensborg gibst
und alle unsere Schätze!"

*„Niemals!" antwortete die stolze Fredensborg
und sprach von ihrer Bank gar kühn:
„Niemals, gib mich gar einem Christenmann,
aber nicht diesem abscheulichen Troll!"*

Es hat natürlich eine gewisse Ironie, wenn die germanische Göttin sagt, daß sie eher einen Christen als einen Troll heiraten würde – eine größere Steigerung des Ausdrucks ihrer Abneigung ist kaum noch denkbar.

*„Dann laßt uns unseren alten Vater holen
und kämmen und gut gewanden,
und ihn als schöne Maid verkleidet
fort zu den Nordland-Felsen tragen."*

Hier spricht anscheinend Freya, die die Tochter des Burgherrn Thor zu sein scheint und ihn daher „alter Vater" nennt.

*Sie brachten sie zu dem Hof, die blühende Braut,
und in die Festhalle
und dort wurde der Braut mit offenen Händen
alles in Fülle gegeben.*

*Sie führten sie, die junge und schamhafte Braut,
und setzten sie auf ihren Brautstuhl,
und vor trat der Thursenkönig
um selbst die Schöne zu bedienen.*

*Einen ganzen geschlachteten Ochsen aß die Maid,
und dreißig Schweinehälften
und sie nahm sich siebenhundert Laibe Brot,
bevor sie den Wein probierte.*

Man sieht, wie die Dinge im Laufe der Zeit anwachsen: Im Thrym-Lied war Thor noch ganz bescheiden und aß lediglich einen Ochsen, acht Lachse und alle Süßigkeiten.

*Der Thursenkönig ging im Saale auf und ab
und schlug sich mit seinen Händen auf seine Brust:
„Wie kann es nur sein, daß solch eine junge Braut
solch ein ungeheuerliches Mahl verspeist?"*

*Lächelnd unter seinem scharlachroten Umhang
antwortete Loki der Page:
„Es ist sieben Tage her, seit sie Speise zu sich nahm
– aus Sehnsucht, deine Braut zu sein."*

*Dann brachten acht Krieger, stämmig und stark,
den Hammer auf einem Baum
und hoben ihn auf für die junge Braut
und legten ihn auf ihre Knie.*

Der Baum, auf dem sich der Hammer befindet, kann eigentlich nur der Weltenbaum sein. Als Verbindung zwischen Diesseits und Jenseits ist der Weltenbaum vermutlich der Weg, auf dem der Hammer aus der Erde wieder emporgekommen ist.

*Da erhob sich die zarte Braut von ihrem Sitz
und ergriff mit ihrer Hand ihren Hammer
und, um die ganze Wahrheit zu sagen,
sie schwang ihn wie einen Stab.*

Mit dem letzten Vers ist wohl gemeint, daß die Braut, d.h. Thor, den schweren Hammer ohne jede Mühe schwang.

*Als erstes erschlug sie den Thursenkönig,
so abscheulich und grimmig und groß!
Sie kam wahrlich zu dem Hochzeitsfest
und erschlug alle, groß und klein!*

*„Und nun," sprach Loki, der listige Page,
„ist es Zeit, daß wir alle heimkehren
und unsere Schritte zu unserem eigenen Land lenken
und unseren Witwen-Herrn trösten."*

Mit „Witwen-Herr" ist Thor gemeint, der schon auf seiner Hochzeit zur „Witwe" wurde, weil er den Bräutigam erschlug. Das „trösten" ist offensichtlich ironisch gemeint.

Loki ist Thors Bote zwischen Asgard und dem Riesen-Land Utgard.
  Loki wird in einer neueren Thrym-Ballade als „Gaukler" bezeichnet, was mit dem um 872 n.Chr. verfaßten Hrafnsmal übereinstimmt, in dem ein Gaukler den Namen „Andad" trägt, der ein Beiname des Loki ist.

I 29. Loki in der Götter-Dreiheit

In den germanischen Mythen treten häufig drei Götter auf, die als Gruppe handeln. Da von ihnen in der Regel nur einer oder höchsten zwei tatsächlich aktiv sind, muß diese Gruppe selber eine Symbolik besitzen.

Ihre wichtigste Bedeutung ist die Repräsentation der drei Stände. Sie wird unter anderem durch die Stabreim-Gruppe „Woden, Wili, We" dargestellt:

> Woden, d.h. Wotan/Odin („ Ekstase, Wut") steht für die Krieger und Fürsten,
> Wili („Wille") steht für die Bauern und Handwerker, und
> We („Weihender, Weihung") steht für die Priester und Heiler.

In diesen Gruppen tritt häufig auch Loki auf, der dort die Bauern und Handwerker vertritt. Lokis enge Verbindung zu dem „3. Stand" ist in den bisherigen Mythen noch nicht deutlich geworden.

I 29. a) Skaldskaparmal

- Helblindi, Byleist und Loki -

In den Mythen hat Loki zwei Brüder, die „Byleist" und „Helblindi" heißen. Vermutlich werden auch sie eine Variante der Götterdreiheit sein.

„Byleist" bedeutet „Bienen-Blitz". Dieser Name erscheint zunächst einmal recht seltsam.

Die Biene wurde mit dem Met assoziiert, den man aus Honig herstellte. Daher läßt dieser Namensbestandteil auf einen Zusammenhang mit der Jenseitsreise schließen, bei der der Göttermet getrunken wurde. Indirekt läßt die Biene über die Assoziation zu dem Göttermet auch auf die Priester schließen, die den Met bereiteten, segneten und verteilten.

Der Blitz ist naturgemäß ursprünglich ein Symbol des Donnergottes gewesen, aber bei fast allen indogermanischen Völkern ist er auch in der Hand des Göttervaters zu finden. Der Name „Byleist" könnte somit auf einen Segen durch den Göttervater hinweisen, den dieser den Menschen durch den Göttermet übermittelt.

Der Gott, der in der germanischen Mythologie das Priestertum verkörpert, ist Hönir, der auch „We" genannt wird.

Der Name „Helblindi" setzt sich aus „Hel" und aus „blind" zusammen, was sofort Assoziationen zu Odin weckt, der eines seiner Auge geopfert hat und auf diesem

Auge nun „blind" ist, aber dafür das Wissen über das Jenseits, d.h. die Hel erlangt hat. Durch diese Schamanensymbolik ist Odin ein „Hel-Blinder", was allerdings bedeutet, daß er ein „Hel-Seher" ist, da sein blindes, d.h. „totes" Auge nun im Totenreich sehend geworden ist. Odin wurde auch „Gestumblindi", d.h. „blinder Gast" im Sinne von „einäugiger Gast" genannt.

Wenn Loki die Bauern vertritt und Byleist die Priester, dann sollte der für Odin stehende Helblindi die Krieger repräsentieren.

I 29. b) Haustlöng

- Odin, Hönir und Loki -

In diesem Lied reisen Odin, Hönir und Loki zusammen, „um die Welt zu erkunden" und begegnen dabei dem Riesen Thiazi.

„Hönir" bedeutet „Huhn, Hahn" und repräsentiert den Seelenvogel, der oft auf dem Weltenbaum Yggdrasil sitzt. Die Priester haben in erster Linie mit den Seelen der Menschen zu tun – sowohl bei Bestattungen als auch bei Krönungen, Heilungen, Weihungen und ähnlichem. Daher ist „Hahn", also „Seele" ein passender Name für den Gott, der den Priesterstand vertritt.

I 29. c) Huldar-Saga

- Odin, Hönir und Loki -

In dieser Saga erscheint „König" Odin zusammen mit Loki und Hönir, die hier zu seinem „Gefolge" umgedeutet worden sind.

Viele Jahre zuvor war es aber geschehen, daß König Odin einmal mit seinen Hof-Männern Loki und Hönir zu seiner Unterhaltung in einen Wald geritten war.

I 29. d) Die Vision der Seherin

- Odin, Hönir, Lodur -

In den Versen dieser Zusammenfassung der Mythen der Germanen treten Odin, Hönir und Lodur als die Erschaffer der Menschen auf.

Gingen da dreie aus dieser Versammlung,
Mächtige, milde Asen zumal,
Fanden am Ufer unmächtig
Ask und Embla und ohne Bestimmung.

Besaßen nicht Seele, und Sinn noch nicht,
Nicht Blut noch Bewegung, noch blühende Farbe.
Seele gab Odin, Hönir gab Sinn,
Blut gab Lodur und blühende Farbe.

Die drei Asen Odin, Hönir und Lodur (Loki) fanden am Ufer Ask und Embla, d.h. eine Esche und Ulme. Das Ufer könnte darauf hinweisen, daß die beiden Stämme dort als Treibholz angespült worden sind. Da das Jenseits als eine Wasserunterwelt bzw. eine Welt jenseits des Wassers (Quelle, Meer, Fluß) angesehen wurde, würde diese Lage der beiden Stämme auch bedeuten, daß sie aus dem Jenseits gekomen sind.

Eine weitere Assoziation könnten die Kulthölzer gewesen sein, die die Germanen an Seen, also an Toren zum Jenseits aufstellten und die sehr einfache Statuen der Götter darstellten.

Die Reise eines Menschen vom Jenseits ins Diesseits war den Germanen keineswegs unbekannt: In der Wölsungen-Saga senden Frigg und Odin der Frau des Königs Rerir einen magischen Apfel, nach dessen Verspeisen sie endlich schwanger wird. In den Helga-Liedern wird mehrfach berichtet, daß sich der Held Helgi und seine Frau, die eine Walküre ist, mehrfach reinkarnierten.

Die beiden Baumstämme werden in den Versen als ohnmächtig, d.h. als leblos beschrieben. Dieses Leben wird ihnen dann von den drei Göttern eingefügt, sodaß sie danach zwei lebendige Menschen sind. Die Götter scheinen somit im Wesentlichen das Leben selber zu verkörpern.

Die zweite Strophe beschreibt, welche Gaben welcher der Götter den beiden ersten Menschen gibt.

In den beiden ersten Zeilen werden fünf Gaben, die in drei Gruppen zusammengefaßt werden, aufgezählt: Seele und Sinn (Wahrnehmung), Blut und Bewegung, sowie blühende Farbe.

In den beiden letzten Zeilen werden drei Gaben den drei Göttern zugeordnet. Diese drei Gaben werden mit den fünf Gaben in den ersten beiden Zeilen identisch sein, da dort dasselbe wie in den beiden letzten Zeilen beschrieben wird. Da die Seele und der Sinn in der dritten Zeile als die Gaben des Odin und des Hönir erscheinen, müssen die drei übrigen zu Lodur/Loki gehören:

Die Gaben der Götter			
Gott	*Gabe in Zeile 1 + 2*	*Gabe in Zeile 3 + 4*	*Gabe*
Odin	Seele	Seele	Seele
Hönir	Sinn	Sinn	Sinn
Lodur	Blut, Bewegung, blühende Farbe	Blut, blühende Farbe	Lebenskraft

Zu dem Schamanengott Odin gehört die Seele, die von ihm beim Tod vom Diesseits in das Jenseits begleitet wird und daher auch von ihm bei der Geburt bzw. der Erschaffung der Menschen aus dem dem Jenseits in das Diesseits geholt wird. Diese Funktion hat er auch in der Wölsungen-Saga, in der er die Seele des Königs Völsung in der Gestalt eines Apfels zu dessen Mutter, der Frau des Königs Rerir, sendet.

Lodur/Loki ist offensichtlich die Lebenskraft, aus der sich die Bewegung des Körpers und seine blühende Farbe ergibt. Diese Lebenskraft wird von dem warmen Blut im ganzen Körper verteilt.

Hönir ist schließlich der Gott, der den Menschen die Fähigkeit der Sinneswahrnehmungen schenkt. Dies ist für einen Priester-Schamanen eine durchaus passende Gabe, da es seine Aufgabe ist, die Götter, Ahnen und die Lebenskraft wahrzunehmen, mit ihnen zu sprechen und auch zu lenken. Ein Priester-Schamane, bei dem die Wahrnehmung im Vordergrund steht, ist offenbar ein Seher. Die Seherfunktion ist bei dem Priesterstand der Indogermanen das deutlichste aller Merkmale. Sie ist eng mit der Jenseitsreise, also der Wahrnehmung der Wesen im Jenseits verbunden.

Diese Fähigkeit wird von den Sehern dadurch erlangt, daß sie durch ein Nahtod-Erlebnis und durch anschließende Übung gelernt haben, ihren Körper willentlich zu verlassen und als Seele in das Jenseits zu reisen („Astralreise").

Die Wahrnehmungs-Funktion des Priesters (Hönir) ist recht eng mit der Seelenbegleiter-Funktion (Odin) verbunden, auch wenn beides nicht dasselbe ist. Sowohl Odin als auch Hönir sind letztlich Schamanen, aber während bei Hönir mehr die Wahrnehmung des Sehers betont ist, ist Odin eher der handelnde Magier. Hönir ist eher passiv und Odin eher aktiv. Odin verkörpert auch die Impulse der Seele, während Hönir die Verbindung zur Welt darstellt. Loki ist die Lebenskraft selber, die in allem fließt.

Die Gabe des Hönir heißt im Originaltext „óð" und konnte auch „óðr" und „ótt" geschrieben werden. Es fällt auf, daß sich von diesem Wort unter anderem auch der Name „Odin" ableitet. Odin als Mann der Freya wird sogar „Ódr" genannt.

Das Wort bedeutet zum einen „verrückt, rasend", d.h. in einem besonderen Bewußtseinszustand, und zum anderen „wutentbrannt, nachdrücklich, begierig". Die erste Bedeutung bezeichnet den ursprünglichen Ekstasezustand der Schamanen und die zweite bezeichnet die Kampfekstase, zu der die Schamanen der Indogermanen ihre Ekstase weiterentwickelt haben.

Als Substantiv ist „óðr" zum einen der Geist und das Fühlen und zum anderen das Lied und die Dichtkunst. Die erste Bedeutung hängt damit zusammen, daß der Schamane in seiner Ekstase den Seelen der Ahnen begegnet, während die zweite Bedeutung durch die Übertragung der Symbolik des Göttermets, der als die Ursache der Schamanen-Ekstase angesehen wurde, auf die dichterische Inspiration entstanden ist.

Der Charakter des Odin und des Hönir liegen somit recht nahe beieinander: Beide sind von ihrem Ursprung her Schamanen. Odin unterscheidet sich jedoch von Hönir dadurch, daß sich bei ihm Schamanen-Ekstase in die Kampfekstase der Berserker und Ulfhedinn verwandelt hat, während Hönir eine rein spirituell-religiöse Funktion behalten hat.

Die Belebung der ersten beiden Menschen		
Gott	*Charakter des Gottes*	*Gabe an die Menschen*
Odin	Schamane, Seelenführer	Seele
Hönir	Priester	Sinn (Wahrnehmung)
Lodur	Geber der Lebenskraft	Blut, blühende Farbe

I 28. e) Völsungen-Saga

- Odin, Hönir, Loki -

In dieser Saga treten Odin, Hönir und Loki als Gruppe auf. Loki tötet einen Otter ohne zu wissen, daß dies ein Mensch ist und setzt so den Fluch auf dem Ring der Nibelungen in Gang.

I 28. f) Loka-Thattur

- Odin, Hönir, Loki -

In diesem Lied treten Odin, Hönir und Loki nacheinander als Helfer eines Bauern auf und bilden daher, obwohl sie nicht gemeinsam erscheinen, eine Dreiheit.
Das Lied wird später in Kapitel „I 32. a)" betrachtet.

I 29. g) Die Schädel-Inschrift von Ribe

- Odin, Hödur und Loki -

Um ca. 800 n.Chr. wurde in Ribe im Südwesten von Dänemark eine Runen-Inschrift, die ein Heilungs-Zauberspruch ist, in einen menschlichen Schädel graviert.
Die Verwendung eines Bruchstückes eines Menschenschädels für diese Inschrift ist sicherlich im Zusammenhang mit dem Schädelkult zu sehen, der sich am deutlichsten in Mimirs sprechendem Haupt und in der Verwendung von Schädelschalen im Kult zeigt. Durch beides sollte eine Verbindung zu den Ahnen hergestellt und ihr Segen herbeigerufen werden.
Es ist beachtenswert, daß das Schädelstück ein Loch aufweist, durch das es an einem Band als Amulett getragen werden konnte.
Die Inschrift lautet:

„*Der Wolfsgott und Odin und Huitiur helfen Buri gegen diese Schmerzen den Zwergenschlag. Buur.*"

„*Wolfsgott*" = entweder Tyr-Fenrir oder Loki Fenrir-Vater (was wahrscheinlicher ist)
„*Huitiur*" = Hödur
„*Zwergenschlag*" = Hexenschuß
„*Buur*" = Unterschrift des Runenmeisters
In diesem Zauberspruch steht Hödur an der Stelle, an der man eigentlich den Priester-Gott Hönir erwarten könnte. Er wäre als Gott der Priester, Heiler und Schamanen auch derjenige, dessen Hilfe man wohl am ehesten bei Schmerzen und einem „Zwergenschlag" anrufen würde.
Ob Hönir und Hödur hier einfach verwechselt worden sind?

I 28. h)   Zauberspruch aus Lancashire

- Gott (Tyr?), Odin und Loki -

Der folgende Spruch wurde erst um ca. 1880 n.Chr. aufgezeichnet worden, aber er ist offensichtlich schon sehr alt, da er sich noch an Wotan/Odin und Loki um Hilfe wendet:

Dreimal schlage ich mit dem heiligen Stab,
Ja, mit diesem Hammer klopfe ich dreimal:
Einmal für Gott,
und einmal für Wotan
und einmal für Loki.

Im Original reimen sich diese Sätze, von denen die zweite Zeile sogar noch die variierte Wiederholung der ersten Zeile enthält, die für das Zauberspruch-Versmaß „galdr-lag" typisch ist. Das Wort „mell" ist das lateinische „malleus" für „Hammer".

Throice I smoites with Holy Crok,
With this mell, Oi throice dew knock,
One for God,
An' one for Wod,
An' one for Lok.

„God" könnte sowohl der christliche Gott als auch Tyr sein.

I 29. i)   Odins Rabenzauber

- Heimdall, Bragi und Loki -

In diesem Lied sendet Odin Heimdall, Loki und Bragi in die Unterwelt, wo sie die Bedeutung von Baldurs Alpträumen erforschen sollen.

In dieser Dreiheit verkörpert Loki vermutlich wie auch sonst die Bauern und Handwerker, Heimdall (der ein Göttervater gewesen zu sein scheint) die Fürsten und Krieger, und der Skaldengott Bragi die Priester und Heiler (die Dichtkunst gehörte zu den Aufgaben der Priester).

Im Folgenden sind nur die Strophen von „Odins Rabenzauber" aufgeführt, in denen Loki („Loptr") erwähnt wird.

Wählte Widrir den Wächter der Brücke,
Den Giallertöner die Göttin zu fragen
Was sie wisse von den Weltgeschicken.
Ihn geleiten Loptr und Bragi.

„Widrir" ist Odin. Der „Gjallarertöner" ist Heimdall mit seinem Gjallar-Horn. Die „Göttin" ist die Jenseitsgöttin Idun (das ergibt sich aus dem übrigen Lied).

In diesen Versen wird lediglich ausgesagt, daß Loki den Heimdall und den Bragi ins Jenseits begleitet. Loki erfuhr auf dieser Reise, was in Zukunft geschehen wird und welche Auswirkungen dies haben würde: Loki wußte somit, daß er den Baldur töten würde, bevor er diese Handlung ausgeführt hatte. Eine solche Konstruktion wird wesentlich weniger „sperrig", wenn man von einem zyklischen Vorgang ausgeht, in dem Loki den Baldur in jedem Herbst getötet hat.

… … …

Da fuhr hinweg der Vormann der Botschaft,
Der Hüter von Herians gellendem Horn.
Den Sohn der Nal nahm er zum Begleiter;
Als Wächter der Schönen blieb Odhins Skalde.

Der „Vormann der Botschaft" ist Heimdall – die beiden anderen Asen sind nur seine Begleiter. „Herian" ist Odin. „Nal" ist Lokis Mutter. Wie sich aus den vorigen Strophen ergibt, ist die „Schöne" die Asin Idun und der, der bei ihr blieb, ist ihr Mann Bragi – es kehren also nur Heimdall und Loki zu den Asen zurück.

Gen Wingolf kehrten Widrirs Gesandte,
Beide von Forniots Söhnen getragen.
Eintraten sie jetzt und grüßten die Asen,
Yggrs Gefährten beim fröhlichen Mahl.

„Wingolf" ist eine Halle des Odin. Forniot ist ein Riese, dessen drei Söhne der Meeresgott Hler, der Windgott Kari und der Feuergott Logi sind. Anscheinend werden die beiden Asen hier von dem Windgott Kari getragen. Dies ist vermutlich ein Variante von Lokis magischen Schuhen, mit deren Hilfe er fliegen kann.

„Yggr" ist Odin.

… … …

Mancherlei frugen sie bei dem Mahle
Den Heimdal die Götter, die Göttinnen Loki,
ob Spruch und Spähung gespendet die Jungfrau -
Bis Dunkel am Abend den Himmel deckte.

Vermutlich hat diese Zuordnung der Götter zu Heimdall und der Göttinnen zu Loki keine tiefere Ursache – falls nicht Lokis Verführungen oder seine Verwandlungen in eine alte Frau und in eine Stute zu diesem Arrangement geführt haben.

I 29. j)   Hymir-Lied

- Thor, Thialfi und Loki -

Aus dem Hymir-Lied in Kombination mit anderen Quellen ergibt sich, daß Thor einst mit Loki und vermutlich auch mit Thialfi unterwegs gewesen ist und Loki dabei die Ziegenböcke des Thor geraubt bzw. verletzt hat.

In dieser Mythe hat Thor bereits die Rolle des Odin als des Repräsentanten der Fürsten und Krieger übernommen. Thialfi hat die Priester-Rolle des Hönir inne.

I 29. k)   Gylfis Vision

- Thor, Thialfi und Loki -

In dieser Mythen-Sammlung wird berichtet, wie Thor zusammen mit Loki und dem Thor-Diener/Priester Thialfi nach Jötunheim reist und dort auf den Riesen Skrymir trifft. In dieser Mythe werden keinerlei Taten von Loki berichtet.

I 29. l)   Gylfis Vision

- Thor, Thialfi und Loki -

Später wird in dieser Mythen-Sammlung von dem Zusammentreffen von Thor, Loki und Thialfi mit mit Utgardloki berichtet. In dem Bericht über diese Begegnung verliert Loki einen Eß-Wettkampf gegen Loge, der die Verkörperung des Feuers ist.

I 29. m)   verschiedene Quellen

- verschiedene Götterdreiheiten -

Es finden sich noch einige andere Varianten der Götterdreiheit:
 In der Erzählung über Odins Werbung um Rindr in der „Gesta danorum" nimmt Odin nacheinander die Gestalt eines Schmiedes, eines Kriegers und einer Heilerin an.
 Im „Lied des Rig" ist Rig, d.h. Heimdall nacheinander der Vater des Jarl („Graf"), des Karl („Bauer") und des Thräl („Leibeigener") – hier sind Fürst und Priester zu einer Gestalt geworden (wie in den Mythen des Odin) und als neuer Stand sind die Leibeigenen hinzugekommen.
 Im Wieland-Lied ist Egil der Fürst, Slagfid der Priester und Wieland der Handwerker.
 In der Siegfried-Saga ist Fafnir der Krieger (Stärke), Otr der Priester (Jenseitsreise) und Regin der Bauern/Handwerker (Schmied).

I 29. n)   Zusammenfassung

In den Liedern und Mythen treten die folgenden Götterdreiheiten auf:

Text	Die Götterdreiheit		
	Götter		
	Fürsten/Krieger	Priester/Heiler	Bauern/Handwerker
Haustlöng	Odin	Hönir	Loki
Huldar-Saga	Odin	Hönir	Loki
Loka-Thattur	Odin	Hönir	Loki
Schädel von Ribe	Odin	Hödur	Loki
Lancashire-Zauber	Odin	Gott (Tyr?)	Loki
Odins Rabenzauber	Heimdall	Bragi	Loki
Hymir-Lied	Thor	Thialfi	Loki
Gylfis Vision	Thor	Thialfi	Loki
Skaldskaparmal	Helblindi (Odin)	Byleist	Loki
Vision der Seherin	Odin	Hönir	Lodur
Gylfis Vision	Woden (Odin)	We	Wili
Gesta danorum	Odin als Krieger	Odin als Heiler	Odin als Schmied
Lied des Rig	Rig Fürsten-Vater	-	Rig Bauern-Vater
Wieland-Lied	Egil	Slagfid	Fürst
Siegfried-Saga	Fafnir	Otr	Regin

Loki ist als Vertreter der Bauern und Handwerker einer der drei Repräsentanten der drei Stände der Germanen.

I 30. Loki der Feuergott

Bei den bisherigen Betrachtungen haben sich mehrere Hinweise darauf gefunden, daß Loki auch ein Gott des Feuers sein könnte:

- Loki kann als „Lohe" gedeutet werden, auch wenn dieser Ursprung seines Namens eher unwahrscheinlich ist.

- Das Bild des Loki mit zugenähtem Mund auf dem Herdstein von Slaptun zeigt, daß das Loki-Feuer auch für den Gebrauch der Menschen „gezähmt" werden konnte.

Neben diesen beiden Hinweisen gibt es noch einige ergänzenden Szenen, die zwar aus sich heraus nicht den Feuer-Charakter des Loki belegen können, die aber evtl. helfen können, den genauen Charakter des Loki-Feuers zu erfassen:

- In dem Lied „Haustlöng" bläst Loki ins Feuer, um das Fleisch des für Tyr-Thiazi geopferten Stieres zu garen. Loki könnte somit auch ein „Heiliges Feuer" im Ritual sein.

- Loki verbrennt vor seinem viertürigen Berg-Haus das Netz im Feuer, das er bei seiner Suche danach entdeckt hat, wie die Asen ihn in seiner Fisch-gestalt fangen könnten.

- Lokis zweiter Name „Lotr" („Luft") findet sich auch in dem Namen des Blitzes, der „lopt-eldr", d.h. „Luft-Feuer" genannt wurde. Dies ist natürlich nur ein sehr vager Zusammenhang.

Loki wird auf dem Herdstein von Snaptun mit zugenähtem Mund dargestellt. Man wird auf diesem Stein Loki sicherlich in der Gestalt dargestellt haben, in der man sich ihn wünschte – also unfähig, seinen Mund zu benutzen.

Es hat also den Anschein, als ob man befürchtet hätte, daß Loki entweder das Herdfeuer ausblasen oder das Funktionieren des Blasebalges verhindern könnte – so wie Loki den Brokk daran zu hindern versuchte, den Blasebalg zu betätigen, als sein Bruder Sindri die magischen Gegenstände für die Götter herstellte.

Dies ist u.a. auch wieder eine „Loki gegen Sonnengott-Göttervater"-Szene, da Brokk und Sindri ursprünglich die beiden Pferde-Söhne des Göttervaters gewesen sind. Es hat den Anschein, als ob auch das Feuer zu den Dingen gezählt hat, um die sich der Göttervater und Loki ständig gestritten haben – zu diesen Dingen zählen vor allem die Frau (Göttin), ihr Wiedergeburtssymbol (Draupnir, Brisingamen, Iduns

Äpfel) und das Vieh.

Das Zunähen von Lokis Mund ist somit der (vorläufige) Sieg des Göttervaters über Loki im Streit um das Feuer. Diese Szene könnte die Weiterentwicklung eines indogermanischen Feuerräuber-Motives sein, daß sich bei den Griechen als das Anschmieden des Prometheus an den Kaukasus durch Zeus findet, was dieser als Strafe dafür erhielt, daß er von den Göttern das Feuer geholt und es den Menschen gebracht hat.

- - -

Neben den obengenannten und bereits ausführlicher dargestellten Hinweisen gibt es noch einige weitere Überlieferungen, die Loki im Zusammenhang mit dem Feuer schildern.

I 30. a)   Gylfis Vision

In dieser Mythe wird ein Wettessen zwischen Loki und Logi dargestellt:

Utgardloki: „Niemand darf hier unter uns sein, der sich nicht durch irgend eine Kunst oder Geschicklichkeit vor anderen auszeichnete."

Genau dieselben Regeln galten auch an dem Götterhof der Kelten – auch dort durfte man nur eintraten und Mitglied werden, wenn man sich auf eine Kunst verstand, die sonst noch niemand an diesem Hof beherrschte.

Da sprach Loki, welcher der hinterste war: „Eine Kunst verstehe ich, die ich bereit bin, zu zeigen: Keiner soll hier innen sein, der seine Speise hurtiger aufessen möge als ich."
Da versetzte Utgardloki: „Das ist wohl eine Kunst, wenn Du sie verstehst, und das wollen wir nun versuchen."
Da rief er nach den Bänken hin, daß einer, Logi geheißen, auf den Estrich vortrete, sich gegen Loki zu versuchen. Da wurde ein Trog genommen und auf den Boden der Halle gesetzt und mit Fleisch gefüllt: Loki setzte sich an das eine Ende und Logi an das andere, und jeder aß aufs hurtigste, bis sie sich in der Mitte des Trogs begegneten.
Da hatte Loki alles Fleisch von den Knochen abgegessen, aber Logi hatte alles Fleisch mitsamt den Knochen verzehrt und den Trog dazu. Alle dachten nun, daß Loki das Spiel verloren habe.

Später in dieser Mythe gibt Utgardloki eine Erklärung für diesen Wettkampf:

Da sprach Utgardloki: „Nun will ich Dir die Wahrheit sagen, da Du wieder aus der Burg gekommen bist, in die Du, so lang ich lebe und zu befehlen habe, nicht noch öfter kommen sollst. ... ... Das erste war das, worin sich Loki versuchte: er war sehr hungrig und aß stark; aber der, welcher Logi hieß, war das Wildfeuer und verbrannte das Fleisch und den Trog zugleich."

In dieser Mythe verliert Loki einen Wettstreit gegen das Feuer. Dies zeigt zwar, daß es einen Zusammenhang zwischen Loki und dem Feuer gegeben haben wird, aber Loki muß deshalb nicht auch selber ein Feuergott gewesen sein – zumal Loki und Logi hier gleichzeitig auftreten.

Logi wird von Utgardloki als als „Wildfeuer" bezeichnet. Damit ist ein Waldbrand, Buschbrand oder ein ähnliches Feuer in der Natur gemeint, das man früher auch „Lauffeuer" genannt hat.

I 30. b) Flateyjarbok

In diesem Buch wird der Feuergott Logi, der in „Gylfis Vision" Lokis Gegner ist und der evtl. mit Loki identisch ist, näher beschrieben:

Einst lebte ein Mann der Fornjot genannt wurde. Er hatte drei Söhne: der eine war Hler, ein anderer Logi und der dritte Kari – er herrschte über die Winde, Logi aber über das Feuer und Hler über das Meer.

Da „Fornjot(r)" die Bedeutung „Uralter Riese" hat, könnte mit ihm der Urriese Ymir gemeint sein.

Der Meeresgott Hler wäre dann insofern Ymir/Fornjots „Sohn" als er aus dem aus dem enthaupteten Ymir ausgelaufenen Blut entstanden ist.

Man kann zumindestens vermuten, daß der Windgott Kari analog dazu aus Ymirs Atem entstanden ist – auch wenn dies in den Mythen nirgendwo berichtet wird.

Für den Feuergott wäre eine Entstehung aus der Körperwärme des Ymir denkbar – aber diese Herleitung ist schon ziemlich spekulativ …

I 30. c) Skandinavische Loki-Sprichworte

Unter den Loki-Sprichworten finden sich auch einige, die sich auf das Feuer beziehen. Diese Sorte findet sich insbesondere in Schweden und in Südnorwegen.

Wenn im Feuer Funken aufstieben, sagt man in Telemark in Südnorwegen: *„Lokje schlägt seine Kinder"*.

Südlich von Telemark in Säterstal sagt man, wenn das Feuerholz beim Brennen Töne von sich gibt oder der Saft von Bratäpfeln in das Feuer läuft und dort zischt: *„Nun schlägt der Geist seine Kinder."*
Mit „Geist" ist hier die Bezeichnung *„vetti"* übersetzt, mit der man hilfreiche übernatürliche Wesen bezeichnete, die in Bäumen, Hügelgräbern und im Herdfeuer leben.

Wenn von dem Feuer Funken aufsteigen, sagt man in Säterstal: *„Nun singt der Geist."*

In Telemarken warf man die Haut, die sich auf gekochter Milch bildet, als ein Opfer an *„Lokje"* in das Herdfeuer.
Noch weiter im Süden in Lister und in Mandal gibt es denselben Brauch, allerdings ohne daß Loki erwähnt würde.

In einigen Gegenden von Schweden werfen zahnende Kinder ihre ausgefallenen Zähne in das Feuer und sagen: *„Locke, gibt mir einen Knochen-Zahn für einen Gold-Zahn!"* Von diesem Spruch gibt es verschiedene Varianten. Loki wohnte offenbar im Herdfeuer und schenkte den Kindern für ihre Milchzähne neue Zähne.

Vor allem in Smaland wurde Loki als *„Lokke ram"*, d.h. als „starker Loki" angesprochen und um Wachstum und um neue Zähne gebeten.
Solche Milchzahn-Opfer an das Feuer sind von den gesamten gotischen Stämmen bekannt – allerdings wird bei ihnen „Loki" nur selten erwähnt. Eine andere Variante dieses Brauches ist es, den Milchzahn in ein Mauseloch o.ä. zu werfen.
Die Bedeutung dieses Opfers ist vermutlich die Wiedergeburt des Zahnes, nachdem er durch das Feuer („Waberlohe") oder durch das Mauseloch („Höhle der Hel") in die Unterwelt gelangt ist. Dort unten ist auch der Wohnort des Loki.

In Südnorwegen sagt man, wenn das Holz im Feuer knistert, knackt oder pfeift oder die Asche emporwirbelt, *„Loki schlägt seine Kinder, daß sie schreien."*
Diese Vorstellung ist auch in anderen Gegenden von Schweden und Norwegen bekannt, aber dort ist es nicht Loki, sondern ein anderer Geist (*„Vatten"*) der seine

Kinder mit Prügel straft.

> Loki ist anscheinend auch ein Gott des Feuers, insbesondere des Herdfeuers. Loki war natürlich kein „friedlicher Erhalter der Flamme des häuslichen Herdes", sondern stritt sich mit dem Sonnengott auch um das Feuer.
> Loki war jedoch wahrscheinlich auch das wilde Feuer (Waldbrand).
> Möglicherweise ist er auch das „Heilige Feuer" im Tempel gewesen (Opferfeuer).
> Eventuell ist Loki mit dem Feuergott Logi identisch. Dann wären Lokis Brüder Helblindi (Odin) und Byleist (Hönir) wohl auch dieselben Götter wie die beiden Brüder des Logi, d.h. wie der Luftgott Kari und der Meeresgott Hler.
>
> Es ist eher unwahrscheinlich, daß Loki mit Logi identisch gewesen ist, auch wenn es einige Verbindungen zwischen Loki und dem Feuer gibt.

I 31. Lokis Kinder

Loki hat in den Mythen vier Kinder: Er ist der Vater der Hel, des Fenrir und des Jörmungandr sowie die Mutter des Sleipnir.

Hel reitet in den Mythen des öfteren auf ihrem Bruder Fenrir und zügelt ihn mit ihrem anderen Bruder, der Riesen-Schlange Jörmungandr – eine ziemlich gruseliges Bild der Jenseitsgöttin …

Hel, Sleipnir und Fenrir haben eine gemeinsame Symbolik, da sie die Göttin des Jenseits (Hel), der zu einem Götterfeind umgedeutete Führer in das Jenseits (Fenrir) und das Pferd (Sleipnir), auf dem der Schamane (Odin) in das Jenseits reist, sind.

Die Schlange Jörmungandr paßt jedoch zunächst einmal nicht in diese Symbolik – es sei denn, sie würde die schlangen- oder drachengestaltigen Ahnen darstellen. Dann wäre allerdings ihre offenkundige Feindschaft mit Thor noch nicht erklärt. Jörmungandr ist wie Loki der Gegner des Thor – wobei Thor und Loki jedoch manchmal auch gemeinsam handeln.

Um Jörmungandr als Sohn des Loki zu verstehen, hilft die Betrachtung der allgemeinen Symbolik der Riesenschlange bei den Indogermanen.

In den ältesten bildhaften Quellen aus dem Beginn der Jungsteinzeit erscheinen die Schlangen als die Gestalt der Ahnen – weil die Ahnen in ihren Gräbern in der Erde liegen und die Schlangen in Höhlen und Felsspalten in der Erde wohnen.

Von diesem Motiv hat sich sekundär das Motiv der Schlange als der Weg in die Unterwelt abgeleitet, das bereits aus den Tempeln von Göbkeli Tepe bekannt ist, die um 10.000 v.Chr. errichtet worden sind.

In den frühesten schriftlich überlieferten Mythen, also denen der Ägypter und der Sumerer, erscheinen verschiedene Riesenwesen wie die Himmelskuh, die Riesenschlange, der Weltenbaum, der Urriese und die Himmelsgöttin. Mit diesen Riesenwesen wurde die Welt als Ganzes beschrieben. Spätestens in der mittleren Jungsteinzeit hat man damit begonnen, die „großen Dinge" mit den „kleinen Dingen zu beschreiben.

Die Riesenschlange ist vermutlich durch die Beschreibung des Schicksals der Sonne entstanden: Die Sonne „stirbt" am Abend und geht dann im Westen hinab in die Unterwelt. Da die Sonne jeden Morgen wiedergeboren wird und die Unterwelt im Osten wieder verläßt, muß die Sonne während der Nacht die gesamte Unterwelt von Westen nach Osten hin durchquert haben. Wenn nun die Schlange vom Ahnen-Tier zum Jenseitsweg-Symbol geworden ist, muß die Jenseitsweg-Schlange vom Westen (wo ihr Schwanzende ist) bis zum Osten (wo sich ihr Kopf befindet) reichen – eine wahrhaft riesige Schlange!

Die nächste Stufe in der Entwicklung dieses Schlangenungeheuers war seine Umdeutung vom Jenseitsweg der Sonne zur Bedrohung der Sonne der Sonne, woraus schließlich ein Kampf mit der Sonne entstand – den die Riesenschlange an jedem Morgen aufs Neue verlor.

Es gab jedoch noch eine zweite Entwicklung, die den Charakter dieser Schlange stark geprägt hat. Diese Entwicklung wurde durch die Frage der frühen Indogermanen (7.000 – 2800 v.Chr.) in der südrussischen Steppe in Gang gesetzt, woher ab 6000 v.Chr. die sommerlichen Dürren kamen, die den Ackerbau und das Vieh bedrohten.

Da es im Winter reichlich regnete, mußte im Sommer irgendjemand den Regen geraubt haben – aber wo war der Regen in dieser Zeit verborgen und wer war so mächtig, daß er die Wolken rauben konnte?

Das „Wo?" ließ sich recht einfach beantworten: Der Regen mußte in der Unterwelt sein, da diese aus Wasser bestand und von dort auch alles Wasser in den Wolken und durch die Quellen emporstieg.

Die Frage nach dem „Wer?" war schwieriger. Das mächtigste Wesen in der Unterwelt war die Große Mutter, aber sie konnte nicht die Regenräuberin sein, da sie den Menschen wohlgesonnen war. Das einzige andere Wesen in der Unterwelt, das groß genug für eine solche Tat war, war die Riesenschlange – sie mußte der Täter sein, zumal sie als Sonnenfeind ohnehin schon sehr verdächtig war …

Nun stellte sich noch die Frage, wie der Wechsel von Regenzeiten und Dürrezeiten zustandekam. Für die kriegerischen Indogermanen lag die Vorstellung eines zyklischen Kampfes am nächsten. Die eine Partei war klar: die Regenräuberschlange. Die andere Partei mußte ein Wesen sein, daß mit dem Regen verbunden war: der Himmelsgott, der auch ein Regengott gewesen ist.

Nun war auch klar, woher die Spätsommer-Gewitter stammten: Sie mußten der Lärm des Kampfes sein, in dem der Regengott die Regenräuberschlange besiegte. Der Donner entstand vermutlich durch die große Keule bzw. den großen Hammer, den der Regengott bei dieser Gelegenheit benutzte. In diesem Kampf wurde der Regengott zu dem Donnergott, der von den Germanen Thor genannt wurde.

Aus dieser Mythe ist das weit verbreitete Motiv des Kampfes des Gottes oder Helden gegen den Drachen entstanden.

Offensichtlich war der Sieg des Donnergottes aber nicht von Dauer, da es der Riesenschlange jeden Frühsommer aufs Neue gelang, den Regen zu rauben.

Was machte der Donnergott wohl mit der Riesenschlange nach seinem Sieg über sie? Da sie in jedem Frühjahr wieder erschien und den Regen raubte, scheint er sie nur gefesselt zu haben – und umgekehrt war der Himmelsgott anscheinend im Sommer gefesselt.

Als die Germanen in den hohen Norden zogen, ergab das Motiv der sommerlichen Dürren keinen Sinn mehr, da es in Skandinavien keine sommerliche Dürre gibt. Stattdessen gab es jedoch die dunklen, eisigen Winter, sodaß die Riesenschlange zu der Verursacherin des Winters wurde.

Es fragt sich jedoch, was Loki mit alldem zu tun hat. Loki ist zunächst einmal ein

„Mensch mit Widderhörnern", was vermuten läßt, daß seine Ursprungsform die eines Ahns ist, der bei seiner Jenseitsreise mit einem Herdentier identifiziert worden ist und dadurch die Hörner dieses Herdentieres erhalten. Aufgrund des von ihm bekannten Ziegenraub-Motivs wird dieses Herdentier ein Ziegenbock gewesen sein.

Die sehr alte Darstellung der Toten in der Unterwelt bzw. auf ihrem Weg dorthin als Schlangen bzw. Drachen ist von den Germanen gut erhalten geblieben: die Toten als Schlangen in ihren Hügelgräbern, aus denen die Drachen auf ihrem Hort wurden; Odin in Schlangengestalt auf seinem Weg in das Hügelgrab zu der Riesin Gunnlöd; die Schlangen auf den Runensteinen; die Schlangen auf dem Goldhorn von Gallehus usw. Die Verbindung des „Ahns Loki" mit der Schlange könnte somit aus der Vorstellung der „Ahnen-Schlangen" entstanden sein.

Das Motiv des „Gehörnten mit der Schlange" findet sich auch bei anderen indogermanischen Völkern – am besten ist vermutlich der keltische Cernunnos mit der Widderhornschlange bekannt.

Cernunnos, der gehörnte Gott der Kelten

Cernunnos mit Hirschgeweih, Hirsch, Torque (Ring) und Widderhorn-Schlange Kelten, Kessel von Gundestrup, Dänemark 400 v.Chr.

der ins Jenseits gereiste gehörnte Fürst berührt das Rad der Richtigkeit" des Göttervaters; die Panther und Greife sind die Macht des Göttervaters; unten die Widderhornschlange
Kelten, Kessel von Gundestrup, Dänemark 400 v.Chr.

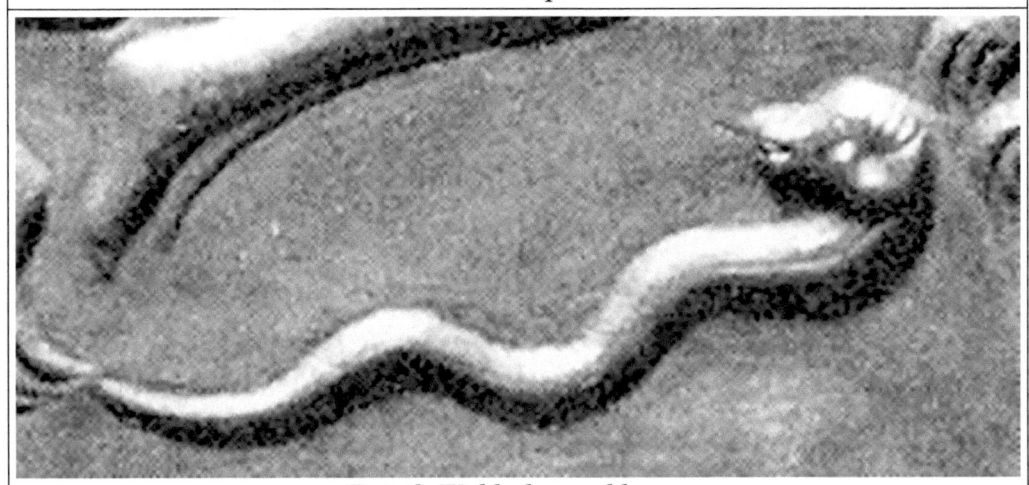

Detail: Widderhornschlange
Kelten, Kessel von Gundestrup, Dänemark 400 v.Chr.

Ob der „Gehörnte" ein Ahn, ein Schamane oder ein Gott ist, läßt sich anhand von Bildern oft nicht sicher entscheiden. Die keltische Widderhornschlange und der germanische Loki scheinen jedoch „Brüder" gewesen zu sein. Zwei weitere „Brüder" dieser beiden sind der gehörnte Schlangengott Veles der Slawen, der endlos mit dem Donnergott Perun kämpft und ihm Frau und Rinder raubt, und die beiden Schlangen

Vritra und Vala der Inder, gegen die der Donnergott Indra kämpft und aus deren Versteck in den Felsen, d.h. aus der Unterwelt, er den Regen und die Rinder zurückholt. Der slawische Veles ist zudem der Erntegott.

Der Kampf gegen den Donnergott Thor gehört offenbar zu dem Schlangen-Anteil des Loki.

Die Zuordnung des Loki zu dem Stand der Bauern scheint wesentlich zu sein, da auch Veles als Gott der guten Ernten angesehen wird. Dieses Motiv wird vermutlich dadurch entstanden sein, daß die Ahnen-Schlangen sozusagen in die Erde gehen und die Pflanzen aus der Erde aufsteigen. Die Ernte-Schlange aufgrund dieser naheliegenden Assoziation ist ein sehr weit verbreitetes Motiv, daß sich z.B. auch bei der altägyptischen Getreideschlange Thermuthis findet.

Eine Auffälligkeit bei den Germanen ist es, daß diese Schlangengottheit weitestgehend zu einem Menschen, d.h. zu Loki geworden ist, während sie sich in den Mythen der anderen Indogermanen noch als Schlange findet.

Es gibt noch einen weiteren Aspekt der Schlange, der bei der Entstehung des Gottes Loki mitgewirkt haben wird. Es ist allgemein bekannt, daß die meisten germanischen Drachen (= Schlangen) Feuer spucken können. Loki scheint auch ein Gott des Feuers gewesen zu sein, was mit dieser Gabe der Drachen zusammenhängen könnte.

Kundalini Goldhorn von Gallehus

Auf dem kleineren der beiden Goldhörner von Gallehus ist eine aufgerollte Schlange unter einem stilisierten Menschen zu sehen, die mit ihrer Zunge das Wurzelchakra (zwischen Genitalien und After) dieses Menschen berührt.

Auf den beiden Goldhörnern ist in vielen Bildern die Jenseitsreise eines Königs bei seiner Krönung dargestellt worden. Da sich dieser stilisierte Mensch über die Franken, die Merowinger und schließlich die Karolinger zu der „fleur de lys" („französische Lilie"), dem Symbol der Könige von Frankreich weiterentwickelt hat, muß die Szene mit diesem Mann und der Schlange ein zentrales Element der Jenseitsreise darstellen.

Dieses Bild erinnert sehr an die indische Darstellung der zusammengerollten Kundalini-Schlange. Diese Schlange symbolisiert die in dem untersten Chakra „schlafende" Lebenskraft. Wenn sie erwacht, wird sie als eine von dem Wurzelchakra aus aufsteigende Hitze erlebt – als das „Kundalini-Feuer".

Eine ganz ähnliche Symbolik findet sich in der keltischen Sage über den Rinderraub von Cuailgne (der Lokis Ziegenraub entspricht). In ihr wird die Kampfekstase des Helden und Sonnengott-Sohnes Cú Chulainn beschrieben. Insbesondere die große Hitze, die dabei entsteht und der rote Strahl, der in ihm bis über sein Haupt aufsteigt, entsprechen ganz den Beschreibungen der indischen Yogis über die „erwachende Kundalini" und den Erlebnissen der heutigen Meditierenden.

Auch die von den keltischen Druiden und dem Helden Cú Chulainn berichtete „leuchtende Stirn", nach der der berühmte Barden-Druide Taliesin benannt worden ist, gehört in diese Symbolik. Dieses Leuchten wird im Yoga als „Drittes Auge" bezeichnet. Dieses Chakra zwischen den Augenbrauen enthält den Willen, durch den man die Kundalini erwecken und lenken kann.

Die am Hinterkopf (Steinkopf) und in dem Panther-Jäger (Totempfahl) aufsteigende Kundalini-Schlange wurde schon um 10.000 v.Chr. im Tempel von Nevali Cori dargestellt.

Es gibt noch eine weitere Verbindung zwischen den den Ahnen und den Schamanen einerseits und dem Schlangenfeuer andererseits: Zum einen führt das Erwachen des Kundalini-Feuers sehr oft dazu, daß der Meditierende mit seiner Seele seinen Körper verläßt („Astralreise"), und zum anderen erleichtert die Fähigkeit zur Astralreise deutlich das Erwecken der Kundalini.

Die Astralreise ist wiederum die zentrale Fähigkeit der Schamanen, die es ihnen ermöglicht, ganz konkret zu den Ahnen ins Jenseits zu reisen, denn bei der Astralreise sind die Schamanen wie die Toten nur noch Seele ohne Körper – und beide befinden sich daher im „Seelenbereich", der im allgemeinen „Jenseits" genannt wird.

Man darf daher davon ausgehen, daß den meisten Schamanen das Kundalinifeuer bekannt sein wird, da das Erwecken dieses Feuers im eigenen Körper eine der direktesten Methoden ist, um mit seiner Seele vorübergehend den eigenen Körper zu verlassen.

Es liegt nahe, den Feuer-Aspekt des Loki aus dieser Feuerschlangen-Symbolik herzuleiten. Loki wäre dann ursprünglich ein Ahn, Held, Schamane oder Gott gewesen, der vor bzw. bei seiner Jenseitsreise in sich das Schlangenfeuer erweckt hat und auf seiner Jenseitsreise die Gestalt einer Schlange angenommen hat.

Aufgrund seiner Schlangengestalt hat er sich dann immer mehr mit der Feuerschlange verbunden und zusätzlich aber auch mit der riesigen Regenräuberschlange. Da zwar die Feuerschlange ein hilfreiches Wesen ist, aber die Regenräuberschlange ein bedrohliches Wesen, ergab die Identifizierung des hörnertragenden (Herdentier-Opfer) Schlangen-Ahns mit diesen beiden Schlangen einen „mythologischen Kurzschluß", da dieser Schlangenahn nun in sich widersprüchliche Impulse enthielt: Dieser „junge Loki" war zum einen der Helfer bei der Jenseitsreise (Feuerschlange) und der Erschaffer reicher Ernten (Loki der Bauern-Beschützer), aber zum anderen war er auch ein bedrohlicher Gott, der den Winter brachte und gegen den Donnergott Thor kämpfte.

Diese Widersprüchlichkeit ist in den germanischen Mythen zu einem der wichtigsten Merkmale des Loki geworden.

Aus dem mit der Schlange assoziierten Schamanen bzw. aus dem Ahn in Schlangengestalt wurde schließlich Loki, der Vater der Riesenschlange.

I 31. a)   Gylfis Vision

Die Herkunft der Kinder des Loki werden in diesem Prosa-Teil der Edda beschrieben:

Loki hatte noch andere Kinder. Angurboda hieß ein Riesenweib in Jötunheim: mit der zeugte Loki drei Kinder: das erste war der Fenriswolf, das andere Jörmungand, die Midgardschlange, das dritte war Hel.

„Angurboda" bedeutet „Angstbotin" oder „Angstbringerin". Dies wäre ein passender Name für Hel, die in der Edda zwar als Lokis Tochter angesehen wird, aber ursprünglich eigenständig und evtl. auch Lokis Mutter gewesen sein könnte.

I 31. b)   Gylfis Vision

Die Geburt des Sleipnir ist bereits in einem früheren Kapitel betrachtet worden. Über sie wird ebenfalls in der Vision des Königs Gylfi berichtet.

Und denselben Abend, als der Baumeister nach Steinen ausfuhr mit seinem Hengste Swadilfari, da lief eine Stute aus dem Wald dem Hengst entgegen und wieherte ihm zu. Und als der Hengst merkte, was Rosses das war, da ward er wild, zerriß die Stricke und lief der Mähre nach, und die Mähre voran zum Walde und der Baumeister dem Hengste nach, ihn zu fangen. Und diese Rosse liefen die ganze Nacht umher, und diese Nacht ward das Werk versäumt und am Tage darauf wurde dann nicht gearbeitet, wie sonst geschehen war.

Und als der Meister sah, daß das Werk nicht zu Ende kommen möge, da geriet er in Riesenzorn. Die Asen aber, die nun für gewiß erkannten, daß es ein Bergriese war, der zu ihnen gekommen war, achteten ihre Eide nicht mehr und riefen zu Thor, und im Augenblick kam er und hub auch gleich seinen Hammer Miölnir und bezahlte mit ihm den Baulohn, nicht mit Sonne und Mond; vielmehr verwehrte er ihm das Bauen auch in Jötunheim, denn mit dem ersten Streich zerschmetterte er ihm den Hirnschädel in kleine Stücke und sandte ihn hinab gen Niflhel.

Loki selbst war als Stute dem Swadilfari begegnet und einige Zeit nachher gebar er ein Füllen, das war grau und hatte acht Füße, und dies ist der Pferde bestes bei Göttern und Menschen.

I 31. c) Hyndla-Lied

Diese Herkunft von Fenrir und Sleipnir wird auch in dem Hyndla-Lied bestätigt.

Loki erlangte den Wolf mit Angurboda
und den Sleipnir gebar er dem Swadilfari;
Das schlimmste aller Wunder scheint der zu sein,
der damals dem Bruder des Byleist entsprang.

Die beiden letzten Zeilen beziehen sich entweder auf Fenrir oder Jörmungandr. Da Fenrir bereits in der ersten Zeile erwähnt wurde, wird „das schlimmste aller Wunder" wohl die Midgardschlange sein. „Byleists Bruder" ist Loki.

I 31. d) Hyndla-Lied

Es gibt noch eine Mythe, in der Loki als Vater von Ungeheuern dargestellt wird. Leider sind von dieser Mythe nur die vier Verse erhalten geblieben, die sich im „Hyndla-Lied" finden.

Hyndla:
„Ein Herz aß Loki, es lag in der Glut,
da fand er halbgar den Bewußtseins-Stein der Frau –
ein Kind trug Lopt bald von der Frau in sich,
und von dort kamen all die Ungeheuer unter den Menschen."

Der „Bewußtseins-Stein" ist das Herz. Man könnte das altnordische Wort „hugsteinn" auch mit „Geist-Stein" oder „Gedanken-Stein" übersetzen.

In der in diesen Versen geschilderten Szene ist Loki dadurch schwanger, daß er in einer Glut das halbgare Herz einer Frau gefunden und dies dann gegessen hat. Daraufhin hat er dann „alle Ungeheuer" geboren. Diese Ungeheuer könnten Hel, Fenrir und Jörmungandr sein – und evtl. noch die Riesen.

Diese Szene erinnert daran, daß in der Nibelungensage Regin das Herz seines Drachen-Bruders Fafnir essen wollte, wodurch er große Weisheit erlangt hätte. Da der Drache ein Jenseitswesen ist, wäre dies das Wissen über das Jenseits gewesen, durch die man u.a. die Seelenvogel-Sprache verstehen kann.

Als Ursprungsort für Fenrir, Jörmungandr und Hel kommt nur die Unterwelt infrage – und die wichtigste Frau dort ist eindeutig die Jenseitsgöttin: Freya-Hel. Es ist allerdings nicht klar, ob mit den „Ungeheuren" Fenrir, Jörmungandr und Hel gemeint sind.

Die Glut, in der das halbgare Herz lag, wird im Zusammenhang mit der Unterwelt vermutlich das Bestattungsfeuer oder das Feuer, auf dem das geopferte Herdentier gegart wurde, oder auch die Waberlohe sein, die eine Weiterentwicklung der beiden ebengenannten Feuer ist.

Da bei Bestattungen der größte Teil des Fleisches des Opfertieres von den Ritualteilnehmern verzehrt worden ist, liegt es nahe, das Herz des Opfertieres, das die Essenz dieses Opfertieres ist, als den Ursprung dieser Loki-Mythe anzusehen.

Evtl. sind mit den „Ungeheuern" jedoch nur Fenrir und Jörmungandr gemeint, während Hel die Frau ist, von der das Herz stammt. Es wäre jedoch seltsam, daß Hel selber stirbt und ihr Herz verspeist wird – es sei denn, daß sie als Urbild für alle Sterbenden angesehen wurde.

Darauf weist evtl. ihr Name „Hyrrokkin" hin, der „Rußgeschwärzte" bedeutet und sich vermutlich auf den Brauch bezieht, die Frau des Fürsten oder eine „Ersatz-Frau" zu töten und mit ihm zusammen zu bestatten, die dann durch das Bestattungsfeuer im Jenseits „rußgeschwärzt" ankommt. Sowohl Hel als auch diese geopferte Frau haben im Jenseits vor allem die Funktion, sich mit dem Toten zu vereinen und ihn dann anschließend wiederzugebären.

Die bei der Bestattung getötete Frau findet sich u.a. in dem Sati-Brauch der Inder (Witwen-Freitod bei Tod ihres Mannes), in dem von dem arabischen Forschungsreisenden um 922 n.Chr. berichtete Frauenopfer bei der Bestattung eines Wikinger-Fürsten (vorher wurde auch die Wiederzeugung mit ihr inszeniert) und dem Tod der Nanna bei der Bestattung ihres Mannes Baldur wieder.

Somit gab es auch ein „Herz einer Frau" im „(Bestattungs-)Feuer" – eben das Herz der Frau, die sich freiwillig selber tötete oder die getötet wurde. Es wäre somit auch denkbar, daß Loki ein solches Herz gegessen hat. Die Frage nach seiner Berechtigung dazu, dieses Herz zu essen, erübrigt sich bei dem Charakter des Loki weitgehend …

Diese in den vier Zeilen umrissene Mythe wirkt sehr archaisch: das Verspeisen eines Menschenherzens, Loki als Gebärende, kein Thor, kein Odin …

Es ist daher anzunehmen, daß diese Mythe aus der Zeit vor 500 n.Chr. stammt, als Thor und Odin den nordgermanischen Göttervater Tyr abgesetzt haben.

Die einzige Frau, die in den germanischen Mythen verbrannt worden ist, ist Nanna („Mutter"). Da Baldur auf den Sommergott Tyr zurückgeht, wird Baldurs Frau Nanna einst die Frau des Tyr gewesen sein. Das macht die in diesen vier Versen angedeutete Mythe natürlich noch interessanter, da anzunehmen ist, daß in einer Mythe, in der Loki, die Wiedergeburts-Muttergöttin Nanna und Tyr auftreten, auch der endlose, zyklische Kampf zwischen Tyr und Loki eine Rolle spielen und die Grunddynamik bestimmen wird. Man kann sich so gut wie sicher sein, daß es nicht der üblichen Ordnung entsprochen haben wird, daß Loki dieses Frauen-Herz gegessen hat …

Loki als Frau ist ja schon gut bekannt: die alte Frau, die Frigg ausfragt, die Riesin

Thökk, die ihre Tränen verweigert, die Stute, die Sleipnir gebiert, die Kuh, die Kinder hat ... Nun kommt noch Loki als Mutter von Ungeheuern hinzu.

Welchen Vorteil hat Loki davon, daß er das Herz der Frau ißt? Erhält er dadurch Macht über die Jenseitsgöttin? Wenn es da Herz der Nanna sein sollte, ist dies recht wahrscheinlich.

Doch warum sollte Nanna als Ungeheuer wiedergeboren werden? Das läßt sich eigentlich nur durch eine weitverbreitete Dynamik erklären: Das, was ursprünglich den Toten im Jenseits geholfen hat, wird zu der Ursache des Todes oder zumindestens zu einer Bedrohung mit dem Tod umgedeutet. Auf diese Weise könnten die „Ungeheuer" entstanden sein, als die die „wiedergeborene" Frau (Nanna?) erscheint.

Das vermutlich unerlaubte Essen des Frauenherzens entspricht wahrscheinlich dem Raub der Äpfel der Idun, des Brisingamen der Freya und dem Ring des Andwari.

Die Mutterrolle des Loki erinnert auch an den Nid-Todesfluch, bei dem ein Mann mit dem bei einer Bestattung geopferten Hengst identifiziert wurde und zugleich die weibliche Rolle bei einer homosexuellen Vereinigung zugeschrieben bekam, die eine Umdeutung der Wiederzeugung ist.

Die vier Zeilen sind ein Teil der „Kleinen Vision der Seherin", die als Ganzes oder in einem Auszug im Hyndla-Lied eingeschoben wird. Es könnte sich daher zum besseren Verständnis dieser vier Zeilen lohnen, die ganze „Kleine Vision der Seherin" zu betrachten.

Das folgende sind die sechzehn Strophen dieser Vision, die z.T. nur unvollständig erhalten sind:

<u>Die kleine Vision der Seherin</u>

Elf an der Zahl sind von den Göttern bekannt,
Als Baldur über den Hügel des Todes gebeugt wurde;
Dies rächte Vali rasch,
als er seines Bruders Mörder schon bald tötete.

Von den zwölf in „Gylfis Vision" genannten Göttern sind nach Baldurs Tod nur noch elf übrig: Thor, Njörd, Freyr, Tyr, Bragi, Heimdall, Hödur, Widar, Vali, Ullr und Forseti. Odin steht über ihnen und ist ihr Anführer. Loki steht außerhalb dieses Kreises.

Der Vater des Baldur war der Erde des Bur,
... ...
... ...
... ...

Baldurs Vater ist Odin, der Sohn des Bur.

Freyrs Frau war Gerdr, die Tochter des Gymir
aus der Riesen-Sippe, und Aurboda gebar sie.
Mit ihnen war auch Thiazi verwandt,
der Dunkelheit-liebende Riese; seien Tochter war Skadi.

Thiazi ist Tyr als Riese im Jenseits. Gymir ist Tyr als Riese in der Wasserunterwelt. Auch Baldur ist ursprünglich der Sonnengott-Göttervater Tyr gewesen.

Gerdr ist einst die Mutter der Sonne gewesen. Aurboda ist dieselbe Göttin, wie ihr Name „Licht-Botin" zeigt. Skadi ist die Erdgöttin und daher auch eine Jenseitsgöttin – als Tochter des Tyr-Thiazi wird auch sie einst die Mutter der Wiedergeburts-Mutter der Sonne und somit auch des Tyr gewesen sein.

Es ist recht deutlich, daß diese Verse noch weitgehend aus der alten Tyr-zentrierten Religion vor 500 n.Chr. stammen.

Thiazi ist „Dunkelheits-liebend", weil er sich in der dunklen Unterwelt befindet.

Viel habe ich Dir erzählt, und noch mehr werde ich sagen;
Es gibt viel, was ich weiß – Willst Du noch mehr hören?

Heith und Hrossthjof, die Kinder des Hrimnir.
... ...
... ...
... ...

Hrimnir („Rußiger, Dunkler") ist Tyr als Riese in der Unterwelt.

Der Name „Heith" („Heid") seiner Tochter bedeutet „Licht, Sonne". Sie ist aus anderen Texten als Zauberin bekannt und entspricht vermutlich der Freya. Einer der Beinamen des Tyr war „Heidrek", d.h. „Lichtkönig" oder „Sonnenkönig". Sie entspricht auch den beiden Licht-Göttinnen Gerdr und Aurboda. Heid ist wie Skadi die zur Tochter des Göttervaters umgedeutete Jenseitsgöttin.

Der Name „Hrossthjof" des Hrimnir-Sohnes bedeutet „Pferdedieb" – er ist also ein tüchtiger Wikinger … Mehr ist leider nicht über ihn bekannt.

Die Seherinnen stammen alle aus Witholfs Sippe,
von Wilmeidi kommen all die Seher;
Und die Zauberkundigen sind Svarthoftis Kinder,
und dem Ymir sind alle Riesen entsprungen.

„*Witholf*" bedeutet „Waldwolf".
„*Wilmeidi*" bedeutet „Willensbaum", d.h. „Willens-Mann".
„*Svarthioft*" bedeutet „Schwarzkopf".
„*Ymir*" ist der Urriese.

Als Urahn der Seher, Seherinnen und Zauberer kommt am ehesten Tyr selber in Frage. Als Fenrir-Wolfskrieger konnte er „Waldwolf" genannt werden. Als willensstarker Krieger und Anführer ist Tyr ein „Willens-Baum". Als Schwarzsonne in der Unterwelt ist er ein „Schwarzkopf", was u.a. seinen Namen „Hrimnir" („Rußiger") und „Surtur" („Schwarzer") entspricht. Zudem wurde Tyr als rangmäßig „erster Riese" oft dem Ymir als dem zeitlich gesehen „Ersten Riesen" gleichgesetzt.

Diese vier Zeilen könnten daher eine Schilderung des Tyr sein.

Viel habe ich Dir erzählt, und noch mehr werde ich sagen;
Es gibt viel, was ich weiß – Willst Du noch mehr hören?

Einer wurde geboren in den vergangenen Tagen
in der Sippe der Götter, und groß war seine Macht;
Neun Riesen-Frauen am Rand der Welt
haben den Mann geboren, der so mächtig mit den Waffen ist.

Die „9" ist hier ein Adjektiv mit der Bedeutung „zum Jenseits gehörend". Das Tor zum Jenseits liegt am „Rand der Welt", wo auch die Sonne versinkt und wieder erscheint. Dieser Mann ist also der Sonnengott-Göttervater – hier unter seinem Beinamen Heimdall, da von Heimdall bekannt ist, daß er neun Mütter gehabt hat. Seine große Macht und seine Waffen-Stärke bezieht sich auf das Schwert des Tyr, der u.a. auch der Kriegsgott gewesen ist.

Gjalp gebar ihn, Greip gebar ihn,
Eistla gebar ihn und Eyrgjafa,
Ulfrun gebar ihn und Angeyja,
Imth und Atla und Jarnsaxa.

Die Namen dieser neun Riesinnen bedeuten „Schreierin", „Greiferin", „Schäumende", „Landzungen-Bildnerin", „Wölfin", „Sorgenbringerin", „Dämmerung", „Raserei" und „Eisenmesser".

Gjalp und Greip sind die beiden Töchter des Tyr-Geirröd – sie werden auf Frigg und Freya als die Wiedergeburts-Mutter des Tyr zurückgehen.

Jarnsaxa ist die Mutter der Wölfe und daher möglicherweise mit Angrboda, der Mutter des Fenrir, der Jörmungand und der Hel identisch. Auf jeden Fall wird sie eine Jenseitsgöttin sein.

Stark wurde er gemacht durch die Kraft der Erde,
mit der eiskalten See, mit dem Blut von Schweinen.
... ...
... ...

Tyr-Heimdall wird von der Erdgöttin (Skadi, Gerdr, Rindr usw.) wiedergeboren und auch von der Meeresgöttin (Ran) und ihm wurde Eber geopfert.

Einer wurde geboren, der Beste von allen,
und stark wurde er gemacht mit der Stärke der Erde;
Der Stolzeste wird von den Herrschern in der ganzen Welt
der 'Verwandte der Menschen' genannt.

Diese Beschreibung paßt nur auf den Sonnengott-Göttervater Tyr, der auch „Heimdall" genannt worden ist.

Das Lied beschreibt nach wie vor nur die Gottheiten und Geschichten aus den Tyrzentrierten Mythen aus der Zeit vor 500 n.Chr.

Viel habe ich Dir erzählt, und noch mehr werde ich sagen;
Es gibt viel, was ich weiß – Willst Du noch mehr hören?

Den Wolf gewann Loki von Angrboda
und den Sleipnir gebar der dem Svadilfari;
das übelste aller Wunder wird der sein,
der von dann aus dem Bruder des Byleist entsprang.

Der „*Wolf*" ist Fenrir. Angrboda („Angstbotin") ist die Jenseitsgöttin.
Sleipnir ist Odins Roß. Svadilfari ist das Roß des Tyr (Riesenbaumeister).
Das „*übelste Wunder*" wird Jörmungandr sein.

*Ein Herz aß Loki, es lag in der Glut,
da fand er halbgar den Bewußtseins-Stein der Frau –
ein Kind trug Lopt bald von der Frau in sich,
und von dort kamen all die Ungeheuer unter den Menschen.*

Nun wechselt das Lied von Tyr und der Jenseitsgöttin zu Loki. Vermutlich wird die Frau daher noch immer die Jenseitsgöttin sein – um die sich Tyr und Loki endlos streiten.

*Die sturmgepeitschte See sucht nach dem Himmel,
sie flutet über die Erde, die Luft wird dünn,
dann folgt Schnee und schreckliche Winde,
denn das Schicksal der Götter naht und das Ende ist der Tod.*

Hier wird in drastischer Weise der Ragnarök beschriewben, der ein „großer Winter", also die Herrschaftszeit des Loki ist.

*Einst kommt ein anderer, mächtiger als alle anderen,
obwohl ich nicht wage, seinen Namen zu sprechen;
nur wenige können nun noch weiter sehen
als bis zu dem Tag, an dem Odin den Wolf treffen wird.*

Vermutlich ist dieser „mächtige Eine" der wiedergeborene Tyr-Heimdall.

- - -

Es fällt auf, daß in diesem Lied der Tyr/Loki-Zyklus beschrieben wird. Der Refrain ist in der folgenden Übersicht fortgelassen worden.

Die Dynamik der „Kleinen Vision der Seherin"	
Die Kleine Vision der Seherin	**Phase des Tyr/Loki-Zyklus**
Elf an der Zahl sind von den Göttern bekannt, *Als Baldur über den Hügel des Todes gebeugt wurde;* *Dies rächte Vali rasch,* *als er seines Bruders Mörder schon bald tötete.*	Tod des Sonnengott-Göttervaters Tyr-Baldur
Der Vater des Baldur war der Erde des Bur, *… … …* *… … …* *… … …*	der Sonnengott-Göttervaters Tyr-Baldur
Freyrs Frau war Gerdr, die Tochter des Gymir *aus der Riesen-Sippe, und Aurboda gebar sie.* *Mit ihnen war auch Thiazi verwandt,* *der Dunkelheit-liebende Riese; seine Tochter war Skadi.*	Tyr-Thiazi und die Jenseitsgöttin
Heith und Hrossthjof, die Kinder des Hrimnir. *… … …* *… … …* *… … …*	die Kinder des Tyr-Thiazi
Die Seherinnen stammen alle aus Witholfs Sippe, *von Wilmeidi kommen all die Seher;* *Und die Zauberkundigen sind Svarthoftis Kinder,* *und dem Ymir sind alle Riesen entsprungen.*	Tyr-Thiazi als Ahnherr der Seher, Seherinnen und Zauberer; Tyr = Ymir
Einer wurde geboren in den vergangenen Tagen *in der Sippe der Götter, und groß war seine Macht;* *Neun Riesen-Frauen am Rand der Welt* *haben den Mann geboren, der so mächtig mit den Waffen ist.*	(Wieder-)Geburt des Tyr-Heimdall
Gjalp gebar ihn, Greip gebar ihn, *Eistla gebar ihn und Eyrgjafa,* *Ulfrun gebar ihn und Angeyja,* *Imth und Atla und Jarnsaxa.*	(Wieder-)Geburt des Tyr-Heimdall
Stark wurde er gemacht durch die Kraft der Erde, *mit der eiskalten See, mit dem Blut von Schweinen.* *… … …* *… … …*	Stärke des Tyr-Heimdall

Einer wurde geboren, der Beste von allen, *und stark wurde er gemacht mit der Stärke der Erde;* *Der Stolzeste wird von den Herrschern in der ganzen Welt* *der 'Verwandte der Menschen' genannt.*	Herrschaft des Tyr-Heimdall
Den Wolf gewann Loki von Angrboda *und den Sleipnir gebar der dem Svadilfari;* *das übelste aller Wunder wird der sein,* *der von dann aus dem Bruder des Byleist entsprang.*	Lokis Vorbereitungen zur Ermordung des Tyr-Heimdall
Ein Herz aß Loki, es lag in der Glut, *da fand er halbgar den Bewußtseins-Stein der Frau –* *ein Kind trug Lopt bald von der Frau in sich,* *und von dort kamen all die Ungeheuer unter den Menschen.*	Loki erschafft die Ungeheuer
Die sturmgepeitschte See sucht nach dem Himmel, *sie flutet über die Erde, die Luft wird dünn,* *dann folgt Schnee und schreckliche Winde,* *denn das Schicksal der Götter naht und das Ende ist der Tod.*	die Herrschaft des Tyr-Heimdall endet
Einst kommt ein anderer, mächtiger als alle anderen, *obwohl ich nicht wage, seinen Namen zu sprechen;* *nur wenige können nun noch weiter sehen* *als bis zu dem Tag, an dem Odin den Wolf treffen wird.*	die Wiedergeburt des Tyr-Heimdall

Die „Kleine Vision der Seherin" beschreibt in perfekter Weise und vollständig den Tyr/Loki-Zyklus:

der Tyr/Loki-Zyklus	
Mythe	*Jahreszeit*
Tod des Sonnengott-Göttervaters Tyr-Baldur	Herbst
Thiazi und die Jenseitsgöttin	Winter
Wiedergeburt des Tyr-Heimdall	Frühling
Herrschaft des Tyr-Heimdall	Sommer
Lokis Vorbereitungen zur Ermordung des Tyr-Heimdall	Spätsommer
die Herrschaft des Tyr-Heimdall endet	Herbst
Wiedergeburt des Tyr-Heimdall	Frühling

Aus der Stellung der anfangs betrachteten Loki-Strophe in diesem Lied ergibt sich, daß Lokis Verspeisen des Frauenherzens ursprünglich seine Wiederzeugung im Herbst gewesen sein. Lokis Gebären der Ungeheuer ist entsprechend einst die Wiedergeburt des Loki gewesen.

Aus der Vereinigung des toten Loki mit der Jenseitsgöttin in der Unterwelt ist ein Verspeisen des Herzens einer toten Frau geworden – und aus der Wiedergeburt des Loki das Gebären von Ungeheuern durch Loki.

I 31. e) Lokasenna

In diesem Lied weist Odin (wie bereits besprochen) den Loki auf noch eine weitere Geburt des Loki hin. Leider ist diese Stelle so allgemein gehalten, daß nicht zu erkennen ist, ob es sich dabei um Lokis Zeit bei Angurboda handelt oder um eine andere Gelegenheit. Da nur Fenrir, Jörmungandr, Hel und Sleipnir als Lokis Kinder bekannt sind, hat Loki in einer früheren Fassung der Mythe über die Entstehung dieser drei Wesen wohl für Angurboda-Hel Arbeiten wie eine Magd ausgeführt.

Der Plural „Kinder" könnte sich auf das Motiv im Hyndla-Lied beziehen, in dem Loki anscheinend auch den Fenris-Wolf und den Jörmungandr geboren hat.

Odin:
„Auch wenn ich dem, der es nicht verdiente,
Dem schlechteren Mann den Schlachtensieg gab,
So warst Du gar acht Winter unter der Erde
als Milch-Kuh und Mutter;
Ja, und Kinder hast Du geboren!
Unmännlich muß Deine Seele sein!"

I 31. f) Lokasenna

Loki berichtet in der Lokasenna, daß er Thors Frau Sif verführt hat. Offensichtlich ist sie in dieser gemeinsamen Nacht schwanger geworden, denn der Gott Ullr wird oft als „Thors Stiefsohn" bezeichnet – und ein weiterer „Seitensprung" wird von Sif nicht berichtet.

Thor und Loki sind die beiden Gegner in dem alten Kampf um den Regen bzw. in der germanischen Version in dem Kampf zwischen warmem Sommer (Thor) und eisigem Winter (Loki). In der indogermanischen Version dieses Kampfes entführt die Regenräuberschlange (der spätere Loki) immer wieder die Frau des Regen- und Donnergottes (Thor). Aus einer dieser Entführungen stammt offensichtlich der Sohn Ullr von Loki und Sif.

Da Loki der Verursacher des Winters ist, verwundert es nicht, daß Ullr der Wintergott ist. Man sollte daher annehmen, daß Thor einen Sohn gehabt hat, der ein Sommergott ist. Einen kleinen Hinweis darauf gibt es bei Magni, der das Bein des Riesen Hrungnir (Tyr) von seinem Vater Thor heruntehob. Dies könnte eine Umdeutung der Wiedergeburt der Sonne (Hrungnir auf dem Sonnenschild) sein.

Als Wintergott ist Ullr auch mit dem Göttervater Tyr in der Unterwelt assoziiert, dessen Stellung in manchen Bereichen Skandinaviens eingenommen hat.

Lokis Sohn Ullr ist eine andere Art von Sohn als Fenrir, Jörmungandr, Hel und Sleipnir.

I 31. g) Zusammenfassung

		Lokis Kinder		
Kind	*Ursprung*	*Weiterentwicklung*	*Mutter*	*Charakter*
Jörmungandr	Regenräuberschlange	bedrohliche Schlange in der Wasserunterwelt	Hel: zu ihr reisen die Ahnen-Schlangen	Jahreszeiten-Erklärung
Ullr	Winter	Sohn des Loki	Sif, die Jenseitsgöttin, um die sich Thor und Loki streiten	Wirkung von Lokis Taten
Fenrir	Tyr als Wolfs-Ekstasekrieger (Ulfhedin)		Hel: sie ist die Wiedergeburts-Mutter des Tyr	Jenseitsreise-Symbolik
Sleipnir	Reittier des Göttervaters	Reittier auf dem Jenseitsweg	Loki ist die Mutter und der Hengst des Riesenbaumeisters (Tyr) ist der Vater	
Hel	Jenseitsgöttin (Freya-Frigg-Sif)	Tochter des Loki	Umdeutung der Jenseitsgöttin in Analogie zu Fenrir und Jörmungandr zu Lokis Tochter	gefürchtete Jenseitsgöttin

In diesen Zyklus fügt sich auch der Kampf des Heimdall und Loki um das Brisingamen der Freya ein: Er ist der Streit um die Möglichkeit zur Wiederzeugung mit Freya und die anschließende Wiedergeburt, die die Rückkehr in das Diesseits und zur Herrschaft ermöglicht. Wenn Heimdall siegt, wird es Sommer; wenn Loki siegt, wird es Winter.

Loki hat mindestens sieben Kinder:
- die Regenräuberschlange Jörmungandr, durch die Loki der Gegner des Thor ist,
- den Gott Ullr, der der Winter, also die Verkörperung von Lokis Wirkung ist,
- Fenrir, der ehemalige Göttervater Tyr als Wolfs-Ekstasekrieger (Ulfhedin),
- das achtbeinige Schamanenpferd Sleipnir, das ursprünglich die beiden Schimmel vor dem Streitwagen des Sonnengott-Göttervaters Tyr gewesen ist,
- die zur Tochter des Loki umgedeutete Jenseitsgöttin Hel,
- die „Kinder" (Kälbchen?), die Loki als Kuh gebar.

Lokis Hauptursprung ist wahrscheinlich die Regenräuberschlange, die durch die Ahnenschlange und den Schamanen als Schlange eine menschliche Gestalt erhielt. Mit diesen beiden Schlangen ist wahrscheinlich auch noch die Kundalinischlange assoziiert worden, von der Lokis Feuer-Aspekt stammt.

Das Motiv des Verspeisens einen Frauenherzens, durch das Loki dann mit Ungeheuern schwanger wurde, ist eine Umdeutung von Lokis Wiederzeugung mit der Jenseitsgöttin und seine Wiedergeburt durch sie. Die Jenseitsgöttin entspricht der Frau, die bei der Bestattung eines Fürsten getötet und mit ihm mitbestattet wurde und die sich im Jenseits mit dem Toten vereinen und ihn anschließend wiedergebären sollte.

I 32. Loki, der Beschützer der Bauern

Lokis Beschützen der Bauern reicht sehr weit in die Vergangenheit bis zu den Indogermanen und darüber hinaus zurück, da die auf der Erde bzw. in der Unterwelt lebende Schlange, mit der Loki assoziiert ist, auch für die gute Ernten sorgt.
Am deutlichsten wird dieser Aspekt des Loki in einem Lied von den Faröer-Inseln beschrieben, das „Lokis Erzählungen" heißt.

I 32. a)   Loka Thattur

Bauer und Riese spielten lang,
Der Bauer verlor, der Riese gewann.
„Gewonnen ist das Spiel mir schon,
Nun will ich haben Deinen Sohn.

Dieses „Spiel" könnte einfach nur eine beliebige Einleitung für das folgende Geschehen sein, aber es wäre auch denkbar, daß sich dieses Spiel sich aus den germanischen Wissenswettstreit-Liedern wie dem Alwis-Lied entwickelt hat.
Es gab auch das Motiv, daß Tyr und Loki nicht körperlich miteinander kämpften und der zwischen beiden wechselnde Sieg die Jahreszeiten erzeugte, sondern daß sie das Tafl-Brettspiel miteinander spielten und auf diese Weise entschieden, ob es Sommer (Sieg des Tyr) oder Winter (Sieg des Loki) war (siehe „Tafl" in Band 57).
Ein Riese, der zudem einen Sohn haben will, klingt auch nach dem Tyr-Riesen, der durch seinen Sohn am Morgen bzw. im Frühjahr wiedergeboren werden will.

Haben will ich den Sohn von Dir,
Nicht schützen kannst Du ihn vor mir."
Der Bauer rief den Knecht herbei:
„Bitt' Odin, daß er mit uns sei.

Zu Odin fleh' in unseren Sorgen,
Der könnt' mein Kind wohl halten verborgen.
Wär' der König der Asen hier,
So wüßt' ich, der schützt ihn mir."

Die Bezeichnung des Odin als „König der Asen" ist ein Hinweis darauf, daß dieses

Lied zwischen ca. 600 n.Chr. und 1000 n.Chr. entstanden ist, da vorher Tyr der Götterkönig gewesen ist und nachher der Donnergott Thor seinem Vater Odin den Thron streitig zu machen begann. Zu dieser Vermutung paßt auch die Götterdreiheit aus Odin, Hönir und Loki, die in diesem Lied auftritt und die aus dieser Zeit stammt.

Die Bitte des Bauern an den Knecht, den Odin herbeizurufen, ist verwunderlich, da der Kontakt zu den Göttern eigentlich die Aufgabe des Hausherrn gewesen ist.

Das Wort war ihm noch kaum entwischt,
Stand Odin auch schon vor dem Tisch.
„Höre mich, Odin, ich rufe zu Dir,
Den Sohn sollst Du verstecken mir."

Odin ging mit dem Knaben hinaus,
Voll Sorge saßen die Eltern zu Haus.
Ein Kornfeld ließ da Odins Macht
Wachsen und reifen in einer Nacht.

In des Ackers Mitte verbarg alsbald
Odin den Knaben in Ährengestalt.
In einer Ähre ward er mitten im Feld
Als Gerstenkorn zu den anderen gestellt.

Odin als Getreidegott findet sich nur noch in einer einzigen anderen Szene wieder: Als er zu Gunnlöd reiste, hat er durch eine List neun Ernteknechte mit Sensen getötet, indem er unter ihnen einen Streit um einen Schleifstein entfacht hat.

Von den Kelten ist dieses Motiv auch bekannt: Der Barde-Druide Taliesin versteckt sich auf der Flucht vor Cerridwen u.a. als Weizenkorn.

„Nun stehe ohne Sorge hier,
Und wenn ich rufe, so komme zu mir.
Nun steh' hier ohne Furcht und Graus,
Und wenn ich rufe, so komme heraus."

Des Riesen Herz war hart wie Horn,
Er füllte den Schoß sich voll mit Korn.
Er prüft' alles Korn auf dem Ackerland
Und trug ein scharfes Schwert in der Hand.

Ein scharfes Schwert sah man ihn tragen,
Den Knaben wollte er damit erschlagen.
Der Knabe in großer Not sich fand,
Dem Riesen sprang ein Korn aus der Hand.

Das „harte Herz" könnte seinen Ursprung in dem steinernen Herz des Hrungnir haben – aber das ist unsicher. Das „scharfe Schwert" könnte das Tyr-Schwert sein. Das Erschlagen des Sohnes ist aus der Umdeutung des Tyr-Riesen (und seiner Jenseits-Mutter) zu einem Menschenfresser entstanden.

Dem Knaben graute vor dem Tod,
Da rief ihn Odin in der Not.
Odin brachte ihn heim geschwind,
Und die Eltern umarmten ihr lebendes Kind.

„Hier ist Dein Kind, doch wie dem auch sei,
Mit meinem Schutz ist's nun vorbei."

  Was nützt mir die Harfe in meiner Hand,
  Wenn keiner mir folgt in das andere Land?

Dieser Refrain läßt vermuten, daß eine der Wurzeln dieses Liedes auch die Jenseitsreise gewesen ist.

Die Harfe, die auch das Instrument der germanischen Skalden und der keltischen Barden gewesen ist, würde wiederum zu den Wissenswettstreit-Liedern passen, die ursprünglich Verse waren, mit deren Hilfe die Skalden ihr umfangreiches Wissen auswendiggelernt haben, das sich zu einem großen Teil auf das Jenseits bezog (siehe auch „Harfe" in Band 57).

Der Bauer rief den Knecht herbei:
„Bitt' Hönir, daß er mit uns sei.
Zu Hönir fleh' in unseren Sorgen,
Der könnt' mein Kind wohl halten verborgen.

Wär' Hönir, der Gott, jetzt hier,
So wüßt' ich, der schützt ihn mir."
Das Wort war ihm noch kaum entwischt,
Stand Hönir auch schon vor dem Tisch.

*"Höre mich, Hönir, ich rufe zu Dir,
Den Sohn sollst Du verstecken mir."
Hönir ging mit dem Knaben hinaus,
Voll Sorge saßen die Eltern zu Haus.*

*Hönir ging in den grünen Grund,
Sieben Schwäne überflogen den Sund.
Zwei Schwäne bogen nach Osten ab
Und ließen sich neben Hönir herab.*

Der Name des Priestergottes Hönir bedeutet „Huhn, Hahn", womit der Seelenvogel gemeint sein wird. Der Schwan bzw. die weiße Gans war der beliebteste Seelenvogel der Indogermanen. Dieses Motiv hat sich u.a. in den Schwanengewändern der Walküren erhalten. Die Verhalten des Hönir in diesem Lied entspricht somit einer alten Tradition.

*An eines Schwanes Kopf alsbald
Verbarg Hönir den Knaben in Flaum-Gestalt.
„Nun weile ohne Sorge hier,
Und wenn ich Dich rufe, so komme zu mir.*

*Weile hier ohne Furcht und Graus,
Und wenn ich Dich rufe, so komme heraus."
Das Monstrum kam in den grünen Grund,
Sieben Schwäne überflogen den Sund.*

*Der Riese ein Knie zur Erde bog,
Den ersten Schwan er zu sich zog.
In den ersten Schwan er heftig biß,
Den Kopf er ihm von den Schultern riß.*

Der „grüne Grund" erinnert an den Tyr-Riesen Grendel („Abgrund") aus dem Beowulf-Epos, der mit seiner Mutter auf dem Grund eines sumpfigen Sees wohnte.

*Den Knaben hielt vor Furcht es kaum,
Vom Maul des Riesen flog ein Flaum.
Dem Knaben graute vor dem Tod,
Da rief ihn Hönir in der Not.*

*Hönir brachte ihn heim geschwind,
Und die Eltern umarmten ihr lebendes Kind.
„Hier ist Dein Kind, doch wie dem auch sei,
Mit meinem Schutz ist's nun vorbei."*

*Was nützt mir die Harfe in meiner Hand,
Wenn keiner mir folgt in das andere Land?*

*Der Bauer rief den Knecht herbei:
„Bitt' Loki, daß er mit uns sei.
Ich wünschte, Loki wär' jetzt hier.
Dann wüßte ich, der schützt ihn mir."*

Nun ist die „klassische Götterdreiheit" der Germanen, die aus Odin, Hönir und Loki bestand, vollständig. Auch dies spricht für ein größeres Alter dieses Liedes, das erst um 1822 aufgezeichnet worden ist – möglicherweise hat es allerdings vorher schon ältere schriftliche Fassungen gegeben.

*Das Wort war ihm noch kaum entwischt,
Stand Loki auch schon vor dem Tisch.
„Du kennst nicht, Loki, meine Not,
Der Riese wünscht meinem Sohn den Tod.*

*Hör' mich, Loki, ich rufe zu Dir,
den Sohn sollst Du verstecken mir.
Versteck' ihn gut mit Deiner List,
Damit das Monstrum nicht ahnt, wo er ist."*

*„Soll ich Deinen Sohn beschützen,
So folg' meinem Wort, es wird Dir nützen.
Ein Bootshaus laß erbauen dort,
Wenn ich bin mit dem Knaben fort.*

*Ein großes Fenster brich hinein,
Laß Eisenstangen dahinter sein."
Loki ging mit dem Knaben hinaus,
Sorgend saßen die Eltern zu Haus.*

Diese Anleitung zum Bau einer Falle erinnert daran, daß Lokis Name „Gefangener" bedeutet und er selber jeden Sommer ein gefangener Gott gewesen ist – im Winter ist Tyr der Gefangene des Loki und heißt dann „Utgardloki" („Gefangener im Jenseits"). Dieses Bootshaus wird ursprünglich Tyrs Hügelgrab gewesen sein, in dem er während des Winters lag.

Loki eilte zum Meeresstrand,
Da schwamm ein Schifflein dicht am Land.
Die fernsten Fischgründe waren sein Ziel,
(So heißt es in alten Liedern viel).

    Diese Fischgründe könnten das Jenseits sein, in dem Loki zuhause war und in das er nun mit dem Jungen fuhr. Das Schiff wäre dann die Jenseitsbarke („Naglfar") des Jenseitsfährmannes.

Loki sprach kein einziges Wort,
Er warf die Angel über Bord.
Haken und Köder zu Grunde fuhr,
Eine Flunder zog er herauf an der Schnur.

Eine zweite zog er aus den Wogen,
Die dritte war schwärzlich, weil voll von Rogen.
Loki verbarg den Knaben alsbald
Mitten im Rogen in Ei-Gestalt.

„Nun weile ohne Sorge hier;
Und wenn ich Dich rufe, so komme zu mir.
Weile hier ohne Furcht und Graus,
Und wenn ich Dich rufe, so komme heraus."

Loki ruderte wieder an Land,
Da stand vor ihm der Riese im Sand.
Der Riese fragte mit Bedacht:
„Loki, wo warst Du die ganze Nacht?"

    Der Tyr-Riese spricht nur mit Loki direkt, was zeigt, daß das Verhältnis von Tyr und Loki der Ursprung dieses Liedes gewesen ist.

„Ach, wenig Ruhe hatte ich nur,
Das weite Meer ich überfuhr."
Sein Eisen-Boot stieß der Riese in's Meer;
Loki warnte: „Die See stürmt sehr!"

Eisen war (nicht nur) bei den Germanen das Symbol des Jenseits. Das Eisenschiff des Tyr-Riesen ist daher die Jenseitsbarke.

Loki sprach den Riesen an:
„Riese, nimm mich mit in den Kahn."
Der Riese nahm das Steuer zur Hand,
Mit den Rudern stieß Loki ab vom Land.

Loki ruderte stark und erpicht,
Das Riesenboot aber rührte sich nicht.
Da schwor Loki dem Riesen zu:
„Vom Steuern verstehe ich mehr als Du."

Diese „Angeltour" erinnert an die „Kahnpartie" von Thor und Hymir, dem Vater des Tyr. In dem Hymir-Lied ist deutlich ersichtlich, daß Thor an die Stelle von Tyr getreten ist. Loki wird in diesem Lied nur noch am Ende als der Verletzer von Thors Ziegenbock erwähnt. Es wäre denkbar, daß die „Loka Thattur" eine ältere Fassung dieses „See-Ausfluges" bewahrt hat, der ursprünglich wohl der abendliche bzw. herbstliche Eintritt des Göttervaters in die Unterwelt gewesen ist.

In dieser Szene wäre Loki der siegreiche listige Gott, dem es gelungen ist, den Göttervater in die Unterwelt zu bringen – woraufhin dann der Winter beginnt.

Der Riese saß nun am Ruderbord,
Und der Kahn flog durch die See nur so fort.
Er schonte sich beim Rudern nicht,
Auch Loki tat brav seine Pflicht.

Die fernsten Fischgründe waren sein Ziel,
(So heißt es in alten Liedern viel).
Der Riese sprach kein einziges Wort,
Er warf die Angel über Bord.

Haken und Köder zu Grunde fuhr,
Eine Flunder zog er herauf an der Schnur.
Eine zweite zog er aus den Wogen,
Die dritte war schwärzlich, weil voll von Rogen.

Loki sprach da schmeichlerisch:
„Riese, gib mir doch den Fisch."
Der Riese aber sagte: „Nein,
Nein, mein Loki, das kann nicht sein."

Zwischen die Knie den Fisch gezogen,
Zählte er jedes Ei im Rogen.
Kein Ei blieb ungezählt im Fische,
Damit er nun das Kind erwische.

In größter Not der Knabe stand,
Ein Ei sprang aus des Riesen Hand.
Dem Knaben graute vor dem Tod,
Da rief ihn Loki in der Not.

„Versteck Dich, Knabe! Hinter mich!
Laß nicht den Riesen sehen Dich!
Sei leichten Fußes zurück an Land,
Und keine Spur drück in den Sand."

Der Riese fuhr zurück den Kahn
Und Loki war wieder Steuermann.
Rasch ruderte man dem Ufer zu,
Und sie erreichten es im Nu.

Zu landen war man im Begriff,
Da wandte Loki schnell das Schiff.
Der Achtersteven knirschte im Sand,
Der Knabe sprang rasch hoch an Land.

Der Riese glotzte den Strand hinauf,
Und prompt fiel ihm der Knabe auf.
Leichtfüßig lief der über Land,
Man merkte keine Spur im Sand.

*Schwer stapft' der Riese hinterdrein,
Brach bis zum Knie im Sande ein.
Zum Bootshaus, das sein Vater schuf,
Lief der Knabe auf Lokis Ruf.*

*Durchs Fenster schlüpfte er mit Bedacht,
Der Riese auch – mit großer Macht.
Er steckte im Fenster fest, oh Schmach!
An der Eisenstange sein Kopf zerbrach.*

*Nun galt es für Loki, rasch zu sein,
Er hieb dem Riesen ab ein Bein.
Das tat dem Riesen nicht Gewalt,
Zusammen wuchs die Wunde bald.*

*Und wieder galt es, rasch zu sein,
Er hieb ihm ab das andere Bein.
Er hieb ihm ab das andere Bein
Und warf dazwischen Stock und Stein.*

Das Abschlagen des Beines erinnert an den durch Fenrir abgebissenen Arm des Tyr und den durch Beowulf ausgerissenen Arm des Grendel.

Das Nachwachsen des Beines findet sich auch bei dem Riesen Velle.

Das Motiv der abgeschlagenen Füße und Hände findet sich weiterhin auch im Hamdir-Lied bei König Jörmunrek, der eine Saga-Variante des Tyr ist.

*Da sah der Knabe mit Wohlgefallen
Den Riesen in viele Stücke zerfallen.
Loki brachte ihn heim geschwind,
Und die Eltern umarmten ihr lebendes Kind.*

Diese Szene erinnert an das Töten der siebenköpfigen Schlangen bei den Griechen und anderen Völkern, die allesamt auch nur durch einen „Trick" möglich sind wie hier das Werfen eines Stockes und eines Steines zwischen den Beinstumpf des Riesen und sein abgehacktes Bein.

Es wäre denkbar, daß das Bein dieses Riesen mit dem Bein des Hrungnir identisch ist, unter dem Thor eingequetscht lag. Da der Sonnengott ursprünglich als ein Wanderer am Himmel angesehen worden ist, ist mit ihm das Motiv des besonderen oder des verlorenen Schuhes verbunden (Germanen: Widar; Kelten: Lug; Märchen: Aschenputtel) und ebenso das Motiv des Fußes (Germanen: Niörd). Es wäre daher gut denkbar, daß auch das Bein zu den Motiven des Sonnengott-Göttervaters als „Himmelswanderer" gehört hat.

„Hier ist dein Kind, doch wie dem auch sei,
Mit meinem Schutz ist's nun vorbei.
Die Treue hielt ich Dir doch sehr,
und den Riesen gibt's nicht mehr."

Was nützt mir die Harfe in meiner Hand,
Wenn keiner mir folgt in das andere Land?

In einer anderen Fassung dieses Liedes trägt der Riese den Namen „Skimsli", was sehr an den Namen „Skrymir" in der Prosa-Edda erinnert.

Der Tyr-Riese Skrymir war so groß und so „robust", daß er Thors Versuche, ihn im Schlaf zu erschlagen, kaum bemerkte.

„Skrymir" bedeutet entweder „Schreier, Angeber". „Skimsli" bedeutet „Umherblickender" – falls dieser Name nicht eine Weiterbildung zu „Skrymir" sein sollte.

Als Vertreter des Standes der Bauern und Handwerker ist Loki auch der Helfer und Beschützer der Bauern.

In dem Lied Loka-Thattur ist der Tyr-Riese mittlerweile so sehr zu der Ursache allen Übels geworden, daß der Tyr-Gegner Loki als Retter vor diesem Riesen erscheint.

I 33. Lokis Flugschuhe

Magische Schuhe, mit denen man durch die Luft fliegen kann, sind in den Mythen und Sagas der Germanen nur von Loki bekannt. Wegen seiner Fähigkeit zu fliegen wurde Loki auch „Loptr" („Luft") und „Hvedrungr" („Wind") genannt.

Lokis Flugschuhe werden nur zweimal erwähnt, und beide male von Snorri Sturluson.

I 33. a) Skaldskaparmal

Loki hatte Schuhe, die ihn durch Luft und Wasser trugen.

I 33. b) Skaldskaparmal

Und als Odin seinen Speer genommen hatte und Loki seine Schuhe und sie sich dann nicht mehr zu fürchten brauchten, da sprach Loki, es sollte dabei bleiben, was Andwari gesagt hatte, daß der Ring und das Gold den Besitzer das Leben kosten solle – und so geschah es seitdem.

Loki besitzt Flugschuhe, mit deren Hilfe er durch die Luft laufen kann.

Es wäre denkbar, daß diese Schuhe ursprünglich dem Sonnengott-Himmelsvater Tyr gehört haben, da die Sonne in den frühen Mythen der Indogermanen ein Himmels-Wanderer gewesen ist und die Füße und Schuhe daher eine Sonnensymbolik hatten.

I 34. Loki und die Luft

Lokis Verbindung mit der Luft ist vor allem durch seine Flugschuhe offensichtlich. Leider ist weder etwas über den Hersteller dieser Schuhe bekannt noch darüber, wie Loki diese Schuhe erhalten hat – auch wenn man vermuten kann, daß er sie Tyr gestohlen hat.

Die Szene in dem Lied „Odins Rabenzauber", in der der Heimflug von Heimdall und Loki als Getragenwerden von „Fornjotrs Freunden" beschrieben wird, ist eine Anspielung auf den Windgott Kari, der der Sohn des Riesen Fornjotr war. Dieser Windgott wurde anscheinend manchmal auch als eine Vielzahl von „Winden" aufgefaßt.

Während in der schriftlichen Überlieferung aus früher Zeit nur diese beiden Hinweise existieren, findet sich in den dänischen Sprichworten eine große Vielfalt an Bezügen des Loki zur Luft.

Lokis Fliegen als Falke wird eine andere Symbolik haben, da der Falke Lokis Seelenvogel sein wird – so wie der Adler der Seelenvogel des Göttervaters Tyr und später des Göttervater Odin ist.

I 34. a)   Dänische Loki-Sprichworte

Die im Folgenden beschriebenen Redewendungen und Sprichworte stammen aus dem 15. bis 19. Jahrhundert.

Für das sommerliche Phänomen der flimmernden Luft über einem heißen Boden gab es zwei Sorten von Sprichworten: die eine Bezog sich auf Lokis Vieh und die andere auf Lokis Gerste:

„*Lokke-Mann treibt seine Geißen*",
„*das ist Lokke-Mann, der seine Ziegenherde weidet*",
„*der Hügel-Mann hütet seine Schafe*",
„*die Schweine des Hügel-Bauern*",
„*Lukas hütet seine Schafe*",
„*Wenn Lukas seine Schafe hütet, dann wird es eine zeitlang warm bleiben.*";

„*Lokes Gerstensaat*",
„*Lokke erntet seine Gerste*",
„*Lokke mäht seine Gerste*".

Die Redewendungen mit den Schweinen und die mit St. Lukas, der eine christliche Umdeutung des Loki ist, sind auch aus Südschweden bekannt.

Loki ist offenbar ein Bauern, der in den „Hügeln", d.h. entweder abseits der Dörfer oder in den Hügelgräbern wohnt. Er ist anscheinend sowohl mit der Luft als auch mit der Hitze assoziiert worden.

Wenn das Vieh an einem heißen Tag wegen der flimmernden Luft nicht mehr zu sehen war, sagte man:

„Die hat wohl Lokke-Mann fortgenommen ..."

Loki ist nicht nur die Hitze, sondern er ist auch ein Dieb ...

Manchmal, wenn die Sonne auf leicht bewegtes Wasser scheint, wirft sie Lichtflecken auf z.B. eine Mauer. Dann sagten die Leute:

„Das ist Loke Spielmann" oder
„Sitz jetzt still an dem Küchentisch und schau Loke Spielmann auf der Wand zu!"

Der Name *„Loke Spielmann"* ist schon alt, da er sich auch dänischen Manuskripten aus dem 16. Jahrhundert in dem Lied „Tor von Havsgard" und in dem um 872 n.Chr. verfaßten Hrafnsmal („Rabenlied"), die beide schon in früheren Kapiteln angeführt worden sind, als Gaukler erscheint.

Der Name „Spielmann" ist vermutlich eine Anspielung auf die Listigkeit des Loki, durch die er Ähnlichkeit mit einem „Gaukler" hat, der seinen Zuschauern Dinge „vorgaukelt", die gar nicht wahr sind.

Bei dichter Bewölkung mit einzelnen Lücken kann man manchmal einzelne Sonnenstrahlen sehen, die bis auf die Erde oder das Meer hinabreichen. Zu diesem Phänomen gibt es die eine Redewendung:

„Locke trinkt Wasser."

Dieses Motiv zeigt, daß sich Loki in den Wolken oder im Himmel, d.h. in der Luft befindet.

I 34. b) Norwegische Loki-Sprichworte

Lokis magische Schuhe erinnern daran, daß auch der Sonnengott „besondere Schuhe" besitzt, mit denen er seine endlose Wanderung über den Himmel bewältigen kann.
Es ist wahrscheinlich, daß diese Schuh-Symbolik bei den Indogermanen auch auf den Schamanen übertragen worden ist, da er auf demselben Weg zwischen Diesseits und Jenseits unterwegs ist wie die Sonne – zumindestens der griechische Götterbote Hermes besitzt ebenfalls solche Schuhe und in seinen Mythen ist sein schamanischer Ursprung noch deutlich erkennbar.

In Südnorwegen gibt es die Beschreibung einer Vorstellung über Loki, die sich aus dem Schuh, dem Fuß und dem Bein des Sonnengottes entwickelt haben könnte:

„In Telemark gibt es Geschichten über ein böses Wesen, das 'Lokje' genannt wird und das manchmal irrtümlich für den Teufel selber gehalten wird.
Es wird gesagt, daß er einst ein Kind an seinen Hüftknochen ergriff, es auf den Boden setzte und sprach: 'Nun kannst Du dort sitzen, bis Du ein Jahr alt bist.'
Darum haben Babys eine Vertiefung an jeder Seite ihrer Hüften und sind unfähig zu laufen bis sie ein Jahr alt sind."

Loki konnte insbesondere aufgrund seiner Hörner und seiner Untaten für den Teufel gehalten werden – vermutlich ist er auch eine der Wurzeln des europäischen Teufel-Bildes gewesen.

Loki kann mit seinen Flugschuhen durch die Luft fliegen. Er ist auch ein Gott der heißen Luft, der Fata Morgana und der Sinnestäuschungen.

I 35. Loki und die Nacht

Da die Nacht und der Winter in den Mythen der meisten Völker als Analogien zu der Unterwelt aufgefaßt werden, sollte man annehmen können, daß Loki auch ein Gott der Nacht gewesen ist.

Auf diesen vermuteten Aspekt des Loki gibt es allerdings kaum Hinweise.

I 35. a) Norwegische Loki-Sprichworte

In einem Bericht über alte Redewendungen heißt es:

„Loki ist nur wenig bekannt und wird der 'Geist der Nacht' genannt."

Eine andere Redewendung ist etwas genauer:

„Laakje, ein Geist der Nacht, der kleine Kinder entführt."

Dies klingt nach einer sehr diffusen Beschreibung des Loki, aber sie könnten in seiner Entführung der Idun eine Wurzel haben.

Die Verbindung des Loki mit der Nacht liegt zwar nahe, weil sie eine Analogie zu der Unterwelt ist, aber es ist lediglich im Brauchtum eine recht unspezifische Assoziation des Loki mit der Nacht zu finden.

I 36.   Loki Nal-Sohn

Lokis Mutter wird manchmal „Nal", d.h. „Nadel" genannt. Dies ist für eine Riesin ein recht ungewöhnlicher Name, da diese ja weder für ihre schlanke Gestalt noch für eine besonders gute Feinmotorik (die beim Nähen gebraucht wird) bekannt sind.

I 36. a)   Loki-Sprichworte

Insbesondere in Island gibt es einige Loki-Redewendungen, die sich auf das Nähen beziehen und daher einen Zusammenhang mit „Nal" haben könnten.

In Island sagte man früher, wenn sich auf dem Nähfaden ein Knoten bildet:

„Da ist ein Loki auf dem Nadel-Faden!"

Eine ganz ähnliche Vorstellung gibt es auch in Dänemark.

Wenn sich das Garn so sehr verknotet hat, daß man es nicht mehr benutzen kann, sagt man:

„Das ist für Lokke, damit kann er sich seine Hosen flicken!"

Es gibt auf Island auch einen Zauberspruch für das Entwirren von Fäden, der sich auf Loki bezieht:

„Speerspitze wird Dein Vater genannt,
Schusterahle wird Deine Mutter genannt
– sie sollen Dich beide in den Hintern stechen,
wenn Du nicht die Fäden verläßt!"

In einer Variante dieses Spruches wird Lokis Mutter statt „Schusterahle" einfach „Nal", d.h. „Nadel" genannt – so wie auch schon Snorri Sturluson in der Edda sagt, daß Lokis Mutter Laufey manchmal auch „Nal" genannt wird.

In Island gibt es die Vorstellung, daß man, wenn man das Ende eines Fadens leckt, um ihn besser in das Nadelöhr einfädeln zu können, Lokis Hintern leckt. Der einmal U-fömig umgeknickte Faden, den man durch das Nadelöhr steckt, könnte dabei Lokis Hinterteil repräsentieren. Solch ein umgeschlagener Faden wird „*lykkja*" genannt, was wie der Name „Loki" von „luk" („schließen") abstammt.

Loki wurde in Schweden auch als Spinne angesehen und die Spinnennetze als sein Werk. Dies entspricht seinem Erfinden des Fischernetzes in der Edda und dem Fangen des Andvari mit einem Netz in „Das andere Lied des Sigurd-Fafnir-Töter".

Diese Netze sind vermutlich eine weitere Ausweitung des Faden/Knoten-Motivs, das seinen Ursprung in Lokis Mutter Laufey-Nal hat, die als Norne den Lebensfaden spinnt.

Es ist gut denkbar, daß diese Vorstellungen nicht nur auf der Erinnerung an Loki Unheilstifter beruhen, sondern daß Lokis Mutter eine Näherin gewesen ist. Diese Näherin wäre dann eine Variante von den Spinnerinnen und den Weberinnen, als die die Nornen und später auch die Walküren angesehen wurden.

Die Nornen sind ursprünglich die Jenseitsmutter gewesen, die bei der Geburt auch das Schicksal des Kindes festlegt. Die Auffassung von Lokis Mutter als der Jenseitsgöttin würde gut zu diesem Jenseitsgott passen – zumal der Name von Lokis Mutter „Laufey" („Laubinsel") auch eine Bezeichnung für „Jenseitsinsel" und somit indirekt auch für „Hel" sein könnte.

In den Mythen hätte dann eine Umdeutung der Jenseitsgöttin-Norne „Nal" von der Mutter des Loki zu der Tochter des Loki („Hel") stattgefunden. Dies ist eine Entwicklung, die sich in vielen Religionen während der Phase beobachten läßt, in der der Einfluß des Königtums die Götter allmählich in ein hierarchisch-patriarchales System umbaut.

Der Stammbaum der „Faden"-Motive wird in etwa wie folgt aussehen:

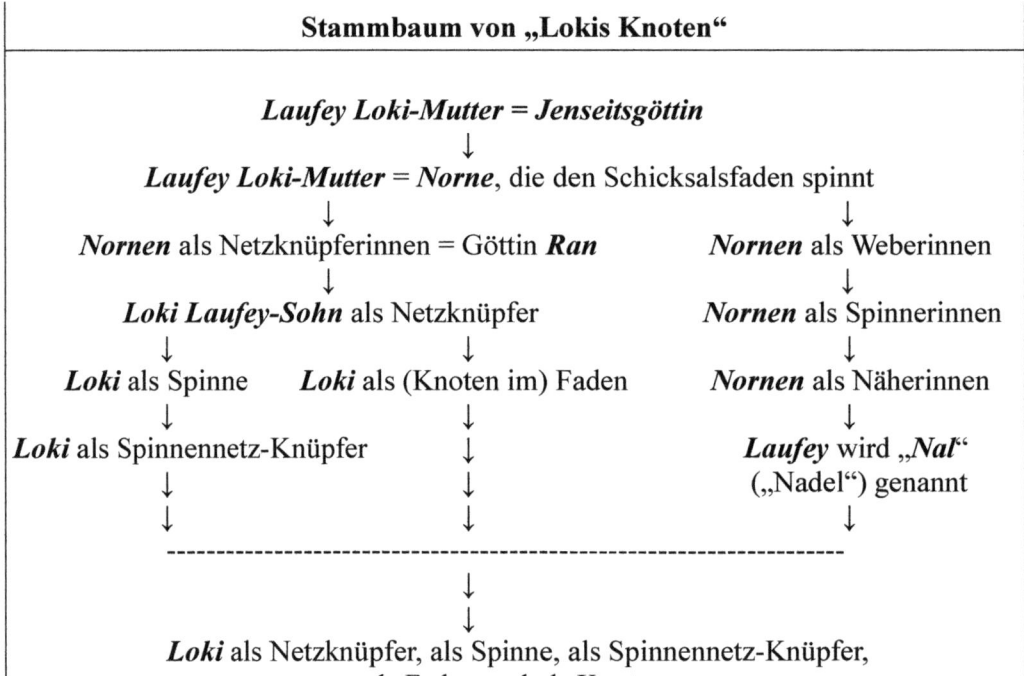

Möglicherweise wurden auch noch Lokis Intrigen als eine Form des „Spinnens des Schicksalsfadens" durch Loki Nornen-Sohn angesehen – aber das ist nur eine Vermutung, die nicht durch überlieferte Texte belegt ist.

Schließlich könnte auch noch Lokis durch den Zwerg Brokk mit einer Schusterahle zugenähter Mund in diese Symbolik gehören. Dadurch verhinderte dieser Zwerg, daß Loki sprechen konnte – Worte sind Lokis größte Waffe.

„Nal" ist die Nornen-Jenseitsgöttin, von der Loki geboren wurde. Lokis Befreiung in jedem Herbst, die dann anschließend den Winter verursacht, ist ursprünglich eine Wiedergeburt durch die Jenseitsgöttin gewesen.

I 37. Utgard-Loki

In „Gylfis Vision" wird ausführlich über einen Riesen berichtet, der „Utgardloki", also „Außenwelt-Loki" heißt, wobei dieses „Utgard" der Wohnort der Riesen ist, der als schmaler, bergiger Rand das Weltmeer umgibt. Man kann „Utgard" auch etwas freier als „Jenseits" übersetzen.

Aufgrund seines Namens liegt der Verdacht nahe, daß es einen Zusammenhang zwischen Loki und Utgard-Loki geben könnte. Es wäre natürlich auch denkbar, daß dieser Riese einfach jemand ist, daß in Utgard gefangen („loke") ist.

In dieser Erzählung in „Gylfis Vision" wird vorher berichtet, wie Thialfi und Röskwa Thors Diener/Priester wurden, und anschließend wird noch Thors Begegnung mit dem Tyr-Riesen Skrymir erzählt. Da Snorri Sturluson einen Grund gehabt haben könnte, diese drei Mythen zu einer einzigen Erzählung zusammenzufassen, werden sie im folgenden als Ganzes betrachtet.

Im Wesentlichen ist diese Erzählung eine Thor-Mythe, aber es tritt in ihr neben dem Donnergott und Utgard-Loki auch noch Loki selber auf.

I 37. a) Gylfis Vision

Vor dieser Erzählung haben die drei Götter Har, Jafnhar und Tridi dem Gangleri (der Deckname des Königs Gylfi) über Freyrs Schiff Skidbladnir berichtet.

Da sprach Gangleri: „Ein gutes Schiff ist Skidbladnir und gar große Zauberei mag dazu gehört haben, es so kunstreich zu schaffen.

Aber ist es dem Thor auf seinen Fahrten nie begegnet, daß er so Starkes und Mächtiges fand, das ihm an Kraft und Zauberkunst überlegen war?"

Der Ausgangspunkt der folgenden Erzählungen ist somit die Frage, ob Thor allmächtig ist oder nicht. Dies könnte auch die Frage sein, ob Thor als stärkster aller Götter und aller Wesen nicht auch der wichtigste und daher höchste Gott sei. Diese Position hat er in manchen Mythen wie z.B. der über Hrungnir gerade erlangt und in Uppsala steht er im Tempel in der Mitte der drei Götter Odin, Thor und Freyr.

Gangleri stellt in seiner Vision den drei Göttern Har, Jafnhar und Tridi somit eine damals ziemlich brisante religionspolitische Frage.

Har antwortete: „Wenige, glaube ich, wissen davon zu sagen und große Gefahren hat er doch bestanden; aber wenn es sich je begab, daß etwas so stark oder mächtig war, daß es Thor nicht besiegen konnte, so ist es besser, nicht davon zu reden, denn es gibt viele Beispiele dafür und Gründe genug zu glauben, daß Thor der Mächtigste sei."

Har antwortet sehr ausweichend, weil er es für am besten hält, wenn alle Menschen weiterhin in die unbesiegbare Stärke des Thor vertrauen. Har scheint somit ein Vertreter der „Thor ist der Größte"-Fraktion zu sein, während Gangleri (König Gylfi) dies zumindestens anzweifelt.

Da sprach Gangleri: „So scheint es ja, als hätte ich euch nach einem Dinge gefragt, worauf niemand antworten kann."

Dies ist eine geschickte Antwort des Gangleri, da die drei Götter wohl kaum sagen werden, daß sie nicht allwissend sind, denn Gangleri und Har haben darum gewettet, daß Har dem Gangleri auf alle seine Fragen eine Antwort geben können wird.
Diese Erzählungen sind somit u.a. auch eine Form der „Wissensgedichte", die die Skalden benutzten, um mythologisches, historisches und sonstiges Wissen auswendig zu lernen.

Da sprach Jafnhar: „Wir haben von Begebenheiten sagen hören, deren Wahrheit uns kaum glaublich dünkt; aber hier sitzt der in der Nähe, welcher getreuen Bericht davon geben mag, und Du darfst glauben, daß er jetzt nicht zum erstenmal lügen wird, der nie zuvor gelogen hat."

Der, der dort in der Nähe sitzt, ist Thor.

Da sprach Gangleri: „Hier will ich stehen und hören, ob ich von diesen Geschichten Bescheid erhalte, denn im anderen Fall erkläre ich euch für überwunden, wenn ihr keine Antwort wißt auf meine Frage."
Da sprach Thridi: „Offenbar ist es nun, daß er diese Geschichten wissen will, obwohl uns bedünkt, es sei nicht gut davon zu sprechen. Du hast also zu schweigen.

Dies ist unter anderem auch ein erzählerischer Trick, da die Zuhörer bzw. Leser bei den Dingen, die sei eigentlich gar nicht wissen dürften, natürlich besonders aufmerksam sein werden.
Der nächste Teil dieser Geschichte ist bereits in einem früheren Kapitel besprochen worden, weshalb hier nur einige wenige Kommentare noch einmal eingefügt werden.

Der Anfang dieser Erzählung ist nun, daß Ökuthor ausfuhr mit seinem Wagen und seinen Böcken und mit ihm der Ase, der Loki heißt.

„Ökuthor" bedeutet der „Wagen-Thor". Mit dem Wagen ist sein von zwei Ziegenböcken gezogener Streitwagen gemeint, deren Räder über den Himmel rumpeln und so den Donner erzeugen.

Da kamen sie am Abend zu einem Bauern und fanden da Herberge. Zur Nacht nahm Thor seine Böcke und schlachtete sie; darauf wurden sie abgezogen und in den Kessel getragen. Und als sie gesotten waren, setzte sich Thor mit seinem Gefährten zum Nachtmahl.

Thor bat auch den Bauern, seine Frau und beide Kinder, mit ihm zu speisen. Des Bauern Sohn hieß Thialfi und die Tochter Röskwa. Da legte Thor die Bocksfelle neben den Herd, und sagte, der Bauer und seine Hausleute möchten die Knochen auf die Felle werfen.

Thialfi, des Bauern Sohn, hatte das Schenkelbein des einen Bocks, das schlug er mit seinem Messer entzwei, um zum Mark zu kommen.

Thor blieb die Nacht da und am Morgen stand er vor Tag auf, kleidete sich, nahm den Hammer Miölnir und erhob ihn, die Bocksfelle zu weihen. Da standen die Böcke auf; aber dem einen lahmte das Hinterbein. Thor befand es und sagte, der Bauer oder seine Hausgenossen müßten unvorsichtig mit den Knochen des Bocks umgegangen sein, denn er sehe, das eine Schenkelbein wäre zerbrochen.

In anderen Versionen, die vermutlich älter sind, ist es Loki, der das Bein des Ziegenbocks verletzt bzw. ihn raubt.

Es braucht nicht weitläufig erzählt zu werden, da es ein jeder begreifen kann, wie der Bauer erschrecken mochte, als er sah, daß da Thor die Brauen über die Augen sinken ließ, und wie wenig er auch von den Augen noch sah, so meinte er doch, vor der Schärfe des Blicks zu Boden zu fallen.

Thor faßte den Hammerschaft so hart mit den Fingern an, daß die Knöchel davon weiß wurden. Der Bauer gebärdete sich, wie man denken mag, so, daß alle seine Hausgenossen entsetzlich schrien und alles, was sie hatten, zum Ersatz boten.

Als Thor ihren Schrecken sah, ließ er von seinem Zorn, beruhigte sich und nahm ihre Kinder Thialfi und Röskwa zum Vergleich an: die wurden nun Thors Dienstleute und folgen ihm seitdem überall.

Thialfi ist der Diener-Priester des Thor und Röskwa die Dienerin-Priesterin von Thors Frau Sif.

Er ließ seine Böcke dort zurück und setzte seine Reise ostwärts nach Jötunheim bis an das Meer fort, fuhr dann über die tiefe See und als er die Küste erreichte, stieg er ans Land und mit ihm Loki, Thialfi und Röskwa.

Das Überqueren eines Meeres ist in den Mythen des Thor in der Regel eine Fahrt nach Utgard, d.h. in das Jenseits, in dem die Riesen wohnen. Im Grimnir-Lied wird gesagt, daß er im Gegensatz zu den anderen Asen täglich mehrere Flüsse überquert. Dieses Motiv könnte Thor von Tyr übernommen haben, der als Sonnengott-Göttervater morgens und abends den Jenseitsfluß überquert hat.

Als sie eine Weile gegangen waren, kamen sie an einen großen Wald, durch den gingen sie den ganzen Tag bis es dunkel wurde.

Der Wald ist ein weiteres Bild für die Grenze zwischen Diesseits und Jenseits. Dieser spezielle Wald wird meistens „Myrkwid", d.h. „Düsterwald" genannt.

Thialfi, aller Männer fußrüstigster, trug Thors Tasche; aber Speisevorrat war nicht leicht zu erlangen.
Als es dunkel geworden war, suchten sie ein Nachtlager und fanden eine ziemlich geräumige Hütte. An einem Ende war der Eingang so breit wie die Hütte selbst: Die wählten sie zum Nachtaufenthalt.
Aber um Mitternacht entstand ein starkes Erdbeben, der Boden zitterte unter ihnen und die Hütte schwankte. Da stand Thor auf und rief seinen Gefährten; sie suchten weiter und fanden in der Mitte der Hütte zur rechten Hand einen Anbau: da gingen sie hinein. Thor setzte sich in die Türe; die anderen hielten sich innerhalb hinter ihm und waren sehr bang.
Thor hielt den Hammerschaft in der Hand und gedachte sich zu wehren. Da hörten sie viel Geräusch und Getöse.
Und als der Tag anbrach, ging Thor hinaus und sah da einen Mann nicht weit von ihm im Walde liegen, der war nicht klein; er schlief und schnarchte gewaltig.
Da glaubte Thor zu verstehen, welchen Lärm er in der Nacht gehört hatte, und umspannte sich mit den Stärkegürteln. Da wuchs ihm die Asenstärke.
Währenddessen erwachte der Mann und stand hastig auf. Und da wird gesagt, daß Thor dieses eine Mal nicht gewagt habe, mit dem Hammer nach ihm zu schlagen.

Dieser Mann könnte somit jemand sein, der größer und stärker als Thor ist. Dafür kommen vor allem der ehemalige Göttervater Tyr und der derzeitige Göttervater Odin infrage. Da die Verwandlung in einen Riesen von Tyr gut bekannt ist, aber von Odin nirgendwo berichtet wird, besteht der begründete Anfangsverdacht, daß dieser Mann „Tyr in der Unterwelt" sein könnte.

Thor frug ihn aber nach seinem Namen und er nannte sich Skrymir.

„Skrymir" bedeutet „Schreier, Angeber" – ein typischer Riesen-Name.

„Und nicht brauche ich," sagte er, *„Dich um Deinen Namen zu fragen: ich weiß, daß Du Asathor bist. Aber wohin hast Du meinen Handschuh geschleppt?"*

Da streckte Skrymir den Arm aus und hob seinen Handschuh auf. Nun sah Thor, daß er den in der Nacht zur Herberge gehabt hatte, und der Anbau war der Däumling des Handschuhs gewesen.

Skrymir frug, ob ihn Thor zum Reisegefährten haben wolle, und Thor bejahte es. Da fing Skrymir an, seinen Speisesack zu lösen und gab sich dran, sein Frühstück zu verzehren, und Thor seinerseits tat mit seinen Gefährten ein gleiches.

Skrymir schlug vor, ihren Speisevorrat zusammenzulegen und Thor willigte ein. Da knüpfte Skrymir all ihr Essen in ein Bündel und legte ihn auf seinen Rücken.

Er ging den Tag über voran und stieg große Schritte; am Abend aber suchte er ihnen Nachtherberge unter einer mächtigen Eiche. Da sprach Skrymir zu Thor, er wolle sich schlafen legen: nehmt ihr das Speisebündel und bereitet euch ein Nachtmahl.

Das Motiv des Mahles unter einer mächtigen Eiche ist auch die Eröffnungsszene der Thiazi-Mythe. Dort ist die Eiche der Weltenbaum, auf dem sich der Göttervater Tyr-Thiazi in seiner Adlergestalt (Seelenvogel) niederläßt, um einen Teil von seinen Opfergaben zu erhalten.

So wie in dieser Mythe Thor, Loki und Thialfi (Röskwa wird nicht mehr erwähnt) zusammen reisen, so sind es in der Thiazi-Mythe Odin, Hönir und Loki, die gemeinsam auf Wanderschaft waren. In diesen beiden Dreiheiten entspricht Thor dem Odin (Fürsten und Krieger), Thialfi dem Hönir (Priester und Heiler) und Loki ist in beiden Mythen derselbe (Bauern und Handwerker).

Dieses „Mahl unter einer mächtigen Eiche" bestätigt die Vermutung, daß Skrymir der ehemalige Göttervater Tyr und somit identisch mit Thiazi ist.

Darauf schlief Skrymir ein und schnarchte mächtig und Thor nahm das Speisebündel und wollte es öffnen, und das ist zu berichten, wie unglaublich es dünken möge, daß er keinen Knoten losbrachte: Auch nicht einer der zusammengeknüpften Riemen wurde lose.

Und als er sah, daß seine Arbeit nicht fruchtete, wurde er zornig, faßte seinen Hammer Miölnir in beide Hände, schritt mit einem Fuß dahin vor, wo Skrymir lag, und schlug ihn auf das Haupt. Und Skrymir erwachte und frug, ob ihm ein Blatt von dem Baum auf den Kopf gefallen sei? Auch frug er, ob sie jetzt gegessen hätten und bereit wären, sich zur Ruhe zu begeben?

Thor antwortete, sie wollten eben schlafen gehen.

Die Überlegenheit des Skrymir/Tyr über Thor läßt sich kaum noch drastischer darstellen.

Sie gingen unter eine andere Eiche, wagten aber, um die Wahrheit zu sagen, nicht zu schlafen. Aber um Mitternacht hörte Thor den Skrymir im Schlaf so laut schnarchen, daß der Wald widerhallte. Da stand er auf und ging zu ihm, schwang den Hammer hastig und heftig und schlug ihn mitten auf den Wirbel, so daß er merkte, wie das Hammerende ihm tief ins Haupt sank.

In dem Augenblick erwachte Skrymir und fragte: „Was ist mir? Ist mir eine Eichel auf den Kopf gefallen? Oder was ist mir, Thor?"

Thor trat eilends zurück und antwortete, er sei eben aufgewacht, und fügte hinzu, es sei Mitternacht und also noch Zeit zu schlafen.

Da gedachte Thor, wenn er es zuwege brächte, ihm den dritten Schlag zu schlagen, so sollte er ihn niemals wiedersehen. Er legte sich und wartete, bis Skrymir fest eingeschlafen wäre. Und kurz vor Tag hörte er, daß Skrymir eingeschlafen sein müsse.

Da stand er auf und ging zu ihm und schwang den Hammer mit aller Kraft und traf ihn auf die Schläfe, welche nach oben gekehlt war, und der Hammer drang ein bis auf den Schaft.

Da richtete Skrymir sich auf, strich sich die Wange und sprach: „Sitzen Vögel über mir auf dem Baume? Es kam mir vor, da ich erwachte, als fiele mir von den Ästen irgend ein Abfall auf den Kopf.

Evtl. ist der Vogel, den Skrymir auf der Eiche vermutet, mit dem Seelenvogel-Adler des Tyr-Thiazi identisch – aber das ist sehr unsicher.

Wachst Du, Thor? Es wird Zeit sein, aufzustehen und sich anzukleiden, obwohl ihr nun nicht mehr weit habt zu der Burg, die Utgard heißt.

Ich hörte, wie ihr untereinander sprächet, daß ich kein kleiner Mann sei von Wuchs; aber dort sollt ihr größere Männer sehen, wenn ihr nach Utgard kommt.

Nun will ich euch heilsamen Rat geben: Überhebt euch da nicht zu sehr, denn nicht werden Utgardlokis Hofmänner von solchen Burschen stolze Worte dulden; im anderen Fall wendet lieber um: der Entschluß wird euch besser bekommen.

Wollt ihr aber doch eure Reise fortsetzen, so haltet euch ostwärts; mein Weg geht nun nordwärts nach diesen Bergen, die ihr jetzt werdet sehen können."

Sowohl der Norden als auch der Osten waren der übliche Weg ins Jenseits. Den Beschreibungen des Weges, den Hermod auf seiner Reise in die Unterwelt zu Baldur einschlug, mußte man neun Nächte nach Osten durch tiefe Täler reiten, dann die Brücke über den Jenseitsfluß Gjallar überqueren, auf der anderen Seite dann nach links abbiegen und dann am Ufer des Gjallar entlang nach Norden zu seiner Quelle weiterreiten, bis man das Gittertor der Hel erreichte.

Die Burg des Utgardloki liegt im Osten, also dort, wohin Thor auch immer reist, „um Riesen zu töten". Die Burg liegt zudem in Utgard, also in dem Riesen-Jenseits.

Diese Mythe, die von dem Gott Thridi (vermutlich ein Deckname des Odin) erzählt wird, beschreibt somit eine der vielen Ostland-Fahrten des Thor.

Da nahm Skrymir das Speisebündel und warf es auf den Rücken und wandte sich quer hinweg von ihnen in den Wald, und nicht ist gemeldet, daß die Asen gewünscht hätten, ihn gesund wiederzusehen.
Thor fuhr nun weiter mit seinen Gefährten und ging fort bis Mittag: Da sah er auf einem Felde eine Burg stehen, und mußte den Nacken zurückbiegen, um über sie hinwegzusehen.

Die Burg des Utgardloki ist offensichtlich sehr groß gewesen und zeigt, daß Skrymir nicht übertrieben hat, als er sagte, daß die Männer in dieser Burg noch größer seinen als er selber.

Sie gingen hinzu, da war an dem Burgtor ein verschlossenes Gitter. Thor ging an das Gitter und konnte es nicht öffnen, und damit sie in die Burg gelangen mochten, zwängten sie sich zwischen den Stäben hindurch und kamen so hinein.

Vermutlich waren alle Burgtore gut geschützt, aber es ist immerhin beachtenswert, daß sich auch vor dem Eingang der Hel ein Gitter befand, das ein wichtiges Unterwelt-Motiv gewesen zu sein schient.
 Da die Riesenwelt Utgard letztlich mit der Unterwelt identisch ist, wird dieses Gitter vor der Burg des Utgardloki dasselbe sein wie das Gitter vor dem Eingang der Halle der Hel.

Da sahen sie eine große Halle und gingen hinzu. Die Türe war offen, sie gingen hinein und sahen da viele Männer auf zwei Bänken, die meisten sehr groß. Danach kamen sie vor den König Utgardloki und grüßten ihn.
Er aber sah säumig nach ihnen, bleckte die Zähne und sprach lächelnd: „Selten hört man von langer Reise Wahres berichten; aber vielleicht ist es ja doch anders – denn ich denke: Sollte dieser kleiner Bursche da Ökuthor sei? Du magst aber wohl mehr sein, als Du scheinst.

Der erste Satz des Utgardloki „selten hört man von langer Reise Wahres berichten", ist eines der vielen Sprichwörter, die die Germanen so sehr schätzten.
 Nun folgt die Szene mit Lokis Wettessen gegen Logi, das schon berichtet worden ist.

Aber welche Fertigkeiten sind es, derer ihr Gesellen euch dünkt, kundig zu sein? Niemand darf hier unter uns sein, der sich nicht durch irgendeine Kunst oder

Geschicklichkeit vor anderen auszeichnete."

Da sprach Loki, welcher der hinterste war: „Eine Kunst verstehe ich, die ich bereit bin, zu zeigen: Keiner soll hier innen sein, der seine Speise hurtiger aufessen möge als ich."

Da versetzte Utgardloki: „Das ist wohl eine Kunst, wenn Du sie verstehst, und das wollen wir nun versuchen."

Möglicherweise beherrscht Loki gerade diese Kunst, weil er auch sonst eher zerstörerisch ist.

Da rief er nach den Bänken hin, daß einer, Logi geheißen, auf den Estrich vortrete, sich gegen Loki zu versuchen.

Da wurde ein Trog genommen und auf den Boden der Halle gesetzt und mit Fleisch gefüllt: Loki setzte sich an das eine Ende und Logi an das andere, und jeder aß aufs hurtigste, bis sie sich in der Mitte des Trogs begegneten.

Da hatte Loki alles Fleisch von den Knochen abgegessen, aber Logi hatte alles Fleisch mitsamt den Knochen verzehrt und den Trog dazu. Alle dachten nun, daß Loki das Spiel verloren habe.

Da frug Utgardloki, auf welche Kunst jener junge Mann sich verstände.

Da sagte Thialfi, er wolle versuchen, mit einem jeden um die Wette zu laufen, den Utgardloki dazu aussehe.

Utgardloki sagte, das sei eine gute Kunst; er müsse aber sehr geübt zu sein glauben in der Hurtigkeit, wenn er in dieser Kunst zu siegen hoffe, und der Versuch sollte nun sogleich vor sich gehen.

Da stand Utgardloki auf und ging hinaus, wo eine gute Rennbahn auf ebenem Felde war. Utgardloki rief nun einen jungen Burschen herbei, der sich Hugi nannte, und gebot ihm, mit Thialfi um die Wette zu laufen. Da begannen sie den ersten Lauf, und Hugi war so weit voraus, daß er am Ende der Bahn sich umwandte dem Thialfi entgegen.

Da sagte Utgardloki: „Du mußt Dich besser ausstrecken, Thialfi, wenn Du das Spiel gewinnen willst; aber doch ist es wahr, daß noch keiner hierher gekommen ist, der mir fußfertiger schien."

Sie begannen nun den zweiten Lauf, und als Hugi ans Ende der Bahn kam und sich umwandte, war Thialfi noch einen guten Pfeilschuß zurück.

Da sagte Utgardloki: „Das dünkt mich gut gelaufen; aber ich glaube nun kaum mehr, daß er das Spiel gewinnen wird; das wird sich nun zeigen, wenn sie den dritten Lauf rennen."

Da nahmen sie nochmals ein Ziel und als Hugi ans Ende der Bahn gekommen war und sich umkehrte, war Thialfi noch nicht in die Mitte der Bahn gekommen. Da sagten alle, sie hätten sich in diesem Spiele nun genug versucht.

Es fällt auf, daß es drei Wettläufe sind – einer hätte schließlich auch gereicht. Vielleicht hat diese Dreizahl mit dem Sonnen-Zyklus zu tun.

Möglicherweise besteht auch eine Verbindung zu den Pferderennen, durch die die Indogermanen feststellten, welches Pferd geopfert werden sollte (das Schnellste) – aber auch von diesen werden nirgends drei Läufe berichtet.

Vermutlich wird die Zahl „3" zu der Zeit der Niederschrift dieser Mythe bereits zu einer allgemeinen „magischen Zahl" verflacht sein, als die sie auch in den Märchen erscheint.

Da frug Utgardloki den Thor, welche Kunst das sei, worin er sich vor ihnen hervortun wolle, nachdem die Leute von seinen Großtaten so viel Rühmens gemacht hätten.
Da antwortete Thor, am liebsten wolle er sich im Trinken messen – mit wem es auch sei.

Das Mettrinken ist eine Kunst, die bei den Indogermanen des öfteren von dem Donnergott berichtet wird. So hat sich z.B. der indische Indra seinen großen Bauch, auf den er stolz ist, durch seine Fähigkeit, große Mengen an Soma (der indische „Göttermet") zu trinken, erworben.

Utgardloki sagte, das möge wohl geschehen. Er ging in die Halle, rief seinen Schenken und befahl ihm, das Horn zu bringen, woraus seine Hofleute zu trinken pflegten. Bald darauf kam der Mundschenk mit dem Horn und gab es dem Thor in die Hand.
Da sprach Utgardloki: „Aus diesem Horn scheint uns wohl getrunken, wenn es auf einen Trunk leer wird; einige trinken es auf den zweiten aus, aber keiner ist ein so schlechter Trinker, daß er es nicht in dreien leerte."
Thor sah sich das Horn an: es schien ihm nicht zu groß, obwohl ziemlich lang; er war aber auch sehr durstig. Er fing an, zu trinken und schlang gewaltig und glaubte nicht nötig zu haben, öfter abzusetzen und ins Horn zu sehen. Als ihm aber der Atem ausging, setzte er das Horn ab und sah zu, wie viel Trank noch übrig sei. Da schien es ihm ein sehr kleiner Betrag, um den das Horn jetzt leerer sei denn zuvor.
Da sprach Utgardloki: „Es ist wohl getrunken; aber doch nicht gar viel: ich hätte es nicht geglaubt, wenn mir gesagt worden wäre, daß Asathor nicht besser trinken könne. Ich weiß aber, Du wirst es beim zweiten Zug austrinken."
Thor antwortete nichts, sondern setzte das Horn an den Mund und dachte nun einen größeren Trunk zu tun, und bemühte sich, zu trinken, so lang ihm der Atem vorhielt, sah aber doch, daß das Ende des Horns nicht so hoch hinauf wollte als er gewünscht hätte. Und als er das Horn vom Munde nahm, schien es ihm, als wenn nun noch weniger abgegangen war als das erste Mal; doch konnte man das Horn nun tragen ohne zu verschütten.

Wen man aus einem Trinkhorn trinkt, ist die Spitze des Horns zunächst unten und hebt sich erst später, wenn das Horn leer zu werden beginnt, nach oben – ähnlich wie der Boden eines Trinkglases.

Da sprach Utgardloki: „Wie nun, Thor? Willst Du Dich immer sparen, einen Trunk mehr zu tun als Dir gut ist? Nun scheint mir, wenn Du mit dem dritten Trunk das Horn leeren willst, so muß dieser Zug der größte sein. Du wirst aber hier bei uns kein so großer Mann heißen können als wofür Du bei den Asen giltst, wenn Du in anderen Spielen nicht mehr leistest, als Du mir in diesem zu vermögen scheinst."

Da wurde Thor zornig, setzte das Horn an den Mund und trank aus allen Kräften und so lang er trinken mochte und als er ins Horn sah, war doch nun mehr als zuvor ein Abgang bemerklich. Da gab er das Horn zurück und wollte nicht mehr trinken.

Da sprach Utgardloki: „Es ist nun offenbar, daß Deine Macht nicht so groß ist, wie wir dachten. Denn man sieht nun, daß Du hierin nichts vermagst."

Thor antwortete: „Ich will mich noch in anderen Spielen versuchen; aber wunderlich würde es mich dünken, wenn ich daheim bei den Asen wäre und solche Trünke würden für klein geachtet. Doch welches Spiel wollt ihr mir nun anbieten?"

Da sprach Utgardloki: „Junge Burschen pflegen hier, was wenig zu bedeuten scheint, meine Katze dort von der Erde aufzuheben, und nicht würde ich gedenken, solches dem Asathor zuzumuten, wenn ich nicht zuvor gesehen hätte, daß Du viel weniger vermagst, als ich dachte."

Alsbald lief eine graue, ziemlich große Katze über den Estrich der Halle, Thor ging hinzu, faßte sie mit der Hand mitten unterm Bauche und lupfte an ihr, und die Katze krümmte den Rücken als Thor an ihr hob, und als Thor sie so hoch emporzog wie er immer vermochte, ließ die Katze mit dem einen Fuß von der Erde: weiter brachte es Thor nicht in diesem Spiel.

Da sprach Utgardloki: „Es ging mit diesem Spiel wie ich erwartete: die Katze ist ziemlich groß und Thor klein und kurz neben den großen Männern, die hier bei uns sind."

Da sprach Thor: „So klein ihr mich nennt, so komme nun her, wer da wolle und ringe mit mir: Nun bin ich zornig."

Da antwortete Utgardloki, indem er nach den Bänken sah, und sprach: „Mitnichten sehe ich den Mann hier innen, den es nicht ein Kinderspiel dünken würde, mit Dir zu ringen. Aber laßt sehen," fuhr er fort, „die alte Frau ruft mir herbei, meine Amme Elli: Mit der mag Thor ringen, wenn er will. Sie hat schon Männer niedergeworfen, die mir nicht schwächer schienen als Thor."

Alsbald kam eine alte Frau in die Halle: Zu der sprach Utgardloki, sie solle sich mit Asathor messen. Wir wollen den Bericht nicht längen; der Kampf lief so ab: Je stärker Thor sich anstrengte, desto fester stand sie. Nun fing die Frau an, ihm ein Bein zu stellen, Thor wurde mit einem Fuße los und ein harter Kampf folgte; aber nicht lange währte es, so war Thor auf ein Knie gefallen. Da ging Utgardloki hinzu und gebot ihnen, den Kampf einzustellen.

In diesen Kämpfen findet sich eine Verdreifachungs-Steigerung:
- Loki: ein Wettkampf
- Thialfi: ein Wettkampf dreimal
- Thor: drei verschiedene Wettkämpfe, einen davon dreimal (Trinken)

Er fügte hinzu, daß Thor es nun nicht nötig habe, noch andere an seinem Hof zum Kampf zu fordern. Es war auch bald Nacht. Da wies Utgardloki den Thor und seine Gefährten zu den Sitzen, und sie brachten da die Nacht bei guter Aufnahme zu.

Am Morgen darauf, als es Tag wurde, stand Thor mit seinen Gefährten auf, sie kleideten sich und waren bereit, fortzuziehen. Da kam Utgardloki und ließ ihnen einen Tisch vorsetzen; es fehlte nicht an guter Bewirtung, Speis und Trank. Und als sie gegessen hatten, beeilten sie ihre Fahrt.

Utgardloki begleitete sie hinaus bis vor die Burg und beim Abschied sprach er zu Thor und frug, wie er mit seiner Reise zufrieden sei und ob er einen Mächtigern, denn er selber sei, getroffen habe.

Thor antwortete, er könne nicht sagen, daß die Begegnung mit ihnen nicht sehr zu seiner Unehre gereicht habe, „aber wohl weiß ich, daß ihr mich für einen gar unbedeutenden Mann halten werdet, womit ich übel zufrieden bin."

Da sprach Utgardloki: „Nun will ich Dir die Wahrheit sagen, da Du wieder aus der Burg gekommen bist, in die Du, so lang ich lebe und zu befehlen habe, nicht noch öfter kommen sollst.

Und ich weiß auch wahrlich, daß Du niemals hinein gekommen wärest, wenn ich vorher gewußt hätte, daß Du so große Kraft besäßest, womit Du uns beinahe in großes Unglück gebracht hättest.

Aber ich habe Dir ein Blendwerk vorgemacht, denn das erstemal, als ich Dich im Walde fand, war ich es, der mit euch zusammen traf, und als Du das Speisebündel lösen solltest, da hatte ich es mit Eisenbändern zugeschnürt, und Du fandest nicht, wo Du es öffnen solltest.

Das „Blendwerk", also die Sinnestäuschung war zu der Zeit, in der Snorri die Edda niederschrieb, die übliche Erklärung für Magie und für alle „nichtchristlichen Wunder".

Und danach gabst Du mir mit dem Hammer drei Schläge. Der erste war der geringste und war doch so stark, daß er mein Tod geworden wäre, wenn er getroffen hätte. Aber Du sahst bei meiner Halle einen Felsstock und sahst oben darin drei viereckige Täler und eines war das tiefste: das waren die Spuren Deiner Hammer-

schläge. Den Felsstock hielt ich vor Deine Hiebe; aber Du sahst es nicht.

So war es auch mit den Spielen, worin ihr euch mit meinen Hofleuten maßet. Das erste war das, worin sich Loki versuchte: er war sehr hungrig und aß stark; aber der, welcher Logi hieß, war das Wildfeuer und verbrannte das Fleisch und den Trog zugleich.

Und als Thialfi mit dem um die Wette lief, der Hugi hieß, das war mein Gedanke und nicht war's zu erwarten, daß Thialfi es mit dessen Geschwindigkeit aufnehmen könne.

Und als Du aus dem Horne trankst und es Dir langsam abzunehmen schien, da geschah fürwahr ein Wunder, das ich nicht für möglich gehalten hätte: das andere Ende des Hornes lag außen im Meere, das sahst Du nicht; wenn Du aber jetzt zum Meere kommst, so wirst Du sehen können, welche große Abnahme Du hinein getrunken hast: das nennt man nun Ebbe."

Ferner sprach er: „Das dünkte mich nicht weniger wert, als Du die Katze lupftest, und um Dir die Wahrheit zu sagen, es erschraken alle, die es sahen, als Du ihr einen Fuß von der Erde hobst, denn die Katze war nicht, was sie Dir schien: Es war die Midgardschlange, die um alle Lande liegt, und kaum war sie noch lang genug, daß Schweif und Haupt die Erde berührten, denn so hoch strecktest Du den Arm auf, daß nicht weit zum Himmel war.

Ein großes Wunder war es auch um den Ringkampf, den Du mit Elli rangst, da keiner jemals ward noch werden wird, den nicht, wenn er so alt wird, daß Elli ihn erreicht, das Alter zu Fall brächte.

„Elli" bedeutet „Alter".

Nun aber ist die Wahrheit, daß wir scheiden sollen, und es wird uns beiderseits besser sein, wenn ihr nicht öfter kommt mich zu besuchen; ich werde aber auch ein andermal meine Burg mit solchen und anderen Täuschungen schirmen, daß ihr keine Gewalt über mich erlangt."

Diese Erklärungen des Utgardloki lassen die Ereignisse in seiner Burg in einem anderen Licht erscheinen. Die Grenzen der Kraft des Thor sowie des Loki und des Thialfi liegen nicht in anderen Menschen, Riesen o.ä. begründet, sondern nur in der Natur selber. Dies bedeutet letztlich, daß die Götter zwar mächtig sind, aber sich auch im Rahmen der Natur bewegen müssen – so wie z.B. Baldur in jedem Herbst sterben muß.

Loki kann nicht gegen den Feuergott Logi gewinnen; Thialfi wird dem Hugi, d.h. wohl dem Raben Hugin des Odin, an Schnelligkeit stets unterlegen sein; und Thor wird stets dem Meeresgott Hler und der Todesgöttin Hel (Ella) unterlegen sein, er wird in etwa gleichstark wie die Midgardschlange sein – und er wird auch der Magie des Utgardloki, der der ehemalige Göttervater Tyr ist, unterlegen sein.

Auf diese Weise stellt diese Mythe Thor an seinen ehemaligen Platz: Er ist zwar ungeheuer stark, aber er ist nicht allmächtig, sondern in die Natur eingebunden – und seine Kraft ist der Magie des Tyr unterlegen.

Somit ist die Aussage dieser Mythe, daß Thor nicht der oberste der Götter ist – wie dies wohl von einem Teil der Germanen und wohl vor allem von den kriegerischen Wikingern, deren Vorbild Thor gewesen sein wird, geglaubt oder gewünscht wird. In dieser Mythe läßt sich somit das Ringen unter den Asen (und unter den Germanen) um den Thron des Götterfürsten beobachten.

Der Name „Utgardloki" für Tyr bezieht sich drauf, daß Tyr während des Winters in der Unterwelt („Utgard") gefangen („loki") war.

Und als Thor diese Rede hörte, griff er nach seinem Hammer und hob ihn in die Luft; als er aber zuschlagen wollte, sah er Utgardloki nirgends mehr.

Er wandte sich zurück nach der Burg und gedachte sie zu brechen: da sah er weite und schöne Felder vor sich, aber keine Burg. Da kehrte er um und zog seines Weges bis er wieder nach Thrudwang kam.

„Thrudwang" ist die Halle des Thor.

Thor hielt diese Demütigung nicht aus und nahm sich vor, doch allen seine große Kraft zu beweisen. Dies wird in der Fortsetzung dieser Mythe beschrieben:

Und das ist die Wahrheit, daß er sich vorsetzte, zu versuchen, ob er mit der Midgardschlange nicht zusammentreffen möchte, was seitdem geschah. Nun glaube ich, daß Dir niemand Genaueres von dieser Fahrt Thors sagen könne."

Da sprach Gangleri: „Ein gewaltiger Mann muß Utgardloki sein, und viel mit Täuschung und Zauberei vermögen, und seine Gewalt scheint um so größer als er Hofleute hat, die große Macht besitzen. Aber hat Thor dies auch gerächt?"

Har antwortete: „Es ist nicht unbekannt, selbst den Ungelehrten, wie Thor für die Reise, die nun erzählte wurde, Ersatz nahm.

Er weilte nicht lange daheim, sondern griff so hastig zu dieser Fahrt, daß er weder Wagen noch Böcke noch Reisegesellschaft mitnahm. Er ging aus über Midgard als ein junger Gesell, und kam eines Abends zu einem Riesen, der Hymir hieß. Da blieb Thor und nahm Herberge.

Hymir ist der Vater des Tyr. Thor kehrt somit in gewisser Weise noch einmal zu Utgardloki-Tyr zurück, auch wenn Utgardloki gesagt hat, daß dies dem Thor nicht möglich sei – aber dies ist nun ja auch eine andere Mythe.

Im „Hymir-Lied", in dem von derselben Fahrt des Thor berichtet wird, ist Tyr nur eine Nebenfigur und Thor der Hauptakteur. Ursprünglich wird es wohl Tyr selber gewesen sein, der zu seinem Vater in die Unterwelt gezogen ist – Tyr wurde durch seinen Tod am Abend zu dem alten Tyr in der Unterwelt, d.h. zu Hymir, der dann durch seine Wiederzeugung und seine Wiedergeburt zu dem Vater des jungen Tyr wurde. Tyr und Hymir sind identisch – sie sind derselbe Gott einmal im Diesseits und einmal im Jenseits.

Offenbar ist die ursprüngliche Reise des Tyr durch die nächtliche bzw. winterliche Unterwelt das Ausgangsmotiv gewesen, aus dem dann zunächst das Holen des Kessels des Hymir nach Asgard durch Tyr geworden. In einem weiteren Schritt ist dann Thor an die Stelle des Tyr als handelnde Person getreten. In dem „Hymir-Lied" ist Tyr nur noch ein schattenhafter Begleiter des Thor, der diesem an Kraft deutlich unterlegen ist – aus der von Snorri berichteten Prosa-Fassung dieser Mythe ist Tyr bereits ganz verschwunden und Thor an seine Stelle getreten. Hier kann man gut das Bestreben des Thor bzw. der Priester und Skalden beobachten, Thor eine höhere Position in der Götterwelt zu geben.

Thor hat von Tyr die Position des jungen, wiedergeborenen Sonnengott-Göttervaters übernommen, der in einer germanischen Mythe und auch in den Mythen einiger anderer indogermanischer Völker seinen Vater tötet, um selber Göttervater zu werden (siehe den Band 17 über „Thor"). Aufgrund der Übernahme der Rolle als „junge Sonne" wird Thor hier „junger Gesell" genannt, was sonst nirgendwo zu finden ist.

Aber als es tagte, stand Hymir auf und machte sich fertig, auf die See zu rudern zum Fischfang. Thor stand auch auf und war gleich bereit und bat, daß Hymir ihn mit sich auf die See rudern ließe.

Hymir sagte, er könne nur wenig Hilfe von ihm haben, da er so klein und jung sei, „und es wird Dich frieren, wenn ich so weit hinausfahre und so lange außen bleibe wie ich gewohnt bin."

Hier wird Thor noch einmal „klein und jung" genannt, was bestätigt, daß er hier die Rolle des jungen Sonnengott-Göttervaters Tyr übernommen hat, der nach dem Tod des alten Sonnengott-Göttervaters (Hymir) am Abend bzw. im Herbst im Meer aus diesem am Morgen bzw. im Herbst wiedergeboren zurückkehrt.

Aber Thor sagte, er dürfe nur immer recht weit hinausfahren, da es noch ungewiß sei, wer von ihnen beiden zuerst auf die Rückkehr dringen werde; und Thor zürnte dem Riesen so, daß wenig fehlte, er hätte ihn seinen Hammer fühlen lassen. Doch unterließ er es, weil er seine Kraft anderwärts zu versuchen gedachte.

Er frug Hymir, was sie zum Köder nehmen wollten, und Hymir sagte, er solle sich selber einen Köder verschaffen. Da ging Thor dahin, wo er eine Herde Ochsen sah, die Ymir gehörte, und nahm den größten Ochsen, der Himinbriotr hieß, riß ihm das Haupt ab und nahm das mit an die See.

Der Name „*Himinbriotr*" des Stieres bedeutet „Himmelsbrecher". Diese Szene ist eine Umdeutung des Stieropfers an Tyr, das der magischen Absicherung von dessen Wiedergeburt diente.

Hymir hatte das Boot unterdessen ins Wasser geflößt. Thor ging an Bord, setzte sich hinten ins Schiff, nahm zwei Ruder und ruderte so, daß Hymir gedachte, von seinem Rudern habe er gute Fahrt. Hymir ruderte vorn, so daß sie schnell fuhren.

Da sagte Hymir, sie wären nun an die Stelle gekommen, wo er gewohnt sei zu halten und Fische zu fangen.

Aber Thor sagte, er wolle noch viel weiter rudern: sie fuhren also noch lustig weiter. Da sagte Hymir, sie wären nun so weit hinausgekommen, daß es gefährlich wäre, in größerer Ferne zu halten wegen der Midgardschlange. Aber Thor sagte, er werde noch eine Weile rudern und so tat er, womit Hymir übel zufrieden war.

Endlich zog Thor die Ruder ein und rüstete eine sehr starke Angelschnur zu, und der Haken daran war nicht kleiner oder schwächer. Thor steckte den Ochsenkopf an die Angel, warf sie von Bord und die Angel fuhr zu Grunde.

Da mag man nun fürwahr sagen, daß Thor die Midgardschlange nicht minder zum besten hatte, als Utgardloki seiner spottete, da er die Schlange mit seiner Hand heben sollte.

Die Midgardschlange schnappte nach dem Ochsenkopf und die Angel haftete dem Wurm im Gaumen. Als die Schlange das merkte, zuckte sie so stark, daß Thor mit beiden Fäusten auf den Schiffsrand geworfen wurde. Da wurde Thor zornig, fuhr in seine Asenstärke und sperrte sich so mächtig, daß er mit beiden Füßen das Schiff durchstieß und sich gegen den Grund des Meeres stemmte: also zog er die Schlange herauf an Bord.

Und das mag man sagen, daß niemand einen schrecklichen Anblick gesehen hat, der nicht sah, wie jetzt Thor die Augen wider die Schlange schärfte und die Schlange von unten ihm entgegen stierte und Gift blies. Da wird gesagt, daß der Riese Hymir die Farbe wechselte und vor Schrecken erbleichte, als er die Schlange sah und wie die See im Boot aus- und einströmte.

Aber in dem Augenblick, da Thor den Hammer ergriff und in der Luft schwang, stürzte der Riese hinzu mit seinem Messer und zerschnitt Thors Angelschnur, und die Schlange versank in die See, und Thor warf den Hammer nach ihr, und die Leute sagen, er habe ihr im Meeresgrund das Haupt abgeschlagen; doch mich dünkt, die Wahrheit ist, daß die Midgardschlange noch lebt und in der See liegt.

Aber Thor schwang die Faust und traf den Riesen so ans Ohr, daß er über Bord stürzte und seine Fußsohlen sehen ließ. Da watete Thor ans Land.

In dem Lied „Husdrapa" ist es noch Jörmungandr, den Thor mit seiner Faust schlägt, und nicht der Riese Hymir.

Ob Thor der Riesenschlange überlegen ist oder nicht, läßt sich kaum sagen – zumindestens Snorri glaubte, daß Jörmungandr den Kampf mit Thor überlebt hat. In „Die Vision der Seherin" töten sich Thor und Jörmungandr am Ende gegenseitig – sie sind folglich gleich stark, wie dies für einen eigentlich zyklischen Prozeß auch notwendig ist.

Hymir hat den Thor insofern wieder überlistet, als daß er seine Angelschnur durchschnitten und dadurch Jörmungandr befreit hat. Andererseits schlägt Thor den Hymir mit seiner Faust in Meer.

Der Kampf um die α-Position zwischen den Asen Tyr und Thor ist also noch immer in vollem Gange …

I 37. b) Gesta danorum

Über den Riese Utgardloki wird auch in Saxo grammaticus' Gesta danorum („Geschichte der Dänen") berichtet. In diesem Text ist Utgardloki noch deutlich als ein hochrangiger Gott, d.h. als der Sonnengott-Göttervater Tyr erkennbar.

König Gorm weinte über das Unglück seines Freundes und eilte auf seiner Fahrt weiter. Zunächst verlief alles gut, aber später wurde er von üblem Wetter hin- und hergeworfen und seine Männer starben vor Hunger und nur wenige überlebten.

Da begann er in seinem Herzen Furcht zu spüren und begann den Himmel anzurufen und dachte, daß nur die Götter ihm in seiner tiefen Not noch helfen konnten.

Schließlich wollten die anderen die verschiedenste Mächte unter den Göttern anflehen und den verschiedensten ehrfurchtgebietenden Gottheiten Opfer bringen. Aber der König richtete sowohl sein Flehen als auch seine Friedens-Opfer an Utgardloki und erhielt das gute Wetter, um das er gebeten hatte.

Mit „Friedens-Opfer" ist hier ein Opfer gemeint, das den Grund für das Grollen der Götter ausgleichen und die Götter wieder versöhnlich stimmen soll.

Dieses Opfer entspricht somit dem „Wergeld", daß man an die Sippe von jemandem zahlte, den man getötet hatte, damit dessen Sippe von einer Rache absah – sofern sie mit der Zahlung von einem Wergeld einverstanden war.

Utgardloki muß ein mächtiger Gott gewesen sein, der vermutlich mit dem Himmel und daher mit dem Wetter verbunden war, und der wahrscheinlich auch mit dem Königtum verbunden gewesen sein wird – was beides auf den ehemaligen Sonnengott-Göttervater Tyr zutrifft.

Als er heimkam und sich an all die Meere und Mühen erinnerte, die er durchquert hatte, dachte er, daß es für seinen von den Strapazen müden Geist an der Zeit sei, sich von diesen Anstrengungen zurückzuziehen. Da nahm er eine Königin aus Schweden und tauschte seine früheren Anstrengungen gegen einen beschaulichen Müßiggang ein.

Sein Leben verlief in dem größten Frieden und in der größten Stille. Aber als er beinahe das Ende seiner Tage erreicht hatte, versuchten ihn einige Männer durch gefällige Argumente davon zu überzeugen, daß Seelen unsterblich seien. Daher wandte er in seinem Geist ständig die Frage hin und her, an welchen Ort er wohl gelangen würde, wenn sein Atem einst seinen Leib verlassen würde, oder welchen Lohn er wohl durch die eifrige Verehrung der Götter erwerben würde.

Während er in dieser Stimmung war, kamen einige Männer, die dem Thorkill Übles wollten, und erzählten König Gorm, daß es notwendig war, die Götter zu befragen und daß Sicherheit über eine so große Sache in den Orakeln des Himmels gesucht werden müsse, da sie zu tief für den menschlichen Verstand und nur schwer von Sterblichen zu ergründen sei.

Darum, sprachen sie, müsse Utgardloki befragt werden und niemand sei dafür besser geeignet als Thorkill.

Das Orakel, das Klarheit über das Schicksal der Menschen nach ihrem Tod bringen sollte, sollte offensichtlich von Utgardloki erbeten werden. Utgardloki muß folglich zum einen ein sehr hoher Gott sein und zum anderen idealerweise auch ein Todesgott, was beides auf Tyr zutrifft.

Im Folgenden reist Thorkill dann auch nach Utgard zu Utgardloki (siehe „Utgardloki" in Band 6).

Utgardloki ist nicht Loki, sondern der ehemalige Göttervater Tyr, der während der Nacht bzw. im Winter im Jenseits („Utgard") gefangen („lok") ist.

I 38. Loki beim Ragnarök

Loki erscheint auch in den Texten über den Ragnarök, was nicht verwunderlich ist, da der Ragnarök ein ins Riesengroße und Einmalige erhobener Winter und Loki der Verursacher aller Winters ist.

I 38. a) Gylfis Vision

Da sprach Gangleri: „Was für Dinge sind zu sagen von der Götterdämmerung? Ich hörte dessen nie zuvor erwähnen."
Har antwortete: „Davon sind viele und wichtige Dinge zu sagen. Zum ersten, daß ein Winter kommen wird, Fimbulwinter genannt. Da stöbert Schnee von allen Seiten, da ist der Frost groß und sind die Winde scharf, und die Sonne hat ihre Kraft verloren. Dieser Winter kommt dreimal nacheinander und kein Sommer dazwischen. Zuvor aber kommen drei andere Jahre, da die Welt mit schweren Kriegen erfüllt sein wird. Da werden sich Brüder aus Habgier ums Leben bringen und der Sohn des Vaters, der Vater des Sohnes nicht schonen.

Da Loki die Winter verursacht, wird möglicherweise auch der Krieg mit Loki assoziiert worden sein. Loki hat zumindestens in der Nibelungensage durch seine Bestätigung des Fluches des Andvari den Tod vielen Könige, Königinnen und Krieger mitverursacht. Der eigentliche „Kriegsgott" ist zwar Odin, aber vielleicht sahen die Bauern, die sich eher den Frieden des Freyr wünschten, Loki als die Ursache von Streit und Krieg an – aber das ist nur eine vage Vermutung.
Auf jeden Fall folgt auf den Tod des Tyr im Kampf mit Loki der Winter – und der Fimbul-Winter („Großer Winter") folgt auf den „Großen Krieg".

So heißt es in der Wöluspa:

Brüder befehden sich und fällen einander,
Geschwisterte sieht man die Sippe brechen.
Unerhörtes ereignet sich, großer Ehbruch.
Beilalter, Schwertalter, wo Schilde klaffen,
Windzeit, Wolfszeit eh die Welt zerstürzt.
Der eine achtet des andern nicht mehr.

Der Ehebruch ist eine Spezialität des Loki, wie seine Reden in der „Lokasenna" zeigen.

Da geschieht es, was am schrecklichsten dünken wird: daß der Wolf die Sonne verschlingt – den Menschen zu großem Unheil.
Der andere Wolf wird den Mond packen und so auch großen Schaden tun und die Sterne werden vom Himmel fallen.

Loki ist der Feind des Sonnengott-Göttervaters und außerdem der Vater des Fenris-Wolfes. Daher kann man zumindestens eine Mitschuld von Loki an dem Tod von Sonne und Mond vermuten – zumal die Sonne einst weitgehend mit Tyr identisch gewesen ist.

Da wird sich auch ereignen, daß die Erde so bebt und alle Berge, daß die Bäume entwurzelt werden, die Berge zusammenstürzen und alle Ketten und Bande brechen und reißen. Da wird der Fenriswolf los und das Meer überflutet das Land, weil die Midgardschlange wieder Jotenmut annimmt und das Land sucht.

Die Erdbeben entstanden dadurch, daß sich der in der Hel gefesselte Loki vor Schmerzen krümmte, wenn etwas von dem Gift der Schlange über ihm auf ihn tropfte.

Da wird auch Naglfar flott, das Schiff, das so heißt und aus Nägeln der Toten gemacht ist, weshalb wohl die Warnung am Ort ist, daß, wenn ein Mensch stirbt, ihm die Nägel nicht unbeschnitten bleiben, damit der Bau des Schiffes Naglfar nicht beschleunigt wird, den doch Götter und Menschen verspätet wünschen.
Bei dieser Überschwemmung aber wird Naglfar flott.

Naglfar ist eine ins bedrohliche verwandelte Version der Barke des Jenseitsfährmannes. Da Loki im Herbst aus der Unterwelt zurückkehrt, wird auch das Nahen des Naglfar auf seine Rechnung gehen.
Ob man auch Überschwemmungen als Tat des Loki ansah, ist fraglich, aber immerhin denkbar.

Hrym heißt der Riese, der Naglfar steuert. Der Fenriswolf fährt mit klaffendem Rachen umher, daß sein Oberkiefer den Himmel, der Unterkiefer die Erde berührt, und wäre Raum dazu, er wurde ihn noch weiter aufsperren. Feuer glüht ihm aus Augen und Nasen.
Die Midgardschlange speit Gift aus, daß Luft und Meer entzündet werden; entsetzlich ist ihr Anblick, wenn sie dem Wolf zur Seite kämpft.
Von diesem Lärmen birst der Himmel: da kommen Muspels Söhne hervorgeritten. Surtur fährt an ihrer Spitze, vor ihm und hinter ihm glühendes Feuer. Sein Schwert ist wunderscharf und glänzt heller als die Sonne. Als sie über die Brücke Bifröst reiten,

zerbricht sie, wie vorhin gesagt wurde.

Surtur ist ursprünglich der Sonnengott-Göttervater Tyr in der Unterwelt gewesen, wie u.a. das Riesen-untypische Schwert des Surtur und die Verbindung seines Schwertes mit der Sonne zeigt. Die am Morgen aufgehende Sonne ist hier zu der Ankunft eines bedrohlichen Riesen umgedeutet worden.

Da ziehen Muspels Söhne nach der Ebene, die Wigrid heißt; dahin kommen auch der Fenriswolf und die Midgardschlange, und auch Loki wird dort sein und Hrym und mit ihm alle Hrimthursen. Mit Loki ist Hels ganzes Gefolge und Muspels Söhne haben ihre eigene glänzende Schlachtordnung. Die Ebene Wigrid ist hundert Meilen breit nach allen Seiten.
Und wenn sich diese Dinge begeben, erhebt sich Heimdall und stößt aus aller Kraft ins Giallarhorn und weckt alle Götter, die dann Rat halten.

Vor seiner Umdeutung zu einem Signalhorn oder Kriegshorn war Heimdalls Horn ein rituelles Trinkhorn, das eng mit dem Göttermet verbunden gewesen ist und teilweise auch als Besitz des Odin angesehen worden ist.
Die Jenseitsreise-Symbolik des Göttermets und somit auch des Trinkhorns passen zu der Auffassung des Ragnarök als einer ins Große und Einmalige übertragenen Version des Winters, der die Jenseitsreise der Sonne ist.

Da reitet Odin zu Mimirs Brunnen und holt Rat von Mimir für sich und sein Gefolge.

Auch Odins Fahrt zum Mimir-Brunnen ist eine Jenseitsreise.

Die Esche Yggdrasil bebt und alles erschrickt im Himmel und auf Erden.

Der Weltenbaum ist u.a. das Symbol der Ordnung der Welt und der Verbundenheit des Diesseits mit dem Jenseits.
Eine Beschädigung oder gar Entwurzelung des Weltenbaumes durch Loki ist nicht bekannt. Allerdings könnten die von ihm verursachten Erdbeben als eine Gefahr für den Weltenbaum angesehen worden sein – und ein Zerstörer der erwünschten Ordnung (Sommer, Ehe, Frieden usw.) ist Loki auf jeden Fall.

Die Asen wappnen sich zum Kampf und alle Einherjer eilen zur Walstatt. Zuvorderst reitet Odin mit dem Goldhelm, dem schönen Harnisch und dem Spieß, der Gungnir heißt.
So eilt er dem Fenriswolf entgegen, und Thor schreitet an seiner Seite, mag ihm

aber wenig helfen, denn er hat vollauf zu tun, mit der Midgardschlange zu kämpfen.

Freyr streitet wider Surtur und sie kämpfen ein hartes Treffen bis Freyr erliegt, und das wird sein Tod, daß er sein gutes Schwert vermißt, das er dem Skirnir gab.

Inzwischen ist auch Garm, der Hund, losgeworden, der vor der Gnipahöhle gefesselt lag: das gibt das größte Unheil, da er mit Tyr kämpft und einer den anderen zu Fall bringt.

Dem Thor gelingt es, die Midgardschlange zu töten; aber kaum ist er neun Schritte davongegangen, so fällt er tot zur Erde von dem Gift, das der Wurm auf ihn gespien hat.

Der Wolf verschlingt Odin und das wird sein Tod.

Alsbald kehrt sich Widar gegen den Wolf und setzt ihm den Fuß in den Unterkiefer. An diesem Fuß hat er den Schuh, zu dem man alle Zeiten hindurch sammelt, die Lederstreifen nämlich, welche die Menschen von ihren Schuhen schneiden, wo die Zehen und Fersen sitzen. Darum soll diese Streifen ein jeder wegwerfen, der darauf bedacht ist, den Asen zu Hilfe zu kommen.

Mit der Hand greift Widar dem Wolf nach dem Oberkiefer und reißt ihm den Rachen entzwei und das wird des Wolfes Tod.

Loki kämpft mit Heimdall und einer erschlägt den anderen.

Darauf schleudert Surtur Feuer über die Erde und verbrennt die ganze Welt.

Die Kämpfe zwischen den Götter und Riesen gehen auf die Symbolik des Jahreszeitenwechsels zurück:

Ragnarök-Kämpfe		
Sieger	*Getöteter*	*Mythe, die beide verbindet*
	Loki, Heimdall	Da diese beiden die Kräfte sind, die den Zyklus von Sommer und Winter verursachen, müssen sie gleich stark sein.
	Thor, Jörmungandr	Da auch diese beiden die Kräfte sind, die den Zyklus von Sommer und Winter verursachen, müssen auch sie gleich stark sein.
	Tyr, Garm	Der Tod des Tyr durch den Hel-Hund Garm bzw. das Abbeißen von Tyrs rechter Hand durch Fenrir ist eine Mythe über den abendlichen bzw. herbstlichen Tod des Tyr. Ursprünglich war der Wolf jedoch nicht die Todesursache, sondern der Jenseitsbegleiter bzw. die Wolfskrieger-Gestalt des Tyr. Die gegenseitige Tötung stammt aus dem Bestreben der Thor- und Odin-Priester ab 500 n.Chr., die alten Tyr-Mythen aufzulösen.

Ragnarök-Kämpfe		
Sieger	*Getöteter*	*Mythe, die beide verbindet*
Fenrir	Odin	Nachdem Thor und Odin Tyr abgesetzt und getötet haben, tötet nun Tyr-Fenrir den Odin – hier hat sich der alte Jahreszeiten-Zyklus noch erhalten können.
Widar	Fenrir	Widar Odin-Sohn ist der wiedergeborene Odin, d.h. die am Morgen bzw. im Frühjahr zurückkehrende Sonne. Hier wird der alte Tyr/Loki-Zyklus durch einen Odin/Fenrir-Zyklus fortgesetzt.
Surtur	Freyr	Dies ist ein umgedeuteter Jahreszeitenzyklus: Im Frühling tötet Freyr den Sonnengott-Riesen Beli, im Herbst tötet der Sonnengott-Riese Surtur den Freyr (ursprünglich war vermutlich Loki der Mörder der Sonne).

So heißt es in der Wöluspa:

Ins erhobne Horn bläst Heimdall laut;
Odin murmelt mit Mimirs Haupt.
Yggdrasil zittert, die ragende Esche;
Es rauscht der alte Baum, da der Riese frei wird.

Was ist mit den Asen, was ist mit den Alfen?
All Jötunheim ächzt, die Asen versammeln sich.
Die Zwerge stöhnen vor steinernen Türen,
Der Bergwege Weiser: wißt ihr, was das bedeutet?

Hrym fährt von Osten, es hebt sich die Flut;
Jörmungand wälzt sich im Jötunmute.
Der Wurm schlägt die Brandung, aufschreit der Adler,
Leichen zerreißt er; Naglfar wird los.

Der Kiel fährt von Osten, Muspels Söhne kommen
Über die See gesegelt, und Loki steuert.
Des Untiers Abkunft ist all mit dem Wolf;
Auch Bileists Bruder ist ihm verbunden.

Surtur fährt von Süden mit flammendem Schwert,
Von seiner Klinge scheint die Sonne der Götter.
Steinberge stürzen, Riesinnen straucheln,
Zu Hel fahren Helden, der Himmel klafft.

Nun hebt sich Hlins anderer Harm,
Da Odin eilt zum Angriff des Wolfs.
Belis Mörder mißt sich mit Surtur:
Da fällt Friggs einzige Freude.

Nicht säumt Siegvaters erhabner Sohn
Mit dem Leichenwolf, Widar, zu fechten:
Er stößt dem Hwedrungssohn den Stahl ins Herz
Durch gähnenden Rachen: so rächt er den Vater.

Da schreitet der schöne Sohn Hlodyns
Der Natter näher, der neidgeschwollenen.
Mutig trifft sie Midgards Weiher;
Doch fährt neun Fuß weit Fiörgyns Sohn.
Alle Wesen müssen die Weltstatt räumen.

Schwarz wird die Sonne, die Erde sinkt ins Meer,
Vom Himmel fallen die heitern Sterne;
Glutwirbel umwühlen den allnährenden Weltbaum,
Die heiße Lohe beleckt den Himmel.

Auch heißt es so:

Wigrid heißt das Feld, wo sich finden zum Kampf
Surtur und die seligen Götter.
Hundert Rasten hat es rechts und links:
Solcher Walplatz wartet ihrer."

Da frug Gangleri: „Was geschieht hernach, wenn Himmel und Erde verbrannt sind und alle Welten und die Götter alle tot sind und alle Einherjer und alles Menschenvolk? Ihr habt vorhin doch gesagt, daß ein jeder Mensch in irgend einer Welt leben soll durch alle Zeiten."

Har antwortete: „Es gibt viele gute und viel üble Aufenthalte; am besten ist's, in Gimle zu sein. Sehr gut ist es auch für die, welche einen guten Trunk lieben, in dem Saale, der Brimir heißt und gleichfalls im Himmel steht. Ein guter Saal ist auch jener, *der Sindri heißt und auf den Nidabergen steht, ganz aus rotem Gold gebaut. Diese Säle sollen nur gute und rechtschaffene Menschen bewohnen. In Nastrand ist ein großer aber übler Saal, dessen Türen nach Norden sehen. Er ist mit Schlangenrücken gedeckt und die Häupter der Schlangen sind alle in das Haus hineingekehrt und speien Gift, daß Ströme davon durch den Saal rinnen, durch welche Eidbrüchige und Meuchelmörder waten, wie es heißt:*

Einen Saal seh ich, der Sonne fern,
In Nastrand; die Türen sind nordwärts gekehrt.
Gifttropfen fallen durch die Fenster nieder;
Aus Schlangenrücken ist der Saal gewunden.
Im starrenden Strome stehn da und waten
Meuchelmörder und Meineidige.

Aber in Hwergelmir ist es am schlimmsten:

Da saugt Nidhöggr der Entseelten Leichen."

„Nastrand" bedeutet „Leichenstrand", womit die Wasserunterwelt gemeint ist, die später zu der Hel hinter dem Jenseitsfluß „verlandete".

Da sprach Gangleri: „Leben denn dann noch Götter und gibt es noch eine Erde oder einen Himmel?"
Har antwortete: „Die Erde taucht aus der See auf, grün und schön, und Korn wächst darauf ungesäht. Widar und Wali leben noch, weder die See noch Surturs Lohe hatte ihnen geschadet. Sie wohnen auf dem Idafeld, wo zuvor Asgard war. Auch Thors Söhne, Modi und Magni, stellen sich ein und bringen den Miölnir mit. Danach kommen Baldur und Hödur aus dem Reiche Hels: da sitzen sie alle beisammen und besprechen sich und gedenken ihrer Heimlichkeiten, und sprechen von Dingen, die vordem sich ereignet, von der Midgardschlange und dem Fenriswolf. Da finden sie im Grase die Goldtafeln, welche die Asen besessen haben.

Die überlebenden Götter sind fast alle Göttersöhne, d.h. wiedergeborene Götter – auch in diesem Motiv hat sich das alte, zyklische Weltbild aus den Tyr-zentrierten Mythen erhalten können.
Baldur und Hödur verkörpern den ewigen Gegensatz zwischen Sommer und Winter und müssen daher aus der Logik der Mythen heraus beide überleben.
Die drei überlebenden Göttersohn-Paare stellen vermutlich alle den Gegensatz von Sommer und Winter dar.
Es wäre auch ein Einfluß des Motivs der beiden Pferdezwillinge-Söhne des Götter-

vaters denkbar, aber dieser läßt sich nicht anhand von sicheren Indizien nachweisen – lediglich der Umstand, daß die Götterpaare alle Söhne des Göttervaters Odin bzw. des neu in diese Position aufstrebenden Thor sind, spricht für diese Vermutung.

der ursprüngliche Gott mit zwei Söhnen	
gestorbene Götter	*wiedergeborene Götter = Göttersöhne*
Tyr	Alcis-Sohn (z.B. Sindri)
	Alcis-Sohn (z.B. Brokk)

Götter, die den Ragnarök überleben	
gestorbene Götter	*wiedergeborene Götter = Göttersöhne*
Odin	Widar
	Wali
Thor	Magni
	Modi
Odin	Baldur
	Hödur

Wie es heißt:

Widar und Wali walten des Heiligtums,
Wenn Surturs Lohe losch.
Modi und Magni sollen Miölnir schwingen
Und zu Ende kämpfen den Krieg.

An einem Ort, Hoddmimirs Holz genannt, verbargen sich während Surturs Lohe zwei Menschen, Lif und Lifthrasir genannt, und nährten sich vom Morgentau. Von diesen beiden stammt ein so großes Geschlecht, daß es die ganze Welt bewohnen wird.
So heißt es hier:

Lif und Lifthrasir leben verborgen
In Hoddmimirs Holz;
Morgentau ist all ihr Mahl.
Von ihnen stammt ein neu Geschlecht.

„Hodmimir" bedeutet „Gold-Mimir". „Gold-Mimirs Holz" ist der Weltenbaum, neben dem Mimirs Brunnen steht.

Auch hier findet sich der alte Zyklus wieder.

Ein weiteres Beispiel für diesen Zyklus ist der Tod durch Ertrinken aller Riesen bis auf ein einziges Riesen-Paar, von dem dann alle späteren Riesen abstammen (siehe „Bergelmir" in Band 5).

Und das wird Dich wunderbar dünken, daß die Sonne eine Tochter geboren hat, nicht minder schön als sie selber: die wird nun die Bahn der Mutter wandeln. So heißt es hier:

Eine Tochter entstammt der strahlenden Göttin
Eh der Wolf sie würgt.
Glänzend fährt nach der Götter Fall
Die Maid auf den Wegen der Mutter.

Auch die Sonne wird wiedergeboren. Sie entspricht den wiedergeborenen Göttersöhnen und insbesondere dem Widar. Hier hat sich der alte Sonnen- und Jahreszeiten-Zyklus sehr deutlich erhalten können.

Wenn Du aber nun weiter fragen willst, so weiß ich nicht, woher Dir das kommt, denn nie hört ich jemanden mehr von den Schicksalen der Welt berichten. Nimm also hiermit vorlieb."

Darauf hörte Gangleri ein großes Getöse rings um sich her. Und als er sich wandte und recht um sich blickte, fand er sich alleine stehen auf einer weiten Ebene und sah weder Halle noch Burg mehr.

Dies ist das typische Ende der als „Blendwerk" interpretierten Visionen bei Snorri. Dasselbe Motiv wie hier findet sich auch am Ende der Utgardloki-Mythe.

Da ging er seines Weges fort und kam zurück in sein Reich und erzählte die Dinge, die er gehört und gesehen hatte, und nach ihm erzählte einer dem anderen diese Geschichten.

Fast alle Phänomene des Ragnarök sind in der einen oder anderen Weise mit Loki verknüpft, wodurch deutlich wird, daß Loki die eigentliche Ursache des Ragnarök, d.h. ursprünglich des Winters ist.

Die Verursachung des Winters durch Loki läßt sich nicht nur anhand dieser Indizien beweisen, denn Lokis Ermordung des Baldur wird auch in der Edda als die direkte Ursache für das Eintreten des Ragnarök bezeichnet.

\multicolumn{2}{c}{**Lokis Rolle beim Ragnarök**}
Ereignis	*Bezug zu Loki*
Winter	Loki raubt Idun, Ring, Brisingamen, tötet Baldur
Wolf frißt Sonne	Loki ist der Feind des Sonnengott-Göttervaters;
Wolf frißt Mond	Loki ist der Vater des Fenris-Wolfes; Tod der Sonne = Beginn des Winters
Fenrir (tötet Odin)	Fenrir ist der Sohn des Loki
Ehebruch	Loki bricht die Ehe mit vielen Göttinnen; ursprünglich: Raub der Frau des Göttervaters beim Beginn des Winters
Erdbeben	Loki verursacht die Erdbeben, wenn er sich in der Hel wegen dem Schlangengift vor Schmerzen krümmt
Schwanken des Weltenbaumes	Lokis Erdbeben
Überschwemmung	wurde evtl. als Tat des Loki angesehen
Naglafar mit den Bewohnern der Hel	Loki war der Gott der Unterwelt und der Steuermann des Schiffes
Krieg	wurde evtl. als Tat des Loki angesehen
Jörmungandr (tötet Thor)	Sohn des Loki

Loki als der Verursacher des Winters ist auch der Verursacher des Ragnarök.

I 39. Lokis Gestaltwandlungen

Eine sehr auffällige Fähigkeit des Loki ist, daß er seine Gestalt verwandeln kann – und dies so gut, daß ihn selbst die Götter nicht wiedererkennen.

I 39. a) Loki als Falke

Mithilfe von Freyas Falkengewand verwandelt sich Loki dreimal in einen Falken: das eine Mal bei seinem Flug zu dem Riesen Thiazi, das zweite mal bei seinem Flug zu dem Riesen Geirröd und das dritte Mal bei seinem Flug zu dem Riesen Thrym. Alle drei Riesen sind Tyr in der Unterwelt.

Der Falke wird Lokis Gestalt als Seelenvogel sein, die er durch Freyas Falkenhemd erlangen kann. Das Anlegen dieses Falkenhemdes wird eine Umdeutung der Wiedergeburt durch Freya sein, da die Toten in den Mythen vieler Völker diese Gestalt erst durch die Wiedergeburt erhalten.

Dieser Wiedergeburt wird die Folge der Wiederzeugung des Loki mit Freya gewesen sein. In der Lokasenna behauptet Loki, daß auch er schon mit Freya das Lager geteilt habe und in der Heimskringla wird berichtet, daß Loki der Freya ihr Brisingamen stiehlt, dessen Symbolik eine Zusammenfassung der Wiederzeugung und der Wiedergeburt ist.

Der Falke ist somit vermutlich sehr eng mit Loki verbunden: Er ist die Gestalt, die Loki als Seele(-nvogel) im Jenseits annimmt. Diese Gestalt wird von ihm nur berichtet, wenn er zu dem Göttervater-Riesen Tyr in die Unterwelt fliegt.

I 39. b) Loki als Habicht

In der Edda wird berichtet, daß auf dem Weltenbaum ein Adler sitzt, zwischen dessen Augen ein Habicht hockt. Da der Adler des Seelenvogel des Göttervaters ist, wird dieser Habicht wohl mit dem Falken des Loki identisch sein.

Adler und Habicht/Falke entsprechen dem Göttervater und dem Loki und somit auch dem Sommer und dem Winter, dem Tag und der Nacht.

Der Habicht zwischen den Augen des Adlers wirkt ein wenig wie das chinesische Yin-Yang-Zeichen: Beide Pole (Adler und Habicht = Yin und Yang) tragen die Entwicklung zu ihrem Gegenteil in sich und lassen so gemeinsam den Zyklus, den ewigen Wandel (Jahreszeiten = Tao) entstehen.

I 39. c)   Loki als Fliege

In der Heimskringla wird berichtet, daß Loki in der Gestalt einer Fliege in das Frauenhaus der Freya, das symbolisch das Jenseits darstellt, gelangte.

Da auch diese Szene eine Jenseitsreise des Loki ist, wird die Fliege hier wohl die Symbolik des Seelenvogels teilen – diese naheliegende Ausweitung des Seelenvogel-Motives auf Fluginsekten ist von etlichen Völkern bekannt.

Es finden sich neben den Fliegen z.B. bei den indogermanischen Hethitern auch Bienen und in Mittelamerika auch Schmetterlinge und sogar Fledermäuse als Seelensymbole.

I 39. d)   Loki als Floh

Der Floh ist vermutlich eine zusätzliche Erweiterung der Fliege als „Seeleninsekt", das in der Mythe erklären sollte, wie Loki die schlafende Freya dazu bewegen konnte, sich umzudrehen.

Diesen „Loki-Floh" könnte man als ein unbedeutendes Neben-Motiv in den Mythen des Loki ansehen, wenn es nicht bis in die Neuzeit hinein eine Vorstellung gegeben hätte, in der Loki mit den Flöhen assoziiert worden ist. Es ist natürlich auch denkbar, daß Lokis Verbindung mit den Flöhen einfach dadurch entstanden ist, daß Loki mit allen Plagen assoziiert worden ist.

Aus Norwegen wird ein alter Brauch über den Abend des Gründonnerstag vor Ostern berichtet:

„An demselben Abend mußten drei Schnüre gezwirnt werden, damit mit ihnen der Schlitten des Loki repariert werden konnte, denn dieser kam zu dieser Zeit mit einer schweren Ladung Flöhe gefahren und hatte seinen Schlitten gebrochen, weil die Ladung so schwer war. Wenn dies nicht gemacht wurde, würde es im nächsten Jahr eine unglaubliche Menge von Flöhen geben."

Die Verbindung dieses Floh-Motives mit dem Gründonnerstag läßt vermuten, daß diese Flöhe nicht nur als eine der vielen von Loki verursachten Plagen aufgefaßt worden sind, denn Ostern ist das christliche „Jenseitsreise-Fest" und Loki nimmt die Gestalt eines Falken, einer Fliege und eines Flohs nur bei seinen Jenseitsreisen an.

I 39. e) Loki als Mücke

In der Skaldskaparmal sticht Loki den Zwerg Brokk in der Gestalt einer Mücke in die Augenlider, um ihn daran zu hindern, seinen Blasebalg richtig zu benutzen. Lokis Mücken-Gestalt dürfte weitgehend seiner Floh-Gestalt entsprechen.

I 39. f) Loki als Spinne

In Schweden gibt es Überlieferungen, die Loki als Spinne auffassen. Diese Vorstellung scheint sich auf die Ordnung der Weberknechte (Opiliones) beschränkt zu haben. Sie wurden auch *„Lokki Langbein"* genannt.

Entsprechend nannte man Spinnennetze auch *„Netze des Lokke"*. Dies erinnert daran, daß Loki sich das Netz der Ran auslieh bzw. das Fischernetz selber erfand, das von seinem Aufbau und von seiner Funktion her dem Fischernetz gleicht. Bei den Germanen gab es z.T. die Vorstellung, daß die Spinnennetze nicht von den Spinnen selber, sondern von Geistern wie Zwergen oder Elfen hergestellt wurden, und daß Spinnennetze am Haus (wie Loki) die Bauern schützen.

Die „Schneider" (Tipulidae, Langbeinmücken), die wie Weberknechte mit Flügeln aussehen, wurden *„Lokki"*, *„Grindalokki"*, *„Grindalokkur"* genannt. Ein *„grind"* ist eine luftige Konstruktion aus Latten o.ä. und kann ein Gitter, ein Viehgehege, aber auch einen Hafen oder ein Lagerhaus bezeichnen. „Grindalokkur" könnte somit „Viehweiden-Loki", „Stall-Loki", aber evtl. auch „spindelbeiniger Loki" bedeuten. Diese Namen würden sich auf das Aussehen des „Schneiders" oder auf den Ort, an dem man ihn antrifft, beziehen.

Loki als Spinne könnte mit Loki als Fliege und Floh verwandt sein. Dies Motiv könnte aber auch aus dem Nornen-Motiv entstanden sein, da Lokis Mutter „Nal" („Nadel") hieß und eine Norne gewesen ist und Loki der Erfinder des Netzes war. Das Spinnen sowie sekundär auch das Weben und das Nähen waren charakteristische Tätigkeiten der Nornen, die ihrerseits eng mit Hel assoziiert wurden.

I 39. g) Loki als Widder

Die Widderhörner des Loki werden schon sehr alt sein, da auch die Schlange des keltischen Cernunnos Widderhörner trägt, der slawische Schlangengott gehörnt ist und allgemein die Hörner ein Merkmal der Toten sind, weil diese mit dem für sie geopferten Herdentier, das abgesehen von den Hengsten stets ein Hörnertier ist, identifiziert worden sind.

Der gehörnte Loki ist somit „Loki im Jenseits", „Loki auf der Jenseitsreise" oder „Loki bei der Wiederzeugung", da das Herdentier-Opfer die Zeugungskraft der Toten bei ihrer Wiederzeugung sichern sollte.

Lokis Hörner zeigen, daß eine seiner Wurzeln auch in dem Motiv des gehörnten Ahns im Jenseits liegt: entweder in dem Bild eines gehörnter Menschen oder in dem Bild einer gehörnten Schlange, wobei die Schlange der Tote im Jenseits ist.

Die Deutung der beiden „Kringel" an Lokis Kopf als Widderhörner ist jedoch nicht völlig sicher, da es sich auch um Locken handeln könnte.

Da sich Lokis Gegener Heimdall auch in einen Widder verwandeln konnte, sind Widder-Hörnern an Lokis Kopf letztlich doch recht plausibel. Freyr sollte in diesem Zusammenhang dann ein Schaf gewesen sein.

I 39. h)   Loki als Lachs

Lokis Lachsgestalt wird durch die Wasserunterwelt entstanden sein. Dieses Motiv ist auch von den Kelten bekannt.

Wie der Falke, die Fliege, der Floh und der Widder ist auch der Lachs ein Hinweis auf die Jenseitsreisen des Loki.

I 39. i)   Loki als Robbe

Loki und Heimdall kämpfen auf einer Schäre bei dem Sing-Stein (Hügelgrab?) um Freyas Brisingamen. Die Robbe wird ein Symbol für die Toten bzw. die beiden Götter in der Wasserunterwelt bzw. auf der Jenseitsinsel sein.

I 39. j)   Loki als alte Frau

Loki fragt in der Gestalt einer alten Frau die Göttin Frigg danach aus, auf welche Weise es ihm gelingen könnte, den Baldur zu töten. Nachdem er erfahren hat, daß Frigg der Mistel keinen Eid abgenommen hat, dem Baldur auf keine Weise zu schaden, ging Loki, wie im Fiölswin-Lied berichtet wird, zu dem Eingang der Hel und brach dort einen Mistelzweig ab und fertigte aus ihm den Pfeil, mit dem er dann Hödur auf Baldur schießen ließ.

Der Verdacht liegt nahe, daß die Gestalt der alten Frau, die Loki angenommen hat, die der Hel gewesen ist.

In dieser Verwandlung des Loki liegt noch eine ganz besondere List, da Frigg/Freya und Hel ursprünglich dieselbe Göttin gewesen sind, bevor sich diese in den Aspekt der Geliebten bei der Wiederzeugung (Freya) bzw. die gute Herrscherin (Frigg) und in den Aspekt der Herrin des Totenreiches (Hel) aufgespalten hat. Das Gespräch zwischen Loki als Hel und Frigg ist somit eigentlich ein Selbstgespräch der Frigg, d.h. ein inneres Gespräch der Göttin zwischen ihrer idealisierten Hälfte (Geliebte = Frigg/Freya) und ihrer dämonisierten Hälfte (Tod = Hel).

I 39. k) Loki als Riesin

Die Riesin Thökk, die sich weigert, um Baldur zu weinen und dadurch seine Rückkehr ins Diesseits verhindert, wird vermutlich auch Loki in der Gestalt der Hel sein.
Lokis Verbindung mit Hel ist somit vielfacher Art:

    - in der neusten Version der Mythen (Edda) ist Hel Lokis Tochter,
    - Loki kann sich jedoch auch in Hel selber verwandeln (alte Frau, Thökk),
    - in der ursprünglichen Mythe vereinte sich Loki vermutlich mit der Jenseitsgöttin (Freya-Sif-Hel) und wurde dann von ihr wiedergeboren, woraus dann später Lokis Verführungskünste wurden,
    - vermutlich ist Lokis Mutter Laufey ebenfalls eine Variante der Hel.

Loki ist somit der Sohn der Hel-Frigg-Freya (Wiedergeburt), der Geliebte der Hel-Frigg-Freya-Sif (Wiederzeugung), der Sohn der Hel-Laufey und der Vater der Hel (Loki als „Vater" aller gefürchteten Wesen"). Schließlich konnte sich Loki sogar selber in die Totenherrin Hel verwandeln: Loki ist der Gott der Unterwelt.

I 39. l) Loki als Stute

Die Verwandlung des Loki in eine Stute setzt ihn mit der Jenseitsgöttin gleich, da diese bei der Wiederzeugung die entsprechende weibliche Gestalt zu dem Tier annahm, in das sich der Tote durch das Opfertier bei seiner Bestattung verwandelte: Wenn der Tote zu einem Hengst wurde, wurde sie zu einer Stute, wenn der Tote die Gestalt eines Stier annahm, nahm die Göttin die Gestalt einer Kuh an usw.
Somit sind die Verwandlung des Loki in die Göttin Hel und die Verwandlung des

Loki in eine Stute nur zwei Varianten desselben Themas.

Daraus ergibt sich, daß Sleipnir ursprünglich von der Jenseitsgöttin in Stutengestalt geboren wurde, bevor Loki in diese Mythe miteinbezogen wurde und daraus eine von den vielen Erzählungen über die Untaten des Loki wurde.

I 39. m) Loki als Kuh

In der Lokasenna wird berichtet, daß Loki einst als Kuh Kinder, d.h. Kälbchen gebar. Dies wird eine Variante der Frauen- und Stutengestalt des Loki sein.

I 39. n) Loki als Schlange

Lokis Entstehung aus der Regenräuberschlange heraus zeigt, daß Loki einst eine Schlange gewesen ist, bevor er dauerhaft eine menschliche Gestalt annahm, während die Schlangengestalt in Jörmungandr erhalten bleib, der als Lokis Sohn angesehen wurde.

I 39. o) Loki als Wolf

Ob Loki einst auch die Gestalt eines Wolfes annehmen konnte, da Fenrir sein Sohn ist, ist zweifelhaft, da die Wolfsverwandlung bei den Indogermanen eng mit der Kampfekstase der Ulfhedinn („Wolfshaut-Leute") verbunden war – und Loki alles andere als ein Ekstasekrieger ist.

Loki wird nur deshalb als Vater des Fenrir angesehen worden sein, weil der Jenseitsbegleiter-Wolf zu einer Bedrohung des Sonnengott-Göttervaters umgedeutet worden ist und weil sozusagen alles Unheil nur von Loki kommen konnte.

Ursprünglich ist der Wolf, d.h. der Riesenwolf Fenrir, die Gestalt des Tyr als Kriegsgott und Wolfskrieger gewesen.

Lokis Gestaltwandlungen stammen alle aus der Jenseitsreise-Symbolik, die bei ihm als Gott, der während des Sommers in der Unterwelt gefangen liegt und der den Winter, der dem Jenseits gleichgesetzt wurde, verursacht, naturgemäß sehr ausgeprägt ist.

Lokis Falken-, Habicht-, Fliegen-, Floh- und Mückengestalt stellen den Gott als „Seelenvogel" bzw. „Seelen-Insekt" dar.

Seine Lachs- und Robbengestalt weist auf Loki in der Wasserunterwelt hin.

Lokis erhielt seine Frauen-, Stuten- und Kuhgestalt dadurch, daß er zunehmend mit der Totenreich-Herrin Hel selber identifiziert wurde.

Die Widder- oder Ziegenbockhörner des Loki stammen aus der Wiederzeugungssymbolik.

Lokis älteste Tiergestalt ist vermutlich die Schlange, die in den überlieferten Mythen jedoch als sein Sohn Jörmungandr erscheint.

I 40. Loki in der Saga: Loker

Wie Tyr ist auch Loki mehrfach von der Mythe in die Saga übertragen worden und erscheint dort in verschiedenen Rollen.

I 40. a) Gesta danorum

Hadding, der solchermaßen seiner Amme beraubt worden war, traf einen Mann mit Namen Lysir, der in einem feierlichen Schwur sein Verbündeter wurde – durch das Betreiben eines Mannes von hohem Alter, der nur ein Auge hatte und der Erbarmen mit der Einsamkeit des Hadding hatte.

Lysir („Glänzender, Leuchtender") ist offensichtlich der einäugige Odin. Dieser Name klingt, als ob er sich auf Odins Goldhelm und somit letztlich auf Tyr beziehen würde, dessen Goldhelm ihn als Sonnengott charakterisiert.
Hadding („Langhaariger") ist ein Sagenkönig, der wahrscheinlich auf die beiden „langmähnigen" Pferdesöhne des Tyr zurückgeht – vermutlich ist auch Tyr als Vater der beiden Alcis langhaarig gewesen.

Nun war es bei den Alten, wenn sie ein Bündnis eingehen wollten, der Brauch, die Fußspuren des jeweils anderen mit ihren Blut zu besprenkeln und auf diese Weise ihr Freundschafts-Versprechen durch einen Austausch ihres Blutes zu bestätigen.
Lysir und Hadding, die auf diese Weise durch das festeste Band aneinander gebunden waren, erklärten daraufhin Loker, dem Unterdrücker der Kurländer, den Krieg.
Sie wurden jedoch besiegt und der alte, zuvor erwähnte Mann nahm Hadding, als dieser auf dem Rücken seines Rosses floh, mit in sein Haus und erfrischte ihn dort mit einem gewissen angenehmen Trank und erzählte ihm, daß er sich schon bald wieder frisch und kräftig in seinem Leib fühlen werde.

Odins Haus ist Walhall, d.h. das Jenseits. Der „erfrischende Trank" ist das Horn voll Met, das auch auf den Runensteinen die Walküre, d.h. die Jenseitsgöttin dem Toten reicht.
„Loker" ist vermutlich Loki, der einst als als Wintergott einen endlosen, zyklischen Kampf mit dem Sommergott Tyr (und seinen Söhnen) geführt hat.

Diesen prophetischen Rat bestärkte er mit einem Lied, das wie folgt lautete:

„Während Du hierher geflohen bist,
hat Dich ein Feind,
der Dich für einen Deserteur hielt, verfolgt
– er will Dich fesseln und Dich
von den kauenden Kiefern
von Raubtieren zerreißen lassen.

Doch Du sollst die Ohren der Wächter
mit allerlei Geschichten füllen
und wenn sie das Fest gefeiert haben
und ein tiefer Schlaf sie gefangen hält,
dann löse Deine Fesseln
und die verhaßten Ketten.

Wende Deine Schritte dann hierher
und wenn eine Weile verstrichen ist,
dann richte all Deine Kraft
gegen den geschwinden Löwen,
der die Leichen der Gefangenen zu zerreißen pflegt,
und presse mit Deinen starken Armen
gegen seine wilden Schultern
und suche mit dem nackten Schwert
nach seinen Herzmuskeln.

Richte sofort Deine Kehle zu ihm
und trinke sein dampfendes Blut
und verschlinge mit gierigen Kiefern
das Festmahl seines Leibes.
Dann wird erneute Stärke in Deine Glieder kommen
und eine nie erträumte Kraft in Deine Sehnen eintreten
und eine Anballung von großer Kraft
wird Deine ganze Gestalt erfüllen und durchströmen.

Ich selber werde den Pfad
der Erfüllung Deiner Gebete ebnen
und werde die Gefolgsleute in ihrem Schlaf
meinem Willen unterwerfen
und werde sie die ganze Nacht hindurch
schnarchen lassen."

Und nachdem er gesprochen hatte, hob er den jungen Mann wieder auf sein Pferd und brachte ihn dorthin zurück, wo er ihn gefunden hatte.

Hadding zitterte unter seinem Mantel, aber seine Verwunderung über das, was geschehen war, war so groß, daß er durch die Löcher (seines Mantels) spähte. Und er sah, daß vor den Schritten des Rosses das Meer lag – doch ihm wurde gesagt, daß er nicht versuchen solle, einem Blick des Verbotenen zu erhaschen. Daher wandte er seinen Blick von den erschreckenden Dingen auf dem Weg, auf dem sie reisten, fort.

Dann wurde er von Locker gefunden und erkannte durch sein eigenes Erleben, daß jeder Teil der Prophezeiung an ihm erfüllt worden war.

Odins Roß Sleipnir kann auch über das Meer laufen.

> Loker (Loki) und Hadding (Tyr) erscheinen in einer Saga als zwei sich bekämpfende Feinde, wobei Loke den Hadding in Gefangenschaft genommen hat.
> Hadding ist daher „Utgardloki".
> Odin erscheint hier in dieser Saga als Unterstützer des Tyr-Hadding.

I 41. Loki in den Sagas: Agnar

Im Grimnir-Lied treten Tyr und Loki als die beiden Brüder Agnar und Geirröd auf. Da Tyr und Loki Gegenpole sind, werden sie entsprechend der Mythen-Sprache auch in den einstigen Tyr-zentrierten Mythen Brüder gewesen sein.

I 41. a) Grimnir-Lied

Im Vorwort zum Grimnir-Lied streiten Odin und Frigg darum, wer der bessere von ihren beiden Schützlingen sei.

König Hraudung hatte zwei Söhne: der eine hieß Agnar, der andere Geirröd. Agnar war zehn Winter, Geirröd acht Winter alt. Da ruderten beide auf einem Boot mit ihren Angeln zum Kleinfischfang. Der Wind trieb sie in die See hinaus. Sie scheiterten in dunkler Nacht an einem Strand, stiegen hinauf und fanden einen Hüttenbewohner, bei dem sie überwinterten.

Die Seefahrt der beiden Brüder ist eine Reise durch die Wasserunterwelt, wie der noch folgende Text zeigt: Vermutlich ist der Mann Odin und die Frau Frigg.
Die bekannteste Variante des weltweit verbreitete Motivs der Umschreibung einer Reise ins Jenseits und zurück als einer Wasserreise ist sicherlich Moses Ausgesetzt-werden auf dem Nil.

Die Frau pflegte Agnars, der Mann Geirröds und lehrte ihn schlauen Rat. Im Frühjahr gab ihnen der Bauer ein Schiff, und als er sie mit der Frau an den Strand begleitete, sprach er mit Geirröd allein.
Sie hatten guten Wind und kamen zu dem Wohnsitz ihres Vaters. Geirröd, der vorn im Schiffe war, sprang ans Land, stieß das Schiff zurück und sprach: „Fahr nun hin in böser Geister Gewalt."

Offenbar hat Odin dem Geirröd geraten, seinen älteren Bruder Agnar wieder ins Meer zurückzustoßen, damit er selber König wird.

Das Schiff trieb in die See, aber Geirröd ging hinauf in die Burg und ward da wohl empfangen. Sein Vater war eben gestorben, Geirröd ward also zum König eingesetzt und gewann große Macht.
Odin und Frigg saßen auf Hlidskialf und überschauten die Welt.
Da sprach Odin: „Siehst Du Agnar, Deinen Pflegling, wie er in der Höhle mit

einem Riesenweibe Kinder zeugt; aber Geirröd, mein Pflegling, ist König und beherrscht sein Land."

Die Vereinigung mit einer Riesin ist ein weitverbreitetes Motiv in den germanischen Mythen. Es ist dadurch entstanden, daß die Jenseitsgöttin, die die Geliebte bei der Wiederzeugung war, auch als Riesin, d.h. als „Göttin der früheren Zeiten" bzw. als „Göttin im Jenseits" aufgefaßt wurde. Auch Odin selber hat sich mehrfach mit Riesinnen vereint.

Diese Riesin-Symbolik bedeutet, daß sich Agnar in einer Höhle im Jenseits bei einer Riesin befindet: in der Hügelgrab-Halle der Riesin Hel.

Die Jenseitsreise war auch das wesentliche Element der Krönung eines Fürsten, da dieser dadurch den Kontakt zu dem Göttervater erhält. Daher verwundert es nicht, daß der Vater der beiden Brüder gestorben ist und nun Geirröd König wird.

„Geirröd" ist einer der vielen Namen des ehemaligen Sonnengott-Göttervaters Tyr in der Unterwelt. Daher wird Agnar dem Loki entsprechen – auch wenn „Agnar" auch als Name der Saga-Varianten des Tyr vorkommt.

Frigg sprach: „Er ist aber solch ein Neidling, daß er seine Gäste quält, weil er fürchtet, es möchten zu viele kommen."
Odin sagte, das sei eine große Lüge; da wetteten die beiden hierüber.

Dies ist wohl eine Verkleinerung des älteren Motivs, in dem Odin und Freya um den Sieg eines Stammes gegen einen anderen streiten.

Frigg als Jenseitsgöttin und daher als ehemalige Wiederzeugungs-Geliebte und Wiedergeburts-Mutter des Tyr und des Loki hält zu dem Asen, der sich gerade in der Unterwelt (Riesinnen-Höhle) befindet.

Frigg sandte ihr Schmuckmädchen Fulla zu Geirröd und trug ihr auf, den König zu warnen, daß er sich vor einem Zauberer hüte, der in sein Land gekommen sei, und gab zum Wahrzeichen an, daß kein Hund so böse sei, daß er ihn angreifen möge.

Die Hunde spüren offenbar die große magische Kraft in Odin.

Es war aber eine große Unwahrheit, daß König Geirröd seine Gäste so ungern speise; doch ließ er Hand an den Mann legen, den die Hunde nicht angreifen wollten. Er trug einen blauen Mantel und nannte sich Grimnir, sagte aber nicht mehr von sich, auch wenn man ihn frug.

Durch ihre List verleitete Frigg den König Geirröd zu einem Verhalten, das wiederum den Odin gegen seinen eigenen Schützling erboste – was auch das Ziel der Frigg

gewesen ist.
Odins Umhang wird des öfteren als „blauer Mantel" beschrieben.

Der König ließ ihn zur Rede peinigen und setzte ihn zwischen zwei Feuer, und da saß er acht Nächte.

Dies ist wohl ein Symbol für die Waberlohe, die Diesseits und Jenseits trennt. Diese Symbolik stammt aus der Brandbestattung, durch die die Grenze zwischen Diesseits und Jenseits zu einem großen Feuer bzw. einer Feuerwand wurde. Man stellte sich auch vor, daß des Nachts aus den Hügelgräbern Flammen schlugen, wenn die Toten in ihnen erwachten.

König Geirröd hatte einen Sohn, der zehn Winter alt war und Agnar hieß nach des Königs Bruder. Agnar ging zu Grimnir, gab ihm ein volles Horn zu trinken, und sagte, der König täte übel, daß er ihn schuldlos peinigen ließe.
Grimnir trank es aus; da war das Feuer so weit gekommen, daß Grimnirs Mantel brannte.

Im weiteren Verlauf bewirkt Odin, daß Geirröd in sein eigenes Schwert stürzt und stirbt und macht Agnar zum König. Tyr-Geirröd konnte nur durch sein eigenes Schwert getötet werden, wie auch aus dem Lied über Thors Fahrt zu Geirröd bekannt ist.
Der Sohn des Geirröd hieß vermutlich deshalb wie Geirröds Bruder „Agnar", weil sich Tyr-Geirröd und Loki-Agnar ursprünglich in ihrer Herrschaft abgewechselt haben (siehe dazu auch „Geirröd" in Band 5).

> Loki-Agnar ist der Bruder, Gegenspieler und Sohn/Erbe des Tyr-Geirröd.

I 42. Loki in der Saga: Högni/Hagen

Diese Sagen-Variante des Loki wird ausführlich in der „Saga über Hedin und Högni" in Band 39 ausführlich beschrieben. Diese Saga wurde bereits in Kapitel „I 7." dargestellt.

„Högni" und „Hagen" sind zwei Namen des Loki. Sie bedeuten „Weide, geschützter Bereich" und sind mit dem deutschen „umhegen" und „behaglich" verwandt. Möglicherweise ist dies eine Abwandlung von „Loki": der nach außen hin geschützte Bereich („Burg") anstelle des nach innen hin geschützten Bereichs („Gefängnis").

I 43. Loki in der Saga: Hunding

Die Hundinge sind die Gegner des Helden Helgi, der seinerseits eine Sagen-Variante des ehemaligen Sonnengott-Göttervaters Tyr ist (siehe „Helgi" in Band 39). Der Verdacht liegt daher nahe, in Hunding Tyrs Gegenspieler Loki zu vermuten.

Dieser Sippen-Name bedeutet „Nachkommen des Hund". Wolf und Hund waren damals jedoch keine Schimpfnamen, sondern Bilder für die Krieger.

Helgi gehört zum „Wolfs-Clan" („Ylflinge", „Wylfinge", „Wulfinge", „Wülflinge"). Tyr ist auch in seinen Mythen sehr eng mit einem Wolf verbunden: mit Fenrir, der ihm seine rechte Hand abbeißt. Ursprünglich wird Fenrir jedoch Tyr als Wolfs-Ekstasekrieger gewesen sein.

Auch Beowulf, der ein Held mit Ähnlichkeit zu Tyr ist, gehörte zu der Sippe der Wulfinge. Das Beowulf-Epos und vermutlich auch die Helgi-Lieder stammen von den Angelsachsen in Dänemark und Schleswig.

Die beiden Sippen der Hundinge und der Wulfinge stehen sich von ihren Namen her gleichwertig und als sehr ähnlich gekennzeichnet gegenüber, was dem vermuteten (teilweisen) Ursprung der Hunding-Sagen in dem endlosen Konflikt zwischen Tyr und Loki entspricht.

I 43. a) Widsith

In diesem Lied werden die Hundinge zweimal erwähnt:

„Mearchealf herrscht über die Hundinge"

„Ich war bei Heiden, Helden und Hundingen."

I 43. b) Ostgoten und Langobarden

Vermutlich sind die Wylfinge den Ostgoten gleichgesetzt worden und die Hundinge den Langobarden, die ihre Feinde waren. Dieser historischen Schicht der Überlieferung könnte jedoch durchaus noch die Mythe über den Kampf zwischen Tyr und Loki zugrundeliegen, da die beiden Wylfing-Helden Beowulf und Helgi deutliche Züge des ehemaligen Göttervaters Tyr tragen.

Von den Langobarden ist ein König „Lamicho" bekannt, dessen Name „Kleiner Beller" bedeutet.

Paulus Diakonus berichtet um 790 n.Chr.in seiner „Historia langobardorum", daß es bei den Langobarden Hunds-köpfige Krieger gegeben hätte, was ein Mißverständnis der Ulfhedinn (Wolfsfell-Krieger) sein wird.

Ursprünglich trugen die Langobarden („Langbärte") den Namen „Winniler", was „wütende Hunde" bedeutet.

Es gibt mehrere Berichte über den Kampf zwischen den Langobarden und den Vandalen („Wanderer"), die den Ostgoten zumindestens nahe verwandt sind, bei denen Frigg den Odin überlistet hat, sodaß er den Langobarden den Sieg geben mußte. Das entspricht dem Motiv aus dem Grimnir-Lied, in dem Geirröd und Agnar die Schützlinge von Frigg und Odin sind.

I 43. c)   Das erste Lied über Helgi Hunding-Töter

„Helgi" bedeutet „Heiler, Geheilter, Heiliger" und bezeichnet daher wohl den wiedergeborenen Gott Tyr, der nun wieder zwei Hände hat.

Wie man an Helgis Beinamen „Hunding-Töter" sehen kann, wurde Helgis Sieg über König Hunding als seine wichtigste Tat angesehen.

Kurz ließ der König auf Kampf ihn warten:
Fünfzehn Winter alt war der Fürst,
Da hatte er den harten Hunding erschlagen,
Der Land und Leute so lange beriet.

I 43. d)   Das andere Lied über Helgi Hunding-Töter

Diese Tat wird noch einmal in dem zweiten Helgi-Lied erwähnt:

König Sigmund, Wölsungs Sohn, hatte Borghilden von Bralund zur Frau. Sie nannten ihren Sohn Helgi und zwar nach Helgi, Hiörwards Sohn. Den Helgi erzog Hagal.
  Hunding hieß ein mächtiger König; nach ihm ist Hundland genannt. Er war ein großer Kriegsmann und hatte viel Söhne, die bei der Heerfahrt waren.
  Unfriede und Feindschaft war zwischen den Königen Hunding und Sigmund: sie erschlugen einander die Freunde.
  König Sigmund und seine Nachkommen hießen Wölsungen und Ülfinge (Wölfinge).
  Helgi fuhr aus und spähte insgeheim an Hundings Hofe. Häming, König Hundings Sohn, war daheim.

... ...
Helgi entkam und fuhr auf Kriegsschiffen. Er fällte König Hunding und hieß nun Helgi der Hundingstöter.

König Sigmund ist der Vater von Sigurd (Siegfried). Auch Sigurd Drachentöter gehört zu dem Wolfsclan, der auf Tyr zurückgeht – was man auch an der ausgeprägten Tyr-Symbolik des Sigurd erkennen kann (siehe Band 38 über „Sigurd").

Helgi ist zusammen mit seiner Walküren-Frau zweimal wiedergeboren worden. Diese drei „Inkarnationen" sind die germanische Weise, einen zyklischen Vorgang darzustellen, insbesondere den Sonnen- und Jahreszeitenzyklus des Wechsels zwischen dem Sommer des Tyr und dem Winter des Loki (siehe dazu „Helgi" in Band 39 und „Inzest" in Band 51).

I 43. e)   Gesta danorum

Auch der Mönch Saxo der Schriftkundige berichtet über Helgi Hunding-Töter:

Dann besiegte er vor der Stadt Stad den Sachsen-König Hunding Syrik-Sohn, den er herausforderte, angriff und im Zweikampf besiegte. Aus diesem Grund wurde er Hunding-Töter genannt und durch diesen Namen erhielt der den Ruhm für seinen Sieg.

I 43. f)   Die Saga über Norna-Gest

Sigmund, Sigurds Vater fiel in einer Schlacht gegen die Hundinge:

Dann muß ich euch erzählen, wie ich nach Frakk-Land gefahren bin. Ich war neugierig darauf, wie der König dort lebt.
... ...
Es geschah nicht Erzählenswertes bis ich in den Süden von Frakkland kam und König Hjalprek traf. Er war von einem großen Heer umgeben.
... ...
Sigmund fiel in der Schlacht vor den Hundingen.

„Frakk-Land" ist Frankreich.
Über diese Schlacht wird auch in der Völsungen-Saga berichtet, in der Odin selber

den Tod des Sigmund ankündigt und bewirkt, indem er Sigmunds Schwert zerbrach.

I 43. g)   Sinfiötlis Ende

Über dieses Ereignis wird auch in dem Lied über Sinfiötli berichtet:

König Sigmund fiel im Kampf vor Hundings Söhnen.

I 43. h)   Beowulf-Epos

Das Beowulf-Epos scheint sich auf noch eine andere Variante des Todes des Sigmund zu beziehen, da von Riesen und Verrat berichtet wird. Es wäre denkbar, daß die Hundinge hier den Riesen gleichgesetzt worden sind – was zu der Vermutung passen würde, daß ihr Ursprung in einer Umdeutung des Loki zu einem Sagen-König liegt.

So kündet' er dann,
Was von Sigmund einst / er sagen hörte,
Die Wundertaten, / die wenig bekannten,
Des weitgewanderten / Völsungs Kämpfe,
Mörd'rische Greuel, / die der Menschen keiner
Völlig erfuhr, / bis auf Fitela allein,
Dem alles der Oheim / anvertraute,
Da der Neffe und er / Notgestallen
Immer waren / in allen Fährden
Und viele Gegner / vom Volk der Riesen
Zusammen erschlugen. / Sigmunds Ruhm
Wuchs ständig noch / nach dem Sterbetage,
Da der wehrhafte Recke / den Wurm getötet,
Den Hüter des Hortes: / der Heldenspößling
Wagte ganz allein / unterm grauen Felsen
Den furchtbaren Streit -- / nicht war Fitela bei ihm.
Doch das Schicksal war gnädig: / das Schwert durchbohrte
Das Ungeheu'r, / bis das Eisen festsaß
Im rauhen Gestein, / da verreckte der Drache.
So hatt' es der starke / Streiter erreicht,
Daß er schalten durft' / mit dem Schatz der Ringe

Nach freiem Ermessen: / das Fahrzeug belud er,
An Bord des Schiffes / die blitzende Fracht
Trug Völsungs Sohn -- / der Wurm war zerschmolzen.
Ein Held war das, / ein Hort seiner Recken,
Der von allen Menschen / die meisten Ehren
Geerntet im Streit / und an Ansehn wuchs,
Seit bei Heremod hinschwand / der hitzige Mut,
Die rüstige Kraft. / In der Riesen Hände
Jagt' ihn Verrat / und jähes Todes
Fuhr er zur Hel: / mit harter Plage
Hatt' er lange schon / die Leute bedrückt,
Das Leben den Edlingen / allen verleidet.
So verwünschte schon oft / manch wackerer Mann
Die Fahrten des Helden / in früheren Tagen,
Von dem man Hilfe / erhofft in der Not,
Wenn das Königskind / zum kräftigen Manne
Gereift einst wäre, / das Reich zu beherrschen,
Zu schirmen sein Volk, / den Schatz und die Burg,
Das Erbe der Scyldinge.

Völsung ist der Vater des Sigmund und der Großvater des Sigurd Fafnir-Töter.

Im Beowulf-Epos, das um 700 n.Chr., verfaßt worden ist, ist auch Sigmund ein Drachentöter. Da das Töten des Drachen eine Umdeutung der Jenseitsreise als Drache ist, ist das wiederholte Auftreten dieses Motivs in der Sippe des Völsungen ein Zeichen dafür, daß sich diese Saga aus den Motiven der Tyr-Mythen gebildet haben, in denen Tyr in jedem Herbst starb, im Winter (als Drache) im Jenseits ruhte und im Frühjahr dann zurückgekehrt ist.

Die Riesen sind die Jenseitswesen, die Hundinge und letztlich Loki.

Sigmunds Tod durch „die Hände der Riesen" wird ursprünglich sein Tod durch Loki gewesen sein.

Ein „Wurm" ist ein Drache.

Der „graue Felsen", unter dem der Drache wohnt, ist die aus Felsplatten errichtete Grabkammer eines Hügelgrabes.

Fitela wird in der Völsungen-Saga „Sinfiötli" genannt. Er ist der Sohn des Sigmund und seiner Schwester Sigyn. Auch dieses Inzest-Motiv stammt aus den Tyr-Mythen: Da man sich vorstellte, daß nicht nur der Göttervater selber, sondern auch die Göttin selber von der Jenseitsgöttin wiedergeboren wurde, wurden Tyr und die Göttin zu Geschwistern. Wenn sie sich dann im nächsten Zyklus wieder vereinten, um wiedergeboren zu werden, war dieser Vorgang aus der Logik der Mythen heraus zum Inzest geworden …

I 43. i)   Das andere Lied über Sigurd Fafnir-Töter

Sigurd hielt eine große Schlacht mit Lyngwi, Hundings Sohn, und dessen Brüdern. Da fiel Lyngwi und die Brüder.

I 43. j)   Völsungen-Sage

Dann zogen sie mit Schwert und Feuer los und töteten vielen Männer und verbrannten ihre Wohnstätten. Ein große Menge Volk floh vor ihren Angesichtern zu König Lyngi und sagten ihm, daß Krieg im Lande sei und daß die Feinde mit solcher einer Wut voranzögen, wie man sie noch niemals gesehen habe und daß die Söhne der Hundinge kein großes Wissen gezeigt hätten, als sie sagten, daß sie die Völsungen nie mehr zu fürchten hätten, denn nun sei Sigurd Sigmund-Sohn als Anführer seines Heeres gekommen.

Da sandte König Lyngi die Kriegsbotschaft durch sein ganzes Reich. Er war nicht zu fliehen gewillt, sondern versammelte alle, die ihm zu helfen bereit waren. So trat er Sigurd mit einem großen Heer entgegen, er und seine Brüder mit ihm. Eine über die Maßen harter Kampf begann und die Männer konnten dort viele Speere erhoben und so manchen Pfeil fliegen sehen und es wurde Äxte hart geschlagen, Schilde gespalten, Brünnen zerborsten, Helme zersplittert, Schädel auseinandergebrochen und es fielen viele Männer auf die kalte Erde nieder.

Und als der Kampf in dieser Weise lange Zeit angedauert hatte, stürmte Sigurd mit seinem Schwert Gram in seiner Hand vor die Banner und warf sowohl die Männer als auch die Pferde nieder und ging durch das dichteste Gedränge der Feinde mit beiden Armen rot von Blut bis hinauf zu den Schultern und das Volk schreckte vor ihm zurück, wohin er auch kam, und kein Helm und keine Brünne hielt ihm stand und kein Mann konnte sich erinnern, jemals so jemanden wie ihn gesehen zu haben.

Die Schlacht dauerte eine lange Zeit und viele Männer wurden getötet und voller Wut war der Angriff. Schließlich geschah es, obwohl dies nur selten eintritt, wenn ein Land-Heer kämpft, daß, egal was sie taten, nichts erreicht werden konnte – und so viele von den Männern der Hundinge fielen, daß die Geschichte davon nie erzählt worden ist.

Als nun Sigurd in der vordersten Reihe kämpfte, wandten sich die Söhne der Hundinge gegen ihn und Sigurd schlug mit seinem Schwert Grani König Lyngi und spaltete ihn durch Helm und Kopf und den mit seiner Rüstung bekleideten Körper und danach schlug er Hjorward, Lyngis Bruder, in Stücke und tötete alle anderen Söhne der Hundinge, die noch lebten und zusammen mit ihnen den größten Teil ihres Volkes.

Da zog Sigurd heim mit einem ruhmvollen Sieg und mit reichen Schätzen und viel

Ehre, die er auf seiner Fahrt errungen hatte, und es wurden Feste für ihn ausgerichtet, als zurück in sein Reich kam.

Das abwechselnde Kampfglück zwischen den Völsungen (Wülfingen) und den Hundingen geht auf den zyklischen Wechsel von Tyr (Völsungen) und Loki (Hundinge) zurück. König Hunding ist somit eine Saga-Variante des Loki.

Die gesamte Geschichte dieser Kämpfe, Siege, Niederlagen, Gegenangriffe und Rache-Maßnahmen findet sich in dem Band 38, in dem die Völsungensaga und die zu ihr gehörende Sigurd/Siegfried-Sage dargestellt ist.

I 43. k)   Die Saga über Norna-Gest

In dieser Saga wird dieselbe Episode aus der Völsungen-Saga berichtet:

Danach segelten wir weiter nach Süden an Holsetuland und an Friesland entlang und gingen dort an Land.

Die Söhne der Hundinge hatten von unserer Fahrt gehört und hatten Männer versammelt und ein großes Heer aufgestellt. Als wir sie trafen, kam es zu einer großen Schlacht.

Von den Brüdern war Lyngvi der beherzteste bei allen Angriffen. Sie kämpften alle tapfer. Sigurd griff so gewaltig an, daß jeder vor ihm zurückwich, da das Schwert Gram jeden verwundet hätte und es gab keinen Grund, an Sigurds Mut zu zweifeln.

Als er Lyngvi traf, hieben sie aufeinander ein und kämpften tapfer. Es gab eine Pause in der Schlacht, als die Männer dem Zweikampf zuschauten. Lange Zeit konnte keiner der beiden dem anderen eine Wunde zufügen, da sie beide so geübt mit ihren Waffen waren.

Da griff Lyngvis Bruder mit aller Macht an und tötete viele Männer und einige flohen. Dann stellte sich Hamund, Sigurds Bruder, sich ihm entgegen und ich mit ihm. Da kam es zu einem erneuten Kampf zwischen Sigurd und Lyngvi, der damit endete, daß Sigurd ihn ergriff und in Eisen legte. Als Sigurd sich jedoch zu uns gesellte, kam es zu einer Wende in der Schlacht: Hundings Söhne und ihr ganzes Heer floh, als die Nacht anbrach.

Als das Morgenlicht kam, war Hnikar verschwunden und wurde nie wieder gesehen. Die Männer glaubten, daß er Odin gewesen sein müsse.

Es gab nun ein Streitgespräch darüber, welchen Tod Lyngvi haben sollte. Regin riet, daß ein Blut-Adler auf seinen Rücken geritzt werden sollte. Da nahm Regin sein Schwert Refill von mir und schnitt in Lyngvis Rücken bis seine Rippen zu sehen waren und riß die Lungen heraus. So starb Lyngvi mit großem Heldenmut.

Da sprach Regin:

*„Nun hat der Blut-Adler
mit einem breiten Schwert
den Mörder des Sigmund
den Rücken geschnitten.*

*Nur wenige waren heldenmütiger
als der Herr der Männer,
der das Heer vertrieb
und den Raben Glück brachte."*

Es gab viel Beute. Sigurds Heer nahm sie alle, da er nichts davon haben wollte. Es gab viele Schätze an Kleidung und Waffen.

„Holsetu-Land" ist „Holstein". Der Name bedeutet „Waldbewohner" – dies war der Name eines der drei dort lebenden Sachsenstämme.

Die Indogermanen hatten die „humane" Tradition, daß der Krieg zwischen zwei Heeren statt durch eine Schlacht auch durch den Zweikampf zwischen den beiden Anführern entscheiden werden konnte. Möglicherweise schwingt diese Tradition noch in dem Kampf zwischen Sigurd und Lyngvi mit.

Die Art der Folterung und Hinrichtung des Lyngvi zeigt die Grausamkeit, mit der die Wikinger Kriege führten.

„Den Raben Glück bringen" bedeutet, viele Männer zu töten, sodaß die Raben der Aas fressen können.

I 43. l) Regin der Schmied (Faröer-Lied)

Diese Schlacht wird ein drittes mal in diesem Lied geschildert:

*Zuerst reit' ich ins Schildgetös, Hundings Söhne zu fällen:
So fahre ich auf Glitraheide, daran wird keiner mich hindern."
Das war Sjurdur Sigmundurs Sohn, nicht mangelt ihm das Glück:
Er ritt da ins Schildgetös und rächte des Vaters Tod.*

*All erschlug er Hundings Söhne, wohl kam er von ihnen heim:
Kurze Stunde war er im Reiche und ritt auf Glitraheide.*

„Glitraheide" bedeutet „Glitzerheide", womit der Drachenschatz („glitzern") an dem Ort, an dem die Hügelgräber stehen („Heide") gemeint ist.

Möglicherweise ist der „Glitzerheide" der ursprüngliche Name dieses Ortes und nicht das sonst übliche „Gnitaheide", das keinen altnordischen Ursprung hat und evtl. dem niederdeutschen „Gnitte" für „große Fliege" angeglichen worden ist.

I 43. m Saga über Sturlaug den Mühen-Beladenen

In dieser späten Saga reist Sturlaug u.a. in das Hunding-Land, das von einem König Hundolf („Hund-Wolf") beherrscht wird.

Es wird erzählt, daß König Hundolf kühn angriff. Sturlaug sah, wie der König Sturlaugs Standarte niederschlug.

Darüber ist er nicht besonders erfreut und schlug sich mit dem Schwert „Vefreyas Geschenk" vorwärts in Richtung des Königs Hundolf und schlug mit seinem Schwert auf den Helm des Königs und spaltete ihn ganz hinab vom Schädel und durch seinen Leib und seine Rüstung und schnitt selbst noch das Roß unter ihm entzwei, bis sein Schwert schließlich in der Erde stecken blieb.

I 43. n) Hamburgische Kirchengeschichte

Der Bischof Adam von Bremen berichtet über Hundekopf-Menschen:

Ingleichen sollen an diesen Gestaden des baltischen Meeres die Amazonen wohnen, was man jetzt das Land der Weiber nennt. Diese sollen nach Einigen vermittelst des Genusses von Wasser Leibesfrucht empfangen. Andere erzählen auch, sie würden schwanger von den gelegentlich sie besuchenden Handelsleuten oder von den Gefangenen, die sie bei sich hätten, oder von Ungeheuern, die dort nicht selten sind. Und dies halte ich auch für glaubwürdiger.

Und wenn sie zum Gebären kommen, so werden die Geburten, wenn sie männlichen Geschlechtes sind, Hundsköpfe, wenn aber weiblichen, die schönsten Mädchen. Diese leben zusammen und verschmähen den Umgang mit Männern, die sie sogar, wenn sie zu ihnen kommen, in mannhaftem Kampfe zurückschlagen.

Hundsköpfe aber sind Wesen, die den Kopf an der Brust haben. In Rußland sieht man sie oft als Gefangene, und sie bellen die Worte mit der Stimme hervor.

Dort sind auch die, welche Alanen oder Albaner, oder in ihrer Sprache Wizzen heißen, die blutgierigsten Vielfraße. Sie werden mit grauen Haaren geboren. Ihrer gedenkt als Gewährsmann Solin. Ihr Land wird von Hunden verteidigt. Wenn einmal gekämpft werden muß, so bilden sie aus Hunden die Schlachtordnung.

Das Motiv der Hundekrieger oder Wolfskrieger ist bei den Indogermanen weit verbreitet, da sich deren Krieger als Hunde und Wölfe auffaßten, die das Rudel verteidigten. Daraus ist das Motiv des Ulfhedinn und des Werwolfs entstanden. Ein Ulfhedinn ist ein mit einem Wolfsfell bekleideter Ekstasekrieger und ein Werwolf ist ein Krieger, der in seiner Kampfekstase wütend wie ein Wolf wird.

Hunding ist der König bzw. Ahnherr und Gründer der Königs-Sippe der Hundinge („Hund-Leute"). Sie sind die Feinde der Wulfinge („Wolf-Leute"), zu denen u.a. die Helden Beowulf, Helgi, Sigmund und Sigurd gehören. Da diese vier Helden viele Elemente aus den Tyr-Mythen übernommen haben, wird der Kampf zwischen den Wulfingen und den Hundingen vermutlich auf den endlosen zyklischen Kampf zwischen dem „Wolf" Tyr und dem „Hund" Loki zurückgehen, durch den die Jahreszeiten entstehen.

Um 790 n.Chr. wurden die Wulfinge als die Ostgoten und die Hundinge als die Langobarden angesehen. Dies wird eine Übertragung von mythologischen Namen auf konkrete Völker sein.

Die wichtigste Tat der Wulfing-Helden ist der Sieg über Hunding, der Sigmund, Sigurds Vater getötet hat: Helgi tötet Hunding, Sigurd tötet die Hunding-Söhne, und Sturlaug tötet Hundolf, den König der Hundinge. Diese letzte Saga ist im Vergleich zu den beiden anderen jedoch relativ jung und wird eine Variation des alten Themas sein.

I 44. Loki in der Saga: Bikki

Der „böse Berater" Bikki ist eine weitere Sagen-Variante des Loki. Er ist aus „Gudruns Aufreizung", der Skaldskaparmal, der Völsungensaga und aus der Gesta danorum bekannt.

I 44. a) Der Name „Bikki"

Dieser Name, der auch „Bicki" oder „Bikk" geschrieben wird, kann von mehreren Wurzeln hergeleitet werden:

      1. von altnordisch „bik" für „Pech, Teer",
      2. von altnordisch „bikki" für „Hund",
      3. von altnordisch „bikkja" für „(ins Wasser) werfen, stoßen", und
      4. von altnorwegisch „bikse" für „Stift, Zapfen, Kegel".

Das altnorwegische Substantiv „bikse" für „Stift, Zapfen" könnte mit dem altnordischen Verb „bikkja" verwandt sein, da Dübel („Holzstifte") in Holzlöcher gestoßen werden.
    Es blieben somit als Wurzeln „stoßen", „Teer" und „Hund". Da die Schreibweise des Substantives für „Hund" mit der Schreibung des Namens „Bikki" identisch ist, ist diese Deutung am wahrscheinlichsten.
    Es ist dabei zu beachten, daß im heutigen Sprachgefühl „Hund" ein Schimpfname ist und daher gut zu einem „bösen Berater" paßt, daß jedoch damals „Hund" und „Wolf" eher respektvolle Bezeichnungen für einen Krieger gewesen sind.
    Es besteht somit der Anfangsverdacht, daß auch Bikki zu den Hundingen zählt.

I 44. b) Gudruns Aufreizung

Hier findet sich nur eine Kurzfassung von Bikkis hinterhältigem Rat: Er stachelt den Sohn des Königs an, sich mit der für den König bestimmten Frau zu vereinen und berichtet dies dann dem König, der daraufhin seinen Sohn töten läßt.
    Dies sieht wie eine Abwandlung des endlosen Streites zwischen Tyr (König Jörmunrek) und Loki (Bikki) aus, in dem Bikki-Loki Jonakur-Tyr dadurch endgültig besiegt, daß er Jonakur-Tyr durch eine List dazu bringt, seinen eigenen Sohn zu töten. Ursprünglich wird Bikki-Loki selber versucht haben, die Frau für sich zu gewinnen.

Jonakur nahm Gudrun zur Ehe. Ihre Söhne waren Sörli, Erp und Hamdir. Dort wurde Swanhild, Sigurds Tochter, erzogen und Jörmunrek dem Reichen, zur Ehe gegeben. Bei dem war Bicki: der gab den Rat, daß Randwer, des Königs Sohn, sie zur Ehe nähme. Das verriet Bicki dem König. Da ließ der König Randwer henken und Swanhilden von Pferden zertreten.

I 44. c) Völsungen-Saga

In dieser Saga sagt die Walküre Brünhild die Tat des Bikki voraus:

Da sagte Brünhild:
„Nun werde ich noch eine kurze Zeit über das sprechen, was hernach geschehen wird, denn schon bald werdet ihr durch den Rat von Grimhild der Weisen wieder eins mit Gudrun sein.
Die Tochter der Gudrun und des Sigurd wird Schwanhild genannt werden – die schönste aller Frauen, die je geboren wurde.
Gudrun wird Atli gegeben werden, aber nicht mit ihrem Willen.
Du wirst Oddrun begehren, aber Atli wird Dir dies verbieten. Ihr werdet euch jedoch im Geheimen treffen und sie wird Dich sehr lieben.
Atli wird Dich betrügen und in eine Schlangengrube werfen lassen und danach werden Atli und seine Söhne getötet werden und Gudrun wird ihre Mörderin sein.
Danach werden sie hohe Wogen zu der Burg des Königs Jonakar tragen, dem sie Söhne von großem Ruhm gebären wird.
Schwanhild wird aus dem Land fortgesandt und König Jörmunrek gegeben werden. Und sie wird der Rat des Bikki beißen und dann ist eure Sippe ganz und gar gegangen. Und noch mehr Leid ist dies für Gudrun."

Der endlose Kampf zwischen Tyr und Loki wird hier auch auf Schwanhild, die Tochter des Wülfung-Helden Sigurd ausgeweitet.

I 44. d) Völsungen-Saga

Später in dieser Saga wird dann auch über das Ereignis selber berichtet:

In jenen Tagen war Jörmunrek war der Name eines mächtigen Königs und sein Sohn hieß Randver. Dieser König rief seinen Sohn zu sich um mit ihm zu reden und sprach: „Du sollst zusammen mit meinem Ratgeber Bikki für mich als Boten zu König Jonakr reisen, der bei König Jonakr lebt Schwanhild, die Tochter von Sigurd Fafnir-Töter, und ich weiß gewiß, daß sie die schönste Maid unter der Sonne dieser Welt ist. Sie wünschte ich mehr als alle anderen als mein Weib und Du sollst sie für mich werben."

Randver antwortete: „Es ist gut und richtig, daß ich auf Deine Botenfahren gehe."

Da bereitete der König diese Fahrt in gebührender Weise vor und sie fuhren bis sie zu König Jonakrs Burg kamen und Schwanhild erblickten und viele Gedanken über den Schatz ihrer Schönheit hatten.

Eines Tag bat Randver den König mit ihm zu reden und sprach; „König Jörmunrek würde gern Dein Schwager werden, denn er hat von Schwanhild erzählen gehört und es ist sein Begehr, sie zur Frau zu nehmen und es scheint nicht so zu sein, daß sie einem mächtigeren Mann als ihm gegeben werden könnte."

Der König sprach: „Dies ist eine ehrenvolle Verbindung, denn er ist ein ruhmvoller Mann."

Gudrun sprach: „Es ist ein schwankendes Vertrauen, dieses Vertrauen in das gute Geschick, das nicht schwankt!"

Doch durch die Fürsprache des Königs Jonakr und wegen der Dinge, die König Jörmunrek mitgesandt hatte, wurde die Heirat schließlich beschlossen. Da ging Schwanhild mit einer ansehnlichen Begleitung zu dem Schiff und setzte sich an den Steven neben den Sohn des Königs.

Da sprach Bikki zu Randver: „Es wäre nur gut und richtig, wenn Du selber eine solch liebliche Frau hättest und nicht der alte Mann dort drüben."

Diese Worte schienen dem Herzen des Königssohn gut zu sein und er sprach zu ihr mit süßen Worten und sie in derselben Weise auch zu ihm.

Schließlich gingen sie an Land und gingen zu dem König. Bikki sagte zu ihm: „Es ist recht und billig, daß Du weißt, was geschehen ist, mein Herr, auch wenn es nur schwer zu erzählen ist, denn es ist eine Geschichte darüber, daß Du betrogen worden bist, denn Dein Sohn hat die ganze Liebe von Schwanhild erhalten und sie ist nichts anderes als seine Dirne. Lasse diese Tat nicht ungerächt."

Er hatte dem König schon oft üblen Rat gegeben, aber diese Rede stach ihn am meisten. Und noch immer hörte der König auf seine bösen Reden. Daher schrie er, weil er die Wut in sich in keiner Weise stillen konnte, daß Randver ergriffen und an den Galgen gehängt werden solle.

Als er zum Galgen geführt wurde, nahm er seinen Falken und rupfte ihm die Federn aus und bat sie, ihn seinem Vater zu zeigen. Als der Vater ihn sah, sprach er: „Nun kann das Volk sehen, daß ihm scheint, daß ich meine Ehre verloren habe – so wie dieser Falke seine Federn verloren hat." Da gebot er, seinen Sohn zum Galgen zu führen.

Mittlerweile jedoch hatte Bikki seinen Willen erreicht und Randver war getötet worden.

„Und, außerdem," sprach er, „gegen niemanden hast Du mehr Missetaten zu rächen als gegenüber Schwanhild – lasse sie einen schändlichen Tod sterben!"

„Ja," sprach der König, „wir wollen tun, wie Du es rätst."

So wurde sie am Tor der Burg angebunden und ein Roß wurde gegen sie getrieben um sie totzutrampeln. Als sie jedoch ihre Augen weit öffnete, wagte das Pferd nicht auf sie zu treten. Als Bikki dies erblickte, hieß er ihr einen Beutel über den Kopf ziehen. Als sie dies getan hatten, verlor sie ihr Leben.

I 44. e) Skaldskaparmal

Dieselbe Geschichte wird in der Skaldskaparmal berichtet:

In der Nacht ging sie zu dem König, als er eingeschlafen war, und mit ihr Högnis Sohn. Sie töteten Atli und so ließ er das Leben. Darauf warfen sie Feuer in die Halle und verbrannten alles Volk, das darinnen war.

Dann ging Gudrun an die See und sprang ins Meer und wollte sich ertränken. Aber sie wurde über die Bucht getragen und kam an das Land, das König Jonakur besaß. Und als der sie sah, nahm er sie zu sich und vermählte sich mit ihr. Sie hatten drei Söhne mit Namen Sörli, Hamdir und Erp. Sie hatten alle rabenschwarzes Haar, wie Gunnar und Högni und die anderen Niflungen.

Die Reise über das Meer ist ist ein Symbol für die Jenseitsreise.

Dies ist die dritte Ehe der Gudrun: Sigurd, Atli und Jonakr. Diese drei Ehen werden ursprünglich die Darstellung eines zyklischen Vorganges gewesen sein: Gudrun ist die Sagen-Variante der Landesgöttin, mit der sich der angehende König bei seiner Krönung vermählt, sodaß er zum Landesherrn wird.

Bei ihnen wurde Swanhild, Sigurds Tochter, erzogen, die die schönste aller Frauen war. Davon hörte König Jörmunrek der Reiche und sandte seinen Sohn Randwer, damit er sie für sich warb. Als er zu Jonakur kam, wurde ihm Swanhild übergeben, damit er sie König Jörmunrek brachte.

Jörmunrek ist eine Sagen-Variante des Tyr (siehe „Jörmunrek" in Band 39).

Da sagte Bicki, es würde besser passen, wenn Randwer Swanhild nehmen würde, denn er wäre jung und sie auch, Jörmunrek jedoch alt. Dieser Rat gefiel ihnen gut, denn sie waren junge Leute.

Darauf erzählte Bicki dies dem König Jörmunrek, der seinen Sohn ergreifen und zum Galgen führen ließ. Da nahm Randwer seinen Habicht, rupfte ihm die Federn aus und bat, ihn seinem Vater zu senden. Darauf wurde er gehängt.

Als aber König Jörmunrek den Habicht sah, da erkannte er, daß auch sein Reich ohne Bestand sein werde, denn so wie der Habicht flugunfähig und federlos war, so war nun auch sein Reich ohne Dauer, da er sei alt und sohnlos war.

Der federlose Habicht könnte eine Sagen-Variante des an dem Leim des Thiazi bzw. Geirröd festklebenden Falken sein, der Lokis Seelenvogel ist. Allerdings wäre dies Motiv dann in dieser Sage schon an eine falsche Stelle gerutscht (bei Tyrs-Jörmunreks Tod statt bei Lokis Tod), was jedoch häufig mit umgedeuteten Mythen-Motiven geschieht.

Da ließ König Jörmunrek, als er mit seinem Gefolge aus dem Wald von der Jagd geritten kam, die Königin Swanhild, als diese beim Haarwaschen saß, niederreiten und sie unter den Hufen der Rosse zu Tode treten.

I 44. f)   Gesta danorum

Schließlich findet sich diese damals offenbar sehr beliebte Geschichte noch in der „Geschichte der Dänen" des Mönches Saxo der Schriftkundige.

Saxo hat einige Details und Namen entsprechend seiner damals „modernen" klassischen Bildung umgedeutet.

Nachdem er so die Herrschaft über beide Völker erlangt hatte, wurde er durch seine angewachsene Macht dazu ermutigt, die Slawen anzugreifen, von denen er vierzig nahm und einen Wolf an jeden von ihnen band. Dieser Tod war von Alters her für die bestimmt, die ihre eigenen Verwandten getötet hatten; aber er verhing sie über seine Feinde, damit alle deutlich sahen – nur durch ihre Gesellschaft mit den unbarmherzigen Bestien – wie habgierig sie sich gegenüber den Dänen verhalten hatten.

Als Jarmerik das Land erobert hatte, ließ er an allen passenden Stellen Festungen errichten und zog von dort fort und richtete ein Gemetzel unter den Sembs und Kurlandern und vielen Völkern im Osten an. Die Slawen glaubten jedoch, daß ihnen diese Abwesenheit des Königs die Gelegenheit zu einem Aufstand gäbe und töteten die Fürsten und verwüsteten Dänemark.

Jarmerik, der von seinem Raubzug zurückkehrte, traf zufällig auf ihre Flotte und zerstörte sie – eine Tat, die seiner Liste von Eroberungen weitere Ehren hinzufügte.

Er tötete ihre Edlen in einer Weise, die einen weinen lassen würde, wenn man es sähe, denn er zog ihnen Riemen durch ihre Beine und band sie dann an die Hufe wilder Stiere; dann ließ er sie von Hunden jagen und in sumpfige Moore treiben. Diese Tat nahm der Kraft der Slawen ihre Schärfe und sie unterwarfen sich der Herrschaft des Königs in Furcht und Zittern.

Jarmerik, der durch große Beute reich geworden war, wünschte sich ein sicheres Lagerhaus für seine Beute zu errichten und ließ auf einem hohen Hügel ein Schatzhaus von bewundernswerter Handwerkskunst errichten. Er sammelte Gras-Soden und errichtete einen Hügel, legte eine Menge Felsen als Fundament und umgab den unteren Teil mit einem Erdwall, die Mitte mit Räumen und die Spitze mit Festungsanlagen. Rings herum postierte er Wachen ohne Lücke. Vier große Tore gaben freien Zugang an jeder Seite; und in dieses herrschaftliche Gebäude häufte er all seine glanzvollen Reichtümer.

Dieses Gebäude erinnert an das viertürige Berghaus des Loki, in das sich dieser zurückgezogen hatte, als nach seinem Mord an Baldur vor den Asen geflohen war.

Nachdem er solcherart seine Angelegenheiten daheim geregelt hatte, richtete er seine Bestrebungen wieder in die Ferne. Er begann zu reisen und focht bald eine Seeschlacht mit vier Brüdern, die er auf hoher See traf, Hellespontiner von Abstammung und erfahrene Raubfahrer.

„Hellespontiner" sind Leute aus Hellespont, d.h. aus Griechenland. „Hellespont" ist der antike Name der Meerenge der Dardanellen, also der schmalen Durchfahrt für Schiffe zwischen der Türkei und Griechenland.

Nachdem diese Schlacht drei Tage angedauert hatte, beendete er den Kampf, nachdem er von ihnen ihre Schwester und die Hälfte des Tributs erhandelt hatte, die sie denen auferlegt hatten, die sie unterworfen hatten.

Wie sich im Folgenden zeigt, ist diese Schwester der vier Brüder Swanhild.

Danach floh Bikk, der Sohn des Königs der Livländer aus der Gefangenschaft der besagten Brüder und kam zu Jörmunrek.

Livland war ein Königreich im Baltikum, das das heutige Estland und Lettland umfaßte.

Der Ratgeber Bikk wird im folgenden ausführlicher beschrieben als in den anderen Sagas und auch seine Motivation wird deutlich.

Er hatte jedoch nicht seine Untaten vergessen: Jarmerik hatte ihm seine eigenen Brüder genommen. Er wurde von dem König freundlich aufgenommen, in dessen geheimen Beratungen er schon bald eine wichtige Stimme hatte; und, sobald er den König seinem Ratschlag in allen Dingen geneigt fand, leitete er ihn, wann immer er nach seinem Rat gefragt wurde, zu den abscheulichsten Taten und trieb ihn dazu, Verbrechen und Ehrlosigkeiten zu begehen.

Auf diese Weise suchte er nach einer Möglichkeit, den König durch ein Schwinden seiner Würde zu verletzen, und er strebte vor allem danach, ihn von denen, die ihm am nächsten im Blut waren, zu entzweien; so versuchte er, seine Brüder durch List zu rächen, da es ihm durch nicht Macht nicht möglich war.

So geschah es, daß der König schmierige Sünden statt Tugenden umarmte und sich selber bei allen durch seine grausamen Taten verhaßt machte, die er auf Anraten seines verräterischen Ratgebers beging. Selbst die Slawen begannen sich gegen ihn zu erheben; woraufhin er, um sie niederzuwerfen, ihre Anführer gefangen nahm, eine Seil durch ihre Schenkel zog und sie von Pferden, die in verschiedene Richtungen zogen, auseinanderreißen ließ. So wurden ihre wichtigsten Männer vernichtet, indem ihre Leiber für ihre Sturheit des Geistes in Stücke gerissen wurden. Dies hielt die Slawen gehorsam in ungebrochener und beständiger Unterwerfung.

Mittlerweile ergriffen die Söhne von Jörmunreks Schwestern, die in Deutschland geboren und aufgewachsen waren, aufgrund des Erbes ihres Großvaters gegen ihren Onkel zu den Waffen und behaupteten darauf, daß sie genauso wie er ein Anrecht auf den Thron hatten. Der König zerstörte ihre Festungen in Deutschland mit Kriegsmaschinen, belagerte mehrere ihrer Städte und kehrte mit einem unblutigen Sieg heim.

Die Hellespontiner kamen zu einem Treffen mit ihm, um ihm ihre Schwester zu der versprochenen Heirat anzubieten. Nachdem diese gefeiert worden war, zog er auf Bikkis Anraten hin erneut nach Deutschland, besiegte seine Neffen im Krieg und ließ sie in unangemessener Weise erhängen. Er versammelte weiterhin ihre wichtigsten Männer unter dem Vorwand eines Festes und ließ sie in derselben Weise töten.

Mittlerweile hatte der König seinen Sohn Broder aus einer anderen Ehe dazu bestimmt, die Aufsicht über seine Stiefmutter zu übernehmen; diese Aufgabe erfüllte er mit ganzer Wachsamkeit und Sorgfalt.

Die Stiefmutter des Sohnes ist Swanhild. Er trägt den Namen „Broder".

Bikk jedoch klagte diesen Mann bei seinem Vater des Inzestes an und stiftete, um die Falschheit dieser Anklage zu verschleiern, Zeugen zu Aussagen gegen ihn an. Als die Anklage gegen ihn vollständig erhoben worden war, konnte Broder keinerlei Unterstützung für seine Verteidigung vorbringen, woraufhin sein Vater seinen Freunden befahl, den angeklagten Mann schuldig zu sprechen, da er es für weniger schmachvoll hielt, seinen Sohn von anderen richten zu lassen.

Alle fanden, daß er das Ausgestoßenwerden verdiente – außer Bikk, der nicht davon ab ließ, eine schreckliche Stimme gegen sein Leben abzugeben und darauf bestand, daß der Täter, der einen schändlichen Inzest begangen hatte, mit Erhängen bestraft werden muß.

Damit jedoch niemand glaubte, daß diese Strafe der Grausamkeit seines Vaters zuzurechnen sei, bestimmte Bikk, nachdem Broders Kopf in die Schlinge gelegt worden war, daß die Diener den Broder auf einem Balken, der unter ihn platziert wurde, hochhalten sollten, sodaß dann, wenn die Erschöpfung sie ihre Hände von ihrer Last nehmen ließ, sie ebenfalls am Tod des jungen Mannes schuldig seien und durch ihr eigenes Versagen den König von diesem naturwidrigen Mord entlasteten.

Er gab ebenfalls vor, daß er, wenn der Angeklagte nicht bestraft werden würde, er gegen dessen Vater intrigieren würde. Die Ehebrecherin Swanhild, sagte er, solle ein schändliches Ende erleiden und unter den Hufen von Tieren zertrampelt werden.

Der König gab Bikk nach und, als sein Sohn gehängt werden sollte, ließ er die, die dabei standen, ihn mithilfe einer Planke emporhalten, damit er nicht erstickte. So wurde seine Kehle nur ein wenig gequetscht und der Knoten war harmlos und es war nur eine vorgetäuschte Strafe.

Dieses seltsame Arrangement erinnert daran, daß Odin neun Tage lang am Weltenbaum hing und daß auch in dem heiligen Hain bei dem Tempel von Uppsala Menschen an den Bäumen hingen. Möglicherweise ist diese merkwürdige Szene aus den Einweihungsszenen von Uppsala entlehnt worden, die wie alle Einweihungen im wesentlichen Jenseitsreisen waren und daher die Darstellung eines rituell-symbolischen Todes enthielten. Im Zusammenhang mit Odin erscheint dabei oft ein „Erstechen" mit einen Schilfrohrstengel, der Odins Speer Gungnir symbolisiert.

Der König jedoch ließ die Königin sehr fest auf den Boden binden und befahl, sie unter den Hufen von Pferden zertrampeln zu lassen.

Es wird erzählt, daß sie so schön war, daß selbst die Tiere davor zurückschreckten, solch schöne Glieder mit ihren schmutzigen Füßen zu zerstampfen.

Der König, der ahnte, daß dies die Unschuld seiner Frau verkündete, begann seinen Irrtum zu bereuen und eilte, die verleumdete Dame zu befreien.

Inzwischen eilte jedoch Bikk heran und erklärte, daß sie, wenn sie auf ihrem Rücken lag, die Tiere mit ihrem schrecklichen Zauber fernhielt, und sagte, daß sie nur zertrampelt werden konnte, wenn sie auf ihrem Gesicht lag; der er wußte, daß ihre Schönheit sie beschützte.

Nachdem der Leib der Königin in dieser Weise gelegt worden war, wurden die Tiere über sie getrieben sodaß sie sie mit der Vielzahl ihrer Füße tief hinabstampften. Das war das Ende der Swanhild.

Mittlerweile kam der Lieblingshund des Broder zu dem König gekrochen und gab einen klagenden Ton von sich und schien die Bestrafung seines Herrn zu beklagen; und Broders Habicht begann, als man ihn brachte, sich mit seinem Schnabel seine Brustfedern auszuraufen. Der König nahm diese Nacktheit als ein Omen seiner Beraubung und um den Tod seines Sohnes zu verhindern, sandte er schnell Männer, die seinen Sohn aus der Schlinge nehmen sollten, denn er hatte den federlosen Vogel so gedeutet, daß er bald kinderlos sein würde, wenn er nicht acht gäbe.

Auf diese Weise wurde Broder vor dem Tod bewahrt und Bikk, der fürchtete, daß er die Strafe eines Verräters würde zahlen müssen, ging fort und erzählte den Männer von Hellespont, daß Swanhild auf abscheuliche Weise von ihrem Mann abgeschlachtet worden sei.

Als sie ihre Segel setzten, um ihre Schwester zu rächen, kam er zurück zu Jarmerik und berichtete ihm, daß sich die Hellesponten auf einen Krieg vorbereiteten.

Der König glaubte, daß es sicherer sei, hinter den Mauern als im Feld zu kämpfen und zog sich in die Festung zurück, die er hatte errichten lassen. Um der Belagerung zu widerstehen, füllte er die inneren Räume mit Vorräten und die Festungsanlagen mit bewaffneten Männern. Wurfgeschosse und Schilde, die von Gold blitzen, hingen ringsum und schmückten den obersten Kreis des Gebäudes.

Da geschah es, daß die Hellespontiner eine große Gruppe ihrer Männer der Veruntreuung von Schätzen beschuldigten und sie hinrichten ließen. Nachdem sie auf diese Weise eine so große Anzahl ihrer Männer durch innere Kämpfe zerstört hatten, fürchteten sie, daß ihre Kraft nicht ausreichen würde, den Palast zu erstürmen, und holten daher Rat bei einer Zauberin mit Namen Gudrun ein.

In der Sigurd-Saga ist Gudrun die Mutter der Swanhild – was auch in der Version, die in der „Gesta danorum" berichtet wird, passen würde.

In der Völsungen-Saga töten die beiden Brüder Hamdir und Sörli auf ihrer Rache-Fahrt zu Jörmunrek ihren Bruder Erp.

Sie bewirkte, daß die Verteidiger auf der Seite des Königs plötzlich mit Blindheit geschlagen wurden und ihre Waffen gegeneinander richteten. Als die Hellespontiner dies sahen, bildeten sie ein Schild-Dach und griffen die Tore an.

Die Taktik des Schild-Daches wurde von den Römern „Schildkröte" genannt. Dabei hält eine Gruppe von Kriegern ihre Schilde so über, vor und neben sich, daß sie gegen Pfeilschüsse und Speerwürfe geschützt sind und nähern sich auf dieser Weise ihrem Feind.

Dann rissen sie die Pfosten heraus, brachen in das Gebäude ein und schlugen die geblendeten Reihen ihrer Feinde nieder.

In diesem Aufruhr erschien Odin und strebte in das dichteste Gedränge der Reihen der Kämpfer und gab durch seine göttliche Kraft den Dänen ihr Augenlicht wieder, das sie durch Zauberkunst verloren hatten, denn er hegte in sich stets eine väterliche Liebe für sie. Er wies sie an, Steine zu benutzen, um die Hellespontiner zurückzuschlagen, die Zaubersprüche benutzten, um ihre Leiber gegen Waffen zu härten.

Solch ein Streit zwischen Odin und einer zauberkundigen Frau ist aus anderen Mythen und Sagen gut bekannt: Frigg im Grimnir-Lied, Freya in der Saga über Hedin und Högni, Sigdrifa im Sigdrifa-Lied usw. In der „Gesta danorum" hat Gudrun diese Rolle inne.

Vermutlich geht dieser Streit auf eine Auseinandersetzung zwischen der älteren, zumindestens noch teilweise matrilinear geprägten Weltanschauung und der neueren patriarchal geprägten Weltordnung zurück.

Auch in der Völsungensaga verrät Odin den Männern des Jörmunrek, wie Hamdir und Sörli getötet werden können.

Auf diese Weise töten beide Heere einander und vergingen. Jarmerik verlor beide Füße und Hände und sein Leib wurde unter die Toten gerollt.

Dieser Verlust von Händen und Füßen erinnert an den Sonnengott-Göttervater Tyr, der eine seiner Hände verlor. Wie die Mythen der Skythen, der Kelten und der Römer sowie die Berichte der Griechen über die Skythen zeigen, reicht dieses Motiv bis zu den ursprünglichen Indogermanen zurück (siehe u.a. auch „Wieland" in Band 4).

Der verletzte oder abgeschlagene Fuß ist auch ein Motiv des Sonnengottes, das in einer „light-Version" von Aurvandil, der nur einen Zeh statt einen ganzen Fuß verloren hat, überliefert worden ist (siehe auch „Fuß" in Band 63).

Broder, der nur wenig dafür geeignet war, folgte ihm als König.

Es sieht so aus, als ob das Leben und der Tod des Jarmerik-Jörmunrek dem Schicksal des Tyr nachgebildet worden sei:

Analogien zwischen Jarmerik und Tyr	
Tyr-Mythe	*Jarmerik-Sage*
Sieg des Loki über Tyr = Herbst	Vertreibung des Jarmerik
Tyr als Gefangener des Loki in der Unterwelt = Winter	Jarmerik als Gefanger der Slawen im Osten; Zerfall Dänemarks
Tyr besiegt Loki = Frühling	Befreiung des Jarmerik
Herrschaft des Tyr = Sommer	Herrschaft des Jarmerik
Intrigen des Loki = Herbst	Intrigen des Bikk
Todessymbolik der Einweihungsrituale	Broders seltsame Fast-Hinrichtung
Kraft der sommerlichen Sonnengöttin	Augen/Schönheit der Swanhild
Tod der Sonnengöttin = Herbst	Tod der Swanhild
Wiedergeburt der Sonnengöttin nach dem Ragnarök als ihre eigene Tochter	- - -
Sonnengöttin-Mutter	Gudrun
Sonnengöttin-Tochter	Swanhild

„Bikki" bedeutet „Hund" und ist ursprünglich möglicherweise ein Beiname des Loki gewesen.

Über ihn ist nur eine einzige Tat bekannt: Er verleitete einen Königssohn, die für seinen Vater bestimmte Frau zu heiraten, woraufhin der Vater von seinem Sohn getötet wurde. Da in den Sagas, in der Bikki auftritt, viele zu Sagen-Motive umgewandelte Elemente aus den Tyr-Mythen enthalten sind und zudem der Streit um die Jenseitsgöttin das zentrale Thema in dem endlosen zyklischen Streit zwischen Tyr und Loki ist, ist ein Zusammenhang zwischen Loki und Bikki recht wahrscheinlich.

I 45.   Loki in der Saga: Blind

Über den Ratgeber mit dem Namen „Blind" wird nur in der Hromund-Saga berichtet.

Aufgrund des Motivs des „bösen Ratgebers", der eine Sagen-Variante des Loki ist, kann man vermuten, daß auch der Ursprung des Ratgebers Blind in den Mythen des Loki zu finden ist.

Dies wird dadurch bestätigt, daß in der Hromund-Saga auch Helgi auftritt, dessen Name einer der Beinamen des Tyr ist, mit dem Loki einen endlosen, zyklischen Kampf führte, der die Jahreszeiten verursacht.

I 45. a)   Der Name „Blind"

Der auffällige Name dieses Ratgebers läßt vermuten, daß er mit den Vorstellungen über das Jenseits in Zusammenhang steht, da „blind" mit „tot" assoziiert wurde – so sind zwei der Beinamen des Odin „Helblindi" („Hel-Blinder") und „Gestumblindi" („blinder Gast"), was bedeutet, daß Odin mit seinem blinden, also „toten" Auge in das Jenseits („Hel") blicken kann, und daß Odin ein halbblinder, d.h. einäugiger Gast ist.

Siehe dazu auch die Kapitel „Auge", „Einäugigkeit" und „Blindheit" in Band 63.

I 45. b)   Die Saga über Hromund Greipsson

In König Haddings Heer war ein Mann mit dem Namen Blind der Böse.

Die Sippe der Haddinger übernehmen in vielen Sagas die Rolle des Tyr in den früheren Mythen. Der „böse Ratgeber" ist eine weitverbreitete Sagen-Variante des Loki. Er ist stets der Ratgeber des „Tyr-Königs" in den Sagen – wie z.B. Bikki am Hofe des Jörmunrek.

Er berichtete dem König, daß Hromund noch lebte und heimlich in dem Heim von Landleuten gesundgepflegt wurde.

Der König weigerte sich, dies zu glauben, und erklärte, daß sie es nicht wagen würden, ihn vor ihm zu verbergen, aber er befahl trotzdem, daß eine Suche durchgeführt wird.

Auch dies ist ein beliebtes Motiv in den Sagas: Die Bauersleute, die alte Frau im Wald oder der Mann auf der Insel verbergen und beschützen den Königssohn, der von einem Eroberer verfolgt wird, der in der Regel den Vater des Königssohnes getötet hat. Der Königssohn ist der junge Tyr, der Eroberer Loki, der Wald das Jenseits und die Frau im Wald die Jenseitsgöttin. Dieses Motiv ist als Ganzes die Sagen-Variante der Jenseitsreise des ehemaligen Göttervaters.

Hromund hatte sein Schwert in einem See verloren, aber es später wiedererlangt – dies ist ein deutliches Tyr-Motiv.

Blind und einige andere Männer gingen zu dem Haus des Hagal und seiner Frau und frugen, ob sie Hromund in Pflege hätten. Die Frau sagte, daß sie ihn dort nicht finden würden. Blind durchsuchte alles gründlich, aber er fand ihn nicht, da die Frau Hromund unter ihrem Kessel verborgen hatte.

Die zauberkundige Frau, die einen Mann, der oft ihr eigener Mann ist, mithilfe von Magie vor seinen Verfolgern versteckt, ist bei den Germanen ein beliebtes Motiv gewesen. Es wird vermutlich auf Tyr bzw. Loki zurückgehen, die jeweils von der Jenseitsgöttin vor dem anderen Gott verborgen wurden.

Siehe dazu auch den Band 58 „Priesterin – Seherin – Zauberin – Hexe".

Blind und seine Begleiter gingen fort, aber als sie ein Stück weit gegangen waren, sagte Blind: „Unsere Suche war fruchtlos. Wir müssen noch einmal hingehen."

Das taten sie. Sie gingen zurück und fanden die Frau. Blind sagte ihr, daß sie eine Zauberkundige sei und daß sie Hromund unter ihrem Kessel verborgen habe.

„Dann schaut dort nach und schaut, ob ihr ihn finden könnt," sagte sie. Dies sagte sie, weil sie, als sie sie zurückkehren gesehen hatte, Hromund in Frauenkleider gesteckt hatte und ihm die Handmühle zu drehen gegeben hatte.

Die Männer durchsuchten das ganze Haus und als sie das Mädchen fanden, das die Handmühle drehte, schnüffelten sie überall in dem Raum umher, aber sie warf unfreundliche Blicke auf die Männer des Königs und sie gingen wieder fort, ohne etwas gefunden zu haben.

Als sie fortgegangen waren, sagte Blind, daß die Frau des Bauern die Dinge anders aussehen lasse als sie sind und er hatte den Verdacht, daß es Hromund gewesen sein müsse, der die Handmühle gedreht hatte und als Frau verkleidet gewesen ist, „und ich sehe, daß wir betrogen worden sind, aber wir werden nichts erreichen, wenn wir mit dieser Frau streiten, denn sie ist geschickter als wir."

Sie verfluchten sie und gingen heim zu dem König und ließen die Dinge ruhen so wie sie waren.

Im folgenden Winter sah Blind viele Dinge in einem Traum und eines Tages erzählte er seinen Traum dem König und sprach: „Ich habe geträumt, daß ein Wolf aus dem

Osten gelaufen kam und Dich gebissen und verwundet hat, o König!"

Der König sagte, daß er den Traum wie folgt deuten würde: „Ein König wird aus dem Osten aus einem anderen Land kommen und seine Ankunft wird zunächst schrecklich sein, aber danach wird es wieder Frieden geben."

Blind sagte weiterhin, daß er geträumt habe, daß viele Falken auf einem Haus saßen, „und ich habe Euren Falken gesehen, Herr – er war ganz kahl und alle seine Federn waren ihm ausgerupft worden."

Dieses Motiv ist ein sehr bekanntes Todes-Omen. Der Falke könnte sich auf Lokis Falken-Seelenvogel beziehen.

Der König sagte: „Ein Sturm wird aus den Wolken kommen und unsere Halle schütteln."
Blind erzählte ihm einen dritten Traum mit den folgenden Worten: „Ich sah eine Schweineherde von Süden her auf die Halle des Königs zulaufen und die Erde mit ihren Schnauzen aufwühlen."

Schweine, d.h. Eber oder Keiler sind ein häufiges Bild für „Krieger".

Der König sagte: „Das wird die Flut sein, feuchtes Wetter und das Gras, das aus der Feuchtigkeit emporsprieße, wenn die Sonne auf die Heide scheint."
Blind erzählte einen vierten Traum: „Ich dachte, ich würde einen schrecklichen Riesen von Osten aus hierher kommen sehen; er biß Dir mit seinen Zähnen eine große Wunde."
Der König sagte: „Boten werden von irgendeinem König aus dem Osten in meine Halle kommen. Sie werden Feindschaft verursachen wollen und ich werde mich darüber ärgern."
„Dies ist ein fünfter Traum," sagte Blind, „Ich träumte, daß eine schreckliche Schlange sich rings um Schweden legte."
„Ein prächtiges Drachenschiff wird hier ankommen, das mit Edelsteine gefüllt ist," sagte der König.

Drachen sind im wesentlichen große Schlangen. Sie waren die Gestalt der Totengeister, die in ihren Hügelgräbern auf ihrem Grabschatz lagen – daher die Assoziation des Königs zu den Edelsteinen.

„Ich hatte einen sechsten Traum," sagte Blind, „mir träumte, daß dunkle Wolken über das Land kamen, die Klauen und Flügel hatten und mit Dir, o König fortflogen. Und ich habe weiterhin geträumt, daß eine Schlange in dem Haus des Bauern Hagal war. Sie griff die Leute auf eine schreckliche Weise an. Sie verschlang sowohl Dich

wie mich und alle Männer, die zu diesem Hof gehören. Was kann das bedeuten?"

Der König sagte: „Ich habe gehört, daß sich nicht weit von Hagals Haus ein Bär herumtreibt. Ich werde dorthin gehen und den Bären mit großer Kampfeswut angreifen."

„Danach habe ich geträumt, daß ein Drache rings um die Königs-Halle lag und daß er den Gürtel des Hromund trug."

Der König sagte: „Du weißt doch, daß Hromund sein Schwert und seinen Gürtel in dem See verloren hat – und trotzdem fürchtest Du Hromund noch immer?"

Blind träumte noch mehr Träume, die er dem König erzählte, aber der König deutete sie, wie es ihm gefiel und nie so, wie es ihrer wahren Bedeutung entsprach.

Aber dann erzählte Blind einen Traum, der ihn diesmal selber betraf: „Ich habe geträumt, daß ein eiserner Ring um meinen Hals gelegt worden ist."

Der König sagte: „Die Bedeutung dieses Traumes ist, daß Du gehängt werden wirst – und daß das das Ende von uns beiden sein wird."

Danach rief König Olaf ein großes Heer zusammen und zog nach Schweden. Hromund begleitete ihn und sie nahmen die Halle des Königs Hadding in einem Überraschungsangriff ein. Er lag in seinem Bett in einer der äußeren Kammern und bemerkte sie erst, als sie die Tür seines Raumes einschlugen. Hadding rief zu seinen Männern und frug, wer den Frieden der Nacht stören würde. Hromund sagte ihm, wer sie waren.

Der König sagte: „Du willst Deine Brüder rächen."

Hromund sagte, daß er nicht gekommen sei, um Worte über den Tod seiner Brüder zu verlieren und fügte hinzu: „Du wirst nun dafür zahlen müssen und zwar auf der Stelle!"

Da sprang einer der Berserker des Königs Hadding herbei, der so groß wie ein Riese war, aber Hromund tötete ihn. König Hadding verbarg sich in seinem Bett und erhielt keine Wunde, denn jedesmal, wenn Hromund auf ihn niederschlug, drehte sich das Schwert und kam mit der flachen Seite auf ihn nieder. Da nahm Hromund eine Keule und schlug König Hadding zu Tode.

Dieses Motiv stammt auch aus den Mythen des ehemaligen Göttervaters Tyr, der als Göttervater und Kriegsgott natürlich fast unbesiegbar war und nur durch eine List und auf eine ganz besondere Weise getötet werden konnte wie z.B. durch eine Keule oder durch sein eigenes Schwert (siehe „Unverwundbarkeit" in Band 64).

Da sagte Hromund: „Hier habe ich König Hadding niedergeworfen, den berühmtesten Mann, den ich jemals gesehen habe."

Der Mann Blind, der auch Bavis genannt wurde, wurde gebunden und erhängt, sodaß sich sein Traum erfüllt hatte.

Die Bedeutung des Namens „Bavis" ist unbekannt. Möglicherweise ist dies eine Ableitung von dem lateinischen Genitiv des Substantivs Rind, das „bovis" lautet – aber das ist sehr unsicher.

Der Berater des Königs Hadding mit dem Namen „Blind" ist eine Sagen-Variante des Loki:

König Hadding ist eine Sagen-Variante des Tyr (er kann nur auf eine besondere Weise, d.h. mit einer Keule getötet werden); Helgi Haddinga aus der Sippe des Königs ist ebenfalls ein Sagen-Variante des Tyr (siehe „Helgi" in Band 39); und der „böse Berater" befindet sich stets an dem Hof eines „Tyr-Königs".

Der Ratgeber Blind ist jedoch nicht sonderlich „böse" – so wie z.B. Bikki.

I 46. Loki in der Saga: Aki

In der Saga über Halfdan Brana-Ziehsohn tritt ein weiterer Berater mit dem Namen „Aki der Böse" auf. Er erinnert sehr an Bikki, den hinterhältigen Berater des Jörmunrek in der Völsungen-Saga. Da in beiden Sagas der Gegenspieler des Beraters Charakterzüge des ehemaligen Göttervaters Tyr hat, wird dieser „böse Berater" der Sagen-Nachfolger des Loki sein – ähnlich Hagen von Tronje, der Sigurd (Tyr) tötete.

I 46. a) Der Name „Aki"

Der Name „Aki" ist ein Diminuitv zu „Aku" und bedeutet „Väterchen".

I 46. b) Die Saga über Halfdan Brana-Ziehsohn

Im folgenden ist der Teil der Saga über Halfdan Brana-Ziehsohn übersetzt, in dem Aki auftritt (*kursiv* geschrieben) – der übrige Teil ist nur kurz zusammengefaßt. Die Kommentar sind hier zur leichteren Unterscheidung von den Zusammenfassungen am Anfang eingerückt.
Die vollständige Saga findet sich in Band 79.

Halfdan ist der Sohn des Sagen-Königs Hring von Dänemark. Nach der Ermordung des Königs durch den Wikinger Soti und seine Männer, wird Halfdan und seine Schwester Ingiborg von einem Jarl im Wald bei einer alten Frau in Sicherheit gebracht.

> Dies Motiv könnte die herbstliche Jenseitsreise des Tyr nach seinem Tod als alter Gott sein – Soti wäre dann Loki, der Wald das Jenseits und die alte Frau die Jenseitsgöttin Hel-Freya.

Als Halfdan sechzehn Jahre alt ist, zieht er als Anführer von vier Schiffen nach Bjarmaland. Dort besiegt er zwei Trolle, die dem Tyr-Riesen Grendel und seiner Mutter im Beowulf-Epos gleichen.

> Das Auftreten dieses Tyr-Riesen bestätigt die Vermutung, daß diese Saga eine Umgestaltung der Mythen des ehemaligen Göttervaters Tyr ist.

Halfdan rettet Hilde, die Tochter des Jarls, der ihn gerettet hat, sowie die beiden Zwillingssöhne des Angantyr von Schottland aus der Gefangenschaft der beiden Trolle.

Angantyr ist offenbar eine Sagen-Variante des Gottes Tyr – zumal er zwei Zwillingssöhne hat, die den beiden Söhnen des Tyr, die in der Gestalt von zwei Schimmeln seinen Streitwagen zogen („Alcis"), entsprechen.

Als nächstes trifft Halfdan auf die Riesin Brana, die sich als eine verzauberte Königstochter herausstellt. Halfdan erlöst sie von ihrem Fluch, indem er u.a. gegen ihren Vater, den dreiköpfigen Riesen Jarnhauss, kämpft, der in einem Grab auf seinem Streitwagen sitzt.

Jarnhauss ist nach König Hring von Dänemark und Angantyr von Schottland die dritte Tyr-Gestalt in dieser Sage. Hring ist Tyr als Ahnherr der Könige im Diesseits (Dänemark), Angantyr ist Tyr als König auf der Jenseitsinsel (Schottland) und Jarnhauss ist Tyr auf seinem Streitwagen in seinem Hügelgrab, in dem sich auch die Jenseitsgöttin, die ein Gemisch aus Hel (Brana als Riesin) und Geliebter (Brana als Königstochter) ist, befindet.
Diese Saga ist daher recht sicher eine Weiterentwicklung der Tyr-Mythen. Halfdan als Sohn des Königs Hring (der alte Tyr, der im Herbst von Loki getötet wird) ist der junge Tyr, der im Jenseits Loki bzw. seinen eigenen Vater (Jarnhauss) besiegt.

Brana verschwand früh am nächsten Morgen und kam nicht vor dem Abend zurück. Einmal frug Brana Halfdan, wie lange es noch bis zum Sommer dauern würde.
„Sechs Wochen," sagte er.
„Es wäre gut," sagte sie, „wenn Du nicht mehr länger an die Höhle denken würdest, denn morgen ist der erste Tag des Sommers und Du mußt von hier aufbrechen, während ich als einzelne Frau reisen muß, auch wenn es mir anders lieber wäre. Ich trage ein Kind in mir und Du bist der Vater."

Diese Motiv geht auf die Wiederzeugung des toten Tyr mit der Jenseitsgöttin (Brana) im Jenseits und seine anschließende Wiedergeburt durch sie zurück. Dieser wiedergeborene Tyr kehrt dann in das Diesseits zurück, wodurch der Sommer beginnt – auch Halfdan verläßt zum Beginn des Sommers die Jenseitshöhle der Brana.

Halfdan sagte, daß er das nicht bestreiten würde, „und ich möchte, daß Du das Kind zu mir sendest," sagte er, „wenn es ein Junge ist, aber daß Du tust, was Du willst, wenn es ein Mädchen ist."

Sie sagte, das dies so sein solle, „und Du mußt von hier nach England segeln. Dort herrscht ein König, der Olaf genannt wird. Er hat eine Tochter mit dem Namen Marsibil. Über sie wird gesagt, daß sie schönste Maid unter allen Frauen der Welt ist. Sie kennt alle Frauen-Künste und ich möchte, daß Du sie heiratest.

Du sollst Dich dort als Händler ausgeben und hier sind Kräuter, die ich Dir geben will. Gib sie der Königstochter und sie wird Dich lieben. Sie haben die Macht, daß sie Dich wie ihr eigenen Leben lieben wird, wenn sie sie unter ihren Kopf legt und auf ihnen schläft.

Und hier sind Kleider, die ich Dir geben will. Kein Eisen kann sie durchdringen außer Deinem Schwert. Du wirst niemals vom Schwimmen müde werden, wenn Du sie trägst, und Feuer wird Dir keinen Schaden antun.

Der dritte Schatz ist ein Ring. Er wird Hnitud genannt. Er besteht aus drei Teilen. Wenn Dir ein Feind nah ist und Du den Ring hast, dann wirst Du wissen, an welchem Tag er Dir den Tod bereiten will. Wenn er Dich mit Waffen niederstrecken will, dann wird der Ring rot wie Blut sein, aber wenn er Dich mit Gift betrügen will, dann wird er schwarz wie Teer sein."

Dann gingen sie zum Meer. Dort lag ein Schiff im Sand.

Brana sagte: „Hier ist ein Schiff, daß ich Dir geben will, Halfdan. Ich habe es während des Winters gebaut. Es wird guten Wind haben, wohin auch immer Du fahren wirst. Dieses Drachenschiff trägt den Namen Skrauti."

Halfdan dankte Brana für die Geschenke.

Sie sagte: „Von nun an sollst Du Halfdan Brana-Ziehsohn heißen. Der Wächter des Königs Olaf wird Aki genannt. Er ist ein übler Mann und nicht vertrauenswürdig. Er wird Aki der Böse genannt, aber er ist ein großer Kämpfer. Laß Dich nicht von ihm betrügen."

Das versprach Halfdan. Sie gingen heim zu der Höhle und schliefen dort die Nacht über.

Am Morgen stand Halfdan früh auf und kleidete sich an. Brana hatte sein Schiff vollständig vorbereitet und seine Männer kamen an.

Er frug Brana, ob sie mit ihm reisen wolle, aber sie sagte, daß sie dort bleiben wolle und gebot den Ziehbrüdern, daß sie ihre Kisten mit Gold zu dem Schiff bringen sollten, und das taten sie. Brana nahm ihre Truhe, die größer war als alle anderen und dann gingen sie damit zu dem Schiff.

Halfdan ging an Bord und sein Abschied von Brana war schwer und lang.

Brana schob das Schiff vom Strand.

Diese Szene erinnert an das Schiff Hringhorni des Baldur, auf dem dieser Gott bestattet worden ist und das nur von Hyrrokkin, d.h. von Hel selber ins Meer hinaus gestoßen werden konnte.

Halfdan segelte in den Hafen hinaus und fuhr dann vor einem guten Wind. Halfdans Drachenschiff war bei Brana zurückgeblieben.

Er segelte bis er zu den Hladey-Inseln kam. Dort herrschte eine Frau, die Hladger genannt wurde. Halfdan blieb dort eine Weile und gab ihr viele Schätze und sie lud ihn ein, eine zeitlang bei ihr zu bleiben, wenn er es brauchen sollte. Er willigte ein.

Eine Weile später fuhr er von der Insel fort und hielt nicht an, bevor er in England die Festung des Königs Olaf erreicht hatte.

Der König hieß ihn willkommen und frug, wer er sei.

Er sagte, daß er Halfdan genannt werde und daß er ein Händler sei, „und ich möchte euch um Winterquartier bitten."

Der König gewährte ihm seinen Wunsch. Halfdan erhielt ein Vorgebäude, in dem er seine Schätze lagern konnte und teilte seine Männer zur Wache dort ein.

Eines Tages gingen sie alle umher und kamen zu einer Palisade. Innerhalb der Palisade sahen sie ein prächtiges Frauenhaus. Die Palisade war so hoch, daß keiner der dort von dort stammenden Männer hinüberklettern konnte. Im Inneren dieser Umzäunung standen eine schöne Gruppe von Bäumen. Halfdan frug die Brüder, ob sie hinübergelangen könnten. Sigurd versuchte es und rannte ein Drittel der Höhe hinauf, und Sigmund die Hälfte, aber Halfdan gelang über die Palisade hinüber und ging zu dem kleinen Hain.

Dort sah er ein junge Maid. Sie spielte mit einer goldenen Kugel, warf sie empor und fing sie wieder auf. Einmal verfehlte sie sie, als sie fangen wollte, und sie fiel in der Umzäunung nieder. Sie suchte nach der goldenen Kugel. Halfdan ging zu ihr und gab ihr eine andere goldene Kugel, die größer war.

Diese Szene ist aus „Der Froschkönig" gut bekannt …

Da diese Saga auf die Mythen des Sonnengott-Göttervaters Tyr zurückgeht, ist es wahrscheinlich, daß diese goldene Kugel die Sonne symbolisiert, die sich in der Unterwelt bei der Jenseitsgöttin befindet.

Dies läßt sich allerdings nicht ausschließlich aus dieser Textstelle schließen, sondern nur im Zusammenhang mit den vielen anderen Hinweisen auf diese Symbolik wie z.B. der wichtigsten aller Kenningar, die Gold als „Feuer des Wassers", d.h. als „Sonne im Meer" umschreibt.

Sie dankte ihm und sprach: „Ich habe noch nie einen stattlicheren Mann als Dich gesehen und ich wünschte, daß Du und meine Freundin Marsibil heiraten würden, da ihr euch so sehr gleicht."

Danach ging sie in das Frauenhaus und Halfdan ging zurück zu den Brüdern. Die Maid, der Halfdan den goldenen Ball gegeben hatte, wurde Alfifa genannt. Sie war die Tochter des Königs Sigurd von Skorduborg, der der Onkel des Königs Olaf war.

Alfifa gab Marsibil den goldenen Ball.

Sie sagte, daß dies nicht die goldene Kugel sei, die sie ihr gegeben hatte, denn diese hier sei besser. „Wer hat sie Dir gegeben?"

Sie sagte, daß sie draußen im Garten einen Mann getroffen hätte, „und er gab mir die goldenen Kugel. Ich habe noch nie ein so stattlichen Mann gesehen und dazu noch so höflich wie Du – und ich fand, daß ihr gut zusammenpassen würdet."

Marsibil wurde so wütend, daß sie ihr einen Schlag auf das Ohr gab, womit ihr Gespräch beendet war.

Eines Tages ging Halfdan zu dem Frauenhaus der Königstochter. Die Palisade stand offen. Er ging in den Garten und zu der Gruppe von Bäumen, die er zuvor schon gesehen hatte. Dort saß die Königstochter Marsibil. Er fand, daß er noch nie eine so schöne Maid gesehen hatte. Sie kämmte ihr Haar mit einem goldenen Kamm.

Als sie Halfdan sah, sagte sie: „Geht fort, Herr, wenn Ihr nicht getötet werden wollt – ihr seid sehr kühn, hier ohne Erlaubnis einzutreten."

Halfdan tat, als ob dies nicht gehört hätte, und setzte sich neben sie und öffnete das Tuch, das er zu einer Geldtasche zusammengeknotet hatte. Dort drinnen hatte er die Kräuter, die Brana ihm gegeben hatte. Er bot sie der Königstochter an, aber sie lehnte sie ab. Er legte sie auf ihre Knie und ging dann fort, aber sie sammelte die Kräuter auf und ging ihr Frauenhaus und legte die Geldtasche unter ihren Kopf und schlief in dieser Nacht auf ihnen.

Diese List erinnert an Odins Verkleidung als Heiler, als er um die Königstochter Rindr warb, um mit ihr Wali, den Rächer des Baldur zu zeugen.

Am Morgen befahl sie Alfifa, mit ihm zu sprechen und sagte: „Du, meine Freundin, geh zu diesem Händler, den Du im Garten gefunden hast, und sage ihm, daß er kommen soll, um mich sofort zu treffen – und tue dies heimlich!"

Alfifi sagte: „Du wirst nicht weniger Gefallen an ihm finden, als ich es getan habe – aber nun will ich rasch gehen!"

Sie eilte sich auf ihrem Botengang und fand Halfdan und sagte ihm, daß er schnell kommen solle. Dies tat er und ging mit ihr und fand Marsibil die Königstochter.

Sie sagte: „Eine große Macht liegt in den Kräutern, die Du auf meine Knie gelegt hast, denn ich liebe Dich so sehr, daß ich meine Augen nicht von Dir wenden kann und daß ich wünsche, daß wir beide vereinbaren, daß wir einander treu sein werden."

Halfdan sagte, daß es so sein solle und so versprachen sie es sich gegenseitig. Die Königstochter bat ihn, oft zu kommen und mit ihr zu sprechen. Dies versprach er ihr und ging fort.

Die Zeit verging bis schließlich Aki, der Landwächter des Königs, heimkam. Halfdan wurde so sehr von dem König geschätzt, daß er neben ihm saß. Aki brachte dem König viele Schätze und war es gewohnt neben ihm zu sitzen und war sehr eifer-

süchtig auf Halfdan. Er wünschte ihm den Tod und sandte ihm Männer nach, die seinen Kopf holen sollten, die jedoch niemals Erfolg hatten. Aki verleumdete ihn oft bei dem König, aber der König hörte nicht darauf.

Eines Abends geschah es, daß Aki und Halfdan in der Halle tranken und der König schon schlafen gegangen war.

Aki sagte: „Bist Du ein guter Sportsmann, Halfdan?"

„Nicht sehr," sagte er.

„Würdest Du vielleicht gegen mich schwimmen wollen?" sagte Aki.

„Vielleicht," sagte er.

Darüber freute sich Aki sehr, da er ein sehr guter Schwimmer war. Dann gingen alle schlafen. Aki erhob sich früh am Morgen und freute sich darauf, mit Halfdan um die Wette zu schwimmen. Er trat vor den König und berichtete ihm das Gespräch mit Halfdan und lud ihn mit seinem ganzen Hof ein, mitzukommen und das Wettschwimmen anzusehen.

Der König war damit einverstanden, rief seinen gesamten Hof zusammen und ging selber hinaus, um dem Wettkampf zuzusehen. Eine kurzes Stück vor der Stadt war ein See. Dort hatten sie vor zu schwimmen und so taten sie auch und sprangen in das Wasser. Halfdan trug die Rüstung, die Brana ihm gegeben hatte.

Aki stürzte sich auf ihn, aber Halfdan tauchte ihn unter Wasser und hielt ihn über drei Stunden dort fest. Dann kam Aki wieder empor und war sozusagen mit Wasser vollgelaufen. Seine Männer holten ihn an Land und halfen ihm heim und er war so durchgefroren, daß er nicht mehr sprechen konnte. Halfdan vollbrachte dann noch mehr Taten im Wasser und kam dann an Land, ging mit dem König heim zu der Halle und dieser schätze Halfdan nun noch mehr als zuvor.

Am nächsten Morgen ging Halfdan in das Frauenhaus zu der Königstochter und erzählte ihr über den Schwimmwettkampf. Sie fand sein Vorgehen richtig, aber sagte ihm, daß er vor Aki auf der Hut sein solle, da dieser ihn betrügen werde. Halfdan sagte, daß das, was sein solle, sein werde, und ging dann fort.

Aki fand, daß er noch mehr Schande erhalten habe, und wollte Halfdan in jeder erdenklichen Weise betrügen.

Eines Tages lud Aki Halfdan zu einem Turnier und Halfdan stimmte sofort zu. Darüber war Aki sehr zufrieden und erzählte dem König, was sie geplant hatten. Aki hatte ein Roß, das war so gut, daß man in ganz England kein besseres finden konnte außer dem Roß der Königstochter. Akis Roß hieß Longant und das Roß der Königstochter Spoliant.

Da ging Halfdan zu dem Frauenhaus der Königstochter und berichtete ihr das Gespräch mit Aki. Davon hielt sie nicht viel. Er bat sie, ihm ihr Roß zu leihen. Sie sagte, daß sie das tun würde und daß er es verbergen solle, damit es von niemandem bemerkt würde. Dem stimmte er zu und ging dann fort.

Doch die Königstochter ging zu Aflifa und sprach: „Ich werde Dich zu einem Mann *schicken, der ein kleines Stück entfernt lebt. Er wird Ulf genannt und hält mein Roß verborgen. Geh dorthin, hole es und übergib es Halfdan."*

Alfifa ging los und kam zu Ulf und berichtete ihm die Botschaft ihrer Herrin. Er holte das Roß und sie brachte es zu Halfdan.

Dann kam der Tag, an dem Aki und Halfdan reiten sollten. Aki nahm sein Roß und ritt zu einem Wald und Halfdan ritt gegen ihn. Sie ritten zu einem Graben. Halfdan ritt mit seiner Lanze Aki hinterher und stieß ihn aus seinem Sattel und warf ihn in den Graben, sodaß er in dem Sumpf feststeckte und nicht wieder herauskam. Seine Männer liefen zu ihm und zogen ihn heraus und er war unzufriedener mit seinem Los im Leben als je zuvor. Durch diese Tat errang Halfdan großen Ruhm.

Aki dachte Tag und Nacht darüber nach, wie er es Halfdan heimzahlen konnte.

Aki hörte, daß Halfdan eine Schwester hatte und er beschloß, Halfdan durch sie Schande zu bringen. Er stand eines Nachts aus seinem Bett auf und ging zu dem Frauenhaus, in dem Ingibjorg und Hilda waren. Er war mit einem Hemd und Leinenhosen bekleidet. In dem Frauenhaus waren nicht viele Männer.

Als Aki mit der Handfläche an der Tür klopfte und leise sagte, daß sie öffnen sollten und daß er Halfdan sein, sagte sie zu Hilda, daß sie zur Tür gehen solle. Hilda ging zur Tür und öffnete sie und sah, daß es Aki war. Da fürchteten sie sich so sehr, daß sie nicht wußten, wohin sie gehen sollten. Aki trat sofort ein und lehnte sich gegen den Türpfosten.

Ingibjorg sagte: „Ich wünschte, daß Brana, die Ziehmutter des Halfdan, mir helfen würde!"

Und als sie dies gesagt hatte, klebte Aki fest an der Tür, sodaß er nicht fortgehen konnte. Das Wetter war windig und frostkalt und Aki begann zu frieren, sodaß er vor Kälte zitterte. Dort mußte er die ganze Nacht stehen bleiben. Und am Morgen, als Halfdans Männer zu dem Frauenhaus kamen, sahen sie Aki dort stehen und berichteten dies dem Halfdan. Als er ankam, löste sich der Bann auf. Aki aber er war unfähig zu sprechen und war sehr wütend auf sich selber und fand, daß er sich eine große Schande geholt habe.

Dieses Festkleben stammt von Lokis Festkleben an der Wand in der Halle des Tyr-Geirröd und an dem Stab, mit dem Loki nach Tyr-Thiazi geschlagen hat.

Nun grübelte er noch mehr darüber nach, wie er es Halfdan heimzahlen konnte.

Einst lud Aki den König zu einem Fest ein. Der König kam mit vielen Männern zu ihm und auch Halfdan war mit auf dieser Fahrt und ebenso Sigurd und Sigmund. Aki unterhielt sie alle gut und verhielt sich fröhlich gegenüber Halfdan.

An einem der Festtage geschah es, daß Halfdan und seine Gefährten zusammen mit Aki in einer Festung tranken, während der König und seine Männer woanders waren. Aki war sehr fröhlich und gab ihnen viel zu trinken. Und da der Trank vergiftet war, fielen sie sofort in einen tiefen Schlaf. Da rief Aki seine Männer zusammen und ließ Feuer an die Festung legen und wollte sie alle darinnen verbrennen. Davon wußte der König nichts.

Die Festung begann zu brennen und ebenso die Kleidung der Ziehbrüder. In dem Augenblick kam eine Frau aus dem Wald. Sie war gewaltig groß und watete in das Feuer und nahm die ganzen Ziehbrüder in ihre Arme und trug sie aus dem Feuer in den Wald. Da erwachte Halfdan und sah, daß Brana gekommen war.

„Es gibt ein altes Sprichwort, daß sehr gut auf Dich zutrifft: 'Ein Narr wird erst spät weise.' Ich habe Dich gewarnt, daß Du nicht zulassen sollst, daß Aki Dich betrügt. Ich habe jetzt eine Tochter, die gerade eine Woche alt ist, zurückgelassen und ich fürchte, daß sie mißbraucht wird – daher kann ich hier nicht länger bleiben."

Sie trennten ihr Beisammensein, aber nicht ihre Freundschaft. Da erwachten die Brüder und gingen mit Halfdan heim und berichteten dem König, was Aki getan hatte, aber der König achtete nicht groß darauf, da er ein Freund des Aki war.

Nun soll noch über Aki und seine Männer berichtet werden: Als sie die Frau kommen sahen, rannten sie entsetzt in den Wald und Aki verläßt nun die Geschichte.

Der König kehrte heim, nachdem er diese Neuigkeiten gehört hatte.

Als nächstes muß erzählt werden, daß der König ein großes Julfest vorbereitete. König Sigurd kam von Skorduborg und viel andere große Männer. Am ersten Abend, nachdem die Leute ihre Sitze eingenommen hatten, kam die Königstochter Marsibil mit ihren Begleiterinnen herein. Hilde und Ingibjorg waren bei ihr und je eine von ihnen saß an ihrer Seite und nicht weit entfernt saßen ihre Dienerinnen. Alfifa spielte auf dem Fußboden.

Ihr Vater König Sigurd rief sie zu sich und setzte sie sich auf den Schoß und sprach: „Sag mir, wer ist die Frau, die da zu Rechten Deiner Freundin sitzt?"

„Sie wird Ingibjörg genannt," sagte Alfifa, „und sie ist die Schwester des Händlers, der letzten Sommer hierhergekommen ist."

Der König sagte; „Geh zu der Königstochter Marsibil und sage ihr, daß sie dafür sorgen soll, daß ich diese Frau heirate."

Alfifa ging fort zu ihrer Herrin und überbrachte ihr die Botschaft von ihrem Vater. Die Königstochter riet ihm, Halfdans Rat einzuholen.

Die Nacht verging und als der Tag anbrach, berieten sich die Königstochter und Halfdan zusammen mit König Sigurd. Die Königstochter sagte ihm, daß der König um die Hand von Halfdans Schwester angehalten habe.

Halfdan sagte: „Ich denke, daß es eine passende Frau für den König wäre, wenn er Hilda heiraten will."

Der König kam mit seiner Werbung zu Halfdan und er nahm sie an und es wurde mit der Zustimmung ihrer Brüder beschlossen, daß das Julfest zu einem Hochzeitsfest umgewandelt werden und in seinem halben Monat stattfinden sollte.

Nach dem Fest verschenkte König Sigurd viele wertvolle Geschenke und fuhr mit seiner Königin heim nach Skorduborg. Sigurd fuhr mit ihnen, aber Sigmund blieb bei Halfdan.

Als der Sommer kam, wollte Halfdan wieder von England fortfahren. Eines Tages ging er in das Frauenhaus der Königstochter und sagte ihr, daß er aufbrechen und seinen Vater rächen wolle.

Die Königstochter sagte: „Hier im Hafen liegen zwanzig Schiffe, die ich Dir gebe."

Halfdan dankte ihr und sagte, daß seine Schwester bei ihr bleiben solle. Dem stimmte sie zu. Er nahm Abschied von ihr und von seiner Schwester und ging dann fort und trat vor den König und dankte ihm für seine Gastfreundschaft den Winter über und verabschiedete sich von ihm. Dann gingen er und Sigmund zu ihrem Schiffen.

Als Halfdan gegangen war, kam jedoch Aki, um mit dem König zu sprechen und sagte: „Wißt ihr eigentlich, Herr, daß Halfdan eure Tochter geschwängert hat?"

„Davon weiß ich nichts," sagte der König und befahl Aki, ihm sofort mit vielen Männern hinterherzugehen. Er war schon bereit für diesen Gang und lief ihnen mit zehn Männern hinterher.

Nun erzählen wir wieder von Halfdan und seinen Männern, die gerade einen Waldweg entlanggingen. Halfdan erblickte Akis Verfolgung. Er trug die Kampfkleider, die Brana ihm gegeben hatte. Aki griff schon bald an, sprang von seinem Pferd und sah sich nach Halfdan um, aber Halfdan und Sigmund hatten sich umgedreht und verteidigten sich tapfer.

Es geschah jedoch, daß Aki Sigmund tötete, indem er ihm beide Füße abschlug.

Das Abschlagen von Händen und Füßen findet sich auch in den Mythen des Tyr und seiner Sagen-Nachfolger wie König Jörmunrek.

Nach Sigmunds Fall wurde Halfdan so wütend, daß er alle Männer des Aki tötete und ihn selbst ergriff, seine Nase abschnitt, ihm beide Augen ausdrückte, ihm seine Ohren abschnitt und ihn kastrierte. Dann zerbrach seine beiden Beine und riß ihm seine Zehen aus, setzte ihn dann auf den Rücken seines Pferdes und schickte es heim zu der Halle des Königs.

Halfdan war weder erschöpft noch verletzt. Er bestattete Sigmund in einem Hügelgrab und kehrte dann zu seinem Schiff zurück und berichtete seinen Männern, was mit Aki geschehen war und sie fanden, daß dies gut sei.

Halfdan segelte nun mit zwanzig Schiffen und seinem Drachenschiff an der Spitze von England fort. Er kam nach Hladey, wo ihn Hladgerd willkommen hieß und ihm zwanzig Schiffe mit Männern und Schätzen gab. Halfdan dankte ihr für diese Geschenke.

Um jetzt noch einmal von Aki zu berichten, ist zu sagen, daß er heimkam und nicht mehr groß angab. Als die Männer des Königs ihn sahen, sagten sie ihrem König, daß er gekommen war. Da sah der König Aki und die Verfassung, in der er war. Der König jagte ihn fort und Aki erscheint nun nicht mehr in dieser Saga.

Schließlich besiegen Halfdan und seine Männer den Wikinger Soti, der Halfdans Vater Hring getötet hatte.

> Die Rache für den eigenen Vater war für jeden Wikinger eine der größten Pflichten. Dieses Motiv taucht in den meisten Sagas, die auf die Tyr-Mythen zurückgehen, auf – wie z.B. in der Sigurd- und der Völsungensaga, in der Sigurd zunächst seinen Vater Sigmund rächt, bevor er selber heiratet.
> Derselbe Handlungsverlauf findet sich auch in dieser Saga – in der sogar die beiden Ziehbrüder des Halfdan Sigurd und Sigmund heißen und in der auch Sigmund von Aki, dem Nachfolger des Loki getötet wird. In der Völsungen-Saga hat der König der Hundinge diese Rolle übernommen.

Am Ende der Saga heiraten Halfdan und die Königstochter Marsibil.

Aki („Väterchen") wird schon durch seinen Beinamen „der Böse" deutlich charakterisiert. Da er zudem ein „hinterhältiger Berater" wie Bikki am Hofe des Jörmunrek (Völsungen-Sage) ist, ist es recht sicher, daß die Wurzel des Aki die Rolle des Loki in dem endlosen zyklischen Kampf zwischen Tyr und Loki ist.

Aki erscheint in dieser Saga ausschließlich als Gegner des Halfdan, der deutlich als Sagen-Variante des Tyr erkennbar ist: Er ist ein Königssohn, er flieht vor dem Mörder seines Vaters (Loki), er wird von einer Frau im Wald (Jenseitsgöttin) aufgezogen), er reist in eine Höhle im Jenseits, in der er Hilfe von der Riesin Brana (Jenseitsgöttin) erhält, er rettet die Zwillingssöhne (Alcis) des Angantyr von Schottland (Tyr) und seine beiden Ziehbrüder heißen Sigurd und Sigmund, die in der Völsungen-Saga den alten und den jungen Tyr verkörpern.

Halfdan hat daneben jedoch auch die Mythen des Thor übernommen, da Thor um ca. 500 n.Chr. an die Stelle des jungen, wiedergeborenen Tyr getreten ist: Er tötet zwei Riesinnen (Grip und Gjalp) sowie in einer Höhle auch deren Eltern (Tyr-Geirröd; Tyr-Grendel und seine Mutter).

Aki kann als Gegenspieler dieses Tyr-Helden nur eine Sagen-Variante des Loki sein.

Aki unterliegt dem Halfdan insgesamt sechsmal. Seine Intrigen gegen Halfdan bestehen aus:

- einer Verleumdung
- einem Schwimmwettkampf,
- einem Turnier,
- der versuchten Verführung von Halfdans Schwester,
- der Vergiftung und der versuchten Verbrennung des Halfdan, und
- der Behauptung, Halfdan habe die Königstochter geschwängert.

Die beiden Kämpfe werden Varianten des Kampfes zwischen Tyr und Loki sein.

Die Verleumdungen stammen vermutlich aus den Vorstellungen über Loki aus der Zeit nach der Absetzung des Tyr als Göttervater – in dieser Epoche ist er der ewige Störenfried wie dies z.B. in dem Lied „Lokasenna" geschildert wird.

Der Vorwurf der Schwängerung der Königstochter (der sich auch in der Völsungensaga bei Swanhild findet) könne auf die Wiederzeugung zurückgehen.

Die versuchte Verbrennung des Halfdan könnte ihre Wurzel evtl. in der Feuerbestattung haben, was jedoch sehr unsicher ist. Auch in der Nibelungensaga findet sich ein solcher „Hallenbrand" – was damals allerdings kein seltenes Vorkommnis gewesen ist.

Die Verstümmelung des Halfdan an Aki wirkt wie eine drastische Variante des Todes des Jörmunrek (ein Tyr-Nachfolger), dem Hamdir und Sörli die Hände und die Füße abgeschlagen haben.

I 47. Loki in der Saga: Brak

I 47. a) Saga über Ragnar Lodenhose

Aslaug Sigurd-Tochter, die den Beinamen „Kraka" („Krähe") trug, heiratete nach dem Tod ihres Mannes Ragnar Lodenhose, der sehr große Ähnlichkeit mit dem Helden Sigurd hat und daher eine Saga-Variante des Tyr ist, einen Mann mit dem Namen „Brak" („Lederschaber").

Da sich in der Sigurd-Saga und in der Ragnar-Saga viele Elemente der früheren Göttervater-Mythen finden, könnte Brak als Nachfolger des Ragnar, der die Rolle des Tyr/Odin übernommen hat, seinerseits auf Loki zurückgehen, da sich dieser Gott aufgrund der Wiederzeugungs- und Wiedergeburts-Symbolik mit Tyr als Mann der Jenseitsgöttin abwechselte.

Die Hinweise auf den Ursprung des Brak in dem endlosen zyklischen Streit zwischen Tyr und Loki, die die Jahreszeiten verursachen, sind allerdings ziemlich vage.

I 47. b) Gesta danorum

In der Gesta Danorum heißt es lediglich:

Sie erfuhren, daß Ragnar tot war und daß Kraka bereits einen Mann namens Brak geheiratet hatte.

Brak, der zweite Mann der Walküre Aslaug Sigurd-Tochter, könnte wie Hagen aus der Siegfried-Sage auf Loki zurückgehen, der sich mit dem Göttervaters Tyr in einem endlosen Streit um die Herrschaft und die Jenseitsgöttin lag.

Der einzige Anhaltspunkt für diese Vermutung ist jedoch, daß Aslaug-Kraka nach dem Tod ihres Mannes Ragnar, der dem Tyr/Odin entspricht, den Brak geheiratet hat.

I 48.   Loki in der Saga: Snio

I 48. a)   Chronicon lethrense

Der Meeresriese Hler, zu dem Tyr in der nächtlichen bzw. winterlichen Wasserunterwelt wird, wird in dieser Chronik „Lä" oder „Lee" genannt. Entsprechend heißt die Insel Hlesey hier „Läsø" oder „Lee-Insel".

Die in Klammern stehenden nicht-kursiven Teile des folgenden Textes sind Einschübe, die nicht im Original stehen, aber sich aus dem Zusammenhang ergeben und das Verständnis der Geschichte erleichtern.

Da sandte König Hakon von Schweden den Dänen einen kleinen Hund als König – mit der Warnung, daß der, der als erster sagen würde, daß der Hund tot ist, sein Leben verlieren würde. Eines Tages saß das Hündchen an der Tafel und die großen Hunde balgten sich auf dem Fußboden. Als das Hündchen von der Tafel herabsprang, bissen die großen Hunde es zu Tode. Und niemand wagte es, König Hakon davon zu erzählen.

Ob dieses Hündchen wohl König Hunding ist?

Da befahl der Riese Lee (der Meeresgott Hler) *von der Lee-Insel* (Hlesö) *seinem Hirten Snio* („Schnee"), *sich das Königreich des Hakon zu holen. Als Snio zu König Hakon kam, frug ihn dieser nach den Neuigkeiten.*
Snio antwortete: „Die Bienen in Dänemark sind alle betäubt."
Da sprach König Hakon: „Wo hast Du letzte Nacht geschlafen?"
Snio antwortete dem König: „Dort, wo die Schafe die Wölfe fressen."
„Wie das?"
„Weil der Wolf gekocht und den Schafen als Heilmittel zu trinken gegeben wurde."
„Wo hast Du die Nacht davor geschlafen?"
„Dort, wo der Wolf den Karren fraß und die Pferde davongelaufen sind."
„Wie kann das sein?"
„Weil drei Biber Holz sammelten und einer von ihnen, der der 'Biber-Leibeigener' genannt wurde, mit ausgestreckten Beinen auf dem Boden zusammenbrach. Die anderen Biber legten das Holz zwischen seine Beine und gingen vor ihm her und zogen ihn wie Ochsen einen Karren. Die Wölfe kamen und fraßen den Biber-Leibeigenen, der das Holz zwischen seinen Beinen hatte; und die Biber, die ihn zogen, rannten fort."

Hier wird eine Feuerbestattung beschrieben.

*"Wo hast Du in der dritten Nacht geschlafen?" frug der König.
Snio antwortete: „Dort, wo die Mäuse die Axt-Klinge, aber nicht den Stil fraßen."
„Wie das?"
„Weil Kinder eine Axt-Klinge aus weißem Käse gemacht hatten. Die Mäuse fraßen die, aber nicht den Stock, aus dem der Axt-Stil gemacht worden war."
Da frug der König nach den Neuigkeiten.
Snio antwortete: „Die Bienen in Dänemark sind alle betäubt."
„Der Hund ist tot!"
„Das hast Du gesagt, nicht ich," sprach Snio und so wurde er König von Dänemark – ein hinterhältiger und sehr strenger Richter, und bösartig dazu, der sich viele Dinge auf unlautere Weise erwarb und alle sehr unterdrückte.*

*Ein Mann, den der König unterdrückte, wurde Roth („der Rote") genannt. Roth wehrte sich gegen ihn. Aus purer Bosheit sandte der König ihn zu Lee dem Riesen, damit er diesen frug, welchen Tod Snio sterben werde. Snio (wußte, daß Lee den Roth zu einem Rätselkampf herausfordern würde und) hoffte, daß Lee den Roth (der den Wettstreit, wie Snio glaubte, verlieren würde,) töten würde.
So brachte Roth Lee dem Riesen die Grüße des Königs (und frug ihn nach der Art des Todes, die Snio sterben würde). Lee weigerte sich jedoch, Roth die Antwort zu geben, bevor Roth ihm nicht drei wahre Dinge sagen würde.*

Der Rätselkampf in den germanischen Mythen findet normalerweise zwischen Tyr und Odin statt, da Odin dadurch, daß nur er weiß, was er Baldur bei dessen Bestattung in sein Ohr geflüstert hat, sich als weiser als Tyr darstellen kann – und ihn somit berechtigterweise von dem Götterthron der Nordgermanen verdrängt hat.

Roth sagte ihm, daß er niemals dickere Wände als an Lees Haus gesehen habe; zweitens, daß er noch nie einen Mann mit so vielen Köpfen gesehen habe; und drittens, daß er, wenn er jemals von hier fortkommen sollte, niemals den Wunsch haben würde, hierher zurückzukehren. Und so rettete er sein Leben.

Da sandte der Riese Lee dem König zwei Handschuhe. Und als König Snio eine Versammlung in Jütland leitete, zog er diese Handschuhe an – und wurde von Läusen zu Tode gefressen.

Diese in Schweden weit verbreitete Geschichte über den Hunde-König klingt zwar etwas seltsam, aber sie enthält doch einige interessante Hinweise auf den Charakter des Hler:

1. Der Riese Lee befiehlt seinem Hirten Snio, König von Dänemark zu werden. Der Meeres-Riese Hler scheint die Macht zu haben, einen neuen König einzusetzen. Diese Macht gehört zu dem Sonnengott-Göttervater, d.h. ursprünglich zu Tyr und zur Zeit der Edda zu Odin.

Es besteht somit der Verdacht, daß Hler der Sonnengott-Göttervater in der Unterwelt ist oder einen Teil von dessen Mythen und Funktionen übernommen hat, weil der Sonnengott-Göttervater nachts in der Wasserunterwelt weilt.

2. Snio sendet Roth zu Lee, damit dieser Snios Todesart erfragt und bei dem dafür erforderlichen Rätselkampf stirbt. Es sieht so aus, als ob Hler auch die Art des Todes eines Königs und somit wohl auch den Zeitpunkt seines Todes bestimmen würde. Diese Macht und Autorität hat in den germanischen Sagas ansonsten Tyr oder Odin – die beide in den Sagas viele Rätselkämpfe miteinander führen.

Dieses Motiv bestätigt somit den engen Zusammenhang zwischen Hler und Tyr bzw. Odin.

3. Roth muß in dem Rätselkampf drei wahre Dinge sagen. Dieses Motiv ist sowohl von den Germanen als auch von den Kelten bekannt (siehe „drei wahre Worte" in Band 64) und ist stets eine Art Lösungswort, das etwas Erwünschtes ermöglicht.

4. Lees Haus hat die dicksten Wände. Dieses Motiv könnte die unterschiedlichsten Bedeutungen haben. Die Zugehörigkeit des Hler zu der Wasserunterwelt bzw. zu der Insel im Wasser-Jenseits läßt jedoch vermuten, daß die dicken Mauern der Halle des Hler die Mauer zwischen Diesseits und Jenseits ist.

5. Lee hat viele Köpfe. Riesen mit mehreren Köpfen sind selbst unter den Ungeheuern der Germanen sehr selten. Der bekannteste von ihnen ist Thrivaldi, der der der Skaldskaparmal zufolge von Thor erschlagen worden ist:

„*Gut hast Du, / Zerschlager der neun Köpfe des Thrivaldi, / Deine Ziegen gehütet.*"

dreifache Göttin Goldhörner von Gallehus

Die Neunzahl der Köpfe des Thrivaldi zeigt, daß es sich um einen Riesen handeln muß, der besonders deutlich mit dem Jenseits verbunden ist. Sein Name bedeutet „der Dreifach-Herrschende" und erinnert an die drei Götter Har („Hoch"), Jafn-Har („Ebenso-hoch") und Tridi („Dritter") in „Gylfis Vision".

Auf dem kleineren der beiden Goldhörner von Gallehus ist eine dreiköpfige Göttin im Jenseits mit einer Ziege zu sehen – die Ziege war wie die Ziegenböcke des Thor, die in den eben zitierten Versen erwähnt werden, das „Opfertier der kleinen Leute" und hat dieselbe Bedeutung wie

436

der Eber Sährimnir des Odin und das Schwein in der Vision des keltischen Königs Cormac.

Der Name „Dreifach-Herrschender" steht letztlich nur dem Göttervater selber zu – die drei Bereiche, über die er herrscht, werden wohl das Asgard der Götter, das Midgard der Menschen im Diesseits und die Unterwelt Hel der Toten sein. Das dreifache Herrschen könnte sich jedoch auch auf den Sonnenzyklus beziehen und würde dann „endlose, zyklische Herrschaft" (im Wechsel mit Loki) bedeuten.

Auch die Vielköpfigkeit des Hler und des Thrivaldi spricht dafür, daß die Mythen des Hler und die des Göttervaters Tyr-Odin eine sehr große gemeinsame Schnittmenge haben.

6. *Lee sendet Snio zwei Handschuhe, in denen Läuse sind, die Snio auffressen.* Hler ist offensichtlich auch der Gott, der die Herrschaftszeit der Könige wieder beendet. Auch dieses Motiv ist von Odin gut bekannt.

Das Motiv der Läuse-Handschuhe ist jedoch recht unklar. Da die gesamte Geschichte offenbar eine ehemalige Mythe ist, die zu einer Art Rätsel-Schwank umgeschrieben worden ist, könnten auch die Läuse ursprünglich einmal etwas anderes gewesen sein.

Der Handschuh bringt den Tod – dies könnte eine Umdeutung des Handschuhs sein, der z.B. in der Thorstein-Saga die Jenseitsreise ermöglicht, was wiederum eine Umdeutung des Handschuhs der Priester und Priesterinnen ist, zu deren Beruf die Jenseitsreise als wesentliches Element gehörte.

Vor diesem Hintergrund könnten die todbringenden „Läuse" auch die Maden und Würmer im Grab sein, die die Leiche fressen.

Da Lee der ehemalige Göttervater Tyr ist, wird der böse König Snio, der am Ende von Lee getötet wird, Loki sein. Dazu paßt auch, daß „Snio" die Bedeutung „Schnee" hat und Loki der Gott des Winters ist.

I 49. Lokis Verhältnis zu den Göttern

Loki hat sehr viele Verbindungen zu anderen Göttern, was seinen komplexen Charakter verdeutlicht. Die Ursache dafür liegt darin, das Loki die Unterwelt verkörpert und die meisten Gottheiten auch einen Bezug zu dem Jenseits haben.

I 49. a) Loki und Tyr

Zu Tyr hat Loki das engste Verhältnis – in den überlieferten Mythen allerdings nicht mehr zu dem Gott Tyr, sondern zu seiner weiterentwickelten Form als Riese: Thiazi, Hrungnir, Geirröd, Surtur, Hymir usw.

In diesen Mythen ist Loki der Jenseits-Gegenpol des Göttervaters – ähnlich wie bei den Griechen Hades der Gegenpol seines Bruders Zeus ist.

Ursprünglich werden Tyr und Loki Brüder gewesen sein, da sie zwei Pole darstellen: Sommer und Winter.

I 49. b) Loki und Heimdall

Diese beiden Götter streiten um Freyas Brisingamen, das Loki gestohlen hat. Der Ursprung dieses Streites liegt in dem Kampf des Regen- und Donnergottes mit der Riesenschlange um den Regen. Daraus wurde nach und nach auch ein Streit um die Göttin, um das Symbol der Wiedergeburt und um die Rinder.

Als Göttervater/Sommer/Ordnung (Heimdall) und Jenseitsgott/Winter/Chaos (Loki) sind beide Gottheiten gleich stark und töten sich daher beim Ragnarök gegenseitig.

Heimdall ist eine Variante des Tyr, der vermutlich aus der Verselbständigung eines Beinamens des Tyr entstanden ist.

I 49. c) Loki und Baldur

Baldur ist die Verkörperung der Richtigkeit und des Sommers. Er bildet somit wie der ehemalige Göttervater Tyr den Gegenpol zu Loki, dem Gott des Chaos und des Winters. Lokis Mord an Baldur entspricht seinem Kampf gegen Tyr, seiner Entführung der Idun und seinem Diebstahl des Draupnir, des Brisingamen und der Äpfel der Idun.

I 49. d)   Loki und Ullr

Ullr Loki-Sohn ist zum einen die Verkörperung des von Loki verursachten Winters und zum anderen ist er auch eine Form des Tyr in der Unterwelt.
Ullr ist der Sohn des Loki und der Sif.

I 49. e)   Loki und Odin

Odin ist der Blutsbruder des Loki. Dieses Motiv könnte aus der Zeit stammen, als Odin noch ein Schamane oder Schamanengott und noch nicht der Göttervater gewesen ist. Zu dieser Zeit müßte er schon „von Berufs wegen" ein enges Verhältnis zu dem Unterweltsgott Loki gehabt haben. Loki könnte zu dieser Zeit das Totenreich, die Ahnenschlangen, ein besonderer Ahn oder auch ein Schamane gewesen sein. Die letzte dieser vier Möglichkeiten würde am besten dazu passen, daß Odin und Loki Blutsbrüder sind.

Vielleicht stammt die „Verwandtschaft" zwischen Odin und Loki aber auch noch aus indogermanischer Zeit, in der der Göttervater der Bruder des Totengottes gewesen ist. Dann hätte Odin um 500 n.Chr., als er Tyr als den Göttervater der Nordgermanen abgesetzt hat, die mythologischen Strukturen des Tyr übernommen und ist daher zwar nicht zu einem Bruder, aber doch immerhin zu einem Blutsbruder des Loki geworden.

I 49. f)   Loki und Hönir

Loki und Odin bilden zusammen mit Hönir die Repräsentanten der drei Stände der Germanen: Loki der Bauer und Handwerker, Odin der Fürst und Krieger sowie Hönir der Priester und Heiler.

Über eine konkrete Handlung zwischen Loki und Hönir wird in den Mythen nicht berichtet. Das Verhältnis zwischen den beiden Göttern Loki und Hönir stammt somit nicht aus einer Mythe, sondern aus einer Strukturierung der Götterwelt anhand der sozialen Struktur der germanischen Gesellschaft.

Allerdings wird Loki „Hönirs Freund" und „Tester von Hönirs Gedanken" genannt, was sich auf eine Mythe beziehen könnte, die nicht überliefert worden ist.

I 49. g)   Loki und Helblindi

Lokis Bruder Helblindi ist sehr wahrscheinlich mit Odin identisch. In dieser Genealogie ist Loki nicht nur der Blutsbruder, sondern der leibliche Bruder des Odin bzw. von dessen Vorgänger Tyr.

I 49. h)   Loki und Byleist

Byleist entspricht dem Priestergott Hönir. Ob auch dieser schon in indogermanischer Zeit ein Bruder des Göttervaters und des Unterweltgottes gewesen ist, ist zwar nicht sicher, aber doch gut denkbar.
Byleist-Hönir würde dann z.B. dem griechischen Meeresgott Poseidon entsprechen, der der Bruder von Zeus und Hades gewesen ist. Poseidon hat viele Züge eines Jenseitsgottes (Wasserunterwelt), eines Ahnen (Wiederzeugung zusammen mit Demeter) und eines Gottes der Wiederzeugung (er sendet König Minos einen weißen Opferstier).

I 49. i)   Loki und Thor

Der Donnergott Thor und der Regenräuberschlangen-Gott Loki stritten sich in der ursprünglichen indogermanischen Mythe um den Regen, während sie in den germanischen Mythen um die Wärme streiten. Durch den Verlauf dieses Streits wird der Wechsel der Jahreszeiten verursacht.

I 49. j)   Loki und Freyr

Man sollte eigentlich auch eine Verbindung des Loki zu dem Korngott Freyr erwarten können, in der er den Tod dieses Gottes verursacht. Der Tod des Freyr scheint jedoch nie „dramatisiert" worden zu sein, sodaß Loki in den Mythen dieses Gottes auch nicht erscheint.

I 49. k) Loki und Logi

Loki ist möglicherweise mit dem Feuergott Logi identisch.

I 49. l) Loki und Kari

Logis Bruder, der Windgott Kari, könnte evtl. dem Odin entsprechen – aber dieser Zusammenhang ist, falls er tatsächlich existiert haben sollte, nur sehr lose.

I 49. m) Loki und Hler

Hler könnte dem Hönir entsprechen, was dann evtl. eine Erinnerung an den indogermanischen Meeresgott sein könnte, der bei den Griechen zu Poseidon geworden ist.

Logi, Kari und Hler sind zwar auch eine Götter-Dreiheit, aber ihre Übereinstimmung mit Odin, Hönir und Loki ist nur sehr schwach.

Hler ist eher wie die anderen Meeresgötter Ägir und Gymir der ehemalige Sonnengott-Göttervater Tyr in der Wasserunterwelt.

Loki und Logikönnten identisch sein.

Der Priestergott Hönir als Seelenvogel-Jenseitsreisender könnten einen Bezug zu dem Luftgott Kari haben.

I 49. n) Loki und Jörmungandr

Jörmungandr ist vermutlich die ursprüngliche Gestalt des Loki als Regenräuberschlange gewesen, die später zu einem Sohn des Loki umgedeutet worden ist.

I 49. o) Loki und Hödur

Hödur ist wie Ullr eine Verkörperung des Winters und somit eng mit Loki verbunden, was sich daran zeigt, daß Loki den Hödur dazu überlistet, seinen Bruder Baldur ungewollt zu töten.

I 49. p)   Loki und Idun

Idun ist eine Gestalt der Göttin der Wiedergeburt, was sich durch ihre Äpfel ausdrückt, die den Göttern ihre ewige Jugend geben. Sie wird daher ursprünglich die Göttin gewesen sein, um die sich der Regengott und die Regenräuberschlange gestritten haben, als der Kampf um den Regen entsprechend der halbnomadisch-räuberischen Lebensweise der Indogermanen auf den Kampf um die Frauen und das Viehs ausgeweitet worden ist.

Idun ist dann bei den Germanen die Göttin gewesen, um die sich Tyr (Thiazi) und Loki gestritten haben.

I 49. q)   Loki und Sif

Das Scheren des Haares der Sif durch Loki ist ein Symbol für die Ernte – Loki ist der „Sensenmann". Dieser „Raub des Haares" der Frau des Thor sowie Lokis Verführen der Sif, die daraufhin den Wintergott Ullr gebiert, ist eine der vielen Varianten des Kampfes des Donnergottes gegen den Unterweltsgott.

I 49. r)   Loki und Frigg

In Bezug auf Loki ist Frigg ebenfalls vor allem die Wiedergeburts-Göttin. Bei Friggs Bemühen, Baldur vor allen Gefahren zu schützen, wird sie von Loki überlistet.

I 49. s)   Loki und Freya

Auch Freya ist die Jenseitsgöttin, die u.a. den Loki wiedergebiert, was sich in den Mythen in dem Motiv des Ausleihens des Falkengewandes an Loki erhalten: Loki wird durch Freya zu einem Seelenvogel.

Loki raubt der Freya ihr Brisingamen und wird dafür von Heimdall verfolgt, bis es zu einem Kampf zwischen den beiden kommt.

I 49. t)   Loki und Nanna

Zu Baldurs Frau Nanna hat Loki nur einen sehr indirekten Bezug, da keine Handlungen zwischen beiden berichtet werden, aber Loki den Tod der Nanna indirekt durch seine Ermordung des Baldur herbeiführt und Nanna („Mutter") eine der vielen Gestalten der Göttin der Wiedergeburt ist.

Es scheint einst eine Mythe gegeben zu haben, in der Loki das Herz der toten und verbrannten Nanna gegessen hat und daraufhin mit Ungeheuern schwanger wurde. Diese Mythe dürfte eine Umdeutung der Wiederzeugung zusammen mit Nanna und der anschließenden Wiedergeburt des Loki durch Nanna sein.

I 49. u)   Loki und Skadi

Auch die Riesin Skadi ist eine der vielen Gestalten der Jenseitsgöttin. Loki verhöhnt sie damit, daß er ihren Vater Thiazi erschlagen hat, woraufhin sie sich damit rächt, daß sie die Schlange über dem gefesselten Loki aufhängt, deren Gift auf ihn herabtropft.

In einer anderen Mythe erscheint Skadi als Tochter des Tyr-Thiazi, aber wird von Loki durch einen erotischen Scherz mit einem Ziegenbock zum Lachen gebracht, was man wohl als eine Umdeutung der Wiederzeugung werten darf.

Skadi wird ursprünglich nicht die Tochter des Tyr-Thiazi gewesen sein, sondern seine Frau, d.h. die Wiedergeburtsgöttin im Jenseits. Dieses Motiv hat sich in ihrer Ehe mit Odin erhalten können.

I 49. v)   Loki und Hel

Hel wird ursprünglich eine Gestalt der Muttergöttin im Jenseits gewesen sein, bevor sie zunehmend zu einer Verkörperung der Angst vor dem Tod wurde.

Sie wird zunächst die Wiederzeugungs-Geliebte und die Wiedergeburts-Mutter des Loki und des Tyr und aller anderen Götter und Menschen gewesen sein, bevor sie zu der Göttin wurde, um die sich Thor und Loki stritten, und dann schließlich zu der Schreckensgestalt der Hel umgeformt wurde.

I 49. w)   Loki und Ran

Ran ist die Wasserjenseits-Variante der Hel. Von ihr erhielt Loki das Netz, mit dem sie die Seeleute in ihren Drachenschiffen zu fangen versuchte. Mit einem Nachbau dieses Netzes fingen die Götter schließlich auch den Loki in der Gestalt eines Lachses.

I 49. x)   Loki und Sigyn

Über Lokis Frau Sigyn wird in den Mythen kaum etwas berichtet. Sie wird eine Variante der Hel gewesen sein.

I 49. y)   Loki und Wali

Wali ist der Sohn des Loki mit dessen Gedärmen sie den Loki fesselten. Die Asen benutzten Wali somit für ihre Rache. Es ist auch ein Odin-Sohn mit dem Namen Wali bekannt, der im Alter von nur einer Nacht seinen Halbbruder Baldur an Hödur rächte. Es wäre denkbar, daß zwischen beiden ein Zusammenhang bestand.

Vermutlich wird Wali zusammen mit seinem Bruder auf die beiden Söhne des Tyr zurückgehen, die sowohl von Odin als auch von Loki in ihre um 500 n.Chr. neu gestalteten Mythen übernommen worden sind.

I 49. z)   Loki und Nari

Die Götter verwandelten den Loki-Sohn Nari in einen Wolf, woraufhin dieser seinen Bruder Wali tötete.

Nari ist der in dem vorigen Abschnitt genannte Bruder des Wali und geht wie dieser auf die beiden Alcis-Söhne des Tyr zurück.

I 49. aa) Loki und Fenrir

Auch Fenrir ist ein Sohn des Loki. Man kann vermuten, daß Fenrir und Nari letztlich identisch miteinander sind und die Asen den Wali Loki-Sohn durch den Fenris-Wolf Loki-Sohn töten ließen, um eine besonders drastische Rache an Loki zu nehmen.

Der Wolfs-Sohn des Loki ist bereits zu einem Tod-Bringer umgedeutet worden – davor war der Wolf und der Hund ein Helfer auf dem Weg in das Totenreich.

Letztlich wird Fenrir jedoch der ehemalige Sonnengott-Göttervater Tyr als Wolfs-Ekstasekrieger sein. Seine beiden Alcis-Söhne sind als Krieger ebenfalls zu Wölfen geworden. Sie sind dann nach 500 n.Chr. zu den beiden Wölfen des Odin sowie zu dem Wolfs-gestaltigen Loki-Sohn Nari geworden.

I 50. Loki in den Kenningarn

Es gibt relativ viele Loki-Kenningar – sowohl solche, die mit dem Namen „Loki" gebildet worden sind, als auch solche, die Loki selber umschreiben. Dies liegt daran, daß Loki ein gut bekannter Ase mit einem markanten Charakter war.

1. Namen des Loki

Ase	*Loki*	„Gefangener"	Snorri Sturluson	Thulur
Loki	*Loptr*	„Luft"	Einar Klingel-Waage Helga-Sohn	Vellekla
			Thjodolfr von Hvini	Haustlöng
Loki	*Hvedrungr*	„Wind"	Thjodolfr von Hvini	Ynglingatal
Loki	*Ödlingr*	„Edler, Fürst"	anonym	Noregs Konungatal

2. Lokis Sippe

Loki	*Sohn des Farbauti*		Tjodolfr von Hvini	Haustlöng
			Snorri Sturluson	Skaldskaparmal
Loki	*Farbautis Übeltat-schlauer Nachkomme*		Snorri Sturluson	Skaldskaparmal
Loki	*Sohn der Laufey*	Laufey = Nal	Snorri Sturluson	Skaldskaparmal
			anonym	Thrym-Lied
Loki	*Sohn der Nal*		Snorri Sturluson	Skaldskaparmal
			anonym	Odins Rabenzauber
Loki	*Bruder des Byleistr*		Snorri Sturluson	Skaldskaparmal
			anonym	Vision der Seherin
				Hyndla-Lied
Loki	*einer von Byleists Sippe*	Loki oder Helblindi	Grettir	Grettir-Saga
Loki	*Bruder des Helblindi*		Snorri Sturluson	Skaldskaparmal
Loki	*Gatte der Sigyn*		Snorri Sturluson	Skaldskaparmal

Loki	Last in den Armen der Sigyn	Göttin der Zauberei = Sigyn = Lokis Frau; sie hält ihren gefesselten Mann in der Hel	Tjodolfr von Hvini	Haustlöng
Loki	meineidige Last der Arme der Göttin der Zauberei		Eilifir Godrunason	Thorsdrapa
Loki	Vater der Hel		Snorri Sturluson	Skaldskaparmal
Hel	Lokis Tochter		Thjodolfr von Hvini	Heimskringla
Hel	einzige Tochter des Herrschers		Jon Loptsson	Norwegische Königs-Liste
Loki	Vater des Meeres-Seiles	Seil = Schlange; Meeres-Seil = Jörmungandr	Eilifir Godrunason	Thorsdrapa
Loki	Vater des riesigen Ungeheuers	Jörmungandr	Snorri Sturluson	Skaldskaparmal
Loki	Vater des Wolfes	Wolf = Fenrir	Tjodolfr von Hvini	Haustlöng
			anonym	Lokasenna
Loki	Verwandter des Sleipnir	Loki hat als Stute („Dame") Sleipnir geboren	Snorri Sturluson	Skaldskaparmal
Loki	redegewandte Dame		Tjodolfr von Hvini	Haustlöng
Loki	Vater des Nari		Snorri Sturluson	Skaldskaparmal
Loki	Vater des Ali		Snorri Sturluson	Skaldskaparmal
Loki	Verwandter des Odin		Snorri Sturluson	Skaldskaparmal
Loki	Onkel des Odin		Snorri Sturluson	Skaldskaparmal
Loki	Bank-Genosse des Odin		Snorri Sturluson	Skaldskaparmal
Loki	übler Genosse des Odin		Snorri Sturluson	Skaldskaparmal
Loki	Hönirs treuer Freund	Anspielungen auf eine unbekannte Mythe	Tjodolfr von Hvini	Haustlöng
Loki	Prüfer von Hönirs Gedanken		Tjodolfr von Hvini	Haustlöng
Loki	Beweger der Geschichten	Loki ist der Auslöser für mehrere Mythen (z.T. zusammen mit Odin und Hönir)	Tjodolfr von Hvini	Haustlöng
Loki	Thors Freund		Tjodolfr von Hvini	Haustlöng (2x)
Loki	hinterhältiger Geist-Prüfer des Gottes des Kriegs-Donners	Kriegsdonner-Gott = Thor	Eilifir Godrunason	Thorsdrapa

Loki	*Verwandter der Asen*		Snorri Sturluson	Skaldskaparmal
Loki	*Onkel der Asen*		Snorri Sturluson	Skaldskaparmal

3. Der listige Feind der Asen

Loki	*Bank-Genosse der Asen*		Snorri Sturluson	Skaldskaparmal
Loki	*übler Genosse der Asen*		Snorri Sturluson	Skaldskaparmal
Loki	*geschickter Asen-Betrüger*		Thjodolfr von Hvini	(Skaldskaparmal)
Loki	*Feind der Asen*		Snorri Sturluson	Skaldskaparmal
Loki	*listiger Ase*		Tjodolfr von Hvini	Haustlöng
			Snorri Sturluson	Skaldskaparmal
Loki	*hinterhältiger Tyr*	Tyr = allgemein für „Gott"	Tjodolfr von Hvini	Haustlöng
Loki	*Baum des Verrats*	Baum = Mann	Tjodolfr von Hvini	Haustlöng
Loki	*Unheil-Schmied*		Snorri Sturluson	Skaldskaparmal
Loki	*Betrüger der Asen*		Snorri Sturluson	Skaldskaparmal
Loki	*Beleidiger der Asen*		Snorri Sturluson	Skaldskaparmal
Loki	*Dieb der Brising-Kette*		Tjodolfr von Hvini	Haustlöng
			Snorri Sturluson	Skaldskaparmal
Loki	*Ringkampf-Feind des Heimdall*		Snorri Sturluson	Skaldskaparmal
Loki	*Dieb der Äpfel der Idun*		Snorri Sturluson	Skaldskaparmal
Loki	*Bewirker des Todes des Baldur*		Snorri Sturluson	Skaldskaparmal
Loki	*Dieb des Ziegenbocks*	der Bock des Thor	Snorri Sturluson	Skaldskaparmal
Loki	*Dieb der Riesen*	indirekt raubt er dem Riesen Thrym den Thor-Hammer	Snorri Sturluson	Skaldskaparmal
Loki	*Verletzer der Haare der Sif*		Snorri Sturluson	Skaldskaparmal
Loki	*Ringkampf-Gegner der Skadi*		Snorri Sturluson	Skaldskaparmal
Loki	*Besucher des Geirröd*		Snorri Sturluson	Skaldskaparmal

Loki	Kisten-Gefangener des Geirröd		Snorri Sturluson	Skaldskaparmal
Loki	Gebundener Gott		Snorri Sturluson	Skaldskaparmal

Lokis Umschreibung als „Ringkampf-Gegner der Skadi" muß sich auf eine unbekannte Mythe beziehen. Vielleicht ist mit dem „Ringkampf" auch die Vereinigung des Loki mit Skadi gemeint, auf die u.a. mit dem erotischen Ziegenbock-Scherz angespielt wird, mit dem Loki Skadi nach der Ermordung ihres Vaters Tyr-Thiazi zum Lachen bringt.

4. sonstige Kenningar

Loki	Geier-Pfad	Geier: Loki kann mit seinen Flugschuhen fliegen; eigentlich „Ase des Geier-Pfades"	Eilifir Godrunason	Thorsdrapa
Loki	Berg-Bewohner	Riesen-Kenning => Loki ist ein Riese und gehört zu den Asen	anonym	Hymir-Lied
Trinkgefäß	Wein-Heim des Freundes des Loptr	Loptr = Loki; sein Freund = Odin	Einarr Schreihals Helgason	Vellekla
Kampf	Spiel des Loki	ursprünglich der endlose, zyklische Kampf zwischen Tyr und Loki, der die Jahreszeiten verursacht	Einarr Schreihals Helgason	Vellekla
Hel	einzige Tochter des Anführers, die das Leben raubt	Anführer = Loki; dessen einzige Tochter = Totengöttin Hel	Jon Lopt-Sohn	Noregs Konungatal
Met	große und stürmische Freundin des Lodur	unklare Kenning	Eyvindr Skalden-Verderber	Haleygjatal

Die „große und stürmische Freundin des Lodur" ist, wie sich aus dem Zusammenhang ergibt, der Met, der bei der Bestattung des Hallgard getrunken wird.
Eine „große und stürmische Flüssigkeit" sollte zunächst einmal das Meer sein.

Lodur ist derjenige, der den beiden ersten Menschen die Lebenskraft gegeben hat. Der Ritual-Met als das, was die ewige Jugend im Jenseits bewirkt, könnte auch das sein, was die Lebendigkeit der beiden ersten Menschen bewirkt hat.

Der Met würde dann hier als ein Meer von belebendem Met umschrieben worden sein.

Vielleicht hat der Skalde Eyvindr mit der von ihm erdachten Kenning aber auch keine tieferen Assoziationen beabsichtigt, sondern einfach den Met als „Meer" bezeichnet und dann das Meer noch einmal als „große und stürmische Freundin" umschrieben. Es bliebe aber die Frage, wieso das Meer oder der Met „Lokis Freundin" ist. Weil er auch selber gerne den Met trinkt, um wiedergeboren zu werden?

Lokis Umschreibung als „Skadis Ringkampf-Gegner" bezieht sich vermutlich auf die Vereinigung der beiden bei Lokis Wiederzeugung. Skadi ist die Erd- und Jenseitsgöttin, die auch Tyr wiedergebiert, der in den überlieferten Mythen jedoch schon als Skadis Vater erscheint.

I 51. Loki in Personennamen

Es sind zwar einige Personen mit dem Namen „Loki" bekannt, aber in zusammengesetzten Personennamen ist dieser Gottesname nicht bekannt. Die einzigen Ausnahmen sind die beiden norwegischen Namen „Thorbjörn Loki" und „Thordr Loki", der eine Kurzform von „Thorfrid Loki" ist.

Diese beiden Namen sind untypisch gebildet, da die Namen der Germanen ansonsten durch die Kombination von nur zwei Worten gebildet werden und nicht durch drei. „Thorbjörn" bedeutet „Thor-Bär" und „Thorfrid" bedeutet „Thor-Frieden". Auffälligerweise sind es beides „Thor-Namen", an die das „Loki" angehangen worden ist, obwohl Loki doch der Gegenpol des Thor ist.

Vermutlich ist das „Loki" am Ende dieser beiden Namen kein Bestandteil des Personennamens, sondern ein Beiname, der die betreffende Person als besonders listig o.ä. kennzeichnen soll.

Man verwendete „Loki" nicht in Personennamen, da man niemandem die Eigenschaften des Loki gewünscht zu haben scheint und auch niemanden mit der Unterwelt, die das Reich des Loki war, assoziieren wollte.

Der Name „Loki" scheint lediglich zweimal als Beiname verwendet worden zu sein – vermutlich um jemanden als besonders listig zu charakterisieren.

I 52.   Loki in Ortsnamen

Es sind fünf Ortsnamen, die mit „Loki" gebildet wurden, bekannt. Da man offensichtlich niemanden durch seinen Namen mit Loki verbinden wollte, hat man wohl auch keinem Ort einen „Segen" des Loki geben wollen.

Die „Loki-Ortsnamen" müssen daher durch irgendeine Assoziation entstanden sein, die mit dem Ort verbunden war, wie z.B. eine Geschichte oder eine Vision, in der Loki vorgekommen ist.

Leider sind die fünf Ortsnamen so allgemeiner Natur, daß sich aus ihnen nichts über das Wesen des Loki schließen läßt – außer das es eben auch „Loki-Orte" gab.

Loki-Ortsnamen		
Name	*Bedeutung*	*Herkunft*
Lokkethorp (= Lockarp)	Loki-Dorf	Ort, der mit Loki assoziiert ist
Lochesta	Loki-Stade (Stand, Stadt)	
Locastum		
Lockbol	Loki-Ruhe (Lager, Rast)	Ruheort des Loki; evtl. eine Anspielung auf eine Mythe
Lukabol		

Mit „Loki" wurden nur wenige Ortsnamen gebildet und diese sind auch sehr unspezifisch. Sie weisen z.B. nicht erkennbar auf einen Loki-Tempel o.ä. hin.

I 53. Loki in Pflanzennamen

Es gibt eine ganze Reihe von Pflanzennamen, die mit „Loki" gebildet worden sind – und alle sind „nutzlos", d.h. sie sind ein Betrug des Loki, der eine Nutzpflanze täuschend ähnlich nachgebildet hat, die aber für die Menschen unbrauchbar ist …

	Loki-Pflanzennamen
Bild	***Beschreibung***
	*Name*: Lokkes havre, Lokkes havresäd *Übersetzung*: Loki-Hafer, Loki-Hafersaat *deutscher Name:* Echter Wiesenhafer *lateinischer Name*: avena pratensis *Herkunft des Namens*: Inseln zwischen Dänemark und Schweden *sonstiges*: die Saat ist nicht verwendbar; die genaue Zuordnung dieses Loki-Hafers zu einer der vielen Wildhafer-Sorten ist unsicher
	*Name*: Lokes havre, Flughavre, Vildhavre, Liotagär *Übersetzung*: Loki-Hafer, Flucht-Hafer, Wilde Hafer, Böser Hafer *deutscher Name:* Flughafer, Windhafer *lateinischer Name*: avena fatua *Herkunft des Namens*: Dalarne (nördlich von Oslo in Schweden) *sonstiges*: die Saat ist nicht verwendbar
	*Name*: pukhavre, päukhagre *Übersetzung*: Puki-Hafer, Troll-Hafer *Herkunft des Namens*: Öland (Insel vor Südostschweden) *deutscher Name:* Goldenes Frauenhaarmoos

	*lateinischer Name*: polytrichum commune *sonstiges*: rötliches Moos, das auf sandigem Boden wächst; der Wilde Hafer und das Frauenhaarmoos, deren Saaten man nicht gebrauchen konnte, wurde von Loki oder anderen Geistern ausgesät; das Frauenhaarmoos wurde in Island früher „Sifs Haar" genannt und trägt heute den Namen „Freyas Haar", was eine Anspielung auf das Haar (= Getreide) ist, das Loki der Sif abgeschoren hat
	*Name*: Lokigräs *Übersetzung*: Lokis Gras *deutscher Name:* Gemeiner Windhalm *lateinischer Name*: agrostis spica-venti *Herkunft des Namens*: Jütland (Nord-Dänemark) *sonstiges*: es ist nur ein nutzloses Gras und kein Getreide
die genaue Pflanze, die gemeint ist, ist unbekannt	*Name*: Läkkiläjer, Lakkileger *Übersetzung*: Loki-Gift *deutscher Name:* ? *lateinischer Name*: ?

	Herkunft des Namens: Westküste von Jütland (Nord-Dänemark) *sonstiges*: eine giftige Form der Butterblume
 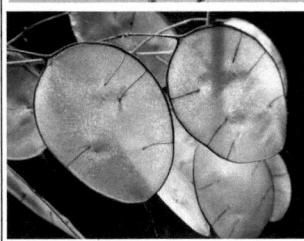	*Name*: Lokasjodr *Übersetzung*: Loki-Kind (?) *deutscher Name:* einjähriges Silberblatt, Silberdollar *lateinischer Name*: Lunaria annua *Herkunft des Namens*: Island *sonstiges*: in Dänemark wird die Pflanze auch Judaslohn oder Blutgeld genannt – wegen der Samen, die falsche „Silbertaler" bilden
die genaue Pflanze, die gemeint ist, ist unbekannt	*Name*: lokis läins *Übersetzung*: Lokis Zeilen *deutscher Name:* allgemein die Meeresalgen *lateinischer Name*: - *Herkunft des Namens*: Shetland-Inseln *sonstiges*: die Herkunft des Namens ist unklar

Diese Pflanzennamen haben anscheinend zwei Wurzeln: zum einen Lokis Abscheren von Sifs Haar, das das Getreide symbolisiert, und zum anderen Loki als der Dieb, der auch aus manchen getreideähnlichen Pflanzen die Körner „gestohlen" hat, wodurch die betreffende Pflanze nutzlos wird.

„Lokis Gift" ist wohl eine allgemeine Assoziation zu Loki als Unheilstifter – zumindestens ist keine Mythe bekannt, in der Loki Gift verwendet.

I 54. Loki im nordischen Brauchtum

In Island und Skandinavien hat es bis vor gut 100 Jahren noch einige weitere Redewendungen, Sprichworte und Bräuche gegeben, die sich auf Loki beziehen und sein Wesen beschreiben. Zwischen der Edda und diesen Redewendungen liegen zwar 700 Jahre, aber der Charakter des Loki ist noch immer gut zu erkennen.

In Island wurde oder wird manchmal ein *„kaupaloki"* („Handel-Loki") hergestellt, d.h. eine kleine Figur aus einer Alraunenwurzel in der Gestalt des Loki. Dieses Amulett sollte seinem Träger helfen, größere Gewinne im Handel zu erzielen.

Die vulkanischen Schwefeldämpfe, die aus Erdspalten aufstiegen, nannte man *„Lokadaun"* („Loki-Dünste") oder *„Lokalykt"* („Loki-Dampf"), die man für Erdgeister (Pixies) hielt.

Der Stern Sirius wurde *„Lokabrenna"*, d.h. „Lokifeuer" genannt. Sirius ist der hellste aller Sterne am Nachthimmel (relative Helligkeit von der Erde aus gesehen). Sein Licht flirrt und flackert sehr stark, was dadurch entsteht, daß der Stern von Europa aus nur kurz über dem Horizont zu sehen ist und sein Licht daher an der Atmosphäre der Erde stark gebrochen wird.
Man scheint Loki als einen Gott des Himmelsfeuers ansehen zu haben – und man hat ihn vielleicht auch für genauso unstet wie das Licht des Sirius gehalten.
Da Sirius von Europa aus nur im Winter zu sehen ist, lag natürlich der Verdacht nahe, daß Loki als Verursacher des Winters mit diesem Stern verbunden war: Wenn sich Loki im Herbst von seinen Fesseln befreit hatte und aus der Unterwelt entkommen war, wurde er zu dem Luftgott Loptr und konnte auch oberhalb der Erde als Sirius gesehen werden. Gegen Ende des Winters, wenn die Sirius nicht mehr über den Horizont hinaufstieg, muß Loki-Sirius offenkundig jedesmal wieder zurück in die Unterwelt.
Die Sirius als hellster Fixstern hat bei vielen Völkern eine Mythologie. Bei den Römern und Griechen wurde er mit Hitze, Feuer und Fieber assoziiert, was dem Namen „Lokifeuer" entspricht. Bei den Indogermanen und bei den Völkern rings um das Mittelmeer (Ägypter u.a.) ist dieser Stern oft mit der Jenseitsgöttin und dem Korn-Zyklus verbunden worden. Weltweit findet sich die Assoziation der Sirius mit dem Wolf und dem Hund – vielleicht gab es bei den Germanen auch eine Assoziation der Sirius mit Fenrir Loki-Sohn.

Loki scheint auch ein Förderer des Handels gewesen zu sein, was vermutlich eine Erweiterung von Loki als dem Gott der Bauern und Handwerker gewesen ist.

Dieser listige und zauberkundige Gott konnte auch helfen, Geister zu vertreiben.

Schließlich wurde noch Sirius, der der von der Erde aus gesehen mit Abstand hellste Stern ist, als „Lokifeuer" bezeichnet. Die Sirius wurde möglicherweise als der im Winter freie und im Diesseits herrschende Loki oberhalb der Erde aufgefaßt.

Evtl. wurde auch Fenrir mit der Sirius assoziiert – aber das ist sehr unsicher.

oben: „Frigg" (Gürtel aus drei Sternen, zwei Schulter-Sterne, zwei Hüftsterne) mit der „Frigg-Spindel" (die Sterne, die an ihrem Gürtel hängen) (Sternbild Orion)
links unten sehr hell: „Lokifeuer" (Sirius)

I 55. Loki in Zaubersprüchen

Loki tritt in einigen Runenliedern und Zaubersprüchen auf, die jedoch keine neuen Informationen über Loki enthalten, sondern sich auf die gut bekannten Mythen beziehen.

I 55. a) Norwegisches Runen-Lied

Zu der Rune „Berkano" gibt es die folgenden Verse:

Birke hat die grünsten Blätter aller Bäume;
Loki war erfolgreich mit seinem Betrug.

Selbst heute noch hat das Grün des jungen Birkenlaubes einen eigenen Namen: „Maigrün".

„Lokis Betrug" ist sein Mord an Baldur gewesen, den er mithilfe eines Mistelzweiges bewerkstelligt hat. Ob es eine Assoziation zwischen der Mistel und der Birke gegeben hat?

I 55. b) „Pfurz-Runen"
(Galdrbok, Island, ca. 1600 n.Chr.)

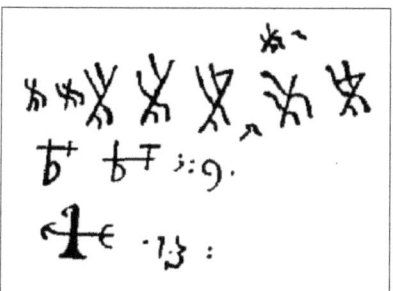

Offensichtlich sind Blähungen ein ernsthaftes Problem gewesen …

Schreibe diese Stäbe mit Deinem eigenen Blut auf eine weiße Kalbshaut; nimm das Blut von Deinem Schenkel und sprich:

„Ich schreibe Dir acht Asen-Runen,   *(„ass"-Rune)*
neun Not-Runen,   *(„naudh"-Rune)*
dreizehn Riesen-Runen,   *(„thurs"-Rune)*
die Deinen Bauch mit üblem Kot und Gas plagen werden,
und sie alle werden Deinen Bauch mit großem Pfurzen plagen!
Mögen sie Dich von Deinem Platz vertreiben
und Deine Eingeweide platzen lassen!
Möge Dein Pfurzen niemals enden,
weder am Tag noch in der Nacht!
Du wirst so schwach wie der Feind Loki sein,
der von allen Göttern zusammen gebunden wurde!
Bei Deinem mächtigsten Namen
Herr, Gott, Geist,
Erschaffer,
Odhinn, Thor,
Erlöser,
Freyr, Freya,
Oper, Satan, Beelzebub,
ihr Helfer,
mächtiger Gott,
die ihr beschützt mit den Gefährten
von Oteos, Mors, Notke, Vitales."

I 55. c) Galdrabok
(Island, ca. 1600 n.Chr.)

In diesem Grimoire (Zauberbuch) finden sich u.a. Runen-ähnliche Namenszeichen für die „Väter des Galdr", die z.T. den germanischen Göttern entsprechen.

Es ist schwer zu sagen, wie weit die Tradition dieser Symbole zurückreicht – sie könnten sich evtl. aus den Inschriften auf den Runenstäben entwickelt haben.

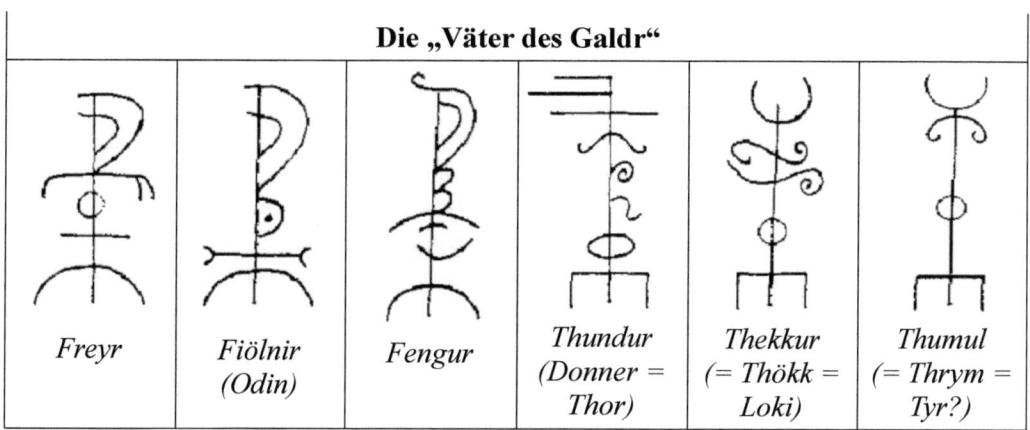

Die Sigille des Loki, der einer der sechs „Väter des Galdr", also einer der Zaubergesang-Kundigen ist, besteht aus den folgenden Elementen:

- senkrechte Linie   = Rückgrat, Leib
- unten zwei rechte Winkel = Beine
- Dreiviertelkreis oben   = Kopf
- Kreis untere Mitte   = Bauch, Nabel, Hara (Chakra)
- zwei Kringel in der Mitte = Widderhörner, Locken

I 56. Jakob Grimm: Deutsche Mythologie

Sind wir durch diese letzteren beziehungen von den gütigen göttern ab mehr auf schadende dämone und bösartige geister geleitet worden: so findet sich hier ein unmittelbarer übergang zu dem einzigen gott, den die eddische lehre als schlimm und übelgesinnt darstellt, gleichwol noch unter die Asen rechnet.

Logi, wie wir sahen, hieß ein andrer sohn Forniots, und die drei brüder Hlêr, Logi, Kari überhaupt scheinen wasser, feuer, luft elementarisch darzustellen. nun stehen in einer merkwürdigen erzählung Logi und Loki sich zur seite, ein wesen aus dem kreise der riesen dem genoß und gesellschafter der götter. das ist gewis nicht bloßes wortspiel, beide bezeichnen ein und dasselbe nach verschiedner auffassung; Logi die naturkraft des feuers, das im laut fortgeschobne Loki zugleich eine verschiebung des begrifs: aus dem plumpen riesen ist ein schlauer, verführerischer bösewicht geworden; man darf beide dem Prometheus und Hefäst der Griechen an die seite setzen, Oceanus war jenem verwandt und befreundet. doch beide mengen sich.

In Loki, 'sâ er fiestu illu rœðr', von dem das übel ausgeht, erscheint auch der riesische teufel, der die götter, wie Hefäst zum lachen aufregt, dessen hinken an Hefäst und die lahme flamme, dessen fesselung an Prometheus gemahnt.

Loki wird gleich seinem sohne Fenrir in fesseln gelegt. wie Hefäst das netz für Ares und Afrodite schmiedet, bereitet auch Loki ein netz, worin er selbst gefangen wird. zumal vorstechend ist die analogie, daß Hefäst durch Zeus vom Olymp herabgestürzt wird, wie der böse feind durch gott aus dem himmel in die hölle, obgleich die edda von Loki weder einen solchen sturz berichtet, noch ihn als künstlichen schmied und meister der zwerge darstellt; wahrscheinlich gab es von Loki und Logi viel reichere sagen.

Lokis frühere gemeinschaft mit Oðinn erhellt deutlich sowohl aus der Edda als aus dem nebeneinanderstellen dreier wandernder schöpferischer gottheiten Oðinn, Hœnir, Loðr; Oðinn, Hœnir, Loki oder mit veränderter ordnung; und Oðinn, Loki, Hœnir genannt sind.

Sie jener trilogie Hlêr, Logi, Kari gleich zu stellen wage ich nicht, so treffend Oðinn der ἰς ἀνέμοιο entspricht, und von dem schaffenden Oðinn geht athem und geist (önd) aus, von Loðr, dem lodernden feuer, blut und farbe (lâ ok litr), dunkler würde ein bezug des sinn (ôð) verleihenden Hœnir auf das wasser bleiben; dieser Hœnir gehört zu den schwierigsten erscheinungen der nordischen mythologie und er ist bei uns in Deutschland spurlos verschollen.

Die Gleichsetzung von Loki mit Logi ist auch deshalb recht recht fraglich, weil „Loki" „Eingesperrter" (englisch: locked) und Logi „Flamme" bedeutet. Es scheint jedoch eine lose Assoziation der beiden Götter gegeben zu haben.

Aber auch der feuergott, der nach jener abstufung entweder gothisch Laúha, althochdeutsch Loho oder gothisch Luka, althochdeutsch Locho heißen müste, scheint mit verlust des namens ganz in dem wesen des späteren teufels aufgegangen.

Länger hat er noch in Scandinavien gehaftet und allenthalben zeigen uns mythen, wie nahe der asische Loki an den riesen Logi reicht.

Thorlacius hat gewiesen, daß in der redensart ›Loki fer yfir akra‹ (Loki fährt über die äcker), in der dänischen: ›Locke dricker vand‹ (Loki trinkt wasser) feuer und brennende sonne gemeint werde, wir sagen in gleicher meinung: die sonne zieht wasser, wenn sie in hellem streifen zwischen zwei wolken durchscheint. Loka daun (Lokii odor) heißt auf Island der feurige schwefel dunstende irwisch; Lokabrenna (Lokii incendium) der Sirius; Loka spænir sind brennspäne; ein böses dem vieh schädliches unkraut (polytrichum commune) wird in Nordjütland Lokkens havre genannt, und sprichwörtlich sagt man: ›nu saaer Lokken sin havre‹ (nun säet Locke seinen haber, der teufel sein unkraut, seinen scheidelsamen), das dänische wörterbuch übersetzt Lokeshavre avena fatua, nach andern ist es rhinanthus crista galli. knistert das feuer, so heißt es ›Lokje gibt seinen kindern schläge‹. Nach Molbech gilt jenes jütländische ›Lokke saaer havre idag‹ und gleichbedeutig damit: ›Lokke driver idag med sine geder‹ (Loki treibt heute seine geiße aus) von dünsten, die in der sonnenhitze auf der erde schweben. verlieren die vögel in der mausezeit ihre federn, so sagt man, daß sie ›gaae i Lokkis arri‹ (unter Lokkes egge gehn?) ›at höre paa Lockens eventyr‹ bedeutet auf lügen, fabeln hören. nach Sjöborgs nomenklatur findet sich in Vestergötland ein riesengrab, Lokehall genannt.

Lauter beachtenswerthe, unter dem gemeinen volk bis auf heute fortdauernde vorstellungen, in welchen Loki bald als wohlthätiges, bald als schadendes wesen, für sonne, feuer, riese oder teufel genommen ist, ganz ähnliches böse wird in Deutschland dem teufel beigelegt, die gütige lichtgottheit als verheerende flamme gedacht.

Auf solcher identität zwischen Logi und Loki beruht eine andere noch nachzuweisende spur des nordischen dämons bei den übrigen deutschen stämmen. wenn Logi von liuhan (lucere) stammt, wäre Loki scheinbar zu der wurzel lukan (claudere, vergleiche claudus lahm) übergetreten, lok bedeutet altnordisch finis, consummatio, loka repagulum, weil der riegel schließt.

Im Beovulf tritt ein feindseliger, teuflischer geist auf, ein thyrs namens Grendel und seine mutter (Grendeles môdor) als wahrhafte teufelsmutter und riesenmutter. eine angelsächsische urkunde von 931 führt den ort Grendles mêre (Grendeli palus) auf. nun heißt das amgelsächsische grindel, althochdeutsch krintil, mittelhochdeutsch grintel gerade repagulum, pessulus, und jener name Grendel (kein althochdeutsches Krentil kenne ich) scheint mit grindel obex verwandt wie Loki mit loka, das altnordisch grind bedeutet ein gitter, das gleich dem riegel einschließt. Gervasius tilberiensis erzählt von einem englischen feuerdämon namens Grant.

Grendel („Grund", „Abgrund", „der in der Tiefe") ist zwar seinem Namen nach möglicherweise wie Loki ein „Eingesperrter", aber das bedeutet nicht, daß er mit Loki identisch sein muß, da auch Tyr (im Winter) in der Unterwelt eingesperrt gewesen ist.

Das Thema der Ermordung des Grendel durch den Helden ist der Ermordung der anderen Tyr-Riesen durch Thor so ähnlich, daß Grendel eine Sagen-Variante des Tyr sein wird.

Das ist sehr auffallend, daß wir noch heute einen dritten synonymen ausdruck zur bezeichnung eines teuflischen wesens, freilich in der verstärkenden zusammensetzung mit hölle verwenden: höllriegel, vectis infernalis, höllenbrand, teufel und dem teufel verfallen; eine häßliche zänkische alte wird höllriegel oder teufels großmutter gescholten. dies hellerigel gebrauchte schon Hugo von Langenstein als schelte, man stellte sich aber auch die hölle als verriegelt und mit riegeln gesperrt vor, als Christus, 'mit löwenkraft zur unterwelt fuhr', musten ›die grintel brechen‹.

Endlich darf selbst das althochdeutsche dremil (pessulus) zu dem altnordischen trami oder tremill gehalten werden, die cacodaemon und, scheint es, daneben clathri, cancelli bedeuten: tramar gneypa þik skulo! Edda und trolltram wird im schwedischen lied von Torkar der teufel genannt, von welchem der hammer geraubt wurde. da dies der eddische Thrymr ist, möchte man auch für trami þrami vermuten, wozu das althochdeutsche dremill genauer stimmte.

Von mehrern seiten sehen wir also die hier obwaltenden mythischen begriffe in einander greifen und der übergang von Logi in Loki muß ein hohes alter für sich haben. Foersom führt an, der teufel werde in gestalt eines lässeträ, d. h. eines windelbaumes, mit dem man lasten festigt, gedacht.

Außer dem asischen Loki stellt uns Snorri in der edda noch einen andern Utgarðaloki als könig auf, dessen künste und macht sogar den göttlichen Thôrr teuschen, und dessen hausgenoß es eben war, der sich selbst jenem Loki überlegen zeigte.

Von diesem Ugarthilocus berichtet Saxo, der in seinem ganzen werk des eddischen Loki mit keinem worte erwähnt, wunderbare dinge: er schildert ihn als riesenhaftes in entlegnem lande wohnendes, halbgöttliches ungeheuer, das im sturm gleich andern göttern angerufen werde und hilfe leiste. ein mutiger held, namens Thorkill, besteht die abenteuerliche fahrt zu Ugarthilocus, das alles ist nichts als fabelhafte veränderung des besuchs, den nach Snorri Thôrr bei Utgardaloki abstattet. hervorzuheben bleibt, daß Thorkill dem Ugarthilocus eins seiner großen speerähnlichen haare rauft und mit nach haus bringt. ûtgardâr sind die äußersten grenzen der bewohnten welt, wohin das alterthum die stätte der riesen und ungeheuer, die hölle versetzte; auch dabei könnte an den begrif des riegels gedacht werden, der gleichsam den eingang jener unnahbaren region der geister und dämonen absperrt.

Für Utgardloki gilt dasselbe wie für Grendel: Auch er ist eher ein Tyr-Riese als eine Variante des Loki – schließlich findet in den Utgardloki-Mythen stets ein Kampf zwischen Utgardloki und Thor bzw. einem Helden statt.

Mag es nun in früher vorzeit auch einen sächsischen Loko, einen alamannischen Lohho, oder bloß einen Grendil, Krentil gegeben haben; von entscheidender bedeutsamkeit ist die übereinkunft der mythen selbst. Dem schon angeführten sei hier noch andres zugefügt. durch unsre kindermärchen ist der zug verbreitet von dem haar, das dem teufel gerauft wird, als er auf dem schoß seiner großmutter schläft. das einstimmige norwegische märchen läßt nicht dem schlafenden drachen, sondern erst dem getödteten drei federn aus dem schwanz ziehen.

Loki, zur strafe seiner unthaten, wird gleich dem gütigen Prometheus, der den menschen die flamme zugeführt hatte, in fesseln gelegt, aus denen er aber am weltende wieder frei werden soll; eins seiner kinder Fenrir, d. h. er selbst in der wiedergeburt, verfolgt in wolfsgestalt den mond und droht ihn zu verschlingen. Nach Snorri hat eine alte riesin im wald diese riesen in wolfsgürteln gezeugt, der mächtigste heißt Mânagarmr (lunae canis) und soll den mond schlingen, anderemal aber wird Sköll genannt, der die sonne, Hati, Hrôðvitnis sonr, der den mond verfolgt. wahrscheinlich gab es von ihnen allen ausführlichere sagen, die nicht aufgezeichnet worden sind, einer altschottischen von dem wolf und dem weltende (the tayl of the wolfe and the warldis end) geschieht noch erwähnung.

Der volksglaube scheint sich aber allgemein und schon in der ältesten zeit durch ganz Deutschland und weiter zu erstrecken. noch jetzt sagen wir, wenn unheilvolle gefahrdrohende verwirrung eintritt: ›der teufel ist los, der teufel ist freigelassen‹, wie es im Norden hieß: ›Loki er or böndum‹ („Loki ist nicht mehr gebunden"). in Göz von Berlichingen lesen: ›der teufel war überall ledig‹, in Detmars chronik ›do was de duvel los geworden‹, da herschte unruhe und gewaltthat.

Von einem aus weiter ferne drohenden pflegte man in Burgund spöttisch die redensart: ›dieu garde la lune des loups‹ zu gebrauchen, d. h. solche drohungen treffen erst am ende der welt ein, und nicht anders wird in dem französischen volkslied auf Heinrich IV das äußerste ende der zukunft durch eine zeit ausgedrückt, wo die zähne des wolfs den mond erreichen werden: ›jusqu'à ce que l'on prenne la lune avec les dents‹. Von diesem ›wolf des mons‹ redet Fischart an mehrern stellen, ausführlich in aller practik großmutter: ›derhalben dörft ihr nicht mehr für ihn (den mond) betten, daß ihn gott vor den wölfen wölle behüten, denn sie werden ihn diß jahr nicht erhaschen‹.

An mehreren orten gehn noch jetzt unter dem volk reime von den zwölf stunden, und die beiden letzten werden so bezeichnet: ›um elfe kommen die wölfe, um zwölfe bricht das gewölbe (bricht der tod aus dem gewölbe)‹. sollte darin ein alter glaube an das erscheinen des wolfs oder der wölfe beim weltuntergang, dem brechen der himmelswölbung nachhallen? Wenn am brennenden licht ein stück des dochtes sich ablöst und neben haftet, so daß die kerze nun schneller verzehrt wird, heißt es: ›ein wolf (räuber, dieb) ist am licht‹; auch das gleicht dem sonne oder mond verschlingenden wolf.

Sonnen oder mondfinsternisse waren vielen heidnischen völkern schauerlich; die eintretende und wachsende verdunkelung der leuchtenden kugel schien ihnen der zeitpunct, wo sie der gaffende rachen des wolfs zu verschlingen drohe, und man glaubte durch lautes geschrei dem monde hilfe zu leisten.

Dieses losbrechen des wolfs und die dereinstige erledigung Lokis aus seinen banden, der zur zeit des ragnaröckurs die götter bekämpfen und überwinden wird, stimmt auffallend zu der lösung des gefesselten Prometheus, durch welchen alsdann Zeus gestürzt werden soll.

Die formel unz Loki verðr lauss = unz riufaz regin begegnet ganz der griechischen πρὶν ἂν εκ δεσμῶν χαλάσθη Προμηθεύς (Aeschylos) und durch die zuckungen des gefesselten Loki entsteht erdbeben (Edda) gerade wie bei Prometheus (χθών σεσάλευται·, Aeschylos). aber der griechische titan erregt unser edelstes mitgefühl, während die edda den Loki als ein hassenswerthes ungeheuer darstellt.

Loki war schön von gestalt, böse von sinnesart, sein vater ein riese hieß Farbauti, seine mutter Laufey und Nâl (acus, die schmale, schmiegsame), miô ok auðþreiflig, lauter wörter, die sich leicht ins althochdeutsche übertragen lassen: Farpôzo (remex), Loupouwa und Nâdala, ohne daß sie irgend begegnen. nie wird er Farbauta sonr, immer nach der mutter Loki Laufeyjar sonr genannt, was in der alliteration begründet ist, aber noch in der prosa und in dem Locke Löje, Loke Lovmand, Loke Lejemand der jüngeren volkslieder vorhält; in diesem Laufey (schwedisch Löfö) liegt personification eines ursprünglichen örtlichen namens, also wol wieder elementarischer bezug.

Mit seiner frau Sigyn zeugte Loki den Nari oder Narvi, mit einer riesin Angrboða drei kinder, jenen Fenrir, die schlange Iörmungandr und eine tochter Hel. merkwürdig heißt er selbst auch Loptr (aereus) und einer seiner brüder Helblindi, was zugleich ein name Oðins ist. ich hebe diese der deutschen mythologie größtentheils fremden namen aus, um künftige forschung auf sie lenken.

Noch einmal zurückwenden muß sich die betrachtung auf einen namen, der schon unter den gottheiten der woche angeführt wurde, und dem seltsames zusammentreffen einzelner umstände fast eine stelle in unserm einheimischen alterthum zu verschaffen scheint. die hochdeutsche woche läßt zwei tage, gerade in der mitte und am schluß, nicht nach göttern benannt werden. wie aber mittwoch für Wuotanstag ist auch sambaztag baare neuerung, welche die kirche wenigstens bei diesen tagen durchsetzte oder gern annahm. Die sechs ersten tage heißen nach sonne, mond, Zio, Wuotan, Donar und Frîa; welchem gott hätte den namen des siebenten herzugeben gebührt? für Mars, Mercur, Jupiter, Venus standen jene deutschen gottheiten zu gebot, wie ließ sich Saturn verdeutschen? das mittelalter fuhr fort den siebenten tag *aus dem römischen gott zu erklären, unsre kaiserchronik, die auch beim dritten, vierten, fünften, sechsten der deutschen götter geschweigt und nur von Mars, Mercur, Jupiter, Venus redet, drückt sich unbeholfen aus:*

*an dem sameztage sâ
einez heizet rotundâ,
daz was ein hêrez betehûs,
der got hiez Saturnûs,
darnâch was iz aller tiuvel êre,*

Hier ist Saturns cultus mit dem zu aller götter oder teufel ehre errichteten, von Bonifacius in eine Marienkirche umgewandelten pantheon verbunden. Angelsachsen, Engländer, Friesen, Niederländer und Niedersachsen haben dem dies Saturni seinen namen selbst gelassen: Sæteresdäg, Sæternesdäg, Saturday, Saterdei, Saterdach, Satersdag, auch Irländer dia Satuirn, Satarn angenommen, während das französische samedi (sabdedi), spanisch sabado, italienisch sabato zum hochdeutschen samstag stimmt. hier ist nicht nur ein begrif, wie bei den übrigen göttern, sondern im namen gleichheit, und der unverschobne laut scheint unmittelbare entlehnung zu verrathen; oder sollte die berührung zufällig und ein deutscher name nach dem fremden verderbt sein?

Weder ein ahd. Sâtarnes noch Sâzarnestac läßt sich aufweisen, merkwürdig aber bedeutet angelsächsich sætere insidiator (althochdeutsch sâzari, vergleiche sâza, mittelhochdeutsch sâze insidiae = lâga, lâge), was noch wichtiger ist, eine angelsächsiche urkunde von Eduard dem bekenner liefert den ortsnamen Sæteresbyrig, ganz dem Vôdnesbyrig vergleichbar, und die pflanze gallicrus, neuhochdeutsch hahnenfuß, englisch crowfoot, wurde aneglsächsich sâtorlâđe benannt, gleichsam Saturni taedium (altnordisch leiđi, althochdeutsch leidi). ich erinnere daran, daß schon die alten Franken von Saturnus als heidnischem gott, und von Saturni dolium redeten, was freilich auf den bloßen planetarischen gott bezogen werden darf.

Dieser letzte name des sabbats führt auf das altnordische laugardagr, schwedisch lögerdag, dänisch löverdag, worunter man späterhin sicher den wasch oder badetag meinte, wie der gleichbedeutende þvottdagr lehrt; aber früher könnte ein Lokadagr, Logadagr gegolten haben und Logi, Loki dem lateinischen Saturnus entsprechen, wie das volk die in Loki nachgewiesne idee des teufels auf den jüdischen satan und heidnischen Saturn überträgt und Locki altnordisch zugleich verführer, verlocker, nachsteller ist. Sogar ein nebenname Odins aus Edda Sađr oder etwa Sâđr käme in betracht, obschon ich es vorziehe, die erste form für Sannr, und Sanngetall gleichbedeutend zu nehmen.

Unabweisbar mahnt aber jene angelsächsiche Sæteresbyrig aus der mitte des 11. jahrhunderts an die burg, welche unsere bisher verachteten meldungen des 15. jahr-

hunderts in Bothes Sachsenchronik auf dem Harz dem abgott Saturn errichten lassen, und diesen Saturn, wie beigefügt wird, hieß das gemeine volk Krodo, wozu wir den schon berührten namen, für welchen ein älteres Hruodo, Chrôdo gemutmaßt wurde, herholen dürfen. von Saturn oder Krodo ist zugleich ein bild überliefert, das den götzen als mann darstellt, der auf einem großen fische steht, in der rechten ein gefäß mit blumen und in der linken ein emporgerichtetes rad hält; dem römischen Saturn wurde die sichel, kein rad beigelegt.

Jornandes hat den stamm Saturnus, Picus, Faunus, Latinus. der dem Saturn entsprechende slavische Sitivrat ist der indische Satjavrata d. h. nach Kuhn der wahrhafte (erfüllte) gelübde hat, so auch Dhritavrata, der erhaltene gelübde hat = Varunas.

Wie jene stelle aus Wernhers Maria den teufel in der hölle gefesselt nennt, so scheint es überhaupt der ansicht des Mittelalters gemäß, sich ihn in banden liegend bis zum anbruch des jüngsten tags zu denken; dann wird er aber ledig und in gesellschaft des antichrists auftreten. seine erledigung aus den banden bezeichnet also zugleich die zeit allgemeiner verwirrung und des weltuntergangs.

Nach einer volksüberlieferung liegt der böse unter dem tisch, an dem zwei jungfrauen (offenbar nornen) spinnen, festgebunden. in andern erzählungen wird über ihn eine schlinge von bast geworfen, die er gleich dem gefesselten wolf nicht zu zerreißen vermag, und dann wird er auf dem amboß mit dem hammer geschlagen, weshalb er hinkend bleibt; bekannt ist das märchen von dem schmid, der ihn durch das schlüsselloch in einen sack kriechen läßt und zerhämmert. ich halte diese vorstellungen für heidnisch und eddisch.

Wie Prometheus gefesselt ist, liegt Ahriman tausend jahre in ketten und Loki gebunden; nicht bloß in Deutschland, auch in Scandinavien, hat sich die ausdrucksweise: ›der teufel ist los‹, neuniederländisch ›de duivel is los‹, durch lange jahrhunderte im munde des volks fortgepflanzt. man muß dazu das los werden des feuers und das entmannen des teufels durch feuerreibung halten.

Welchen grund eine andere redensart hat: ›der teufel sei todt, nun könne jeder ungehindert ins himmelreich kommen‹, weiß ich nicht recht; kaum gemeint ist die besiegung des teufels im christlichen sinn. schon in dem mære von der wîbe list findet sich die betheuerung ›durch des tiuvels tôt‹. vergleichen möchte ich etwa den angeführten ausruf: der könig ist todt!, nemlich der zwerge oder elbe. es heißt: ›wæren die teufel tôt, münche und pfaffen kæmen in nôt‹.

> Im Altnordischen sagte man in den bedrohlichen oder chaotischen Situationen, in denen man heute „Der Teufel ist los!" ausrufen würde, *„Loki ist nicht mehr gebunden!"*

I 57. Zusammenfassung

Lokis Haupturspung ist wahrscheinlich die Regenräuberschlange, die durch die Ahnenschlange und den Schamanen als Schlange eine menschliche Gestalt erhielt. Mit diesen beiden Schlangen ist wahrscheinlich auch noch die Kundalinischlange assoziiert worden, von der Lokis Feuer-Aspekt stammt.

Die Riesenschlange raubte in der ursprünglichen indogermanischen Mythe im Frühjahr den Regen, der ihr im Herbst von dem Regen- und Donnergott wieder abgenommen wurde. Da es im hohen Norden keine sommerlichen Dürrezeiten gab, wurde Loki zu dem Verursacher des Winters.

Daher war Loki im Sommer gefesselt („Loki" = „Gefangener"; „Lodur = „Eingesperrter") und im Winter frei („Loptr" = „Luft"; „Hvedrungr" = „Wind"). Wenn Loki frei war, richtete er Unheil an, d.h. es wurde Winter. Als Verursacher des Winters ist Loki auch der Verursacher des Ragnaröks, des „Großen Winters".

Im Herbst wird Loki zu dem „Sensenmann", der der Erdgöttin Sif ihr goldenes Haar, d.h. das reife Getreide abschert.

Lokis Bereich ist die Unterwelt, in der die Regenräuberschlange lebt, die bei den Germanen zu der im Meer liegenden Midgardschlange wurde.

Bei dem Totenreich-Gott Loki findet sich die ganze Jenseitsreise-Symbolik:
- der Seelenvogel (Verwandlung in Falke, Habicht, Fliege, Mücke, Floh),
- das Fliegen der Seele, wenn sie den Leib verläßt („Astralreise"), durch das das Bild des Seelenvogels entstanden ist (Lokis Flugschuhe),
- die Ahnen im Jenseits als Schlangen (Vater des Jörmungandr; Lokis Ursprung als Regenräuberschlange),
- die Ahnen als Fische oder Robben in der Wasserunterwelt (Verwandlung in einen Lachs bzw. eine Robbe),
- das bei der Bestattung zur Sicherung der Zeugungskraft bei der Wiederzeugung geopferte Herdentier (Lokis Widder- oder Ziegenbockhörner, die später zur Narrenkappe wurden)
- die Zauberei, deren Quelle bei den Göttern und den Ahnen, d.h. im Jenseits liegt (Loki ist der „Gott der Zauberei")

Bis 500 n.Chr. haben sich Tyr und Loki gegenseitig die Opfertiere geraubt, zu denen auch die Ziegenböcke gehört haben. Für den Raub mußte der Dieb seine beiden Söhne dem Beraubten als Buße geben. Dadurch erhielt vermutlich auch Loki in Analogie zu den beiden Alcis-Söhnen des Tyr zwei Söhne.

Nach der Absetzung des Tyr durch Thor und Odin hat Loki dann die Ziegenböcke des Thor geraubt und verletzt. Dafür mußte Loki ihm seine beiden Söhne überlassen.

Später wurde die Verletzung des Ziegenbocks dann auf Bauernsohn Thialfi übertragen, der dann zusammen mit seiner Schwester dem Thor (und der Sif) als Buße gegeben wurden. Sie sind die „Urahnen" der Priester des Thor und der Priesterinnen der Sif.

Loki führt beim Ragnarök die Scharen der Toten aus der Hel zum Kampf gegen die Götter.

Mit Loki wurden auch einige Pflanzen, die wie Getreidepflanzen aussehen, aber keine verwertbaren Körner enthalten, sowie einige giftige Pflanzen assoziiert, die man „Lokis Gift" nannte.

Auch Lokis Kinder zeigen seine enge Verbindung zum Jenseits:
- Seine Tochter Hel ist die Herrin der Unterwelt,
- sein Sohn Jörmungandr liegt in der Wasserunterwelt,
- sein Sohn Sleipnir ist das Schamanenpferd, mit dem man in die Unterwelt reiten kann,
- sein Sohn Fenrir bzw. Narfi war der Jenseitsbegleiter-Wolf und Tyr als Wolfs-Krieger bevor er zu dem Feind und der Todesursache des Göttervaters umgedeutet worden ist,
- mit Sigyn hat er den Sohn Nari, mit dessen Gedärmen Loki in der Hel gefesselt wurde, und
- sein Sohn Ullr ist die Verkörperung des Winters, dessen Verursacher Loki ist.

Die Jahreszeiten wurde als Folge eines zyklisch verlaufenden Kampfes zwischen Loki und dem Sonnengott-Göttervater angesehen. Bei diesem Kampf raubten sich beide gegenseitig die Frau (Jenseitsgöttin), das Wiedergeburtssymbol (Ring, Halsreif, Äpfel der Idun), das Herz der geopferten Frau bei der Bestattung (die den Toten wiedergebären sollte), das Vieh (Rinder, Ziegen usw.), das Getreide (Haar der Sif) und möglicherweise auch das Feuer.

Insbesondere aus dem Raub des Ringes sind viele Mythen entstanden: Lokis Raub des Ringes des Andvari mit der darauffolgenden Nibelungensage, Lokis Diebstahl des Draupnir des Odin, und Lokis Diebstahl des Brisingamen der Freya mit dem darauffolgenden Kampf mit Heimdall in der Gestalt von Robben. Auch der eine Ring, den König Nidud dem Schmied Wieland (Tyr in der Unterwelt) stiehlt, wird dieses Wiedergeburtssymbol sein.

Dieses Ringraub-Motiv wurde später zu Lokis Behindern der beiden Zwerge Sindri und Brokk beim Herstellen des Ringes Draupnir und fünf weiterer magischer

Gegenstände für die Götter ausgeweitet.

Loki raubt Thor seine Ziegenböcke oder verletzt zumindestens einen von ihnen am Bein – diese Ziegenböcke wurden als Opfertiere für die Wiedergeburt gebraucht. In dänischen Sprichwörtern erscheint Loki als Ziegenhirt – dies sind vermutlich die Ziegen, die er dem Thor geraubt hat.

Das dramatischste Bild in Lokis Kampf gegen den Göttervater ist seine Ermordung des Baldur – die den Ragnarök, d.h. den Winter verursacht. Während des Winters lebt Loki auf einem Berg in einem Haus mit je einer Türe in die vier Himmelsrichtungen. Nachdem die Götter ihn in einem Netz gefangen und anschließend in der Unterwelt gefesselt haben, kann es wieder Sommer werden.

Während des Winters erschien Loki am Himmel als der helle Stern Sirius, der „Lokifeuer" genannt wurde.

Der Raub der Haare der Sif führte zu der Vorstellung, daß auch alle getreideähnlichen Pflanzen wie z.B. der Flughafer eigentlich Getreidepflanzen sind, denen Loki die Körner gestohlen hat.

Loki raubte oder verführte so gut wie alle Göttinnen, was eine Ausweitung des Raubes der Frau des Göttervaters sein wird. Loki hat nicht nur mit der Frau des Göttervaters Tyr und mit Sif, der Frau des Donnergottes Thor das Lager geteilt, sondern auch mit Freya, Skadi, Idun und vermutlich noch mit einigen anderen.

Diese Verhältnisse sind ein Teil des zyklischen Kampfes zwischen dem Donnergott und dem Unterweltsgott um die Festlegung der Jahreszeit.

Loki war der Gegner des Donnergottes und des Göttervaters, der auch in der Gestalt der Riesen Thiazi, Geirröd, Hrungnir und des Riesenbaumeisters erscheint.

Der Göttervater Tyr und Loki scheinen ursprünglich Brüder gewesen zu sein. Als Odin den Tyr als Göttervater ablöste, schlossen Odin und Loki daher Blutsbrüderschaft. Lokis Brüder Helblindi und Byleist sind die beiden Götter Odin und Hönir, mit denen zusammen Loki die drei Stände repräsentiert: Odin die Fürsten und Krieger, Hönir die Priester und Heiler sowie Loki die Bauern, Handwerker und Händler.

Lokis Zusammenhang mit den Bauern liegt darin begründet, daß die Pflanzen aus seinem Reich, d.h. der Unterwelt unter der Erde emporsprießen. Ein Zusammenhang mit den Händlern besteht in Lokis Listigkeit, die auch Händler ganz gut gebrauchen können.

Loki ist der beständige Gegner der wechselnden Göttervätern: Tyr, Odin und Thor.

Utgardloki ist nicht Loki, sondern der ehemalige Göttervater Tyr, der während der Nacht bzw. im Winter im Jenseits („Utgard") gefangen („lok") ist.

Zunächst war Loki die Regenräuberschlange in der Unterwelt. d.h. er war ein Gott in der Hel. Als Wesen des Jenseits ist er auch ein Kind der Hel-Laufey, die als Norne auch „Nal" („Nadel") genannt wurde.

Als das Motiv der Regenräuberschlange in dem regenreichen Norden zunehmend verblaßte und Loki stattdessen zum Winterverursacher wurde, wurde Hel-Sigyn zu seiner Frau.

Schließlich wurde Lokis Position in den Mythen so dominant, daß er als die Mutter der Hel und zugleich auch noch des Fenrir und des Jörmungandr angesehen wurde.

Lokis Identifikation mit der Unterwelt wurde letztendlich so groß, daß er selber die Gestalt einer alten Frau und der Riesin Thökk-Hel annehmen konnte. Er konnte sogar zu einer Stute werden, die die Gestalt der Jenseitsgöttin Freya-Hel bei der Wiedergeburt war. In dieser Form gebar er den Sleipnir.

Dieser listige und zauberkundige Gott konnte auch helfen, Geister zu vertreiben, da er als Gott der Unterwelt auch der Gott der Magie war, denn alle Magie hat ihren Ursprung im Bereich der Lebenskraft und der Seelen.

Zunächst wird es die abwechselnde Wiederzeugung/Wiedergeburt des Tyr und des Loki durch die Jenseitsgöttin Freya gegeben haben.

Mit der Zeit könnte Tyr als der rechtmäßige Mann der Freya und Loki als der Räuber der Freya aufgefaßt worden sein.

Vermutlich hat Tyr dann schließlich auch nach seinem Sieg über Loki Rache an ihm genommen, indem er ihn vergewaltigt hat („Nid"). Dadurch geriet Loki in die Frauenrolle.

Nach der Absetzung des Tyr als Göttervater ist Odin zu dem rechtmäßigen Gatten der Frigg-Freya geworden und der Tyr-Riese zu dem Freya-Räuber. Loki geriet nun in eine Nebenrolle als Verführer der Göttinnen.

Schließlich schuf Thor wieder für Ordnung, indem er den Tyr-Riesen erschlug.

In den Sagas erscheint Loki als die Könige und Krieger Loker, Agnar, Högni, Hagen, Hunding, Brak und Snio sowie als die „bösen Berater" Bikki, Blind und Aki.

Im Altnordischen sagte man in den bedrohlichen oder chaotischen Situationen, in denen man heute „Der Teufel ist los!" ausrufen würde, *„Loki ist nicht mehr gebunden!"*

I 58. Betrachtungen zur Entwicklung des Loki

Der Charakter des Loki und seine Mythen sind so komplex und widersprüchlich, daß seine Entwicklung zunächst einmal nur schwer zu fassen ist.
Einige Elemente sind jedoch deutlich erkennbar:

- Loki ist ein Dieb, der die Wiedergeburts-Symbole und die Opfertiere für die Wiederzeugung raubt.
- Loki verführt die Göttinnen der Wiedergeburt, was auf das Motiv der Wiederzeugung zurückgehen wird.
- Loki und Tyr-Heimdall kämpfen in einem endlosen Zyklus gegeneinander, was ursprünglich die Entstehung der Jahreszeiten erklärt haben wird.

Aus der Polarität zwischen dem Sommergott Tyr-Heimdall und dem Wintergott Loki ergibt sich, daß die beiden Brüder sein müssen.
Bei der Absetzung des Tyr durch Thor und Odin um 500 n.Chr. war Loki der „natürliche Verbündete" des Odin und des Thor. Daher wurde er zum Blutsbruder des neuen Göttervaters Odin (statt wie vorher der Bruder des alten Göttervaters Tyr zu sein) sowie zum Begleiter des Thor. Aus Lokis Gegnerschaft zu dem alten Göttervater Tyr wurden die vielen Schwierigkeiten, die Loki dem neune Göttervater Odin und dem Thor im Laufe der Zeit bereitet hat, sowie seine Anstiftung zu dem Mord an Baldur.

Aus Loki als dem „problematischen Verbündeten" des Odin und des Thor wurde in der Saga Loki als der „böse Ratgeber" eines Königs, der eine Saga-Variante des ehemaligen Göttervaters Tyr ist.

Loki ist der Vater der Jenseitswesen Hel, Jörmungandr und Fenrir, da auch Loki selber als Wintergott mit der Unterwelt verbunden ist.

Wahrscheinlich ist Loki auch mit der Kundalinischlange assoziiert worden.

Ein offene Frage ist, warum Loki, wenn er aus der Regenräuberschlange entstanden ist, die Gestalt eines Menschen angenommen hat.

Um die Entwicklung des Loki noch genauer erfassen zu können, ist es sinnvoll, zunächst einmal zu schauen, ob Loki auch bei den anderen indogermanischen Völkern wiederzufinden ist.

II Loki in der indogermanischen Überlieferung

Die folgende Tabelle zeigt den Stammbaum der Indogermanen. Die Namen für die gemeinsamen Vorfahren der verschiedenen Völker wie „Tocharo-Romanen" sind künstliche Bezeichnungen, da nicht bekannt ist, wie sich die betreffenden Völker selber genannt haben. Die Differenzierung dieser Völker fand in etwa zwischen 2800 v.Chr. und 1800 v.Chr. statt.

Indo-germanen	West-Indo-germanen	Balto-Slawen				Balten
						Slawen
		Tocharo-Germanen	Tocharo-Romanen	Kelto-Romanen		Kelten
						Römer
				Tocharer		
			Germanen			
	Süd-Indo-germanen		Lyder			
		Hethito-Luwier	Hethito-Palaer			Hethiter
				Palaer		
			Luwier			
	Ost-Indo-germanen	Gräco-Thraker				Thraker
						Griechen
		Indo-Skythen				Skythen
			Indo-Armenier			Armenier
				Indo-Mitanni		Mitanni
					Indo-Perser	Perser
						Inder

Im Folgenden sind nur die Völker aufgeführt, von denen etwas über das hier betrachtete Thema bekannt ist.

II 1. Loki bei den West-Indogermanen

II 1. a) Loki bei den Kelten

Von den Kelten ist weder ein Wildnisgott noch eine im Wasser lebende Schlange, die den Regen geraubt hat, bekannt. Ein solches Schlangenmotiv hat in einem Bereich, der wie Nordeuropa keine Dürrezeiten kennt, auch keine realen Grundlagen mehr, weshalb dieses mythologische Motiv in Vergessenheit geraten sein wird, wenn es sich nicht zu etwas anderem weiterverwandelt wurde (wie z.B. in den Gott Loki).

Es gab lediglich das Motiv des Thor-ähnlichen Gottes Smertrios, der eine Schlange mit einer Keule erschlug.

Die Kelten kannte jedoch die Kundalinischlange, die im Zusammenhang mit der Kampfekstase des Cú Chulainn sehr anschaulich beschrieben wird und die auf dem Kessel von Gundestrup als Schlange mit Widderhörnern dargestellt wird – auch Loki trägt Widderhörner.

Von Kelten ist jedoch das Rinderraubmotiv bekannt, das bei ihnen zu einem Stierraub geworden ist. Dieser Raub des „magischen Stieres" ist eine der wichtigsten keltisch-irischen Sagen.

Vermutlich ist der Rinderraub eine Ausweitung des Regenräubermotivs. Da dies Motiv nicht nur von den Kelten, sondern auch von den Indern (Indra gegen Vritra), den Slawen (Perun gegen Veles) und den Germanen bekannt ist, wird der Rinderraub schon den Indogermanen bekannt gewesen sein. Der gegenseitige Raub von Rindern wird unter den ursprünglichen Stämmen der Indogermanen sicherlich oft vorgekommen sein und daher eine naheliegende Erweiterung der Regenraub-Symbolik gewesen sein.

II 1. b) Loki bei den Römern

Bei den Römern findet sich der altitalische Wildnisgott Faunus, der auch als Wolfsgott bekannt ist. Faunus hat wie Pan Ziegenhörner. Er ist der Gott der freien Natur, aber auch der Beschützer der Bauern und Hirten sowie ihrer Tiere und Äcker.

Seine Frau Fauna hat denselben Charakter wie er. Von seinen Eigenschaften her gleicht Faunus dem griechischen Pan. Wie Pan erscheint auch Faunus oft in einer Vielzahl von Gestalten als Faune.

Faunus wurde auch als der Vater des Latinus, der der erste König der Römer war, verehrt. Daher ist der Wolfsgott Faunus eng mit der kapitolinischen Wölfin verbunden, die Romulus und Remus säugte. Seine Feste hießen Lupercalien („Wolfstage") und seine Priester Luperci („Wölfe").

Da er als der Vater des ersten römischen Königs angesehen wurde, ist sein Ursprung als Wildnisgott ausgesprochen unwahrscheinlich, da der König ja gerade die Zivilisation und Kultur aufrechterhalten soll. Es scheint auch unwahrscheinlich, daß er ursprünglich ein vergöttlichter Wolf war, da es kaum einzusehen wäre, warum er dann ausgerechnet die Bauern beschützen und das Gedeihen von Vieh und Getreide fördern sollte.

Man kann daher annehmen, daß sich der Begriff Wolf auf die indogermanischen Kriegerbünde bezieht, die sich als Wolfsrudel auffaßten. Eine solche Herkunft würde gut zu dem Ahn der römischen Könige passen. Der Schutz der Bauern war die eigentliche Aufgabe der Krieger der Wolfsrudel. Es war dann für die Römer, nachdem ihnen diese Herkunft ein wenig undeutlich geworden war, kein großer Schritt mehr, den Faunus nicht nur um Schutz gegen Überfälle u.ä., sondern auch um Hilfe für das Gedeihen der Herden und Äcker zu bitten.

Seine Hörner lassen ihn noch als einen Toten im Jenseits erkennen, der zur Sicherung seiner Zeugungskraft mit dem Ziegenbock identifiziert wurde. Er entspricht daher u.a. dem griechischen Pan und dem slawischen Porewit.

Möglicherweise ist er aufgrund seiner Ziegenhörner mit Loki verwandt, der an seinem Kopf Widderhörner trägt. Allerdings sind die beiden Merkmale „Ziegen- oder Widderhörner" und „Assoziation mit der Wildnis" nicht allzu tragfähig, da sie lediglich besagen, daß es sich bei dem betreffenden Gott um einen Mann handelt, der im Jenseits lebt und für dessen Wiederzeugung einst ein Herdentier geopfert worden ist.

II 1. c) Loki bei den Kelto-Romanen
(die gemeinsamen Vorfahren der Kelten und Römer)

Ein „echter" Wildnisgott oder gar Chaos-Gott ist bei ihnen nicht zu finden. Das Motiv des Stierraubes, des Kampfes mit der Schlange und des Gottes mit Ziegen- oder Widderhörnern ist hingegen bekannt.

II 1. d) Loki bei den Germanen

Ein interessantes Motiv aus den germanischen Mythen, das in diesem Buch noch nicht ausführlicher betrachtet worden ist, ist der Rinderraub, der bei den Kelten zu dem roten Faden in ihrem National-Epos „Der Rinderraub von Cuailgne" geworden ist.

Bei den Germanen tötet Thor den Stier des Tyr-Hymir und beendet dadurch dessen Kult. Noch wichtiger als diese Stelle ist jedoch eine kurze Bemerkung in der Heimskringla, in der Snorri berichtet, daß Odin weiß, wo die Rinder unter der Erde verborgen sind. Dieses „unter der Erde" wird man sicherlich als „im Hügelgrab" auffassen könne, zumal Odin in dem betreffenden Zusammenhang als „Herr der Hügelgräber" beschrieben und bezeichnet wird.

Der Raub der Rinder und ihr Verbergen in einem Hügelgrab, an dem bei den Kelten die Götter einschließlich des Sonnengottes Lugh beteiligt sind, könnte daher auch bei den Germanen ein Aspekt der Tyr-Loki-Mythe sein, die einen endlosen, zyklischen Kampf beschreibt.

Diese Annahmen wird dadurch erhärtet, daß solch ein Rinderraub auch bei den slawischen Göttern eine wichtige Rolle spielt, sowie dadurch, daß bei Indern der Gott Indra nicht nur das Wasser der Flüsse, sondern auch die Rinder aus dem Hügelgrab, in dem sie von dem Drachen Vritra bewacht werden, befreit.

Mann kann also davon ausgehen, daß Loki einst auch ein Rinderdieb gewesen sein wird.

II 1. e) Loki bei den Germano-Romanen
(die gemeinsamen Vorfahren der Kelten, Römer, Tocharer und Germanen)

Bei ihnen findet sich die Regenräuberschlange, der gehörnte Wildnisgott und das Motiv des Rinder-Raubes. Eine deutlich dem Loki gleichende Gestalt ist von den Kelten, Römern und Tocharern nicht bekannt.

Der germanische Gott Loki enthält sowohl das Motiv des Räubers als auch das Motiv des gehörnten Widlnisgottes und das der Regenräuberschlange. Möglicherweise haben die Germanen in Loki ein altes indogermanisches Motiv am vollständigsten bewahrt.

II 1. f) Loki bei den Slawen

Der Gott Porewit, der in der Wildnis lebt und als bärtiger Mann, als Ziegenbock oder als Mann mit Hirschhörnern erscheint, hat stets einen großen Phallus. Er ähnelt somit sowohl dem griechischen Pan als auch dem keltischen Cernunnos und dem gehörnten Loki sowie ein wenig auch dem germanischen Freyr (Phallus).

Da Porewit jedoch nie als Mörder des Vegetationsgottes oder Gegner des Himmelsgottes erscheint, sondern im Gegenteil verirrten Wanderern hilft, wird er ursprünglich der Tote gewesen sein, der sich mithilfe der Zeugungskraft der Ziege bzw. des Hirsches im Jenseits selber wiedergezeugt hat.

Die Bedeutung seines Namens ist „Bienenmeister", was deutlich auf einen Zusammenhang mit dem aus Honig gebrauten Met hinweist, der das Getränk der Unsterblichkeit im Jenseits war.

Der listige und magiekundige Drachengott Veles ist hingegen leicht als die Regenräuberschlange zu erkennen, da er in der Unterwelt haust und der ständige Gegner des Donner- und Himmelsgottes Perun ist. Sein Raub der Frau, der Kinder und der Rinder des Perun läßt die Jahreszeiten entstehen, was leicht als eine Weiterentwicklung des früheren Regenraub-Motivs zu erkennen ist.

Veles wurde auch „Skotij Bog", d.h. „Gott des Viehs" genannt.

Die Erweiterung des Regenraubes auf die Rinder, die sich auch bei den Indern (Indra/Vritra) und auch bei den Kelten und Germanen findet, liegt sicher daran, daß zum einen die Rinder mit der Unterwelt assoziiert waren (Kuh-Muttergöttin und Stier-Toter) und zum anderen daran, daß es wohl nicht selten vorgekommen sein wird, daß der eine Rinderzüchter-Stamm der Indogermanen dem anderen einmal ein paar Rinder geraubt haben wird – es war sozusagen eine Assoziation aus dem Alltag, die hier der Mythologie hinzugefügt worden ist …

Das Fest des Veles fand in der Julnacht statt und wurde „Velja noc", d.h. „Große Nacht" genannt. Das ist ein Motiv, das man eigentlich bei dem Sonnengott-Göttervater erwarten würde, der jedoch bei den Slawen in den Hintergrund getreten ist. Stattdessen ist der Donnergott zu ihrem Hauptgott geworden.

Diese Entwicklung von Sonnengott zum Donnergott als oberstem Gott läßt sich auch in der Spätzeit der germanischen Religion beobachten. Wenn die Nordgermanen nicht christianisiert worden wären, wäre Thor recht sicher spätestens um 1300 n.Chr. zu dem obersten Gott geworden – einige Lieder wie das Alwislied (Thor hat das Rätselwettstreit-Motiv von Odin übernommen) und einige Mythen wie das Hrungnir-Lied (Thor schenkt Hrungnirs Roß seinem Sohn statt Odin) zeigen schon deutlich, daß Thor auch schon um ca. 1100 n.Chr. die Rolle des Odin zu übernehmen begonnen hatte.

Veles ist auch der Gott der Musik gewesen.

II 1. g) Loki bei den Balten

Die Balten kannten einen Wildnisgott mit dem Namen Meza virs. Er war der Gott des Waldes und war eng mit den Wölfen verbunden. Dieser Gott geht entweder auf einen vorindogermanischen Wildnisgott, auf einen Schamanengott mit Wolfsbegleiter wie Odin oder auf den Göttervater als Wolfkrieger (Germanen; Tyr als Fenrir) zurück, wobei dann der Wald, in der der Gott lebt, ein Bild für die Unterwelt wäre.

Ein Zusammenhang mit dem römischen Faunus und dem griechischen Pan ist denkbar, aber nicht sicher. Ein Bezug zu Loki wird nicht bestehen, auch wenn Meža virs wie Loki ein mit der Wildnis assoziierter Gott ist.

II 1. h) Loki bei den Balto-Slawen
(die gemeinsamen Vorfahren der Balten und Slawen)

Der Gott Veles der Slawen ist dem germanischen Loki recht ähnlich.

II 1. i) Loki bei den West-Indogermanen
(die gemeinsamen Vorfahren der Kelten, Römer, Tocharer, Germanen, Balten und Slawen)

Bei ihnen findet sich die Regenräuberschlange und der Wildnisgott. Wie den Indern ist ihnen auch der Raub der Rinder durch den Drachengott bekannt. Die Kundalinischlange hat bei den Kelten wie Loki Widderhörner.

Bei vielen west-indogermanischen Völkern findet sich einige der von Loki bekannten Motive, aber keine vollständige Entsprechung zu Loki. Am ähnlichsten ist ihm der slawische Schlangengott Veles, der wie Loki dem obersten Gott die Rinder und die Göttin raubt.

II 2. Loki bei den Süd-Indogermanen

II 2. a) Loki bei den Hethitern

Bei den Hethitern übernahm die Schlange Illuyanka die Funktion des Wildnisgottes. Sie ist der Regenräuber und Teshshup der Himmelsgott.
Ein dem Loki gleichender Gott ist von ihnen nicht bekannt.

II 2. b) Loki bei den Süd-Indogermanen
(die gemeinsamen Vorfahren der Hethiter, Palaer, Luwier und Lyder)

Bei den Süd-Indogermanen läßt sich lediglich bei den Hethitern die Regenräuberschlange finden.

II 3.   Loki bei den Ost-Indogermanen

II 3. a)   Loki bei den Persern

Perser

Aus der persischen Mythologie ist kein Wildnisgott bekannt.

Die Regenräuberschlange, die im Zend Avesta „Azo Dahaka" genannt wird, hat sich als Gegner des Luftgottes Vayu, der hier an die Stelle des Sonnengott-Göttervaters getreten ist, erhalten können.

<u>Zend-Avesta, Ram Yast:</u>
Ich will den Wassern opfern und ihm, der sie teilt. Ich will dem Frieden opfern, dessen Atem friedlich ist, und dem Wohlergehen – allen beiden.

Diesem Vayu opfern wir, diesen Vayu rufen wir an, für dieses Haus, für den Herrn dieses Hauses, und für den Mann hier, der Trankopfer gibt und Geschenke. Diesem vorzüglichen Gott opfern wir – möge er unser Fleisch und unsere Gebete annehmen und uns dafür gewähren, daß wir unsere Feinde mit einem einzigen Schlag vernichten!

Ihm gab der Schöpfer Ahura Mazda im Airyana Vaegah ein Opfer: auf einem goldenen Thron, unter goldenen Stangen und einem goldenen Baldachin, mit Bündeln von Baresma-Zweigen und Opfertränken von ganz kochender Milch.

... ...

Ich will die Wasser opfern – ihm, der sie teilt ... ... Diesem Vayu opfern wir, diesen Vayu rufen wir an ... ...

Ihm hat Thraetaona, der Erbe des starken Athwya-Clans, ein Opfer in dem viereckigen Varena dargebracht: auf einem goldenen Thron, unter goldenen Stangen und einem goldenen Baldachin, mit Bündeln von Baresma-Zweigen und Opfertränken von ganz kochender Milch.

Er bat ihn um eine Gunst und sprach: „Gewähre mir dies, o Vayu!, der Du in der Höhe wirkst: daß ich den Azi Dahaka überwinde, den dreimundigen, den dreiköpfigen, den sechsäugigen, der tausend Sinne hat, der allermächtigsten, feindlichen Geist, den Dämon, der der Welt Verderben bringt, den stärksten Dämon, den Angra Mainyu als Feind der irdischen Welt erschaffen hat um das Wesen des Guten zu vernichten; und daß ich seine beiden Frauen, Savanghavak und Erenavak, die die schönsten Leiber unter allen Frauen haben und die wundervollsten Geschöpfe in der Welt sind, befreie.

... ...
Wir opfern Dir, o großer Vayu! Wir opfern Dir, o starker Vayu!
Wir opfern dem Vayu, dem Größten der Großen.
Wir opfern dem Vayu, dem Stärksten der Starken.
Wir opfern dem Vayu mit dem goldenen Helm.
Wir opfern dem Vayu mit der goldenen Krone.
Wir opfern dem Vayu mit der goldenen Halskette.
Wir opfern dem Vayu mit dem goldenen Streitwagen.
Wir opfern dem Vayu mit dem goldenen Rad.
Wir opfern dem Vayu mit den goldenen Waffen.
Wir opfern dem Vayu mit der goldenen Kleidung.
Wir opfern dem Vayu mit den goldenen Schuhen.
Wir opfern dem Vayu mit dem goldenen Gürtel.
Wir opfern dem heiligen Vayu; wir opfern dem Vayu, der in der Höhe wirkt.

Vayu ist der Windgott der Perser. Im der dem Persischen nah verwandten indischen Sprache hat „vaju" die Bedeutung „Luft". Offensichtlich ist dieser Luft- und Windgott wie viele Luft- und Himmelsgötter zu einem Sonnengott geworden.

Die goldenen Waffen des Vayu sind vermutlich vor allem das goldene Sonnenschwert.

Die beiden „schönen Frauen" des Vaju könnten eine Entsprechung zu den beiden Töchtern des germanischen Tyr-Riesen sein – aber das ist unsicher.

Narten

In den Geschichten der Narten aus dem Kaukasus, die auf die persische Mythologie zurückgehen, findet sich der Held Sirdon („Wildes Tier") , der große Ähnlichkeit mit Loki hat. Sein Gegenspieler ist der aus einem Felsen geborenen, d.h. aus dem Hügelgrab-Jenseits zurückgekehrte Soslan („Sonne"), der dem germanischen Tyr entspricht.

Soslan wurde von dem Schmied Kurdalagon (=Wieland) in einer Wiege voller Wolfsmilch so gehärtet, daß seine Haut wie Eisen wurde – außer an den Kniekehlen. Diese Beinahe-Unverwundbarkeit ist ein typisches Merkmal für den indogermanischen Sonnengott-Göttervater, der als Kriegsgott und Göttervater unbesiegbar war, aber als Sonnengott jeden Abend starb, also nur fast unverwundbar sein konnte.

Dieses „beinahe" hat Soslan dem Sirdon zu verdanken, der die Wiege, in der Kurdalagon den Soslan gehärtet hat, zu kurz gebaut hat, sodaß seine Kniekehlen aufgrund der angewinkelten Beine des kleinen Soslan in seiner Wiege nicht von der Wolfsmich benetzt wurden.

Später hat Sirdon die Jünglinge der Narten dazu gezwungen, aus einer bestimmten

Entfernung auf seinen Sohn zu schießen. Wenn der Schütze nicht traf, mußte er Sirdon einen Stier geben – und wenn er traf, sagte Sirdon, sei es das Schicksal seines Sohnes gewesen. Lange Zeit hat niemand den Sirdon-Sohn getroffen, doch als Soslan hinzukam, tötete er ihn mit seinem ersten Schuß. Seit dieser sehr Baldur-ähnlichen Mythe waren Sirdon und Soslan Feinde.

Die Mythen der Narten haben generell viele Ähnlichkeiten mit den Mythen der Nordgermanen, was sich evtl. dadurch erklären könnte, daß beide Völker relativ abseits von den großen Ereignissen und den großen Reichen gelebt haben und sich ihre Mythen daher nur wenig durch äußere Einflüsse verändert haben und noch stark den ursprünglichen indogermanischen Mythen gleichen.

Soslan stirbt durch ein magisches Rad, das das Rad der Sonne ist. Sirdon hat dem Rad die verwundbare Stelle des Soslan (Kniekehlen) verraten. Soslan erschießt daraufhin aus der Unterwelt heraus Sirdon mit einem Pfeil.

Es ist daher anzunehmen, daß der germanische Meisterschütze Egil (siehe Band 37) und der germanische Gott Hödur, der durch die List des Loki Baldur erschossen hat, zusammen mit dem Sonnengott-Schützen Soslan der Narten eine gemeinsame Wurzel in einem Kampf zwischen dem Göttervater und seinem Gegenspieler, der mit Pfeil und Bogen ausgetragen worden ist, haben.

II 3. b)   Loki bei den Indern

Der Name des Rig-Veda-Gottes Rudra bedeutet „Heuler, Brüller". Er wurde auch der „Rote", der „Mächtige", der „mit dem geflochtenen Haar", der „Wilde" und der „Schreckliche", aber auch der „Freundliche" („Shiva") genannt.

Er war aber trotz seiner wilden Namen eher ein Jägergott, da sein Zeichen der Bogen war. Er konnte kämpfen wie ein wildes Tier, aber er konnte auch Krankheiten heilen. Er war der Vater der Marut-Sturmgötter, die wilde Krieger im Gefolge des Indra waren und vermutlich auf die den Indra begleitenden Totengeister zurückgehen.

Das Motiv der Schlange, die den Regen und die Rinder geraubt hat, findet sich auch im Rig-Veda. Das Wasser und die Rinder werden am Anfang der Zeit von Indra aus der Gefangenschaft in dem Fels der Unterweltsschlange Vritra befreit.

Vritra wird manchmal auch „Vala" genannt, was vermutlich mit dem Slawischen „Veles" identisch ist und „die Gewundene" bedeuten könnte und dann eine Bezeichnung für die Schlange wäre.

II 3. c) Loki bei den Skytho-Indern
(die gemeinsamen Vorfahren der Inder, Perser, Mitanni, Armenier und Skythen)

Die Schlange, die den Regen und die Rinder raubt, ist in den alten Mythen der Indern ein zentrales Motiv gewesen.

Ein dem Loki sehr ähnlicher Gott ist Sirdon von dem persischen Volk der Narten. Bei den Narten finden sich viele Motive, die den Szenen aus dem Kampf zwischen Tyr und Loki bei den Germanen gleichen.

II 3. d) Loki bei den Griechen

Die Regenräuberschlange

Die geflügelte Riesenschlange Typhon, die einen menschlichen Oberkörper hatte, war eine Regenräuberschlange, da ihr Name „Wolke, Sturm, Rauch" bedeutet. Auch die Hydra, deren Namen sie „als zum Wasser gehörig" bezeichnet, wird daher ein Regendrache sein. Die Python ist allgemein eine Schlange, die, wie ihr Name („Tiefe") zeigt, in der Tiefe unter der Erde haust.

Die griechischen Schlangenmonster sind folglich Riesenschlangen, die in der Tiefe über das Wasser herrschen. Damit sind zum einen die Wasser der Unterwelt gemeint, da dies zunächst einmal der mythologische Hintergrund zu Beginn der Jungsteinzeit war, und zum anderen aber auch der während des Sommers in der Unterwelt von der Schlange gefangene Regen. Die Schlange wird dann im Herbst von Zeus, Apollo und anderen Göttern besiegt, woraufhin es wieder regnen kann.

Der gehörnte Wildnisgott

Die Götter der Wildnis der Griechen sind die gehörnten und ziegenbeinigen Satyrn und der Gott Pan sowie teilweise auch die Silenen (Menschen mit Hufen, Pferdeohren und Pferdeschwanz) und Centauren (Pferde mit Menschenoberkörper).

Diese Wesen leben zwar in der Wildnis und verkörpern auch die sexuelle Begierde sowie eine gewisse Unbeholfenheit und Einfachheit, aber sie stammen letztlich aus den Jenseitsvorstellungen, bei dem der Tote durch die Opferung eines Stieres, einer Ziege oder eines Pferdes die Zeugungskraft und eben auch teilweise die Gestalt eines Stieres, einer Ziege oder eines Pferdes annimmt. Diese Wildnisgötter erscheinen nie als die Mörder des Vegetationsgottes oder als die Gegenspieler des Himmelsgottes.

Prometheus

Prometheus war der Erschaffer der Menschen und ihr Förderer. Das Feuer, daß Zeus den Menschen versagt hatte, holte Prometheus ihnen zurück, indem er eine Fackel an dem Feuer des Sonnengottes Helios auf seinem Streitwagen entzündete.

Hier findet sich eine Verwandtschaft sowohl zu Loki als „Flamme" als auch zu dem keltischen Sonnengott Lug, in dessen Kult zu seinem jährlichen Fest Beltaine alle (Herd-)Feuer verlöscht und anschließend mit einer Fackel von dem Ritualfeuer des Sonnengottes Lug neu entfacht wurden. Die Ähnlichkeit mit Prometheus, der seine Fackel am Sonnenfeuer entzündet und dann das Feuer den Menschen bringt, ist sehr deutlich.

Es ist gut denkbar, daß dieses Ritual bis zu den frühen Indogermanen zurückreicht. Es wäre dann symbolisch eine jährliche Wiederverbindung aller Herdfeuer und somit aller Häuser mit den Ahnen und Göttern gewesen, da das Feuer das Jenseitstor war.

Diese Symbolik findet sich in ganz ähnlicher Weise bei den Feuerläufen sowie bei den Feuern im Zusammenhang mit der Krönung und bei den Feuerritualen, die die Verbindung des Königs mit den Göttern erneuern sollten.

So wie die Asen den Loki an einen Felsen fesselten, so kettete auch Zeus den Prometheus an den Kaukasus. Die Entsprechung zu der Schlange, der Gift auf Loki tropfte, war der Adler Ethon, der an Prometheus' Leber fraß. Die Ähnlichkeit des Motivs ist noch größer als sie zunächst erscheint, denn die Eltern des Adlers Ethon waren die Riesenschlange Typhon und die Riesenschlange Echidna, die einen Frauenoberleib hatte. Der Zusammenhang zwischen Loki/Prometheus und der Riesenschlange (Typhon, Echidna, Midgartschlange, Schlange über dem gefesselten Loki) ist offenbar sehr eng.

Loki besaß auf einem Berg ein Haus mit je einer Tür in die vier Richtungen, sodaß er alles sehen konnte. Dieser strategisch günstige Ausgangspunkt paßt gut zu einem listigen Gott. Vielleicht besteht hier aber auch noch ein tieferer Zusammenhang zu dem Berg als der Verbindung zum Himmelsjenseits.

Die Tat, die die Götter veranlaßte, den Loki zu fesseln und mit dem Schlangengift zu foltern, war der Mord an Baldur, zu dem er Hödur anstiftete, indem er ihm einen Mistelpfeil gab, der als einziger den Gott Baldur verwunden konnte. Aus dieser Tat ergab sich schließlich der große Götterkampf, in dem Loki auf der Seite der Riesen kämpfte. Dieser Kampf wird zwar als einmaliger Kampf dargestellt, aber er wird ursprünglich wohl ein zyklischer Vorgang gewesen sein, der sich „zusammengezogen" hat, so wie z.B. auch die jährliche Überschwemmung in dem Motiv der Sintflut zu einem einmaligen Ereignis geworden ist.

Der Kult des Prometheus und die Prometheus-Mythe enthält bei genauerer Betrachtung einige Parallelen zu Loki. Das Folgende ist kein Originaltext, sondern eine Zusammenfassung:

Prometheus hat Ähnlichkeit mit dem Schmiedegott Hephaistos (Zeus in der Unterwelt). In Athen stand ein Altar des Prometheus, der bei seinem Fest mit Fackeln geschmückt wurde. Prometheus („Loki") und Hephaistos („Tyr-Wieland") besaßen einen gemeinsamen Tempel in Athen.

Prometheus war ein Sohn des Titanen (Riesen) Iapetos und der Erdgöttin Gaia. Er war auch selber ein Titan. Einer seiner Brüder war der Himmelsträger Atlas.

Prometheus half den Göttern im Kampf gegen die Titanen.

Er hat von Gaia-Themis die gesamte Zukunft erfahren.

Prometheus erschuf die Menschen aus Ton und gab ihnen je eine Eigenschaft von verschiedenen Tieren. Seine Freundin Athene gab ihnen zudem Verstand und Vernunft.

Prometheus schlachtete einen Stier, legte das Fleisch auf einen Haufen und die Knochen auf einen anderen Haufen, bedeckte beide mit je einem Stierfell und ließ Zeus wählen, welchen Haufen er haben wolle. Zeus wählte den größeren Haufen – die Knochen ... Seitdem essen die Menschen das Fleisch der Opfertiere.

Wütend weigerte sich Zeus deshalb, den Menschen das Feuer zu geben.

Da entzündete Prometheus einen Stengel des Riesenfenchels an der Sonne und brachte den Menschen auf diese Weise das Feuer.

Da rächte Zeus sich erneut: Er ließ seinen Sohn Hephaistos aus Lehm das Bildnis einer schönen Jungfrau herstellen, von Aphrodite mit Schönheit versehen, von Hermes mit Sprache begaben und von Athene mit einem Gewand aus Blumen schmücken. Zeus gab ihr eine Büchse, in der sich alles Üble befand.

Dann brachte Zeus Pandora auf die Erde zu Epimetheus, dem Bruder des Prometheus, der das Geschenk entgegen dem Rat des Prometheus annahm. Da ließ Pandora alle Krankheiten und Leiden aus der Büchse heraus – nur die Hoffnung schaffte es nicht schnell genug herauszukommen, bevor Pandora die Büchse wieder verschloß.

Zeus ließ Prometheus durch Hephaistos mit einer schweren Kette an einen Felsen im Kaukasus schmieden. Dort steht er nun gefangen über einem tiefen Abgrund ohne Essen, ohne Trank und ohne Schlaf. Jeden Tag kommt ein Adler und frißt die Leber des Prometheus, die immer wieder nachwächst, da Prometheus zu den Unsterblichen zählt.

Erst nach vielen Jahrhunderten der Qual befreite ihn Herakles aus Mitleid, aber Prometheus mußte fortan einen Ring mit einem Stein des Kaukasus tragen, damit er symbolisch noch immer an den Kaukasus gefesselt war.

Die Flügelschuhe

Außer bei dem germanischen Gott Loki finden sich Flugschuhe nur noch bei den Griechen. Dort sind sie im Besitz des Götterboten Hermes, der sie einst auch einmal

Perseus geliehen hat. Hermes hat sich sehr wahrscheinlich aus dem Seelenvogel des Zeus heraus entwickelt – in den Mythen ist er der Sohn des Zeus.

Das Motiv der Flügelschuhe des Hermes ist schon alt, da es bereits um 750 v.Chr. bekannt gewesen ist, wie eine Stelle aus der Odyssee zeigt:

Odyssee 5, 43:
Der rüstige Argosbesieger
Eilte sofort, und band sich unter die Füße die schönen
Goldnen ambrosischen Sohlen, womit er über die Wasser
Und das unendliche Land im Hauche des Windes einherschwebt.
Hierauf nahm er den Stab, womit er die Augen der Menschen
Zuschließt, welcher er will, und wieder vom Schlummer erwecket.
Diesen hielt er und flog, der tapfere Argosbesieger,

Der „*Argosbesieger*" ist Hermes.

Die Flügel an den Schuhen des Hermes zeigen noch deutlich, daß sich dieser Gott aus einem Vogel heraus entwickelt hat – eben aus Zeus Adler-Seelenvogel.

Außer der Fähigkeit zu fliegen haben Loki und Hermes auch noch die enge Verbindung zu dem Göttervater gemeinsam: Hermes ist Zeus Sohn, d.h. ursprünglich der als Adler-Seelenvogel wiedergeborene Göttervater, und Loki ist der Blutsbruder des Odin und einst der Bruder des Tyr sowie der Mörder des alten Göttervaters (Loricus, Thiazi, Hrungnir, Geirröd usw.), was eine frühe indogermanische Umdeutung der Ablösung des alten, sterbenden Göttervaters durch den jungen, wiedergeborenen Göttervater ist. Der junge Göttervater ist aufgrund der Wiederzeugung und der Wiedergeburt der Sohn des alten Göttervaters und zugleich mit diesem identisch.

Weiterhin sind sowohl Hermes als auch Loki listig und erfinderisch. Diese Eigenschaft könnte eine Erweiterung der Wiedergeburtsmythen sein, also der Kenntnis der verborgenen Wege durch die Unterwelt.

II 3. e) Loki bei den Ost-Indogermanen
(die gemeinsamen Vorfahren der Inder, Perser, Mitanni, Armenier, Skythen, Griechen und Thraker)

Die Schlange, die den Regen und die Rinder raubt, ist aus den alten Mythen der Inder und der Griechen ein gut bekanntes Motiv.

Ein dem Loki sehr ähnlicher Gott ist Sirdon bei dem persischen Volk der Narten und Prometheus bei den Griechen.

II 4. Loki bei den Indogermanen

Die Regenräuberschlange ist bei allen drei Zweigen der Indogermanen gut bekannt. Sie raubt oft nicht nur den Regen, sondern auch die Rinder.
Der Wildnisgott fehlt nur bei dem südlichen Zweig.
Die Kundalinischlange hat bei den Kelten wie Loki Widderhörner.
Am ähnlichsten sind dem Loki der slawische Schlangengott Veles, der nartische Held Sirdon und der griechische Riese Prometheus.

Die wichtigsten Elemente der Mythen dieser Götter sind in der folgenden Liste aufgeführt. Es ist auffällig, daß es keinen einheitlichen Namen gibt. Das ergibt zumindestens den Anfangsverdacht, daß es sich bei Loki, Veles, Sirdon und Prometheus nicht um einen ursprünglichen indogermanischen Gott, sondern eher um ein indogermanisches Motiv handelt, das sich nicht zu einem klar umrissenen Gott verfestigt hat.

Vergleich von Loki, Veles, Sirdon und Prometheus				
- allgemeines -				
Thema	***Gott***			
	Loki	*Veles*	*Sirdon*	*Prometheus*
Zugehörigkeit	Riese/Ase	Gott-ähnlich	Held (Gott)	Titan/Gott
listig	listig	listig	listig	listig
Bedeutung des Namens	„Eingesperrter"	„sich Windender" (Schlange)	„Wildes Tier"	„Vorher-Bedenkender"

Loki, Veles, Soslan und Prometheus sind listige und eher wilde, Gott-ähnliche Wesen, die in zwei Fällen als Riesen bzw. Titanen bezeichnet werden.
Ihre Namen sind uneinheitlich.

Vergleich von Loki, Veles, Sirdon und Prometheus
- Motive bei allen vier Göttern -

Thema	*Gott*			
	Loki	*Veles*	*Sirdon*	*Prometheus*
Gegner	Tyr, Odin, Thor	Perun (Donnergott, Himmelsgott, oberster Gott)	Soslan („Sonne")	Zeus
assoziiert mit Schmiedegott (Göttervater im jenseits)	Wieland (Tyr als Schmied in der Unterwelt)	Svarog (?)	Schmiedegott Kurdalagon	Hephaistos (Zeus als Schmied in der Unterwelt)
Kampf, Intrigen	kämpft gegen Tyr; behindert Odin und Thor	kämpft gegen Perun	verhindert Soslans vollständige Unverwundbarkeit; kämpft gegen Soslan	gegen Zeus
Tod des Sonnengott-Göttervaters	durch das eigene Schwert, durch eine Keule	nur Beraubung durch Veles	durch das Sonnenrad, dem Sirdon die verwundbare Stelle des Soslan verrät	nur Fesselung durch Riesenschlange
Tod des Loki	nur Fesselung	Tötung durch Perun (anschließend Wiedergeburt)	Soslan erschießt Sirdon aus der Unterwelt heraus mit einem Pfeil	nur Fesselung

Die vier „Loki-Götter" sind der Gegenspieler des Sonnengott-Göttervaters. Es fällt auf, daß der „Loki-Gott" in drei Fällen sicher mit dem Schmiedegott verbunden ist und auch im vierten Fall eine Verbindung zu ihm bestehen könnte. Der Gegensatz zwischen dem „Loki-Gott" und dem Göttervater ist also eng mit dem Jenseits verbunden, da der Göttervater dort zum Schmiedegott wird, der in den Mythen stets der Sohn des Göttervaters ist, d.h. der Göttervater vor seiner Wiedergeburt.

Der „Loki-Gott" und der Göttervater kämpfen gegeneinander und töten einander – bei den Germanen und bei den Slawen ist der zyklische Charakter dieses Vorganges noch erkennbar.

Der endlose, zyklische Kampf zwischen dem Göttervater und dem „Loki-Gott" ist offenbar ein altes Motiv.

Vergleich von Loki, Veles, Sirdon und Prometheus
- Motive bei drei Göttern -

Thema	*Gott*			
	Loki	*Veles*	*Sirdon*	*Prometheus*
Mord	Mord an Tyr	Mord an Perun (?)	läßt seinen Sohn durch eine Wette erschießen	
Mordwaffe des Gegners	Pfeil des Loki/ Hödur (Egil ist ein Meisterschütze: „Apfelschuß")		Pfeil-Schuß auf Sirdons Sohn (Soslan ist ein Meisterschütze)	(Apollo tötet die Regenräuberschlange mit einem Pfeil)
Feuer	evtl. mit dem Feuergott Logi identisch		Soslan raubt das Feuer	bringt den Menschen das Sonnen-Feuer
Göttin	Hel, Laufey (z.T. zur Verursacherin des Leides umgedeutet)		Soslans Frau Chämyts ist zauberkundig (Göttin); Sirdon vertreibt sie	Pandora bringt alles Leid zu den Menschen

Es ist auffällig, daß in den Mythen von drei dieser vier Götter der „besondere Tod durch einen Pfeil" vorkommt. Bei den Germanen ist einmal Loki/Hödur der Bogenschütze, während der Meisterschütze Egil eher der Göttervater zu sein scheint. Bei den Narten ist der Göttervater der Bogenschütze. Bei den Griechen tötet der Sonnengott Apollo die Riesenschlange mit einem Pfeilschuß.

Vermutlich ist der Göttervater im Kampf gegen den Loki-Gott bzw. gegen die Regenräuberschlange einst ein Bogenschütze gewesen. Dieses Motiv ist auch noch von anderen indogermanischen Völkern bekannt (siehe „Pfeil" in Band 66).

Der Raub des Feuers scheint auch zu dem „Loki-Gott" zu gehören. Möglicherweise ist dieser Feuer-Raub eine Umdeutung des abendlichen bzw. herbstlichen Todes der Sonne, die auch als Feuer aufgefaßt worden ist.

Es wäre denkbar, daß die Pfeile des Sonnengott-Göttervaters, mit denen er die Riesenschlange tötet, die morgendlichen Sonnenstrahlen sind, die von seinen Sieg über den Loki-Gott künden.

Die Frau, die mit dem „Loki-Gott" in Verbindung steht, ist in drei Fällen als die Jenseitsgöttin erkennbar.

Vergleich von Loki, Veles, Sirdon und Prometheus				
- Motive bei zwei Göttern -				
Thema	*Gott*			
	Loki	*Veles*	*Sirdon*	*Prometheus*
Vater	Riese Farbauti			Titan Iapetus
Mutter	Riesin Laufey (Hel)			Erdgöttin Gaia
Wohnort	Utgard, Asgard, Hel (?)	Unterwelt		
Gestalt	Mann; Frau, verschiedene Tiere	Schlange		
Magie-kundig	Magie-kundig	Magie-kundig		
Helfer der Götter	hilft den Göttern			hilft den Göttern im Kampf gegen die Titanen
Opfertier	Stier (?)		Stier	
Dieb	Göttin, Ring, Äpfel u.a.	Regen, Rinder, Göttin, Kinder des Perun		
Erschaffung der Menschen	erschafft zusammen mit Odin und Hönir die Menschen			aus Ton; Hilfe von anderen Gottheiten
Fesselung	in der Hel			an Kaukasus
Befreiung	jeden Herbst			durch Herakles

Adler	Seelenvogel seines Gegners Tyr/Odin			Adler frißt seine Leber
Fest		Julnacht		in Athen

Der „Loki-Gott" ist das Kind eines Riesen und der Erd- und Jenseitsgöttin und wohnt im Reich der Götter oder im Jenseits – er ist eine Gestalt, die sowohl Gott als auch Riese ist.

Er erschafft zusammen mit einigen anderen Göttern die ersten Menschen. Er hat zumindestens stellenweise auch einen Kult besessen.

Er ist der Dieb des Regens, der Göttin und der Wiedergeburtssymbole sowie der Frau und der Rinder des Göttervaters.

Er hilft zumindestens gelegentlich auch den Göttern, obwohl er der Gegner des Sonnengott-Göttervaters ist. Vermutlich ist er früher einmal nur der Gegner des Sonnengott-Göttervaters gewesen.

Er ist Magie-kundig und kann seine Gestalt wandeln. Es ist unsicher, ob dies eine ursprüngliche Eigenschaft ist, da sie nicht bei allen vier „Loki-Göttern" vorkommt und zudem in den Mythen an keiner Stelle unbedingt notwendig ist.

Er wurde in einem Hügelgrab (Unterwelt, Felsen des Kaukasus) gefesselt und gefangengehalten.

Vergleich von Loki, Veles, Sirdon und Prometheus				
- Motive bei einem Gott -				
Thema	***Gott***			
	Loki	*Veles*	*Sirdon*	*Prometheus*
Opfer				begründet Stier-Opfer
Wissen				hat von Gaia-Themis die gesamte Zukunft erfahren
sonstiges		Musik		

Das Stieropfer wird aus dem Kult des Göttervaters stammen.

Ob die beiden anderen Motive eine längere Tradition haben, ist ungewiß.

Aus den Gemeinsamkeiten der vier Götter Loki, Veles, Sirdon und Prometheus läßt sich das folgende „Phantombild" des indogermanischen Vorläufers dieser vier Götter zeichnen:

- Er ist ein Wesen der Unterwelt und daher eine Schlange oder ein Riese oder eben eine Riesenschlange. Sein Ursprung wird in der riesigen Regenräuberschlange liegen.
- Er ist listig und wild.
- Er ist der Gegner des Sonnengott-Göttervaters und des Donnergottes, der sich aus dem wiedergeborene Göttervater heraus entwickelt hat (siehe den Band 17 über „Thor"). Beide töten sich abwechselnd in einem endlosen Zyklus.
- Er ist mit dem Schmiedegott assoziiert, der der Sonnengott-Göttervater in der Unterwelt ist.
- Der Sonnengott-Göttervater und der „Loki-Gott" rauben sich gegenseitig den Regen, die Göttin und die Rinder. Diese Göttin ist die Erd- und Jenseitsgöttin und somit auch die Göttin der Wiedergeburt.
- Der Göttervater tötet den „Loki-Gott" mit einem „besonderen Pfeil-Schuß". Dieser Pfeil ist ursprünglich vermutlich entweder ein Sonnenstrahl des Sonnengott-Göttervaters oder ein Blitzstrahl des Donnergottes gewesen.
- Der Tod des „Loki-Gottes" wird auch als Fesselung in einem Hügelgrab dargestellt.
- Der Raub des Feuers durch den „Loki-Gott" geht möglicherweise auf den Mord des Sonnengott-Göttervaters durch den „Loki-Gott" zurück, da der Tod der Sonne auch ein „Raub des Feuers" ist.
- Er erschafft zusammen mit anderen Göttern die Menschen.
- Er hat zumindestens stellenweise auch einen Kult besessen.

Loki wird also recht sicher auf die Regenräuberschlange zurückgehen, gegen die der Sonnengott-Göttervater bzw. der Donnergott einen endlosen, zyklischen Kampf führt, der die Jahreszeiten verursacht. Dabei rauben die beiden sich abwechselnd gegenseitig den Regen und die Rinder und vor allem die Göttin, mit der sie sich wiederzeugen können, sodaß die Göttin sie anschließend wiedergebiert.

Ob Lokis Erschaffung der Menschen zusammen mit anderen Göttern ein altes Motiv ist, ist unsicher.

III Loki in der jungsteinzeitlichen Überlieferung

Die untenstehende Übersicht zeigt nur den grob umrissenen Stammbaum der jungsteinzeitlichen Völker in Vorderasien, der insbesondere in seiner ersten Hälfte (10.000-6.000 v.Chr.) noch nicht sicher bekannt und zudem von der Überlieferung her recht lückenhaft ist. Die einzelnen Völker sind erst ab ca. 4000 v.Chr. durch die vermehrte Herstellung von bemalter Keramik sowie ab 3.300 v.Chr. durch die Erfindung der Hieroglyphen in Ägypten und der Keilschrift in Mesopotamien detaillierter bekannt.

Göbekli Tepe, Nevali Cori, Jericho u.a.	Çatal Hüyük u.a.	Ost-Völker	Sumer (Mesopotamien)		Akkader, Babylonier usw.
			Elamo-Drawiden	Elam (Ost-Persien)	
				Harappa-Drawiden	Harappa (Nordwest-Indien)
					Drawiden (Indien)
		West-Völker	Semiten		
			Megalithkultur		
			Afro-Asiaten	Ägypter	
				Berber	
		Nordvölker	Indogermanen		

Im Folgenden sind nur die Völker aufgeführt, von denen etwas über das hier betrachtete Thema bekannt ist.

III 1. Loki bei den Nordvölkern (Indogermanen)

Die Vorfahren der Indogermanen sind um 7.000 v.Chr. von Nordmesopotamien aus durch den Kaukasus nach Norden hin in die russische Steppe nördlich des Schwarzen Meeres und des Kaspischen Meeres gezogen.

Als ab 6.000 v.Chr. die Regenfälle deutlich nachließen, wurden die Indogermanen zu halbnomadischen Viehzüchtern. In dieser Zeit entstand das Motiv des Kampfes des Donnergottes mit der Riesenschlange um den Regen.

Das am Ende des letzten Kapitels entworfene Bild des ursprünglichen „Loki-Gottes" der Indogermanen, der vor allem eine Regenräuberschlange gewesen ist, ist also maximal 8.000 Jahre alt.

III 2.   Loki bei den Westvölkern

III 2. a)   Loki bei den Ägyptern

Der ausgeprägteste Wildnisgott überhaupt ist der ägyptische Gott Seth, der Zwillingsbruder des Toten- und Korngottes Osiris. Er tötete den Korngott bei der Ernte im Herbst, aber Osiris wurde jedes Jahr nach seiner Jenseitsreise und seiner Wiederzeugung von Isis im Frühling als das neue Getreide wiedergeboren.

Seth war der zunächst der Gott der Steppe bzw. Wüste, in der die Flußoase Ägypten lag. Später wurde er auch zum Gott der wilden Tiere, zum Gott der Feinde Ägyptens, zum lüsternen Gott usw., der alles nicht-Zivilisierte darstellte. Trotzdem ist er immer als ein Teil der Welt aufgefaßt und daher niemals dämonisiert worden.

Es haben sich sogar noch in der Spätzeit immer wieder einmal Pharaonen nach Seth benannt (z.B. „Sethos"), weil sie während ihrer Regierungszeit die Kraft des Seth zur Verfügung haben wollten.

III 2. b)   Loki bei den Semiten

In Mesopotamien ist es eher der Gegensatz von Ackerbauern und Viehzüchtern als der Gegensatz zwischen Kultur und Natur, der viele Mythen beherrscht.

In Bezug auf dieses Themas ist sicherlich der Streit zwischen dem Ackerbauern Kain und dem Viehzüchter Abel am bekanntesten, der mit Abels Ermordung endete.

Dieser Mord ist eine Analogie zu der Tötung des ägyptischen Korngottes Osiris durch seinen Zwillingsbruder, den Wildnisgott Seth – wobei die „Berufe" von Kain und Abel in der Bibel wohl vertauscht worden sind, da Abel als der Hirte und Kain als der Bauer dargestellt werden.

Möglicherweise geht diese Vertauschung darauf zurück, daß die semitischen Eroberer des von den Sumerern bebauten Landes zwischen Euphrat und Tigris die ursprüngliche Fassung der Mythe in ihrem Sinne umdeuteten, sodaß nun der Bauer Kain den Hirten Abel ermordete und nicht wie vorher der Hirte den Bauern, d.h. der Wildnisgott den Korngott.

Die Vermutung, daß die Eroberung Sumers durch die Semiten zu dieser Umdeutung führte, beruht darauf, daß der Ermordete (Korn- und Totengott) die Identifikationsgestalt für die Toten und daher die eigentlich wichtige Gestalt in der Mythe war, mit der sich auch die Eroberer identifizieren wollten. Schon in Sumer trat der Hirtengott Dumuzi an die Stelle des ursprünglichen Vegetationsgottes und wurde zu dem Gott, der sich mit der Muttergöttin Inanna vereinte.

Der Hirte Abel in der Rolle des sterbenden Korn- und Totengott geht also wahrscheinlich bis auf den sumerischen Hirtengott Dumuzi zurück.

Die Namen der Beteiligten des Berichtes über den (aus biblischer Sicht) ersten Mordfall der Geschichte veranschaulichen noch einmal die Bedeutung der Geschichte:

> Adam: „Mann" => erster Mensch, Toter im Jenseits (Wiedergeburt)
> Eva: „Leben" => seine Frau, Muttergöttin
> Kain: „Schmied" => der „Böse", evtl. Vertauschung der Rollen mit Abel; Nomade
> Abel: „Hirte", „Sohn" oder „Apfel" => der „gute Bauer"

Der Hirtengott ist in Mesopotamien an die Stelle des Wildnisgott getreten – vermutlich als es im näheren Umkreis nicht mehr allzuviel Wildnis gab, sondern der Großteil der Fläche entweder durch den Ackerbau oder durch die Viehzucht genutzt wurde.

III 3.   Loki bei den Ostvölkern

III 3. a)   Loki bei den Sumerern und Babyloniern

Die früheste literarische Darstellungen dieses Gottheiten-Typus ist Enkidu im sumerischen Gilgamesch-Epos. Enkidu („Geschöpf des Erdgottes Enki") wächst in der Wildnis unter wilden Tieren auf und lernt erst durch Gilgamesch, den König von Uruk, die Zivilisation kennen.

Eng verwandt mit dieser Symbolik ist der Gegensatz Ackerbauern – Viehzüchter, der sich z.B. in der Geschichte, in der Inanna und Dumuzi sich vereinen, beschrieben findet: Dumuzi ist zunächst „nur ein Schäfer" und die Ackerbäuerin Inanna fragt, was sie denn mit so einem soll, bis ihre Mutter bestimmt, daß Ackerbau und Viehzucht miteinander verbunden werden müssen.

Später erscheint bei den Völkern im Nahen Osten auch der Korngott Attis.

Der indogermanische Gott, der sich als Loki, Veles, Sirdon und Prometheus bis in die schriftliche Überlieferung hinein erhalten hat, findet sich nur bei den Indogermanen.

Bei den übrigen Völkern, die von den Ackerbauern in Mesopotamien abstammen, findet sich hingegen der Wildnisgott Seth und der Viehzüchtergott Dumuzi. Diese beiden Götter sind der Gegenpol zu dem Korngott Osiris in Ägypten, zu Attis in Mesopotamien und zu der Ackerbaugöttin Inanna.

Als die Indogermanen um 6.000 v.Chr. aufgrund der Trockenheit den Ackerbau weitgehend eingestellt haben, ist bei ihnen auch der Korngott verlorengegangen. Es ist denkbar, daß der Wildnisgott weiterbestanden hat und nun wie der ägyptische Seth die Trockenheit, die wilden Tiere, die feindlichen Völker usw. repräsentiert hat.

Als dann das Motiv des Kampfes zwischen dem Donnergott und der Regenräuberschlange entstanden ist, könnte sich der Wildnisgott mit der Regenräuberschlange verbunden haben, sodaß die Regenräuberschlange eine menschliche Gestalt erhalten bzw. der Wildnisgott zu einer Schlange werden konnte.

Der gehörnte Gott ist aus den meisten Religionen der Völker bekannt, die von den mesopotamischen Ackerbauern abstammen und läßt sich daher nicht als Merkmal bei der Zurückverfolgung des Loki zu seinen Ursprüngen benutzten.

Es ist allerdings interessant, daß die Widderhorn-Schlange des keltischen Cernunnos und auch Widderhornschlange des babylonischen Marduk beide die Kundalini darstellen. Es ist daher denkbar, daß auch die Widderhörner des Loki auf die Kundalinischlange zurückgehen.

Wenn dies zutreffen sollte, dann hätte Loki zwei sehr unterschiedliche „Schlangen-Wurzeln": die hilfreiche Kundalinischlange und die gefürchtete Regenräuberschlange. Möglicherweise hat das schon sehr früh seinen Charakter widersprüchlich werden lassen.

IV Loki in der altsteinzeitlichen Überlieferung

Aus der Altsteinzeit sind lediglich die Stiertänzer und die Hirschtänzer aus den Höhlenmalereien bekannt, die zu den direkten Vorläufern des Loki zählen könnten. Sie sind allerdings der Ursprung von allen gehörnten Göttern und nicht nur von dem „Loki-Gott" – die markanten Charakterzüge des Loki sind erst in der frühen und mittleren Jungsteinzeit entstanden.

V Biographie des Loki

Aus den Betrachtungen über Loki läßt sich jetzt seine recht bewegte Biographie rekonstruieren.

späte Altsteinzeit
(50.000-10.500 v.Chr.)

Die Herdentier-Symbolik stammt noch aus der Altsteinzeit wie u.a. die Höhlenmalereien zeigen. Es ist generell anzunehmen, daß Menschen, die vor allem von der Jagd leben, eine ausgeprägte Tier-Symbolik haben.

Vermutlich hat es schon damals die Vorstellung der Muttergöttin in Kuhgestalt gegeben, da es eine Ritzungen gibt, die fließenden Übergänge zwischen Frau und Kuh zeigen.

Die Stier-Tänzer und die Hirsch-Tänzer werden Schamanen sein – entweder bei einem Jagdzauber oder bei der Anrufung der Herdentier-Zeugungskraft für die Wiederzeugung von Verstorbenen. Der Jagdzauber ist die unwahrscheinlichere Möglichkeit, da es auch Löwen-Tänzer gibt und in der frühen Jungsteinzeit Statuen und Abbildungen von Panther-Tänzer – die damaligen Jäger werden sich mit den Großkatzen identifiziert haben, um so gut jagen zu können wie sie.

Aus dieser Zeit stammen Lokis Widderhörner – falls es sich bei ihnen nicht nur um Locken handeln sollte …

frühe Jungsteinzeit
(10.500-8.400 v.Chr.)

Nach dem Ende der Eiszeit konnten die Jäger aufgrund der höheren Dichte an Jagdwild dauerhaft in einem Gebiet leben, was es ihnen ermöglichte, die ersten steinernen Tempel zu errichten. Diese Tempel und die dauerhaften Wohnhäuser bildeten wiederum einen Gegensatz zu der Wildnis, sodaß es es nun die Polarität Dorf – Natur gab.

Mit dem Dorf und mit dem Tempel waren die Ahnen verbunden, während in der Wildnis die Tiergeister lebten.

Wie die Gravuren in den Tempeln und die Ausrichtung der Tempeltürme zeigen, ist die Sonne damals ein wichtiges Symbol bzw. eine wichtige Gottheit gewesen, mit der sehr wahrscheinlich auch schon das Motiv der Wiedergeburt verbunden gewesen ist.

Die Ahnen-Schlangen, die ein Symbol für die Totengeister in der Erde gewesen sind, sind damals auch schon als Bild für den Weg in das Jenseits verwendet worden. Normalerweise war dieser Weg recht kurz: von der Erdoberfläche zwei Meter tief bis auf den Boden des Grabes. Im Fall der Sonne war diese Weg jedoch sehr lang: von ihrem Untergangspunkt am westlichen Horizont bis zu ihrem Aufgangspunkt am östlichen Horizont. Die Schlange, die diesen Weg darstellte, mußte daher eine Riesenschlange gewesen sein (wie z.B. die Apophis-Schlange der Ägypter).

mittlere Jungsteinzeit
(8.400-6.000 v.Chr.)

Nach der Erfindung des Ackerbaus bekamen diese beiden Pole eine markantere Kontur.

Die Ahnen wurden mit dem Getreide assoziiert, das wie die Menschen gezeugt wurde (Aussaat), geboren wurde (Keimen), lebte (Wachstum), starb (Ernte), im Jenseits weilte (Lagerung der Saat) und wiedergeboren wurde (Aussaat/Keimen).

Diesem Korngott stand der Wildnisgott gegenüber, der schon bald zu dem Mörder des Korngottes geworden sein wird – er tötete ihn in jedem Herbst wie das Getreide bei der Ernte … der Sensenmann …

Auch Loki erscheint vor allem im skandinavischen Brauchtum noch als der Schnitter.

Die Entstehung der Indogermanen
(7.000 v.Chr.)

Ca. 1500 Jahre nach der Entdeckung des Ackerbaus in Nordmesopotamien hatte sich das Gebiet, in dem Getreide angebaut wurde, so weit ausgedehnt, daß ein Teil dieser Bauern nach Norden hin über den Kaukasus in die südrussische Steppe nördlich des Schwarzen Meeres und des Kaspischen Meeres auswanderte.

Diese Bauern sind die ersten Indogermanen gewesen, die damals jedoch noch einen deutlich anderen Lebensstil gehabt haben als um 2.800 v.Chr.

Ihre wichtigsten Gottheiten werden die Große Mutter, der Sonnengott, der Korngott und der Wildnisgott gewesen sein, wozu noch die Ahnen in der Gestalt von Seelenvögeln und von Schlangen kamen.

Die große Dürre
(6.000 v.Chr.)

Während der Eiszeit und auch noch in den ersten 4.500 Jahren nach dem Ende der Eiszeit hatte es reiche Regenfälle gegeben, die sich jedoch ab 6.000 v.Chr. deutlich verringerten, sodaß die großen nacheiszeitlichen Binneseen z.B. im Hochland von Persien und in Afrika austrockneten, der Urwald in der heutigen Sahara und auch das fruchtbare Land in der südrussischen Ebene, in der die Indogermanen lebten, zur Steppe wurde.

Die Indogermanen waren daher gezwungen, sich auf eine halbnomadische Viehzucht umzustellen. In der Mythologie hatte dies mehrere gravierende Auswirkungen:

1. Der Korngott verblaßte und verschwand schließlich vollständig aus der germanischen Götterwelt – kein Korngott ohne Getreideanbau …

2. Man frug sich, warum es nur noch so wenig Regen gab. Da die Wolken (scheinbar) am Horizont aus der Erde aufstiegen und auch das Wasser der Quellen aus der Erde emporsprudelte, mußte das ganze Wasser unter der Erde sein. Folglich hielt irgendjemand dort unten auch die Wolken gefangen.

Die Große Mutter im Jenseits konnte es nicht sein, da sie den Menschen wohlgesonnen war. Aber bei der Riesenschlange konnte man sich nicht so sicher sein – zumal sie schon mit dem Tod der Sonne assoziiert worden war. Sie mußte der Übeltäter sein!

Warum kam der Regen nach der Sommerdürre im Herbst wieder zurück? Offenbar hat der Sonnengott-Himmelsgott-Göttervater die Regenräuberschlange besiegt – was man ja auch in den Herbstgewittern jedes Jahr aufs Neue selber erleben konnte. Die Blitze des Himmelsgottes waren die Pfeile, mit denen er die Riesenschlange tötete.

Offenbar wurde sie jedoch wie alle Toten im Jenseits nach neun Monaten von der Großen Mutter wiedergeboren, sodaß sie im Frühjahr zurückkehrte, den Himmelsgott tötete und die Regenwolken wieder einsperrte. Doch auch er wurde von der Großen Mutter wiedergeboren – allerdings schon nach drei Monaten …

3. Der Sonnengott-Himmelsgott-Göttervater Dhyaus starb eigentlich wie der frühere Korngott im Herbst, wenn die Tage kürzer wurden, und wurde im Frühjahr, wenn die Tage wieder länger wurden, wiedergeboren.

Dhyaus siegte jedoch im Herbst über die Schlange und die Schlange siegte im Frühjahr über Dhyaus – das war ein Widerspruch zu der Sonnen-Mythe.

Sonnen-Zyklus und Regen-Zyklus		
Mythe	*Zyklus*	
	Frühjahr	*Herbst*
Sonne	Sieg der Sonne	Wiedergeburt der Sonne
Regen	Tod der Sonne	Tod der Schlange
	Sieg der Schlange	Sieg der Sonne

Dieser Widerspruch führte dazu, daß der „Blitz und Donner"-Aspekt des Sonnengott-Himmelsgott-Göttervaters Dhyaus ausgelagert und verselbständigt wurde. Er erhielt den Namen „Tar", d.h. „Donner" (der Thor der Germanen).
Das Drachenkampf-Motiv war fortan an den Donnergott gebunden.

4. Ohne den Gegenpol des Korngottes war der Wildnisgott zunächst arbeitslos. Zu dem Zeitpunkt, als der Korngott überflüssig wurde, wurde in den Mythen jedoch die Regenräuberschlange notwendig, die wie zuvor der Wildnisgott ein Mörder des „Guten Gottes" war – der Wildnisgott tötete bei der Ernte den Korngott und die Regenräuberschlange tötete im Frühjahr den Donnergott.
Was lag näher, als die Mythen des Wildnisgottes auf die Regenräuberschlange, der der neue „Bösewicht" war, zu übertragen?
Daß dabei die Zyklen im Jahreslauf (Sieg und Niederlage) des Wildnisgottes und der Regenräuberschlange einander entgegengesetzt waren, wird nicht allzusehr gestört haben, da die Zyklen des Wildnisgottes kaum noch Bedeutung hatten, da es ja auch kaum noch den Ackerbau gab, der die Zyklen des Korngottes und somit auch des Wildnisgottes festgelegt hatte.

Getreide-Zyklus und Regen-Zyklus		
Mythe	*Zyklus*	
	Frühjahr	*Herbst*
Getreide	Geburt des Korngottes	Tod des Korngottes
	Tod des Wildnisgottes	Wiedergeburt des Wildnisgottes
Regen	Sieg der Schlange	Sieg der Sonne
	Tod der Sonne	Tod der Schlange

So wurde der Wildnisgott mit der Regenräuberschlange assoziiert, wodurch der

Wildnisgott als Schlange erscheinen konnte und die Regenräuberschlange auch eine menschliche Gestalt annehmen konnte.

Als der Große Übeltäter wird der Wildnisgott auch bald für den Tod des Sonnengott-Göttervaters verantwortlich gemacht worden sein – zumal der Donnergott nie ganz von dem Göttervater Dhyaus getrennt wurde, wie sich daran zeigt, daß manche indogermanische Göttervater wie z.B. Zeus noch immer den Blitz als Waffe benutzen.

5. Das Erlebnis des Nahtodes („Astralreise"), auf dem der Schamanismus beruht, den es seit der Altsteinzeit gegeben hatte, ist eng mit dem Erlebnis des inneren Feuers verbunden, da die Meditationen, die zu dem Verlassen des eigenen Körpers führen und die Meditationen, die zur Erweckung des Kundalini-Feuers führen, sehr ähnlich sind. Bereits in den ersten Tempeln in der Jungsteinzeit ist das Aufsteigen der Kundalini-Schlange mehrfach dargestellt worden.

Als der Wildnisgott mit der Regenräuberschlange verbunden worden ist, könnte er auch mit der Kundalinischlange assoziiert worden sein, zumal sowohl der Wildnisgott als auch die Kundalini-Schlange eng mit dem Jenseits assoziiert worden sind.

Dadurch war der Wildnisgott nun mit der gefürchteten Regenräuberschlange und mit der ersehnten Kundalinischlange verbunden. Hier liegt der früheste Ursprung für das zwiespältige Wesen des Loki.

Die Viehzüchter
(6.000-2.800 v.Chr.)

Nachdem die Indogermanen halbnomadische Viehzüchter geworden waren, änderte sich ihre Kultur und ihr Verhalten, denn als Hirte muß man seine Herden gegen Raubtiere und auch gegen Viehdiebe aus den benachbarten Stämmen schützen.

Daher fügte sich der Raub der Rinder zu dem Raub des Regens durch die Riesenschlange.

Der Donnergott und die Regenräuberschlange begannen sich gegenseitig auch die Jenseitsgöttin zu rauben, um sich wiederzeugen zu können und dann von ihr wiedergeboren zu werden. Bei den Überfällen auf den Nachbarstamm wird man damals auch die Frauen geraubt haben …

Nun hatte die Mythe des „Loki-Gottes" in ihren Grundzügen vollständig entwickelt. Dieser umstrukturierte ehemalige Wildnisgott war der Vorläufer der vier Götter Loki, Veles, Sirdon und Prometheus bei den späteren indogermanischen Einzelvölkern.

Die Expansion
(2.800-2.200 v.Chr.)

Da die Indogermanen als Viehzüchter einen deutlich kriegerischen Charakter als die umliegenden Bauern hatten und zudem den von zwei Pferden gezogenen Streitwagen erfunden hatten, begannen sie damit, ihr Weide-Gebiet auszudehnen, die Nachbarvölker zu überfallen und zu versklaven.

Auf diese Weise dehnten sie das von ihnen bewohnte Land vor allem nach Westen, Süden und nach Südosten hin aus.

Die West-Indogermanen
(2.200 v.Chr.)

Bei den West-Indogermanen hat der Wildnisgott eine wichtige Rolle gespielt, wie der spätere Gott Loki bei den Germanen und der spätere Gott Veles bei den Slawen zeigt.

Als neues Element kam der Schmiedegott hinzu. Als um 2.500 v.Chr. die Bronze-Herstellung entdeckt worden war, wurden auch schon bald Bronze-Waffen angefertigt.

Dadurch wurde der Göttervater Dhyaus zu einem Schwertgott. Sein Schwert zerbrach bei seinem Tod am Abend, wodurch Dhyaus im Jenseits zu einem Schmiedegott wurde, der sein Schwert neuschmiedete.

Da der Wildnisgott nicht nur der Gegenpol des Donnergottes, sondern auch des Göttervaters gewesen ist, entstand eine feste Assoziation zwischen dem Wildnisgott und dem Schmiedegott – bei den Germanen Tyr-Wieland und Loki-Nidud.

Die westlichen West-Indogermanen
(2.000 v.Chr.)

Bei den westlichen West-Indogermanen, also bei den Kelten, Römern und den Germanen, ist der Wildnisgott nur bei den Germanen erhalten geblieben. Das bedeutet, daß es ihn um 2.000 v.Chr. bei den Vorfahren dieser drei Völker noch gegeben hat und dann im Laufe der nächsten 2.000 Jahre bei den Kelten und den Römern verschwunden ist.

Bei den Römern könnte man dies daraus erklären, daß für sie aufgrund des Lebens in Städten die Wildnis weniger wichtig geworden ist – allerdings müßte das dann eigentlich auch für die Griechen zutreffen … und die Kelten müßten ihn wie die Germanen bewahrt haben.

Die frühen Germanen
(1.800-750 v.Chr.)

Die markanteste Veränderung der germanischen Mythen nach der Ankunft der Germanen in Skandinavien ist sicherlich, daß das Motiv des Regenraubes fortfiel, weil es in Skandinavien reichlich regnet. Loki bzw. die Regenräuberschlange hörten also auf, den Regen zu rauben. Somit blieb nur noch der Raub der Rinder und der Göttin. Diese Entwicklung läßt sich auch bei dem slawischen Veles beobachten.

Es wäre gut denkbar, daß bei den Kelten und den Römern, da es in deren Siedlungsgebiet auch ausreichend viel geregnet hat, der „Loki-Gott" einfach komplett fortgefallen ist, statt wie bei den Germanen und den Slawen mit einem reduzierten Aufgabenbereich weiterzubestehen.

Die Kelten und Römer wohnten zunächst im warmen Südeuropa, während die Germanen und teilweise auch die Slawen im kalten Nordeuropa gelebt haben. Für die Germanen und die Slawen lag daher die Vermutung nahe, daß Loki im Hohen Norden den Menschen das Leben nicht mit langen, sommerlichen Dürren, sondern mit noch längeren, winterlichen Frösten schwer machen wollte.

Die Germanen und die Slawen hatten mit einer größeren klimatischen Schwierigkeit zu kämpfen als die Römer und die Kelten, weshalb in ihrem Leben auch ein Phänomen vorkam, dessen Ursache man bei Loki gesucht hat.

Da der Winter der Gegenpol zu dem Sommer ist und der Sommer eng mit dem Sonnengott-Göttervater Dhyaus (Tyr) verbunden ist, wurde Loki nun zu dem Gegner des Sonnengott-Göttervaters Tyr, was bedeutete, daß sich Thor wieder ganz der Regenräuberschlange widmen konnte. Die Assoziation zwischen dem Wildnisgott und der Regenräuberschlange, die sich zu Beginn der großen Dürre um 6.000 v.Chr. gebildet hatte, löste sich wieder auf, da das Motiv des Regenraubes, das die beiden miteinander verbunden hatte, fortgefallen war.

Die Polarität zwischen dem Sommergott Tyr und dem Wintergott Loki wird dazu geführt haben, daß man beide als Brüder angesehen hat.

Der Kampf des Thor mit Jörmungandr hatte seine eigentliche Grundlage verloren, da es den Raub des Regens nicht mehr gab. Dadurch reduzierte sich die Riesenschlange auf eine diffuse Bedrohung, die durch den Donnergott in Schach gehalten wurde und die sich vor allem dafür eignete, die gewaltige Kraft des Donnergottes zu illustrieren.

Die mittleren Germanen
(750 v.Chr. - 500 n.Chr.)

Ab 750 v.Chr. begannen die Germanen ihr Siedlungsgebiet nach Süden hin auszuweiten, wodurch im Laufe der Zeit die Trennung in die Nordgermanen in Skandinavien, Dänemark und Schleswig und die Südgermanen in Mitteleuropa entstand.

Um 600 v.Chr. entstand von China bis ans Mittelmeer die neue religiöse Richtung der Selbstverantwortung, die sich zum einen in Lebenshaltungen und Ritualen (Laotse, Dschuang-tse, Buddha, Jaina, Zarathustra, Zalmoxis, Pythagoras u.a) und zum anderen in Mysterien (Eleusis, Samothrake, Mithras, Sol invictus u.a.) zeigte. Diese neue Einstellung zum Leben und zu den Göttern führte auch bei den Kelten und bei den Südgermanen zu einer Form der Einweihung und Selbstfindung. Der Schamanen-Priester, der diese Einweihungen anleitete, entwickelte sich bei den Kelten zu dem Gott Cernunnos und bei den Südgermanen zu dem Gott Odin weiter.

Der Gott Odin, der aufgrund seines Ursprungs von den Römern dem Seelenführer Hermes gleichgesetzt worden ist, wurde schließlich so wichtig, daß er zu der obersten Gottheit der Südgermanen wurde.

Ob Loki in den Mythen der Südgermanen weiterhin eine Rolle gespielt hat, ist unklar – falls er noch bekannt gewesen sein sollte, wird er vermutlich recht unbedeutend gewesen sein, da er nirgends erwähnt wird.

Bei den Nordgermanen war weiterhin der Tyr/Loki-Jahreszeitenzyklus das prägende Thema.

Tyr und Odin
(500 n.Chr.)

Durch die Völkerwanderung, die durch die Angriffe der Hunnen um 375 n.Chr. ausgelöst wurde und bis 568 n.Chr. andauerte, bekamen auch die Nordgermanen verstärkt Kontakt zu den Völkern in Mitteleuropa.

Die Begegnung der Religion der Nordgermanen, die in den letzten 1500 Jahren weitgehend unverändert geblieben war, mit der Religion der Südgermanen, die sich in den letzten 800 Jahren auf Odin neu ausgerichtet hatte, führte zu einer Auseinandersetzung zwischen beiden mythologischen Systemen. Dabei setzte sich um ca. 500 n.Chr. die südgermanische Variante durch, sodaß Odin nun auch der Göttervater der Nordgermanen wurde.

Als Gegner des Tyr war Loki bei der Absetzung des Tyr durch Thor und Odin der Verbündete des Odin und des Thor. Dies ließ den bekannten zwiespältigen Charakter des Loki entstehen:

1. Die Auffassung, daß Tyr und Loki Brüder sind, geriet in Vergessenheit. Loki wurde durch dieses alte Motiv und dadurch, daß er geholfen hatte, Tyr abzusetzen, jedoch der Blutsbruder des Odin. Da er aber auch der Gegner des Göttervaters war, blieben auch seine Kämpfe gegen Tyr in verwandelter Form weiterbestehen, sodaß er nun zum einen der Freund und Helfer des Odin und allgemein der Asen war, aber zum anderen ihnen auch jede Menge Schwierigkeiten bereitete.

2. Odin übernahm von Tyr die Rolle des alten, weisen Göttervaters; Thor übernahm von Thor die Rolle des jungen, wiedergeborenen Sonnengottes. Aus Tyr in der nächtlichen bzw. winterlichen Unterwelt wurde der Tyr-Riese, der von Thor getötet wird, was den Sieg des Thor und des Odin über den ehemaligen Göttervater illustriert. Da Thor auch den früheren Kampf des Loki gegen Tyr übernommen hat, um seinen Sieg über Tyr darzustellen, wurde Loki in dem Kampf des Thor gegen den Tyr-Riesen von einem der beiden Hauptdarsteller zu einer Randfigur, die lediglich noch den Anlaß für diesen Kampf bereitstellt und zu einem Begleiter des Thor wurde. Thor hat somit den Kampf-Aspekt des Loki übernommen.

3. Da Loki nun seiner eigentlichen Aufgabe, also die des Winters, der gegen den Sommer kämpft, beraubt worden war, fielen die Motive aus seinen früheren Mythen aus ihrem Zusammenhang heraus und wurden in den neuen Odin- und Thorzentrierten Mythen umgedeutet und in neue Zusammenhänge gestellt. Dieser Vorgang wird nur allmählich in kleineren Schritten vor sich gegangen sein und einige Jahrhunderte gedauert haben.

<u>Die späten Germanen</u>
(500-1000 n.Chr.)

In dieser Zeit sind die früheren Mythen des Loki weitgehend umgedeutet worden. Vermutlich wird dieser Prozeß um 800 n.Chr. weitgehend abgeschlossen worden sein, da in den frühen Skaldenliedern der Charakter des Loki bereits weitgehend in derselben Weise dargestellt wird wie in der späteren Überlieferung.

Zu den Umdeutungen der Loki-Mythen aus dieser Zeit gehören die folgenden Themen:

- Aus der Wiederzeugung des Loki mit der Jenseitsgöttin wurde sein Verführen der Göttinnen.
- Aus dem Ernten des Getreides im Herbst (Loki als „Schnitter") wurde das

Abschneiden der Haare der Sif.

- Lokis Raub der Göttin wurde zur Hilfe bei der Entführung der Idun durch Tyr-Thiazi.

- Lokis Mord an Tyr im Herbst wurde zu Lokis Hilfe bei der Ermordung des Baldur durch Hödur und zu dem Sieg des Freyr über den Sonnen-Riesen Beli.

- Das Motiv der dreimonatigen Gefangenschaft des Loki während des Sommers findet sich noch in seiner dreimonatigen Gefangenschaft bei Tyr-Geirröd und seine Fesselung in der Hel durch die Asen.

- Aus Lokis Kampf gegen Tyr wurde sein Verspotten der Asen.

- Als Feind des Göttervaters konnte er in der Schilderung des Ragnarök zumindestens eine Nebenrolle als Feind der Asen bewahren.

- Lokis Feindschaft mit dem Göttervater Tyr als dem Schmied Wieland in der Unterwelt hat sich im Wieland-Lied nur geringfügig verändert erhalten können.

- Lokis Falken-Seelenvogel ist zum Falkenhemd der Frigg-Freya geworden, das sie ihm ausleiht. Eine Variante dieses Falkenhemdes sind seine Flugschuhe. Wie alt das Motiv der Flugschuhe ist, ist unklar – möglicherweise reicht es bis zu den ursprünglichen Indogermanen zurück.

- Die Tötung der Sonne bzw. des Sonnengott-Göttervaters Tyr durch Loki wurde zu einem Raub des Sonnensymboles, also des Ringes Draupnir, des Ringes Andvarinaut, des goldenen Halsreifs Brisingamen und evtl. auch der Äpfel der Idun. Vermutlich sind diese Symbole selber schon deutlich älter und stammen noch aus der vorchristlichen Zeit. Lediglich die Rolle des Loki in diesen Mythen wird umgedeutet worden sein – so stammt z.B. der Aspekt, daß Odin den Loki in der Hedin-Mythe und in der Völsungen-Saga mit dem Raub dieses Ringes beauftragt, mit Sicherheit aus der Zeit nach 500 n.Chr.

- Aus dem Raub der Rinder des Tyr (die bei Tyr-Thrym und bei Tyr-Hymir noch erwähnt werden) wird der Raub und die Verletzung der beiden Ziegenböcke des Thor. Auch diese Rolle verliert Loki schließlich und wird zu einem bloßen Begleiter des Thor, während die Verletzung des Ziegenbocks durch den zukünftigen Priester Thialfi des Thor geschieht.

- Thor erhält in Analogie zu den beiden Alcis-Söhnen des Tyr ebenfalls zwei Söhne (Modi und Magni) und auch Loki erhält zwei Söhne (Wali und Nari). Sie werden bei der Fesselung des Loki in der Hel durch die Asen getötet.

- Lokis Mithilfe bei der Errichtung der Mauer rings um die Jenseitshalle der Freya-Menglöd wird, abgesehen von Lokis engem Bezug zum Jenseits, keine tieferen Wurzeln haben.

- Lokis Widderhörner könnten auch einfach zwei lange Locken sein. Falls dies zutrifft, wäre Lokis Name, der „Eingesperrter" bedeutet, spätestens ab 800 n.Chr. als „Lockiger" mißverstanden worden sein.

- Loki wurde möglicherweise mit dem Feuergott Logi assoziiert.
- Die alte Götter-Dreiheit, die die drei Stände repräsentiert (Thiazi, Idi und Gangr; Wieland, Egil und Slagfid; u.a.) wurde um 500 n.Chr. durch eine neue Dreiheit ersetzt, die aus Odin, Hönir und Loki bestand. Lokis Verbindung zu dem Stand der Bauern muß schon vor 500 n.Chr. bestanden haben, da kein Grund ersichtlich ist, wie diese Funktion, die auch aus anderen Zusammenhängen bekannt ist, aus den Umwandlungen der Mythen um 500 n.Chr. entstanden sein sollte. Vermutlich ist Loki als „Schnitter" auch zu einem Freund der Bauern geworden.
- Lokis Wiedergeburt durch die Jenseitsgöttin zeigt sich noch darin, daß seine Mutter die Riesin Laufey ist, die vermutlich mit Hel identisch ist.
- Loki wurde als die Ursache allen Übels angesehen, weshalb die drei größten Übel zu seinen Kindern umgedeutet wurden: der Fenris-Wolf (Tyr als Wolfskrieger), die Riesenschlange Jörmungandr (die einstige Regenräuberschlange) und die Jenseitsgöttin Hel (der Tod).
- Loki in seiner Gestalt als Falken-Seelenvogel wurde auf die Fliege, den Floh und die Mücke ausgedehnt. Wie alt diese Motive sind, ist unbekannt. Die Spinne enthält zusätzlich noch das Motiv des Netzes aus Intrigen, das Loki in den neuen Odin-zentrierten Mythen so gerne spinnt.
- Das Motiv der Wasser-Unterwelt, in die die Sonne (Tyr) versinkt, hat dazu geführt, daß Loki wie ehemals auch Tyr die Gestalt einer Robbe und eines Lachses annehmen kann.
- Lokis endloser, zyklischer Kampf mit Tyr ist in den nur wenig veränderten Schilderungen seines Kampfes mit Tyr-Heimdall erhalten geblieben.
- Hödur hat den Wintergott-Aspekt des Loki übernommen.
- Lokis Frau Sigyn ist die Jenseitsgöttin, die ursprünglich Loki im Herbst wiedergeboren hat.
- Auch Sif wird die Jenseitsgöttin sein, die im Frühjahr Tyr und im Herbst Loki wiedergeboren hat. Ullr, der Sohn der Sif und des Loki ist einst Tyr im winterlichen Jenseits gewesen. Durch die Vermischung der beiden Motive „Göttinnen-Verführung" und „Wiedergeburt" ist Ullr zum Sohn des Loki geworden – eigentlich ist Ullr Loki-Sohn der Gott, dessen Herrschaft im Sommer auf die Herrschaft des Winter-Gottes Loki folgt.
- Die Wiedergeburt des Loki durch die Jenseitsgöttin ist zu dem Essen des Herzens der bei der Bestattung verbrannten Göttin Nanna, der Frau des Baldur, umgedeutet worden.
- Loki als der Gott der Listen und des Trugs wurde zu dem Erschaffer der Pflanzen, die „nur so tun, als ob", also dem Windhafer, der wie Hafer aussieht, aber keine Körner enthält, und dem Silberdollar, der so tut, als würden an ihm silberne Münzen wachsen, die jedoch nicht aus Silber sind.

Da Loki seit der Absetzung des Tyr um 500 n.Chr. einen deutlich verworreneren und zwiespältigeren Charakter erhalten hat, und zudem zuvor als „Schnitter" auch der Beschützer der Bauern gewesen ist, wird dieses Motiv des „falschen Hafers" und somit auch diese „Loki"-Pflanzennamen erst nach 500 n.Chr. entstanden sein.

- Lokis Listen und Täuschungen führten dazu, daß man ihn auch als das Urbild des Gauklers und Narren angesehen hat.
- Lediglich über Odin und über Loki wird gesagt, daß sie die Gestalt einer Frau angenommen haben, wobei diese „alte Frau" bzw. „Riesin" bei Loki als die Jenseitsgöttin erkennbar ist. Loki erscheint in den Mythen zudem auch als Stute und als Kuh, die ist zudem Kinder gebiert, was ebenfalls auf die Jenseitsgöttin, die die Gestalt einer Stute, einer Kuh, einer Hindin, einer Ziege und eines Schafes annehmen konnte. Da zudem Lokis Mutter Laufey und seine Tochter Hel die Jenseitsgöttin sind, ist Loki offenbar der Jenseitsgöttin gleichgesetzt worden.

Vermutlich ist zum einen die Wiederzeugung zu einer homosexuellen Vergewaltigung zwischen Tyr und Loki umgedeutet worden („Reti", „Argi") und zum anderen die Bestattung des jeweiligen toten Gottes zu einen zu einem Todesfluch („Nid-Zauber").

Siehe dazu auch den Band 51 über „Wiederzeugung und Wiedergeburt" sowie das Kapitel „Nid" in Band 64.

Zeit der Sagas
(1000-1300 n.Chr.)

Als nach dem offiziellen Ende der germanischen Religion die Mythen in Sagen umgeschrieben wurden, d.h. als die „Götter-Geschichten" zu „Königs-Geschichten" und zu „Helden-Geschichten" wurden, wurde Loki mehrfach zu einem „bösen Ratgeber" umgedeutet.

Loki und der Teufel
(ab 1000 n.Chr.)

Die letzte Stufe der Entwicklung war Lokis Gleichsetzung mit dem christlichen Teufel. Von diesem an sich sehr naheliegenden Vorgang ist allerdings kaum etwas überliefert worden – vermutlich hatte Loki zu dieser Zeit schon zu sehr an Bedeutung verloren.

Die beiden langen Locken bzw. die beiden Widderhörner des Loki sind zu den beiden Zipfeln der Narrenkappe geworden. Daraus läßt sich schließen, daß Loki zumindestens in Sprichworten, Redewendungen u.ä. gegen Ende der Germanischen Religion vor allem als Betrüger, Schelm und Gaukler angesehen worden sein muß.

VI   Das Aussehen des Loki

Es gibt nicht allzuviele Hinweise auf das Aussehen des Loki, aber immerhin einige markante Merkmale, sodaß sich Loki doch unverwechselbar darstellen läßt.

Seine nähere (mythologische) Umgebung ist sehr vielfältig und ebenso die Szenen aus seinen Mythen, mit denen man seine Darstellung umgeben kann.

Gesicht

Loki wird als „schmuck und schön" geschildert. Er wird also trotz seiner ganzen Intrigen ein ansprechendes Äußeres haben, das möglicherweise sogar dazu einlädt, ihm zu vertrauen.

Als listiger, kluger, ideenreicher und unbeständiger Gott wird er eine eher hohe Stirn und sehr wache Augen haben. Ein Luftzeichen-Aszendent wäre gut denkbar …

Da er zudem böse, arglistig und hinterhältig ist, könnte er ausgeprägte Augenbrauen haben, die über seiner Nase fast zusammengewachsen sind.

Bei genauerem Hinsehen wird man vermutlich bemerken, daß Loki nicht alles sagt und zeigt, was er will und weiß.

Seine scharfe Zunge ist möglicherweise an seiner „sprungbereiten" Haltung und an einem leicht offen stehenden Mund erkennbar.

Haare

Loki hat stark lockiges Haar und einen entsprechenden langen Schnauzbart, dessen beide Enden nach oben und innen eingerollt sind.

Als Gott der Nacht, der Unterwelt und des Winters hat er vermutlich schwarze Haare.

Sein auffälligstes Merkmal sind seine beiden Widderhörner, die manchmal auch wie zwei sehr lange Locken dargestellt worden sind.

Gestalt

Loki ist nicht besonders groß, sondern eher von mittlerer Statur. Er wird auch nicht besonders kräftig wirken.

Da er flink ist und sich schnell bewegen kann, sollte er eher schlank und drahtig sein.

Loki hat sehr geschickte Hände und ist ein „Langfinger".

Kleidung

Über Lokis Kleidung wird nur wenig gesagt. Das markanteste sind sicherlich seine Flugschuhe, die möglicherweise wie die des griechischen Hermes je zwei kleine Flügel haben – das wird zwar nirgendwo erwähnt, aber wäre zur bildlichen Darstellungen der Flugfähigkeit seiner Schuhe recht naheliegend. Diese „Schuh-Flügel" sollten bei Loki Falkenflügel sein, da der Falke sein Seelenvogel ist.

Die Kleidung der Germanen bestand aus einem Hemd mit Ärmeln, einer Hose mit angenähten Socken, einfachen Lederschuhen, einem Ledergürtel, an dem die Waffen und eine Tasche hingen, sowie einem Umhang, der am Rand oft ein Webmuster besaß und über der rechten Schulter mit einer Fibel zusammengehalten wurde.

In einem späten Text wird gesagt, daß Loki einen roten Umhang trug.

Es wäre naheliegend, für Lokis Fibel die Form einer Scheibe mit einem eingeprägten Mistelzweig zu wählen.

Zu Loki würde am ehesten eine dunkle Kleidung passen, die seine Verbundenheit mit der Nacht und der Unterwelt betont.

Die meist aus Reihen von Quadraten bestehen Verzierung am Rand der Umhänge der Germanen könnte bei Baldur von schwarzer Farbe sein.

Gegenstände, die Loki mit sich führt

Loki könnte eine ganze Menge an Gegenständen mit sich führen, die er entweder in seinen Händen hält und seiner Gürteltasche bei sich trägt.

    in seiner rechten Hand:
        - einen Mistel-Pfeil

    unter seinem linken Arm:
        - Sifs goldenes Haar (reifes Getreide)

in seiner Gürteltasche:
- Freyas Brisingamen und Andvaris Ring,
- die Äpfel der Idun
- Idun in ihrer Haselnuß-Gestalt
- einen Stein, mit dem er Otr erschlagen hat (auch Tyr-Jörmunrek konnte nur mit Steinen getötet werden)
- zwei Schädelschalen (aus den Köpfen der beiden Alcis)
- eine Kette aus den Zähnen der beiden Alcis
- den Siegstein des Königs Nidung (er wechselt zwischen Tyr und Loki hin und her)

an seinem Gürtel:
- das dem Tyr-Wieland geraubte Schwert

über seine Schulter gelegt:
- das Netz der Ran

Lokis Umgebung

Hinter Loki ist ein Hügelgrab mit je einem Tor in den vier Himmelsrichtungen zu sehen. Auf dem Hügelgrab liegt die Schlange, deren Gift auf Loki tropft, wenn er in einem Hügelgrab gefesselt liegt. Das Gift dieser Schlange ist so schmerzhaft, wenn es auf Lokis Gesicht tropft, daß Loki sich dann so in seinen Fesseln windet, daß dann die Erde bebt.

In Lokis Umgebung wachsen verschiedene Sorten von „Lokis Hafer" (Wiesenhafer, Flughafer, Trollhafer, Windhalm) und „Loki-Kinder" (Silberdollar). Es ist auf dieser Wiese auch eine Ziegenherde zu sehen, die Loki dem Thor geraubt hat.

Im Vordergrund ist eine felsiger Strand zu sehen, vor dem im Wasser „Loki-Zeilen" (Meeresalgen) wachsen.

Oben am Winter-Himmel ist das Sternbild Orion zu sehen und links unter ihm der Stern „Lokifeuer" (Sirius), der der mit Abstand hellste Fixstern am Himmel ist.

Dinge im Vordergrund

Im Vordergrund liegen zwei Dinge:

- eine Alraunenwurzel, die in der Gestalt des Loki geschnitzt worden ist und die seinem Besitzer Glück im Handel bringt;
- ein Stück Pergament mit dem spätmittelalterlichen Symbol des Geistes „Thekkur", der über die Riesin Thökk auf Loki zurückgehen wird.

Thekkur (= Thökk = Loki)

Aus einer Felsspalte steigt „Loki-Dunst" (Lokadaun) auf, d.h. vulkanische Schwefeldämpfe.

Gottheiten mit Bezug zu Loki

Es gibt eine ganze Reihe von Gottheiten, die in den Mythen des Loki eine Rolle spielen und daher in dem Bild des Loki um ihn herum stehen könnten.

Rechts hinter ihm (vom Betrachter aus gesehen) steht seine Mutter Laufey und links hinter ihm sein Vater Farbauty.

Links und rechts neben ihm stehen seine Brüder Helblindi und Byleist, mit denen zusammen er die drei Stände repräsentiert.

Vor ihm sind seine acht Kinder zu sehen: die erste Gruppe umfaßt die Jenseitsgöttin Hel, die Riesenschlange Jörmungandr und den Riesenwolf Fenrir, die zweite Gruppe umfaßt den Wolfs-gestaltiger Wali und dessen Menschen-gestaltigen Bruder Nari; und schließlich kommen noch Odins achtbeiniges Roß Sleipnir sowie der Wintergott Ullr hinzu. Dazu kommt evtl. noch die Bödwild, die Tochter des Loki-Nidud, die die umgedeutete Jenseitsgöttin (Freya) ist.

Neben Loki könnten auch sein ehemaliger Bruder Tyr sowie sein Blutsbruder Odin stehen.

Weitere Gottheiten in seinem Umkreis sind Baldur und Hödur, Thor und Thialfi, Heimdall und Hönir sowie Sigyn, Skadi, Angrboda (Hel), Idun und Frigg.

Evtl. könnten deutlich kleiner als die Gottheiten auch noch die „bösen Berater" Bikki, Blind und Aki zu sehen sein.

Szenen in der Umgebung

Rings um dieses Bild könnten weitere Szenen aus den Loki-Mythen dargestellt sein. Diese Bilder könnte man in Kreise fassen, sodaß sie wie Darstellungen auf dem Bild-Schilden in den Tempeln und den Fürstenhallen der Germanen aussehen. Diese Szenen lassen sich fast alle als Jahreszeiten-Zyklus in einem großen Kreis rings um das übrige Bild anordnen.

Der Wechsel der Jahreszeiten

1. Loki sitzt als Falke auf dem Kopf des Adler-Seelenvogels des Tyr. Beide befinden sich oben auf dem Weltenbaum.
2. Loki streitet mit Tyr um die Herrschaft, indem er mit ihm das Tafl-Spiel spielt. Die weißen, angreifenden Figuren sind die Männer des Loki; die roten, verteidigenden Figuren sind die Männer des Tyr.
3. Loki und Tyr-Heimdall kämpfen am Singstein in der Gestalt von zwei Robben um den Besitz des Brisingamen gegeneinander.
4. Lokis Hunde kämpfen gegen Tyrs Wölfe.

Sommer

5. Loki liegt gefesselt und eingesperrt in einem Hügelgrab („Kiste"), d.h. in der Hel gefangen. Sein Mund ist zugenäht: Loki schweigt drei Monate bei Geirröd. Es ist Sommer, da der Wintergott eingesperrt ist.
6. Loki sitzt als die Riesin Thökk in einer Höhle.

Spätsommer

7. Loki krabbelt als Fliege in das Hügelgrab zu der Jenseitsgöttin Freya. Es ist Spätsommer, da Loki zu der Jenseitsgöttin gelangt.
8. Loki beißt Freya in ihrem Hügelgrab in der Gestalt eines Flohs.
9. Loki flieht als Lachs vor den Asen.
10. Loki sitzt als Spinne (*„Loki Langbein"*) in dem Netz seiner Intrigen. Er plant vor allem den Tod des Tyr.
11. Loki steht als Steuermann in dem Jenseitsreise-Schiff Naglfar.
12. Loki ißt das Herz der Nanna, das er in der Glut des Bestattungsfeuers gefunden hat. Dies ist eine Umdeutung der Wiederzeugung.
13. Loki hat das eine Ende eines Strickes an seine Hoden und das andere Ende an

den Bart eines Ziegenbockes gebunden und springt und schreit und bringt damit die Riesin Skadi zum Lachen.

Herbst

14. Loki ist als Stute zusammen mit ihrem Sohn Sleipnir und dessen Vater Svadilfari zu sehen. Es ist Herbst, da dieses Motiv eine Umdeutung von Lokis Wiedergeburt sein wird.
15. Loki wird als Kuh mit einem oder mehreren Kälbchen dargestellt.
16. Loki mäht als Schnitter die Gerste.
17. Loki sitzt als Thors Brautjungfer neben dem als die Braut Freya verkleideten Donnergott. Ursprünglich wird dies der Raub der Freya, die bei Tyr-Thrym weilte, durch Loki gewesen sein.

Winter

18. Loki fliegt mit seinen Flugschuhe oder mit Freyas Falken-Gewand durch die Luft. Es ist Winter, da nun Tyr in der Unterwelt gefangen ist.

Frühling

19. Loki klebt an Thiazis Stab fest. Es ist Frühling, da Loki von Tyr gefangengesetzt wird.
20. Loki klebt in Falkengestalt an der Wand in der Halle des Tyr-Geirröd fest.

sonstige Motive

21. Loki erscheint als Gaukler, Narr und Spielmann. Seine beiden langen Locken bzw. seine Widderhörner sind zur Narrenkappe geworden.
22. Loki erscheint als der Feuergott Logi und ist evtl. von Flammen umhüllt.

- - -

Vermutlich wird es nötig sein, die große Vielfalt dieser Bilder zu reduzieren, wenn man diesen Entwurf malen oder ihn in einer Meditation oder in einem Ritual imaginieren will.

VII Zugang zu Loki

Die Mythen des Loki bieten verschiedene Motive, die ein Anlaß für den Wunsch nach einem engeren Kontakt zu Loki sein könnten. Das folgende ist eine Auswahl der naheliegenderen Möglichkeiten:

- Die Absicht, die eigene versäumte Pubertät nachzuholen.
- Der Wunsch nach abwechslungsreichen sexuellen Erlebnissen.
- Der Wunsch nach einem engerem Kontakt zu der Natur.
- Der Wunsch, die eigene Kundalini zu erwecken.
- Der Wunsch, sich mit dem Feuer anzufreunden.
- Der Wunsch, eine Jenseitsreise zu erleben.
- Der Wunsch, Magie zu lernen.
- Der Wunsch, die Levitation zu erlernen.
- Die Suche nach Rat in einer schwierigen Situation.
- Die Suche nach einer List.
- Der Wunsch, sich aus einer realen oder inneren Gefangenschaft zu befreien.
- Der Wunsch, bessere Ernten zu erzielen.
- Die Einsicht, daß es notwendig ist, sich mit dem eigenen Tod anzufreunden.
- Das eigene Leben ist zu langweilig geworden.

Die konkrete Methode kann eine Meditation oder eine Anrufung sein oder auch die Bitte an Loki, einem bei dem betreffenden Thema zu helfen. Die Bitte ist oft am effektivsten, da sie Loki die größte Gestaltungsfreiheit läßt.
Sowohl die Bitte als auch die Anrufung (Invokation) des Loki sind effektiver, wenn man sie laut spricht und nicht nur im Inneren denkt.

Es ist bei allen Gottheiten so, daß das Kennenlernen dieser Gottheit und die Bitten an diese Gottheit einander fördern: Durch das Kennenlernen z.B. auf einer Traumreise versteht man das Wesen der Gottheit besser und kann sie dann bei Bedarf gezielter um Hilfe bitten. Die Erfüllung dieser Bitte ist dann wiederum ein Erlebnis, das die Verbindung zu der Gottheit enger und lebendiger werden läßt, was dann zu weiteren Traumreisen, Meditationen u.ä. anregt … bis die Gottheit schließlich zu einem festen Bestandteil des eigenen Lebens wird.

VIII   Hymnen an Loki

Die folgenden Dichtungen sind keine traditionellen Texte, sondern stellen die überlieferten Inhalte in einer Form dar, die sich der Skalden-Lyrik anzunähern versucht.

Zum einen können die in diesem Buch betrachteten Inhalte auf diese Weise lebendiger dargestellt werden und zum anderen können diese Dichtungen auch als Vorbereitung zu Meditationen, in Ritualen und in ähnlichen Zusammenhängen benutzt werden. Es steht jedem frei, diese Texte in der Weise zu kürzen, umzuschreiben oder zu ergänzen, daß sie den eigenen Vorstellungen und Vorlieben entsprechen.

VIII 1.   Gebete

VIII 1. a)   Bitte an Loki

Loki, hilf mir, mich von meinen Fesseln zu befreien;
Loptr, hilf mir, einen Weg zu meinem Ziel zu finden!
Lodur, stärke mich, daß ich die Regeln von mir werfe;
Hvedrung, stärke mich, daß ich die Tore ganz weit öffne!

Loki, gib mir wachen Geist, der die Welt erfaßt;
Loptr, gib mir klare Worte, die die Mitte treffen!
Lodur, wecke das flammende, glühende, tanzende Feuer in mir;
Hvedrung, wecke die rote Schlange, den Drachen des Ymir[1] in mir!

Loki, hilf mir, mein Wesen auf dem Weg zur Wahrheit zu wandeln;
Loptr, hilf mir, meine welken Hüllen gehen zu lassen!
Lodur, lehre mich die Pfade zur heißen, lodernden Lust;
Hvedrung, lehre mich die Schritte zum Spiel von Frau und Mann!

Loki, zeige mir die Leichtigkeit der Luft, des Windes;
Loptr, zeige mir die große Freude des Lebens, des Wechsels!
Lodur, bring' mir alle guten Gaben zu meinem Genuß;
Hvedrung, bring' mir eine reiche Ernte zu meinem Glück!

---

1   Der glühende Eisen-Nickel-Kern der Erde ist das Wurzelchakra der Erde. Daher ist der Drache des Ymir gewissermaßen die Kundalini der Erde und somit die „Mutter" aller Kundalinischlangen.

VIII 2. Mythologische Lieder

VIII 2. a) Sänger-Wettstreit

Auch die folgende Rahmenhandlung ist fiktiv uud stammt nicht aus einer alten Saga oder ähnlichem.

Einst saß in einer Julnacht König Ragnar Lodenhose mit seinem Gefolge und seinen Gästen in seiner Halle. Die Männer hatten ihre Jul-Eide abgelegt und nun saßen alle auf den Bänken an den langen Tafeln und tranken Ale und Met und aßen Wildschweinbraten.

Da sprach Ragnar zu den beiden Skalden Bragi Boddason dem Alte und Starkad dem Alten[2], die neben ihm saßen: „Laßt uns eure Dichtkunst hören – etwas, daß zu der Julnacht paßt. Und laßt uns hören, wer von euch der bessere Skalde ist."

Da sprach Bragi: „Was paßt besser zu der Julnacht als die Wiedergeburt der Sonne?"

Da ergänzte Starkad: „Und was paßt besser zu der Wiedergeburt der Sonne als der Wechsel der Jahreszeiten?"

„Gut, so soll es sein," sprach Ragnar, „dann beginnt und laßt uns eure Dichtkunst hören! Starkad ist der ältere von euch beiden – ihm gebürt die Ehre, die ersten Verse vorzutragen."

Da erhob sich Starkad und sprach:

---

[2] Dies sind die beiden frühesten bekannten Skalden. Sie haben die „klassische" germanische Dichtung entwickelt. Bragi weilte am Hofe des Ragnar, aber es ist nicht bekannt, ob auch Starkad der Alte jemals am Hofe des Ragnar gewesen ist.

*„Bäume der Flammen[3], Büsche der Funken![4]
Bergt das Mund-Ruder[5] hinter den Weiß-Klippen[6]!
Öffnet die Lippen eurer Ohren
wie oft schon dem Met des Raben-Herrn![7]
Der König des Winters[8] herrscht auf kalten Klippen,
Doch der König des Sommers[9] wird heut' geboren[10]!
Seine Stärke stützt uns're Eide[11]
Er strahlt in unserem Geist-Stein[12]!"*

Ragnar: *„Nun, die Ohren aller Männer und Frauen sind offen und ihre Münder geschlossen. Was hast Du zu sagen, Bragi?"*

Bragi:
*„Durch das Tor des Delling[13] tritt der Gold'ne[14],
durch die Tür des Tages fährt Tyr im Kampfes-Wagen[15];
seine Rosse wiehern, schneeweiß und strahlend,
Schweif und Mähne, Hufe und Zähne von Gold!
In den weiten Wogen ist Walaskialf[16] zu finden,
Wehe, wer dort dem Totentor naht!
Der listige Ase[17] leitet den Schwertgott[18] zur Hel …
erlöscht ist das Feuer, die Sonne wird schwarz[19]."*

---

3 Baum = Mann; Flamme = Schwert; Mann des Schwertes = Krieger
4 Busch = Mann; Funken = Schwert; Mann des Schwertes = Krieger
5 Mund-Ruder = Zunge
6 Weiß-Klippen = Zähne
7 Raben-Herr = Odin; sein Met = Skaldenmet = Dichtung
8 Winter-König = Loki
9 Sommer-König = Tyr
10 Die Sonne wurde in der Julnacht, also an Mittwinter wiedergeboren, da ab dann die Tage wieder länger wurden.
11 Die Jul-Eide waren magisch an die wiedergeborene Sonne gekoppelt: So wie die Sonne im Frühjahr immer stärker wurde, gewinnen auch die Jul-Eide im Frühjahr an Kraft.
12 Geist-Stein = Herz
13 Delling = Tyr, Sonne; sein Tor: Horizont im Osten (wo die Sonne aufgeht)
14 Goldener = Sonne, Tyr
15 Kampf-Wagen = einachsiger, zweispänniger Streitwagen
16 „Walaskialf" = „Toteninsel" (im Westen im Meer, wo die Sonne untergeht)
17 listiger Ase = Loki
18 Schwertgott = Tyr
19 schwarze Sonne = Sonne in der nächtlichen Unterwelt

Ragnar: „Dieser Streitwagen der Sonne ist allen gut bekannt. Was könnt ihr noch mehr über ihn und seine Ankunft am Morgen singen?"

Starkad:

*„Aurvandil[20] kündet in Aurvang[21] die Ankunft
der Aura des Himmelskönigs[22] an.
Der Bote des Brandes des Himmels[23]
bereitet dem Fürsten an Ymirs Schädel[24] den Weg.
Die leuchtende Riesin[25] öffnet das Tor des Lichtes,
langsam rötet das Feuer den Tempel des Windes[26];
Gerdr, die Tochter des Gymir, gebiert das runde Gold[27],
läßt die Weite im Glanz des ewigen Rades[28] erstrahlen."*

Ragnar: „In diesen Versen war jetzt aber nur etwas von der Sonne zu hören und nichts von der Dunkelheit."

Starkad: „Du hast auch nach mehr Versen über das Tor des Delling gefragt."

Ragnar: „Das ist wohl wahr. Was willst Du danebenstellen, Bragi?"

---

20 Aurvandil = „Lichtbringer", „Lichtbereiter" = Venus als Morgenstern
21 Aurvang = „Lichtland" = Jenseits; hier jedoch der helle Bereich am Horizont kurz vor Sonnenaufgang
22 Himmelskönig = Sonne, Tyr
23 Himmels-Brand = Sonne
24 Ymir = Urriese; sein Schädel = Himmel; Fürst am Himmel = Sonne
25 leuchtende Riesin = Gerdr
26 Tempel des Windes = Luftraum, Himmel
27 rundes Gold = Sonne
28 ewiges Rad = Sonne

Bragi:
„*Was ist älter als der Gruß an die wärmende Sonne?[29]*
Was ist betagter als das Lied an den Himmelsherrn[30]?
Was ist berühmter als die Worte, die Gerdrs Tor öffnen?
Was ist bekannter als die Verse, die Gymirs Tochter singt?
Was wirkt stärker als die Rune der Sonne am Morgen?
Was wirkt schneller als das Raunen des Priesters in der Frühe?
Was wirkt belebender als die Freude über das Feuer aus dem Meer[31]?
Was wirkt erweckender als der Anblick von Bölthorns Ring[32]?"

Ragnar: „*Das sind viele Fragen, aber wir alle kennen die Antwort: Nichts. Doch nun will ich etwas über die Götter hören, die die Julnacht erschaffen haben.*"

Starkad:
„*Der Falke[33] fliegt hoch,*
gefangen liegt der Adler[34].
Dann wird der Flügel-Alte[35] frei,
der and're flattert am Leim.
Dies zweite geschah gestern
im Morgengrauen –
In der grausigen Stille des Grabes
wurde die Sonne wiedergeboren."

Ragnar: „*Was kannst Du dem entgegnen, Bragi?*"

---

29 Die Priester der Indogermanen und auch die von vielen anderen Völkern haben am Morgen einen Gruß an die Sonne gesungen.
30 Himmelsherr = Sonne
31 Feuer aus dem Meer = die aus dem Meer aufsteigende Sonne
32 Bölthorn = „Übeldorn" = Schwert = Beiname des Tyr
33 Falke = Lokis Seelenvogel
34 Adler = Tyrs Seelenvogel
35 „Alter" = Adler

Bragi:
„Tyr tötet mit Sonnenstrahl-Pfeilen[36];
Loki mordet mit Tagestod-Steinen[37].
Hrungnir liegt im Winter im Hügelgrab-Dunkel;
Hvedrung ruht im Sommer im Grabkammer-Schlaf.
Geirröd sucht nach der Wiederzeugungs-Göttin;
Loptr strebt zu der Wiedergeburts-Riesin.
Surtur erscheint an der Dellingtor-Schwelle[38];
Lodur tritt über den Gjallarfluß-Steg."

Ragnar: „Kannst Du auch Verse mit 'Echoreim'[39] dichten, Starkad?"

Starkad:
„Gefangen lag Loki,
Loki fiel vom Pfeil des Tyr;
Tyr herrscht im heißen Sommer,
der Sommer ist das Leid des Loki.
Loki tötet Tyr mit Steinen,
Steine bedecken Thrym im Grab;
das Grab ist Surturs Winter-Sorge,
seine Sorge endet im Frühjahr."

Ragnar: „Beherrschst Du die 'Fuchskehre'[40], Bragi?

---

36 Die Sonnenstrahlen wurden einst als Pfeile angesehen.
37 Tyr war fast unbesiegbar. Sein Schachpunkt war, daß er mit Steinen erschlagen werden konnte.
38 Delling = Tyr, Sonne; sein Tor = der Ort des Sonnenaufgangs am östlichen Horizont
39 Echoreim: Das letzte Wort einer Zeile wird als erstes Wort in der folgenden Zeile wiederholt.
40 „Fuchskehre" = Vers, in dem zwei gegensätzliche Worte wie „hoch – tief" oder „kalt – heiß" vorkommen

Bragi:
„Auf der trockenen Insel im tosenden Meer
tobte heiß der Kampf der zwei kalten Robben[41];
Am Singstein bissen lautlos die beiden Asen:
zwei blutende Schwarze auf dem weißem Sand.
Die Meeresniere[42] lag auf dem Landschild[43]:
Freyas leuchtende Botin von Leben und Tod;
Heimdall entriß sie rasch dem listigen Loki;[44]
doch Loptr schnappte sie dem Thiazi fort."[45]

Ragnar: „Nun, Starkad, will ich eine Strophe in der Trollform[46] hören."

Starkad:
„Nach den neun Monden des Winters, der Zeit des eisigen Windes,
sitzen die Asen im Saal, trinken Met in der Halle:
golden leuchten die Schwerter[47] von unschätzbarem Wert,
und Schilde[48] auf dem Dach, wovon Snorri[49] sprach.
Nach den drei Monden des Sommers, der Zeit der wärmenden Sonne,
sitzen die Asen bei Hler[50], trinken Ale im Meer[51]:
Algen wachsen wie Bäume, Korallen sind wie Zäune,
Muscheln glänzen als Schindeln, Wale weiden wie Rinder ..."

Ragnar: „Und von Dir, Bragi, möchte ich eine Strophe mit Freund-Reim[52] hören."

---

41 Robben = Heimdall und Loki
42 Meeresniere = Freyas Brisingamen = Sonne
43 Landschild = runde Insel (die Schilde der Germanen waren rund)
44 In dieser Zeile sind „Heimdall" und „Loki" der Gegensatz.
45 In dieser Zeile sind „Loptr" (= Loki) und „Thiazi" (= Tyr = Heimdall) der Gegensatz.
46 Trollform: ein Voll-Reim in der Mitte und am Ende einer jeden Zeile (Diesen Reim hat Tolkien in seinen Büchern oft als dritte Zeile in seinen vierzeiligen Strophen benutzt.)
47 Odin erhellt seine Halle mit dem vervielfachten Sonnenschwert des Tyr.
48 Dies ist der vervielfältigte Sonnenschild des Tyr.
49 Über diese Schilde hat Snorri Sturluson berichtet (der allerdings erst 350 Jahre nach Starkad und Bragi gelebt hat).
50 Der Meeresgott Hler (Gymir, Ägir) ist Tyr in der Wasserunterwelt
51 „im Meer" = in Hlers Unterwasser-Halle
52 Freund-Reim = der heute übliche Endreim

Bragi:
„Die Saat ruht in Rindrs Leib[53],
sie keimt in Regins[54] Weib,
sie wächst auf der weiten Folde[55],
sie webt Blumen-Decken, die Holde[56]!
Die Sense[57] schneide die Ähren,
an den Sträuchern reifen die Beeren;
Nebel künden die nahe Winter-Zeit,
Die dunklen Nächte sind nicht mehr weit …"

Ragnar: „Kannst Du über Tyr und Loki mit den Bildern aus den alten Mythen singen, Starkad?"

Starkad:
„Die roten Reiter[58] retten ihren Raum,
sie rasen und rächen und röten des Landes Saum:
Tyr ist tödlich mit seinem treffenden Dorn[59],
Heimdall[60] der Tapf're bläst zum Sieg in sein Horn.
Doch danach drohen die weißen Mörder[61] der Wonne,
umzingeln das Dorf, die Golddach-Halle der Sonne[62];
es wird Winter, Winde wehen, Wärme weicht dem Eis,
nur Windkalds[63] Sehnsucht nach Rache[64] ist heiß."

Ragnar: „Das ist eine treffliche Strophe über das Tafl-Orakel! Mit Stabreim und Freund-Reim … Was kannst Du dem entgegensetzen, Bragi?"

---

53 Rindr = Erdgöttin; ihr Leib = Erdboden
54 „Regin" = „König, Gott"; hier: Tyr
55 Folde = Erdgöttin
56 „Holde" = die Erd- und Jenseitsgöttin Huldar
57 Sense: die Sense in der Hand des „Schnitters" Loki
58 rote Reiter: die Verteidiger in der Mitte des Tafl-Spiels (Tyr)
59 Dorn = Schwert
60 Heimdall = Tyr
61 weiße Spielfiguren = die Angreifer beim Tafl-Spiel (Loki)
62 Dorf, Golddach-Halle der Sonne = der rote König in der Mitte des Spielfeldes = Tyr in seiner „Goldenen Halle"
63 Windkald = Beiname des Tyr in der winterlichen Unterwelt
64 Rache: Tyr will in das Diesseits zurückkehren, Loki besiegen und wieder herrschen – dann wird es wieder Sommer

Bragi:
„Loki der Lästerer lockt die Idun,
doch Tyr der Tapfere vertreibt den Tölpel!
Nals Sohn[65] stiehlt Sif die Sommer-Locken[66],
doch Geirröd holt die goldene Gerste[67] zurück!
Svidrs[68] Freund verführt die starke Skadi,
doch Likn[69] schlägt den Lästerer nieder!
Hvedrung holt Freya aus Hlers Halle[70],
doch Hrungnirs[71] Hieb nimmt dem Hönischen den Halt!"

Ragnar: „Das waren gut gestabte Verse, Bragi! Nun möchte ich von Dir, Starkad, etwas über Lokis Ring-Raub hören."

Starkad:
„Den aller-Sonnen-strahlendsten Draupnir stiehlt Loki,
doch Heimdall besiegt mit hartem Hieb den Dieb!
Das aller-golden-glänzendeste Bringamen verbirgt Loptr,
doch Geirröd holt ihn mit Kampfesglück zurück!
Den aller-lichtest-leuchtenden Andvarinaut[72] raubt Lodur,
doch Hrungnir schlägt den Lachenden wieder nieder!
Die all-erhellend-strahlende Sonne verdunkelt Hvedrung,
doch Tyr tritt am Morgen erneut aus dem Himmelstor hervor!"

Ragnar: „Was hast Du dem noch zu entgegnen, Bragi?"

---

65 Nal = Laufey = Lokis Mutter
66 Sifs (goldene) Locken = das reife Getreide
67 goldene Gerste = Sifs Haar
68 Svidr („Speer") = Odin; sein Freund (Blutsbruder) = Loki
69 Likn = Tyr als Riese in der Unterwelt
70 Hler = Meeresgott = Tyr in der Wasserunterwelt; seine Halle = Jenseits
71 Hrungnir = Tyr-Riese
72 Andvair = Tyr als Zwerg in der Unterwelt; Anvarinaut = „Ring des Andvari"

Bragi:
„Wer stirbt wieder und wieder und lebt dennoch?
Das ist Beli[73], der Himmelswanderer!
Wen töten Loki und Loptr und Lodur ohne Ende?
Das ist Beli, der über allem Leuchtende!
Wen fesselt der Winter-Ase in der Wonne-losen Hel?
Das ist Beli, der stets wiederkehrt!
Wen legt Hvedrung in die Kammer des hohen Hügels?
Das ist Beli, der täglich am Himmel erscheint!"

Ragnar: „Ich habe wirklich zwei Meister-Skalden hier. Wonach soll ich euch noch fragen? Singt mir jeder eine Strophe über die neuen Mythen über Sommer und Winter!"

Starkad:
„Baldur hatte bedrückende Nacht-Bilder:
Baleygrs Sohn[74] bat Odin, ihm seine Bürde zu nehmen.
Doch Friggs Frieden[75] umfaßte nicht alle Feinde des Asen:
Fenrirs Vater[76] reichte Hödur den Pfeil der Vernichtung[77].
Rigrs Besieger[78] verführte Rindr im Reich ihres Vaters,
sie gebar Wali, den rüstigen Regins-Sohn[79],
im Alter von nur einer Nacht[80] nahm der Neugeborene Rache
an Nidung[81] und nahm sein Erbe[82] an – und strahlte golden."

Ragnar: „Und nun Du, Bragi."

---

73 Beli = ein sehr alter Name der Sonne und des Sonnengott-Göttervaters
74 „Baleygr" = „Flammenauge" = Odin; sein Sohn = Baldur
75 Friggs Frieden = der Eid, Baldur nicht zu verletzen, den (fast) alle Wesen abgelegt hatten
76 Fenrirs Vater = Loki
77 Pfeil der Vernichtung = der Mistelpfeil, mit dem Hödur den Baldur aufgrund einer List des Loki erschoß
78 Rigr („König") = Heimdall = Tyr; dessen Besieger = Odin (gemeinsam mit Thor)
79 Regin („König") = Odin
80 Alter von nur einer Nacht = Wali ist die am Morgen wiedergeborene Sonne
81 Nidung („Der in der Unterwelt") = Loki
82 Wali ist der wiedergeborene Sonnengott-Göttervater (Tyr, Baldur)

Bragi:
„Hedin[83] kämpft schon endlos mit Högni[84]:
der Wülfing-Wütende[85] gegen den Hunding-Helden[86];
Wölfe werden zu Stein und Hunde zu Felsen[87],
Hilde[88] erweckt sie am Morgen wieder zur Schlacht[89].
Die Flamme aus Niflheims Niederschlag[90]
des Asen des Schildes, den die Sonnen-scheuen Thursen fürchten[91],
kämpft gegen den wirbelnden Wind der Riesin[92]
des Vaters des Achtbeinigen aus den alten Tagen[93].

Ragnar: „Das war ein Lied mit den langen Kenningarn, die Du selber erfunden hast – und die ich so schätze ... wie das Raten von Rätseln."

---

83 Hedin = Saga-Variante des Tyr
84 Högni/Hagen = Saga-Variante des Loki
85 Wülfinge = die Krieger des Tyr-Hedin
86 Hundinge = die Krieger des Loki-Högni
87 Die Toten in dieser endlosen Schlacht wurden zu Stein. Der „Stein" ist eigentlich die Grabkammer des Hügelgrabes, in die die Toten gelegt werden.
88 Hilde = Freya
89 Die morgendliche Wiedergeburt der Sonne ist in dieser Saga zu einer Wiederbelebung der Toten geworden.
90 Niflheim = Jenseits, Reich des Eises; sein Niederschlag = Eis = Metall; Flamme = Klinge; „Flamme aus Metall" = Schwert
91 Die Thursen (Riesen) erstarrten im Sonnenlicht zu Stein. Der Schild, den die Riesen fürchten, ist die Sonne. Der Ase des Sonnenschildes ist Tyr. Diese und die vorige Zeile zusammen bedeuten „Schwert des Tyr". Auch der reale Bragi der Alte, der vor 1200 Jahren gelebt hat, benutzte häufig derartig komplexe Kenningar.
92 Riesin = Jenseitsgöttin; ihr Wind = Lebenshauch, Bewußtsein, Seele; wirbelnder Wind = flinkes, listiges Denken, schnelle Auffassungsgabe
93 Achtbeiniger = Sleipnir; dessen Vater = Loki; Diese und die vorige Zeile zusammen sind der „wirbelnde Wind des Loki", d.h. die „Listen des Loki".

Starkad:
„Tyr fordert Loki zum tödlichen Kampf:
Thrym ringt den törichten Gaukler[94] zu Boden!
Loptr ruft Leikn[95] zum Spiel des Lodin[96]:
Lodur besiegt Leifi[97] im Laufen!
Hrungnir[98] fordert Hvedrung zum Tanz auf dem Holm[99]:
Hymir[100] übertrifft Hönirs Freund[101] im Trinken!
Loptr zwingt Finnalf[102] im Finst'ren zur Schlacht:
Farbautis Erbe[103] bezwingt Fenrirs Herrn[104] im Essen!"

Ragnar: „Kannst Du ein Lied über ein Bild aus diesen Mythen singen, Bragi, über das es noch keine Verse gibt?"

Bragi:
„Wer ist der lockige Widder? Loki!
Wer ist der leuchtende Stier? Tyr!
Wer sucht heimlich die Frauen? Hvedrung!
Wer grast am hohen Hügel? Hrungnir!
Wer bockt bei den Asen an jedem Tag? Loptr!
Wer erhebt das Haupt zum Himmel? Baugi[105]!
Wer ist der Schützer der Schafe? Lodur!
Wer ist der Stoßer[106] der Kühe? Surtur[107]!"

Ragnar: „Tyr und Loki als Stier und als Widder – das sind zwei alte Bilder, aber sie stehen sonst nicht so nebeneinander – ja, das sind Verse zu einem neuen Bild. Und von Dir, Starkad hätte ich gerne eine Strophe zu einem ganz alten Bild."

---

94 Gaukler = Loki
95 Leikn = Tyr als Riese in der Unterwelt
96 Lodin = Tyr als Riese in der Unterwelt
97 Leifi = Tyr als Riese in der Unterwelt
98 Hrungnir = Tyr als Riese in der Unterwelt
99 Holm = Insel = Zweikampfplatz
100 Hymir = Tyr als Riese in der Unterwelt
101 Hönirs Freund = Loki
102 Finnalf = Tyr als Riese in der Unterwelt
103 Farbauti = Lokis Vater; sein Erbe = Loki
104 Nur Tyr konnte Fenrir füttern.
105 Baugi = Tyr als Riese in der Unterwelt
106 Stoßer = Begatter
107 Surtur = Tyr als Riese in der Unterwelt

Starkad:
„*Der Vater des Brisingamen der Braut
des halbblinden Erzeugers des Baldur[108]
raubt dem Bringer des Brandes des Himmels[109]
die Bärtigen mit den gebogenen Hörnern[110].
Doch der Schüttler des Schwertes[111]
und Halters des Schildes des Strahlenden[112]
holt die Störrischen der saftigen Weide[113]
von dem Störer der Stille[114] zurück.*"

Ragnar: „*Das ist doch sonst Bragis Stil! Beherrschst Du den auch? – Kannst auch Du eine Strophe über ein altes Bild singen, Bragi?*"

Bragi:
„*Ich sah zwei Robben[115] raufen am Singstein[116],
sie rangen rüde zweimal an jeden Tag[117].
Der Wächter der Brücke[118] ergriff Brisingamen
als sich der goldene Baugi[119] beim Lied des Priester[120] erhob.
Der Räuber von Menglöds schimmerndem Schatz[121]
stahl sie am Abend dem Hüter von Asgard[122].
So kämpfen sie stets am Tor des Morgens;
so streiten sie stets auf der Insel des Abends.*"

---

108 halbblinder Erzeuger des Baldur = der einäugige Odin; seine Braut = die Erdgöttin Jörd; Brisingamen = Halsreif, Halskette; Halskette der Erde = Jörmungandr, der im Meer rings um Midgard liegt; dessen Vater = Loki
109 Brand = Feuer; Feuer des Himmels = Sonne; deren Bringer = der Sonnengott-Göttervater Tyr am Morgen
110 Bärtige mit gebogenen Hörnern = Ziegen
111 Schüttler des Schwertes = Krieger
112 Strahlender = Sonne; deren Schild = Tyrs Sonnenschild; dessen Halter = Tyr
113 die Störrischen der Weide = Ziegen
114 Störer der Stille = der Ränkeschmied Loki
115 zwei Robben =Tyr-Heimdall und Loki
116 Singstein = vermutlich ein Hügelgrab, evtl. auch ein anderer Kultort
117 zweimal täglich = morgens besiegt Tyr-Heimdall den Loki, abends Loki den Tyr-Heimdall (Tyr-Heimdall ist die Sonne und der Tag, Loki ist die Nacht)
118 Brücke = die Himmelsbrücke Bifröst; deren Wächter = Heimdall
119 Baugi („Ring") = Tyr-Riese im Jenseits; goldener Tyr/Ring = Sonne
120 Lied des Priesters = morgendliche Sonnenhymne
121 Schatz der Freya-Menglöd = Brisingamen
122 Hüter von Asgard = Heimdall

Ragnar: „Das ist ein Bild aus dem 'Zaubergesang des Heimdall', das ich immer wieder gerne höre. Aber es sind neue Verse zu diesem Lied. Was willst Du nun vortragen, Starkad?"

Starkad:
„Andvari[123], der hohe Herr des goldenen Ringes[124],
lebt als Hecht in einer dunklen Höhle[125]
hinter einem Wasserfall[126] im Fluß der Hel[127]
und hütet dort den hehren Draupnir.
Loki, der Asen-Meister der Lügen,
verbirgt sich als Lachs lauernd im Fluß,
trägt Leikns leuchtendes Kleinod[128]
in der langzähnigen Höhle der Lippen[129] [130]."

Ragnar: „Du benutzt wieder den Stil des Bragi – aber ich kenne Dich und Deine Lieder noch nicht so gut ... Vielleicht habt ihr diese Art, Kenningar zu verwenden, ja beide erdacht. Was möchtest Du jetzt singen, Bragi?"

Bragi:
„Wolf beißt hart den Hund;
Hund würgt wütend den Wolf.
Garstiger Geifer bei beiden
vom Welpen bis zum Graufell.
Das Rudel der Wald-Rüden[131]
ringt mit den Zahn-Rindern[132];
Die Wächter des Tores[133] töten
den Trupp der Jötun-Traber[134]."

---

123 Andvari = Tyr als Zwerg im Jenseits
124 goldener Ring = Draupnir, Andvarinaut, Brisingamen = Sonne
125 Höhle = Hel
126 Höhle hinter einem Wasserfall = Eingang in die Unterwelt
127 Fluß der Hel = Jenseitsfluß = Gjallar
128 Leikn = Tyr als Riese im Jenseits; dessen Kleinod = Draupnir
129 Höhle der Lippen = Mund, Maul
130 Dieses Motiv ist zwar naheliegend, aber nicht aus der Überlieferung nicht bekannt.
131 Rüde = Hund (Männchen); Wald-Rüde = Wolf = Tyr
132 Rind = vierbeiniges Haustier; Zahn-Rind = bissiges Haustier = Hund = Loki
133 Wächter des Tores = Hunde = Loki
134 Jötun-Traber = Wolf (Die Riesin Hel reitet auf Fenrir.) = Tyr

Ragnar: „Das ist jetzt im alten Stil gesungen. Mir scheint, Odins Met[135] ist in euch beiden unerschöpflich! Oder hat einer von euch schon bald sein Trinkhorn bis zur Neige geleert? Was ist Dein nächstes Lied, Starkad?"

Starkad:
„Wülfinge[136] wüten und Hundinge[137]
endlos in wildem Kampf.
Könige fallen, Fürsten sterben,
auf beiden Seiten: viele Leichen.
Helden hieben auf Hühnen ein,
hurtige Schläge, Schilder bersten.
Im Kampf um das glänzende Gold
gibt es keinen Sieger für immer."

Ragnar: „Das war derselbe alte Stil wie zuvor im Leid des Bragi. Könnt ihr euch auch neue Stile erdenken?"

Starkad:
„Das Feuer schlug aus Fafnirs Maul,
Das Ungeheuer fauchte, brüllte, schnappte –
Doch Sigurds Schwert fand des Drachen Schwäche[138],
noch zuckte er, aber strömend rann das Schlangen-Blut.
An der Quelle neigte Sigurd sich zum Wasser,
An der Stelle verließ ihn seine Seele,
Hagen erstach ihn hinterrücks –
Sagen berichten uns heute hiervon."[139]

Ragnar: „Kannst Du auch eine Strophe in einer neuen Form dichten?"

---

135 Odins Met = Skaldenmet = Dichtkunst, Lieder
136 Wülfinge = Krieger des Tyr
137 Hundinge = Krieger des Loki
138 Schwäche des Drachen = sein weicher, ungeschützter Bauch
139 Das Neue an dieser Strophenform ist der Anfangsreim.

Bragi:
„'Über das Meer zu uns her hole hurtig
Swanhild, die leuchtet wie der Sonnenschild!'
sprach Jörmunrek zu Bikki und zu seinem Sohn.
Doch der Rater[140] riet dem Reiter: 'Nicht der Vater
sollte Swanhild haben, sondern der Sohn vorm Thron.'
Maid und Mann folgten dann guten Mutes seinem Wort.
Bikki lachte und brachte dem König die Botschaft –
und schon ließ er seinen Sohn und Swanhild töten."[141]

Ragnar: „Auch das könnt ihr beide – wie soll dieser Sänger-Wettstreit nur entschieden werden? Nun – singe, was Du willst, Bragi."

Bragi:
„Aki der Arge, der Listen-Reiche,
der abscheuliche Abgrund der Lügen,
wollte Halfdan dem Helden,
dem Herrn des hohen Wogen-Rosses,
durch Trug und Turnier,
durch bezahlte, treulose Töter
die schöne Maid Marsibil und sein Leben
des Morgens meineidig rauben."[142]

Ragnar: „Könnt ihr auch Bilder aus der Natur in euren Strophen benutzen?"

---

140 Rater = Bikki, der „böse Ratgeber" des Königs Jörmunrek
141 Das Neue an dieser Strophenform ist der dreifache Stabreim und der Endreim in jeder Zeile wie z.B. „Swanhild – Sonnenschild" oder „schon – Sohn".
142 Diese Strophe bezieht sich auf die „Saga über Halfdan Brana-Ziehsohn". Halfdan ist eine Saga-Vairante des Tyr und Aki eine Saga-Variante des Loki.

Starkad:
„*Der listige Schnitter raubt Sif, der Gaben-Geberin,
mit der scharfen Sense die goldenen Haupt-Garben[143],
wenn der Lein gelb leuchtet auf dem fruchtbaren Feld[144]
und das Leid der langen Nattern[145] von Norden[146] naht.
Thor zwingt Hödurs Betrüger[147], den Vater des Fenrir[148],
zügig Ersatz von den Zwergen aus Schwarz-Heim[149] zu holen,
wenn die Saat des Freyr in Fülle keimt auf der Scholle der Skadi
und schon früh die Freude der schuppigen Schlangen[150] anbricht.*

Ragnar: „*Zwei doppelte Stabreime in jeder Zeile – hast Du etwas Vergleichbares Bragi?*"

Bragi:
„*Das Niflheim des listigen Loki im Norden
ist voller Eis und Kälte – die Kammer des Egdir[151]:
die Wohnstatt des verwundenden Volkes des Windswal[152],
Die Quelle der Wälder-verwüstenden Winter-Winde.
Das Muspelheim des mächtigen Surtur im Süden
ist voller Feuer und Licht – die Freistatt[153] des Leikn[154]:
die Stätte der schönen Sippe des Svasud[155],
Der Ursprung der Saat-segnenden Sommer-Sonne.*"

Ragnar: „*Die Stabreime werden immer dichter. Was kann denn nun noch kommen?*"

---

143 Sifs goldenes Haar = reifes Getreide
144 das Leinkraut blüht = Herbst
145 Leid der Nattern = Winter (Kältestarre)
146 Norden = Jenseits, Kälte, Dunkelheit, Winter
147 Hödurs Betrüger = Loki
148 Vater des Fenrir = Loki
149 Schwarz-Heim = Unterwelt
150 Freude der Schlangen = Sommer (Beweglichkeit)
151 Egdir = Tyr als Riese im Jenseits
152 Windswal = Vater des Winters
153 Freistatt = Kultort, Tempel
154 Leikn = Tyr-Riese im Jenseits
155 Svasud = Vater des Sommers

Starkad:
„Bölthorn[156] bricht den Himmel mit Blitzbündeln,
das blaue Becken[157] des Brandes[158] erbebt;
Surtur[159] schwingt sein singendes Schwert[160],
sticht und schlägt nach dem Vater des Sohnes der Sif[161].
Loki erschüttert die eisige Ebene der Erde durch Beben,
in der Eiter-vollen[162] Enge der ewigen Halle der Elben[163]
die Wände der Welt wanken nicht wenig,
wenn Widrirs Blutsbruder[164] sich wütend windet."

Ragnar: „Mir fällt nichts mehr ein, wonach ich euch noch fragen könnte …"

Bragi:
„Ich bin Loki – ich singe gellend den Galdr[165]!
Ich bin Loptr – ich bin der Gott des Gandreid[166]!
Ich bin Lodur – ich füge freche Gedanken zu Listen!
Ich bin Hvedrung – in mir flammt die Schlange des Feuers[167]!
Ich bin Loki – ich fertige flink neue Dinge!
Ich bin Loptr – ich verführe die Frauen!
Ich bin Lodur – ich verhöhne die hohen Asen!
Ich bin Hvedrung – ich habe hundert Gestalten!"

Ragnar: „Ich sehe, es gibt keinen Sieger in diesem Sänger-Wettstreit – ihr seid einander ebenbürtig! Dieser Wettstreit zwischen euch beiden könnte ja ewig so weitergeben – wie der Wechsel von Sommer und Winter, von Tyr und Loki, von Heimdall und Loptr …"

---

156 Bölthorn = Tyr als Schwertgott; hier ist er noch der Blitz- und Donnergott
157 blaues Becken = Himmelsgewölbe
158 Brand = Feuer = Sonne
159 Surtur = Tyr als Riese im Jenseits
160 singendes Schwert = viele Schwerter zischen („singen") beim Schlagen
161 Sif = Korngöttin; deren Sohn = Ullr; dessen Vater = Loki
162 Die Germanen nannten „Gift" auch „Eiter". Hier ist das Gift der Schlange über dem gefesselten Loki gemeint.
163 Elben = Alfen = Ahnengeister; deren Halle = Halle der Hel, Unterwelt (dort wurde Loki von den Asen gefesselt)
164 Widrir = Odin; sein Blutsbruder = Loki
165 Galdr = Zaubergesang
166 Gandreid = Ritt auf dem Zauberstab (dem späteren Hexenbesen) = Astralreise
167 Schlange des Feuers = Kundalini

VIII 2. b) Odin, Hönir und Loki

Über Odin und Loki wird in der Lokasenna berichtet, daß sie Blutsbrüder sind. Dies ist die einzige Blutsbrüderschaft unter den Asen. In der Lokasenna spricht Loki:

„Gedenkt Dir, Odin, wie in Urzeiten wir das Blut mischten beide? Du gelobtest, nimmer Dich zu laben mit Trank, würd' er nicht uns beiden gebracht."

Das folgende Lied spielt um ca. 450 n.Chr., als Tyr noch der Göttervater der Nordgermanen gewesen ist und Odin der Göttervater der Südgermanen.

Odin:
„Folge mir, Hönir, Ase der Hähne,
ich brauche hurtig Deine Hilfe
– und sei schweigsam, schneller Ase,
nur in der Stille entsteht das Große."

Hönir:
„Was willst Du tun, Regin-Rater[168]?
Wohin wandern wir alleine?
Zu Yggdrasil, zur Irminsul[169]?
Was ist Dein Begehren, Gestumblindi[170]?"

Odin:
„Warte, wir werden hier nicht alleine weilen,
noch ein Gast wird von Utgard kommen,
ein Bewohner der Jenseits-Berge[171]
– schau, da naht er schon."

Loki:
„Weiten-Wanderer, Jenseits-Kenner,
warum hast Du mich hergerufen?
Was soll der alte Asen-Priester hier?
Listenreicher[172], was ist mein Lohn?"

---

168 Regin-Rater = Odin; Odin ist der Ratgeber der Regin (= Götter)
169 Irminsul = Weltensäule
170 Gestumblindi = „blinder (einäugiger) Gast" = Odin
171 Jenseits-Berge = Hügelgräber, Unterwelt
172 Listenreicher = Odin; sowohl Odin als auch Loki sind listige Götter, auch wenn sie ein verschiedenes Temperament haben

Odin:
„Du kämpfst jedes Jahr mit Tyr,
besiegst den Schwertgott,
rufst immer wieder den Winter,
schneidenden Wind und Schnee.

Bis der Diar[173] wieder Dich besiegt
und den Sommer erschafft,
und Eis schmilzt und schwindet,
Blumen, Bäume, Felder blühen.

Willst Du nicht ein Ende dieses Waffen-Lärmes?
Willst Du nicht der Herr und Sieger sein?
Für immer gefeit gegen den Finger des Tyr[174]?
Würde Dich der Lohn nicht locken?"

Loki:
„Du versprichst mir viel, Valfödr[175],
kann ich Dir trauen, Thundr[176]?
Was ist Dein Vorteil, Vafudr[177]?
Planst Du Verrat, o Vidur[178]?"

Odin:
„Ich will der Asen-König in Asgard sein,
dort, wo jetzt der Sonnenschwert-Gott[179] herrscht.
Wir wollen dasselbe: seinen Sturz.
Darum sollten wir zusammen siegen."

---

173 Diar = Tyr
174 Tyrfinger = Name des Tyr-Schwertes
175 Valfödr = „Walvater" = Vater der in der Schlacht Getöteten
176 Thundr = „Mächtiger" = Odin
177 Vafudr = „Wind" = Odin
178 Vidur = „Töter" = Odin
179 Sonnenschwert-Gott = Tyr

Loki:
„Wie kann ich Dir trauen, Trügerischer?
Erst Tyr, dann ich? Ist die Tat in Deinem Herzen?
Lieber neun Monde[180] mein und dreie sein
als niemals mehr der König Nidud[181] sein!"

Odin:
„Ich ahnte, daß Du mir nicht glaubst,
drum bin ich mit Hönir hergekommen;
ich biete Dir, Brüder zu werden,
Blut mit Blut im Eid zu mischen."

Loki:
„Ach, dafür ist der Schwächling da!
Ich sehe, Du hast die List schon recht bedacht!
Ich bin dabei. Ich kämpfe mit Dir.
So laß Hönir seine Sprüche sprechen!"

Hönir:
„Höre mich, Jörd, höre, Mutter Erde.
Ich löse den Gras-Soden vom Grund,
den langen Streifen von der Haut des Landes,
daß er zum geweihten Toten-Tor werde.

Odin, reich' mir den glänzenden Gungnir[182] her,
den Runen-beschriebenen Rater-Stab,
daß ich mit ihm den sandigen Soden erhebe,
ein Mann hoch, zwei Männer breit.

Odin, nimm diesen Dolch
und ritze Deine hürnene Hand,
lasse das Blut zu Boden tropfen,
in dem Eingang zur Erde[183].

---

180 neun Monde = Loki herrscht in den neun Wintermonaten, Tyr in den drei Sommermonaten
181 Nidud = „der in der Tiefe (Unterwelt)" = Loki
182 Gungnir = „Schwankender" = Odins Speer
183 Eingang zur Erde = die freiliegende Erde unter dem Grassoden-Tor

*Loki, nimm mein Messer,
schneide Dich unter Deine flinken Finger,
das das Rote niederrinnt
und Teil der schönen Skadi[184] wird.*

*Kniet euch nieder unter dem Tor der Nott[185]
legt eine Hand auf Herche[186],
die euer beider milde Mutter ist,
reicht euch rasch die andere Hand.*

*Nun sprecht, was ihr versprechen wollt.
Mutter Jörd lauscht jedem von euch.
Die Asen und die Alfen werden eure Worte wissen,
wenn ihr gleich unter das Erdband geht[187]."*

Odin:
*„Ich, Odin, werde keinen Trank trinken,
der nicht auch Loki laben wird.
Ich werde ihn rächen wie meinen Bruder
wenn ihn jemand bedroht und bedrängt."*

Loki:
*„Ich, Loki, werde keine Speise kosten,
die nicht auch Odin nähren wird.
Ich werde ihn rächen wie meinen Bruder
wenn ihn jemand bedroht und bedrängt."*

Loki:
*„Dann komm, laß uns den Kampf beginnen!
Auf nach Asgard, zu dem Asen mit dem Schwert!
Möge er auf immer das Licht des Tages missen
und heimatlos in Hel verhungern!"*

---

184 Skadi = Erdgöttin, Landesgöttin von Skandinavien
185 Nott = Göttin der Nacht und des Jenseits
186 Herche = Erdgöttin
187 unter das Erdband gehen = Redewendung für „Blutsbrüder werden" (Erdband = der emporgehobene Grassoden)

Odin:
„Wir werden gemeinsam mit Thor gegen ihn gehen,
ihn entthronen, vor die Türe setzen,
der Gott des Hammer[188] wird mit uns sein Heim erstürmen
und wir werden ihm Tempel und Totentor nehmen.

Heute Abend beim Mahl von Midgards Herrscher[189],
wird sein Schwert schallend zerbrechen,
wird er gellend vom Thron gestoßen,
werde ich Asgards Asen-König werden!"

---

188 Hammergott = Thor
189 Midgards Herrscher = Tyr (bis zu seiner Absetzung)

VIII 2. c)   Der Kampf der beiden Robben

Dieser Kampf zwischen Heimdall und Loki ist vor allem durch die beiden folgenden Strophen aus der Husdrapa bekannt:

Der berühmte Verteidiger des
Boden-Streifens der Mächte,
der stets Rat weiß, kämpft am Sing-Stein
mit Loki, Farbautis schrecklich listigem Sohn.

Der Sohn von acht-und-einer Mutter,
Mächtig in seinem Zorn,
ergreift als erster die schöne Meeres-Niere.
Dies mache ich in Ruhmesliedern bekannt.

Ulfr Uggason verfaßte in der Husdrapa ein langes Gedicht über diese Geschichte und dort wird geschrieben, daß sie die Gestalt von Robben hatten.

Das Lied muß deutlich länger gewesen sein als diese zwei Strophen – sonst ergäbe es wenig Sinn, dieses Lied „lang" zu nennen.

Es stellt sich die Frage, ob sich Heimdalls Beiname „Besucher der Wogen-Schäre" auf die Gestalt der beiden Robben bezieht – immerhin sind derartige Schären sehr beliebte Ruheorte der Robben, die oft in Scharen auf ihnen liegen. Das würde bedeuten, daß die Schäre „Vagasker" und der „Singstein" derselbe Ort sind.

Ein Singstein auf einer Schäre kann nur Tyrs Hügelgrab im Westen auf der Jenseitsinsel Walaskialf („Toten-Schäre") sein, denn normalerweise stehen Hügelgräber zwar häufig an der Küste, aber nicht auf einer Schäre. Dieses Hügelgrab auf der Schäre muß daher ein mythologischer Ort sein – was sich auch schon dadurch ergibt, daß dort Tyr-Heimdall und Loki miteinander kämpfen.

Über diesen Kampf ist durch die verschiedenen Kenningar für die beiden Götter Heimdall und Loki noch bekannt, daß Heimdall nach Freyas Kette sucht und daß Loki sie gestohlen hat.

Aus anderern Quellen ist noch das Folgende bekannt:
Freya hat in der Gestalt der Seekuh (Frode-Sage) zu den beiden Robben gehört.
Der goldene Ring, den König Frode (Freyr) auf den hohen Stab inmitten seines Landes gelegt hat, ist eine Umdeutung von Freyas Halsreif Brisingamen.
Freyas Seekuh-Gestalt und Heimdalls und Lokis Robben-Gestalt stehen mit der Vorstellung der Wasserunterwelt der Göttin Ran in Zusammenhang. Der Ring liegt daher eigentlich auf dem Altar in dem Tempel der Freya, der sich hier unter dem

Wasser befindet. Dies ist eine Entsprechung zu Friggs Halle „Sumpfsaal" und der Halle der Mutter des Tyr-Grendel am Grunde eines tiefen Sumpfes. Auch die Halle Sökkvabek („Bank in der Tiefe") der Göttin Saga, in der die Göttin zusammen Odin Met trinkt, ist solch eine Wasserunterwelts-Halle. Auch der Ort „Sökkdalir" („Tiefental"), in dem Tyr-Surtur wohnt, ist solch eine Halle. Ein weiteres Motiv für dieses Wasserjenseits ist die Höhle hinter einem Wasserfall, in dem z.B. der Tyr-Zwerg Andwari wohnt.

Anscheinend taucht Loki als Robbe in diese Halle hinab und stiehlt dort der Freya ihren goldenen Halsreif. Dies entspricht Lokis Raub des Brisingamen aus Freyas Frauenhaus (= Unterwelts-Halle).

Das Grundmuster ist dasselbe wie in vielen anderen germanischen Mythen: der Streit zwischen Tyr und Loki um die Herrschaft, die Jenseitsgöttin und das Wiedergeburtssymbol (Brisingamen, Äpfel der Idun, Hymirs Kessel; später auch Thors Hammer).

Anhand dieser Überlieferungs-Bruchstücke läßt sich das „lange Lied des Ulfr Uggason" zwar nicht wiederherstellen, aber doch immerhin nachdichten.

Die folgenden Strophen haben das einfache Reimschema des „drottkvätt" („Herrscherform"). In dieser Strophenform stehen in der 1. Zeile einer Strophe zwei stabreimende Worte, von denen eines am Zeilenanfang steht; und die 2. Strophe beginnt mit einem Wort mit diesem Stabreim. Vor dem stabreimenden Wort am Zeilenanfang, darf ein „und, dann, der" oder ähnliches Wort stehen. Die dritte und vierte Zeile wiederholen dieses Reimschema.

Freya lebte unter den Fluten
friedlich in ihrem Asen-Heim.
Frigg[190] wohnte unten in Fensalir[191]
frei in ihrer hehren Halle.

Saga die Schöne, saß in ihrem Hof,
schlief auf ihrem Asin-Lager.
Grendels Mutter hauste am Grunde
gar tiefer Moore und Sümpfe.

---

190 In diesem Lied werden die Göttinnen Freya, Frigg, Saga, Grendels Mutter und Huldar wie in „Odins Rabenzauber" einander gleichgesetzt, da sie alle denselben Ursprung als Jenseitsgöttin haben.
191 „Fensalir" bedeutet „Sumpfsaal", was zeigt, daß Friggs Halle wie das Heim der Mutter des Grendel (Tyr) unter Wasser lag.

Heimdall zog über den Himmel,
hehr und leuchtend jeden Tag.
Zur Freude der Asen, zum Glück der Wanen,
zur Labung der Menschen in Mittelerde.

Loki der Listige, tauchte hinab,
lief durch die weiten Wasser,
schwamm durch schwarzdunkle Wogen
schwierige Pfade zur Halle der Huldar.

Robbengestalt hatte der Räuber,
rasch kam er, in einen Seehund[192] verwandelt;
viele Gestalten vermochte er anzunehmen,
vielkundig in Zauberdingen war Loki.

Loptr schaute, Loki lugte durch das Tor,
leise schlich er in die Halle,
Freya ruhte, die Freundliche schlief,
vorsichtig nahte der Flugschuh-Ase.

Loki löste das Schloß der Goldkette,
Loptr öffnete den Riegel des Halsreifs;
Byleists Bruder[193] barg den Schatz im Maul,
bald schon tauchte er wieder empor.

Laufeys Sohn legte sich nieder,
langgestreckt auf eine Schäre;
als Robbe war er zur Asin getaucht,
als Seehund ruhte er nun.

Brisingamen war nicht mehr bei Blidurs Herrin[194],
bar des Schmuckes war die Jenseitsgöttin;
das Sonnengold ward durch Listen gestohlen,
da sank der goldene Heimdall nieder.

---

192 Die Seehunde sind eine Unterart der Robben.
193 Loki, Byleist und Helblindi sind Brüder.
194 Blidur ist eine der neun Mägde der Freya-Menglöd.

*Hallinskidi fiel von der Höhe ins Meer,
hinab sank er im Westen in tiefe Fluten;
Bestattungsfeuer brannten glühend rot,
bald schon war der Himmel dunkel.*

*Rig wurde im Wasser zur Robbe,
ruhelos schwamm er umher;
suchte die goldene Sonne,
schaute nach dem goldenen Reif.*

*Dann kam er zur dunklen Insel,
dort stand der Adler-Hügel[195],
ein Singstein auf ihm, ein Felsen,
ein Grabstein der versunkenen Sonne.*

*Farbautis Sohn[196] sah ihn und floh,
feige verbarg er sich hinter dem Stein,
Der Sohn von neun Müttern blickte drohend,
drängte, eilte, folgte ihm nach.*

*Er sah die Meeres-Niere in Lokis Maul,
Erblickte das Herz der See zwischen Loptrs Zähnen,
Er entdeckte das Blinken der Leber der Wogen,
erspähte das Leuchten der Milz des Wassers.*

*Der Seehund sah die versunkene Sonne
sehnte sich, sie wieder zu haben;
stürzte sich schreiend auf die Robbe
schon rang Heimdall mit Loki.*

*Sie bissen, sie schlugen,
sie schwammen, sie rangen,
sie kämpften, sie tauchten,
sie trachteten nach dem Leben des andren.*

---

195 Adler = Seelenvogel des Tyr; Adler-Hügel = Tyrs Hügelgrab
196 Farbauti ist der Vater des Loki.

Heimdall jagte Loki in des Hügels Höhle,
hinein in die Kammer des Grabes;
Loptrs Bisse ließen den Asen fliehen
laut schreiend hinauf an den Stein.

Der Brücken-Wächter brach fast Lokis Knochen,
brüllend vor Schmerz sprang dieser ins Meer;
Doch Laufeys Sohn[197] kam drohend zurück,
drängte Heimdall bis ans Ende der Insel.

Zahn-Schwert blitzte, Zungen-Hand zuckte,
Zeit des Zaubergesangs der Eisen-Flossen!
Augen-Glut brannte, Augen-Glut flammte,
auf der Schäre im weiten, tosenden Meer!

Doch da warf der Ase den Riesen nieder
dort lag er auf seinem Rücken!
Heimdall sperrt Loki tief in den Hügel,
hinein in die Hel verbannte er den Räuber.

Dann taucht er hinab in die Tiefe,
traut sich in das trübe Dunkel,
bis er zu Brisingamens Herrin kommt,
am Boden des Meeres, am Grunde der See.

Der Wächter der Asen wagt sich ins Jenseits,
wankend vor Schwäche reicht er ihr ihren Schatz;
Die Göttin der Tiefe, die Gerdr der Fluten[198],
sie gibt Heimdall rasch Heilung und Hilfe.

Die Freundliche faßt Heimdall an seiner Hand;
Freya berührt Rigr mit ihrem Ring:
da ward er heil, da ward er stark,
da kehrte das Leben in Fülle in ihn zurück.

---

197 Laufey ist die Mutter des Loki.
198 Gerdr ist eine Riesin, die ursprünglich die Wiedergeburts-Mutter der Sonne (Tyr) gewesen ist, bevor diese Mythe umgedeutet und auf Freyr übertragen wurde. Die „Gerdr der Fluten" ist daher die Jenseitsgöttin in der Wasserunterwelt.

Nun leuchtet der Ring als Sonne an Heimdalls Hals!
Nun strahlt der Helm auf Hallinskidis Haupt!
Nun glänzt Dag als Auge in des Gottes Gesicht!
Nun scheint das Licht von des Asen goldenen Zähnen!

Schimmel scheinen strahlend-weiß vor seinem Wagen,
schimmernd-golden die Hufe, die Mähne, der Schweif;
Hinan fährt Heimdall auf in die Höhe,
Auch heute bricht wieder ein neuer Morgen an!

VIII 2. d) Heimdalar-Galdr

Snorri Sturluson berichtet nur kurz über dieses Lied:

Ein Schwert wird 'Heimdalls Haupt' genannt, denn es wird gesagt, daß er von dem Schädel eines Menschen durchbohrt wurde. Die Geschichte darüber wird im 'Zaubergesang des Heimdall' berichtet und seit jener Zeit wird ein Kopf auch 'Heimdalls Tod' genannt.

Ein Schwert kann „Heimdalls Haupt" genannt werden, weil sowohl das goldene Haupt (der Goldhelm, die goldenen Zähne) als auch das goldene Schwert des Tyr-Heimdall Symbole der Sonne gewesen sind. Die Aussage, daß Heimdall von dem Schädel bzw. Kopf eines Menschen durchbohrt worden ist, bedeutet vermutlich, daß Heimdall mit einem Schwert erstochen worden ist.

Da es einige Stellen in der Überlieferung gibt, in der die Saga-Nachfolger des Tyr nur mit ihrem eigenen Schwert getötet werden können, ist anzunehmen, daß Heimdall mit seinem eigenen Schwert getötet worden ist. Diese Szene steht am Übergang zwischen den alten Tyr-Mythen und den aus ihnen umgebildeten neuen Heimdall-Mythen.

In der Mythe, die über die Erschaffung der magischen Gegenstände der Gottheiten Thor und Sif, Odin und Freyr berichtet, wettet Loki ohne ersichtlichen Grund mit den beiden Alcis-Zwergen, die in den alten, Tyr-zentrierten Mythen die Söhne des Tyr gewesen sind, um seinen Kopf. Er verliert zwar die Wette, aber er redet sich wie fast immer heraus und es wird ihm nur der Mund zugenäht. Es wäre denkbar, daß diese Szene einst ein Motiv aus dem Kampf zwischen ihm und Tyr-Heimdall gewesen ist.

Von „Heimdalls Zaubergesang" sind nur die folgenden zwei Verse überliefert worden:

*„Ich bin der Nachkomme von neun Müttern,
ich bin der Sohn von neun Schwestern."*

An diesen beiden Versen ist interessant, daß in ihm der sehr alte inhaltliche Reim verwendet wird, der auch aus Ägypten und Sumer gut bekannt ist. Bei dieser Reimform, die von den Germanen „Zaubergesang-Form" („galdr-lag") genant wurde, wird eine Aussage mit anderen Worten wiederholt, wobei der grammatische Aufbau des Satzes genau beibehalten wird.

Dies Art von Reim findet sich z.B. auch in der „Vision der Seherin":

Wolfszeit, Windzeit ...

Eine ähnliche abschließende Formel wie diese aus „Der Seherin Vision" findet sich auch im Hyndla-Lied:

Vieles erwähnt ich,
mehr noch weiß ich.

Der inhaltliche Reim wurde ebenso in dem Lied „Wanderer" aus dem Exeter-Buch verwendet:

Wo sind nun die Rosse?
Was wurde aus den Reitern?

Auch in dem langen Fluch im Skirnir-Lied finden sich mehrfach diese sehr altertümliche Art des Reimes:

Hört es, ihr Joten! Hört es, ihr Reifriesen!
Hört es, Suttungs Söhne! Hört es, ihr Asen selber!

Wie ich der Maid verbiete,
Wie von der Maid verbanne
Die Gesellschaft mit Männern!
Die Gemeinschaft mit Männern!

Die meisten erhaltenen Beispiele für diese Form des Reimes stehen in „Buslas Fluch" in der Saga „Bosi und Herraud". Das folgende sind nur einige Beispiele (siehe auch „Fluch" in Band 68).

Stroh soll Dich stechen!
Sturm soll Dich schütteln!

Die Welt erbebt!
Das Wetter wird übel!

Totengeister werden umherirren!
Gewaltiges wird kommt!

Wenn Du segelst, soll Dein Tauwerk reißen!
Dann sollen Deine Ruder zersplittern!
Dann sollen Deine Segel zerfetzen!

Wenn Du reitest, werden Deine Zügel reißen!
Dann wird Dein Roß lahm werden!
Dann wird Dein Roß auf allen Wegen straucheln!
Dann werden Dich alle Pfade in die Hände der Trolle führen!

Da der altertümliche inhaltliche Reim fast ausschließlich in Flüchen zu finden ist und diese Flüche rituelle Texte sind, ist anzunehmen, daß auch „Heimdalls Galdr" zumindestens Elemente aus rituellen Texten enthalten hat, was wiederum bedeuten wird, daß diese Texte recht alt sein werden, da derartige Texte nur sehr langsam verändert werden.

Daraus ergibt sich wiederum, daß auch der Inhalt dieses Liedes eher aus der Frühzeit der Heimdall-Mythen stammen wird als aus einer späteren Phase. Man kann daher davon ausgehen, daß die Ereignisse, die in diesem Galdr geschildert werden, noch Ähnlichkeit mit den Mythen des Tyr vor seiner Absetzung gehabt haben werden.

Für diese Deutung spricht auch die Bezeichnung des Liedes als „Galdr", weil ein „Galdr" ursprünglich ein Kulttext oder Kultgesang gewesen ist.

Dieser Galdr ist vermutlich derselbe Galdr, auf den in Odins Runenlied hingewiesen wird:

Ein Fünfzehntes kann ich,
das Thjodrerir der Zwerg
sang vor dem Tor des Tages:
er sang Stärke den Asen
und den Alfen glückliches Gelingen,
klaren Geist dem Schrei-Tyr.

Auch im Sonnenlied findet sich ein Hinweis auf dieses Sonnenaufgangs-Lied:

Dieses Lied, das ich Dich lehrte,
Sollst Du vor dem Volke singen:
Das Sonnenlied wird selten wohl
Den Leuten zu lügen scheinen.

Sowohl Heimdall als auch Loki können die Gestalt eines Widders annehmen. Es wäre gut denkbar, daß sie im Heimdalar-Galdr als diese Widder auftreten, da sie sonst nirgendwo als Widder erscheinen. Als Widder trägt Heimdall den Namen „Hallinskidi" („Hallen-Ski/Schiff"), mit dem daher auch ein Widder bezeichnet werden konnte.

Freya hat in diesem Zusammenhang die Gestalt eines Schafes.

Die Läster-Worte des Loki aus der Lokasenna zeigen, daß Heimdall der Freya-Gefion ihr Brisingamen zurückgebracht hat und daß sie sich daraufhin mit ihm vereint hat (Wiederzeugung):

Schweig Du, Gefion! sonst vergeß ich's nicht
Wie Dich zur Lust verlockte
Jener weiße Knabe, der Dir das Kleinod gab,
Als Du den Schenkel um ihn schlangst.

Die folgende „Nachdichtung" dieses Liedes, das leider verlorengegangen ist, enthält daher viele der bekannten Überlieferungen über Heimdall, die aus den frühen Versionen der Mythen dieses Gottes stammen.

In dieses Lied wurden der größte Teil der bekannten Verse, die sich auf Heimdall beziehen, in nur leicht veränderter Form eingefügt.

Die Strophen, in denen über Loki berichtet wird oder in denen Loki spricht, enthalten stets zwei Gegensätze wie „hoch – tief", „Feuer – Eis", „Nacht – Tag" usw. Diese Strophenform, die von den Germanen „refhvörf" („Fuchskehre") genannt worden ist, ist ein lyrischer Hinweis auf den widersprüchlichen Charakter des Loki.

Die Strophen, in denen über Heimdall berichtet wird oder denen Heimdall spricht, enthalten einen Endreim, der auf lyrische Weise auf die Ordnung der Welt hinweist, die von dem Sonnengott-Göttervater Tyr-Heimdall aufrechterhalten wird. Diese Reimform wurde „minsta runhenda" („Kleinster Freund-Reim") genannt.

In den Strophen, die einen Segen, einen Fluch oder eine ähnliche Aussage enthalten, findet sich der weiter oben schon dargestellte inhaltliche Reim („galdrlag"), der die Aufgabe hat, eine Aussage zu verstärken und dadurch magisch wirksam zu machen.

Der Stabreim ist in diesen Strophen auf keine besondere Weise geordnet – es befinden sich lediglich in der 1. und 3. Zeile jeweils zwei Worte, die miteinander stabreimen, sowie in der 2. und der 4. Zeile ein Wort (meistens das erste Wort), das mit den beiden Worten in der vorigen Zeile stabreimt. Diese Reimform hieß „drottkväd" („Herrscherlied").

Die verschiedenen Reimformen werden ausführlich im „Hattatal" in der Edda beschrieben (Band 77).

Nebel netzt die Weiden im Moor,
niedrig fliegt die Eule über den Sumpf,
Käuzchen krächzen, Wölfe heulen,
knirschend öffnet sich das Hügelgrab-Tor.

Gebückt vom Alter tritt die Greisin hervor
gleich folgen ihr ihre zwei Schwestern;
Raunend stehen die Rat-Weisen im Dunkel,
Rätselfragen und Weisheit sprechen sie dort.

Die Greisin, die Norne ergreift nun das Wort,
Die Graue, Urd[199] selbst, spricht nun die Verse:
„Endloser Tag würde verbrennen die Erde;
Ewige Nacht würde gefrieren ganz Midgard."

Die zweite der Nornen beginnt zügig zu sprechen,
Die Zahnarme, Skuld selbst, hebt rasch an zu reden:
„Wenn Heimdall nur herrschte, käme der Tod,
Wenn Loki nur führte, käme Verderben."

Die dritte der Nornen riet darauf den Schwestern,
die Dunkle, Verdandi, wies ihnen den Weg:
„Der Tod soll das Leben täglich gebären,
und am Tagende das Leben den Tod."

Da sprachen die Schicksals-Schwestern[200] gemeinsam,
da sangen die Weisheit-Wissenden zu dritt:
„Es komme das Licht und vertreibe kühn stets das Dunkel,
dann kehre zurück das Dunkel und besiege das Licht.

So wird der Wandel das Leben bringen,
so währt die Veränderung ewig;
so wird das Leben nur im Tode seine Wurzel finden,
und der Wechsel wird die einzige Dauer sein."

---

199 Urd, Skuld und Verdandi sind die drei Nornen, die das Schicksal bestimmen. Sie gehen auf die Jenseitsgöttin zurück, die jeden Morgen die Sonne (wieder-)gebiert.

200 „Schicksals-Schwestern" oder auf englisch „weird sister" ist eine alte Umschreibung für die Nornen, die auf „wyrd sisters" („Urd-Schwestern") zurückgeht.

Fern von dort sitzt Loki voller Fragen,
Frei von Frieden, erfüllt von Gier,
nagt an ihm der Wurm des Neides,
nimmt ihm seine Ruhe, kreist in seinem Herz.

Sinnend sitzt Sigtyrs[201] Feind am Weltenbaum,
sucht nach Wegen, sucht nach Listen;
„Wie kann der Sommer Winter werden?
Wie wird aus dem Lichten Schwärze?

Wie kann ich heut' den Hohen in die Tiefe stürzen?
Wie kann ich bald vom Knecht zum König werden?
Wie kann ich Freyas Augen-Gold erblinden lassen?
Wie kann ich von Niflheim nach Asgard kommen?"

Da naht Freya von Süden dem Nid-Erschaffer,
nährt das Korn als Sif und als Gefion,
Da naht Görsemis Mutter[202] dem Mischer des Giftes,
mit dem er die Augen oft täuscht und die Herzen betrügt.

Loki erhebt sich, blickt auf das Licht an der Asin Nacken,
leise raschelt das Laub und Freya blickt auf,
ahnt des Loki Trug und üble Absicht,
atmet rasch, verwandelt sich, wird zum Schaf und flieht.

Widars Bankgenosse[203] zögert nicht und wird zum Widder,
wild springt er ihr nach über Felsen und Weide;
holt sie eilend ein, bringt sie zum Halt,
hemmungslos bespringt er sie, der Bock.

Gierig greift er Freyas Goldreif, der herniederfiel,
Gefions Sonnenrad[204] war das Ziel des geilen Asen;
Schnellen Schrittes ging er fort von dort ...
die Sonne sank, die Nacht brach an.

---

201 Sigtyr („Sieg-Tyr") ist ursprünglich ein Beiname des Tyr und später dann des Odin gewesen. Sein Feind ist Tyr bzw. Heimdall.
202 Görsemi ist die Tochter der Freya.
203 Widar ist Odin. Sein Bankgenosse ist hier Loki.
204 „Gefions Sonnenrad" ist eine Kenning für Freyas goldenen Halsreif Brisingamen, der die Sonne und die Wiedergeburt symbolisiert.

Wolken wogten, Winde wehten,
wütende Stürme brachten Schnee und Eis;
Dunkel drohte, Düsternis dräute,
dann kam der Winter über das weite Land.

Heimdall steht vor der Himmels-Halle
hebt an, das Lied zu singen, das die Augen schärft,
blickt weit hin über Midgards Wiesen und Berge,
bis er der Dunkelheit Gründe erkennt.

„Loki der Listige hat Brisingamen gestohlen ...
Loptr, der Dieb! Ich muß es wiederholen!
Wo ist er? Dort hinten am Wald!
Ich komme! Dich habe ich bald!"

Heimdall wird zu Hallinskidi,
hurtig wird der Mann zum Widder;
springt Bifröst[205] ohne zu säumen hinab,
sich sputend erreicht er Midgard unten.

Loki sieht den Laufenden,
losstürmend, von der Höhe herab;
er ahnt genau: da ist Gefahr!
voll Grauen rennt er fort.

Er hastet über Stock und über Stein.
springt über Spalten, über Felsen;
doch Hallinskidi holt ihn ein,
hat ihn fast erreicht, ist nah an ihm.

Da springt Loki in des Laaches[206] Fluten,
listig wird er schnell zum Lachs;
tief taucht er hinab, springt das stürzende Wasser hinauf,
Laufeys Sohn eilt rasch dahin: Nur fort! Nur fort!

---

205 Bifröst („Zitternder, Schimmernder") ist die Regenbogenbrücke.
206 Ein Laach ist ein See.

Heimdall jagt ihm hinterher am Wasserfall hinauf,
hurtig springt er in die Fluten und wird dort zum Hecht;
schwimmt ihm nach mit Schwung und holt bald auf,
Loki sieht: Um ihn stet's schlecht!

Flugs wandelt er zum dritten male seine Form,
das Falkenhemd wählt er, erhebt sich in die Luft;
doch Rigr zögert nicht, wird rasch zum Adler,
rauschend schlagen seine Schwingen!

Der Falke flieht, der Räuber ist voll Furcht,
fliegt Haken, stürzt hinab, weicht aus;
Der Adler jagt, Hraesvelgr[207] greift ihn an,
Der Aar-Blick ist voll Wut und Feuer!

Farbautis Erbe[208] kommt von der Höhe nieder,
verbirgt sich als Widder im Wald;
Der Brücken-Ase[209] gleitet nieder zu Busch und Baum,
bricht nun als Widder dem Widder hinterher durchs Holz.

Loki der Listige verwandelt sich in einen Mann,
Laufeys Sohnes Gegner tut es ihm nach;
Rasch reißt er Rigr den Schwertgurt von der Schulter,
rennt wieder als Widder davon in den Wald.

Ohne Zaudern folgt ihm der zornige Ase,
zugleich kehrt von Heimdall ungesehen Loki um,
hurtig ergreift er des Asen Schwert, ruft ihn herbei,
herüber über die Büsche springt Heimdall zu ihm.

Er sah nicht des Loki erneute Verwandlung
er rennt hierher als Widder voller Wut.
Ein Schlag mit Heimdalls Schwert –
schon fällt Hallinskidis Haupt – voll Blut ...[210]

---

207 Hraesvelgr ist der riesige Adler-Seelenvogel des Tyr (und daher auch des Heimdall).
208 Farbauti ist Lokis Vater.
209 Der Brücken-Ase ist Heimdall.
210 Tyr-Heimdall kann einigen Überlieferungen zufolge nur mit dem eigenen Schwert getötet werden.

Thors Begleiter²¹¹ ergreift den toten Leib,
trägt des Heimdalls Haupt hinfort;
wirft den Widder in die tiefe Kluft hinab
wo er fällt und fällt – hinab zur Hel.

Aus dem toten Widder steigt der Adler auf,
an allen seinen Federn lodern Flammen ...
die Seele des Sonnen-Asen²¹² verläßt den Leib,
steigt auf nach Gimle, in die goldene Halle.

Singend fliegt er empor, schreit seine Todeslied,
die Sonne sinkt im Abendrot, in dem Begräbnis-Feuer;
nieder sinkt der Adler auf Arhaug²¹³ am Rande Niflheims,
Nacht ist es geworden, Nebel hüllt den Hügel ein.

Freya naht dem Widder, flugs wird sie zum Schaf,
vereint sich mit dem toten Asen, trägt ein Lamm in sich;
Lieder singt sie, alte Weisen kommen über ihre Lippen,
Leben ruft sie, Wärme holt sie und das Licht.

Vor den Toren des Tages in aller Früh',
gebiert Freya das Lamm in aller Stille;
Heimdall wächst, Hallinskidi wird größer,
Himmel-Hügels Herrscher ist wiedergeboren!

Der Ase sieht den Falken fliegen am Adler-Hügel;
alsbald streicht er Leim auf eine Rute, birgt sie im Busch,
Fleisch steckt er auf die Rute: ein frischer Köder,
frech stürzt Loki nieder – und klebt fest ...

Heimdall greift ihn, fesselt ihn, legt ihn in den Hügel,
hebt den Torstein, sperrt ihn ein in dunkler Kammer;
gefesselt ist des Loki Mund, versperrt sein gieriger Schlund,
gefangen ist der Listige in der garstigen Hel!

---

211 Thors Begleiter ist Loki – sie zogen einst zusammen mit Thialfi nach Geirrödsgard.
212 Der Sonnen-Ase ist hier Heimdall.
213 „Arhaug" = Adler-Hügel = Hügelgrab des Tyr

Der Hornbläser[214] greift der Freya Halsreif,
herab reißt er ihn von des Loki Gürtel;
eilt zu Freya, gibt ihn der Hand-Eis-Asin[215] –
eilig weicht die Nacht, der Tag beginnt.

Im Tempel spricht der Priester am Tor des Tages,
Tatkraft sammelnd, Weisheit rufend, Licht erweckend:
„Hört mich, ihr geheiligten Völker,
ihr Heimdalls-Söhne, ihr Hohen und ihr Niederen!

Den Runenzauber kenne ich, der Rat-Weise,
richtig singe ich ihn täglich als Volks-Erwecker[216],
den Asen zur Stärkung, den Alfen zum Gelingen,
dem Adler des Heimdall zum guten Flug.

Regenbogen-Ase, erscheine rasch!
Rücke hervor aus den Bergen!
Sonnengott, erwache aus Deinem Schlaf!
schiebe die Wolken fort und strahle am Himmel!"

Da weitet sich das Tor des dunklen Himmels,
Die Türe wird von Gerdr geöffnet[217];
Mörgenröte glüht auf, mächtige Feuer lodern,
die Morgensonne erscheint über Midgard.

„Ich bin der Nachkomme von neun Müttern,
ich bin der Sohn von neun Schwestern.
Ich bin der, der tot war und der nun wieder lebt,
Ich bin der, der schwarz war[218] und der nun golden strahlt.

---

214 Der Hornbläser ist Heimdall.
215 „Eis" wurde als Heiti für „Metall" benutzt; „Hand-Eis" ist Metall an der Hand oder am Handgelenk, also ein goldener Armreif; die „Hand-Eis-Asin" ist somit eine Asin, die einen Armreif o.ä. besitzt, womit hier Freya, die Besitzerin des Halsreifs Brisingamen gemeint ist.
216 „Volks-Erwecker" ist die Übersetzung des Namens des Zwerges „Völkrerir", der in Odins Runenlied das Sonnenlied singt.
217 Gerdr öffnet im Skirnir-Lied das Himmelstor, woraufhin es hell wird, d.h. sie öffnet am Morgen das Horizont-Tor für die Sonne.
218 Die Sonne in der Unterwelt wurde „Schwarzsonne" genannt.

Ich werde geboren am Anfang des Tages: ich glühe feurig auf;
ich wirke Wunder mit meiner Stärke: ich nehme meinen Lauf.
Am Rand der Erde steige ich über die Berge empor,
Über Rindrs Ebene[219] komme ich hinter Wolken hervor.

Gialp gebar mich und Greip brachte mich zur Welt,
die Göttin Ulfrun ist meine Mutter: ich leuchte am Himmelszelt.
Eistia ist meine Mutter und Angeyja und auch Eyrgiafa,
und auch Imd und Atla und auch die Riesen Jarnsaxa.

Dem Sohn mehrte die Erde die Macht,
erfüllt ihn mit Leben, daß das Herz in ihm lacht;
die See, windkalt, und auch die Strahlen der Sonne,
segnen mich mit Gedeihen, mit Mut und mit Wonne.

Auf Argiöl[220] steige ich hinan: den Adler-Pfad;
Aus dem Goldhorn habe ich getrunken: die Weisheit.
Den Galdr habe ich gesungen: Gedeihen habe ich gerufen;
Das Grab in dem Hügel steht offen: der Tag hat begonnen.

Ich bin Heimdall, der Ase mit dem goldenen Haupt,
Ich bin Hallinskidi, ich fresse Yggdrasils goldenes Laub[221];
Ich bin Rigr, mit goldenen Zähnen und mit goldenem Haar
Ich bin der Regenbogen-Ase, mit Gold-Helm, hell und klar.

Die Menschen nennen mich den 'goldenen Asen',
Mein Name bei den Wanen ist der 'Weiße Gott';
die Alfen sprechen mich oft als 'Hornbläser' an,
die alten Zwerge kennen mich als 'Vindler' hoch oben.

Ich bin Schrei-Tyr, denn der Adler ist meine Seele,
Ich bin der Schwertgott, der Weiße, der Helle;
Ich bin der Goldene auf dem großen Schiff am Himmel,
ich bin der, der das Geschenk des Friedens bringt.

---

219 Rindr ist eine Erdgöttin. Ihre Ebene ist die Erdoberfläche. Deren Rand ist der Horizont, über dem im Osten die Sonne aufgeht.
220 „Argiol" bedeutet „Adler-Schreie" und ist ein Name der Regenbogenbrücke.
221 In manchen Beschreibungen trägt die Weltesche Yggdrasil goldenes Laub und wird dann „Glasir", d.h. „Leuchtender" genannt. Dieses Laub wird von Hirschen und von der Ziege Heidrun gefressen – und hier jetzt auch von Heimdall als Widder.

*Mein Streitwagen ist golden und auch mein Schwert,
Zwei Schimmel sind meine Rosse, schnell und stark!
Mit goldener Mähne, goldenem Schweif
Und goldenen Hufen – alle beide!*

*Ich habe Asgard errichtet auf dem Idafeld,
Ich habe die Mauer erbaut, die Asenheim beschützt.
Ich wache an der Brücke, die zu den Asen und Wanen führt,
Ich walte als Wächter der Götter hoch auf dem Regenbogen.*

*Ich steige am Horizont hinauf,
Ich gehe den Regenbogen hinan;
Ich stehe in der Höhe, den Sternen nah,
Ich lausche von dem steilen Bogen aus.*

*Ich bin göttlichen Stammes, der Gründer Gimles,
Ich bin der greise Urahn der drei Stände;
Ich bin der Vater des ganzen Volkes,
Ihr Erschaffer, ihr Vereiner und ihr Herr.*

*Die Könige sind meine Söhne und auch die Krieger,
Die kundigen Priester und die Heiler sind meine Erben;
Die Hand-starken Bauern und die Handwerkersleute
Können sich hier alle meine Nachkommen nennen.*

*Ich bin der Ahnherr eines jeden Herrschers,
heute und auch früher reisen sie bei der Krönung zu mir:
Sie kommen zu Rig, um selber Rig zu werden,
um Reich und Menschen lenken zu können.*

*Ich bin der Geliebte der Freya, der Vertraute der Frigg,
der Freund der Gefion, der Gefährte der Huld;
Ich bin der Mann der Göttin, ihr Vater, ihr Sohn,
denn sie gebiert mich jeden Morgen.*

*Ich werde von Idun mit Äpfeln genährt,
Ich werde von Gunnlöd mit Met gelabt;
Mir wird von Menja Brot gereicht,
Ich werde von Fenja mit Laiben beschenkt.*

*Ich bin der Adler der Sonne,
Ich bin der Hirsch des Südens,
Ich bin der Hecht der Flüsse,
Ich bin der Feind des Falken.*

*Ich bin Stier der Weiden,
Ich bin der Widder der Heide,
Ich bin der Hengst der Wiesen,
Ich bin der Herr der Weisen.*

*Ich bin der Bock der Berge,
Ich bin die Brücke des Himmels,
Ich bin das Schiff des Wanderers,
Ich bin der Mann des Lichtes.*

*Ich bin der weiße Ase,
Ich bin der weise Gott,
Ich bin Hallinskidi,
Ich bin Heimdall."*[222]

---

[222] Die letzten sieben Strophen sind im Stil der Lieder der keltischen Druiden geschrieben, mit denen sie ihre Erlebnisse auf ihrer Jenseitsreise und ihre Wiedergeburt beschreiben. Auf dieser Reise nehmen sie die verschiedensten Gestalten an. Auch der Kampf zwischen Heimdall und Loki, bei dem sie mehrmals ihre Gestalt wandeln, ist an diese keltischen Druiden-Lieder angelehnt.

VIII 2. e)   Thor und Thrivaldi

Über den Sieg des Thor über Thrivaldi, dessen Name „*Dreifacher Herrscher*" bedeutet, wird an fünf Stellen berichtet, aber jedesmal nur sehr kurz. Es ist jedoch sicher, daß er ein Tyr-Riese ist.

Die genauere Beschreibung dieses Riesen findet sich „Thrivaldi" in Band 5 sowie in der ausführlichen Einleitung zu diesem Lied in dem Band 17 über „Thor".

Thor erwachte betrübt am Morgen:
ihm träumte von einer schönen Frau ...
Der Thursen-Töter[223] trat hinaus
den Tag zu begrüßten, frisch zur Tat.

Doch der Gegner des Halsbands der Hlodyn[224]
hatte wenig Freude, war betrübt ...
Der Besieger von Sigyns Liebstem[225]
setze sich am Gjallar[226] nieder.

  Odin:
„Thor, mein Sohn, Du Taten-Ase[227],
was betrübt den inneren Mond[228]?
Was beschattet Surturs Lohe
in den Sternen Deiner Stirn[229]?"

---

223 Thursen =Riesen; ihr Töter = Thor
224 Hlodyn = Erdgöttin = Midgard; ihr Halsband = das Meer rings um Midgard bzw. Jörmungandr in diesem Meer; Jörmungandrs Gegner = Thor
225 Sigyn = Lokis Frau; deren Liebster = Loki; dessen Besieger = Thor
226 Gjallar = Jenseitsfluß
227 Taten-Ase = Thor
228 innerer Mond = Wille, Wünsche, Entschlossenheit, Bewußtsein
229 Surtur = Tyr-Feuerriese; seine Lohe = Feuer; Sterne der Stirne = Augen; Feuer in den Augen = Lebenswille

Thor:
„Ich sah im Traum eine Thröng
des Feuers der Arme der Schüttler der Speere[230] –
Mein Herz, mein Leib seht sich nach ihr!
Doch wo soll ich die Seiden-Syr[231] suchen?"

Odin:
„Gehe zur Freude-spendenden Friggja,
zur fernhin sehenden Asin der Weisheit[232].
Sie wird Dir die Wege weisen
zur der Skadi des goldenen Schmuckes[233]."

Thor:
„Friggja, Frau meines Vaters!
Mein Frohsinn ist fort, gegangen, verweht ...
Als mein Wind der Riesin ruhte[234],
sah ich eine Rindr des Kammes[235].

*Sanft ist ihr Blick und süß ihr Mund,
sonnenfarben ist ihr Haar!
Doch wo ist nur ihr Dach der Decken[236]?
Die schützende Mauer ihres Feuers[237]?"*

Frigg:
„Hammer-Erheber[238], komme her,
laß nun meine Hand Dir helfen,
ich lege sie Dir auf Deine Augen,
daß Du im Dunkel das Verborgene siehst."

---

230 Schüttler der Speere = Krieger; Feuer am Arm eines Kriegers = Gold-Armreif; Thröng = Beiname der Freya; Freya der Gold-Armreifen = Frau
231 Syr = Beiname der Freya; Freya der Seiden(-kleider) = Frau
232 Asin der Weisheit = Frigg
233 Skadi = Erdgöttin; Göttin des Schmuckes = Frau
234 Wind der Riesin = Bewußtsein (die von der Riesin/Göttin wiedergeborene Seele); ruhendes Bewußtsein = Schlaf
235 Rindr = eine Erdgöttin; Göttin des Kammes = Frau
236 Dach der (wollennen) Decken = Haus
237 schützende Mauer ihres Feuers = Herd
238 Hammer-Erheber = Thor

Thor:
„*Das sehe und sage ich als erstes:*
Eine schimmernde Halle von Gold,
Sonnen-strahlend, Feuer-glühend –
Dort ist ein Gold-Schild voller Feuer.

Das sehe und sage ich als zweites:
Eine Insel im stürmischen Meer,
dunkel-drohend, Flammen-umringt –
Dort ist ein Gold-Schwert voller Feuer.

Das sehe und sage ich als drittes:
Eine Höhle in Skadis Reich[239],
Grabes-grausig, Winter-dunkel –
Dort ist ein Gold-Helm voller Feuer.

Sage Friggja, Freundin der Asen,
ist dort die Frau aus meinen Träumen?
Wo ist dieser Ort? Wo ist die Halle?
Wo ist die Insel? Wo ist das Grab?"

Frigg:
„*Du wirst Sie finden, Asgards Schützer[240];*
Suche sie, sehe sie, sprich zu ihr –
und Du wirst Dein Ziel erreichen,
doch nicht ohne Kampf und Mühen."

Thor:
„*Meinem Hammer wird niemand trotzen!*
Nicht in Midgard, nicht in Utgard.
Ich werde sie finden, wo auch immer
die Vardrun des goldenen Haarreifs[241] weilt!"

---

239 Skadi = eine Erdgöttin; ihr Reich = die Erde
240 Asgards Schützer = Thor
241 Vardrun = eine Jenseitsgöttin; Haarreif-Göttin = Frau

Loki:
„Wohin des Weges so eilig, Thor?
Wüten törichte Thursen im Osten?
Rauben Riesen die Schätze der Asen?
Rufen Zwerge den Hammer[242] um Hilfe?"

Thor:
„Ich will in die Weite, alles wagen,
um die Vör der Locken[243] zu finden,
die mir in meinem Traum erschien –
Mein muß sie werden! Noch heut'!"

Loki:
„Laß Dir raten, Leikns Töter[244],
gehe lieber erst morgen:
Dann rundet sich das Rad des Mondes,
dann reifen die Früchte der Taten besser!"

Thor:
„Wenig möchte ich hier verweilen,
es ist nicht meine Art zu warten,
doch diese Suche soll gelingen,
so werde ich mich denn bezwingen."

Loki (zu sich selber):
„Thor sucht eine Tücher-Thrudr[245]?
Die Schönste, Geilste der Treuelosen?
Das klingt verlockend und nach Lust!
Sollte das nicht was für Loptr[246] sein?

Kann ich den Hammer-Werfer[247] hindern,
die Schöne hurtig zu erhaschen?
Sie soll auf meinem Lager liegen –
Loki wird sie bald genießen!

---

242 Hammer = hier: Thor
243 Vör = Göttin; Göttin der Locken = Frau
244 Leikn = ein Tyr-Riese; dessen Töter = Thor
245 Thrudr = eine Göttin; Tücher = Kleider; Kleider-Göttin = Frau
246 Loptr = Beiname des Loki
247 Hammer-Werfer = Thor

Laufeys Sohn[248] kennt alle Listen:
Die Locken werde ich ihm scheren;
im Dämmerlicht, in dunkler Nacht,
werd' ich ihm das Barthaar schneiden!

Mit kahlem Kopfe wird er kaum
kühn die Halsreif-Kraka[249] freien;
dann stehen Tor und Türe für mich
offen zu der Schenkelwald-Swanhild[250]!"

  Thor (als er am nächsten Morgen erwacht):
„Was ist mit meinem Haupt und Haar?
Was ist mit meinem langen Bart?
Geschoren! Geschnitten! Gestutzt! Gesenst!
Das war Loki! Du Gemeiner!

Du Sohn einer Wächter-Wölfin[251]!
Du Enkel eines Wildnis-Wurmes[252]!
Du Brut eines Fangzahn-Fisches[253]!
Du Erbe eines Felsen-Feiglings[254]!

Die Knochen werd' ich Dir zerkleinern!
Die Kiefer werd ich dir zerbrechen!
Den Schädel werd ich Dir zerschlagen!
Die Schultern werd ich Dir zertrümmern!"

  Loki:
„Nein, laß ab! Nun warte doch!
Niemand kann Dir suchen helfen
außer mir – nur ich weiß, wo –
Ich führ' Dich zu der Goldhaar-Freya!"

---

248 Laufeys Sohn = Loki
249 Kraka = eine Walküre; Halsreif-Walküre = Frau
250 Schenkelwald = Schamhaar; Swanhild = eine Walküre; Schamhaar-Walküre = Frau
251 Wächter-Wölfin = Hund
252 Wildnis-Wurm = Schlange
253 Fangzahn-Fisch = Schlange
254 Felsen-Feigling = Riese

Thor:
„*Du Lügner! Du Listiger! Du Bosheit-Bote!*
Du wirst mich zu ihr führen, Loki!
Sonst werd' ich Dir gar schnell
Dein schwarzes Fell rauh gerben!"

Loki:
„*Höre, wütender Blitze-Werfer,*
Du weißt fast nichts von ihr, von ihm,
von dem Ort, wo sie ist jetzt ist,
wohin Du eilig gehen willst!"

Thor:
„*Welchen 'Er' erwähnst Du hier?*
Ist er der Walter des Ortes der Frau?
Vater der finsteren Höhlen-Var[255] –
Ist das wieder nur eine List?"

Loki:
„*Thrivaldi ist der Herr der Thröng[256]:*
Thrivaldi hat drei lange Leben[257];
Thrivaldi hat drei Taten-Leiber;
Thrivaldi hat drei hohe Häupter[258].

Sein Haupt berührt den hellen Himmel:
der größte aller Riesen hier.
Er ist Ymir, der Utgard-Ullr:
der Thursen-Herr und unbesiegbar."

Thor:
„*Mein Hammer ist härter als ein Haupt!*
Hrungnir fiel vor mir und Thrym!
Meine Faust ist fester als sein Hals!
Vidblindi stürzte und Geirröd!"

---

255 Var = eine Göttin; Höhlen-Göttin = Hel; Vater der Hel = Loki
256 Thröng = Beiname der Freya; Freya = Frau
257 Die drei Leben des Thrivaldi stellen in der germanischen Symbolik den endlosen Zyklus dar, der mit der Sonne verbunden ist.
258 Die drei Leiber bzw. drei Köpfe des Thrivaldi stellen diesen aufgrund der Sonnenzyklus-Symbolik der „3" als Sonnengott, d.h. als den ehemaligen Sonnengott-Göttervater Tyr dar.

Thor:
„Goldhaar-Gerdr, Schönheits-Sigyn[259] –
Ich sehne mich nach Deinen Augen!
Weißarm-Vardrun, Kammer-Kraka –
Ich wünsche mir nun Deine Umarmung!

Glutblick-Gullveig, Betten-Bödhild –
Ich warte auf Deine kosenden Küsse!
Hellbrust-Hlodyn, Liebes-Lofn –
Ich will Dich auf meinem Lager!"

Loki:
„Laß uns jetzt nach Gimle[260] gehen,
zu der gold'nen Halle Geirröds[261];
zum Saal am hohen Himmel im Süden,
zu Hrungnirs Heim, zu Hymirs Haus.

Dort thront Thrivaldi der Dreifach-Herrscher[262],
Dort wohnt Thrivaldi der Glutschild-Wane[263];
Dort lebt Thrivaldi der Goldlicht-Ase[264],
Dort steht Thrivaldi der Glanzschwert-Litr[265]."

---

259 Alle acht Kenningar in dieser und in der folgenden Strophe sind Umschreibungen für „Frau" mithilfe eines Göttinnen-Namens (Gerdr, Sigyn, Vardrun, Gullveig, Hlodyn, Lofn) oder eines Walküren-Namens (Kraka, Bödhild).
260 Gimle („Alte") = goldene Jenseitshalle des Tyr am südlichen Himmel
261 Geirröd, Hrungnir, Hymir = Tyr als Jenseits-Riese
262 Thrivaldi bedeutet „Dreifach-Herrscher". Er ist der der ehemalige Sonnengott-Göttervater Tyr als Jenseits-Riese.
263 Glutschild = Sonne; Wane = Gott; Sonnen-Gott = der ehemalige Sonnengott-Göttervater Tyr als Jenseits-Riese
264 Goldlicht = Sonne; Wane = Gott; Sonnen-Gott = der ehemalige Sonnengott-Göttervater Tyr als Jenseits-Riese
265 Glanzschwert = Tyrs Sonnenschwert; Litr = Tyr-Riese; Schwert-Riese = der ehemalige Sonnengott-Göttervater Tyr als Jenseits-Riese

Thor:
„*Der Wagen donnert auf Westris Last[266],*
Die Räder sprühen Wetter-Flammen[267];
Ymirs Schädel[268] neigt sich nieder
zu dem Nabel von Odins Geliebter[269].

Die Ziegen stürmen, die Böcke ziehen,
die Blitze zucken, der Donner grollt;
Gimlis Gebieter[270] wird laut gerufen –
von der Halle des Lagers der Schlangen[271]!"

Loki:
„*Thrivaldi grüßt den Gast – den Thor:*
Der Thursen-Töter[272] naht in Freude –
er trägt ein großes Gastgeschenk[273],
wirft ihm die Gabe gütig zu.

Thrivaldi bereitet eine Tafel[274]
zum Tragen dieser Donner-Spende[275];
doch das Geschenk ist groß und schwer,
die Tafel stürzt auf Gymas Feld[276].

---

266 Westri = einer der vier Zwerge, die die Himmelskuppel tragen; seine Last = Himmel
267 Wetter-Flammen = Blitze
268 Ymir = Uriese; sein Schädel = Himmelsgewölbe
269 Odins Geliebte = die Erdgöttin Jörd; ihr Nabel = die Mitte der Welt = Midgard
270 Gimlis Gebieter = Tyr(-Riese) = Thrivaldi
271 Schlange = Totengeist; Totengeist-Lager = Grabschatz; Grabschatz-Halle = Grabkammer im Hügelgrab
272 Thursen-Töter = Thor
273 Gastgeschenk = Thors Hammer, der von ihm auf Thrivaldi geworfen wird
274 Tafel = Tyr-Thrivaldis Sonnenschild, mit dem er sich gegen Thors Hammer verteidigt
275 Donner-Spende = Thors Hammer
276 Gyma = Erdgöttin; ihr Feld = Erdoberfläche

Gangleris gewaltiger Sorgen-Vertreiber[277]
nimmt seine Gabe[278] *gerne zurück;*
Doch Midgards mächtiger Segner[279]
reicht sie Thrym[280] *ein zweites Mal.*

Hrungnir[281] *beißt in des Hlorridis Gabe*[282]*,*
schluckt sie, würgt und speit sie aus;
Thrym[283] *wird krank an Kopf und Körper –*
das Freundliche[284] *kehrt zu Thor zurück."*

Thor:
„Thrivaldi ist besiegt, getötet:
ein Kopf zerstört, der Schild geraubt,
ein Leib gestorben, ein Leben genommen,
geflohen ist der Jötun, der Riese!"

Loki:
„Thrivaldi flieht in seinem Boot,
in seiner goldnen Sonnenbarke,
in seinem Roß des Landes des Feindes
des starken Gegners Jörmungandrs[285]*!"*

---

277 Gangleri = Odin; sein Sorgen-Vertreiber = Thor
278 Thors Gabe = der von Thor auf Thrivaldi geworfene Hammer
279 Midgards Segner = Thor
280 Thrym = Tyr-Riese = Thrivaldi
281 Hrungnir = Tyr-Riese = Thrivaldi
282 Hlorridi = Beiname des Thor; seine Gabe = sein Hammer
283 Hrungnir = Tyr-Riese = Thrivaldi
284 Freundlicher = ironisch für Thors Hammer
285 Jörmungandr = Midgardschlange; deren Gegner = Thor; dessen Feind = Jörmungandr; dessen Land = Meer (in dem Jörmungandr lebt); Roß des Meeres = Schiff

Thor:
*„Mein Hammer möge den Kessel
des feigen, fliehenden Hymir[286] zermalmen;
Seine Halle[287] entbehre hinfort
des Gefäßes für Helblindis Gabe[288]!*

*Ohne den Met wird der Sonnen-Meili[289]
kein neues Leben mehr erlangen!
Ohne den Kessel kehrt er nicht mehr
in die Halle des Himmels zurück!*

*Ein Leben hat der alte Liebhaber
der lachenden Töchter der Söhne der Thursen
im Spiel der spaltenden Flammen verloren:
Sein Weg zur Hel hat begonnen!"*

Loki:
*„Der Schild aus Gold[290] ist gute Beute,
der Sonnen-Ring des Geirröd[291],
der Schutz des Schwingers des Giftes des Wurmes
der Jörd[292] – der nun furchtsam schwindet und flieht!"*

---

286 Hymir = Tyr-Riese = Thrivaldi
287 Hymirs Halle = Gimle
288 Helblindi = Odin; seine Gabe = Ritual-Met; dessen Gefäß = Braukessel; Die Zerstörung des Met-Kessels des Tyr-Thrivaldi bedeutet auch die Beendung des Kultes des Tyr-Thrivaldi.
289 Meili = Baldur; Sonnen-Baldur = Sonnengott = Tyr-Thrivaldi (Baldur ist der Nachfolger des Tyr als Sonnengott)
290 Tyr-Thrivaldis Gold-Schild ist ein Symbol der Sonne.
291 Geirröd = Tyr-Riese = Thrivaldi; sein Sonnen-Ring = Schild
292 Jörd = Erdgöttin = Erde; Wurm der Erde = Schlange, Drache; Gift des Drachen = Feuer (das, was er speit) = Schwert; Schwinger des Schwertes = Krieger; dessen Schutz = Schild

Thor:
*"Odin, mein Vater, Omi[293], Asen-Fürst,
ich bringe Dir Ölvaldis[294] Schild,
den goldenen, leuchtenden Ring des Leikn[295],
den Licht-Kreis[296] mit achtfachen Strahlen[297]."*

Odin:
*"Draupnir, mein mächtiges Kleinod!
Mache einen Gold-Kreis zu vielen![298]
Mögen sie die Schindeln sein
auf dem Saal der toten Krieger![299]"*

Thor:
*"Goldhaar-Gerdr, Schönheits-Sigyn –
Ich sehne mich nach Deinen Augen!
Weißarm-Vardrun, Kammer-Kraka –
Ich wünsche mir nun Deine Umarmung!*

*Glutblick-Gullveig, Betten-Bödhild –
Ich warte auf Deine kosenden Küsse!
Hellbrust-Hlodyn, Liebes-Lofn –
Ich will Dich auf meinem Lager!"*

Loki:
*"Laß uns jetzt zur Insel laufen,
zu Sonnen-Leikns dunklem Eiland,
nach Walaskialf im fernen Westen,
zu Hrungnirs Heim, zu Hymirs Haus.*

---

293 Omi = Beiname des Odin
294 Ölvaldi = „Allherrscher" = Tyr-Thrivaldi
295 Leikn = Tyr-Riese = Thrivaldi; dessen Ring = Sonnen-Schild
296 Licht-Kreis = Sonnen-Schild
297 Die Sonne wurde als Kreis mit vier oder acht von der Mitte nach außen führenden Strahlen dargestellt.
298 Diese Fähigkeit des Ringes Draupnir ist zwar nicht überliefert, aber da sich Draupnir in jeder neunten Nacht vermehrt und letztlich mit dem Sonnenschild identisch ist, ist dieses neue Motiv zumindestens plausibel (siehe auch die nächste Anmerkung).
299 Odin hat Walhall mit dem vervielfältigten Schild des von ihm und Thor abgesetzten ehemaligen Sonnengott-Götterseiters Tyr gedeckt.

Dort thront Thrivaldi der Dreifach-Herrscher,
Dort wohnt Thrivaldi der Glutschild-Wane;
Dort lebt Thrivaldi der Goldlicht-Ase,
Dort steht Thrivaldi der Glanzschwert-Litr."

  Thor:
„Der Bord-Bär[300] brüllt im Land der Wale[301],
seine Brust[302] zerpflügt Rans Speichel[303];
seine Tatzen[304] hauen hohe Wellen,
sein Haupt[305] erschreckt die Ägir-Töchter[306].

Dort sehe ich düsteren Nebel[307] wabern,
Dort liegt die Insel am Rande der Welt[308];
Dort steht Westri immerwährend,
dort hält er Ymirs weiten Schädel[309]."

  Loki:
„Thrivaldi hämmert emsig Tyrfing[310],
den berühmten goldenen Dragvandil[311];
als ihm der dröhnende Donnerer naht,
dengelt[312] er noch fleißiger die Klinge[313].

---

300 ein Bär mit einer Bordwand = Schiff
301 Land der Wale = Meer
302 Brust des Schiffes = Bug
303 Ran = Meeresgöttin; ihr (weißer) Speichel = (weiße) Gischt (vor dem Bug)
304 Tatzen des Schiffes = Ruder
305 Haupt des Schiffes = Drachenkopf
306 Ägir = Tyr in der Wasserunterwelt; seine neun Töchter = die Wogen
307 Nebel („nifl") war ein Symbol für das Jenseits („niflheim").
308 Walaskialf („Toteninsel") liegt dort, wo die Sonne im Westen in die Unterwelt versinkt.
309 Der Zwerg Westri trägt im Westen die Himmelskuppel die die Asen aus dem Schädel des Urriesen Ymir erschaffen haben.
310 Tyrfing („Tyr-Finger") = ein Name von Tyrs Schwert
311 Dragvandil („ziehen und schlagen") = Name eines berühmten Schwertes
312 dengeln = eine Klinge schärfen
313 die Klinge dengeln = sich auf den Kampf vorbereiten

Thor bietet dem Thursen-König[314]
freundlich grüßend an seinem Tor
die Hilfe seines Hammers an[315]:
Hrungnir[316] ist fürwahr erfreut!

Der Sturm[317] des starken Svidrir-Sohnes[318]
bläst in die Glut in Surturs[319] Esse:
Da lodern die Flammen! Da brüllt das Feuer!
Da wird dem Fyrnir[320] das Brennen[321] zu heiß!

Sein Schwert läßt er fallen auf Skadis[322] Weite,
Was sollen die beiden nun weiter tun?
Thor vollendet das Werk jetzt alleine[323]
und schwingt seinen Hammer voller Kraft."

Thor:
„Thrivaldi ist besiegt, getötet:
zwei Köpfe zerstört, das Schwert geraubt,
zwei Leiber gestorben, zwei Leben genommen,
geflohen ist der Jötun, der Riese!"

Loki:
„Thrivaldi flieht fast wie auf Flügeln[324],
in seinem goldenen, fliegenden Wagen,
in seinem Schiff der runden Stützen
des Hauses des Herzens und der Sehnen[325]!"

---

314 Thurse = Riese; Riesenkönig = Tyr-Thrivaldi
315 freundlich mit dem Hammer grüßen = Thor greift Thrivaldi mit seinem Hammer an
316 Hrungnir = Tyr-Riese = Thrivaldi
317 Thor ist auch der Sturmgott
318 Svidrir = Odin; sein Sohn = Thor
319 Surtur = Feuerriese/Tyr-Riese = Thrivaldi
320 Fyrnir = Tyr in der Unterwelt =Thrivaldi
321 Brennen = die Glut in der Schmiede-Esse = Kampf
322 Skadi = Erdgöttin
323 Thor vollendet das Werk alleine = er kämpft alleine, da Thrivaldi sein Schwert verloren hat, und besiegt ihn
324 Flügel = der goldene Sonnen-Streitwagen des Tyr fuhr/flog über den Himmel
325 Haus des Herzens und der Sehnen = Leib; dessen Stützen = Beine; runde Beine = Räder; Schiff mit Rädern = Streitwagen

Thor:
*„Mein Hammer möge die hohe Insel
des feigen, fliehenden Hymir[326] zermalmen;
Sein altes Haupt entbehre hinfort
des stillen Heimes des Windes der Riesin[327]!*

*Das Tor der zwei Tyr-Gesicht-Pfosten[328]
wird nicht mehr geöffnet bei Tag und bei Nacht[329];
der Weg ist nun dem Wanderer verwehrt:
die kostbaren Pfosten verwahre ich selber![330]*

*Ohne das Tor auf der Insel wird Thrym[331]
vergeblich nach neuem Leben trachten!
Ohne die Tür kehrt er nicht mehr
in die Halle des Himmels zurück!*

*Zwei Leben hat der alte Liebhaber
der lachenden Töchter der Söhne der Thursen
im Spiel der spaltenden Flammen verloren:
Sein Weg zur Hel geht voran!"*

Loki:
*„Das Schwert aus Gold[332] ist gute Beute,
die Sonnen-Flamme[333] des Geirröd[334],
das Feuer des Schwingers der Funken des Wurmes
der Jörd[335] – der nun furchtsam schwindet und flieht!"*

---

326 Hymir = Tyr-Riese = Thrivaldi
327 Wind der Riesin = Bewußtsein; stilles Heim des Bewußtseins = Schlaf
328 Das Jenseitstor bestand aus zwei Pfosten, in die das Gesicht des Tyr geschnitzt war und die oben mit einem Querbalken verbunden waren.
329 Tyr betrat als Sonnengott-Göttervater des Abends im Westen durch dieses Tor das Jenseits und am Morgen kehrte er im Osten durch ein entsprechendes Tor in das Diesseits zurück.
330 Das Tyr-Gesicht wurde nach der Absetzung des Tyr durch Thor und Odin zum Thor-Gesicht umgedeutet.
331 Thrym = Tyr-Riese = Thrivaldi
332 Tyr-Thrivaldis Gold-Schwert ist ein Symbol der Sonne.
333 Flamme = Klinge = Schwert
334 Geirröd = Tyr-Riese = Thrivaldi; sein Sonnen-Ring = Schild
335 Jörd = Erdgöttin = Erde; Wurm der Erde = Schlange, Drache; Funken des Drachen = Feuer (das, was er speit) = Schwert; Schwinger des Schwertes = Krieger; dessen Feuer = Schwert

Thor:
"Odin, mein Vater, Omi[336], Asen-Fürst,
ich bringe Dir Ölvaldis[337] Schwert,
das goldene, glühende Stab-Eis[338] des Egdir[339],
der Strahl[340], der Asgard und Midgard erhellt."

Odin:
"Draupnir, mein mächtiges Kleinod!
Mache einen Gold-Stab zu vielen!
Mögen sie die Fackeln sein
in dem Saal der toten Krieger![341]"

Thor:
"Goldhaar-Gerdr, Schönheits-Sigyn –
Ich sehne mich nach Deinen Augen!
Weißarm-Vardrun, Kammer-Kraka –
Ich wünsche mir nun Deine Umarmung!

Glutblick-Gullveig, Betten-Bödhild –
Ich warte auf Deine kosenden Küsse!
Hellbrust-Hlodyn, Liebes-Lofn –
Ich will Dich auf meinem Lager!"

Loki:
"Laß uns jetzt zum Hügel laufen,
zu dem Lager des Atem-losen[342],
zum Saal der Schlangen[343] im Westen,
zu Surturs[344] Heim, zu Skrymirs[345] Haus.

---

336 Omi = Beiname des Odin
337 Ölvaldi = „Allherrscher" = Tyr-Thrivaldi
338 Eis = Metall; Metall-Stab = Klinge, Schwert
339 Egdir = ein Tyr-Riese = Thrivaldi
340 Strahl = Sonnenlicht
341 Odin hat Walhall mit dem vervielfältigten leuchtenden Sonnen-Schwert des von ihm und Thor abgesetzten ehemaligen Sonnengott-Göttervaters Tyr erleuchtet.
342 Atem-loser = Toter = Tyr als Riese im Jenseits
343 Schlange = Totengeist; dessen Saal = Grabkammer im Hügelgrab
344 Surtur = Tyr-Riese = Thrivaldi
345 Skrymir = Tyr-Riese = Thrivaldi

Dort thront Thrivaldi der Dreifach-Herrscher,
Dort wohnt Thrivaldi der Glutschild-Wane;
Dort lebt Thrivaldi der Goldlicht-Ase,
Dort steht Thrivaldi der Glanzschwert-Litr."

  Thor:
„Hoch liegt Schnee auf den Hügeln,
die Hänge sind vereist und glatt;
der Weg ist weit und voller Schluchten,
düster ist der große Wald[346]!

Die Wogen der brausenden Flüsse der Berge
brechen tosend an unserer Brust;
reißen fest an unseren Füßen,
rauben uns beißend fast den Halt.

Wir haben den Rand des Landes erreicht:
Rauschend treibt das Wasser ins Meer;
Hier steht das Hügelgrab des Hymir[347],
im Wind des weiten Walfisch-Hofes[348]."

  Loki:
„Thor grüßt den Thursen[349] an seinem Tor[350],
mit dem Lächeln eines weißen Trabers[351]:
auf einen Haselstab steckt er
den Schimmelkopf mit goldner Mähne[352].

---

346 Düsterwald („myrkvid") = Wald zwischen dem Diesseits und dem Jenseits
347 Hymir = Urriese Ymir; er wurde dem Tyr-Riesen gleichgesetzt
348 Hof = Tempel; Walfisch-Tempel = Meer
349 Thurse = Riese = Thrivaldi
350 Tor = Eingang des Hügelgrabes
351 Traber = Pferd
352 Schimmel mit goldener Mähne = die beiden „Alcis"-Rosse vor dem Streitwagen des Tyr
   (Thor tötet auch die beiden Pferde-Söhne des Tyr)

Das Roß grinst den Geirröd³⁵³ an,
lädt ihn ein auf den Gang zur Hel³⁵⁴;
es ruft den alten Goldhelm-Riesen³⁵⁵,
gebietet ihm, ein Roß zu werden³⁵⁶.³⁵⁷

Mimir³⁵⁸ singt das Morgenlied³⁵⁹,
ruft sich selbst mit aller Macht;
will sich aus dem dunklen Sog
des schäumenden Gjallar-Flusses³⁶⁰ retten.

Doch Thor läßt nicht locker,
erdenkt ein liebliches Lied:
wählt die Weise mit Bedacht,
schickt ihm Eisen-Worte³⁶¹ entgegen.

Thrivaldi weiß nichts zu erwidern,
die Worte entblößen rasch sein Haupt;
das Gold³⁶² fällt nieder in Gefions³⁶³ Arme –
sein Goldhelm färbt sich kohlen-schwarz³⁶⁴.

---

353 Geirröd = Tyr-Riese = Thrivaldi
354 Einladung, zur Hel zu gehen = Todesdrohung
355 Goldhelm-Riese = Tyr-Thrivaldi
356 ein Roß werden = sterben (der Tote wurde mit dem für ihn geopferten Roß identifiziert, um dessen Zeugungskraft auf den Toten zu übertragen, damit dieser sich im Jenseits erfolgreich mit der Göttin wiederzeugen konnte)
357 Loki beschreibt Thors Kampf gegen Thrivaldi so, als ob Thor hier einen Nid-Zauber gegen ihn durchführen würde. Der Nid-Zauber ist die Inszenierung eines symbolischen Bestattungsrituales für einen Feind, der durch diese Zauber magisch getötet werden sollte. Der Nid-Zauber ist ein ritueller Todesfluch.
358 Mimir = Tyr-Riese = Thrivaldi
359 Bis ca. 500 n.Chr. sangen die Priester der Germanen am Morgen eine Sonnenhymne, um die Sonne aus der Unterwelt hervorzurufen. Mit diesem Lied versucht sich Tyr-Thrivaldi hier gegen den Nid-Zauber des Thor zu verteidigen.
360 Gjallar = Jenseitsfluß
361 Eisen-Worte = Thors Hammer
362 Gold = Tyr-Thrivaldis Goldhelm
363 Gefion = Erdgöttin
364 schwarz = Der Goldhelm symbolisierte wie das Gold-Schild und das Gold-Schwert die Sonne – und die Sonne wurde in der Unterwelt zu einer „schwarzen Sonne". Diese Zeile bedeutet daher, daß Tyr-Thrivaldi stirbt.

Hlorridi³⁶⁵ färbt die Runen rot³⁶⁶
auf dem Hasel-Stab des Rosses;
dreimal 'Thurs'³⁶⁷ und dreimal 'Naud'³⁶⁸,
dreimal 'Is'³⁶⁹: das sind neun Runen³⁷⁰!

Svadi³⁷¹ schwankt und Surtur³⁷² strauchelt:
sein Wind der Riesin³⁷³ schwindet rasch;
Hrungnir³⁷⁴ stürzt und Hringi³⁷⁵ fällt:
der alte Adler³⁷⁶ verläßt sein Heim³⁷⁷."

Thor:
„Thrivaldi ist besiegt, getötet:
drei Köpfe zerstört, der Helm geraubt,
drei Leiber gestorben, drei Leben genommen,
gestorben ist der Jötun, der Riese!"

Loki:
„Thrivaldi liegt in seinem Grab,
in seiner gold'nen Sonnenbarke,
in seinem Roß des Landes des Feindes
des starken Gegners Jörmungandrs³⁷⁸!"

---

365 Hlorridi = Thor
366 die Runen rot färben = die magische Wirkung der Runen durch Blut aktivieren
367 Thurs-Rune = Riesen-Rune, Schadens-Rune
368 Naud-Rune = Not-Rune, Krankheits-Rune
369 Is-Rune = Eis-Rune, Winter-Rune („Anti-Sonnen-Rune")
370 neun = Symbol der Unterwelt (Die neun Runen sollen Tyr-Thrivaldi in die Unterwelt senden, d.h. töten.)
371 Svadi = Tyr-Riese = Thrivaldi
372 Surtur = Tyr-Riese = Thrivaldi
373 Wind der Riesin = Bewußtsein, Seele, Leben
374 Hrungnir = Tyr-Riese = Thrivaldi
375 Hringi = Tyr-Riese = Thrivaldi
376 alter Adler = der Seelenvogel des Göttervaters
377 Heim des Adlers = Leib des Thrivaldi, in dem während Thrivaldis Leben dessen Adler-Seele wohnt
378 Jörmungandr = Midgardschlange; deren Gegner = Thor; dessen Feind = Jörmungandr; dessen Land = Meer (in dem Jörmungandr lebt); Roß des Meeres = Schiff

Thor:
„Drei Leben hat der alte Liebhaber
der lachenden Töchter der Söhne der Thursen
im Spiel der spaltenden Flammen verloren:
Sein Weg zur Hel ist vollendet!"

Loki:
„Der Helm aus Gold[379] ist gute Beute,
der Sonnen-Gipfel[380] des Geirröd[381],
der Hüter des Schwingers der Funken des Wurmes
der Jörd[382] – der nun reglos schweigt!"

Thor:
„Odin, mein Vater, Omi[383], Asen-Fürst,
ich bringe Dir Ölvaldis[384] Helm,
den goldenen Licht-Quell[385] des großen Tempels
des Rauschens des Adlers des Geirröd[386]."

Odin:
„Draupnir, mein mächtiges Kleinod!
Weihe diesen mächtigen Helm!
Möge er mein Zeichen der Herrschaft
im Saal der toten Krieger sein![387]"

---

379 Tyr-Thrivaldis Gold-Helm ist ein Symbol der Sonne.
380 Gipfel = Kopf, Helm
381 Geirröd = Tyr-Riese = Thrivaldi; sein Sonnen-Gipfel = Helm
382 Jörd = Erdgöttin = Erde; Wurm der Erde = Schlange, Drache; Funken des Drachen = Feuer (das, was er speit) = Schwert; Schwinger des Schwertes = Krieger; dessen Hüter = Helm
383 Omi = Beiname des Odin
384 Ölvaldi = „Allherrscher" = Tyr-Thrivaldi
385 goldener Licht-Quell = Sonne
386 Geirröd = Tyr-Riese; Adler des Tyr-Riesen = Riesen-Adler-Seelenvogel Hrasevelgr; dessen Rauschen = Wind; Halle des Windes = Himmel
387 Saal der toten Krieger = Walhall

Thor:
„*Goldhaar-Gerdr, Schönheits-Sigyn –*
Ich sehne mich nach Deinen Augen!
Weißarm-Vardrun, Kammer-Kraka –
Ich wünsche mir nun Deine Umarmung!

Glutblick-Gullveig, Betten-Bödhild –
Ich warte auf Deine kosenden Küsse!
Hellbrust-Hlodyn, Liebes-Lofn –
Ich will Dich auf meinem Lager!"

Loki:
„*Ha! Hlorridi*[388] *spricht mit Harbard*[389],
und ich habe Goldhaar[390] *gefunden!*
Verborgen in Hrungnirs[391] *dunkler Höhle,*
saß schweigend die weißarmige Huldar[392].

Verzaubert hab' ich sie, verführt,
mit meinem flinken Worten-Flammen,
mit meinem lodernden Lenden-Feuer,
Liebeslust hab' ich genossen!

Die Brüste gekost, die Lippen gekostet,
die Schenkel gespürt, die Wärme erkundet;
Nun soll auch sie geschoren werden,
Haarlos soll Thor die Göttin finden!

Und ich? Ich werde besser fliehen,
in Thors Nähe wird es nicht
allzu sehr gemütlich sein ...
sich'rer ist es, jetzt zu gehen!"

---

388 Hlorridi = Thor
389 Harbard = Odin
390 Goldhaar = die Frau, nach der Thor sich sehnt
391 Hrungnir = Tyr-Riese = Thrivaldi
392 Huldar = Göttin; weißarmige Göttin = Frau

Thor:
„Wo ist Loki? Wohin ist Loptr?
Was hat der Listige wohl vor?
Ich ahne nichts Gutes, nein, garnicht!
Rasch zurück zu Geirröds Hügel[393]!

Hier ist die Halle[394] am Ufer des Meeres ...
dort ist das Tor zum Haus der Zwerge[395] ...
Doch wo ist Loki, der listigste Ase?
Und wo ist Goldhaar, die schönste Frau?

Schwarz ist das Innere der engen Saales –
Mein Blitze sollen ihn hell erleuchten!
Ein Felsen-Zimmer voller Zwergen-Zauber ...
Dort ist noch ein zweites Tor!

Goldhaar! Da bist Du! Geliebte! Endlich!
Dich habe ich gesucht!
Um Dich mit Geirröd gekämpft!
Und endlich den greisen Riesen besiegt!

Wie ist Dein Name? Sprich! Sag an!
Von welchem Stamm, von welcher Sippe?
Bist Du von den Asen oder Alfen?
Eine Adler-äugige Dise?"

Sif:
„Höre, mein Name ist Sif die Schöne:[396]
Ich bin die Gefangene des Winter-Schnees,
die Hüterin der Saat, das Heim des Kornes[397],
die Haarlose in der Zeit des Eises."

---

393 Geirröd = Tyr-Riese; sein Hügel = Grabkammer im Hügelgrab des Tyr-Thrivaldi
394 Halle = Hügelgrab des Tyr-Thrivaldi
395 Zwerge = Totengeister; Zwergen-Haus = Grabkammer in einem Hügelgrab
396 Schöne = Dies ist zwar kein traditioneller Beiname der Sif, aber da Hrungnir alle Asen und Asinnen außer Freya und Sif töten, aber diese beiden entführen wollte, müssen diese beiden Göttinnen die schönsten Asinnen gewesen sein.
397 Sif ist die Korngöttin und ihr goldenes Haar ist das reife Getreide, das im Herbst von Loki abgeschnitten, d.h. gesenst wird.

Thor:
"Warum hast Du kein wallendes Haar?
Ich sah Dich mit goldenen Hauptes-Wogen[398] ...
War das etwa der listige Loki?
Der auch mir die Locken raubte?"

Sif:
"Er war es. Er tat es. Er tat es schon oft.
Er lag bei mir auf meinem Lager ...
Ich trage seinen Sohn in mir –
Schild-Ase Ullr wird er heißen."

Thor:
"Diese Schlange! Dieser Schurke!
Ich zerreiße ihm alle Sehnen!
Dieser Köter! Dieser Keiler!
Ich zerbreche ihm alle Knochen!

Willst Du Loki auf Deinem Lager?
Wählst Du den Loptr[399] als Mann?
Wüschst Du Lodur[400] neben Dir?
Dann werde ich wieder gehen."

Sif:
"Nein, sei Du hinfort mein Mann!
Müller und Korn[401] seien beisammen,
Erde und Himmel[402] seien gemeinsam,
Regen und Saat[403] seinen ein Paar!"

Thor:
"Dann nehme ich auch Ullr an
als meinen eigenen Sohn und Erbe,
denn er wird Deine Augen haben
und auch Dein schönes, gold'nes Haar."

---

398 Hauptes-Wogen = (gewellte) Haare
399 Loptr = Beiname des Loki
400 Lodur = Beiname des Loki
401 Müller = Thors Hammer Mjöllnir ist auch ein Mahlstein; Sif ist die Korngöttin
402 Sif = Erd(-göttin), Thor = Himmel(-sgott)
403 Regen = Thor ist der Wettergott; Korn = Sif ist die Korngöttin

Sif:
„*Es ist Winter in der weiten Welt –*
und wir sind zwei Kahle, Hauptes-leer;
so können wir nicht nach Asgard gehen,
wir müssen in Geirröds Höhle[404] bleiben."

Thor:
„*Gut war die Zeit, neun ganze Monde,*
Ullr Goldhaar[405] wurde geboren,
Der Winter weicht vom weiten Land,
Wir sollten wieder heimwärts wandern."

Sif:
„*Durch Skadi wogen Ströme und Seen –*
Hlodyn gab uns ihren Segen;
Auf Rindr grünen Wälder und Wiesen –
Jörd ließ unsere Haare wachsen.[406]"

Thor:
„*Und wenn wir in Asgard sind,*
werde ich Loki suchen und fangen
und schinden und dann sicher binden!
In die stickige Hel verbannen!"

Sif:
„*Weit war der Weg und weit das Land,*
weit war die Wanderung hierher:
jetzt seh' ich Asgards goldene Dächer
in der Frühlingssonne schimmern."

Thor:
„*Nun werde ich Loki den Listigen suchen –*
Wo mag Loptr der Läufer nun sein?
Kennst Du seine gewundenen Wege?
Ahnst Du sein verwunsch'nes Versteck?"

---

404 Geirröd = Tyr-Riese; seine Höhle = Unterwelt
405 Ullr Goldhaar = Ullrs Haarfarbe wird nirgends überliefert.
406 Die vier Erdgöttinnen Skadi, Hlodyn, Rindr und Jörd in dieser Strophe lassen im Frühjahr das Eis schmelzen und die Pflanzen sprießen – was hier mit dem Wachsen der Haare von Thor und Sif gleichgesetzt wird.

Sif:
„Loki – der Gott der langen Winters;
Loptr – der Ase der einsamen Orte;
Lodur – der Regin der ruhigen Verstecke:
Er rastet in der Glescherhöhle."

Thor:
„Weise bist Du, Goldhaar-Vardrun[407]!
Dort werde ich ihn sicherlich finden!
Und mein Hammer wird mit ihm reden!
Und seine Antwort ist mir egal!"

Thor:
„Hier in der Höhle aus glitzerndem Eis
ist Dein Heim, Du Asenbetrüger!
Loki, komme hier heraus,
sonst begräbt Dich mein Hammer im Eis!"

Loki:
„Ich komme, Mjöllnir-Mächtiger[408],
doch schlage nicht zu, Du Mutiger:
Du weißt, Du darfst mich nicht töten, denn
Odin und ich sind Brüder durch Eid![409]"

Thor:
„Ich werde Dich binden im trostlosen Dunklen,
in der düsteren Halle der Hel:
Dort sollst Du liegen und endlos leiden!
Dort werden Dir Lachen und Listen vergehn!"

---

407 Vardrun = Göttin; Goldhaar-Vardrun = Frau, Sif
408 Mjöllnir = Thors Hammer
409 Odin und Loki sind Blutsbrüder, was darauf zurückgeht, daß der Sommergott Tyr und der Wintergott Loki in der früheren, Tyr-zentrierten Mythologie Brüder waren. Wenn Thor Loki töten würde, müßte Odin, also Thors Vater, Lokis Tod an Thor rächen.

Loki:
"Wir werden sehen, Sönnung[410] der Starke!
Du hast viel Schmalz in den Armen –
doch was ist mit Deinem Haupt?
Sollte ich das wirklich fürchten?"

Odin:
"Danke Dir, mein Sohn, Du Kühner!
Für den Schild und für das Schwert
und für den Helm! Höret, Asen:
Thors Kraft ist der Hammer!"

---

410 Sönnungr = Beiname des Thor

IX   Traumreise zu Loki

Eine Traumreise ist ein Zustand, bei dem man gleichzeitig im Wachbewußtsein und im Traumbewußtsein ist – wie bei einem lebhaften Tagtraum oder morgens gleich nach dem Aufwachen, wenn man noch zehn Sekunden bewußt weiterträumt. Diesen Zustand kann man mit etwas Übung bewußt herstellen.

Da dieser Bewußtseinszustand eng mit der Telepathie verbunden ist, kann man ihn auf vielerlei Arten nutzten – wie z.B. für eine Reise zu einer Gottheit.

IX 1.   Traumreise nach Asgard

Vor über zehn Jahren habe ich einmal zusammen mit einer Freundin eine Traumreise nach Asgard gemacht, weil wir beide etwas in uns selber besser verstehen wollten und hofften, von den germanischen Göttern eine Antwort darauf zu erhalten.

Bei dieser Reise waren wir zusammen in derselben Vision und konnten uns gegenseitig wahrnehmen, wobei wir im Gegensatz zu unseren anderen gemeinsamen Traumreisen hier einige Teile der Traumreise alleine durchgeführt haben.

Wir begannen die Traumreise damit, daß wir uns in unserer Vision beide auf einer Wiese getroffen haben, was recht einfach war, da wir schon oft zusammen in einer Vision gereist waren.

Dann hielten wir Ausschau nach einem Regenbogen und nach einer Weile fanden wir auch einen. Wie wir es erwartet hatten, war es in der Traumreise möglich, zu der Stelle zu gehen, an der der Regenbogen begann.

Wir stiegen hinauf und als wir fast am oberen Ende des Regenbogens angekommen waren, stand Heimdall mit Schwert und Horn und Flügelhelm vor uns.

Es wurde ziemlich schnell klar, daß er nur diejenigen durchläßt, die ein wirkliches Anliegen haben – aber das hatten wir auch tatsächlich und so wurden wir eingelassen. Am oberen Ende des Regenbogens waren wir am Rand einer weiten Landschaft angekommen – wie eine zweite Erdoberfläche in den Wolken oder am Himmel.

Zunächst suchten wir nach Freya, weil meine Freundin sie etwas fragen wollte. Wir fanden sie rechts auf einer Wiese vor einem Baum und ich ließ meine Freundin alleine und wartete mit einigem Abstand auf das Ende des Gespräches.

Offenbar waren wir hier auf einer „normalen Bildebene", auf der sich das abgrenzungslose Wesen der Gottheiten nicht bemerkbar machte, sodaß es recht einfach war, hier umherzugehen und die Gottheiten zu sehen.

Nach dem Ende des Gespräches zwischen meiner Freundin und Freya hatte ich das Bedürfnis, zu Odin zu gehen, aber ich wurde nach links hin aus Asgard hinaus nach Utgard gewiesen und kam in ein Ödland mit Heidekraut, Felsen und vielen kleinen Gräben, die ca. 1m breit und 2m tief waren. Dort ging ich umher und kam schließlich an eine Art Hühnengrab aus großen Felsen, unter der eine finstere, drahtige Gestalt mit pechschwarzem Haar und dunkler Kleidung saß.

Ich erkannte die Gestalt sofort als Loki – und Loki war der germanische Gott, dem ich am wenigsten begegnen wollte. Aber ich blieb, weil er mich offenbar gerufen hatte. Er begann etwas an oder genauer gesagt in meinem Körper zu bewegen und Feuer aus der Erde in mich hineinzurufen, was mir nicht ganz geheuer war, da sich diese Kraft eher dunkel, hart, irgendwie tierisch und wild anfühlte – und ich mich ja im allgemeinen eher zu Göttern wie Baldur oder Bragi hingezogen fühle.

Es war, als ob Loki lauter Fremdes in mich legen wollte, das mir aber eigentlich doch nicht fremd, sondern nur unangenehm war.

Nach einer Weile ging er mit mir nach Asgard in eine Große Halle. Dort hatten sich die Götter in einem Kreis versammelt. Es wurde nur wenig gesprochen. Ich wurde in die Mitte gerufen und nach kurzer Zeit nahm ein Gott, vermutlich Tyr, ein Schwert und zerhackte mich in kleine Stücke und die Götter warfen mich in den großen Kessel in der Mitte des Raumes.

Dann traten sie alle herbei und jeder spuckte einmal in den Kessel, in dem ich zerstückelt im Wasser oder was diese Flüssigkeit auch immer sein mochte, lag. Dann begann das Wasser zu kochen oder zu „wallen" und ich fühlte mich vollkommen nackt unter den Augen der Götter, die in den Kessel blickten – das ging bis ins Knochenmark.

Am deutlichsten war mir dabei die ganze Zeit Odin, der das Ritual zu leiten schien. Er hatte im Gegensatz zu seiner Darstellung in der Mythologie beide Augen offen.

Zwischendurch hatte ich immer wieder einmal die unangenehme Frage in mir, ob mir dieses Erlebnis überhaupt zusteht – ich hatte mit weit weniger gerechnet und vor allem auch nicht mit einem Erlebnis mit allen Gottheiten, von denen ich zumindest einige wie Odin, Tyr, Thor, Loki und Freya erkennen konnte.

Von den Gottheiten schien die ganze Zeit, in der ich in dem Kessel lag und mich allmählich wieder zusammenfügte, ein Segen oder ein „Gestalten" auszugehen, das dieses Wiederzusammenfügen lenkte. Irgendein Einfluß ging dabei auch von Thors Hammer aus, was ich aber nicht genauer erkennen konnte.

Schließlich war ich wieder zusammengefügt und konnte aus dem Kessel steigen. Ich bedankte mich etwas unbeholfen und ging zu meiner Freundin zurück. Dann stiegen wir wieder die Regenbogenbrücke hinab.

IX 2.   Traumreise zu Loki

„Loki, ich möchte Dir begegnen und Dich besser kennenlernen."
„Dann komm'!"
„Wohin?"
„Spring einfach."
„Springen?"
„Ja."
„Hm ..."
Ich sehe eine Schlucht vor mir ... ziemlich steile Felsen ...
Großer Seufzer ...
Ich hätte von der Landschaft her jetzt eher gedacht, daß das Arizona oder so etwas ist – und nicht der hohe Norden ...
„Hier soll ich springen?"
„Ja."
„Gut."
Ich springe ...
Äh – was ist denn das, wenn ich springe?! Es ist, als wäre da eine unsichtbare Platte oder eine Glasplatte über dieser Schlucht, auf die ich falle und weiterrutsche. Und ich höre Loki lachen ...
„Ähm ... ... „
Ich sehe, daß da rechts vorne einer auf einem Felsen sitzt und lacht. Das Bild wechselt hin- und her zwischen einem schwarzhaarigen Mann und so einer Art Gaukler mit Narrenkappe.
Ich wünsche mich dorthin.
„Loki, gibt es etwas, was Du mir zeigen möchtest? Etwas, das wichtig für mich ist? Und förderlich ..."
„Na, da gibt es ziemlich viele Dinge, damit könnten wir uns lange Zeit beschäftigen ..."
„Hm ... ... Okay, daß es bei mir noch viel zu tun gibt und viel Entwicklungspotential, um es mal freundlich zu sagen, das weiß ich schon. ... ... Was würdest Du vorschlagen, wo wir anfangen oder ... was möchtest Du mir als erstes zeigen oder ... was wäre das Wirksamste?"
Er stößt mir mit dem ausgestreckten rechten Zeigefinger mehrmals nacheinander in die Brust und sagt mit Nachdruck: „Sei Du selber."
„Das bin ich noch nicht ganz – das sehe ich ja. Aber wie ... wie geht das?"
„Hab' keine Angst! ... ... Und versuch' nichts zu erreichen."
„Nichts erreichen?"
„Du denkst immer ans Ergebnis."
„Hm. ... ... Und was wäre sinnvoller?"

„Ans Tun zu denken."

„Hm ... ... Das heißt, den Impuls, den ich habe oder das Gefühl für das Richtige ..."

Loki fällt mir ins Wort: „Nein, nicht das Gefühl für das Richtige – drück' den Impuls aus, den Du hast und sei dabei in Deinem Handeln und erlebe dabei, was Du da erlebst."

Sehr großer Seufzer ...

„Klingt einerseits plausibel und andererseits ein bißchen chaotisch."

„Nunja – ich bin Loki."

„Oha ... Loki der Fessel-Löser?"

„Genau."

Pause ...

„Oje ..."

Pause ...

„Gibt es da einen Bereich, den Du besonders im Auge hast, wo das gut wäre bei mir?"

„Alle. ... ... Du hast an Beziehungen gedacht – aber: Alle! ... ... Was Du im Leben erreichen willst, wie Du Dich verhalten sollst, was gut ist, was sinnvoll ist – das steht Dir alles nur im Weg!"

„Hm."

Längere Pause ...

Großer Seufzer ...

„Und mein Versuch, zu verstehen was passiert ist, wenn irgendwas sehr leidvoll war?"

„Warum fragst Du, wenn Du's sowieso nicht lassen kannst?"

„Hm ..."

Längere Pause ...

„Was würdest Du denn vorschlagen?"

„Wenn etwas Leid verursacht, tu's einfach gleich nochmal – und guck mal, was dann passiert."

Pause ...

„Hm ..."

Länge Pause ...

„Das klingt wie 'ne radikale Form von 'sich selber treu sein' – stimmt das?"

„Ja, genau."

Pause ...

„Eigentlich versuche ich immer zu sehen, was das eigentlich ist ... wer ich bin ... und was ich an falschen Vorstellungen habe."

Pause ...

„Hilft es?"

"Naja, ein bißchen schon."
"Warum fragst Du mich dann, ob Du das tun sollst?"
Sehr großer Seufzer ...
"Du magst Widerworte – ne?"
"Wundert Dich das?"
"Na gut, eigentlich nicht."
Pause ...
"Hm ..."
Längere Pause ...
"Gibt es in meinem Buch über Dich irgendwas, was noch ein wesentlicher Fehler ist?"
Pause ...
"Ist o.k. so."
"Hm, eine Frage habe ich, weil die Stelle noch nicht verstanden habe. Wie kommen Deine Frauen-Verwandlungen zustande? Oder daß Du eine Stute wirst? Oder eine Kuh?"
Pause ...
"Ich bin die Jenseitsgöttin."
"Und warum bist Du die?"
"Weil Tyr mich erniedrigt."
"Hm ... ... Hey – führt Tyr einen Nid-Zauber[411] gegen Dich durch???"
"Hat lang' gedauert, daß Du drauf kommst – nicht?"
Pause ...
"Und wie kommt dieser Nid-Zauber zustande?"
Pause ...
"Na, Du kennst doch Männer."
"Naja ... bißchen ..."
"Und wenn die kämpfen, sind die so fies wie möglich ... ... Guck Dir die Folterungen durch die Wikinger an ... guck Dir die Inquisition im Mittelalter an ... ... Und guck Dir die Assoziationen zwischen Sexualität und Kampf an, die in vielen Männerköpfen rumspuken ... Vergewaltigungen und sowas ... und da wundert Dich das?"
Großer Seufzer ...
"Na, gut ... ... Wenn Du's so darstellst ... ... eigentlich nicht ..."
Pause ...
"Und der Nid-Zauber stammt von Tyr?"

---

411 Bei einem Nid-Zauber wird von einem Mann für einen anderen Mann, den er magisch töten will, wie bei der Bestattung ein Pferd geopfert – eine Todesfluch in Form einer inszenierten Bestattung. Zugleich beschreibt der Magier, daß er den Mann homosexuell vergewaltigt – was die größte Schande für einen Germanen gewesen ist.

„Du hätt'st den gerne nur hell leuchtend – was?"

„Naja ... schön wär's, aber sehen will ich die Wirklichkeit – alles andere bringt's nicht ..."

„Ja, das stimmt."

„Und Du – was machst Du in den alten Mythen? ... wenn Du Tyr besiegst?"

„Na, dasselbe! ... Auch einen Nid-Zauber ..."

Seufzer ...

„Kommt dieses Motiv ... na, wie soll ich sagen? ... diese homosexuelle Vergewaltigung ... ist das eine Umdeutung der Wiederzeugung?"

„Tja, ist doch naheliegend, ne? ... Wenn man den anderen in die Unterwelt verbannen will, gestaltet man die Sache so pervers wie möglich."

Pause ...

„Hm ..."

Pause ...

„Hm ... ja ... kann ich versteh'n."

Längere Pause ...

Großer Seufzer ...

Pause ...

„Hab' ich das mit dem gebratenen Frauenherz, das Du ißt, richtig verstanden?"

„Ja ... aber es ist nicht Nanna – es ist Freya."

Pause ...

„Hm ..."

Pause ...

„Gab das mal 'ne Mythe, in der Freya stirbt?"

„Nunja ... ... sie ist auch im Jenseits ... von daher kann man sich das so vorstellen."

„Und ist Nanna ... ist Nanna eine Verselbständigung eines Aspektes von Freya?"

„Nunja ... Wenn Baldur ein Aspekt des Tyr ist, Freya die Frau von Tyr ist, und Nanna die Frau von Baldur – dann ist Nanna ein Aspekt der Freya."

Längere Pause ...

„Und dem Ganzen liegt die Witwen-Verbrennung zugrunde – oder?"

„Ja, genau."

Großer Seufzer ...

„Aha ..."

Längere Pause ...

„Gibt es irgendetwas in den Mythen, das Du mir zeigen möchtest?"

Pause ...

„Was möchtest Du denn sehen?"

„Jetzt, wo Du mich das gerade fragst ... Es wird über fast alle berichtet – im Grimnir-Lied – wo sie wohnen und vor allem, wie ihre Hallen aussehen ... aber nicht

über Dich. Wo wohnst Du?"
„Du warst doch schon mal da."
Pause ...
„Dieser dunkle Graben? ... In dem Du mir das mit der Kundalini gezeigt hast?"
„Na, das ist nicht mein Haus – aber den Ort meine ich."
Großer Seufzer ...
„Und der Hügel ... das Haus in dem Hügel mit den vier Eingängen? ... Ist das ein Hügelgrab?"
„Ja."
„Warum hat es vier Eingänge?"
„Na, weil sie die hat ..."
„Das taucht doch auch in dieser einen Sage[412] auf ... der Schatzhügel mit den vier Eingängen ... Und ich weiß von keinem Hügelgrab, daß es vier Eingänge hat."
„Nun, wessen Hügelgrab ist das wohl?"
„Ach so – das Hügelgrab des Tyr. ... Weil es das Sonnensymbol[413] ist?"
Pause ...
„Es ist auf jeden Fall das Hügelgrab des Tyr."
„Und das Sonnensymbol? ... ... Du schweigst – hat es damit noch eine andere Bewandtnis?"
Lange Pause ...
„Frag' Tyr danach."
„O.k. ... Wenn ich eine Traumreise zu ihm mache, werde ich ihn fragen."
„Du kannst ihn auch jetzt fragen."
Kurze Pause ...
„Ja, gut ... ... Tyr?"
„Ja?"
Ich springe innerlich zu ihm ... ich finde den Ort ... und er steht da tatsächlich vor dem viertürigen Hügelgrab.
„Was ist das, Tyr? Warum hat das Hügelgrab vier Tore?"
Pause ...
„Es steht in der Mitte der Welt. Von hier gehen die vier Himmelsrichtungen aus."
Kurze Pause ...
„Das ist ja ... wie so'n Mandala-Tempel ..."
„Ja ... das hat aber keine Tradition bei den Germanen."
Lange Pause ...
„Ist das der Ort, an dem Loki sich versteckt hat?"
„Der hat das aus meinen Mythen übernommen."

---

412 Gesta danorum: Die Lebensgeschichte des Jarmerik (Jörmunrek)
413 Sonnensymbol: ein Kreis, in dem sich ein gleichseitiges Kreuz befindet

Längere Pause ...

„*Gibt es daran noch mehr zu verstehen? ... ... Oder gab es dafür irgendwo ein konkretes, materielles Vorbild?*"

„*Das ist ein mythisches Bild ... ein mythologisches.*"

„*O.k.*"

„*Danke, Tyr!*"

Ich will jetzt wieder zu Loki zurückkehren.

Pause ...

Tyr lacht leise ... und sagt: „*Grüß' ihn von mir!*"

Ich bin ein bißchen verwirrt – damit habe ich nicht gerechnet. Verspottet Tyr hier den Loki? Oder mich?

„*Gut – mach' ich.*"

Ich springe innerlich zurück zu Loki.

„*Ich soll Dir Grüße von Tyr ausrichten.*"

„*Grüß' ihn nicht zurück.*"

„*Ja ... hm ... gut ...*"

Längere Pause ...

Loki: „*Der Gaukler würde Dir gut tun. ... Es gibt so wenige Momente in Deinem Leben, in denen Du den gelebt hast! Wenn Du den leben würdest ... dann wäre das alles viel entspannter! ... ... Dann gäbe es viel Gelächter ... und dann gäbe es viele amüsante Sachen ... ... Es gäbe Liebeleien ... ... und Abenteuer ...*"

„*Hm ... ... Ja, daß ich den zuwenig lebe, das seh' ich schon.*"

Pause ...

„*Du fürchtest dessen Freiheit ... Du hast Dir zwar in gewissem Sinne schon eine Narrenfreiheit erarbeitet in Deinem konkreten Alltag und bei Deinen Büchern – da machst Du, was Du willst ... ... Aber in den Begegnungen mit Menschen ... bist Du zögerlich und vorsichtig und rücksichtsvoll und langsam und zurückhaltend und ...*"

„*Jaja, ich seh's ja schon!*"

Kurze Pause ...

Sehr tiefer Seufzer ...

Pause ...

„*Oh, Mann! ... den Narren!*"

Lange Pause ...

„*Ich fürchte einfach, daß ich als Narr einen noch größeren Scherbenhaufen fabriziere als es so schon der Fall ist, wenn ich die Scherben zu vermeiden versuche ...*"

„*Naja ... kein Leben ohne Scherben ... ... die Sachen, die Du selber zertöpperst, und die, die andere zertöppern – die wirst Du nicht vermeiden können ... Das gehört dazu.*"

„*Hm ... ... ja ... ... wahrscheinlich hast Du recht ... ...*"

„*Und Du willst das nicht – ne? ... Du willst brav und lieb und ordentlich sein ...*

damit Dich die anderen mögen ..."

"Ja ... ja, gut ... ..."

"Und – funktioniert's?"

"Naja ... ... es geht so ... könnte besser sein ... ..."

"Und Du willst alle Dinge für ewig haben."

"Ja ... ich denke halt, wenn ich in irgendeiner Begegnung die Wahrheit spüren kann oder in einer Handlung, daß sie dann Bestand haben."

"Und – entspricht das Deiner Erfahrung?"

"Hm ... ..."

Großer Seufzer ...

"In ganz, ganz wenigen Fällen ... ... und zwar in denen, in denen ich nichts will ..."

"Klingt spannend, prickelnd, abenteuerlich ... ... lebenserfüllend ... ..."

"Mmm ... Du hast 'ne komische Perspektive, Loki! ... Du bist der Trickster, nicht wahr?"

"Ja. ... ... Ich mache das Steife beweglich ... ..."

"Hm ... dann bin ich wohl ein ziemlich störrischer Patient – oder?"

"Ja – ziemlich. Aber es gibt Schlimmere."

Pause ...

"Und das führt zu irgendwas Sinnvollem? ... ... einfach den Impulsen zu folgen?"

"Was sonst könnte zu etwas Sinnvollem führen? Wenn Du Dich nicht ungeschminkt als das zeigst, was Du bist ..."

Pause ...

"Ja – das klingt nur irgendwie anders, wenn Du das sagst! ... ... Eigentlich möchte ich rausfinden, wo irgendwelche Knoten in mir sind und die lösen ... ... einfach damit ich mehr von den angenehmen Sachen in meinem Leben habe und weniger von den unangenehmen."

"Ja ... sehr 'Baldur-like'!"

"Hm ..."

Sehr lange Pause ...

"Könnte es sein, daß ich mich selber nicht so ernst nehmen sollte? Oder so wichtig?"

"Naja ... ... vielleicht solltest Du Deine Wünsche und Deine Bedürfnisse wichtiger nehmen ..."

Längere Pause ...

Seufzer ...

Loki fährt fort: „... und weniger Deine Seele ... ..."

"Das ist ein ziemlich komischer Ratschlag!"

Längere Pause ...

„Du bist zunächst mal Deine Psyche. ... Und die solltest Du ausdrücken. ... Nichts, was Du versteckst, kann sich ändern, kann heilen, kann Erfüllung finden. ... Egal, unter welcher Perspektive Du es anguckst: Wenn Du etwas versteckst, wird's nicht besser – und wenn Du Glück hast, wird's nicht schlimmer ... aber das kommt nicht oft vor."
Sehr großer Seufzer ...
Pause ...
„Aber mit meinem Handeln solchen Gefühlen folgen, von denen ich sehe, daß sie keine sinnvollen Früchte tragen werden ... ... Jemand, der ständig aggressiv ist oder ein Stalker oder ein Süchtiger ... das hat doch wenig Sinn! ... ... Wenn der diesen Gefühlen einfach nur folgt!"
Pause ...
„Probier's aus! ... ... Alles andere ist im Kopf! ... Dein Kopf ist ziemlich voll ... und Dein Bauch ist ziemlich leer – zumindestens, was die Menge an Lebenskraft angeht ... zuviel gegessen hast Du ja mal wieder – also: Bauch voll mit Ersatz. Bauch voll mit Konstruktionen. Also: Rein in den Bauch!"
„Uh ... Du hast drastische Arten der Darstellung!"
„Was erwartest Du von mir?"
„Naja ... eigentlich genau das."
Großer Seufzer ...
Pause ...
„Gibt es etwas, was Du mir sagen möchtest – von Dir aus?"
Längere Pause ...
Da kommt gerade nichts an Antwort ...
„Gibt es etwas, wovon Du möchtest, daß ich es in mein Buch über Dich schreibe?"
„Leute – fürchtet euch nicht vor mir! Denn wenn ihr das macht, dann habt ihr eh' schon verloren! Laßt mich in euer Leben. Ich bringe euch das Chaos zurück! Ohne Chaos keine Kreativität! Ohne zwei Pole kein Rhythmus! Ohne Gegensätze kein Wandel! ... Wenn ihr in Süchten festhängt, in Machtgier, in Dominanzstreben – also in Müll festhängt!, dann braucht ihr mich, damit ich euch klar mache, was für einen Schwachsinn ihr macht! ... Und wenn ihr in Sucht festhängt, in Unterwürfigkeit, oder in Minderwertigkeitskomplexen – dann braucht ihr mich genauso, denn ich stoße euren Kopf mitten rein in euren Schlamm, damit ihr merkt, was ihr da habt! ... Jau ... Also, Leute – ladet mich ein ... Ich mach' Frühjahrsputz bei euch, daß euch alles um die Ohren fliegt, was ihr nicht wahrhaben wollt! Und dann steht ihr nicht mehr vor der Frage, ob ihr hingucken wollt oder nicht – sondern ihr seht es ... Dann seid ihr schon mal ein Stück weiter. ... Jau ... ..."
Pause ...
„Und gibt es etwas, was Du uns kollektiv sagen willst?"
„Nö – da kümm're ich mich schon selber drum, daß da in Gang kommt, was da in

Gang kommen muß. ... Wenn ihr sehen müßt, wie's nicht geht, dann werde ich schon was finden, wie ich euch das zeigen kann."
(An der Stelle muß ich an Donald Trump denken ...)
Sehr großer Seufzer ...
„Ich glaube ... es ist erst mal gut so ..."
Pause ...
„O.K."
„Danke, Loki!"
„Es war mir ein Vegnügen!"
Kurze Pause ...
Dann kehre ich jetzt wieder zurück.
„Ho!"

Diese Traumreise hat 31 Minuten gedauert.

X Loki heute

Die Kälte im Winter, die das fast alles gestaltende Motiv in den Loki-Mythen ist, ist heute in Europa kein allzu großes Thema mehr – was könnte Loki dann heute noch bedeuten?

Das Prinzip des Rhythmus der Jahreszeiten läßt sich auch auf andere Lebensbereiche übertragen – wobei Loki den unangenehmeren Pol darstellt – eben die Kälte, den Winter den Tod … Loki kann helfen, den Wandel anzunehmen und auch die Grenzen der eigenen Möglichkeiten. Und er kann dabei helfen, sich aus alten Formen zu befreien.

Tyr ist das Getreide im Teig, Loki die Hefe …

Lokis Verbindung zur Kundalini ist zwar in den Mythen kein zentrales Element, aber in den Traumreisen spielt sie eine wichtige Rolle. Da dieses „Innere Feuer" die Lebenskraft und auch die Lebensfreude ist, ist sie eines der wesentlichsten Elemente in der Religion und der Magie – und letztlich auch im Alltag.

Loki ist ein sovielfältiger und unberechenbarer Gott, der vor allem mit dem Verborgenen und dem Unliebsamen und dem Chaos verbunden ist, daß man letztlich nur durch die eigene Begegnung mit ihm erfahren kann, welche Wirkung er im eigenen Leben haben kann – das Verborgene, das Kranke, das Unentwickelte, das unerkannte Potential ist in jedem Menschen etwas anderes …

Verzeichnis der Themen

(die Zahl ist die Nummer des Bandes, in dem sich das Thema findet)

1 47	540 47	Alius 32	Aur 55
2 47	700 47	Alraune 45	Aurboda 35
3 47	800 47	Alsvatr 5	Aurgelmir 5
4 47	900 47	Alswid 34	Aurgrimnir 5
5 47	1.200 47	Althiof 7	Aurnir 34
6 47	10.000 47	Alvor 35	Aurvandil 20
7 47	432.000 47	Alwis 7	Aurwang 7
8 47	1+8=9=8+1 47	Alwit 31	Aurwang 48
9 47	**Adler** 40	Ama 35	Austri 32
10 47	Adler auf dem	Amboß 67	Auzon => Kiste
11 47	Weltenbaum 41	Amgerdr 28	Axt 66
12 47	Adler bei der	Ampfer 45	**Bafur** 32
13 47	Einweihung 40	Andad 34	Bakrauf 35
14 47	Adlergestalt:	Andhrimnir 39	Baldrian 45
15 47	- des Franmar 40	Andvari 7	Baldur 9
16 47	- des Hraesvelgr 40	Angantyr 39	Bara 35
17 47	- des Odin 40	Angeyja 35	Bari 6
18 47	- des Thiazi 40	Angrboda 26	Bari 20
20 47	Adler-Traum der	Ann 32	Baugi 5
22 47	Kostbera 40	Annar 20	Bär 43
23 47	Aelrun 31	Arm-Wunde 63	Bärenfell 62
24 47	Affe 44	Arngrim 6	Barke 49
28 47	Agdai 39	Apfel 45	Bärlapp 45
30 47	Ägir 10	Asen 36	Basilikum 45
32 47	Agnar 39	Asgard 52	Beifuß 45
33 47	Ahnen 36	Ask 39	Beinvidr 34
36 47	Ai 32	Aslaug 31	Bekkhild 31
37 47	Aki 6	Asperan 34	Beleidigungs-
40 47	Aki 16	Astralreise 50	Wettstreit 73
41 47	Alban 32	Asvid 6	Beli 5
46 47	Alberich 7	Atem 64	Beowulf 39
48 47	Albewin 7	Atla 35	Bergdis 28
72 47	Alcis 12	Atli 37	Bergelmir 6
80 47	Alf 6	Atward 20	Bergriese 6
90 47	Alf 32	Auchoff 34	Berg-Zwerge 32
99 47	Alfarin 34	Aud 20	Berling 32
100 47	Alfen 36	Auerhahn 40	Bertha 28
120 47	Alfhild 31	Auge 63	Berserker 62
300 47	Alfrigg 32	Augenbraue 63	Bertram 45

Bertramsgarbe 45	Bragi 19	Diurnir 7	Eiche 53
Besen => Stab	Bragi-Riesin 35	Dofri 34	Eicheln 45
besonderer Schrei 64	Brak 16	Dolgtrasir 32	Eichhörnchen 44
Bestattung 64	Brana 35	Donnerrebe 45	Eid 68
Bestla 35	Brandingi 5	Dori 32	Eik 28
Betonica 45	braun 46	Dorn => Schlafdorn 55	Eikinskjaldi 32
Beyla 39	Brenner 39		Eimer 67
Biber 44	Brezel-Ornament 64	Drachen 41	Eimgeitir 35
Biene 40	Brimir 33	Drachenblut => Drachen	Eimyria 35
Bifröst 49	Brisingamen 60		Einäugigkeit 63
Bifur 32	Brokk 32	Drachenschiff 55	Einheer 34
Bikki 16	Brombeere 45	Drasian 6	Einweihung 50
Bil 29	Brücke 49	Draupnir (Zwerg) 32	Eir 29
Bild 7	Bruderkampf 55	dreifarbiger Stein 67	Eir 31
Billing 5	Brüngerd 35	dreiköpfiger Riese 5	Eis 52
Billing 7	Brünhild 31	drei Riesinnen 35	Eisa 35
Bilsenkraut 45	Bruni 5	drei wahre Worte 64	Eisen 55
Birkhuhn 40	Bruni 32	Drifa 35	Eisenkraut 45
Biört 29	Brünne 66	dritter Bruder 55	Eisriesen 34
Björgolfr 6	Brunnen 49	Dröfn 35	Eistla 35
Björgulfr 34	Buri 34	Drossel 40	Eisurfala 35
Blain 33	Bryja 35	Drudgelmir 5	Eiymyria 35
Blapthvari 34	Bryla 34	Duf 32	Ekstase-Kieger 62
Blasebalg 67	Bryngerd 28	Dufa 35	Elch 42
blau 46	Buri (Zwerg) 32	Dufr 32	Eldhrimnir 57
Blau-Menschen 36	Buseyra 35	Dulin 32	Eldir 39
Blau-Riesen 36	Byggvir 39	Dumbr 6	Eldr 34
blau-schwarz 46	Byleist 20	Dunneir 32	Elefant 42
Blick 63	Bylgia 35	Durathor 32	Elendshaut => Hel-Haut
Blid 29	**Comandion** 7	Durin 32	
Blidur 29	**Dag** 48	Durnir 32	Else 35
Blind 16	Dagfinnr 32	Durnir 34	Erde 52
Blindheit 63	Dain 32	Düsterwald 49	Embla 28
Blodughadda 35	Dalar 32	Dwalin 32	Embla 39
Blutsbrüder 55	Dalr 32	**Eber** 42	Ente 40
Bödhild 28	Delling 20	Eberesche 45	Erce 20
Bogen 66	Delling 48	Edda (vollständig) 77	Erdbeben 55
Bömbur 32	Dellingr 32	Efeu 45	Erste Ursache 55
Bölthorn 5	Delphin 44	Egdir 5	Eschenholzkasten => Kiste 57
Borr 34	Dietwarta 29	Egil 39	
Botewart 7	Disen 36	Ei 40	Esel 42
Both 20	Distel 45	Eibe 45	Estroval 39

Eugel 7
Eule 40
Eyrgjafa 35
Faden 55
Fafnir (Zwerg) 32
Fährmann 49
Fala 35
Falkenkleid:
- der Freya 40
- der Frigg 40
Falke 40
Fallar 32
Farbauti 6
Farn 45
Farseti 6
Faulheit =>
Feuersitzen 55
Feima 35
Fenchel 45
Fenja 28
Fenrir 6
Fenrir 43
Fernhypnose 64
Ferse 63
Fessel 66
Fessel-Zauber 64
Feuer 55
Feuersitzen 55
Feuerzauber 64
Fialar 32
Fid 32
Fieberkraut 45
Fili 32
Fimafeng 39
Fimbulwinter 55
Finger 63
Finnalf 5
Finnar 32
Finnmark-Riese 34
Fiölkald 34
Fiölmor 39
Fiölnir 20

Fiölvör 35
Fiörgyn 20
Fiörgyn 23
Fisch 44
Fjölverkr 34
Fjötra 29
Flachs 45
Flegda 35
Fleur-de-lys 55
Fleggr 34
Fliege 40
Fluch 68
Flügel des Wieland 40
Flügelschuhe 67
Flugschuhe des Loki 40
Fluß 49
Freya 22
frühe Skaldenlieder 78
Freyr 15
Fried 29
Friedenszauber 6
Fridr 29
Frigg 21
Folde 20
Fonn 34
Forat 35
Forelle 44
Fornjotr 6
Forseti 19
Frägr 32
Franmar 37
Frar 32
Freki 43
Frosti 32
Frosti 34
Fruchtbarkeit 64
Fuchs 43
Frauenhaarfarn 45
Frühling 54

Frühlingstagund-
nachtgleiche 54
Fulla 29
Fullas Haarreif 60
Fullafle 34
Fundin 32
Fuß 63
Fylgia 50
Fynir 6
Fynir 34
Galar 32
Galarr 34
Galdr 64
Gallapfel 45
Gandalf 32
Ganglati 34
Ganglot 6
Gangr 34
Gangr 33
Gans 40
Gänsefuß 45
Garm 43
Gautan 39
Gautrek-Saga => Snotra
Geban 20
Geburts-Orakel 64
Gefäße 57
Gefion 20
Gefion-Geliebter 6
Gefiun 20
Gefjon 20
Geist 50
Geier 40
Geirahöd 31
Geiravör 31
Geirdriful 31
Geirönul 31
Geirröd 5
Geirrota 31
Geirskögul 31
Geitir 6

Geitla 35
Geitir 35
gelb 46
Geliebter der Gefion 6
Gerber-Schaber 67
Gerdr 28
Geri 43
Gespenst 50
Gestaltwandel => Verwandlung
Gesang 68
Gestilja 35
Getreide 45
Gewöhnlicher Flachbärlapp 45
Geysa 35
Gialar 32
Gift 70
Gifur 43
Gigas 6
Gilling 6
Gillings Frau 28
Ginnar 32
Ginnungagap 49
Gjalp 35
Glamr 34
Glatundshundr 43
Glaumar 34
Glaumarr 34
Glaumr 6
Glenr 48
Glitni 5
Glöd 35
Gloi 32
Glück 64
Glückstrank 70
Glumra 35
Glymra 35
Gna 29
Gneip 35
Gnepja 35

Goi 34	Grotunagard 52	Har 32	Hel-Haut 49
Gold 55	grün 46	Hära 35	Helidi 27
Goldalter 55	Gryla 35	Hardbeen 6	Hellebarde 66
Goldemar 7	Gudr 31	Hardgreip 35	Helreginn 5
golden 46	Gudrun 31	Hardgreipir 34	Helm 66
Goldhelm 66	Gudmund 5	Hardverkr 34	Hengikefta 35
Goldhörner von Gallehus 57	Gullnir 5	Harek Eisenkopf 6	Hengiköpt 6
	Gullveig 29	Harfe 57	Hengjankapta 35
Göll 31	Guma 35	Harz 45	Hepti 32
Golnir 5	Gundelrebe 45	Hase 44	Herbst 54
Göndul 31	Gunn 31	Hasel 45	Herbsttagundnacht-gleiche 54
Gorr 34	Gunnlöd 28	Hastingi 34	
Görsemi 29	Gunnthinga 31	Hati 5	Herche 20
Götter 36	Gürtel 60	Hati 43	Herdentiere 42
Götterdämmerung 55	Gusir 6	Hattatal 77	Herdentierfell 42
Götterkampf 55	Gygr 35	Haudr 20	Herfjötur 31
Göttermet 69	Gylfaginning 77	Haugspori 32	Hergrim Halbtroll 5
Götter-Tiere 44	Gyllir 5	Haym 34	Hergunnur 35
Gottesurteil 64	Gyllir 34	Hecht 44	Heri 32
Gurgelbiß 55	Gyma 20	Hedin 39	Herja 31
Grab 49	Gymir 5	Hedin und Högni 79	Herkir 6
Grani 6	**Haarband** 60	Hefring 35	Herkja 35
grau 46	Haare 63	Heid 35	Hermodr 37
Grendel 5	Habicht 40	Heiddraupnir 5	Hertha 28
Grendels Mutter 35	Hafle 34	Heide 49	Hervor => Heidrek
Greppur 34	Hafli 5	Heidrek 39	Hervor und Heidrek => Heidrek
Grer 32	Hafthi 39	Heidungi 6	
Grid 28	Hagen 16	Heilige Hochzeit => Wiederzeugung 55	Herz 63
Grid 35	Hahn 40		Hexe 58
Grim 5	Hala 35	Heiliger Hain = Weltenbaum 52	Hianka 31
Grim 39	Halfdan 39		Hidde 34
Grima 35	Halfdan Brana-Ziehsohn 79	Heilung 64	Hild 31
Grimhild 31		Heilziest 45	Hildolf 5
Grimling 5	Halfdan Eisteinson 79	Heimdall 8	Hildolf 20
Grimnir 5	Hamdir 39	Heimir 39	Himingläva 35
Grim Struppig-Wange 79	Hamingja 50	Heinir 34	Himmel 52
	Hammer 66	Heith 35	Himmelsrichtungs-Mandala 54
Grip 35	Hand 63	Heithdraupnir 5	
Gripir 34	Handschuhe 60	Hel 26	Himmelsträger-Zwerge 32
Grissa 35	Hanf 45	Helblindi 20	
Groa 28	Hannar 32	Helgi 39	Hirsch 42
Grottintanna 35	Hantel-Symbol 55	Helgi Thorisson 79	Hjaltrimul 31

602

Hjortrimul 31
Hjötra 28
Hjuki 29
Hläwang 32
Hlebard 6
Hleidr 35
Hler 10
Hlidolf 32
Hlif 29
Hlifthursa 29
Hlin 29
Hlodyn 20
Hlödyn 20
Hloi 34
Hlöll 31
Hlora 35
Hnoss 29
Hochsitz 57
Hochsitzsäulen 57
Hoddraupnir 5
Hoddrofnir 5
Hödur 19
Hofund 19
Höggstari 32
Högni 16
Högni 39
höhere Mächte 36
Holmgang =>
Zweikampf 55
Holunder 45
Homöopathie 64
Honig 40
Honigtau 45
Hönir 18
Horn 57
Horn (Riesen) 35
Hörn 29
Hörn 35
Horn-Neb 35
Hornbori 32
Hraesvelgr 6
Hrafnhild 35

Hraudnir 6
Hraudungr 5
Hrede 29
Hreidmar 7
Hremsa 35
Hrimgerdr 28
Hrimgerdr 35
Hrimgrimnir 34
Hrimnir 34
Hrim-Riesen 34
Hrimthurs 34
Hringi 5
Hringvölnir 5
Hripstodr 34
Hrist 31
Hrist 29
Hrisungr 6
Hroarr 5
Hrod 35
Hrodwitnir 5
Hrodwitnir 43
Hrökkvir 6
Hrönn 35
Hrossthjofr 34
Hrotti 5
Hruga 28
Hrungnir 5
Hrungnir-Herz 67
Hryggda 35
Hyria 35
Hrym 34
Hrund 31
Hügelgrab 49
Hugin 40
Huhn 40
Huldar 28
Hund 43
Hundalfr 6
Hunding 16
Hvalr 6
Hvedra 35
Hvedrungr 16

Hymir 6
Hymnen an die Götter 80
Hyndla 26
Hypnose 64
Hyrrokkin 26
Idi 34
Idun 25
Igel 44
Illugi Grid-Ziehsohn 79
Ilmr 29
Ima 35
Imd 35
Imgerdr 35
Imr 6
Imsigul 34
Imth 35
In 20
Ingibjörg 29
Ingibiörg 31
Intuition 64
Inzest 51
Irmin 20
Irpa 29
Istwas 20
Itrek 5
Itreksjod 5
Itreksjod 20
Ividja 35
Iwaldi 5
Iwalt 5
Iwiedie 29
Jari 32
Jamtaland-Zwerg 7
Jarngerdr 28
Jarnglumra 35
Jarnhauss 6
Jarnnef 34
Jarnsaxa 28
Jarnvidja 35
Jenseits 49

Jenseitsbarke 49
Jenseitsberge 49
Jenseitsbrücke 49
Jenseitsfährmann 49
Jenseitsfluß 49
Jenseitsgrenzen-Landkarte 49
Jenseitshalle 49
Jenseitsinsel 49
Jenseitsleiter 49
Jenseitsmauer 49
Jenseitsreise 49
Jenseitstor 49
Jenseitstor-Gitter 49
Jenseitstor-Hund 49
Jenseitswächter 49
Jenseitswald 49
Jenseitswasser =>
Wasser 49
Jenseitsweg 49
Johanniskraut 45
Jokul 34
Jokul Eisenrücken 34
Jörd 23
Jomali 20
Jörmungandr 41
Jörmunrek 39
Jorunn 29
Jötunn 6
Jotunbjorn 6
Julnacht 54
Käfer 40
Kaldgrani 34
Kamille 45
Kampfmagie 64
Kannibalismus 55
Kara 31
Karabin 34
Kari 6
Katze 43
Kausalität 55
Keila 34

Keiler 42	**Lachanfall** 64	Luchs 43	Miötwitnir 32
Kenningar 75	Lachen 55	Lutr 34	Mjoll 34
Kerbel 45	Lachs 44	Lyngheid 35	Modgudr 29
Kessel 57	Landgeister 36	**Magni** 19	Modgudr 31
Keule 66	Lauch 45	Malseron 34	Modi 19
Kiebitz 40	Laufey 26	Mana 35	Modrädnir 32
Kili 32	Laurin 7	Managarm 43	Modsognir 7
Kisi 34	Laus 40	Mannus 20	Mögthrasir 6
Kiste 57	Leber 63	Mardalla 27	Moin 32
Kjallandi 6	Leib 63	Marder 43	Mökkurkjalfi 6
Kjallandi 35	Leidi 34	Margerdr 35	Molda 35
Klaufi 34	Leifi 6	Margerthur 35	Mona 20
Klee 45	Leifnir 6	Mangold 45	Mond 48
Kleima 35	Leikn 35	Mantel 67	Mondul 32
Knochen 67	Leimrute 66	Mantel der Nanna 67	Moosfrau von Saalfeld 32
Knoten 64	Leiter 49	Marnar 29	Moosleute von Arntschgereute 32
Kobolde 36	Leirvör 35	Märzviole 45	
Kol der Bucklige 39	Leopard 43	Maske => Helm	Mörn 35
Kolfrosta 28	Lerche 40	Maus 44	Möwe 40
Kolga 35	Lidskialf 20	Meer 49	Mühle 66
Kopf 63	Liebestrank 70	Meer der Zeit 55	Mundilfari 6
Kormoran 40	Liebeszauber 64	Meer-Menschen 36	Munin 40
Korn 45	Lif 39	Mehlbeere 45	Munnharpa 35
Körperteile 65	Lifthrasir 39	Mehltau 45	Münze 67
Köttr 34	Litr 6	Meili 9	Muspel 6
Kraftgütel => Gürtel	Litr 32	Meise 40	Muspelheim => Feuer 52
Krähe 40	Ljod 29	Menglöd 22	
Kraka 31	Ljota 35	Menja 28	Myrkrida 35
Kranich 40	Lodin 6	Menschenopfer 64	Myrkvid 49
Kräuter 45	Lodinfingra 35	Messer 66	**Nabbi** 32
Kreppvör 35	Lodur 16	Midgard 52	Nacktheit 60
Kriegerin 62	Lofar 7	Midgardschlange 41	Nadel 55
Kreuzblume 45	Lofn 29	Midi 6	Nägel 55
Kreuzkraut 45	Lofnheid 35	Midjungr 34	Naglfar 49
Krönung 64	Logi 34	Midwitnir 6	Nain 32
Kröte 44	Loki 16	Mimir 6	Nali 32
Kuckuck 40	Loni 32	Mist 31	Namensgebung 64
Kuril 6	Lopthoena 28	Mistel 45	Nanna 21
Kult 55	Lori 35	Mistkäfer 40	Nauma (Hel) 35
Kundalini 64	Loricus 6	Mittelpfeiler => Yggdrasil	Nar 32
Kwasir 20	Löwe 43		Narfi 6
Kyrmir 6	Löwenmäulchen 45	Mittsommer 54	

Nari Loki-Sohn 19	Nyi 32	Priester 60	Ringkampf 55
Nati 6	Nyr 32	Priesterin 58	Rist 31
Naudir 36	Nyrad 32	Prolog (Edda) 77	Robbe 44
Nebel 64	**Oddrun** 31	Prophezeiung 71	Rögnir 7
Nefia 35	Odin 13/14	Pukis 36	Rose 45
Nehalennia 29	Odr 20	**Rabe** 40	Röskva 37
Neri 30	Ofoti 5	Rad 67	rot 46
Neris Schwester 30	Öflugbarda 35	Radgrid 31	rota 31
Nerthus 28	Öflugbardi 6	Radvör 35	Rotkehlchen 40
Nepr 20	Ogautan 39	Ragnar Lodenhose 39	Rücken 63
Nessel 45	Ogladnir 6	Ragnarök 55	Rud 35
Netz 67	Ogn 35	Ran 27	Rudent 6
Neuentstehung aus den Knochen 55	Ohr 63	Randalin 31	Rudi 34
	Oin 7	Randgnid 31	Runa 35
neun Heimdall-Mütter 35	Olius 32	Randgrid 31	Runen 72
	Ölwaldi 5	Rangbeinn 5	Runenkästchen von Auzon => Kiste
neun Schwestern 35	Omen 71	Rasereitrank 70	
Niblung 7	Onarr 48	Raswid 32	Runenstein 64
Niblung 39	Öndudr 6	Rätsel 76	Runenstein von Ardre 64
Nicor 34	Onn 32	Raud 34	
Nid 64	Opfer 64	Raugnir 34	Rußland-Riese 6
Nidi 32	Orakel 71	Raum 6	Rütze 35
Nidr 28	Oregano 45	Reck 32	Rygi 35
Nidud 16	Ori 32	Regenbogenbrücke 49	**Saemdill** 6
Nieswurz 45	Örnir 6		Saga 28
Niflheim => Eis 52	Ortnit 34	Regin 7	Sährimnir 42
Niping 32	Ösgrui 5	Reginleif 31	Säkarsmuli 6
Nirdir 10	Öskrudr 34	Reiher 40	Salbei 45
Niola 48	Ostara 29	Rentier 42	Salfangr 6
Njola 48	Osten 54	Riesen auf der West-Insel 6	Sam 34
Njörd 10	Otr 32		Sämingr 39
Njörun 29	Otter 44	Riesen-Baumeister 6	Sanngrid 31
Nölvi 10	Otunfaxe 39	Riesen von Feldkirchen 34	Sati 51
Norden 54	**Penis** 55		Säule => Weltenbaum 52
Nordosten 54	Perchta 28	Riesen von Lichtenberg 35	
Nordri 32	persönliches Glück 64		Saxnot 20
Nordwesten 54	Pfeil 66	Rifingalfa 35	Sceaf 20
Nori 32	Pferd 42	Rifingöflu 35	Schachtelhalm 45
Nornen 30	Pferdezwillinge 12	Rigingöflu 35	Schädelschale 63
Norr 34	Pflug 67	Rind 42	Schadenszauber 64
Norr 48	Phol 9	Rindr 20	Schaf 42
Nott 48	Polygamie 55	Ring 57	Schafgarbe 45

Schaumkraut 45
Schierling 45
Schild 66
Schlafdorn 55
Schlangen 41
Schlangenauge 63
Schlangengrube 49
Schlangenzunge 63
Schleifstein =>
Wetzstein
Schmetterling 40
Schmied 4
Schmied 55
Schnecke 44
Schneeweiß-
Goldschöne 28
Schuh 63
Schutzgeist =>
Fylgja/Hamingja
Schutzzauber 64
Schwalbe 40
Schwan 40
Schwanenkleider der
Walküren 40
Schweden-Riese 6
Schwein 42
Schwert 66
Schwitzhütte 64
sechsköpfiger Riese 6
Seehund 44
Seekuh 44
Seelenvogel 40
Seelenvogel 50
Segen 68
Seher 60
Seherin 58
Seidelbast 45
Seidr 64
Sel 6
seltsamer dritter
Bruder 55
Sense 67

Siar 32
Sichel => Sense
sieben Schwestern 28
Siegfried 38
Sieglind 31
Siegstein 67
Sif 24
Sigdrifa 31
Sigurd 38
Sigi 39
Sigrlami 39
Sigrun 31
Sigyn 28
silbern 46
Simul 31
Sinmara 28
Sindri 32
Sinthgunt 29
Sivör 35
Sjuld 31
Skadi 20
Skafid 32
Skalden 61
Skaldatal 77
Skaldenlieder 78
Skaldinnen 61
Skalli 34
Skalmöld 31
Skadskaparmal 77
Skärir 5
Skeggiöld 31
Skidbladnir 49
Skimsli 5
Skirnir 37
Skirkjar 35
Skirwir 32
Skjalf 29
Skjalv 34
Skjellinefja 29
Skjöldr 39
Skögul 31
Sköll 43

Skorpion 40
Skrati 34
Skrymir 5
Skrimnir 5
Skuld 30
Slagfid 39
Sleggja 35
Snae 34
Snotra 29
Solbiart 5
Sohn der Freya 19
Sohn des Freyr 19
Solblindi 5
Sölfn 29
Sommer 54
Somr 5
Sonne 48
Sonnengöttin 48
Sonnenhymne 64
sonstige Magie 64
Sörli 39
Spatz 40
Specht 40
Speer 66
Sperber 40
sprechende Tiere 41
Sprichworte 74
Spindel 55
Spinnerin 55
Spiritus familiaris 36
Sprettingr 5
Stab 67
Starkad 6
Starkad 39
Stärketrank 70
Statue 57
Stein 64
Steine und Edelsteine
64
Steinigung 55
Stern 48
Sternbild 48

Sternbild 55
Stigandi 5
Storch 40
Storkvid 34
Stoverkr 34
Strahlen-Breitsame
45
Strudel 49
Struthan 34
Stumi 5
stumm 63
Süden 54
Südosten 54
Sudri 32
Südwesten 54
Surtur 6
Suttung 6
Svada 5
Svadi 5
Svaf 7
Svarangr 5
Svasudr 6
Svatr 6
Sveid 31
Sveipinfalda 35
Svidi 6
Svip 5
Svipul 31
Svivör 31
Swaf 20
Swanhild 31
Swanwit 31
Swawa 31
Swior 32
Swipdag 20
Syn 29
Syr 29
Tafl 57
Tal 52
Tamfana 29
Tarn-Kappe 67
Tarn-Umhang 67

Tasche 60	Thrungva 29	Uri 20	- in Fuchs 65
Tätowierungen 55	Thrym 6	Utgard 52	- in Geier 65
Tattoo 60	Thulur 77	Utgardloki 6	- in Habicht 65
Tau 52	Thundr 6	Ungeheur 41	- in Hecht 65
Taufe 64	Thundr 29	Utiseta 50	- in Hirsch 65
Teer 45	Thurbiörd 35	**Vagnhöftdi** 34	- in Hund 65
Telemark-Riese 5	Tiere 44	Valbrandur 5	- in Krähe 65
Telepathie 64	Tiere der Götter 44	Vali Loki-Sohn 19	- in Lachs 65
Teller 57	Tierfelle 60	Valthögn 31	- in Löwe 65
Tempel 56	Tierfelle bei Hinrichtungen 67	Vandil 5	- in Mücke 65
Teufelsabbiß 45		Vandlir 5	- in Otter 65
Thagnar 31	Tor 49	Var 29	- in Pferd 65
Theck 32	Torfa 35	Vardrun 28	- in Rabe 65
Thialfi 37	Tote wiederbeleben 64	Vardrun 35	- in Rind 65
Thiazi 5		Vardruna 35	- in Robbe 65
Thing 73	Tragestange 67	Vasad 6	- in Schlange 65
Thiodwitnir 34	Trana 35	Vatermord 55	- in Schwalbe 65
Thistilbardi 34	Traum 71	Velle 5	- in Schwan 65
Thjodrerir 7	Traumdeutung 71	Venus 48	- in Seekuh 65
Thögn 31	Traumfrau 31	Verbene 45	- in Spinne 65
Thökk 35	Trima 31	Verdandi 30	- in Tier 65
Thor 17	Trolle 36	Vervielfältigung von Körperteilen 65	- in Vogel 65
Thora 28	Trona 35		- in Wal 65
Thorgerdr Hölgabrudr 29	Tuch 57	Vergessenheitstrank 70	- in Walroß 65
	Tuisto 20		- in Widder 65
Thorin 7	Tuisto 33	Verirren auf der Hirschjagd 55	- in Wolf 65
Thorir 6	Turm 56		- in Ziege 65
Thorn 5	Tyr 3	Verr 34	- in Ziegenbock 65
Thorstein Haus-Macht 79	Tyr-Riesen 5	Verwandlung:	Vidblindi 5
	Udr 35	- einer Frau in einen Mann 65	Viddi 34
Thrain 32	Uffe 39		Vidgreipr 34
Thrasir 6	Ulfhedinn 62	- einer Frau in eine andere Frau 65	Vidgymir 5
Thrigeitir 5	Ulfrun 35		vier Riesen-Ritter 34
Thrivaldi 5	Ullr 11	- eines Mannes in eine Frau 65	vier Stier-Riesen 34
Thröng 29	Umhang => Mantel 60		viertüriges Haus 52
Thror 7		- in Adler 65	Vifflöd 29
Thror 20	Uni 20	- in Bär 65	Vignir 34
Thror 32	Unn 35	- in Drache 65	Vikarr 6
Thorri 34	Unsichtbarkeit 64	- in Eber 65	Vilja 20
Thrud 31	Unsichtbarkeits-Stein 67	- in Falke 65	Vindr 34
Thrudgelmir 5		- in Fliege 65	Vingnir 6
Thrudr 29	Urd 30	- in Floh 65	Vingrip 34

Vipar 34	Wegwarte 45	Winter 54	Zwerge 32
Vogel 40	Weig 32	Winteranfang 54	Zwerge:
Vogelsprache 64	Weihung => Segen	Wirwir 32	- im Berg 32
Volkrast 7	Weinen 55	Witr 32	- im Gebirge 32
Vör 29	weiß 46	Witwen-Selbstmord 51	- Kuttenberg 32
Vörnir 34	Weisheiten 74		- Untersberg 32
Vulkan-Riese 34	Weisheitstrank 70	Wolf 43	- Blankenburg 32
Waage 64	Weißstern 39	Wolfsfell 62	- Bonikau 32
Waberlohe 49	Weltenbaum 53	Wortschatz Magie 64	- Dardesheim 32
Wächter 49	Weltesche 53	Wohlstandszauber 64	- Eilenburg 32
Wafthrudnir 6	Wespe 40	Wucherblume 45	- Elbogen 32
Wagen 67	Westen 54	Wurzel 45	- Glaß 32
Wagnhofde 6	Westri 32	Wyrd 30	- Hohenstein 32
Wal 44	Wetter 64	**Yggdrasil** 53	- Heilingsfelsen 32
Wälder => Weltenbaum 52	Wettlauf 55	Ymir 33	- Nünberg 32
Wald-Riesin 35	Wetttrinken 55	Ymis 33	- Osenberg 32
Wali 19	Wetzstein 67	Yngvi 32	- Plesse 32
Wali 32	Wichte 36	**Zahlen** 47	- Rosenberg 32
Walküren 31	Widar 19	Zähne 63	- Selbitz 32
Walnuß 45	Widfinnr 5	Zauberer 59	- Sion 32
Walroß 44	Wiedergeburt 51	Zauberin 58	Zwerg:
Waltam 20	Wiederholungen 55	Zaubersprüche 68	- Gebirge 32
Wandteppich => Tempel	Wiederzeugung 51	Zeh 63	- Kyffhäuser 32
Wanen 36	Wieland 4	Ziegen 42	- Hohenstein 32
Warkald 6	Wiesel 43	Zisa 29	- Dresden 32
Warr 20	Wig 32	Zunge 63	- Hoia 32
Wasser 52	Wigrid 55	Zweikampf 73	- Lützen 32
We 20	Wili 20	zweiköpfige Riesen 34	- Ralligen 32
Weberin 55	Wili (Zwerg) 32	zwei Zwerge 32	- Rantzau 32
Wegdrasil 20	Wind (Magie) 64	Zwerg auf dem Felsen 32	- Scherfenberg 32
Wegerich 45	Wind 52	Zwergberg zu Aachen 32	- Thorgau 32
Wegetritt 45	Windalf 32		Zwillinge 55
	Windloni 6		
	Windswal 6		